社会学译丛

[美] 亚历克斯·梯尔
Alex Thio
王海霞 范文明 马翠兰 嵇雷 译

越轨社会学

第10版

Deviant Behavior
Tenth Edition

中国人民大学出版社
·北京·

推荐序 1

就接受高等教育的学生数目而言，美国在世界各国中有其独特之处。而学习《越轨社会学》的学生数目也是不同凡响。确实，这门课程中特定的取向是美国人的发明创造。在 19 世纪 60 年代之前，大部分国家关于此类课程的观点都来自于“社会病理学”、“社会组织破坏学”或“社会问题学”。社会越轨或偏差行为在社会学领域被认为是客观有害的、功能失调的，在社会学上是无序的，即一种固有的、不言而喻的负面现象，一种亟待救治的病症。人们认为越轨或偏差行为是一种不该存在的、需要处理的、需要纠正和矫治的现象。

1963 年霍华德·贝克尔（Howard S. Becker）出版的《局外人：越轨社会学研究》，彻底改变了越轨社会学课程的发展状况，首先影响到美国，然后是全世界。那些讲授“偏差行为”或“越轨行为”的教师都认识到这样一个事实：其讲授主题总是离不开那些违反社会规范、产生社会不满并遭到谴责的行为、信仰及情境。偏差行为没有违反自然的、上帝赋予的法则，其错误也不是与生俱来的，而是在特定时间和地点，以特殊规则建构出来的。偏差行为在本质上并非有害的、功能失调的、紊乱的或病态的。顺便说一句，它也可能是所有这些特征中的某些方面，而不是像社会学所定义的那样。从社会学角度来看，偏差行为是一种违反常规、信仰或人们所期待的某种东西的行为，它招致人们的不满和惩罚。

需要用一种相对论的方法对越轨或偏差行为这一定义加以解释。这种在某一情境、群体、社会或时段内引起不满的行为，可能在其他地方显得无关紧要，甚或得到了认同。几乎所有的行为、信仰和情境在不同背景下都有不同的反映。当然，对于那些令人难以接受的事情来说，其“要点”就是，那些破坏社会秩序的行为会受到控制。没有一个社会能够容忍谋杀，谋杀已经被预先定义为一种专门的偏差行为了。事实上，某些夺人生命的行为，特别是在战时，已经为社会所容忍。某一社会的某一成员抢夺财产，可能随时随地会遭到另一成员的谴责，但对这一行为进行惩罚却不常见，更多地会有所变通。越轨社会学研究认为，任何公认的自然法则都不是绝对的、共性的。偏差行为的教材和课程都承认相对论的力量，而这些并非在主流之外。

贝克尔的《局外人》在教学和研究上都收获颇丰。在 20 世纪六七十年代，受到这种新方法的启发，许多教师和作家转而从事偏差行为的研究，他们以其独到的解释和论点确立了新的主题。其中之一就是俄亥俄大学的年轻教授梯尔（Thio），他在 1978 年出版了一本非常适用于教学的名为《越轨社会学》的书。他的作品流畅、具体而简洁：那些复杂的概念和理论在其作品中却通俗易懂，引人入胜；使用术语时既不晦涩，也不矫揉造作；例证生动，易于为学生所接受；涉猎全面而且方法适中；该书还容纳百川，博采众长，适应越轨社会学教师以各种不同的方法讲授同一主题的授课需要……从最宽泛、实证的自然科学模式到最人性化的、感同身受的主观主义范式和方法。梯尔真正做到了“百花齐放”。

随着 1963 年贝克尔的开创性成果面世，一系列关于越轨或偏差行为的教科书相继出版。但是，这些书却被淹没在书海中，很难激起师生们的兴趣。我的书架上就有很多这样的书，用手一摸，我就知道为什么它们难以长久了：这本书读起来困难，那本书深奥难懂，另一本枯燥无味，还有的语无伦次。

梯尔的《越轨社会学》就像一颗璀璨的明珠，现在它已经出到第 10 版了，读起来令人赏心悦目：语言清晰，结构严谨，方法适当。如果学生们想要了解越轨社会学在美国是如何讲授、如何实践的，这本书无疑具有启发之功效。难道不是吗？或许现在正使用这本教材的某位中国学生，将来会成为一名专家学者。他或许正渴望解决这些问题，利用中文资料，以自己独特的风格，创作出一部与本书相媲美的经典作品。

埃里希·古德（Erich Goode）教授

于纽约州立大学石溪分校

推荐序 2

很高兴看到亚历克斯·梯尔（Alex Thio）著的《越轨社会学》中译本付梓，与中国的读者见面。亚历克斯·梯尔是美国著名社会学家，他在偏差行为的研究上享有很高的声望，这一点可从美国另一位研究偏差行为的知名教授埃里希·古德乐意加盟为本书撰写序言上得到充分的佐证。梯尔教授是我在俄亥俄大学的同事，他虽年长我许多，但我们却是非常好的朋友。他编写的这本教材是美国大学的畅销课本，现在呈献给读者的是第 10 版，是由我带回国并推荐给翻译者的 。我推荐的原因有二：一是中国国内社会学关于偏差行为的教材颇为匮乏，翻译梯尔的这本教材可弥补这一方面的不足；二是梯尔此书在阐述偏差行为的深度和广度上可以说是美国乃至世界同类大学教材中无可争议的佼佼者。

《越轨社会学》主要研究偏差行为，这是社会学中社会控制研究领域一个很重要的分支。西方学术界在这一领域的研究起步于 19 世纪，在进入 20 世纪后逐渐理论化和系统化，现已成为一门相对独立的学科。偏差行为是指人群交际中那些违反社会公共道德准则和规范的活动，其中既包括不法的犯罪行为，也泛指那些并不违法但却有悖于主流风范的“标新立异”之行为。因此，人群中偏差行为之多寡对社会稳定的重要性是不言而喻的，而研究偏差行为的起因及其所产生的影响又是观察人类社会变迁的一个不可或缺的视角。正如作者所指出的，偏差行为之定义取决于三大因素：时间、地点、公共认知度或权力。本书正是从大历史的角度围绕这三大变量阐述和探讨偏差行为的，同时作者始终将分析的重点放在对社会的不同阶层、种族和性别进行比较上。在最新的第 10 版中，作者又着力探讨了在互联网时代人际交流中出现的新现象，如网络偏差行为等。

听说梯尔应出版社之邀正在为此书第十一版收集资料做准备。一本教材能如此畅销不衰实属不易，其中甜酸苦辣，只有作者自知。我认为此书在美国能有持久的市场价值源于三大要素：首先是作者本人孜孜不倦、严谨踏实的治学风格，例如他对偏差行为的最新研究成果的跟踪、取舍和归纳可以说达到精益求精的地步。因此，该书大约每二至三年的一次新版，都能给读者带来全新的信息。其次是作者对当代美国社会上出现的有代表性或有争议的偏差行为案例的收集、归类和点评，使得读者能有身临其境的感觉和举一反三的效果。再次是作者深厚的英语语言表达功底。他的写作风格深入浅出、明白易懂，毫无矫揉造作之态，或故弄玄虚之心，许多晦涩难懂的概念经过他的表述都变得清晰明了，复杂的统计数据被删繁就简，运用得贴切到位。这也从另一方面说明作者对专业领域的知识烂熟于心，可以说是厚积薄发，挥洒自如。所有这些当然给翻译者也带来了不少挑战。

担任此书翻译工作的是湖北经济学院社会科学系的几位青年教师，由系副主任王海霞教授统稿。在整个翻译过程中，他们兢兢业业，团结一致，相互合作，克服了不少困难，如在一些美式俚语的翻译上，反复推敲，是下了不少功夫的，为了忠实于原意，在有些术语后面加上了英文原文，以辅助读者理解。此外，他们在翻译中遇到的一些理论概念和案例背景上的疑惑之处通过与作者联系得到了解释。可以说，这本译作饱含着翻译者辛勤劳动的汗水，同时也表现出了他们驾驭两种语言的实力。翻译教材绝非易事，其中甘苦，我作为过来人是最能理解的。看着他们寄来的厚厚译稿，一卷读罢，感到十分欣慰。在此书出版之际，我向四位翻译者表示祝贺，同时也向湖北经济学院社会科学系表示祝贺。我也借此机会感谢中国人民大学出版社的宝贵支持。我相信《越轨社会学》的中译本一定会受到读者的喜爱。

李捷理

美国俄亥俄大学社会学系教授

美国华人人文社会科学教授协会（ACPSS）会长

中文版序

很荣幸把这本研究偏差行为的《越轨社会学》教材介绍给中国学生，我希望你们可以从中发现乐趣！更重要的是，由此你们可以对美国现代社会和美国人了解得更多。你们可能认为美国人太拜金，他们只关心像金钱这样物质的东西，甚至到了对他人没有同情心的地步。但有意思的是，这本《越轨社会学》会告诉大家，美国人就像世界上大多数人一样，把同情心视为一种弥足珍贵的美德。这或许可以解释为什么现在建构主义理论解释偏差行为的观点在美国社会学界那么有市场了，就像这本书的第一章和第三章所说的那样。实质上，建构主义理论是用换位思考的方式去理解偏差行为的，这反映了美国人的一种倾向，即越来越能接受偏差行为了。这也利于理解为什么一度在美国被大家斥为偏差的少数同性恋，今天却越来越能为大众所认可和接受了。正因为如此，尽管巴拉克·奥巴马身为一名黑人——过去饱受歧视，却也能当上美国总统。

你手上的这本书是我编写的《越轨社会学》第10版。它之所以能在美国获得成功，是因为它具有如下特色：覆盖广泛而全面，写作风格简洁明快，反映现实生活真实可信，解析方式易为学生接受，理论阐释和数据分析深入透彻，这些理论阐释和数据分析大都是美国社会和美国人的真实写照。大多数具体的偏差行为章节从“社会特征”和“环球视野”两个方面加以介绍。“社会特征”聚焦于偏差行为者，如连环杀手、自杀式爆炸者、抑郁的青少年、换妻者、狂欢纵饮的大学生和商业骗子等。“环球视野”部分从全球的角度把美国具体的偏差行为与世界其他地方的加以对比，如家庭暴力、精神错乱、卖淫、吸烟和官员腐败。本书的另一特色是在每一种偏差行为的章节开头都列出了“表象与事实”。最重要的特色也许是清新的写作风格与有趣的话题相得益彰，并贯穿于始终。

本书对一系列研究理论和特定的偏差行为都进行了深入分析。除了涵盖所有的一般话题外，还涉及当前的许多热点问题，包括女性主义、后现代主义、明耻整合理论、民族志以及刚被确认为偏差行为的网络偏差行为、自杀式爆炸、女性割礼、青少年性风险、滥用处方药和肥胖的污名等。我还提供了丰富的研究数据，甚至推翻了许多普遍认可的一般性假设。

亚历克斯·梯尔

序 言

此次出版的《越轨社会学》一书，尽可能设计得既有益于教学也有益于自学。偏差行为本身是一个令人心动的话题，而本书浅显易懂的写作手法使其更加发人深思。学者们刊登在杂志和书本中的那些枯燥复杂的偏差行为理论和数据，在本书中都变得简洁有趣，而且准确无误。此外，作者那富有启发性、讽刺性，发人深思的评论，使该书对读者更有吸引力。在该版的写作过程中，我体会到工作的乐趣，同时也希望读者在阅读和学习中找到快乐。

特征

目前采用的这种风格保留了使本书畅销的所有特色，如：涵盖内容广、写作手法灵活、简明扼要、针对（学生）性强、数据可靠和分析严谨等。这部论著的独创性在于章节中设有偏差行为具体表现的"社会特征"和"环球视野"部分，这些社会特征聚焦了某一集团的偏差行为者，比如连环杀手、自杀式爆炸者、抑郁的青少年、换妻者、狂欢纵饮的大学生和商业骗子；环球视野部分把美国社会的具体偏差行为与世界其他地方的进行对比，如家庭暴力、精神错乱、卖淫、恐同症（同性恋恐惧症）（homophobia）、吸烟和官员腐败等，环球视野是全球化时代一种重要的批判性方法。该版的另外一个独特之处，是在关于偏差行为的每一章节的开头，增设了"表象与事实"一栏，而其最大特色则是贯穿始终的宗旨与文体的巧妙融合。

本书插有大量关于偏差行为的详细例证和理论分析，除常规话题外，也涉及许多重要的时髦话题，包括女权主义、后现代主义、明耻整合理论、民族志以及一些最新确认的偏差行为，如网络偏差行为、自杀式爆炸、女性割礼、青少年性风险、滥用处方药和肥胖的污名等。书中还列举了很多研究数据，甚至推翻了许多被普遍认可的一般性假设。

之所以把所有的偏差行为理论和数据呈现给人们，就是想让人们重新思考和评价传统社会的先人之见和偏见。譬如，在有关同性恋和其他污名受害者（victims of stigma）一章中，读者可以了解到，同性恋、变性、双性人（intersexuals）、异装癖（transvestites）、过度肥胖症和文身等并非不可思议，也不怪诞；同时，那些身体残疾者也并非无助的可怜人。

你为什么需要这个新版本？

考虑到社会学家和其他行为科学家最新取得的许多重大成果，这一版做了一次彻底更新和修订。以下列举了一部分新内容。

■ 最新研究发现，同性恋和异性恋的大脑结构有所不同。

■ 来自不同国家的30份最新研究报告显示，麻醉品滥用者比普通人更有可能犯罪。

■ 最新一项研究表明，谋杀—自杀型的凶手（murder-suicide），杀害受害者是为了表明自己的优势或为了控制他们。

■ 最新统计数据表明，数十亿美元都花费在禁毒法的实施上，而不是药物滥用的预防和治疗上。

新版在此还列举了几个当前引起普遍关注和广泛兴趣的话题：

■ 对美国弗吉尼亚理工大学枪击事件的原因调查。

■ 从讨论年轻的自杀式爆炸者入手，他们炸死炸伤许多学生后被击毙，阐明了大规模屠杀的凶手实质上都非常正常，而没有情绪失调。

■ 人们对死刑是否能遏制凶杀存有争议。

■ 如今越来越多的青少年倾向于口交，因为他们认为这不是真正的性行为。尽管如此，他们也只是与某个特定的人进行口交，而不是跟很多人。

该版特色

新版吸纳了许多社会学家和行为科学家富有意义和趣味的研究成果，也听取了评论家和教材使用者的建议和批评。最富创意的修订及新增内容如下：

■ 第二章（实证主义理论）：以弗吉尼亚理工大学的枪击案开始，对这一悲剧的原因的探析体现了实证主义理论的追求。一项最新研究表明，诸如性别和多动症等特定因素对偏差行为影响很大。

■ 第三章（建构主义理论）：本章以堕胎日益困难开篇，折射出人们对堕胎是偏差行为这一观点的日渐认同。但是反对堕胎者并不把堕胎看成偏差行为。对某一行为是否属于偏差行为，人们的观点互相冲突，这表明偏差的认定只是观念上的问题，而不是行为本身的问题。这就是建构主义理论最本质的一点。

■ 第四章（身体暴力）：本章开头讲述了一个年轻的自杀式爆炸者在杀死杀伤很多学生后开枪自杀的故事，这个爆炸者符合自杀式恐怖分子的所有特征。本章也提供了更多的关于谋杀—自杀型凶手的最新数据，校园暴力的案件数也得到广泛修订和更新。关于跟踪和种族屠杀的信息也越来越多。此外，对死刑能否有效阻止谋杀的问题，也进行了大幅度修订。

■ 第五章（强奸和儿童性侵）：本章以 3 个高中生被指控性侵一个 16 岁的同校女生开篇，说明强奸这种性暴力，在美国相当普遍。最新数据对此进一步加以说明：（1）一种误解认为强奸是由被害人造成的；（2）男性强奸的主要特征是发生在监狱外。

■ 第六章（家庭暴力）：最新数据表明，老人受到家庭成员的虐待。

■ 第七章（自杀）：本章开头讲述了一个大学生是怎样自杀的，这在青少年死因中仅次于车祸，位居第二。最新信息进一步表明：（1）专业人士中自杀率很高，如内科医生；（2）抗抑郁药是否增加了青少年自杀的风险，对此有两派观点完全相反；（3）为什么居住与学习环境有利于保护学生，减少自杀；（4）如今年轻男性自杀率飙升的原因。

■ 第八章（精神错乱）：本章开头讲述的是一位律师与抑郁症斗争了近 10 年，这种精神错乱困扰着成千上万的美国人。其他新元素包括民间对自闭症儿童的流行观念，在精神病学专业中一直占主导地位的生物学观点，性别因素对内向型精神错乱的影响。

■ 第九章（异性恋偏差行为）：最新数据显示，许多少女只跟一个性伙伴进行口交，而丹麦的大多数男性发现赤裸裸的色情有益于生活，还有更多内容涉及裸体舞、性交换、应召女郎和皮条客。

■ 第十章（同性恋和其他污名受害者）：包括瑞典的最新调查发现，同性恋与异性恋的大脑结构有所不同，最新调查揭示了受艾滋病折磨的异性恋女性很可能倾向同性恋行为的原因。

■ 第十一章（药物的使用）：在不同国家进行的 30 项研究为我们提供了一个新观点，麻醉品滥用者可能比一般人犯罪的可能性更大。数十亿美元花在禁毒法的实施上，而不是花在预防与治疗上。一项最新调查显示，12～17 岁的青少年吸烟率相当高。

■ 第十二章（饮酒与酗酒）：以校园狂欢纵饮的戏剧化场面开始，本章也展示了一些相互矛盾的研究成果，即若青少年与父母一起饮酒，是否或多或少更有可能狂欢纵饮。

■ 第十三章（特权偏差行为）：本章开头讲述了一个公司主管在公司定期抓到小偷的故事。本章还举了一个最新实例，说的是一家庞大的德国技术公司对政府实施的偏差行为。

■ 第十四章（弱势群体偏差行为）：本章以街头团伙从事的各种弱势群体偏差行为开篇，还有些最新观察，即与过去相比，现在的劫匪更有可能持枪抢劫及为什么如此。

■ 第十五章（网络偏差行为）：从一个小故事开始，说明为什么网络偏差行为是一个非常普遍的问题。

教学法

每章均以意味深远的画面和真实生动的简介作为开头，不仅可以激发学生的学习兴趣，而且也阐明了本章的主旨。为提高学生的思考能力和记忆力，每章概要采用问答形式。为了满足人们的信息需求，每章后面的扩展阅读材料都添有注释。最后，为鼓励读者对阅读内容进行认真思考，每章结尾都附有两道思考题。

鸣谢

我要对众多的教授表达深深的谢意，他们在课堂上采用了过去的九个版本。我也对那些为本书早期版本作出贡献的社会学家们表示谢意，因为他们提出了有益的批评建议。他们是：

罗伊・奥斯汀（Roy Austin）（宾夕法尼亚州立大学，Pennsylvania State University）

多德・博加特（Dodd Bogart）（新墨西哥大学，University of New Mexico）

朱莉・V・布朗（Julie V. Brown）（北卡罗来纳大学格林波若分校，University of North Carolina，Greensboro）

詹姆斯・T・凯里（James T. Carey）（伊利诺伊大学芝加哥分校，University of Illinois，Chicago）

布伦达・柴妮（Brenda Chaney）（俄亥俄州立大学，Ohio State University）

史蒂芬・R・丘尔顿（Steven R. Cureton）（北卡罗来纳大学格林波若分校，University of North Carolina，Greensboro）

菲利普・W・戴维斯（Phillip W. Davis）（佐治亚州立大学，Georgia State University）

埃斯特尔・迪殊（Estelle Disch）（波士顿州立学院，Boston State College）

杰基・埃勒（Jackie Eller）（中田纳西州立大学，Middle Tennessee State University）

雷蒙德・A・伊夫（Raymond A. Eve）（得克萨斯大学阿林顿分校，University of Texas at Arlington）

查尔斯・E・弗雷泽（Charles E. Frazier）（佛罗里达大学，University of Florida）

约翰・R・赫本（John R. Hepburn）（亚利桑那州立大学，Arizona State University）

阿瑟・C・希尔（Arthur C. Hill）（明尼阿波利斯社区学院，Minneapolis Community College）

理查德・C・霍林格（Richard C. Hollinger）（佛罗里达大学，University of Florida）

加里・詹森（Gary Jensen）（范德比尔特大学，Vanderbilt University）

玛格丽特・S・凯利（Margaret S. Kelley）（俄克拉何马大学，University of Oklahoma）

迈克尔・基梅尔（Michael Kimmel）（纽约州立大学石溪分校，SUNY-Stony Brook）

李岗（Gang Lee）（得克萨斯大学埃尔帕索分校，University of Texas-El Paso）

刘洪（Hong Liu）（朴茨茅斯大学，University of Pittsburgh）

鲁斯・X・刘（Ruth X. Liu）（圣迭戈州立大学，San Diego State University）

斯科特・迈格努森-马汀森（Scott Magnuson-Martinson）（诺曼戴尔社区学院，Normandale Community College）

………

目　录

第一部分　**观点和理论** / 1

第一章　**什么是偏差行为** / 3
一、互相对立的界定 / 4
二、关于偏差和犯罪 / 9
三、本章概要 / 10
四、扩展阅读 / 10
五、思考题 / 11

第二章　**实证主义理论** / 12
一、失范—压力理论 / 12
二、社会学习理论 / 16
三、社会控制理论 / 18
四、本章概要 / 20
五、扩展阅读 / 21
六、思考题 / 21

第三章　**建构主义理论** / 22
一、标签理论 / 22
二、现象学理论 / 25
三、冲突理论 / 26
四、本章概要 / 31
五、扩展阅读 / 32
六、思考题 / 32

第二部分　**人与人之间的暴力** / 33

第四章　**身体暴力** / 35
一、故意伤害和恶意伤害 / 36
二、谁最有可能杀人？ / 36
三、杀人模式 / 38
四、杀人特点 / 39

五、大屠杀和连环杀人 / 42
六、连环杀手的社会特征 / 42
七、环球视野：凶杀 / 43
八、校园暴力 / 43
九、跟踪 / 44
十、仇杀 / 44
十一、种族屠杀 / 45
十二、恐怖主义："9·11"袭击 / 46
十三、为什么要杀人？ / 46
十四、死刑能遏制凶杀吗？ / 47
十五、本章概要 / 49
十六、扩展阅读 / 50
十七、思考题 / 51

第五章 **强奸和儿童性侵** / 52
一、强奸类型 / 53
二、强奸的后果 / 57
三、强奸文化 / 59
四、环球视野：战时强奸 / 62
五、男人为什么强奸女人？ / 62
六、被害人为男性的强奸 / 64
七、娈童 / 66
八、本章概要 / 68
九、扩展阅读 / 68
十、思考题 / 69

第六章 **家庭暴力** / 70
一、对于家庭暴力的误解 / 71
二、家庭暴力的程度 / 72
三、婚内强奸 / 72
四、殴打妻子 / 73
五、虐待儿童 / 74
六、虐待老人 / 77
七、家庭施虐者的社会特征 / 78
八、环球视野：家庭暴力 / 78
九、家庭暴力理论 / 79
十、对家庭暴力的社会反应 / 79
十一、本章概要 / 81
十二、扩展阅读 / 82
十三、思考题 / 83

第三部分 **自我毁灭的偏差行为** / 85

第七章 **自杀** / 87
一、各种自杀经历 / 88

二、自杀的高危人群 / 90
三、自杀式爆炸者的社会特征 / 94
四、自杀的情境因素 / 94
五、环球视野：自杀 / 96
六、自杀的社会反应 / 97
七、自杀的社会学理论 / 99
八、本章概要 / 101
九、扩展阅读 / 102
十、思考题 / 103

第八章 **精神错乱** / 104
一、流行的观点 / 105
二、精神错乱的类型 / 106
三、精神错乱的社会因素 / 109
四、环球视野：精神错乱 / 112
五、精神错乱的社会反应 / 112
六、精神错乱理论 / 117
七、本章概要 / 121
八、扩展阅读 / 122
九、思考题 / 123

第四部分 **多重生活方式** / 125

第九章 **异性恋偏差行为** / 127
一、青少年性行为 / 128
二、婚外性行为 / 129
三、换妻者的社会特征 / 130
四、色情产品 / 131
五、电话性服务 / 133
六、裸体舞 / 133
七、性骚扰 / 134
八、世界各地的卖淫业 / 135
九、环球视野：卖淫 / 142
十、对卖淫的理论分析 / 142
十一、本章概要 / 144
十二、扩展阅读 / 145
十三、思考题 / 146

第十章 **同性恋和其他污名受害者** / 147
一、对同性恋的误解 / 148
二、男同性恋和女同性恋 / 150
三、异性恋和双性恋的同性性行为 / 155
四、同性恋恐惧症 / 156
五、环球视野：同性恋恐惧症 / 160
六、其他社会污名的受害者 / 161

七、本章概要 / 164
八、扩展阅读 / 165
九、思考题 / 166

第五部分 物质的使用和滥用 / 167

第十一章 药物的使用 / 169
一、麻醉品使用情况概览 / 170
二、非法麻醉品：其效用及使用者 / 171
三、麻醉品使用的社会维度 / 175
四、成为吸毒者 / 177
五、吸毒者的社会特征 / 178
六、为什么要吸毒？ / 179
七、与麻醉品作斗争 / 180
八、滥用处方麻醉品，尤其是奥施康定 / 183
九、吸烟 / 184
十、环球视野：吸烟 / 185
十一、本章概要 / 185
十二、扩展阅读 / 186
十三、思考题 / 187

第十二章 饮酒与酗酒 / 188
一、饮酒与酗酒的范围 / 189
二、有关酒精滥用的误解 / 189
三、酒精能让人干什么 / 190
四、饮酒的社会影响因素 / 191
五、环球视野：饮酒 / 194
六、什么是酗酒？ / 195
七、成为酗酒者 / 195
八、大学生与酒精 / 196
九、女性与酒精 / 197
十、酗酒是什么原因造成的？ / 198
十一、控制饮酒和酗酒 / 200
十二、本章概要 / 202
十三、扩展阅读 / 203
十四、思考题 / 204

第六部分 不平等引发的偏差行为 / 205

第十三章 特权偏差行为 / 207
一、什么是白领偏差行为？ / 208
二、企业偏差行为 / 209
三、企业欺诈的社会特征 / 212
四、职场偏差行为 / 213
五、是什么让白领偏差与众不同？ / 215

六、白领行为偏差的成因 / 217
七、政府偏差行为 / 218
八、环球视野：官员腐败 / 219
九、以官方的方式开脱罪行 / 220
十、政府行为偏差的原因 / 221
十一、本章概要 / 222
十二、扩展阅读 / 222
十三、思考题 / 223

第十四章　弱势群体偏差行为 / 224
一、抢劫 / 225
二、盗车与劫车 / 228
三、入室行窃 / 229
四、入店行窃 / 230
五、有组织犯罪 / 231
六、美国打击有组织犯罪 / 233
七、环球视野：有组织犯罪 / 233
八、本章概要 / 234
九、扩展阅读 / 235
十、思考题 / 236

第七部分　网络空间——未开发的领域 / 237

第十五章　网络偏差行为 / 239
一、在线寻找赚钱机会 / 240
二、网上寻找性爱 / 242
三、网上泄愤 / 244
四、破坏计算机网络 / 245
五、环球视野：网络偏差行为 / 247
六、本章概要 / 247
七、扩展阅读 / 248
八、思考题 / 249

参考文献 / 250
主题索引 / 286
译后记 / 304

第一部分

观点和理论

3

第一章 什么是偏差行为*

邦尼·皮兹（Bonnie Pitzer）是一个中学生，她正在参加一个词汇考试。当她记不起单词“desolated”（荒凉的）时，她没有惊慌，而是静静地在网络上查找其含义。她的行为是作弊吗？如果她的行为是作弊，就可能被认为是偏差行为。然而，在今天的网络时代，越来越多像邦尼的老师那样的教育者认为，她的行为不是作弊或偏差行为。对他们而言，理智的网络冲浪和分析比机械记忆更加重要。老师认为，邦尼考得好，因为她不仅知道如何在网上查找单词的意义，而且还会遣词造句。正如老师解释的那样：“我想让孩子们知其义，而不是光记住它。”但其他不少老师认为，邦尼在考试中的行为属于作弊，是偏差行为（Gamerman，2006）。

其实，对于偏差行为的认定可谓见仁见智。在 4
经典研究中，J. L. 西蒙斯（J. L. Simmons，1965）做过一次调研，询问公众认为什么样的人是偏差行为者。人们曾提到 252 种不同种类的偏差者，包括妓女、酒鬼、吸毒者、杀人犯、精神病患者、身体残障者、信奉共产主义者、无神论者、说谎者、民主党人、共和党人、飙车族、自怜者、退休者、离异者、基督徒、郊区白领、电影明星、职业桥牌手、和平主义者、精神病学家、牧师、自由主义者、保守主义者、基层管理者、自以为是的学生、知识渊博的教授。您可能会对其中一些人被认定为行为偏差者感到吃惊，事实上，偏差行为的界定，在公众心目中有许多不同的见解。

* “偏差行为”是越轨社会学研究的对象，过去在不少教材中被称为“越轨行为”，但译者认为“越轨”一词与“犯罪”相近，没有“偏差”一词涵盖宽泛。所谓“偏差行为”是指人际交往中那些违反社会公共道德准则和规范的行为，其中既包括一些不法的犯罪行为，也包含那些不违法却有悖于主流风范的“标新立异”行为。因此，全书主要使用的是“偏差行为”一词。——译者注

社会学家们对偏差行为也没有达成共识。我们可以说，对偏差行为的研究可能是所有社会学课题中最“偏差”的行为。社会学家关于偏差行为概念的分歧比其他任何课题都大。

一、互相对立的界定

一些社会学家简单地认为偏差行为是一种违背社会规范的行为，然而另一些人则认为，偏差行为涉及的范围更广，包括各种异议、发怒和愤懑（disapproval，anger，or indignation）。一些人则主张该定义应该更加宽泛，认为一个人虽然没有违反社会规范，但如果他有着令人不快的特征，如一个身体或精神残疾的人，也可能是偏差的。据此观点，这些人之所以被认为具有偏差行为，是因为他们对社会没有什么价值。相比之下，一些社会学家坚持认为，偏差行为并不只有负面的作用，也可以是正面的。例如：使其成为一个天才、圣人、创造性的艺术家或受人瞩目的名人。另外一些社会学家不同意上述观点，认为“正向偏差”（positive deviance）是一种矛盾修饰法（oxymoron），其含义本身是自相矛盾的（Heckert & Heckert，2002；Goode，1991；Dodge，1985；Harman，1985）。

不管偏差行为是正向的还是负向的，也不管它是混乱的行为还是毫无意义的行为状态，以上的这些社会学家都显然同意这样的观点：偏差行为确实存在于偏差行为内部或其本身就是偏差行为，也可以说，它是区别于其他非偏差行为的特征。这种观点背后的逻辑是，如果它首先是虚假的，人们就不可能认为它是正面的、负面的、混乱的或毫无意义的。但有些社会学家不同意上述观点，认为不一定真的存在偏差行为，它只是被贴上了偏差行为的标签而已。因为肤色等原因，某些人被错误地定罪，被误诊为有精神病，被有偏见性地认为是危险的。相反，偏差的行为未必使人偏差，特别是当这种行为处于隐秘状态，没被标签成偏差行为时。因此，是这种贴标签的行为，而不是其行为本身，使得一个人变为偏差者。

有些社会学家超越偏差行为概念而去强调权力的重要性。他们认为，相比较而言，有权者能够逃脱被认定为偏差者的命运，不像那些无权者会被荒谬地、不公正地标签为偏差者。其关键原因是，前者通过他们已有的权力，依靠自己或公众力量甚或二者兼有，攫取更多权力，把别人标签为偏差者。显然，持有这种观点的社会学家认为，偏差行为是权力阶 5
层在特定时间和地点对违反社会规范的行为下的定义（Ermann & Lundman，2002；Simon，2006）。

从这一对矛盾的定义中，我们能看出两种相反的观点：实证主义理论和建构主义理论（positivism and social constructionism）。实证主义理论与自然科学譬如物理学、化学或生物学相联系。建构主义是以人文学科例如艺术、语言学或哲学为基础的。每一种观点都影响科学家或学者们对课题的观察、研究和理解。两种观点长期被社会学所引用，以至于一些社会学家持实证主义观点，而另一些社会学家则持建构主义观点。

在越轨社会学中，总体上说，实证主义从正面的角度来定义偏差行为，而建构主义则更多从社会角度来定义，即把一种观念归因于一些社会行为。每种观点都提供了一些关于偏差行为的见解，结果关于偏差行为就有多种表达。因而人们认为实证主义理论是客观的、绝对的、规范的、决定性的和实质性的（Goode，2005b；Wittig，1990），而建构主义是人本的、主观的、相对的、反应的、界定的和后现代主义的观点（Heckert & Heckert，2002；Lyman，1995）。每种观点给偏差行为下定义，都是通过研究对象、方法、理论等去界定和研究的。

1. 实证主义理论

实证主义理论是由三个与偏差行为相关的假设组成的。这些假设被实证论者概括为：绝对主义、客观主义和决定论。

（1）绝对主义：偏差行为是绝对真实的。

实证主义理论认为，偏差行为是绝对的或内在的真实，这种真实使它具有一些区别于传统习俗的特征。同样地，行为偏差者的特征在一定意义上也有别于传统意义上的一般人。因而，受这种观点影响的社会学家认为，偏差行为是个人与生俱来的特性。

越轨社会学的先驱，即早期的犯罪学家，是坚持这一观点的。在19至20世纪之交，犯罪学家认为，罪犯具有一般的守法者所没有的一些生物学特征。这包括有缺陷的基因、头部的隆起物、长而低的下巴、稀疏的胡须和粗壮的体格。因为所有这些特征是先天的，所以人们认为罪犯是天生的。如果说他们具有犯罪基因，那早晚都会是罪犯。正如俗话所说：“江山易改，本性难移。”因而，无论去哪里，到世界任何地方，他们都会是罪犯。

随后，犯罪学家把注意力从生物学特征转移到心理学特征。按这种观点，罪犯具有普通人所没有的某种心理学特征。更准确地讲，罪犯是弱智的、
6 精神错乱的、神经质的、心理变态的或神经紊乱的。他们认为，正像生物学特征一样，每个罪犯都具有这些心理学特征。而且就像生物学特征那样，无论罪犯处于何种社会或文化背景下，这种心理学特征都与罪犯如影随形；而且无论到哪里，罪犯早晚是罪犯。

然而今天，大部分实证社会学家已经不再用生物学和心理学特征将罪犯从人群中分离出来。他们认识到社会因素对犯罪行为的确定有重要作用。这种"确定"随着时空的改变而不同，而且在不同时期和不同社会中都会发生变化。一夫多妻者在我们的社会可能算罪犯，而在伊斯兰国家却是遵纪守法的公民。在我们的社会，如果一个人能看到别人看不到的东西，就可能被认为患有精神病，但在南太平洋岛国却可能变成宗教领袖。不过，实证主义社会学家仍然认为，应该把偏差行为当作绝对的或内在的真实。例如，与相对主义者认为的偏差行为是以标签形式强加在某一事物上的观点相反，实证主义者特拉维斯·赫希（Travis Hirschi，1973）就申辩道："某个人不可能做过某件'偏差'的事情，但他确实（在许多情况下）做过'某件'事情。如此的行为很可能是过去发生在他身上的某类事情的结果，也可能是如幽灵般的过去始终缠绕着他。并且，如果他单独一个人时，他会重复这件事情。"而且，与相对主义者主张的把一些人的行为贴上精神病标签的看法不同，格温·奈特勒（Gwynn Nettler，1974）直接表达了他的绝对主义观点："有些人比其他人更疯狂，我们能区别其不同；但是疯狂行为并不是因为被贴上精神错乱的标签才出现的。"实证主义社会学家似乎想说明，正像一朵玫瑰花被冠以任何名字而仍能闻到其香味一样，无论被贴上什么标签，偏差行为都是客观存在的。

正因为认定了偏差行为的客观性，实证主义社会学家倾向于将其研究重点放在偏差行为和偏差者身上，而不是那些没有偏差行为的人上面，后者就是把其他人标签为偏差行为的人，譬如法律的制定者和执行者。而他们正像本书后面叙述的那样，是建构主义社会学家有可能研究的对象。

（2）客观主义：偏差行为是一种可以观察研究的对象。

对实证主义社会学家而言，偏差行为是一种可以观察研究的对象，偏差者也能像事物一样被客观地研究。正像自然科学家研究自然现象一样，实证主义社会学家认为偏差行为也可以作为客观事物来研究。因此可以采取研究事物一样的技巧来研究偏差行为。不过，他们也意识到，在其实验对象——人类，与自然科学家的无生命的客体之间，是有一些差别的。同样是人，实证主义社会学家对于其实验对象必然有一定的感情。无论如何，对待行为偏差者，社会学家力求强制自己不去进行道德评判或分享行为偏差者的感情经历，以此努力控制自己的个人偏见。相反，研究者把主要精力集中在关注行为偏差者的外在表现上。此外，他们力求遵循科学原则，把所有关于偏差行为的思考公之于众，接受检验。这就意味着，其他社会学家也能分析论证这些思想是否建立在事实基础上，能否站得住脚。

上述对科学客观性的追求使今天的实证主义社会学家比他们的前辈更加客观。因此，他们也出版
了很多有关偏差行为本质的作品。他们不再使用过 7
去那种带有价值偏见和主观理念而今天不再时髦的用语，诸如：罪恶、不道德、道德堕落、道德沦丧和道德颓废等常用的描述偏差行为本质的词汇，取而代之的是诸如违规型、退缩型、仪式型、叛逆性及冲突这类价值中立而客观的概念。

为了证明这些概念的客观真实性，实证主义社会学家采用了官方报道和统计分析报告、自述式调查和受害者调查。实证主义者认识到一个不幸的事实，即用这种方法认定的行为偏差者并不能代表整个人群。例如，在官方统计中的罪犯和违法者只是其中的一个特殊团体，因为大部分犯罪和违法行为未被发现，所以并不包含在官方的统计当中。然而，实证主义者相信，通过修正提炼，可以提高所获信息的质量。同时，他们认为这些信息虽然不太准确，但很有用，至少可以揭示偏差行为的一部分，通过这些信息可以找出偏差行为的原因。这就引导我们继续了解下一个问题，即实证主义理论的第三个假设。

（3）决定论：偏差行为是一种决意的行为。

根据实证主义理论，偏差行为是由个人意志之外的某种外力决定的。自然科学家对自然现象持有的正是这种决定论的观点。实证主义社会学家遵循自然科学原理，采用决定论观点，并将其用于判断人类行为。

由于太希望把他们的学科纳入自然科学的范畴，

早期社会学家坚持认为，就像自然科学家研究动物、植物和客观物质材料那样，人类没有任何自由意志，因为对自由意志的承认是与科学的决定论原则相矛盾的。如果谋杀者被认为是主动或执意去实施一项谋杀的，那么将此类谋杀行为归咎于人为因素之外的力量（诸如精神状况或家庭背景）就有悖常理了。因而，在维护科学的决定论原理时，早期社会学家是否定自由意志的。

然而，今天的实证主义者认为，人类确实有自由意志。同时他们主张，这种假设并不违背决定论。无论人们有多少的自由意志去做出选择和决定，自由意志都不会无缘无故地出现，总是有原因的。比如，一个妇女不愿意和其丈夫生活在一起，而是要杀死他，她一定有自己的意志和选择自由，而没有人强迫她。但是，有些因素决定她把一种意志凌驾于另一种意志之上。这种因素可能是丈夫的长期虐待。所以，根据今天实证社会学家的观点，自由意志与因果关系并不矛盾。

尽管实证主义者持有这种观点，但并不以此来解释为什么人们只在一定情境下才出现偏差行为。例如，他们不会用“因为她选择了杀人”来解释为什么妇女杀人。这根本不能作为解释的理由，因为
8 这种“选择”的理论也适用于用“她选择了不杀丈夫”来解释为什么另外一个妇女不杀她的丈夫。根据实证主义者的观点，杀和不杀，在更普遍的意义上来讲，是偏差和传统这两种相反的行为，不能都用相同的因素如“选择”来解释。而且，以上的“选择”概念不仅不能解释偏差行为和传统行为的区别，同时也不能说明为什么一些人选择“杀人”而另一些人选择“不杀人”。因而，尽管实证主义者确实相信人类的“选择”，但他们并没有把偏差行为归因于人类的“选择”。他们用诸如虐待妻子、离异的家庭、不幸的家庭、卑微的出身、经济能力的丧失、社会的无序性、社会的快节奏变化、交际环境的优劣（差异交往）(differential association)、环境因素对异常行为的强化（差异强化）(differential reinforcement) 以及社会控制缺失等因素来解释偏差行为。上述任何一种原因都可能证明实证主义者对偏差行为的解释，譬如，可能用虐待妻子来解释为什么妻子会杀死丈夫。实证主义者就是以此解释为什么会产生偏差行为的。

总之，关于偏差行为的实证主义理论有三个假设。第一，偏差行为是绝对真实的并有别于传统习俗的某些特征。第二，偏差行为是一种客观存在，一个行为偏差者就像客观物体一样可以被客观地研究。第三，偏差行为被个人能力之外的力量所控制。

2. 建构主义理论

自20世纪60年代以来，出现了建构主义理论，挑战早已在越轨社会学中占统治地位的实证主义理论。让我们验证一下建构主义中那些和实证主义理论相反的假设吧。

(1) 相对主义：偏差行为是一种标签。

建构主义理论坚持相对性，认为偏差行为本身并没有任何本质特征，除非当它被认为有这些特征时。那些所谓偏差的本质特征不是来自于偏差行为本身，而是来自于人们的一些思想。简而言之，即是因为人们认为这种行为是偏差的，所以这种行为就表现为偏差的。正如霍华德·贝克尔（Howard Becker，1963）所言：“偏差行为是人们给某种行为贴的标签。”因此，没有这个标签，也就没有偏差行为。偏差行为的存在是因为存在贴标签的行为。那么，偏差行为是一种精神的“解释”（一种观念，一种思想，一种想象），这种“解释”以一种标签的形式存在。换句话说，偏差行为是人为构建的，是由社会定义的。

因为建构主义者认为偏差行为是不真实的，所以他们理所当然不愿研究它。他们对某一特定行为是否或为什么被社会定义为偏差行为更感兴趣。这就导致了对这些给他人贴标签的人进行的研究，譬如，对警察和司法机构的研究。如果建构主义者研究偏差行为，他们就会去探求“贴标签”的性质及其结果。

在研究执法机构过程中，建构主义者发现，在 9
是否应该把某人认定为罪犯的问题上，产生了很多分歧。警察之间常常因分歧而不知某个嫌疑犯是否应该被抓起来，法官之间常常因分歧而不知某个被捕的嫌疑犯该被宣判还是被释放。另外，因为各州法律不同，就可能出现某一种行为在这个州被认定为犯罪而在另一个州却是无罪的现象。譬如，年轻男子使未婚少女怀孕生子，在加利福尼亚州可能被定为强奸罪而受惩罚，但在大多数州却不是这样（Gleick，1996）。那么，在偏差行为中就有一个相对的原则：偏差行为是相对于某种行为设定的标准，即取决于人们对事物的反应方式。如果某种行为和其他人的反应无关，那么它本身是没有意义的，人们就不可能讨论它是否越轨。建构主义者一直坚持这种相对主义观点，据此认为“情人眼里出西施”，

即偏差行为也只是出现在关注偏差行为的人眼中。

（2）唯心主义：偏差行为是一种主观体验。

建构主义者把偏差行为界定为一种主观的、个人的经验，并认为行为偏差者是一个有意识、有感情、有思想和有反应的主体。建构主义者坚持认为，在人类（主动的主体）和非人类、事物（被动的客体）之间存在一个有差异的世界。人能感觉、反应，因而能将其从动物、植物、事物和自然力中区分开来，而后者却不能。人类也使个人价值和尊严神圣不可侵犯，而其他事物和自然力却不能。自然科学家把自然界假定为一个客体并加以研究，这是正确和有意义的，因为这种研究能获得利用自然规律的客观知识。同样，社会学家假定人类是一个客体并加以研究也是有积极意义的，因为这种研究能使人们获取控制人类的客观知识，但是这种行为违反了建构主义者所说的人类价值和感情。

像人道主义者一样，建构主义者反对控制人类。然而，他们提倡保护和发展人类的价值、尊严和自由。人文意识形态体系的成果之一，是对所谓的人类行为进行客观知识的考察，无论何时用这种知识控制人类，都不可避免地使其肤浅化。如为了控制黑人，南非的种族主义者只需要将黑人从白人中区别和分离开来，拥有这种浅薄知识即可。人类学家为了保护和重视某类人的价值、尊严和自由，就有必要去深入理解人类行为的客观知识。这需要认同和重视某个个人或团体，体验其经历，并且用他们的观点观察其生活和周围世界。看待他们的经验要从内部参与者的主观角度进行观察，而不是像一个视察者那样从外部观察。换句话来说，我们一定要用内部的、主观的视角，而不是外部的、客观的视角。

按照建构主义者的理论，了解行为偏差者及其行为也应该用同样的方法。建构主义者把这种主观方法与实证主义者的客观方法加以对照。在他们看来，实证主义者把偏差行为当作不道德、不愉快、令人厌恶的事，认为应该控制、矫正和消除。最终，实证主义者采用客观的方法指导其研究，这是通过远离行为偏差者、研究偏差行为的外在方面和依靠
10 先入之见而获得的。结果收获的只是关于行为偏差者表象的大杂烩，譬如行为偏差者贫穷、缺乏教育、自卑和胸无大志。实证主义者可以用上述方法控制和消除偏差行为，但无法知道行为偏差者如何看待他们自己，如何看待社会和日常生活。

建构主义者相信，为了理解一个行为偏差者的生活，我们需要用相对主观的方法，这就要求我们重视和同情行为偏差者。目的就是去理解其观点，按照他们认识世界的方法来看待世界。因此，建构主义者更喜欢用民族志、参与观察或不拘一格的深度访谈法来研究行为偏差者。

用主观的、同情的方法，建构主义者得到的行为偏差者的形象与传统观点基本一致。比如，聋子一样能够与人沟通并能过正常人的生活。所以，他们应该受到尊重而不是怜悯。这意味着所谓的偏差行为（因为它像所谓的传统行为）不应该受到社会控制、矫正或消除。

（3）自愿主义：偏差行为是一种自愿的行为。

建构主义观点认为，故意的偏差行为是一种自愿的行为，是一种人类意志、意愿或选择的表达方式。建构主义者坚持这一点，因为他们被实证主义理论中那些非人性化的观点搞乱了。他们认为，实证主义暗示人类像一台机器人，一台对周围环境没有反应、没有知觉和意识的机器。但是，建构主义者强调，因为人类拥有自由意志和选择的能力，所以能决定自己的行为。

为了证明这种假设，建构主义者更愿意分析社会控制机构如何定义偏差行为，如何采取制裁措施。这种分析经常揭露出官方行为的专断、法治管理的偏激和社会控制的不公。所有这些都传递出一个强烈的信号：统治阶级通过积极地、有意识地控制“行为偏差者”来展现他们的自由意志。

建构主义者也研究分析那些已经被“标签”为行为偏差的人们。行为偏差者不再像传统社会认定的那样似乎是机器人，被动地、无意识地成就了自己不幸的形象。相反，他们被描绘成在偏差行为中积极寻求明确意义的人。例如，在建构主义者杰克·卡茨（Jack Katz，1988）的分析中，凶手们就认为他们比受害者道德更高尚，他们把杀人当作维护自己尊严和自尊的正义之举，因为受害者用奚落和侮辱等手段无情地羞辱了他们；卡茨也同样描绘了抢劫者，他们同样认为自己比被抢者高尚，认为那些人都是蠢驴或吸血鬼，就应该被抢。这就构成一种主观的、凭偏差行为经验形成的、毫无来由的描述性分析理论。

简而言之，建构主义者的观点有三个假设。第一，偏差行为本身和内容都是虚构的：它基本是一种标签。第二，故意的偏差行为是一种主观经验的反映，因而人们应该带着主观性和同情心去研究它。
第三，已经认定的偏差行为是一种自觉自愿的行为， 11
而不是由内外强制力引发的。

3. 一种综合的观点

为便于了解究竟什么是偏差行为，我们需要把实证主义和建构主义理论结合起来进行考察（请浏览表1—1中两种观点）。

表1—1　两种观点概略

实证主义理论	建构主义理论
绝对主义：偏差行为是绝对的、内在的、真实的。因而偏差行为和行为偏差者是研究的主体。	相对主义：偏差行为是一种标签，它被限定在一定时空范围内。因而，贴标签者、标签和标签的后果才是研究的主体。
客观主义：偏差行为是一种可观察的客体。因而要用客观的研究方法研究它。	唯心主义：偏差行为是一种主观的经验。因而要用主观的研究方法研究它。
决定论：偏差行为是某些原因导致的。因而要用因果的、解释性的理论去探讨。	自愿主义：偏差行为是一种自愿行为，一种自由意志的表达。因而要用非因果的、描述性的理论去探讨。

这比单独研究一种理论给我们的印象更深刻。两种理论表面上似乎相互矛盾，其实主要是侧重点不同。我们考虑一种理论，不一定就要否认另一种理论的真实性。在考虑各自观点的同时，实证主义者和建构主义者都在一定程度上假定自己的对手是正确的，只是他们各自认为对方的观点没有自己的观点那么重要。因而，当实证主义者接受建构主义者的观点，把偏差行为作为标签时，他们仅仅将其作为一种参考，认为那不像他们自己把偏差行为当作一种真实行为的观点那么重要。另一方面，当建构主义者接受实证主义者的关于偏差行为真实发生的观点时，他们也认为关注社会对偏差行为的界定更有价值。

既然我们知道了这两种相反的观点，那么我们可以将它们结合在一起考虑。正如中国人喜欢说的那样，对立双方"相互依赖"。因此我们可以把偏差行为看做是一种真实的行为和标签。一方的存在以另一方为基础，如果没有具体行为，也就没有偏差"行为"；如果没有标签，同样也没有"偏差"行为。为了能够正确使用"偏差"这一定义，这一"行为"必须是真实发生的，同样地，我们为了能更好地理解这种行为，也一定要用"标签"的方法，那么，偏差行为既是行为也是标签。

但是，两种相互矛盾的观点在互补的同时，也没必要均衡地应用于所有类型的行为。相反，在研究时，一种观点可能比另一种观点与各种行为的关系更密切，这种研究可能更适合持有该观点的社会学家的假定和旨趣。

严格意义上讲，实证主义理论更多涉及全社会 12
公认的相对"严重"的偏差行为类型，比如凶杀、强奸、武装抢劫等。这类研究之所以符合实证主义理论，原因有三：首先，实证主义者分析的特定行为有官方统计，可能被公认为是真实的。这种偏差行为本身比其他行为危害更大，更容易赢得公众对其特征的广泛认同，因此，很容易与传统行为相区别。其次，犯有重罪的人，如杀人犯、劫匪等，都来自于社会下层，不可能来自研究他们的实证主义者中。总的来说，这些犯罪活动也是实证主义者自己，如研究者、学者或教授等，不会或不能想象发生在自己身上的事。因此对实证主义者来说，远离这些犯罪活动，不去同情它们或把它们理想化，这样进行客观分析就比较容易了。最后，既然实证主义者能轻易地把自己从那些明显的偏差者中分离出来，那么，他们就会坦然地去研究，好像这些团体是被动地待在那里的客体，而不是这里的主体（像实证主义者自己）。当然，实证主义者不是去阐释偏差行为的自由意愿，而是调查这些被动的个体，用自己敏锐的眼光发现其诱因。

同样的道理，建构主义者对轻微的偏差行为类型更加关注，特别是那些未给他人造成伤害的行为偏差者。这种理论在通奸者、妓女、吸毒者、脱衣舞女、性自由者、逃税者等人群中很容易找到依据。这类研究适合建构主义理论的原因也可以从三方面进行解释。第一，对轻微的偏差行为是否确实是偏差行为，社会上难以达成共识。有些人认为是偏差行为，而另一些人却不这么认为。建构主义者强调偏差行为在本质上是一种"标签"行为，这点是符合逻辑的。第二，那些被称为行为偏差者的人不像实证主义者专门研究的罪犯那样具有危险性。这些偏差者也有一些所谓的偏差行为，但这是建构主义者能够欣赏、参与，至少觉得自己也可能做的，这不会比一般的犯罪危险。所以，建构主义者更容易同情这些被认为是行为偏差的人，并认为后者的主观经验在理解偏差行为方面很有意义。第三，既然建构主义者同情这些不会影响他人的行为偏差者，那么把他们看成像自己一样积极的主体而非被动的客体也就在情理之中了。这可能就是建构主义者强调偏差行为是自觉自愿的原因所在。

实际上，我们在熟悉了实证主义和建构主义的整个理论后就会明白，公众很难对不同的行为达成共识。一方面，从实证主义理论来看，一个假定的偏差行为是“内在真实的”，主要因为较多人认定它是真有偏差的。另一方面，建构主义理论认为，一个假定的偏差行为“本身不是真的有偏差，只是别人贴的标签而已”，这主要是因为公众对行为的真实性缺乏共识。我们可以把上述两种观点结合起来，根据常识给偏差行为下个定义。

我们认为，偏差行为可以是公众一致认可的，由重到轻的任何有偏差的行为。该定义表明，偏差行为并非与一般行为互不相干，无法把它从一般行
13 为中截然划分出来。相反，偏差行为应该被视为从极端正常行为的一端发展到完全是偏差行为一端的可观察到的过渡环节。鉴于美国社会的多元性，不同群体对某一行为是否是偏差行为看法不一，大部分偏差行为都处于两个终端的过渡区域。因此，偏差行为是某人或多或少的行为偏差，而不是完全的偏差，只是程度不同而已。我们脑海中要时刻牢记这一概念，可以把偏差行为分成两类，一种行为偏差的程度比另一种更严重：高度认同偏差和低度认同偏差。“高度认同偏差”①（Higher-consensus deviance）是实证主义者热衷研究的。“低度认同偏差”②（Lower-consensus deviance）更多的是建构主义者们关注的。然而我们将在后面的不少章节中看到，实证主义者和建构主义者现在在研究两类偏差行为时，比过去更有意思。这大概是因为如今的实证主义者把低度认同偏差（如公司敲诈和政府滥用职权）与自杀和枪击等高度认同偏差（Liddick，2004；Rosoff 等，2002）的危险程度等同起来的缘故。而且，出于政治矫正的原因（to be politically correct），建构主义者更加倾向于“界定偏差行为”（define deviancy down）的做法，同时对杀人犯、抢劫者和其他“高度认同偏差”者也表现得更敏感、更富有同情心（Hochstetler，2004；Skrapec，2001）。

在这一章中，我们已经了解了实证主义者和建构主义者如何给偏差行为下定义。在第二章中，我们将会看到实证主义者如何解释偏差行为产生的原因。在第三章中，我们将看到建构主义者如何展示偏差行为只存在于特定的人群，而这又是如何影响到他们自己以及他人的。

二、关于偏差和犯罪

学生们倾向于把偏差等同于犯罪。因而，越轨社会学有时与犯罪学相混淆。但两个领域确实不同。虽然越轨社会学包括犯罪，但它还包括没有犯罪的偏差行为。另一方面，尽管犯罪学深受越轨社会学的影响，但它仅仅涵盖犯罪。

那么，如何区分偏差行为与犯罪行为呢？第一，犯罪总是涉及违反法律，而偏差行为则不然。偏差行为可能包含违反法律的行为，所以有些偏差行为如谋杀、抢劫和强奸等也是犯罪行为。在这种意义上，越轨社会学和犯罪学是相同的。但这两门学科在大部分领域是不同的，因为大部分行为不属于犯罪——它们仅仅是脱离了一些社会标准、规则和坐标，如裸体舞、酗酒、异端教派和情绪紊乱。这些都明显地把越轨社会学与犯罪学区别开来。

第二，犯罪违反了法律的正式规则，但偏差行为只违背了公众普遍信仰的非正式规则。因而，作为违反正式规则的犯罪容易受到监禁、罚款，还会受到警察、法官、狱卒和执法机构等其他正式控制机构的制裁。另一方面，违背非正式规则的偏差行为则会受到亲戚、朋友、邻居、同龄人甚至陌生人等其他非正式控制组织的批评、嘲笑、谴责、背弃和反对。

第三，偏差行为的数量和种类比犯罪多得多。14
犯罪仅仅是一种本质性的行为，因为它是一些被法律所不容的行为，并不包括一些怪诞的信仰和态度。而许多偏差行为涉及一定的生理或心理的条件或特征，诸如过度肥胖、精神病、相貌丑陋等，这些是绝不会受到法律制裁的。

第四，正如上面提到的那样，不一定所有的偏差行为都是犯罪，但所有的犯罪都是偏差行为吗？大部分犯罪行为，如谋杀、强奸和抢劫等是偏差行为，因为它们除违反法律这个正式的规则之外，也违反了非正式的规则。但是某些犯罪却不属于偏差行为，因为它们相对而言，是社会所能接受的。换

① 社会公认度高的偏差行为。——译者注
② 社会公认度低的偏差行为。——译者注

句话说，它们是合乎规范的行为，如赌博和姘居等。因为它们太普遍了，几乎不能吸引人们的眼球。在有些地方，因为一些法律条文仍然抵制这种行为，所以它们仍属犯罪行为。另外一些常见的行为，如21岁以下年轻人中流行的酗酒、在公共场所内吸烟以及不系安全带驾驶等，在以新的立法方式明令禁止的美国许多州已经变成了犯罪行为。

20世纪60年代以前，犯罪是实证主义者研究越轨社会学的一大主题。60年代出现了建构主义理论，这使越轨社会学一下子活跃起来，直到今天仍然是一个热门的研究领域。那些关于偏差行为的实证主义研究方法使犯罪学有了新的活力（Messner & Rosenfeld，2001；Tittle，1995；Hirschi & Gottfredson，1994），然而建构主义方法使越轨社会学更富有生机。例如，一方面，越来越多的研究关注偏差行为的主观世界，揭示了行为偏差者如何看待他们自己和其他人。另一方面，建构主义者使越轨社会学更多集中于偏差行为而不是犯罪，一些相关的新领域得到研究，如后面章节涉及的青少年酗酒、滥用处方药、跨性别主义、裸体舞、身体残疾、过度肥胖、文身和网瘾等偏差行为。

三、本章概要

（1）**社会学家如何去定义偏差行为？**社会学中有许多不同的定义。主要分为实证主义和建构主义两种观点。实证主义者坚信偏差行为是绝对真实的——绝对主义观点、可以观察到的——客观主义观点、被某种行为决定的——决定论观点，是某种原因导致的。建构主义者持相对主义观点，即所谓的偏差行为主要是在某个特定时间和地点被应用到某一行为的标签；是主观主义，即偏差行为是主观经验；是自愿主义，即偏差行为是一种自愿的自由选择的行为。

（2）**我们能把两种观点整合在一起吗？**我们确实能够把它们融合到一个更广阔的视野中，即将偏差行为视为一种行动过程，这一过程依据偏差程度由重到轻形成一个连续体，这两种观点就处于其中的某几个点上。用这种综合性观点，我们能把偏差行为分为两种主要类型。一种是高度认同的偏差行为，即从总体上来说严重到大部分人都认为某一行
15 为是偏差行为，这经常是实证主义社会学家的研究课题；另一种是低度认同的偏差行为，因为总体上不严重，所以只赢得了少部分人的认同，这主要是建构主义社会学家的兴趣点。从20世纪60年代开始至今，越轨社会学领域一直很活跃。

四、扩展阅读

Adler, Patricia A. 2006. "The deviance society." *Deviant Behavior,* 27, 129–148. Arguing that the sociology of deviance continues to be a vibrant subfield of sociology.

Bendle, Mervyn F. 1999. "The death of the sociology of deviance?" *Journal of Sociology,* 35, 42–59. A critical analysis of the problems besetting the sociology of deviance and the emergence of a new paradigm for the field.

Best, Joel. 2004. *Deviance: Career of a Concept.* Belmont, Calif.: Wadsworth. An attempt to argue that deviance is no longer a thriving field of study in sociology.

Conrad, Peter, and Joseph W. Schneider. 1992. *Deviance and Medicalization: From Badness to Sickness.* Philadelphia: Temple University Press. An analysis of the changing definitions of deviance, from religious to criminal to medical definitions.

Cullen, Francis T. 1984. *Rethinking Crime and Deviance Theory: The Emergence of a Structuring Tradition.* Totowa, N.J.: Rowman & Allanheld. Arguing the importance of the "structuring perspective" for understanding deviance, which shows how certain social and social-psychological conditions can determine the transformation of a general deviant tendency into a specific form of deviant behavior.

Dodge, David L. 1985. "The over-negativized conceptualization of deviance: A programmatic exploration." *Deviant Behavior,* 6, 17–37. Argues that sociologists would do well to start studying positive deviance.

Goode, Erich, and Nachman Ben-Yehuda. 1994. *Moral Panics: The Social Construction of Deviance.* Cambridge, Mass.: Blackwell. A constructionist analysis of how societies periodically overreact with excessive fear or outrage to such social events as witchcraft, drug abuse, and satanism.

Henslin, James M. 1988. "Structuralism and individualism in deviance theory." *Deviant Behavior,* 9, 211–223. Illustrating an example of the difference between the positivist and constructionist perspectives in the sociology of deviance.

Konty, Mark. 2007. "'When in doubt, tell the truth': Pragmatism and the sociology of deviance." *Deviant Behavior,* 28, 153–170. Arguing that the study of deviance is about the rules that govern people's lives as well as the effects of rule breaking on them and others.

Lauderdale, Pat (ed.). 2003. *A Political Analysis of*

Deviance. Toronto, Canada: de Sitter Publications. A collection of articles dealing with the political nature of deviance and the various aspects of political deviance.

Lyman, Stanford M. 1995. "Without morals or mores: Deviance in postmodernist social theory." *International Journal of Politics, Culture and Society,* 9, 197–235. A critical analysis of the constructionist view that the concept of deviance reflects an unjustifiable attempt to distinguish one group from another.

Pfohl, Stephen J. 1994. *Images of Deviance and Social Control: A Sociological History,* 2d ed. New York: McGraw-Hill. Presents nine perspectives of deviance, ranging from the earliest view of deviance as a demonic act to the latest conception of deviance as a way of "asserting lost power."

Thio, Alex, Thomas C. Calhoun, and Addrain Conyers (eds.). 2010. *Readings in Deviant Behavior,* 6th ed. Boston: Allyn and Bacon. An anthology that includes articles on definitions, images, notions, characteristics, and explanations of deviance.

五、思考题

1. 研究偏差行为时，与保守主义者相比，自由主义者更有可能持有实证主义或建构主义观点吗？为什么？哪一种观点对你而言更有意义？为什么？

2. 请对你的伙伴做一个调查，其内容是："什么是偏差行为？""为什么你认为它是偏差的？"然后分析其观点属于两种偏差行为理论中的哪一种。

16

第二章 实证主义理论

2007年4月16日上午7点多，弗吉尼亚理工大学（Virginia Tech University）的校园警察在一间宿舍发现两名被枪击身亡的学生。大约两个小时后，凶手弗吉尼亚理工大学高年级的学生赵承熙（Cho Seung-Hui），来到学校的工程大楼，用铁链把外面所有的大门都锁上，以防止任何人进出，然后冲向德语教室并向里张望，好像在找人。过了一会儿，他离开此地，但不久又返回，首先冷静而有目的地向德语教师的头部开了第一枪，然后在教室里走了一圈，有条不紊地逐个射杀学生。他至少射倒了三个受害者。之后，他走到另外三间教室，以同样的方式实施其屠杀计划。在杀害32名同学后，赵朝自己的太阳穴开枪，自杀身亡（Gibbs，2007）。

是什么原因让赵承熙犯下如此恶行的呢？媒体
17 对此看法不一，但最多的是认为他患有精神病，也与美国枪支的泛滥有关。对赵这样畏罪自杀者的解释，恰恰符合实证主义的解释。实证主义者有许多关于偏差行为成因的理论，在此我们只讨论最重要的几种，即失范—压力理论（anomie-strain theory），社会学习理论（social learning theory）和社会控制理论（control theory）。

一、失范—压力理论

1938年，罗伯特·默顿（Robert Merton）提出了著名的失范理论，即把偏差行为归结为失范，也就是对社会规则的破坏，因为这种社会规则让人徒有雄心壮志却没有成功的机会。1955年，艾伯特·科恩（Albert Cohen）（1955）把默顿的理论加以扩展，用来解释为什么会出现青少年犯罪。随后，另外两名社会学家，理查德·克洛沃德和劳埃德·奥林（Richard Cloward & Lloyd Ohlin，1960）提出一个新的概念——差异违法机遇，发展了默顿的理论。

最后，从20世纪90年代开始，相继有不少社会学家对默顿的理论加以拓展，强调人们如何因失范或者其他原因产生压力，从而导致犯罪（Messner & Rosenfeld，2001；Agnew，1992）。因此，这一理论被称为失范—压力理论。

1. 默顿：社会失范理论

默顿发现弗洛伊德（Freud）用精神分析理论去解释偏差行为是有缺陷的。精神分析理论认为，犯罪的、病态的或社会性的危险行为是一个人与生俱来的性欲、生物冲动或动物欲望的自由表达。默顿认为这种理论的缺陷在于其假设——“社会结构首先限制了个人进行偏差行为的自然冲动”，即社会压抑了个人，阻止其出现偏差。默顿称之为“荒谬的前提”，因为他的观点与之相反，他认为社会是鼓励个人出现行为偏差的。在这样的前提下，默顿创立了自己的失范理论。

长期以来，许多社会学家认为默顿受埃米尔·涂尔干（Émile Durkheim）的启发，而后者是第一个把“失范”（anomie）一词作为社会学概念的。因此称其为“失范理论”（anomie theory）。但是涂尔干的失范概念正好与默顿理论的前提相反。对涂尔干而言，“失范”是社会标准的缺失，即一个社会控制其成员对无限物质追求的失败。涂尔干假定是这种规范的缺失引起了偏差行为。这同弗洛伊德的假设很相似，即如果社会不能通过限制个人的冲动进行控制，就会发生偏差行为。但是默顿的理论假设正相反，即社会越是压抑，偏差行为就越普遍。准确地说，社会是如何发生作用的呢？

在默顿的观点中，美国社会过分强调成功的文化价值。从幼儿园到大学，老师鼓励你去取得优异成绩，并且让你对自己的前途充满信心；书本、杂志和报纸经常鼓励你成为一个成功者；运动场上的优秀运动员和电视中的游戏，都以一种胜利者的姿
18 态跃入你的眼帘。如果你参与一项体育运动，教练就会激励你获胜。如果你只注重参与，并且酸溜溜地辩解说“获胜不代表一切”，教练也会意味深长地反驳你：“对！获胜不代表一切，只代表唯一！”这种追求成功的文化价值观在美国社会十分盛行，各阶层的社会成员都怀有雄心壮志，为的是实现远大抱负，期待每个人都成为胜利者，成为某个特别的人物，甚至穷人也知道，如果他们能像年轻时贫困潦倒的亚伯拉罕·林肯（Abraham Lincoln）那样壮志凌云，那么他们的孩子就有机会成为美国总统。从这个意义上说，无论人们的社会背景如何，追求成功的文化目标自然对所有人都是奏效的。

相比之下，制度化地采取合法手段获得最大的成功，诸如得到一份好工作，并不是对各阶层成员都适用的。因为社会是不会以这种方式建构的，与上层社会的成员相比，下层社会成员成功的机会很少，他们发觉自己陷入了非常难堪的境地。由于一直受到鼓舞，他们踌躇满志，却得不到相应的机会。为了摆脱这种困境，许多下层社会成员只好采取不合法的手段，例如偷窃、抢劫及其他偏差手段。所以，阶层越低，发生偏差行为的可能性越大。

我们已经看到，下层社会成员发生偏差行为是由于社会条件导致的，这是由于社会过分强调成功和弱势群体难以成功的矛盾所致。默顿（1938）描述了目标与手段的差距：“现代美国打造其文化特征，继续着力强调财富并以此作为成功的主要标志，却没有相应地指出走向成功的合法途径。”过高的成功欲望和机会的相对稀缺，导致美国社会过度紧张、压力重重，迫使人们做出偏差或越轨行为。

然而，在这种社会压力下，并不是所有人都会有同样的反应。许多下层社会成员可能放弃那些合法的途径去获得成功。默顿把这种行为称为“创新”。这也是许多其他社会阶层的人对同一社会条件会作出不同反应的例证。所以，在提出创新的同时，默顿也提出了其他类型的回应（见表2—1）。

（1）附和是最受社会欢迎的。它包括接受成功的文化目标和为此采取的合法方式。我们中的大多数人可能选择这种方式。

（2）创新主要发生于较低阶层的社会成员中。这些人放弃合法手段，而喜欢采取非法手段去获得成功。这种对社会压力的回应所表现出的偏差行为是压力理论的核心，默顿对此阐述最多。

表2—1　　社会失范理论中的回应类型 19

根据默顿的观点，美国社会有很多例证都在强调成功，却很少注重取得成功的合法手段。这种不协调可能会引发偏差行为，然而，不同的人对此的回应有所不同。

回应	成功目标	合法途径
（1）附和	+	+
（2）创新	+	−
（3）形式主义	−	+
（4）隐退主义	−	−
（5）反抗	−+	−+

注：+指接受，−指放弃，−+意思是放弃旧的而引入新的。

资料来源：编录自Robert K. Merton，*Social Theory and Social Structure*，Free Press，New York，1957。

（3）形式主义是中下层社会中普遍流行的方式。这些人降低了他们的要求或放弃了对过高目标的追求，从而更容易实现自己的抱负。但是在这一过程中，他们就像那些小心谨慎、忠实的工人们一样，几乎强制性地，因此也是形式化地遵守一些制度化的烦琐累人的规则。他们以其辛苦、诚实的工作而自豪，却只字不提微薄的工资。

（4）隐退主义是退出社会，进入自我世界的一种回应方式。他或她既不在乎成功，也不在乎工作。例如精神病患者、流浪者、游民、懒汉、乞丐、酒鬼和吸毒者。

（5）反抗是放弃了普遍的社会期待，即不愿在激烈竞争中努力获得巨大的成功。他们也试图推翻现存的制度，用新的目标和手段取而代之。因此，反抗主义者可能放弃残酷无情的竞争，不愿遵循社会公认的成功标准，去追求名誉和财富。同时，他们也可能鼓励人们寻求亲善，在合作中实现这个神圣的目标。

2. 科恩：身份挫折理论

科恩（Cohen，1955）提出的失范—压力理论基本与默顿的相同。他认为美国社会在鼓励各阶层实现目标的同时，也使社会下层成员更难圆梦。结果他们不得不以自己的方式，即用偏差行为的方式，获得身份和地位。尽管与默顿关注的主题相同，但叙述事实时，科恩却有意用“身份”代替了默顿的“成功”。

20 根据科恩的观点，像同龄的中产阶级一样，下层青少年渴望拥有社会地位。他们获得地位的重要场所就是不得不去的学校。但是事实证明，学校对于下层少年来说，是最不可能成功的地方。为什么呢？因为学校被中产阶级的教师所操纵，中产阶级的价值观和行为方式得以推行，并且以这种行为方式和运行标准来判断学生的成就。学校成为一个中产阶级的地位系统。为了达到一个成功的、合格的中产阶级好学生的地位，年轻人一定要拥有中产阶级的价值、美德和特征，诸如口语流利、学业有成（academic intelligence）、永不自满[①]、礼貌谦恭、反对斗殴（opposition to fistfights）以及爱护公物。在这种地位系统中，中产阶级少年有更多的成功机会。然而，不具备中产阶级那种社会化生活方式的下层少年就被扔进了怀有梦想，同时又要与中产阶级竞争的地位系统中。结果不出所料：下层少年彻底失败了。用科恩的话来讲，“他们陷入了典型的你赢我输，只能无奈逃避的游戏规则中”。

显然，一个输家和逃兵是令人沮丧的。在这样的沮丧驱使下（科恩称之为“身份挫折”），下层少年回到他们自己阶层的社区，形成自己的竞争系统，即科恩提到的“犯罪亚文化”。在这种亚文化中，为了获得成功，他们可能执行其认为能够成功的标准，以此进行相互的公平竞争。他们的成功标准与“高贵的”中产阶级的传统标准直接对立。不管传统标准认可什么样的价值和行为，他们都予以否定，而他们标榜的却是那些传统标准否定的价值和行为。显然，下层少年争取社会地位的非常手段往往是违法的。根据传统的“犯罪”标准，所谓的“犯罪行为”包括“为摆脱困境”而偷盗、斗殴、胁迫他人、损坏财产并且公然反对各种传统禁忌等行为。

简言之，科恩提出的身份挫折（status frustration）概念，发展了默顿的理论。我们也许不会忘记默顿的观点：社会失范理论的自身缺陷（渴望成功和选择机会的不均衡），在很大程度上导致下层被压迫者陷入偏差行为之中，即目标—手段差距→偏差行为（Goal-means gap→deviance）。但是科恩认为，目标—手段差距这两种因素只有在下层少年遭遇身份挫折时才引发偏差行为。换言之，身份挫折是作为第三位因素介入的催化物，它能使目标—手段差距这两种因素派生出犯罪亚文化：目标—手段差距→身份挫折→偏差行为（Goal-means gap→status frustration→deviance）。

然而，科恩与默顿的理论基本上是相同的。两者都假定下层社会成员比其他人更有可能产生偏差行为，因为社会使其梦想（即为了成功和拥有地位的梦想）无法实现。

3. 克洛沃德和奥林：差异违法机遇理论

或许你还记得默顿曾系统阐述的理论：下层社会成员更容易产生偏差行为，因为世人期待他们像中产阶级和上层社会成员一样去获得较大的成功，但与之相反，他们却没有取得成功的合法途径。克洛沃德和奥林（Cloward & Ohlin，1960）接受了这个观点。然而同时，他们也试图通过“差异违法机 21
遇”（differential illegitimate opportunity）的概念来

① 注重刻苦努力，而把自己目前可能得到的享受或快乐顺延到取得某种成果之后。——译者注

深化这一理论。

首先，克洛沃德和奥林把我们的注意力引到了是否具有取得成功的合法机会问题上，即下层社会成员和其他阶层相比，采用温和的合法手段取得成功的机会更少。但是，默顿错误地假定那些下层社会成员在缺乏成功的机遇时，就会有意无意地、自然而然地发生偏差行为。换句话讲，默顿没有认识到在能否取得成功的合法机会的同时，下层社会成员会遇到另一些可能导致偏差行为的因素。事实上，与同一阶层的其他人相比，一些下层社会成员要获得成功，就连违法的偏差机会都很难得到。克洛沃德和奥林想要强调的是，当所有的下层社会成员没有机会从事合法的正常行为时，他们也不会有同样的机会去从事违法的偏差行为。因此，当一些下层社会成员被迫犯罪，譬如偷盗或抢劫，没有人能保证确实是他们干的。是否真的这么干，要看他们在下层社会圈中是否获得了违法的机会。

有三种类型的犯罪机会，每一种背后都受到一种偏差亚文化群体的支持。犯罪亚文化提供了犯罪机会，从而使下层社会成员达到目标。如果下层社会的年轻人卷入了这种亚文化群，他们就可以通过偷盗、抢劫和倒卖赃物而成功地提升其社会地位。这就是默顿所设定的所有下层社会成员在更大的社会圈中得不到传统的成功机会后，部分年轻人的几种行为倾向。然而，根据克洛沃德和奥林的观点，这些下层社会中的多数年轻人没有跻身于犯罪亚文化群中，所以他们得不到犯罪的机会。

有些年轻人也可能在冲突亚文化较浓的氛围中找到自己的位置。在这种亚文化中，某个年轻人有机会通过暴力犯罪在某个社会圈中获得名誉或地位。但是那种机会仅仅适用于部分年轻人，他们擅长斗殴并在械斗中致他人重伤和死亡。一些下层社会的青少年并不满足于这些需要，不愿意抓住能够在冲突亚文化中取得地位的机会。

第三种，也就是隐退主义者亚文化（retreatist subculture），其成员的唯一需要是用药物麻醉自己。那些落入隐退主义者亚文化群的人很可能就是那些在犯罪亚文化中没有取得成功，或者在冲突亚文化中也无法获得地位的人。因为他们既不能在地下黑社会组织（delinquent underworld），也不能在正统的社会组织（conventional upperworld）中取得成功或地位，隐退主义者称他们自己为“双重失败者”。

简言之，克洛沃德和奥林通过引入第三种要素——差异违法机遇，进一步发展了失范—压力理论，即通过社会失范理论引申出三种不同的行为：目标—手段差距→差异违法机遇理论→不同的偏差行为（表2—2表明了这种失范—压力理论同其他两种理论的差别）。然而，克洛沃德和奥林基本同意默顿的观点：下层社会成员更容易出现偏差行为，因为他们更渴望成功，而且认识到渴望与机会之间的差距。

表2—2　失范—压力理论的三种形式 22

默顿：目标—手段差距→偏差行为
科恩：目标—手段差距→身份挫折→偏差行为
克洛沃德和奥林：目标—手段差距→差异违法机遇理论→不同的偏差行为

注：标记“→”表示“在……之前或引起”，比如“A在B之前或A引起B”。

4. 失范—压力理论的最新进展

在过去10年中，许多社会学家已经在失范—压力理论基础上形成一些新的学术流派。例如，史蒂芬·梅斯纳尔（Steven Messner）和理查德·罗森菲尔德（Richard Rosenfeld，2001）认为，默顿过多地把“获得成功的合法机会不平等”当作导致偏差行为之渊薮。梅斯纳尔和罗森菲尔德认为，人们采用非法手段来取得成功，并非因为缺乏成功机会，而是受到占主导地位的“美国梦”文化的影响，就是这种文化助长了一些人为谋取成功而不惜代价的风气。按照马克·康特（Mark Konty，2005）的理论，对美国梦或物质成功的追求能引发偏差行为，因为它反映了强烈的自我利益，而很少甚至不反映社会利益。当全社会强调要关注他人福祉时，自私自利者却把注意力集中于个人的成功，并将其凌驾于他人之上。研究结果表明，如果人们无视集体利益而以自我利益为重，就容易导致偏差行为。

罗伯特·阿格纽（Robert Agnew，1992）也发现，默顿的一些观点是值得商榷的，如仅仅把导致偏差的原因归结为经济上的失败。在阿格纽的理论中，实际上有另外两种非经济因素的压力。一种被他称作“去正向刺激”（removal of positively valued stimuli），例如“失去男朋友或女朋友、朋友死亡或重病、转学、父母分居或离异以及休学”。另一种是“呈负向刺激”（presentation of negative stimuli），包括令人不快的经历，如儿童期被虐待、被忽视、成为犯罪目标、被体罚等与父母或同辈群体有关的问题。他认为这些能引起挫折和愤怒，反过来又导致诸如偷窃、侵犯和吸毒等偏差行为。然而，某些压力可能强化了偏差行为的程度。例如：在压力面前，男人比女人更有可能实施暴力犯罪，患有多动症（ADHD：attention deficit hyperactivity disorder）的大学生比其他大学生更容易犯罪（Baron，2007；Johnson & Kercher，2007）。

5. 失范—压力理论评析

该理论至少有两个方面值得商榷：第一，下层社会成员比其他阶层的成员更有可能出现偏差行为，这一观点缺乏强有力的证据。如果说官方对于违法犯罪的统计真实可靠，那么这正是失范—压力理论
23 的论据。但是，官方的大部分统计却是不可靠的、没有意义的。之所以不可靠，是因为在上层和下层社会成员之间，执法者更有可能逮捕后者；之所以是没有意义的，是因为它们不可能反映偏差行为的整体状况，而只关注偏差行为中很小的一部分，即偏差行为中相对严重的类型。如果我们修正这种理论，假定下层社会成员更容易发生人们公认的那种严重的偏差行为，那么，这种理论确实有可靠的证据，即来自官方和非官方关于犯罪和违法的报告。

第二，没有证据证明失范—压力理论的假设，即下层社会成员持有与中上层人士同级别的成功目标。相反，理论的分析和经验主义的数据都表明，下层社会成员持有的主要是低层次的成功目标。失范—压力理论家们（anomie-strain theorists）认为，美国社会确实“鼓励”下层社会成员去拥有中上层的目标。但这种理论也无所谓正确与否，因为正如失范—压力理论家们的假设，下层社会成员拥有中上层社会成员目标的时代将要结束。默顿及其他失范—压力理论家们似乎忽略了这样一个事实，就是公开流行的美国梦使所有社会成员都确立了更高的目标，其潜在的、始料未及的、真实的结果恰恰证明，那些上层社会成员的目标比下层的目标更加远大。

尽管失范—压力理论有缺陷，但除引起许多社会学家的兴趣外，它还对其他理论有重要的补充价值。最有意义的是，这个理论对社会学理论贡献很大，即偏差行为是社会而不是个人造成的。1938 年该理论提出之前，许多社会学家喜欢从个体身上寻找偏差的诱因。今天，许多社会学家到社会中寻找偏差行为的成因，正是失范—压力理论贡献的明证。

此外，这种理论似乎有一个有效的前提：期望和机会之间的差距产生压力，进而导致偏差。这表明，无论他们的阶级背景如何，只要期望和机会之间存在相当大的差距，任何人都会发生偏差。很多研究的确表明，任何地方只要存在期望—机会差距，都会产生偏差行为（Parnaby & Sacco，2004；Passas & Agnew，1997；Menard，1995）。

二、社会学习理论

社会学习理论是埃得温·萨瑟兰（Edwin Sutherland，1939）的心血和结晶（the brainchild），认为偏差行为是通过与其他人相互交往而习得的。萨瑟兰用“差异交往理论”翔实地解释偏差行为是如何习得或产生的。此后，其他社会学家也就同一理论发展出其他版本。

1. 萨瑟兰：差异交往理论

60 多年前，大约与默顿的理论提出同时，萨瑟兰（1939）也提出了“差异交往理论”（differential
association）。该理论的核心是：如果某个人经常与 24
一个行为偏差者（或罪犯）而不是与观念很传统的人交往，那么这个人很可能变成一个行为偏差者。

对此，我们应该注意两方面的问题。第一，尽管行为偏差者明确什么叫偏差行为，然而，懂得这一概念的人却不一定产生偏差行为。任何人，甚至那些以往从未越轨的人都可能发生偏差行为。偏差行为的概念是什么呢？如果一位父亲对孩子们说，因贫穷去偷盗是无可非议的，那么他就给孩子们灌输了偏差的观念；相反，要是他说偷盗是大错特错的，那他就灌输了反偏差的观念。这里强调的是，父亲给孩子灌输的是偏差观念，还是反偏差观念，即并没有强调父亲本身是否行为偏差者。所以，人们接受的偏差观念比传统观念越多，出现偏差行为的可能性就越大。

第二，这种理论涉及的不仅仅是一种交往类型，即与行为偏差者交往或接触偏差观念。同时，这种理论并未表明，接触偏差的观念越多，成为偏差者的可能性越大。譬如，律师可能和他的委托人有很多接触，但他们不一定会变成罪犯。相反，准确而言，理论所涉及的交往圈中，律师与行为偏差者的接触机会比跟观念传统的人的接触机会要多。这就意味着律师和两种人交往后，其行为仍是正常的。相反，这种理论提到与偏差行为和传统行为同时接触的问题，更准确地说，是接触偏差的次数超过接触传统行为的次数问题。这意味着和两种行为接触都是可行的，只是接触偏差行为比接触传统行为更

多的那些人才可能变成行为偏差者。这可以用“差异交往”一词来定义，该词是说，接触行为偏差者的人与行为偏差者个人和偏差观念的“交往”（或者更准确而言是更多发生偏差行为），区别于他们同传统人群的交往。从这个角度定义，差异交往就被上升到理论层面，成为偏差行为的原因，即差异交往导致偏差行为。

2. 格莱瑟：差异认同理论

根据丹尼尔·格莱瑟（Daniel Glaser，1956）的观点，萨瑟兰的理论实际上传达了一种“机械式印象”的偏差行为。这种印象表明，某个人好像被行为偏差者的行为影响，从而卷入了行为偏差者的旋涡而不能自拔。萨瑟兰的理论忽视了个人的角色作用和选择能力。因此，格莱瑟尽力用某种理论来纠正这种机械式的印象，他认为，只要不跟行为偏差者同流合污，跟他们交往是无害的。

格莱瑟的理论想表明，只要我们对他们不要太认真、太认同，更别把他们当英雄，那么，在现实生活中跟行为偏差者交往，或者在书本上或电影中了解他们的行为都是正常的。不过，要是我们确实认同他们的行为，我们就可能变成行为偏差者。实质上，格莱瑟是在说明，如果在行为和差异交往之间介入差异认同，偏差行为就很可能发生：差异交往→差异认同→偏差行为。

3. 伯吉斯和阿科斯：差异强化理论

根据罗伯特·伯吉斯（Robert Burgess）和罗纳德·阿科斯（Ronald Akers，1966）的观点，萨瑟兰在很大程度上只是认为差异交往的人在变成行为偏
25 差者之前，一定经过一个学习过程。他们坚持认为，萨瑟兰没有说清什么是学习中所必需的东西。在努力校正这一缺陷的过程中，二人提出差异强化理论（differential reinforcement），以此作为学习过程的本体。

伯吉斯和阿科斯的观点来自心理学的一个著名理论，这一理论涉及社会学习理论、行为主义理论、操作行为主义理论、操作条件理论和社会强化理论（reinforcement theory）。总而言之，该理论认为，如果我们做某事受到褒奖，那么这就会激励我们继续以这一方式行事；或者说，如果我们因某事受到惩罚，我们就不再那么做。例如，你曾经因为学习努力而受到奖励和提拔，你就会继续努力。依此类推，我们就可以把强化理论用于偏差行为，如果偏差行为受到鼓励，这类行为就会继续发生。例如，抢劫到很多钱却未被捕，抢劫者就会继续抢劫。

在差异强化理论中，与伯吉斯和阿科斯对萨瑟兰的差异交往理论的改进版关系最密切的一个方面，就是差异强化法则。这个法则可用以下简单的事例来说明：如果你有几种选择，比如努力学习、看电影、去小酒馆喝酒以及考试前参加一个疯狂的晚会，你会选择曾经最令你满意的那一项。把这应用于偏差行为，按照差异强化法则的解释，如果发现偏差行为比传统行为更能满足自己，他们就会选择偏差的而不是传统的方式。无论如何，如果已经接触了很多偏差行为，就极有可能发生偏差行为。总之，伯吉斯和阿科斯的理论可以用下面的方式来表达：差异交往→差异强化→偏差行为。表2—3概括了这种差异理论流派与过去富有争议的两个理论之间的区别。

表2—3　　社会学习理论的三种流派

萨瑟兰：差异交往→偏差行为
格莱瑟：差异交往→差异认同→偏差行为
伯吉斯和阿科斯：差异交往→差异强化→偏差行为

注：标记“→”表示“在……之前或引起”，比如“A在B之前或A引起B”。

4. 社会学习理论评析

第一，准确地阐述萨瑟兰的“差异交往理论”在现实中的地位是很困难的。正如萨瑟兰和唐纳德·克瑞西（Donald Cressey）所认为的那样（1978），人们不可能经常把普通人跟那些有偏差观念或反偏差观念的人区别开来。虽然很难确定差异交往的确切含义，也难以通过实验去验证，但许多社会学家已经声明，他们的研究数据似乎能支持萨瑟兰的理论，这点毋庸置疑。事实上，这些社会学家并未发现任何证据支持萨瑟兰的理论，只是去解释他们自己的理论而已。正像为此做过许多研究的詹姆斯·肖特 26
（James Short，1960）所言：“如果说我们能自由地收集可供理论测试的数据的话，那么，就会发现许多证据支持差异交往规则。”例如在一项研究中，“差异交往”的概念好像只与“交往”有关，而与“差异”无关。因而这个概念只是被当成对一个朋友态度的偏差和行为的感知，而不是对朋友的偏差态度和行为超越传统的认识（Hochstetler，Copes & DeLisi，2002）。

第二，格莱瑟的差异认同理论似乎已经获得了一些经验数据的支持。例如，人们发现，有些高中男生认同违法者做朋友，他们也很可能干出违法的事。但

还没有确凿的证据表明，认同违法者当朋友是自己违法的原因，或者在一个人变成违法者之前曾对违法者有认同感。更有可能的是，年轻人在变成违法者之后，而不是之前，他们才认同违法者当朋友的。

第三，伯吉斯和阿科斯的差异强化理论无法解释为什么某人最先发生偏差行为。这个理论对解释为什么某人反复出现偏差行为很有意义，即为什么一些人在发生第一次偏差行为以后，不断重犯。根据差异强化理论，因为他们过去的偏差行为受到了鼓励而不是惩罚；而其他人没有出现偏差行为的原因是，偏差行为受到了惩罚而不是鼓励。这个结论确实被许多研究所证实（Sellers，Cochran & Branch，2005；Chappell & Piquero，2004；Akers & Lee，1999）。

三、社会控制理论

社会控制理论与以上两种理论至少有两个区别。第一，失范—压力理论和社会学习理论的研究者从正面解释偏差行为，探讨是什么引起了偏差行为。社会控制理论家们则以一种迂回的方式讨论这一问题：他们追问的是，什么引起了一致性。换句话说，他们假定，如果找到了手段与目标一致性的原因，他们就会知道是什么引发了偏差行为，因为正是"缺乏"一致性才导致了偏差行为。第二，失范—压力理论和社会学习理论的研究者都不同意弗洛伊德的主张，即偏差行为是与生俱来的，或是由自身冲动引发的。相反，他们坚信偏差行为是产生于一定社会条件的，即社会中目标与手段的不一致和从其他社会成员身上习得的经验。相比之下，社会控制理论家们似乎接受了弗洛伊德的观点，因为他们假设人们天生就有偏差的倾向，一旦得不到合理控制就会出现偏差行为。

那么，在社会控制理论家的眼中，社会控制只有凌驾于个人之上才能达到目标与手段的统一，所以，"缺乏社会控制就会导致偏差行为"。社会控制的理论很多，我们只着重谈以下三个。

27 1. 赫希、古特弗里森、蒂特尔：社会契约理论、自我控制理论与控制平衡理论

特拉维斯·赫希（Travis Hirschi，1969）假设，我们所有的人都像动物那样本能上有偏差。但大部分人并未表现出这种本能，这是因为我们对社会有"强烈的契约意识"。换句话来讲，强烈的社会契约观念保证了我们的一致性。相反，如果我们社会的契约观念较薄弱，我们就可能出现偏差行为。

根据赫希的理论，个体和社会发生契约关系主要有四种形式。第一种方式是"依附"于常规的人群和机制。青少年时期，他们可能通过敬爱父母、交朋结友、怀恋学校、努力提高工作技能等来表达这种依附感。第二种方式是对一致性的"承诺"。每个人都以常规方式投入时间和精力，比如受教育、找工作、训练职业技能、提高职业地位、做成一笔生意或者获得一种美誉，同时人们通过这些活动展示自己的成就。第三种方式涉及一些常规的活动。人们只是忙于按传统的方式行事，没时间从事偏差行为，甚至没空去想。第四种方式是社会道德规范的有效性。人们按社会契约办事，所有的人都有强烈的道德观念：他们会遵守传统社会的规范。年轻人的道德观表现在尊重警察或遵纪守法上。

如果个人坚信传统社会契约的这四种形式，就可能与社会保持一致性；如果不是这样，就可能滑向偏差的边缘。在最近出版的许多刊物中，赫希和迈克尔·古特弗里森（Michael Gottfredson）认为，自制力不足就能够很好地解释偏差行为。人们认为那些自控能力差的人是易冲动、草率、麻木的人。他们是社会化失败的产物。例如，父母对孩子们小时候的错误行为常常疏于管教，这些孩子更有可能出现偏差行为（Langton，Piquero & Hollinger，2006；Love，2006；Hirschi & Gottfredson，1994）。

然而，根据查尔斯·蒂特尔（Charles Tittle，2004，1995）的观点，偏差行为是因为控制失衡。那些控制失衡的人，要么"控制过度"（如控制别人超过控制自己），要么"控制不足"（别人控制我们超过我们控制别人）。他们可能发生任何形式的偏差行为，包括剥削他人、偷窃、破坏公共财物、骚扰儿童和性骚扰等。

2. 布雷思韦特：明耻整合理论

当赫希认识到社会如何通过契约来控制我们时，约翰·布雷思韦特（John Braithwaite，2000，1989）却发现社会是通过激发耻辱心来控制我们的。耻辱是社会对某种行为不认同的表现，这能唤醒行为偏差者的懊悔之心。这可以分为两类：烙印性羞耻和整合性羞耻（disintegrative and reintegrative）。在 28
"烙印性羞耻"中，行为偏差者受到惩罚，甚至受到侮辱、被抛弃或排斥，实际上是从传统社会中排挤

出去，总之相当于侮辱。“整合性羞耻”则更明确，它指用理解、宽恕甚至尊重的方式使行为偏差者有负罪感。它属于亲情教育法，或者“以关爱的方式让行为偏差者不再重蹈覆辙”。因此，明耻整合理论主要是重新回归—欢迎回归—欢迎行为偏差者回到传统社会中来。

根据布雷思韦特的观点，整合性羞耻在强调集体主义的社会中更为普遍（以牢固的社会关系与渺小的个人主义为特征），例如在日本就是这样；然而烙印性羞耻却在个人至上的社会中占统治地位（以松散的社会关系和强烈的个人主义为特征），例如美国就是如此。同时，整合性羞耻通常能减轻偏差程度，而烙印性羞耻则会进一步助长偏差行为。这可以用来解释为什么美国的犯罪率高于日本。

布雷思韦特得出结论，如果美国在处置罪犯时能像日本那样，用整合性羞耻唤醒罪犯的耻辱感，而不是采用给罪犯赋予污名（stigmatization）的办法，美国就能有效地降低犯罪率。从20世纪90年代开始，美国就出现了整合性羞耻，如“羞耻惩罚”，包括法官命令醉驾司机展示酒后驾车的“DUI”保险杠标签；让那些在公共场所小便的人去扫大街；或者通过报纸、展板和广播，把嫖客公之于众。芝加哥大学教授丹·卡亨（Dan Kahan，1997）就认为羞耻之心是偏差行为最有效的震慑物。

3. 威慑理论

当布雷思韦特主张把羞耻作为一种非正式的社会控制方法时（这种控制由亲戚、朋友、邻居等实施），威慑理论则主张用正式的社会控制（这种控制是由法官或其他法律执行机构实施）手段。这种理论认为人类基本上是有理性的，他们很计较犯罪得失。如果发现弊大于利，那他们就不去犯罪。根据威慑理论，犯罪的代价就是依法受到惩罚，比如逮捕、检举、监禁或执行死刑。因此，这一理论认为，惩罚（社会控制的手段）对犯罪有威慑力，而不惩罚就会纵容犯罪。

威慑理论认为实施惩罚要考虑三个方面。第一，严厉性。认为惩罚是近乎严厉的。根据威慑理论，惩罚越严厉，犯罪的可能性越小。例如，谋杀犯被判死刑的社会与被判20年徒刑的相比，前者谋杀率就低。第二，确定性。犯罪肯定是要受到惩罚的。威慑理论认为，人们越是明确犯罪受罚，就越不可能犯罪。例如，如果商店行窃的逮捕率从50%上升到100%，这种犯罪率就有望大大降低。第三，时效性。惩罚越及时，犯罪的可能性也就越小。如果仅用几天时间就把某市的劫匪逮捕归案，那么，与花费更长时间破案的城市相比，这个城市的抢劫率就会降低。 *29*

无论哪种惩罚方式，严厉、确定和及时的惩罚，都分属两种威慑方式：一般威慑和具体威慑。在一般威慑中，对犯罪的惩罚威慑到普通公民；在具体威慑中，惩罚威慑的是那些数罪并犯的罪犯。

总之，三种控制理论都认为，一定的社会控制手段能够预防人们发生偏差行为，缺乏控制则会引发偏差行为。这些理论的分歧在于采取哪种控制方法。因此提出了各种方法，包括社会契约、自我控制、明耻整合和法律制裁等。

4. 控制理论评析

第一，许多研究证明，赫希的社会契约和自我控制理论是正确的。研究者们发现，诸如少年犯、吸毒者和酒后驾车者等，与没有偏差行为的人相比，都是社会契约或自我控制的弱者（例子参见Drapela，2005；Pratt & Cullen，2000）。但是，这些研究大部分是横向研究，而不是纵向研究，它们无法控制（或消除）偏差行为在社会契约和自我控制中的相互作用。这种偏差经历常常是削弱而不是增强了社会契约感和自我控制力。专项研究也只是重复赘述而已，并把偏差行为（如吸烟、吸毒、超速行驶和酒后驾车）作为控制力弱的经验指标。这些研究实际上说明，是原有的偏差行为引起了新的偏差行为（Li，2004；Stylianou，2002；Burton等，1998；Kempf，1993）。

第二，布雷思韦特的理论只有一点令人信服。其理论认为，美国可以像日本那样，以一种宽大的、同情的方式来对待罪犯，以整合性羞耻的方式降低犯罪率。这种方式对已经犯了小错并仍对犯错感到耻辱的初犯来说，可能奏效。但对那些已经没有廉耻之心的惯犯来说，绝不会有什么效果。而且，因为整合性羞耻只是集体主义至上的社会的一小部分，更多的是无处不在的强大的社会关系，而非整合性羞耻，使社会维持低犯罪率。这可以解释为什么整合性羞耻不可能威慑到俄罗斯及其他社会关系松散的非社会主义社会了（Botchkovar & Tittle，2005）。

第三，威慑理论从研究中得出自相矛盾的结论。例如，各项研究表明，逮捕虐妻者比降低惩罚力度如命令施虐者离开受害者8个小时对家庭暴力的威慑更大。然而，对刑满释放人员的研究则得出相反的结论：罪犯受到的惩罚越严厉（例如判刑时间越长），他释放后再犯罪的可能性就越大（Wright 等，2004；Heckert & Gondolf，2000；Berk & Newton，1985）。

30 最后，各种控制理论的研究者都有一个观点，即只把社会控制当作偏差行为的预防武器，不把社会控制当作偏差行为的诱因。正如赫希的理论所主张的那样，雄心壮志以及社会进化过程中培养的出色的社会知识技能，都可能预防青少年犯罪，但是同样的抱负也可能导致政治集团犯罪。同理，与布雷思韦特理论相反，羞耻心太重也能够导致偏差行为，例如鼓励法官像对待罪犯那样去对待被告，这违背了个人的权利，从而伤及无辜。同样，与威慑理论相反，威慑犯罪的执法过程，也可能引发其他新的犯罪。比如，在采取行动抓捕嫌疑犯的过程中，警官可能涉嫌坚持逮捕或袭击官员（Marx，1981）。

在本章中论及的所有理论观点见表 2—4：

表 2—4　　　　实证主义的偏差行为理论

失范—压力理论：社会压力导致偏差行为。

- 默顿的社会失范理论：偏差行为在社会上盛行，是因为社会在没有给人们提供平等机会获得成功的情况下，就鼓励人们去获取成功。
- 科恩的身份挫折理论：偏差行为盛行于下层社会，因为他们必须以偏差行为为手段，在中产阶级的学校环境中获得地位。
- 克洛沃德和奥林的差异违法机遇理论：如果下层社会成员有违法机会，这个阶层的年轻人就很可能出现偏差行为。
- 最新理论：因感情挫折或愤怒引发的偏差行为造成了社会混乱，“美国梦”就是鼓励人们以非正常手段获得成功的典型。

社会学习理论：偏差行为是在社会交往中学到的。

- 萨瑟兰的差异交往理论：如果人们与那些有偏差想法的人交往，而不是与那些没有偏差想法的人交往，他们就很可能变成行为偏差者。
- 格莱瑟的差异认同理论：如果人们用偏差行为观念而不是用反偏差的观念来看待自己，就很可能变成行为偏差者。
- 伯吉斯和阿科斯的差异强化理论：如果行为偏差者过去的偏差行为受到鼓励而不是惩罚，那么他们很可能继续出现偏差行为。

控制理论：缺乏社会控制导致偏差行为。

- 社会契约理论、自我控制理论和控制平衡理论：如果人们的社会契约感和自我控制力弱化，或者缺乏控制，就很可能变成行为偏差者。
- 布雷思韦特的明耻整合理论：如果人们对自己的错误行为不以为耻，或者没有意识到自己是社会不可分割的一部分，那就可能变成行为偏差者。
- 威慑理论：如果人们的行为没有受到严厉、确定、及时的惩罚，他们就很可能成为行为偏差者。

四、本章概要 31

（1）**失范—压力理论如何解释偏差行为的起因？**根据默顿的失范—压力理论，下层社会成员偏差的可能性更大，因为社会鼓励他们追求更高的成功目标，却没有为他们提供相应的手段。科恩发展了这一理论，认为当下层社会成员无法获得中产阶级的地位后就会产生挫败感，这些年轻人就只能采取偏差行为的手段达到目的了。克洛沃德和奥林发展了默顿的理论，认为可能产生偏差行为的下层青年是否会变成真正的罪犯，要看他们是否有违法的机会。其他社会学家发展了默顿的理论，把偏差行为归因于“美国梦”以及默顿忽略了的压力。**失范—压力理论正确与否？**并没有可靠的证据表明，相对于中产阶级和上层社会成员而言，在同样渴望成功时，下层社会成员更容易产生偏差行为。然而，在社会学理论取代心理学理论解释偏差行为方面，这一理论是十分有价值的，并且为“期望—机会”的差距导致偏差行为这一观点提供了有效前提。

（2）**按照各种版本的社会学习理论，为什么一些人会变成行为偏差者？**萨瑟兰的差异交往理论认为，如果人们与抱有偏差想法的人接触较多，而与反偏差的人接触较少，就可能变成行为偏差者。格莱瑟发展了这一理论，当伯吉斯和阿科斯指出差异强化理论的决定性因素时，格莱瑟认为，将差异交往变成偏差行为的决定性因素是差异认同。**萨瑟兰的理论及其各理论流派正确吗？**萨瑟兰的理论因为缺乏前提，即“差异交往”的实验依据，而受到批评，但是许多研究者认为，他们有数据支持这一理论。至于格莱瑟的理论，虽然证据并不确凿，但也获得了一些实证支持。伯吉斯—阿科斯理论解释不了初次偏差行为，但是在解释持续偏差行为方面却是很有用的。

（3）**控制理论如何解释偏差行为？**这一理论认为，只有控制才能达到社会和自我的一致性，因此，缺乏控制就会导致偏差行为。赫希将这种一致性的偶然因素归结为人们的“社会契约观念和自我控制”。布雷思韦特称其为“明耻整合”。威慑理论的创建者将其看成合理的惩罚。**控制理论的优缺点有哪些？**赫希的理论有许多研究数据支撑，但是社会契约感或自我控制力不足可能是偏差行为的结果而非原因。布雷思韦特为降低美国犯罪率而提出的明耻整合理论可能对初犯有效，但对惯犯则无效。有的研究支持威慑理论，同时也有人予以批驳。

五、扩展阅读

Adler, Freda, and William S. Laufer (eds.). 1995. *The Legacy of Anomie Theory*. New Brunswick, N.J.: Transaction. A series of essays that discuss the contribution of Merton's theory to the sociological research on and understanding of deviance.

Agnew, Robert. 1992. "Foundation for a general strain theory of crime and delinquency." *Criminology*, 30, 47–87. A revision of Merton's anomie-strain theory that takes into account many forms of strain that lead to deviance.

32 Akers, Ronald L. 1998. *Social Learning and Social Structure: A General Theory of Crime and Deviance*. Boston: Northeastern University Press. A clear presentation of his social learning theory as well as research data supporting the theory.

Braithwaite, John. 1989. *Crime, Shame and Reintegration*. New York: Cambridge University Press. A theory about how society deters crime through the imposition of a social control called "reintegrative shaming."

Cullen, Francis T. 1988. "Were Cloward and Ohlin strain theorists? Delinquency and opportunity revisited." *Journal of Research in Crime and Delinquency*, 25, 214–241. Shows why Cloward and Ohlin are more opportunity theorists than strain theorists.

Higgins, George E., and Rebecca J. Boyd. 2008. "Low self-control and deviance: Examining the moderation of social support from parents." *Deviant Behavior*, 29, 388–410. Shows the finding that parental support can reduce the influence of weak self-control on deviant behavior.

Hirschi, Travis, and Michael R. Gottfredson (eds.). 1994. *The Generality of Deviance*. New Brunswick, N.J.: Transaction. A collection of articles about the editors' theory of self-control, which essentially shows how a lack of self-control can result from ineffective child rearing and then cause deviance.

Johnson, Matthew C., and Glen A. Kercher. 2007. "ADHD, strain, and criminal behavior: A test of general strain theory." *Deviant Behavior*, 28, 131–152. An empirical study of how college students with self-reported ADHD symptoms are more likely than other students to participate in criminal behavior when experiencing strain.

Langton, Lynn, Nicole Leeper Piquero, and Richard C. Hollinger. 2006. "An empirical test of the relationship between employee theft and low self-control." *Deviant Behavior*, 27, 537–565. An exploratory study of how college students with low self-control are more likely than others to lie on their job applications and commit employee theft.

Love, Sharon RedHawk. 2006. "Illicit sexual behavior: A test of self-control theory." *Deviant Behavior*, 27, 505–536. Offers data to show how low self-control seems to contribute to sexual deviance such as masturbation, using pornography, and cross-dressing.

Messner, Steven F., and Richard Rosenfeld. 2001. *Crime and the American Dream*. Belmont, Calif.: Wadsworth. Shows how the culture of the American Dream causes deviance by encouraging people to pursue success in any way possible.

Passas, Nikos, and Robert Agnew (eds.). 1997. *The Future of Anomie Theory*. Boston: Northeastern University Press. A collection of articles analyzing, modifying, and expanding Merton's strain theory.

Stylianou, Stelios. 2002. "The relationship between elements and manifestations of low self-control in a general theory of crime: Two comments and a test." *Deviant Behavior*, 23, 531–557. Discusses the tautological problem with low self-control theory and shows the proper way of testing the theory.

Tittle, Charles R. 1995. *Control Balance: Toward a General Theory of Deviance*. Boulder, Colo.: Westview. Presents a complicated theory of how the interaction among deviant motivation, opportunity, and constraint determines the probability of deviance.

六、思考题

1. 哪一种实证主义理论给你印象最深？为什么？

2. 根据本章所讨论的实证主义理论，你会建议政府对犯罪采取什么措施？

33

第三章 建构主义理论

从1973年开始，人们就认为堕胎是合法的，但今天却愈来愈难以认同堕胎。以22岁的未婚者丽萨为例，她在一家餐馆工作，几个月前她怀孕而且决定去做流产。但是，密苏里州离她家仅仅15分钟路程的唯一一家流产机构刚刚关门。目前整个州只有4名帮助流产的医生。离丽萨所在小镇最近的一位医生在圣路易斯的计划生育诊所，往返旅程需要8小时。因为没有汽车，丽萨不仅得请朋友开车带她去，而且还必须放下两天的工作。两周以后，她必须长途跋涉到那家医院再进行5分钟的复查。整个医疗费用，包括流产药费、汽油费、食宿费及其他费用超过600美元。“这非常令人沮丧，”流产一个月后她说，“我最近才把借的钱还上。”（Tumulty, 2006）

34 现在，除密苏里州外，其他许多州流产也更加困难。这些州不但关闭了许多流产机构，同时对流产进行了法律限制，例如需要产前咨询、手术前等待；另外，对那些未成年的女孩，还要征求父母的同意或者通知父母。事实上，他们是把流产当做偏差行为来看的，实证主义社会学家也认为如此。但对建构主义社会学家而言，流产不是行为上的真正偏差，而只是用精神来建构、想象出来的偏差行为。因此，建构主义者创造出一种理论，这种理论把“偏差行为”的概念归咎于流产行为对流产者本人及他人造成的后果。本章就是要讨论这些理论要点。

一、标签理论

20世纪60年代早期，一批社会学家提出了标签理论（labeling theory），这一理论刚提出就广为传播。该理论其实是“符号互动论（a version of symbolic interactionism）”的流派，符号互动论是社会学理论中研究群体行为的著名理论（Prus & Grills，2003；Becker，1974，1963；Erikson，1962；Kitsuse，1962）。

1. 符号互动论

在给偏差行为下定义时，标签理论家们使用了符号互动论中的两个核心概念。这是两个新造的术语。

第一，“互动”（interaction），这是一种群体行为，这一行为与人类的其他行为一样，一个人是无法完成的。根据标签理论，我们不能像实证主义社会学家那样，只关注行为偏差者，而应当把注意力放在所谓的行为偏差者与其他传统行为的人之间的对比上。正如贝克尔（1974）所言：

> 实证主义者研究偏差行为关注偏差行为者本身，而且提出的问题主要是“他”：谁是“他”？“他”一直是那样吗？新的标签理论把这个问题看做“总是”在至少两种人之间发生的：那些行为偏差者（被认为有行为偏差的人）与社会上其他人群。两种人群互为补充，一种人的存在离不开另一种人。

第二，“符号”（symbolic）一词表明，两种人的行为互动是通过各自行为和反馈的符号进行的。符号互动论学者对这些符号的意义有不同解释。人们将符号赋予某事物，其意义（被符号互动论者提到的，如符号、有特定含义的姿势、解释、定义或标签）比行为本身更重要。根据标签理论学家的说法，这个意义是通过人们对一种行为的反应表现出来的：人们所作的否定反应意味着偏差，肯定反应意味着正常。正像基特苏瑟（Kitsuse，1962）所说的那样：“各种行为本身没有偏差与否之分，那只是尊崇传统观念的一些社会成员的反应，当他们对偏差行为进行认定和解释后，社会上就把那些人当做行为偏差者来看待了。”

35 简言之，标签理论学家们认为，偏差行为不是静态的，而是动态的，是在偏差与非偏差之间的符号互动过程。他们通常不像实证主义社会学家那样追究引发偏差行为的原因。相反，他们只关心两个问题：（1）是“谁”把偏差行为的标签贴到“谁”的上面？（2）贴标签这一方式会给双方带来什么影响？（用符号互动论的术语来说，就是“谁”认为“谁的行为”是有偏差的？这种相互作用如何影响两个互动群体？）

2. “谁”给“谁”贴标签？

根据标签理论学家的说法，代表法律、秩序以及传统道德力量的人是典型的“贴标签者”，包括警察、法官、监狱看守、精神病学家、精神病院以及其他社会控制机构的工作人员。他们把偏差行为的标签贴到那些所谓的违法者和违反道德规范的人身上，如罪犯、少年犯、吸毒者、精神病人和妓女。

总的来讲，有钱人、白人、权贵及其代表（如法律执行机构）更容易给人们贴标签。正如贝克尔（1974）所说：“最有戏剧性的是，每种行为都是概念的强加，那些处于强势的人利用各种条件，以合法途径强加给另一些人。”相反，穷人、黑人或没有权势的人更有可能被贴上行为偏差者的标签。即使两种人犯了同样的罪，或都被认定为精神错乱或精神病，甚或两种人精神状况相近，后者也比那些有钱人和白人更容易被捕、受迫害或被判刑。这种强者将弱者视为偏差者的概念贯穿于其他建构主义理论家的观点之中，特别是后面将要谈到的冲突理论的各个流派的观点。

3. 标签的后果

一个人给另一个人贴上偏差者的标签可能对双方都有一定影响。

（1）对被贴者的影响。

根据标签理论家的观点，被贴上偏差者的标签后，被贴者就会对此采取消极态度。结果他们就真的把自己看做偏差者，从而助长了所谓的偏差行为。这里的问题不在于他们的行为是否真有偏差，而是无论其行为性质如何，无论是哪些人把他们定义为偏差者，只要被认定为偏差，也就这么去做，最后，他们变成了十足的偏差者。弗兰克·坦嫩鲍姆（Frank Tannenbaum，1938）早就讨论过这一变化过程。按照他的观点，一个孩子可能干过很多坏事，诸如砸玻璃、骚扰别人、爬房顶、偷苹果、扒窃，他天真地把这些都当成好玩。但父母、老师和警察可能常把这种举动看做讨厌的、违法的或邪恶的。36
所以他们可能用警告、责骂、打屁股、告上法庭或监禁等方法，把这些行为夸大为“罪恶行径”。因此，以这种戏剧化手段把孩子标签为青少年罪犯后，孩子们就会继续干坏事，最终就真的变成了罪犯。

在讨论孩子如何变成罪犯的过程中，坦嫩鲍姆提示道，有两种偏差行为：第一种是“最先的”行为，即孩子认为是无辜的，而大人则认为是违法的；

第二是“最终的”行为，孩子和大人都认为是违法的。后来，埃德温·勒马特（Edwin Lemert，1951）把这两种行为明确区分开来。他称第一种为“初级偏差行为”，第二种为“次级偏差行为”。

正如坦嫩鲍姆那样，勒马特也看到了初级偏差行为和次级偏差行为之间的区别，认为这不仅仅是个时间上的区分，不是说一个行为发生在另一个行为之前，也不是说发生一次偏差就叫初级偏差，重复发生就叫次级偏差。勒马特认为初级偏差行为是价值冲突导致的，是社会认定的结果，行为者本人并不认同。只有在行为者认可这一社会定性并把他（或她）自己看做是偏差者时，这种行为才成为继发性的次级偏差行为。

分析次级偏差行为是标签理论家的主要兴趣所在，即一个人如何从初级偏差行为进入次级偏差行为阶段。这种分析认为，该阶段是一种连贯的、带有职业倾向的、对社会标签认同的偏差模式。当人们在社会压力下把自己看成偏差者时，反复进行偏差行为成为他们的生活方式，由此变成了次级偏差者。如果把某人当作因抢劫入过狱的刑满释放人员，他很可能被冠以“有前科的人”（ex-con），这样的人是很难找到好工作的。因此他也被迫把他自己看成有前科的人，只好再去抢劫，从此他就以抢劫为生。

简言之，某个人一旦被认定为有偏差，就会产生很消极的后果，这样一来，就会持续发生偏差乃至成为对标签认同的具有职业性倾向的次级偏差者。此外他还会遭到嘲笑、羞辱、歧视、骚扰、殴打、监禁或其他非人待遇，如被当作东西、动物或非人类看待。所有这些都表明：行为偏差者的“罪恶更多来自于社会对其的污名”（Becker，1963）。

（2）对贴标签者的影响。

按照标签理论家的观点，一个社会给某人贴上偏差者的标签会产生积极的社会效果，其效果之一就是强化了社会秩序。如埃里克森（Erikson，1962）解释道：

> 对一个有悖于社会规范、非法侵入私宅的人而言，他（偏差者）就代表了社会规范的对立面：他似乎告诉我们什么是罪恶，罪恶有哪些行径。通过这些向我们展示了群体内和群体外的区别。这也说明，没有这种以善恶划分的群体内外界限，也就没有内在的社会认同感和社会凝聚力了。因此，在可控范围内，偏差行为也许本身就是一个社会保持稳定的重要条件。

37 如果有些人在不同时期被当做罪犯受到审判和惩罚，该群体的成员就更容易辨别是非，他们就会团结起来去抵制恶行。实质上，偏差者为我们做了一件有意义的事，他告诉我们什么是邪恶。他为我们了解作恶后会遭受何等的痛苦，提供了一个活生生的反面教材，并且鼓励我们避免惩罚，积极向善。因此，当一些个体或群体被认定成行为有偏差时，贴标签的群体就会从中受益，最大的作用就是增强了社会凝聚力，维护了社会秩序。

4. 标签理论评析

标签理论受到社会学家的极大欢迎。他们很容易在人类交往中发现标签理论的意义，也能够找到相当多的证据支持这一理论（Adams，2003；Davies & Tanner，2003；Lauderdale等，1984）。然而，这一理论也招来不少批评，最主要的有以下几点。

第一，很多社会学家批评标签理论无法解释偏差行为的最初诱因。尽管这种批评显得太苛刻，因为标签理论并不是要解释偏差行为的最初起因，但是他们认为该理论属于非决定论，除了涉及标签行为如何引起继发性偏差行为外，没有涉及最初的偏差行为起因。

第二，没有证据能支撑标签理论家提出的假设，即假设给偏差行为贴标签能导致某人破罐子破摔，陷入反复出现偏差行为的泥潭。有观点认为，贴标签进一步激发了偏差行为，但不少学者却不以为然。例如一位研究者认为，犯法被判刑（公开贴上了标签）的少年，再次犯罪的可能性比同龄人高。然而，另一位研究者却认为，虽然他们在学校经常被嘲笑为“邋遢女人”、“吸毒者”或“白种废物”，但是那些与母亲或祖母有较强契约感的不幸少女，仍然不会去过混乱的、没有保护的性生活，也不会酗酒或滥用其他药物（Victor，2004；Farrington，1977）。

最后，标签理论无法恰当地处理隐蔽的和强势的偏差行为（Thio，1973）。这些理论坚信，如果一些行为没有被贴上偏差行为的标签，那就不算偏差行为。标签理论难免会暗含着这层意思，即没有把隐蔽性偏差行为当作偏差行为看待，特别是这种行为不为强势群体认识的时候。因为标签行为的定义就是，其他人不知道的偏差行为，就不能被定义为偏差行为。另外，标签理论家阐述了强势群体是怎样把偏差行为的标签强加给弱势群体的，实际就等于，强势群体不可能出现偏差行为，因为他们只可能是贴标签者。

二、现象学理论

自20世纪60年代早期以来，标签理论对许多社会学家造成很大影响。但是到60年代末，一些社会学家在标签理论基础上又前进了一步，他们发展
38 出了符号互动论的另一种新版本，被称为“现象学理论”（该理论涉及常人方法论、存在主义社会学、创新社会学或日常生活社会学）。正像我们前面提到的那样，标签理论关注的是社会对偏差行为的反应，以及这种反应对行为偏差者本人和贴标签者的后果。但标签理论没有关注行为偏差者的思想，这是现象学理论所要做的工作。现象学理论深入到行为偏差者的主观感受中（被称为现象），包括其意识、感觉、态度、情绪和对偏差行为的看法。这种理论认为，所有的人，无论是行为偏差者还是贴标签者，在“建构”、定义或解释偏差行为时都带有高度的主观性，尽管他们自认为是非常客观的。

1. 对实证主义的批判

现象学家第一次向那些以实证主义理论研究偏差行为的社会学家发起了哲学进攻。就像我们在第一章看到的那样，实证主义者对偏差行为采取一种客观决定论的方法，他们认为偏差行为受到环境中各种客观力量的影响。结果，实证主义者忽视了行为偏差者的主观体验和感受。相比之下，现象学家则关注行为偏差者的主观体验。同时他们推断，实证主义者从客观上对偏差行为界定的概念不成立，因为它反映了实证主义者将行为偏差者看做客体，而非现实生活中有头脑有感情的人。

换言之，实证主义者没有研究现象的真实所在，只研究了“他们自己的概念”。他们的认识实际上是非常主观的，至少没有他们自己所说的那么客观。他们长期认为，真实的现象和实证主义的概念是一回事。但对于现象学家来说，真实的现象是不同于实证主义概念的，它研究被研究者当时的感受和意识。例如，实证主义的精神病学观点可能不认同含蓄而好静的霍皮（Hopi）印第安人，精神病学家认为，霍皮人离群索居，在精神病学意义上是一种不正常的症状。与此相反，霍皮人自己认为这完全正常，因为在霍皮文化中，安静是一种美德。

2. 主观意图是解释现实偏差行为的关键

对现象学家来说，偏差行为意味着什么是“根本的问题”：人们不认同偏差行为的含义。当实证主义学家尽量“客观地”观察和解释某个人的偏差行为时，这样的分歧经常出现在实证主义研究者中间。例如，在分析自杀现象时，建构主义社会学家发现，实证主义的观点是建立在医生、验尸官和官员的统计基础之上的。但是对自杀的定义，这些人之间也经常不一致，以至于死者是否为自杀都难以确定（Pescosolido & Mendelsohn，1986；Douglas，1967）。根据定义，对自身的攻击造成的死亡，如果有自杀的意图，就应该定义为自杀。但是否有自杀意图在一个人死后是很难确定的，由此就产生了分歧。因 39
此，那些相信有自杀意图的人就会把自我引起的死亡视为“自杀”，那些不相信的人就把它解释为“意外死亡”。所有这些都暗示，自从实证主义者把偏差行为的含义当作研究的基本问题之后，其概念就不可能体现偏差的实质了。

实际上，实证主义者对偏差行为的含义阐述得很“抽象”，然而行为偏差者所处的具体环境是“独一无二”的。相比之下，他们认为自己的行为意义实质上是“具体”的，即与主体所处的具体环境相联系。“抽象意义”也就是实证主义者所谓的“客观”，即对偏差行为主体的科学解释，然而“具体含义”是主体对自己行为的主观解释。现象学的奠基人艾尔弗雷德·舒茨（Alfred Schutz，1962）提出了抽象的、客观的含义，如“二级建构”（constructs of the second degree），还有具体的、主观的含义，如“一级建构”（constructs of the first degree）。现象学家坚信，实证主义者给偏差行为的客观概念是推测性的，实际是实证主义者自己的概念，是从其研究中生硬地移植过来的，充其量不过是他们研究行为偏差者经历的苍白杰作。只有行为偏差者对自己经验的主观解释才是真实的。因此现象学家强调，为了了解偏差行为，我们主要应当依靠偏差行为人群的自我体验进行主观解释。

3. 民族志：一个现象学的应用

在寻找偏差行为现象的过程中，现象学家分析了他们的主体如何感受和思考自己的偏差行为、自我和他人。他们使用了所谓的民族志方法。然而不少用民族志研究偏差行为的社会学家自称为民族志

学家，而不是现象学家。他们把民族志定义为一种研究模式，就是设法从被调查人的偏差经历中了解其象征意义（Maso，2001；Brewer，2000；Ferrell & Hamm，1998）。但这与自称为现象学家的社会学家所寻求的东西实质是一样的（例子参见 Skrapec，2001）。

哈罗德·加芬克尔（Harold Garfinkel）在自己的经典著作中描述了与阿格尼斯（Agnes）的多次会晤。阿格尼斯 19 岁，既有男性生殖器又有女性性征，哈罗德·加芬克尔（1967）发现，阿格尼斯绝不像大多数人认为的那样把自己看成是怪诞的，而是将自己当作一个正常人。阿格尼斯出生为男性，父母以抚养男孩的方式把他供到中学。在青春发育期，阿格尼斯偷偷服用他母亲的荷尔蒙药，最终长出了丰乳细腰、宽臀和柔软的皮肤。17 岁时，她有了引人注目的女性身材。那时她失学了，离家迁到另一个城市，开始了一个女性的新生活。一年以后，她去 UCLA 医疗中心请求做变性手术。在这例手术被批准之前，阿格尼斯不得不接受对一个真正女性所做的全面调查。作为这个调查的参与者，加芬克尔见过她多次。他发现她把自己看做一个正常的女孩，并且尽量说服别人相信她是个女人。她告诉加芬克尔，她只是一位碰巧有身体缺陷（与其他人的畸形缺陷相比，如兔唇、畸形脚和脊柱弯曲）的正常女性。像那些有畸形缺陷的人一样，她认为她想
40 把阴茎去掉只是件正常的事。作为性器官，她的阴茎是“死的”，对女性也没有性的吸引力，从阴茎那里她得不到快乐。一个女性的自我意识促使她提出要求，通过外科手术植入一个新阴道以换掉阴茎，同时也确保别人不会怀疑她有阴茎。因此在沙滩上，她总是穿着裙式泳衣。在她的合租公寓，室友在场时她从不脱衣服。约会时她总是隐藏自己的脖子，特别不让人抚摸腰部以下。

正像阿格尼斯把自己看做正常人一样，杰克·卡茨（1988）发现，像杀人犯和劫匪也以一种肯定的方式来看待自我及其偏差行为。特别是杀人犯，他们认为自己在道德上是超越那些受害者的。因为大部分情况下，那些受害者往往通过奚落、激怒、蔑视、嘲笑和侮辱的方式来羞辱杀人犯，激起他们的愤怒，才导致被杀的，但同时也使杀人犯有了维护身份、尊严或地位的正义感。

卡茨也发现，实际上所有的劫匪都认为，自己在道德上超越了那些受害者，他们认为对方是应该遭到抢劫的傻瓜或吸血鬼。如果他们想在街上抢劫某人，首先是向那个可能的受害者打听时间、问路和借火等。他们会用其中一种方法试探某人是不是傻瓜。例如，劫匪通过询问时间去了解可能的受害者是否经验丰富。然后，他们按照需要将受害者当做傻瓜愚弄，使其成为自己的牺牲品。

最近，一些研究者运用民族志探索各种行为偏差者的主观世界时，都与加芬克尔和卡茨得出了相同的结论。在研究所有成员都被确诊为“精神障碍”的家庭时，史蒂芬·泰勒（Steven Taylor，2004）发现，这些家庭成员并没有认识到自己的精神问题，就像一般人看待自己的日常生活一样。在对文身者进行调查分析后，安格斯·维尔（Angus Vail，2004）发现，他们认为文身就像自己开的汽车和留的发型一样正常；在检查一位 18 岁自杀女孩的个人账户后，托马斯·科特尔（Thomas Cottle，2004）认为，在生活中，她已经历了许多不愉快，但她及其家庭成员都没注意到不愉快的意义所在，而是把这些事都当作正常现象。在自杀之前，她曾计划就读已经考上的一所著名大学。在与连环杀手多次接触后，康迪斯·斯科瑞贝克（Candice Skrapec，2001）印象最深的就是“他们是普通人，就像我们一样吃早餐”，也就是说，他们把自己看做正常人，并按普通人的方式行事。

4. 现象学理论评析

现象学家提供了令人信服的证据，说明实证主义存在的缺陷：实证主义者无法揭示偏差行为的实质。但是现象学家提出的假设也站不住脚，他们只是创造了一个人类现实的版本。其版本可能是唯一的，但却没有超越实证主义或其他理论。不管是现象学家、实证主义者，还是其他学者，其价值体系、思想倾向、观察方法和对人类经验的敏感度都不同，41
所以他们必然要建立不同的、相互竞争或相互矛盾的人类现实版本。但无论如何，我们都可以在这点上注意到现象学理论的贡献。它通过个人主观经验对偏差行为的理解，与实证主义者强调偏差现实的客观性不同、相对立或冲突。因此，它能够使我们以更广阔的视野和角度来理解和看待主体。

三、冲突理论

七十多年以前，许多社会学家开始指出人类社会的本质是多元化的、异质性的和相互冲突的

（Sellin，1938；Waller，1936）。在较为单纯的传统社会，人们有着共同的文化价值，所以相互之间关系协调。这种共同价值和社会和谐在现代工业社会却相对缺乏，特别是美国，存在着大量的社会冲突和文化冲突。"社会冲突"必然面临不协调的利益、需要和各种分散群体的诉求，如商业公司和劳动者联盟之间、保守党和自由党等政治派别之间、白人与黑人之间等。"文化冲突"必然面对从正误概念中分离出来的不一致的标准和价值，即在一种文化中是正确的，在另一种文化中却是错误的问题。例如，在20世纪30年代，新泽西州一位西西里人的父亲，在杀死勾引自己16岁女儿的男子后感到很自豪，认为自己以传统方式捍卫了家庭。当警察拘捕他时，他惊讶万分（Sellin，1938）。人们认为，不仅在移民之间，而且在美国的非洲移民或其他受压迫的穷人之间，不是社会因素就是文化因素导致犯罪。所以，冲突及其引发的犯罪是一个现代社会内在的、正常的、如影随形的一部分。那些七十年前就持有这些观点的社会学家们可以说是"冲突理论家"了。

但是冲突理论家们没有用冲突理念系统地建构出犯罪的概念，只是建构了犯罪的现实。他们依然更多地关注传统实证主义的热点，去解释犯罪行为的偶然性。只是到20世纪60年代中期，一些冲突理论家涌现出来，才把犯罪概念当作一项课题进行系统研究。而且从20世纪70年代开始，一部分新一代理论家开始寻找偏差行为的原因，但是使用的方法却与早期冲突理论家们有所不同。让我们看看这些人是如何看待偏差行为的。

1. 法律实践理论

根据威廉·钱布利斯（William Chambliss，1969）的观点，有两种法律。一种是"书面上的法律"，即概念上的法律；另一种是"运行中的法律"，即实践中的法律。根据书面上的法律，合法权利应该是公平正义的，应该对每一个公民一视同仁。然而，实践中的法律却表明，合法权利实际上是不公平、不正义的，让那些富人和权势阶层凌驾于穷人和弱势群体之上（Chambliss & Seidman，1971）。

许多人可能谴责两种法律在制定与实施上有不
42 同的危害性，但是钱布利斯并没有采纳这种个性化解释。他阐明了某些人是如何受到下述历史背景和法律组织背景的严重影响的。

现代盎格鲁—美利坚（Anglo-American）法律源于早期英格兰的法律体系。英格兰的法律体系建立于11世纪。其主要特征是当个人错误侵害到国家利益时，只有国家有权惩罚他们。这种法律原则代替了早期的标准，后者是高度个性化的标准，是通过私人团体交涉得到调整和解决的标准。为推行新的法律原则，政府利用权力和整合力处理错误和纠纷，创造了两个相互分离的实体，即法律制定者（立法机关）和法律执行者（司法机关），任命法官解决国家与公民或公民之间的纠纷，并且依靠同行（陪审团）最终解决纠纷。

这是早期英格兰法律体系的一般结构，一直流行于当代美国社会。但是法律的详细内容连同具体的执行方式经常变换，目的是为了反映统治阶级的利益。例如，在14世纪封建制时期，英国的《反流浪法》就反映了有权势的土地所有者获得廉价劳动力的需要，因为法律要求那些身强力壮的贫穷男子成为廉价劳动力，他们不得为寻求高薪从一地流向另一地，否则就是违法，而且法律规定不得向强壮的乞丐施舍。在16世纪，《反流浪法》开始保护游商的利益，这些商人要把货物运到其他地方，那时新法律主要用于打击游商经商时遇到的流氓、流浪汉和强盗。今天，在英美等国，《反流浪法》用于控制市内外居民、不良分子、犯罪分子和扰乱秩序者，因而法律反映了中上层阶级保持其街道安全祥和的愿望。从历史上来讲，如果不是实质性的故意犯罪，法律一直是用来为富人和权贵而不是穷人和弱势阶层服务的。受此影响，今天的立法者自然在制定法律时偏向于富人和权势阶层。

像警察、检察官和法官等执法者变成权势和特权阶层的工具的这种趋势，主要是"组织规则"的结果。它是组织的自然属性，是组织迫使成员履行对其回报最大化、问题最小化的使命所在。公众的支持就是对执法机构最好的回报，而执法机构要避免的问题则是失去支持。因此，对执法官员来说，逮捕、迫害和判决没有权势的人，如贫民窟的醉汉、流浪者、赌徒、妓女、强奸犯、小偷和劫匪等就是回报。但如果执法者对犯法的中上层公民执行同样的法律，那将给执行机构带来麻烦。由于这种组织规则，他们很有可能使法律服务于富人和权贵的利益（Chambliss，1969）。

2. 社会实践理论

当钱布利斯把法律实践的非正义性归结于历史的变化和组织的规则时，理查德·奎尼（Richard

Quinney，1974）则直接谴责非正义的法律本身，并
43 认为其存在的原因是因为资本主义制度。他说：“国家和统治阶级以法律保障资本主义制度的存续，而且由于这一制度受到自身矛盾的威胁，所以它将越来越多地使用法律维护国内秩序。”

这种批评资本主义制度的观点建立在奎尼（1975）的冲突理论基础之上，他以此解释犯罪行为，并称之为“社会犯罪的真实性”。根据这种理论，有四种因素共同导致资本主义的高犯罪率，但也帮助它巩固了统治阶级的地位和业已建立的法制秩序。第一，统治阶层把那些威胁其利益的行为定义为“犯罪”，就表明惩治罪犯的法律大部分是那些权势阶层制定的。第二，统治阶层“运用”法律维护自己的利益，这就必然涉及警察、法官及其他审判机构成员的执法问题。第三，下层社会成员是因生活所迫而犯罪。例如，穷人很可能犯罪，是由于他们穷到不得已而为之。第四，统治阶层利用这些犯罪事实作为建构和散布犯罪思想体系的基础。他们坚信下层阶级具备危害社会的主要犯罪因素，因而应该经常被逮捕、受迫害或者被监禁。这四种因素是相互关联、相互支撑的，导致全社会发生犯罪并保持较高的犯罪率。例如穷人常犯谋杀罪和抢劫罪，统治阶级很可能为此专门制定法律以惩罚他们，而这反过来又使穷人的生活更加贫困，因而刺激他们去犯更多的罪行。图 3—1 概述了奎尼的理论。

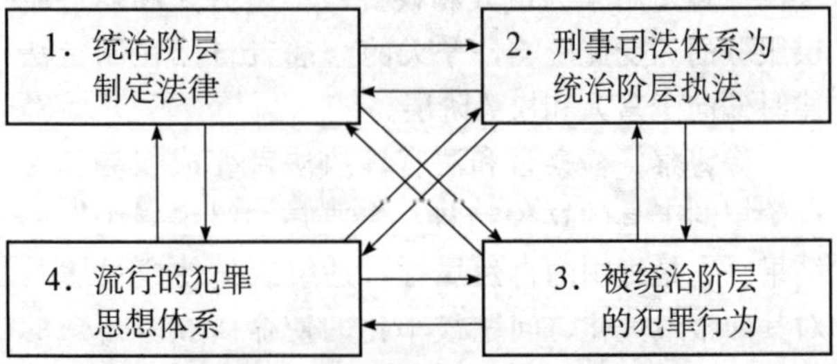

图 3—1　奎尼的社会实践理论：四种因素的交互作用促成并维持社会高比率的犯罪

奎尼（1974）也尽量把其理论转化成一种政治行动。正像他的理论所暗示的那样，现存社会有一种非常错误的东西，即权贵们犯着同样的罪行，目的是剥削、压迫和征服弱势阶层，以此保护、巩固和延续社会地位的不平等。因此，奎尼希望进行一场意识上的变革，最终催生民主社会主义，进而结
44 束权贵们对弱势阶层的压迫。最近出现的“新的社会控制学”，远远超出了奎尼关于国家资本主义控制的概念范围，资本主义国家本身控制着处于弱势的行为偏差群体。这一观点认为，许多公共单位、组织、职业和代理机构都因代表国家利益而加入到控制行为偏差者的行列中（Garland，1993；Davis & Stasz，1990；Scull，1988）。

3. 马克思主义理论

如上所述，大部分冲突理论在描述权势阶层如何控制弱势阶层并把他们定义为行为偏差者的同时，实际上却忽略了偏差行为产生的原因。然而，最近许多人已转而探讨偏差行为的诱因。其思想渊源可追溯到马克思。因此，这些冲突理论家常提及“马克思主义理论”（Greenberg，1981）。

按照他们的观点，偏差行为的诱因可以追溯到资本主义的剥削本质。为了增加利润，资本家一定想方设法以较低的劳动成本提高生产效率，包括引进自动化设备和其他节省劳动力的方法、强迫工人超时加速生产、把工业基地安排在劳动力廉价的地方，例如在南美一些没有工会的地区或者劳动力过剩的发展中国家，并且从发展中国家引进工人。无论用什么方法，他们都不可避免地要把一些劳动力拒之门外。这些失业者变成了马克思所说的“边际过剩人口”，即在经济上相对过剩或无用的人口，在无力保持体面生活的条件下被迫走上犯罪道路。

资本主义生产不仅在下层失业人口中制造财产犯罪（如抢劫和偷盗），也会引发个体犯罪（攻击、强奸、谋杀）和其他形式的各种偏差行为（酗酒、自杀和精神病）。像希拉·巴尔干、罗纳德·伯杰、珍妮特·施密特（Sheila Balkan、Ronald Berger、Janet Schmidt，1980）所说的那样，经济的“边缘化导致了自尊的相对缺乏以及某种程度上的无权和异化，这些又对个人造成巨大的压力。许多人转而以暴力发泄其受挫感，通过罢工来反抗权贵，而另一些人将挫折感深藏心底，经历着严重的情感磨难”。这就意味着，资本主义压迫导致人们去犯罪，并且首先把他们变成穷光蛋，而后迫使其变成行为偏差者。然而，贫穷并不是资本主义生产偏差行为的唯一诱因。根据马克·科尔文和约翰·保利（Mark Colvin & John Pauly，1983）的观点，资本主义社会也能通过训练“强迫控制”底层人士而催生犯罪。强迫控制是指威胁解雇工人或真正解雇工人，达到强迫工人努力为雇主工作的目的。这种行为方式会诱发怨恨情绪，这些工人可能感到与社会疏离，表现出“异化的参与”（alienative involvement），即缺乏对社会的依附感。结果，他们就很有可能从事犯罪活动。

然而，资本主义压力下的犯罪及其他形式的偏差行为并不局限在下层中，也会向上发展，影响到社会上层。由于对利润的贪欲不断增长，资本主义不可避免地会在经济上出现垄断和金融寡头统治。这些特征是有组织犯罪的重要原因。因为“当只有一小部分公司统治经济领域的某部分时，他们就能轻而易举地统一价格、瓜分市场并打败竞争对手”（Greenberg，1981）。

45 4. 女权主义理论

实际上，所有关于偏差行为的理论都可以用于社会性别问题的研究。理论家们认为，男人拥有的真理女人也同样拥有。然而，女权主义理论家们对此持否定态度。他们认为，现有的偏差行为理论实际上只涉及男性，结果这些理论只对男性有效而对女性无效。以默顿的失范理论为例，首先，这一理论认为，人们是为了取得物质上的成功而奋斗，这对男性可能是千真万确的，但对女性却不一定。事实上在等级社会中，女性与男性的社会化很不相同。因此，传统上女性物质追求的兴趣往往不如男性，她们更乐于与他人建立亲密的个人关系，获得情感上的满足。其次，这一理论认为，如果一些女性与男性在经济上同样有强烈的成功欲却没机会实现，那么在同等的条件下，她们就有可能像男人一样去犯罪。今天，经济领域中有了更多的女高管，雄心勃勃的女性在“男人”领域的人数也不断上升。然而，当这些女性得不到经济成功的机会时，她们并不会像男人那样去犯罪。最后，默顿的理论详细阐述了美国人可能犯罪的原因，认为美国社会过于看重成功率，却无法为所有公民提供必要的机会，因而引发犯罪。这一现象对男性而言可能如此，但对女性却不适用。实际上，不管机会多么稀缺，女性的犯罪率都低于男性（Heidensohn，2002，1995；Morris，1987；Leonard，1982）。

在失范理论和其他传统理论方面，与性别相关的理论比较少，这是因为重男轻女的偏见没有把女性考虑在内。为弥补这方面的遗憾，女权主义理论无可置疑地将焦点集中于女性。首先，这一理论把妇女看做牺牲品，主要是强奸和性骚扰的牺牲品，认为这种针对女性的犯罪是等级社会企图把女性置于某一地位而使男性统治永久化的结果（Heidensohn，2002，1995；Messerschmidt，1986）。

女权主义理论也像对罪犯那样来协调和校正女性行为。该理论认为，虽然女性犯罪率近年来呈上升趋势，但速度并不快。这正是性别平等与社会现实不符的反映。就像就业机会一样，女性的犯罪机会依然低于男性，所以犯罪的可能性仍不大。女性的犯罪类型表明她们继续处于社会的从属地位。她们从事的财产犯罪仍然是低额的，如商店行窃、倒假支票、福利欺诈和小额信用卡欺诈等。事实上，近来大部分女性犯罪多属这类轻度犯罪。这种情况主要是女性贫困化加剧的反映，表明更多女性生活在贫困线以下。当然毫无疑问，大多数犯罪的女性是失业者，她们学历低，还带着孩子，与那些得益于性别平等的普通妇女形象大相径庭。在财产犯罪中，如盗窃、抢劫、侵吞财产和商业欺诈这些所谓男性初级犯罪中，女性数量并没有增加（Heiden- 46
sohn，2002；Chesney-Lind，1997；Steffensmeier，1996；Weisheit，1992）。

5. 权势理论

显然，权力的不平等影响到人们生活的不平等：富人和权贵比穷人和无权者生活得好。同样，权力的不平等也可能影响到偏差行为的平等性，所以权贵们更有可能发生有利可图的偏差行为，例如公司法人的犯罪。而弱势阶层则更有可能出现无利可图的偏差行为，如持枪抢劫。换句话说，是否有权势在很大程度上决定了偏差者的行为类型。

权势也是导致偏差行为的重要原因。准确地说，权势阶层为了有利可图而从事偏差行为的可能性比弱势阶层更大，持久性更强。例如银行总裁隐蔽地抢劫顾客就比无业游民去抢劫的可能性大。

第一，权势阶层有“强烈的偏差行为动机”。这主要源于“相对剥夺感”（relative deprivation），因为他们贪婪的欲望得不到满足。与那些欲望较低的弱势阶层相比，权势阶层的贪欲有可能更强，更难以满足。人们的“相对剥夺感”越强，做出偏差行为的可能性就越大（Cookson & Persell，1985；Harry & Sengstock，1978；Merton，1957）。

第二，权势阶层能捕捉到“更多机会从事偏差行为”。很明显，一位富有的银行家比贫穷的工人有更多合法的机会弄到钱。但是假定他们都想获得一大笔“非法”收入，银行家将会有更多更好的机会，从而轻而易举地套走顾客的钱。进一步而言，银行家有更多机会敛财是因为他们犯罪所需的技能与其取得银行家职位时差不多。相比之下，穷人得到的违法机会只是粗暴地去抢银行，可能被捕的风险更大（Ermann & Lundman，2002；Vaughan，1983）。

第三，权势阶层受到的“控制更松”。总之，权势阶层在制定和实施法律上影响更深远。因此，针对社会上层犯罪的法律更加宽松，执法也不严。例如，许多下层谋杀者因为杀了一个人而被判死刑，但没有一个法人团体在销售未经检验而“完全地”杀害许多人时会遭遇相同的命运。对他们的控制越少，权势阶层就越有可能轻松地运用一些偏差的方式敛财获利。

总之，由于社会的不平等，权势阶层可能有强烈的偏差行为动机，相对于弱势阶层而言，有更多的机会发生偏差行为，受到的控制也较少。因此，权势阶层更有可能发生有利可图的偏差行为，而弱势阶层则很少有这样的机会。

47 ## 6. 后现代主义理论

后现代主义理论可能是社会学中关注偏差行为本质的最新尝试。它最初作为一种哲学运动出现于20世纪早期的法国，它是作为“怀疑”“现代主义”价值观例如革新、理性、客观性及其他现代科学技术所代表的价值观而出现的。在后现代主义理论那里，现代主义价值观受到了批评，因为它在事物之间促成了客观化、去人格化、情感疏离及其他社会问题，以至于人们很难形成真正的亲密关系。那时，法国哲学家对后现代主义价值，包括主观性、情感和直觉，倾注了更多的精力，为的是让富人享有更有品位的生活。

这一哲学观点在20世纪60年代开始影响美国的艺术和社会科学界，从20世纪80年代晚期开始，尽管不为多数人理解，但已成为美国社会学中一道著名的理论景观。

后现代主义理论集中了越轨社会学中的新旧思想，首先对现代科学强调的探索客观真理发起进攻。对他们而言，现代科学中所谓的客观性实际上是主观的，因为科学家在调查中强行加进其“权威性”观点。不论主体是否是行为偏差者、被害人、某种程度上的行为偏差者，行为主体的观点都受到压制、轻视、漠视或忽视。而后现代主义者认为，主体的观点对理解偏差行为是很重要的。在用同样方式反对实证主义（科学家所谓的客观性）并主张主观性方面，后现代主义理论与现象学理论有异曲同工之处。

后现代主义的另一个陈旧观点是其创立者所说的“解构主义”，这一术语被解释为“解析格式化内容（即任何社会现象或事件，例如偏差行为），以揭示其矛盾和假设”（Rosenau，1992）。换句话来讲，解构被认为是“打破已经建成的东西，即‘拆毁’，同时显示其重建的方式”（Einstadter & Henry，1995）。这种解构的含义基本上与人们普遍所说的“分解”相同，即通过将整体变成部分来对事物进行研究。虽然“解构”不同于传统方法，要以破坏、挑战或怀疑的方式看待偏差行为之类的问题，但是，因为它强调主观性，后现代主义者的解构概念类似于现象学家所谓的“现象学分类”（phenomenological bracketing），这就需要消除先入之见，最大限度地提高对主体经验的敏感度。

后现代主义理论也有一些新观点，其核心是“话语控制”，即认为语言的冲突存在于任何社会交往过程中，表现为强势语言对弱势语言的控制（Arrigo & Bernard，1997）。为了更好地理解偏差行为中话语控制的重要性，我们看看政府与对抗的公民间的语词冲突。政府经常称政见不同的人为“叛逆者”、称革命者为“罪犯”、称自由斗士为“恐怖分子”。但所谓的行为偏差者，即那些持不同政见者、革命者和自由斗士，则认为自己是与腐败政府作斗争的公民。第一组单词（叛逆者、罪犯和恐怖分子） 48
是“享有特权的”、受人重视的或被社会认真对待的，而第二组（持不同政见者、革命者和自由斗士）则是被“边缘化的”、被忽视的或受压制的。因此政府能得到广大民众的支持，还能令政治上的行为偏差者举步维艰。

7. 冲突理论评析

在谴责资本主义或不平等社会导致偏差行为并为偏差行为贴上标签之时，冲突理论似乎持有一种“令人难以信服的”观点，即认为在乌托邦社会和无阶级社会中不存在此类现象，而且像杀人、抢劫、强奸及其他伤人的丑恶行径将会消失。人们可能会像涂尔干那样更现实地认为，偏差行为是不可避免的，甚至在圣人社会也一样，只不过圣人所犯的错误似乎不太严重，甚至是微不足道的。准确地说，如果全社会人人平等，人类的丑恶行径只会大大减少而不会完全消失。因为随着平等社会中贫困的消灭，将不会有任何穷人，那么偏差行为也大为减少。但是，前述的穷人将加入到富人中，做出不庄重或不高雅的偏差行为。

冲突理论也对我们理解社会不平等，诸如资本主义和等级制度如何影响标准、规则或法律的制定与实施，偏差行为如何产生以及社会如何对待它等都有一定贡献（Heidensohn，2002；Akers，1985；Williams & Drake，1980）。而且，冲突理论甚至能解释法律的制定动机，例如，为什么权势阶层不厌其烦地通过法律，反对那些非政治行动，诸如不正当性关系、酗酒和流浪等在社会上似乎对权势阶层的统治不构成威胁的偏差行为？冲突理论认为，原因是那些似乎是无足轻重的偏差行为，也威胁着权势阶层的利益，挑战资本主义的基本价值观，如限酒、个人责任、延迟享受、勤奋以及在诚实和生产劳动中获得真正快乐的信条。那些反对“琐细”偏差行为的法律，主要是保护资本主义价值和制度，从而也维护了权势阶层的统治地位。

表 3—1 说明了本章谈到的所有理论观点。这些建构主义以及前述的实证主义理论价值都较高。它们实际上是对偏差行为的总概括，即从总体上而非具体形式上对偏差行为进行分析。它们认为各种偏差行为在某些方面都具有共性。作为总论，它们也善于发现各类偏差行为的相似之处。这种观点不可避免地忽略了每种具体行为的独特性。因此在下面的章节中，我们将讨论各种具体的偏差行为特征。从逻辑发展看，理论性较强的总论能应用到具体的偏差行为中，但是，为能在以下章节中更好、更准确、更深刻地理解偏差行为，我们主要运用实证主义和建构主义中理论性较弱的具体理论进行研究。

49 **表 3—1　　偏差行为的建构主义理论**

标签理论：	权势阶层的成员更有可能把那些弱势群体定义为行为偏差者，而后者却做不到。被社会标签为偏差行为的人最终也会把自己视为行为偏差者，为与这一自我形象相符，会做出更加越轨的行为。
现象学理论：	考察行为偏差者对自身经验的主观解释是理解其行为的关键。
冲突理论：	
法律实践：	法律的制定钟情于富人和权贵而非穷人和弱势群体。
社会实践：	统治阶级通过立法和执法，压迫被统治阶层，同时通过传播犯罪思想来催生犯罪。
马克思主义：	偏差行为和犯罪的根源在于资本主义的剥削本质。
女权主义：	偏差行为的大部分传统理论对女性都是不适用的，同时，女性作为牺牲品和受害者正是等级社会中女性从属地位延续的一种反映。
权势理论：	因为强烈的偏差动机、更多机会和社会弱控制，权势阶层的成员更有可能发生有利可图的偏差行为。
后现代主义：	权势阶层“强势”的话语权统治了“边缘化”的话语权，因而驾驭着行为偏差者等弱势群体的生活。

四、本章概要

（1）**对于偏差行为，标签理论必须阐明的是什么？**根据标签理论，上层社会成员给下层成员贴上偏差行为的标签，对于被贴上标签的人产生了十分不利的后果；把某些人标签为行为偏差者对部分公众产生了有利影响。这一理论有相当多的事实依据，从总体上来讲是令人信服的。但也受到批评，因为它无法解释是什么最先引起了偏差行为。在对假设的标签消极效果的研究方面，看法仍有分歧。

（2）**什么是现象学理论？**这一理论认为，实证主义社会学家无法揭示偏差行为的本质，而现象学家则能用主观经验剖析行为偏差者的经验核心，这是他们仔细分析而求证的结果。现象学家无可置疑地证明实证主义者无法解释偏差行为的现实的本质，但其结论太多而无法言之成理。他们自己能够揭示的，仅仅是自己设定的偏差行为的现实，不一定是现实本身的实质。

（3）**各种版本的冲突理论是如何处理偏差行为的？**根据法律实践理论的观点，法律的实施是不公正的，让富人高居于穷人之上，是组织规则和历史 50
变化的结果；社会实践理论把资本主义社会的高犯罪率归结到四个焦点上：权势阶层制定法律、实施法律，弱势群体违反法律、穷人是犯罪阶层，这些信条被普遍接受；马克思主义理论把下层成员的偏差行为归结为资本主义的剥削本质，把有组织犯罪归因于资本主义产生的垄断；女性主义理论家批评其他所有的理论家只注重男性，认为女性作为受害者和牺牲品是源于性别不平等的等级制度；权势理论认为权势阶层比弱势阶层更容易发生有利可图的偏差行为，因为权势阶层拥有更强烈的越轨动机、更多机会和更松的社会控制；后现代主义理论表明“有威望的”话语权（就像有权的政府）是如何影响行为偏差者的生活的（例如持不同政见者）。

（4）**冲突理论有哪些优缺点？**人们认为冲突理论的不足之处在于，这一理论认为只有资本主义制度或不平等能够导致偏差行为，而乌托邦、无阶级社会则不会产生此类行为。但冲突理论的最大贡献是帮助我们理解了偏差行为的立法和执法标准、权力影响下偏差行为的定义及其产生过程以及隐藏在立法背后的动机。

五、扩展阅读

Brewer, John D. 2000. *Ethnography*. Buckingham, Eng.: Open University Press. Explaining what ethnography is and how it is used for theory building and applied research.

Davies, Scott, and Julian Tanner. 2003. "The long arm of the law: Effects of labeling on employment." *Sociological Quarterly,* 44, 385–404. Shows how teenagers who were suspended from school or served time in prison grew up to suffer as adults such negative consequences as low occupational success, small income, and checkered employment.

Green, Gill, Nigel South, and Rose Smith. 2006. "'They say that you are a danger but you are not': Representations and construction of the moral self in narratives of 'dangerous individuals'." *Deviant Behavior,* 27, 299–328. A constructionist analysis of how mentally disordered offenders attribute their so-called deviant behavior to the failings of others and how they see themselves as normal people.

Hagan, John. 1992. "The poverty of a classless criminology —The American Society of Criminology 1991 presidential address." *Criminology,* 30, 1–19. An effort to convince criminologists that it is important to use the class-related concept of power to understand the nature of crime.

Jensen, Gary F., and Kevin Thompson. 1990. "What's class got to do with it? A further examination of power-control theory." *American Journal of Sociology,* 95, 1009–1023. Reflects the continuing refusal of many sociologists to see the connection between class or power and deviance.

Katz, Jack. 1988. *Seductions of Crime: Moral and Sensual Attractions in Doing Evil*. New York: Basic Books. A phenomenological analysis of how various deviants, such as murderers and robbers, feel about their deviant acts.

Maso, Ilja. 2001. "Phenomenology and Ethnography." In Paul Atkinson et al. (eds.), *Handbook of Ethnography*. London: Sage Publications. An analysis of how phenomenology and ethnography are so closely related that they appear nearly identical.

Patterson, E. Britt. 1991. "Poverty, income inequality, and community crime rates." *Criminology,* 29, 755–776. Offers data showing that absolute poverty is significantly associated with higher rates of violent crime.

Prus, Robert C., and Scott Grills. 2003. *The Deviant Mystique: Involvement, Realities, and Regulation*. Westport, Conn.: Praeger. Presents a symbolic interactionist approach to the study of deviance and social control.

Regoli, Robert M., Eric D. Poole, and Finn Esbensen. 1985. "Labeling deviance: Another look." *Sociological Focus,* 18, 19–28. Calling for a revision of labeling theory that focuses on the process of labeling before the occurrence of a reaction to certain behavior.

Simpson, Sally S., and Christopher S. Koper. 1992. 51
"Deterring corporate crime." *Criminology,* 30, 347–375. Analyzing the evidence concerning the deterrent impact of legal sanction on criminal corporate behavior.

Sorokin, Pitirim, and Walter Lunden. 1959. *Power and Morality: Who Shall Guard the Guardians?* Boston: Porter Sargent. A classic sociological statement on how power corrupts so that the ruling groups tend to become more criminal than the ruled.

Ward, David A., and Charles R. Tittle. 1993. "Deterrence or labeling: The effects of informal sanctions." *Deviant Behavior,* 14, 43–64. Offers data showing how primary deviance leads to secondary deviance as suggested by labeling theory.

Winter, Michael F. 1996. "Social reaction, labeling, and social control: The contribution of Edwin M. Lemert." *History of the Human Sciences,* May, 53–77. Presents the main ideas of a major contributor to labeling theory.

六、思考题

1. 在各种版本的冲突理论中，行为偏差者总是穷人和弱势阶层，他们是否有办法改变命运？如果有，是什么方法？如果没有，为什么？

2. 请你的同学提供一组列表，内容为大部分人认为是偏差，但同学自己却认为不是的行为。然后请这些同学解释其差别。他们的解释向你阐明了标签理论和现象学理论的区别了吗？

第二部分

人与人之间的暴力

55

第四章 身体暴力

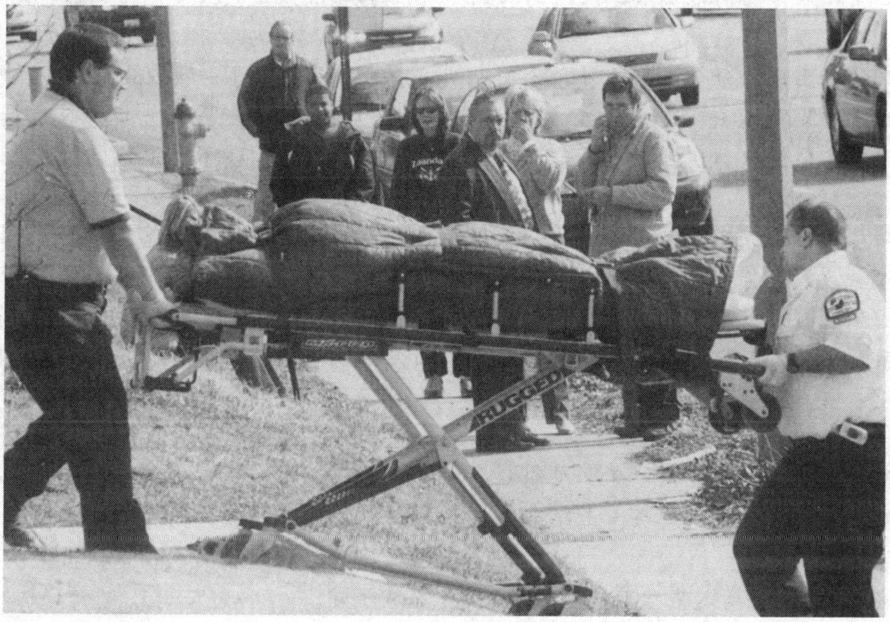

表象与事实

表象：由于长期受到白人的歧视，非洲裔美国人杀白人比杀黑人的可能性更大，这是可以理解的。

事实：大多数凶杀案发生于种族内部，黑人更可能杀死同种族的黑人，而不是白人，就像白人更可能去杀其他白人，而非黑人（第58页①）。

表象：50 000人左右的小城市由于人口密集，凶杀率通常比乡村高。

事实：乡村地区的凶杀率比小城市高，因为居住分散，又没有社区凝聚力（第59页）。

56

表象：女子杀夫，主要是因为对方欺骗了自己。

事实：女人很少因为丈夫不忠而杀他，通常是为了摆脱家庭暴力（第60页）。

表象：内城区②贫困的青少年为了在同龄群体中得到一席之地，或者给他人留下深刻印象，常常携带枪支。

事实：他们持枪主要是为了在犯罪率较高的社区里自卫（第60页）。

表象：众所周知，杀人的不是枪而是人，所以宣布拥有枪支违法就行不通了。

事实：当然，枪支本身不会引起凶杀，没枪也不会减少杀人动机。但是越不容易得到枪，潜在的杀人犯就越不会用致命的武器，这就会减少死亡（第62页）。

表象：陌生人不会像我们的家人、朋友及熟人那样关心我们，因此大多数被害人都死于陌生人之

---

① 此页码指原书页码，即本书边码，下文同。——译者注

② 内城区（innercity）：通常指一个城市中年代较久远的中心部分，尤指那些以低收入群体（经常是少数族群）所占据的拥挤住宅为特色的地区。——译者注

手，这也就毫不奇怪了。

事实： 大多数被害人都认识杀人犯，或者跟他们打过交道（第 63 页）。

表象： 由于他们的滔天罪行，大多数大屠杀案的凶手——在同一时间同一地点杀死许多人的凶杀犯——一定是精神错乱者。

事实： 大多数大屠杀案的凶手不但精神没错乱，而且看起来非常普通，与一般人无异（第 67 页）。

表象： 种族屠杀者——杀死成千上万人的凶杀犯——大多不正常，因为他们把快乐建立在别人的痛苦之上。

事实： 除了执行上级的命令去屠杀外，他们大都像你我一样正常（第 73 页）。

表象： 美国对基地组织和伊拉克的战争都彻底失败了。

事实： 这两场战争有成有败。基地组织一半以上的主要领导人被杀或被俘，但是恐怖分子仍然威胁着美国。伊拉克看起来正在向民主之路迈进，但是许多美国士兵牺牲了，而且还没人知道伊拉克政府何时才能在没有美军援助的情况下维护其国家安全（第 75 页）。

表象： 如果知道杀人会判死刑，那么人们就会再三考虑，并且决定打消谋杀的念头。由此可以得出结论，死刑能够遏制凶杀。

事实： 事实表明，死刑看起来并不能遏制凶杀，因为许多保留死刑的州凶杀率仍然高于已取消死刑的州的凶杀率（第 77 页）。

2008 年，一个 25 岁、叫阿布·达姆（Abu Dhaim）的年轻人，把一支半自动步枪、两把手枪以及许多弹药装在了一个装电视的纸箱里。然后，他打电话给 17 岁的女友，商量着第二天去耶路撒冷购物的计划。他们即将结婚，并且希望在土耳其度蜜月。放下电话，阿布·达姆驱车来到耶路撒冷的一所犹太教
57 神学院。他走进图书馆，杀死了 8 名学生，打伤了 10 名学生，然后被击毙。他的女友大为震惊。她无法把他想象成一个自杀式恐怖分子。毕竟，她所认识的男友是一个令人愉快、性情温和的人。并且，他来自一个相对富裕的、具有良好家教的家庭（McGirk，2008）。

事实上，与其女友的成见相反，阿布·达姆符合自杀式恐怖分子的典型形象。大多数自杀式恐怖分子并非贫穷、未受过教育，他们出生于富裕的家庭，受过良好的教育，正如我们在本章将要看到的那样。我们还将分析故意伤害、杀人、大屠杀和连环杀人、校园暴力、仇杀以及种族屠杀等其他类型的暴力，同时分析作为一种暴力威胁的跟踪行为。

一、故意伤害和恶意伤害

故意伤害没有杀人严重，但相当普遍。故意伤害是指非法使用暴力侵犯他人的行为，从法律上可以分为两种类型：恶意伤害和一般故意伤害。恶意伤害是指故意杀人或使用致命武器对他人进行残暴攻击。它被视为重罪，要受到严惩。所有其他形式的故意伤害都属于一般的故意伤害，因此算作轻罪，量刑也相对较轻。恶意伤害基本上类似于杀人，与杀人的主要区别在于结果不同：受害者还活着，而不是死亡。

在行为上，故意伤害与杀人有某些相似之处，我们将要讨论的许多关于杀人的研究成果，也适用于故意伤害。因此，同杀人犯一样，故意伤害的罪犯更有可能是穷人而不是富人，是黑人而不是白人，是南部地区的而不是其他地区的，是住在大城市的而不是小城镇的，是男人而不是女人，是过去有暴力史的而不是没暴力史的人，而且更有可能伤害同种族的而不是异族人，周末比工作日犯罪更多，等等。同时，研究表明，故意伤害至少在两个方面与杀人不同。

首先，很明显，与杀人相比，故意伤害他人者在犯罪时较少使用枪支。其次，夏天杀人案件略微上升，但是故意伤害案件却大幅上升。在炎热的季节，人们更喜欢外出，尤其是家里没有舒适空调的穷人。外出增加了社会交往，尤其是陌生人之间的交往，而陌生人之间更有可能故意伤害。因炎热而导致酒精类饮料的消费大增，这大大提高了故意伤害的发生率。这些综合因素都增加了故意伤害的可能性（Livingston，2008；Parker with Rebhun，1995；Harries，1990）。

二、谁最有可能杀人？

杀人犯最显著的特点是大都很穷。这点并不奇怪，黑人通常比白人穷，也更有可能杀人。穷国的
凶杀率要高于富国的。同样，有暴力史的社会和个 58
体凶杀率相对较高。在美国，南部的凶杀案远比其他地区多。美国及其他国家中，大城市的凶杀率高

于小城镇的。男人比女人更有可能杀人，青少年（18～24 岁）比其他年龄群体更容易犯罪。让我们进一步分析每一论断。

1. 阶级和种族

许多研究已表明，大部分杀人犯都来自社会下层。美国 90％以上的杀人犯是半熟练和不熟练工人以及福利救济对象。显然贫穷是杀人的一个因素。同样，贫穷与种族相交：白人中的穷人比境况较好的人发案率高，黑人也一样。可以从以下几点充分说明贫穷与杀人之间的关系。与中上层人士相比，穷人更容易出现经济、婚姻及其他压力，这容易引起冲突。并且穷人往往诉诸暴力以解决冲突。暴力实际上是一种获得尊重的途径，因为穷人一般把暴力看做是倔强和刚毅的标志（Pridemore，2008；Hannon，2005；Parker with Rebhun，1995；Parker，1989）。

黑人凶杀率要比白人高出许多。这似乎表明，种族是影响杀人的一个重要因素。然而事实上，黑人与此类暴力行为无关。相反，非洲裔美国人凶杀率高仅仅因为他们的贫困率高，再加上种族歧视，就产生了更大的受挫感和疏离感。然而，为了发泄不满，黑人更倾向于杀死同种族的人，而不是白人。事实上，大多数凶杀案发生于种族内，就像白人也更可能去杀其他白人，而非黑人。族际谋杀——指黑人杀死白人或者相反——是很少见的，因为种族歧视阻碍了黑人与白人之间的交往（Strom & MacDonald，2007；Shihadeh & Flynn，1996；Greenberg & Schneider，1994；Rose & McClain，1990）。

2. 地区、大城市和乡村

一般而言，美国南部地区的凶杀率最高，西部地区位居第二，东北部和中西部地区最低（FBI，2008）。这些地区差异是长期形成的。为什么南部地区的凶杀率这么高呢？一些社会学家将其归因于南部的“暴力亚文化”，在这些地区，暴力行为似乎更易为人们所接受。例如，持枪合法和对杀人犯执行死刑，连同历史上使用私刑等，都说明暴力亚文化在南部地区很普遍（Lee，Hayes & Thomas，2008；Messner，Baller & Zevenbergen，2005）。另一个原因可能是在南部乡村流行的民间风俗。肯尼思·威尔金森（Kenneth Wilkinson，1984）的一项研究表明，乡村地区的平均凶杀率高于大多数城市地区。他认为，乡村地区的人居住比较分散（与大多数城市人口居住比较拥挤的状况相比），这减少了社区凝聚力，因此，家庭成员、朋友和熟人之间的交往更为密切。这增加了以暴力瓦解主要关系（亲戚和朋友之间的关系）的机会，大多数杀人行为正是在这种情况下发生的，我们将在另一部分讨论这个怪现象。

然而，乡村风俗—杀人之间的联系似乎与在大城市中杀人频率较高这一普遍观点背道而驰。事实上并非如此，大城市确实有更多的杀人案件。只有我们将乡村地区的凶杀率与大多数城市的凶杀率相比较时才能看出乡村风俗与杀人之间的相关性，这些城市规模相对较小，人口少于 50 000 人。乡村地区的凶杀率确实高于这些小城市。然而，人口超过 50 000 人的较大城市的凶杀率显著地高于小城市和乡村地区（见表 4—1）。

表 4—1　　城乡凶杀率的比较 59

居住地	2006 年的凶杀率（每 100 000 人杀人犯的数目）
大城市，人口为：	
250 000 或以上	13.1
100 000～249 999	7.7
50 000～99 999	4.8
乡村地区	4.1
小城市，人口为：	
25 000～49 999	3.6
10 000～24 999	2.8
不足 10 000	2.5

资料来源：美国联邦调查局：《2007 年美国的犯罪》。

自相矛盾的是，与乡村一样，大城市因社区融合性差而滋长了凶杀的发生。但是，与乡村因人口居住分散导致社区凝聚力弱的特点不同，大城市是由于种族多元化的增加而降低了社区的凝聚力。然而，事实确实是这样的，难以融入社区致使个体陷入凶杀的境地。亲戚与熟人之间的交往，对生活在偏僻地区的农村人和默默无闻生活在城市的人的影响并无差别。虽然在农村和城市亲戚和熟人间的凶杀多于陌生人间的凶杀，但是生活在城市的人比生活在偏僻地区的农村人更有可能杀害陌生人，而生活在偏僻地区的农村人则更倾向于杀害家人或亲密伙伴（Gallup-Black，2005）。

3. 性别和年龄

男性比女性更容易发生致命的交往，因为男性要捍卫其男子气概。大多数的杀人案都发生在男人 60

之间。如果是一男一女，男人一般是侵犯者，女人是被害人。杀害妻子或女友的男人大多是因为他们执意要与被害人保持一种虐待关系。因而，这类杀人是男性对女性连续施暴的顶点。并且，男性更容易因妻子不忠而将其杀害。男性还可能将杀妻当作自杀或家庭屠杀的一个部分（Wilson & Daly，1992）。

在为数不多的女性杀人案中，她们选择杀人对象的标准与男性有所不同。男性更有可能杀同性，而女性更有可能杀异性。在异性凶杀案中，通常男女犯罪原因不同。女性很少因丈夫不忠而杀他，即使其丈夫生活非常淫乱也是如此。她们杀夫通常是为摆脱家庭暴力而进行的绝望行动，主要是为了自我保护或自卫。因此，与男性的暴力行为相比，女性的暴力行为主要是自卫，而不是侵犯性的。这种自卫杀人被称为反抗施暴丈夫的“自助型社会控制”（self-help social control）。也难怪，这通常发生于对家庭暴力没有立法惩治的国家（Gauthier & Bankston，2004；Peterson，1999；Mann，1996；Wilson & Daly，1992；Goetting，1989）。

从年龄来看，男杀人犯比女杀人犯更年轻。杀人时，人们更有可能在同辈群体内，而不是在较之更年长或更年轻的群体中锁定目标。主要是因为同辈群体间的交往更多。在为数不多的非同龄人争吵的案例中，死者更有可能是年长者，因为年轻人更冲动，拔枪更快。虽说大多数凶杀发生于亲戚与朋友之间，但相较而言，年轻人比年长者更有可能以陌生人为目标，同时进行抢劫和杀人（U. S. Census Bureau，2008；Eigen，1981；Mulvihill & Tumin with Curtis，1969）。

如今，美国的凶杀率低于10年前。但是，自20世纪80年代中期到90年代初，青少年杀人案增长速度惊人。这些杀人案大多集中于大城市的贫困社区，在这些社区里通常盛行着群体斗殴、枪击事件和冰毒。更重要的是，在贫困的内陆城市，许多年轻人都携带枪支，这是过去10年中的一种新现象。与一般人的观点正相反，这些青少年携带枪支不是为在同龄人中确立地位或试图给人留下印象，而是为了在危险的、高犯罪率的社区中自卫（Fox，1996；Blumstein，1995；Wright，Sheley & Smith，1992）。尽管如此，枪支拥有量的增加还是极大助长了青少年杀人案的发生。其他因素还有问题家庭数量增加，城市平民中毒品盛行，公立学校质量低下以及电视、电影及电子游戏中鼓励暴力等。然而，1994年以来，青少年凶杀率已有所下降，这主要是由于经济下滑以及警察局加大了收缴青少年手枪的力度（FBI，2005；Steinberg，1999；Kleck & Hogan，1999；Grossman，1995）。

三、杀人模式 61

各项研究表明，大多数杀人案可分为几种模式。然而，这些模式主要涉及下层，而不是中上阶层。传统上之所以集中于下层是因为大部分凶杀案都发生在这部分人中。因此，这一部分我们将集中讨论下层的凶杀模式，但同时还将指出上层与下层凶杀案件的区别。

1. 杀人时间

多数凶杀发生于情绪冲动之时，因此，季节与杀人之间确实存在一些联系，不过，关联度不大。杀人案件在春末和夏季天气炎热时有所增加，七、八月达到顶峰，在这段时间，那些可能的杀人犯与被害人有可能是亲戚、朋友和熟人，他们常聚在饭馆和小酒馆这样的公共场所喝冰啤。在凉爽的秋季和早春有所下降，冬季的一、二月份下降更快（U. S. Census Bureau，2008；Wolfgang，1958）。但到冬季十二月又达到顶峰，主要是由于这个月有假期，就像七、八月份一样，这让可能发生凶杀的人们聚集在了一起（Anderson，1989）。

杀人与一周中的某天和每天的不同时段的联系比季节的联系更大些。周末傍晚发生凶杀的频率最高，尤其是在周六晚上。这或许就是把杀人所用的手枪称为“周六晚上专用”（a Saturday night special）的原因。周末杀人比工作日杀人更有可能涉及家庭成员——工作日杀人案更多地涉及陌生人。因为人们通常更多是在家里度周末（Messner & Tardiff，1985）。

然而，以上这些特点与少数发生在中上阶层的杀人案有所不同。这些案例中，杀人犯在一个星期内的任何一天都有可能作案，而穷人一般在周末作案。为什么存在这种阶级差别呢？因为中上阶层的谋杀案可能是有计划或有预谋的，而下层的凶杀案大多发生于盛怒之下，常常是在酗酒之后（Parker with Rebhun，1995；Green & Wakefield，1979）。

月圆之夜又会如何呢？有没有人们普遍认为的杀人月相效应？“每个警察、酒吧招待以及急救室的人都知道，月圆之时人们更容易变得疯狂，变得暴力。”真是这样吗？一位精神病学家声称，他已经发现，在克利夫兰和迈阿密，新月和满月之时凶杀率较高。然而，通过分析相同的资料并进行了相关研究后，一位天文学家发现，月相与杀人之间并无关联（Sky & Telescope，1985）。

62

2. 杀人地点

男性更有可能在公共场合杀人，而女性在家里杀人的可能性比户外大得多（Miethe & Regoeczi，2004）。过去，女性通常在厨房杀人，显然这是由于女性习惯于在厨房内持刀，争吵时它就变成了危险的武器（Wolfgang，1958）。但如今，由于性别更加平等，女性已不局限于厨房，她们更倾向于在客厅里杀人（Mann，1996）。然而，对于女性而言，卧室是一个更危险的地方，因为很多人被丈夫、男友或情人杀死在卧室（Totman，1978）。或许，男性惯于把卧室当做以性爱征服女性以展示其“男子气概”的地方，甚至把卧室当做在身体上征服女性并致其死亡的地方。

女性在家里有可能杀人，同时更有可能被杀。主要因为她们在家里的时间更多。其他成员若在家里待的时间比较长，也可能有同样的命运。这些人包括孩子、老人、未成年者、已婚者以及失业者等（Messner & Tardiff，1985）。

3. 杀人方法

跟杀兔子相比，杀人更为特别。这激发了推理小说家们的想象力，他们推动并传播了这种流行观点，即凶杀者通常使用神秘的、怪异的、精心设计的或者极为聪明的方法来除掉被害人。然而研究表明，杀人方法并没有什么特别之处。只要当事人怒火中烧，很多物品就会轻易地变成杀人武器。在美国社会，枪是很容易得到的，因此就成为最常见的杀人武器（Miller 等，2007；Kristof，1996b）。也许，激烈争论时看到枪可能激起一个有暴力倾向的人行凶。正如莎士比亚所言：“当看到罪恶的工具时，罪恶也就降临了。”

当然，枪支本身不会引起凶杀，没枪也不会减少杀人动机。确实，“杀人的不是枪而是人”。尽管如此，如果很难得到枪支的话，许多激烈的争吵只会导致恶意伤害而不是凶杀，因此减少了死亡人数。一项对芝加哥 20 000 多例凶杀和恶意伤害案的分析表明，故意杀人案中，持刀杀人致死率仅有枪杀致死率的1/5（Wright，Rossi & Daly，1983）。大量枪支为私人持有：一半的美国家庭拥有枪支，并且1/4的家庭有手枪。因此，枪杀成为美国人的一大死因，这已不足为奇。每年美国都有 15 000 多例手枪杀人的案件，而在那些很难得到枪支的工业国家，此类案件每年不到 100 例，比如加拿大、英国、日本等（Cook & Moore，1999；Wright，1995）。

在美国，轻易地得到枪支似乎成了穷人的一个大型天平。它给无权者以权力。这或许可以解释为什么社会下层人员杀人时更有可能用枪而不是其他 63
武器。枪杀也是上层社会中最常见的杀人方式。然而，与下层相比，上层社会的杀人犯更有可能设计谋杀，如投毒，策划一场车祸以及雇凶杀人等（Green & Wakefield，1979）。

四、杀人特点

大多数杀人案是跟家人、朋友或者熟人而不是跟陌生人发生矛盾。有些甚至是被害人要求对方将其杀死的。还有一些是想在琐碎的争吵中获胜。另有一些成为自杀的协助者。让我们详述每一种凶杀的特点。

1. 冲动谋杀

显然许多人都害怕被陌生人伤害或杀害，大城市中尤为如此。这种恐惧源于 20 世纪 80 年代中期，当时，地铁治安员伯恩哈德·戈茨（Bernhard Goetz）在地铁上枪杀了 4 个年轻的非洲裔美国人，然而他们不过是接近他向他要钱而已。正是因为同样的恐惧，许多人把他尊奉为英雄。“陌生人会杀死我们，除非我们先把他杀了”，这种恐惧并不能反映现实。与抢劫、强奸和故意伤害等其他犯罪相比，杀死陌生人的可能性最小。在每年的凶杀案中只占一小部分（Baker，2007）。事实上，正如图 4—1 所示，大多数凶杀对象都是亲戚、朋友或熟人。这种情况并非美国独有，许多其他国家也一样。

我们所认识或钟爱的人比陌生人更有可能杀死我们，这点似乎难以置信。但是，正如 3 位社会学家所说的那样：“不必大惊小怪。很多时候人们都处于易受攻击的范围内。虽然朋友、情人、配偶和所喜欢的人是自己快乐的主要源泉，但同样也是让自己受挫和受伤的始作俑者。很少有人能像他们那样激怒自己。”（Mulvihill & Tumin with Curtis，1969）一般而言，杀人是由强烈的冲动引起的。因此，也

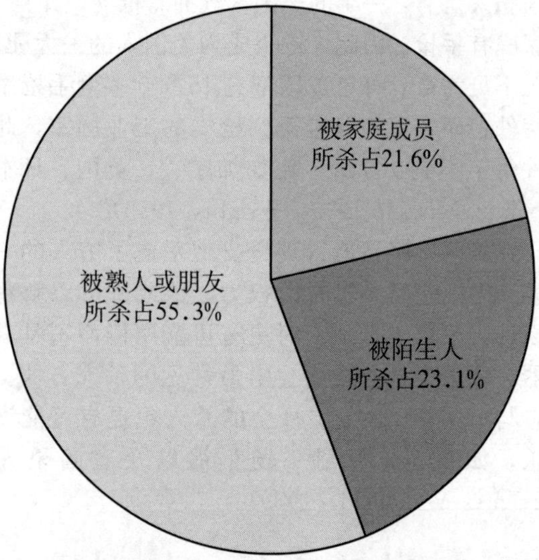

图 4—1　大多数被害人认识杀人犯

资料来源：美国联邦调查局：《2007 年美国的犯罪》。

许杀一个我们不了解的陌生人更难——除非是职业杀手，只有他们才会像冷血动物一样如此淡漠地看待杀人。总而言之，我们被陌生人残忍杀害的可能性很小，而更有可能死于我们的亲戚、朋友或者熟人之手。

2. 帮助被害人寻死

公众通常同情被害人而不是凶手，认为被害人柔弱、顺从，无助地被强壮、好斗的凶手杀死。其实并非如此。至少有 1/4 的杀人案是被害人先动手
64 攻击对方的，这被称之为被害人挑衅型凶杀（victim-precipitated homicide）（Wilbanks，1984；Felson & Steadman，1983）。以下是一些由被害人引发的典型案件（Klinger，2001）：

- 一位醉酒的丈夫在厨房打了他的妻子，然后给她一把切肉刀向她挑衅，要她用刀来对付自己。妻子警告他说，如果再敢打她，她就用刀自卫了。丈夫听了，立即掴了她一巴掌，于是丈夫便被刺死了。
- 一场争吵中，一个醉汉持刀走向对方。对方掏出一把枪，醉汉向他挑衅，要他开枪。他果然向醉汉射击了。
- 一个人刚刚抢了珠宝店，正要逃逸。他看到店外有 3 个警察，但还是冲着他们跑去。警察用枪指着他，命令他停下来。他非但没停反而掏出一把枪，于是他被射中。后来发现，他的枪里并没有子弹。

马尔文·沃尔夫岗（Marvin Wolfgang，1967）认为，由于挑衅他人而遇害，这类被害人或许潜意识里也想死。这一说法有一定道理。但是，如果他们想自杀，为什么不自己结束自己的生命呢？或许是受到了所谓的“炫耀男子气”（showy masculinity）文化的影响，这是男权社会的特质。这种文化鼓励男性表现出刚毅而掩饰脆弱，鼓励男性做什么事像一个“男子汉”，而不是“娘们儿”，或者显示“男子汉的”狂妄、嚣张，而不是“小女人”的清心寡欲没出息。在这种文化压力下，有自杀倾向的男人 65
为了不让人说自己“跟女人一样懦弱”，害怕平静地结束自己的生命只能落得他人的同情。相反，他们装作十恶不赦，以明显伤人的举动来展示其男子气，以换来他人的一点“尊重”，但潜意识里却要毁灭自己——该行为便属于被害人引发的杀人。

3. 在琐碎的争吵中占上风

凶杀是极其恶劣的，然而其起因却常常微不足道。通常一般的争吵看似无关紧要，但却是穷人最常见的杀人原因。正如纽约的一位已退休的凶杀侦探所言：“当你抓住一个家伙要他坦白这么做的原因时，你常得到类似的回答：‘他拿走了我的外套。’‘他踩了我女朋友的脚。’”（Wilentz，1985）。类似案例如下（Mulvihill 等，1969）：

- 一个男人在一个酒馆前被杀，只因他拒绝借给对方 1 美元。
- 两个男人为 5 美元的赌注争吵起来，随后相互厮打。其中一个人掏出手枪，对另一人扣动了扳机。
- 两个工人正在喝啤酒，他们是同事，为了 1 美元的赌注吵了起来。一人随即进了太平间。
- 一个男人喝醉了酒回到家。他让床上的叔叔挪点位置给他，看到叔叔没动弹就将其刺死。
- “嗨，你看我干嘛。”

  “不，我没看。”

  “你看了。你为啥看我？”

  几分钟后，其中一人倒在了血泊中。

因此，对穷人而言，为了在一场琐碎的争吵中占上风，杀人显然是一种迅速有效的方法。中产阶级通常使用远不如这激烈的方法，如言辞或理性，

来解决争论。但是穷人往往由于缺少这种能力而付出代价，他们常用的方式是使用暴力来结束与他人的争论，有时甚至以他人的生命为代价。

我们还可以指出，以上所列举的争吵对我们而言微不足道，而在贫穷的男人看来却明显侵犯了其男子汉尊严或名声。恶意的一瞥，轻微的侮辱，一次冲撞等通常不会在中产阶级中引起争吵，更不用说去伤害见血了。穷人对这些琐事的态度却截然不同。他们为什么会如此小题大做，不惜酿成致命的后果呢?

穷人的经济压力和社会压力可以解释这个问题。因为贫穷会使人在生活中受挫、受辱，实质上降低了贫穷男性作为一个男人的尊严，或者说是降低了他们做人的尊严。贫穷，并非是个人原因造成的，因此这些男性无力抵御。其他受辱的力量来自他人，
66 如警察、福利机构或失业机构的官员以及雇主。与对那些较为成功、地位较高的人相比，雇主通常不太尊重穷人。但是，由于这些人更有权力，贫穷男性同样无法与之对抗。

结果，他仅剩下少得可怜的尊严。因此，为了活得至少比动物更有价值些，他要紧紧抓住这点尊严。虽然他没能在更大空间的社会中，或者在那些比他更有权力的人面前维持其尊严，但是他却可以在家里及社区中，在那些与他同样被剥夺了尊严的家人、朋友和熟人中间保持尊严。由于他作为一个男人的尊严已经极其脆弱，日常的挫折和紧张轻易地就能将这点尊严击得粉碎。因此，对他而言，即使是亲戚、朋友或者熟人的一个小小的侮辱，也意味着失去了所有的尊严，毕竟，这些人是他保持尊严的最后一丝希望。有了这种感觉，他很有可能疯狂地捍卫自己的尊严，甚至不惜杀死“夺去”他尊严的人。事实上，正如许多研究者所发现的那样，大部分杀人案起因于他们所说的捍卫名声，即当他人威胁到自己的声誉时，双方都试图捍卫它（Mullins，2006；Athens，1985；Felson & Steadman，1983）。

4. 协助自杀型

我们推测，由被害人引发的谋杀类型中，被害人可能已经想过死，而且他的死有很多自身因素。然而，还有一类不同的群体——凶手——也具有相同的自杀倾向。他们属于谋杀—自杀型侵害者，他们首先杀死对方，然后再自杀。这两类人之间有着明显的区别。在由被害人引发的谋杀中，被害人隐藏了其自杀动机，而后者则公开了这种动机。

谋杀—自杀型案例相对较少，在美国所有的杀人案中不到3%或4%，在加拿大约占10%。事实上，这类案件均为男性所为，受害者则为女性。犯罪者通常极度沮丧、压抑、暴力，他们常出于对妻儿的控制而杀死他们（Harper & Voigt，2007；Gillespie，Hearn & Silverman，1998）。

谈及谋杀—自杀型的凶手性质，有两种对立的观点：一种是社会学观点，将凶手当作正常人；另一种是精神病学的观点，将其看做变态狂。根据社会学家的观点，这类凶手是正常人，普通人在做出可怕的事之后会感到后悔，在杀了所爱的人之后凶手也会有同样的感觉。相反，精神病学家将此类凶手看做精神病患者，认为凶手不是感到懊悔，而是希望与被害人在另一个世界相聚，为了达到这个目的，凶手选择了自杀。

这两种对立的观点是可以调和的。确实，一些谋杀—自杀型凶手是“正常人”，而另一些是“变态狂”。因为他们都有一个共同点——均未受到前述的炫耀男子气概文化的影响。他们并不像这种文化所表现的那样，像个“硬汉”，而是像个“懦夫”。事实上，正常的凶手往往请求奄奄一息的被害人（通常是他的妻子或女友）原谅，而变态的凶手梦想与被害人在另一个世界中破镜重圆。从“男子汉”文 67
化的视角来看，这两种凶手的行为如同爱情悲剧中软弱的主角。

社会学家大卫·菲利浦斯（David Phillips，1981，1980a）发现了第三种谋杀—自杀型凶手。他们类似于由被害人引发的谋杀中所谓的受害人，因为他们隐藏了其自杀动机，但是他们却为此费尽心机。他们“将谋杀—自杀案伪装成一场事故，以免生还者在保险理赔上出问题，也不想被耻笑”。其中一个例子是一位飞行员将满载乘客的飞机故意坠毁，但是他却使此次坠机事件看起来就是一场不折不扣的事故。菲利浦斯认为，许多飞机坠毁事件实际上与飞行员实施谋杀—自杀计划有关。他发现，当一个谋杀—自杀案被媒体曝光后，飞机（非商用和商用）坠毁事件就有所增加，这种态势大约要持续9天时间。菲利浦斯假定，大量谋杀—自杀案件被曝光，导致那些有自杀倾向的飞行员实施谋杀—自杀计划。后来，他的另一项关于媒体对于凶杀案影响的研究又进一步证实了这一假设。研究表明，从1973年到1978年间，在媒体对职业拳击赛中重量级冠军赛大肆报道后的第三天，该类凶杀案发生率增

速超过 12%（Phillips，1983；参见 Baron & Reiss，1985；Phillips & Bollen，1985）。

五、大屠杀和连环杀人

1997 年，安德鲁·古纳南（Andrew Cunanan）在迈阿密海滩（Miami Beach）杀死了著名时装设计师詹尼·范思哲（Gianni Versace），此前他在其他城市已连续谋杀 4 人。1992 年，威斯康星州密尔沃基市的杰弗里·达摩（Jeffrey Dahmer）承认，连续杀死了 15 个年轻男子。据报道，他强奸了几具尸体，又肢解了几具尸体，并将一颗切下的头颅和一颗心脏存放在冰箱里，计划晚些时候吃掉。1985 年，另一个连环杀人恶魔使洛杉矶地区笼罩在恐怖中。他被称为“暗夜漫步者”（the Night Stalker），在夜间偷偷潜入 19 人家里，趁其在睡梦中将其杀死。一年前，一个大屠杀案的凶手走进圣迭戈的一家麦当劳餐厅，随身携带着一支来复枪、一支滑膛枪、一支手枪和数百发子弹。他向所有人射击，杀死 21 人——大多是孩子，另有 19 人受伤。这类杀人案——大规模连环杀人——引起了媒体和公众的极大关注。当然，此类案件是极为少见的。

大屠杀是指在同一时间同一地点杀死许多人。它通常以凶手在杀人现场死亡告终。凶手一般是自杀或迫使警察采取行动而死的。虽然此类犯罪骇人听闻，但是大多数凶手并无精神异常。社会学家杰克·列文和詹姆斯·福克斯（Jack Levin & James Fox，1985）在研究后得出结论：“大屠杀案的凶手看起来非常普通，与一般人无异。确实，他可能是隔壁的邻居、邻桌的同事或者家庭的一员。”

一些大屠杀案的凶手是心怀不满的雇员，想以某种方式（比如枪杀）向亏待他们的老板讨回公道。但在杀老板的过程中，他们同时还杀了同事。一些
68 大屠杀案的凶手是一家之长，他们杀害自己的妻儿往往是因为长期酗酒导致的孤独、疏离、无助和消沉。一些大屠杀案的凶手是军械狂热爱好者，他们把自己的家变成了一个军械库，然后用这些武器来攻击他们认为的不公正或邪恶的世界。最后，还有一些大屠杀案的凶手在一个宗教领袖的领导下组成了一支队伍，诸如“9·11”事件中的自杀式爆炸，就是在奥萨马·本·拉登（Osama bin Laden）的领导下进行的（Meloy 等，2004；Holmes & Holmes，1992）。

比大屠杀更为常见的是连环杀人，它是指杀死了许多人，但每次只杀死一人的谋杀案。但是媒体称其为“瘟疫”，事实上夸大了其发生率。这种夸大源于一名司法部官员，他声称连环杀人案大约占了所有凶杀案的 20%。事实上，根据社会学家的谨慎分析，最可信的数据是 2%或 3%。关于连环杀人的另一种虚构是罪犯到一个又一个城市去谋杀。事实上大部分连环杀手（70%～75%）仅在一个城市作案（Kappeler，Blumberg & Potter，1993）。

虽然大屠杀的凶手基本上都被擒获，但是连环杀手却难觅其踪，因为他们手段娴熟，技术高超。他们首先跟踪被害人，研究其日常活动和习惯；再与其交友赢得被害人的信任，或者进入已跟踪多日的被害人家中；然后诱使被害人落入圈套，或者阻断所有逃生路线，将其囚禁；最后杀死被害人。在谋杀的过程中，他们“通常折磨被害人，以被害人的痛苦、恐惧、绝望的哭喊和疼痛为乐”（Norris，1989）。这并不奇怪，因为大多数连环杀手在孩童时都有过折磨猫狗并以目睹它们受折磨而兴奋的经历。他们还经常遭受父母的身心虐待。显然，这些经历使连环杀手成为一个反社会的人，在伤害他人时并不感到懊悔或罪过。然而，大部分连环杀手并不是精神异常者。他们与正常人一样上学或工作，然后回家，并且融入周围的社区（Knight，2006；Fox，Levin & Quinet，2005）。下面是对连环杀手的更多分析。

六、连环杀手的社会特征

公众对连环杀手有一个误解，认为他们都是怪物。如果你看过许多诸如《黑色星期五》这样的电影的话，你可能也会这么认为了。该电影刻画了一些面无表情、疯子一样的连环杀手，他们以杀人为乐。另一个误解恰好相反，认为连环杀手英俊迷人。这源于一些众所周知的案例，如与温文尔雅的“女性杀手”有关的案件——西奥多·班迪（Theodore Bundy）谋杀了几十名女性；“洛杉矶暗夜漫步者”——理查德·拉米雷斯（Richard Ramer-iz）——吸引了众多女性，即使在他入狱后还有一位女性同他在狱中结婚。第三个误解认为连环杀手非常出色，就像小说及电影《沉默的羔羊》中的汉尼拔医生那样。与这些误解相反，大多数连环杀手都极为普通。

69 在一项涉及107个连环杀手的研究中，只有16%的连环杀手受过高等教育，4%的连环杀手拥有学士学位，大部分都从事蓝领工作。他们尽管所受教育程度较低，并且从事较底层工作，但是大多数连环杀手确实异常狡猾，并且尤其擅长表现得友好、值得信赖（Fox，Levin & Quinet，2005）。

大多数连环杀手都是30岁左右的白人男子。在一项涉及近400个连环杀手的研究中，84%的凶手为男性，80%为白人，初次杀人时平均年龄为28岁。这些连环杀人不同于杀害一人的谋杀，后者更有可能是非白人所为。并且，杀害一人的案件大多以熟人为目标，连环杀手则有可能杀死陌生人，尤其是孩子、性工作者和老人等弱势群体（Fox，Levin & Quinet，2005）。

大部分连环杀手的杀人动机都是权力欲和虐待欲。他们杀人常常只是为了从中获得快乐，而不是为爱情、钱财或者报复。杀人以及在此过程中折磨被害人令他们感觉良好。

七、环球视野：凶杀

对穷国和富国的比较可以看出贫穷对杀人的影响。总体而言，发展中国家（如拉丁美洲，亚洲以及非洲各国）的凶杀率高于发达国家（如北美和西欧的国家）。

到目前为止，美国是发达国家中凶杀率最高的。这主要是因为与西欧和日本等发达国家相比，美国的穷人较多，贫富差距更大。如果把俄罗斯也算作发达国家的话，其凶杀率比美国还要高些，因为俄罗斯的穷人更多。美国凶杀率高的另一个原因是允许公民持枪。在西欧国家中，像芬兰等国也允许私人持枪，其凶杀率就比那些不让私人持枪的国家（如英国）要高（Chamlin & Cochran，2005；Moniruzzaman & Andersson，2005；LaFree，1999）。

但是在贫穷的发展中国家，拉丁美洲国家中的凶杀率显然是世界上最高的。一些社会学家将此归因于一种“暴力文化”，它鼓励人们使用暴力来解决人与人之间无法容忍的冲突。这种文化中似乎包含一种强烈的大男子气概，认为男人应当如此。它鼓励男人勇敢地回应侵犯其男子气概的人。如果他们不这么做，则会感觉是懦夫。无论如何，在任何一个国家中，杀人犯似乎都有过暴力经历，形成了同样粗俗的大男子主义特征。凶杀这样的暴力行为常常源于轻微的故意伤害，逐渐升级为恶意伤害，最后以杀人告终。在任何一个国家，男性比女性的杀人倾向更明显，显然也反映出大男子主义的影响，这在拉丁美洲国家表现得尤为突出。在中东高度父权制社会中，如果女人有婚前性行为或婚外性行为，即使是被强奸，其男性亲戚，如父亲或兄弟，也会 70
“为名誉杀害”这个女人。此类女性被认为有辱家庭门风，将其杀害意味着恢复家庭名誉（Baron，2006；Moniruzzaman & Andersson，2005；LaFree，1999）。

八、校园暴力

20世纪90年代末，在一些鲜为人知的地方，如科罗拉多州的李特尔顿，宾夕法尼亚州的爱丁堡，阿肯色州的琼斯博罗，密西西比州的珍珠城，肯塔基州的西帕迪尤卡以及阿肯色州的斯坦帕斯的公立学校，发生了一些男生（最小为11岁）枪杀师生的案件。人们一直认为校园暴力只在喧嚣的大城市里才有，现在看来它已经蔓延到宁静的小城镇、郊区和乡村。最近，类似的暴力事件还发生于弗吉尼亚理工大学和北伊利诺伊大学。

2007年弗吉尼亚理工大学的32名师生遭屠杀后，许多人大惑不解，到底是什么引起了如此的暴力事件。媒体试图把这场大屠杀的大部分原因归于杀人者的精神问题。通过调查认识这名杀人者的学生得知，他很孤独，从不与任何人交谈。一位老师把他称为暴徒，声称“这个男孩有点品德败坏”。他曾经被抓到在课桌下面用手机偷拍女同学。另一位老师发现他如此易怒与沮丧，她将她的担忧告诉了校警和辅导员。他的一个熟人发现他有自杀倾向。当警察在他跟踪了两名女同学后，申请对他进行暂时拘押时，他被带到一个精神病院接受测试，一个法官在法庭案卷上写道，他“患有精神疾病，需要入院治疗，精神疾病使他自己或他人濒临危险”（Gibbs，2007）。

确实，精神疾病在校园枪杀案中是一个关键因素，因为一半以上的杀人者经历过极度压抑的状态。但是，即使是最压抑的人中，也只有极少数人会大肆残杀。那么，压抑本身并不会引发凶杀。可能会涉及其他一些因素，如受到父母的虐待，受到同龄人的拒绝、奚落或者排斥等。如果所有的这些个人经历再受到一些更强的社会因素的影响，那么极易导致暴力事件发生。其中一个因素是很容易获得枪支，没有了枪，压抑而又愤怒的年轻人很难产生如此致命的暴力倾向。另一个因素是像电影、电视和电子游戏等媒体对暴力的美化。绝大多数青少年不会受媒体暴力的影响，但是它却容易影响到那些有暴力倾向的年轻人。第三个因素是暴力文化，这种文化支持公民持枪，并且认同以暴力解决人际冲突的方式（Newman，2004）。

虽然很恐怖，但是校园谋杀还是极为罕见的。根据疾病控制与预防中心（the Centers for Disease Control & Prevention，CDC）的数据，年轻人在学校或学校周围实施凶杀的案件不到1%。而近些年来校园枪击事件、携带武器和打架事件都已减少（CDC，2008；Fox，Levin & Quinet，2005；Brener等，2004；Stolberg，1999）。

71 九、跟踪

跟踪是指以一种方式尾随他人，使其产生将被伤害或杀害的恐惧。侵害者尾随或暗中监视被害人，给他们写匿名信，打匿名电话，在他们家、学校或工作单位外守候，在其常去的地方现身，向其提供对方不想要的信息，损坏其财产，或者杀害其宠物。如果得不到及时制止，跟踪者最终会攻击或杀掉受害者；即使不这么做，跟踪也可能与故意伤害和谋杀一样严重。故意伤害或谋杀对人的折磨往往只持续几分钟，但是被跟踪的受害人平均受折磨时间大约为两年。并且，跟踪比本章中讨论的其他暴力类型都更为常见。据美国国家司法研究所（the National Institute of Justice）的调查，美国8%的女性和2%的男性都有过某段时间被跟踪的经历（Moffatt，2000；Mullen等，2000）。

大多数跟踪者都选择他们的密友、同事和熟人为跟踪对象。以下是一些典型的例子（Albrecht，2001）：

- 一位女性带着两个小孩离开了虐待她的丈夫，开始了新生活，但是她的丈夫跟踪她，最后杀了她，他说："如果我不能得到她，那么谁都别想。"
- 一个高中女生和男友分了手。男友随后跟踪她，并且最终放火烧了她家，烧死了她母亲临时照看的一个婴儿。
- 一位有夫之妇与酒吧结识的一男士发生了一夜情。此后，因为她回到丈夫身边，该男子跟踪、绑架并强奸了她。
- 一男士不断约一个女同事，但都遭到了拒绝。后来，他跟踪了她几个月。被开除后，他杀了原来的7个同事，又伤了4个同事，包括他跟踪的那位女士。

有一些跟踪者以陌生人尤其是名人为跟踪对象。最有名的要属约翰·欣克利（John Hinckley）了。他很迷恋电影女星朱迪·福斯特（Jodie Foster），不断地给她写诗并留些信息，以引起她的兴趣。最后，在1981年，为了引起她的注意，他试图暗杀里根总统，伤了总统和其他两人。1989年，罗伯特·巴尔多（Robert Bardo）对电视剧女演员丽贝卡·雪佛（Rebecca Schaeffer）着了迷，录下了她出演的《我的姐姐萨姆》（My Sister Sam）的每一集。他不断地写信给她，当看到那一集她与男演员的床上戏时，他勃然大怒，冲向她的公寓，枪杀了她。后来他告诉法院的一个精神病专家："她是一个娼妓，是上帝派我来处罚她的。"最近，在2008年，杰克·乔丹（Jack Jordan）因在两年半内断断续续地跟踪影星乌玛·瑟曼（Uma Thurman），写情书给她，并从早到晚按她家的门铃而获刑（Steel，2008；Moffatt，2000）。

大部分跟踪者是男性，被跟踪者则是女性。在跟踪罪上没有种族差别，跟踪者可能是白人也可能是黑人。一般跟踪者比被跟踪者年长。他们大都不合群，精神上不健康，并且难以适应社会。他们更有可能对与他们有密切关系的人实施暴力（Wondrak & Hoffmann，2007；Moffatt，2000；Mullen等，2000）。

十、仇杀 72

根据联邦调查局的统计，每年有9 000多个美国人成为因仇恨或偏见犯罪的牺牲品，仇杀往往是由于被害人的种族、宗族、族群起源或性取向引发的。其中，一半多的被害人只是受到恐吓，近一半人遭到人身攻击，不到1%的人被谋杀。仇杀相对较少，但是这一行为受到媒体的广泛关注，这大概反映了多数美国人的关注（Fox，Levin & Quinet，2005）。

在美国，非洲裔和同性恋者更有可能成为仇杀对象。仇杀不但以某个确定的人为目标，而且以他所在的群体为目标。1998年6月，得克萨斯州贾斯珀（Jasper）的3个白人男子将詹姆斯·白伊德（James Byrd）用小型敞篷货车拖拽而死，实际上，他们是要告诉小镇中的每一个黑人，要么离开小镇，要么遭受与白伊德一样的命运。同样，1998年10月，怀俄明州拉勒米（Laramie）的两个小伙子将同性恋大学生马修·谢巴德（Matthew Shepard）打昏，将其绑在荒地的栅栏上后离开，导致谢巴德死亡，实际上就是要警告所有同性恋，他们也会遭受同样的命运。

与缺乏仇恨动机的罪犯相比，仇杀者有可能加入或组织一个仇恨团体。例如，杀死詹姆斯·白伊德的3个凶手狱中重逢后，加入了一个白人至上主义者团体——白人兄弟会（the Aryan Brotherhood）。对于充满了仇恨的人而言，加入这样一个团体会感到自己不是唯一持有这种偏见的人。并且，这类团体使他们在伤害仇人时勇敢无畏，更愿意冒险。

在对仇杀案的研究中，詹姆斯·福克斯、杰克·列文和凯纳·奎奈特（James Fox, Jack Levin & Kenna Quinet，2005）发现，可以把凶手分为三种类型。第一类为刺激型仇杀者（the thrill hate killers），他们一般是游手好闲的年轻人，一起出去攻击他人，只是因一时心血来潮。被边缘化、受排斥的年轻人通常能从仇杀中感到自己的重要性，而且握有权力。第二类为自卫型仇杀者（the defensive hate killers），他们感到有必要捍卫自认为与生俱来的权利。例如，一个黑人家庭迁至一个白人社区，或者一个同性恋加入了一个以异性恋为主的团体时，偏执者就认为自己作为白人或者异性恋的权利受到了侵害。最后一类是使命型仇杀者（the mission hate killers），这一类最为罕见，但也最为危险。前两类通常以单个人为目标，而使命型仇杀者却试图消灭敌视群体的所有成员。因此，他们也许会不加甄别地杀死一个群体中的所有成员，同时以许多人为目标，在不同地点无节制地进行杀戮。他们认为自己的使命就是消除或削弱一个群体，以获得社会最强势的地位。

十一、种族屠杀

如果使命型仇杀者成为一个国家的政治领导人，那么他们就会通过种族屠杀来完成其使命，即对一个种族或族群进行大屠杀。世界各地发生的种族屠杀不计其数。19世纪，丹麦殖民者在南非灭绝了当地的霍屯督人，澳大利亚附近塔斯马尼亚岛上的英
73 国殖民者，像追逐野兽那样猎杀当地人，将其全部杀死。美国的拓荒时期，来自欧洲的白人殖民者屠杀了许多美洲部落的土著人。20世纪早期，土耳其人残杀了100多万亚美尼亚人。1933年到1945年期间，德国纳粹有计划地谋杀了600万犹太人。20世纪90年代初，作为"种族清洗"计划的一部分，波斯尼亚的塞尔维亚人拷打并杀了无数克罗地亚的穆斯林。从1993年到1996年，非洲卢旺达的胡图人屠杀了至少50万的图西人。2004年和2005年，苏丹的阿拉伯政府在西部的达尔富尔地区屠杀了至少20万非阿拉伯公民。整个20世纪中，种族屠杀的人数是所有战争和革命中死亡人数的4倍多。自1968年以来，全世界种族屠杀的人数已增加了3倍（Morrison，2006；Leaning，2004；Alvarez，2001）。

研究种族屠杀的一个方法是关注被害人、罪犯和旁观者。被害人被杀"不是因为他们做了什么，而是因为他们是谁"。无论如何，他们不是被视为个体而是被视为耻辱的一类人。因此，如果朋友和邻居恰巧也属于一个受歧视的群体，那也该杀掉。这就是为什么波斯尼亚的许多穆斯林被塞尔维亚同胞杀害的原因（Weitz，2003；Alvarez，2001）。

关于种族屠杀中的罪犯，人们都认为他们是怪物、虐待狂和精神病患者，以折磨他人为快乐。然而现实中，除了执行上级的命令去屠杀外，他们大都像你我一样正常。例如，参与德国纳粹的"大屠杀"的人来源广泛，他们代表不同职业、宗教背景和社会—经济阶层。在"大屠杀"前后，他们过着正常、守法、以家庭为中心的生活。在"大屠杀"期间，许多人遭受了压力、失眠、精神崩溃，甚至是自杀，因为他们不是病态杀手，而是无法适应屠杀的普通人。

最后，普通公民扮演着不作为的旁观者角色。事实上，所有种族屠杀的例子中，大部分公民都默许他们的政府实施种族灭绝的屠杀计划。一个典型的例子是卢旺达某大学的一个高官，他对数以万计的谋杀视而不见，对他周围垂死的尖叫充耳不闻。与此类似，在非洲国家卢旺达和苏丹的种族屠杀中，许多国家也充当了旁观者的角色（Cose，2008；Snyder，2008；Alvarez，2001）。

不同学科的学者提出许多理论来解释种族屠杀。其中一种理论认为，种族屠杀源于罪犯和被害人之间的生理和心理差异，这使得前者轻易杀死后者。第二种理论将种族屠杀归因于被害人的非人格化，即将被害人看做物而不是人。第三种理论指出，社会中广泛存在的"顺从权威"症让人们在得到政府的命令或要求时参与种族屠杀。第四种理论将种族屠杀溯源至罪犯的一种能力，就是将正常的自己与精神失常的自己（把杀人看做他人行为的大屠杀）

相“分离的心理能力”。第五种理论将种族屠杀归咎于权力，因为政府权力越大，就越有能力实施大屠杀，这也是为什么独裁和极权国家的种族屠杀发生率高于民主国家的原因（Valentino，2004；Alvarez，2001）。

74 十二、恐怖主义：“9·11”袭击

恐怖主义是一种以政府为目标的暴力，尽管其被害人通常是无辜的公民。恐怖分子基本上是一些与强大政府进行徒劳斗争的无权者。有一些恐怖分子故意袭击本国政府。例如蒂莫西·麦克维（Timothy McVeigh），他于1995年因制造俄克拉何马城联邦政府大楼的爆炸事件被判死刑。另一些是故意袭击外国政府的国际恐怖分子。最近的一个例子发生在2001年9月11日，中东的恐怖分子劫持飞机炸毁了世贸中心和五角大楼。

那天，中东的恐怖分子劫持客机撞向纽约的世贸中心和华盛顿的五角大楼，大约有3 000名无辜市民死亡。这无疑是美国领土上最严重的恐怖袭击，人类历史上最具毁灭性的恐怖活动。为什么这些恐怖分子明知会死还要犯下这样十恶不赦的罪行？他们疯了吗？

自杀式袭击发生的原因是恐怖分子视美国为“恶魔撒旦”，认为他们在与异教徒进行一场圣战。然而，他们并非精神失常。与那些在无辜的以色列公民中实施自杀式爆炸袭击的巴勒斯坦人一样，“9·11”的袭击者也是一个恐怖组织的成员。但不同的是，这些巴勒斯坦人属于地方组织，而“9·11”事件中的恐怖分子却属于一个名为“基地”的国际组织，其成员遍布世界各地。“9·11”事件是基地组织摧毁美国及其海外利益的一部分。这些恐怖分子受该组织领袖奥萨马·本·拉登的领导。

本·拉登认为，美国的世俗主义、物质主义和自由的无道德主义文化威胁着传统伊斯兰生活方式，并且美国的外交政策，包括支持以色列、在沙特阿拉伯驻军以及对伊战争等，都破坏了穆斯林的生活，伤害了穆斯林这些伟大宗教继承人的尊严。为了纠正这些错误，本·拉登指使其追随者进行了一场反美圣战。他进一步以诱人的预言煽动这些追随者，声称如果他们成为殉教者，死后将会升入天堂，在那里每人将得到72名少女作为奖赏（MacFarquhar，2001）。很明显，这些观点在那些有着强烈宗教情感和爱国心，年轻而未婚的自杀式恐怖分子当中引起了共鸣。那么，2001年9月11日实施的可怕暴行也就不足为奇了。

自从那天以来，美国政府一直在努力与恐怖分子战斗，并且取得了一些成果。曾经向宗教激进主义恐怖分子提供避难所的阿富汗塔利班政权已被消灭。在他国政府的协助下，美国已“侵入”外国银行的计算机系统，找出恐怖活动的资助者。在追捕恐怖分子的过程中，美国还得到了友好的穆斯林国家的帮助，如沙特阿拉伯和巴基斯坦。大多数穆斯林对恐怖主义的支持比过去有所减少，很少有穆斯林认为用自杀式爆炸来捍卫伊斯兰教是正当的，而且一些阿拉伯国家对本·拉登的信心急剧下降。一
半以上的基地组织主要头目及大约3 000名恐怖分子 75
不是被杀就是被俘。然而，基地组织已由一个组织转变为一种运动，这项运动是由不同国家中的地方恐怖分子和网络恐怖分子共同组成的，是一个松散的网络，他们对西方政府有着共同的敌意。同样，在伊拉克战争上取得了一些成就，也出现了一些问题。伊拉克看起来正在向民主之路迈进，已经实施了合法的宪法，并且进行了选举。但是4 000多名美国士兵牺牲了，叛乱始终是美国和伊拉克士兵及伊拉克无辜公民的威胁，并且没有人知道伊拉克政府何时能够承担起该国的安全责任，让美国士兵回家（Falkenrath，2006；Kaplan & Whitelaw，2004；Al-Arian，2004）。

十三、为什么要杀人？

一些社会学家用实证主义偏差理论（如失范—压力理论、社会控制理论和社会学习理论）来解释人们为什么杀人（如，Fox，Levin & Quinet，2005）。该理论的假设是，任何引起一般性偏差的原因都会引发特定的杀人案件。但是我们在这里将要讨论两种实证主义理论，这些理论源于杀人与其他形式偏差行为的对比研究，是专门用来解释杀人原因的。

1. 外部约束理论

外部约束理论（external restraint theory）由安德鲁·亨利和詹姆斯·肖特（Andrew Henry & James Short，1954）提出，意在解释为何一部分受过极大

挫折的人会自杀，而另一些遭受同样打击的人却去杀人。亨利和休特认为，自杀和谋杀基本相同，都是源于受挫的侵犯行为。然而这些社会学家指出，这两种行为的区别在于，自杀是一种直接指向自我的侵犯行为，谋杀是一种间接指向他人的侵犯行为。该理论试图解释，为何极度受挫者可能选择其中一种侵犯行为，而不是另一种。如果外部约束力小，极度受挫者会选择自我导向型侵犯（自杀），如果外部约束力强，则会选择他人导向型侵犯（谋杀）。

亨利和肖特将外部约束力量定义为“个人行为遵从他人期望和要求的程度”。换言之，外部约束是社会对人们控制的总量，以此来限制他们的自由和行动范围。该理论认为，人们所受的此类社会控制总量越大，就越倾向于谋杀而非自杀，因为他们理所当然地把自己的挫折归罪于别人。

马丁·戈尔德（Martin Gold，1958）发展了外部约束理论，提出了一个调和杀人与强大外部约束力之间关系的因素。该因素被称为通过体罚将侵犯行为社会化。戈尔德认为，社会化是指教育孩子的技巧，可分为两种类型。一种是指父母通过体罚（打屁股、掴耳光、推搡，或者棒打）纠正孩子的不良行为。另一种是指父母使用精神折磨（如以不爱孩子为威胁，或者通过斥责使孩
76 子内疚）纠正孩子的不良行为。戈尔德指出，体罚使孩子产生侵犯他人的外向型敌对行为，而精神折磨则使孩子把矛头指向自己。成年后，挫折使他们易于产生侵犯行为，那些经受过体罚的人更有可能杀害他人，而那些遭受过精神折磨的人则更有可能选择自杀。

有证据可以证明强大的外部约束力与凶杀之间的联系。正如我们所看到的那样，下层成员和黑人的凶杀率高于中产阶级和白人。这有助于证明本理论，因为下层人士和黑人遭受的外部约束力更多。也有证据可以支持金的理论观点，他认为儿童时期遭受体罚增加了成年凶杀的可能性（Straus，1991）。然而以上证据并不能表明，正如这些理论所暗示的那样，外部约束或体罚与凶杀有直接的因果联系。相反，最新研究认为，外部约束只有通过一个被称为“归咎于外因”（external attribution of blame）（把自己的挫折归罪于他人而非自己）的第三种变量才会导致凶杀（Unnithan，Huff-Corzine，Corzine & Whitt，1994）。换言之，外部约束过大或体罚过重导致人们把自己生活中的问题归咎于他人而非自己，这反过来又促使他们对他人施暴。

2. 暴力亚文化理论

对大量杀人资料进行分析后，沃尔夫岗（1958）得出结论：

> 也许存在一种暴力亚文化，这种文化认为，人身侵犯没什么不对，也不是反社会的，还主张或期待人们在受刺激后立即诉诸武力，暴力成为生活中人们熟悉而又致命的伙伴。

沃尔夫岗认为，暴力亚文化是穷人社区内凶杀率高的主要原因。

根据沃尔夫岗的理论，暴力亚文化对穷人具有很大的影响力，以至于他们比一般人使用暴力的范围更加广泛。其原因是在贫穷的社区内，他们在父母、同龄人及其他人暴力行为的耳濡目染下，进而对暴力模式产生了认同感。同时他们发现，遵从主流社会的非暴力模式将寸步难行。结果，暴力成为他们生活的一部分，也成为他们解决各种矛盾的方式。在他们看来，暴力不仅是正常的，而且是必不可少的生存手段。这点毋庸置疑。他们不会为其侵犯行为感到丝毫愧疚（Wolfgang & Ferracuti，1967）。

然而，已经有学者开始质疑这一推论，即在施暴者的价值观中，暴力无疑是居于前列的。事实上一些研究表明，施暴者并不比那些克制自己不使用暴力的人更推崇暴力，而谋杀犯也不比盗窃等其他非暴力犯罪的狱友更崇尚暴力（Erlanger，1974； 77
Ball-Rokeach，1973）。另有研究表明，穷人和非洲裔美国人凶杀率高的原因不是暴力亚文化，而是贫穷、相对剥夺感或社会不平等（Williams，1984；Messner，1982）。但是，正如它认为暴力有助于解决人际问题一样，暴力亚文化虽然没有引起凶杀，但确实使凶杀行为增多了，对那些遭受贫穷和不公平对待这类结构性问题的人而言尤其如此（Corzine，Huff-Corzine & Whitt，1999；Messner，1983）。

十四、死刑能遏制凶杀吗？

如今，多数人认为死刑是遏制凶杀的有效方式。难怪大多数政治家为了赢得选举，都声称杀人应该偿命。然而许多社会学家却发现，死刑并未产生人们期待的结果。很多证据都能证明这一点。

第一点，在美国立法中保留了死刑的各州凶杀率通常高于取消死刑的各州（见图4—2）。

78

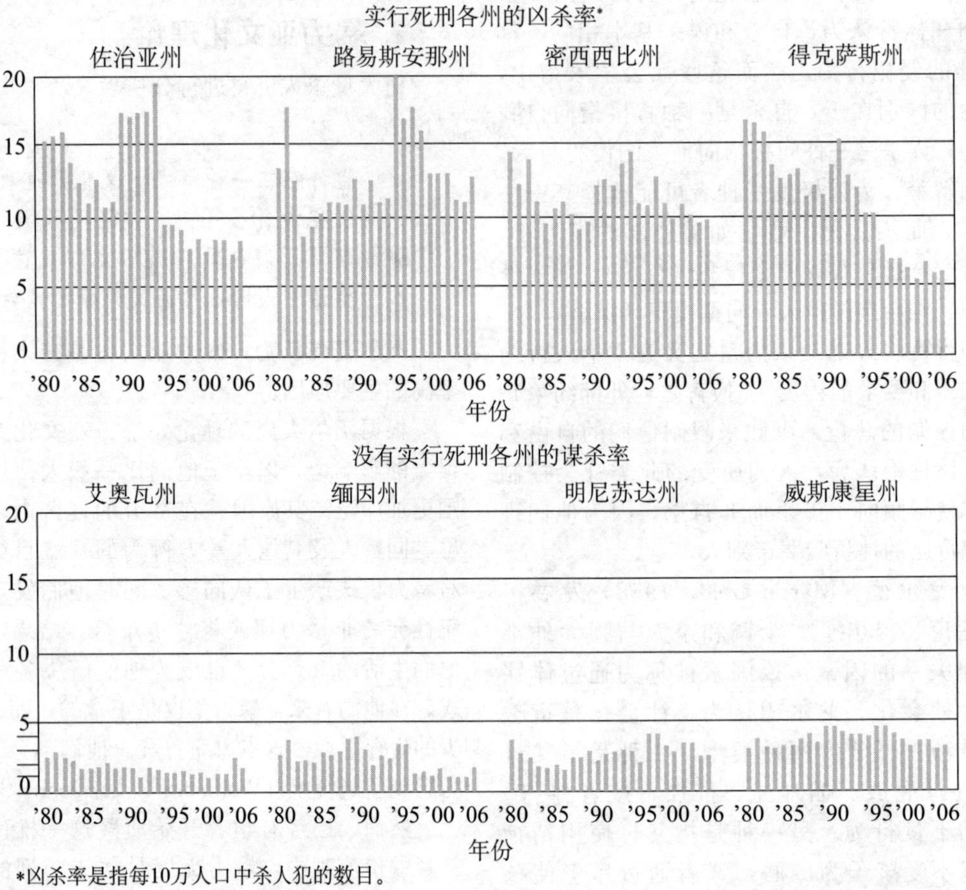

图 4—2 死刑与谋杀

注：如图所示，仍然使用死刑的 38 个州的凶杀率通常高于取消死刑的 12 个州。

资料来源：美国联邦调查局：《2007 年美国的犯罪》。

这无疑表明死刑并不能遏制凶杀。一些观察家们甚至认为，这也许说明死刑会引发更多的凶杀。另有观点认为，凶杀率较高使一些州重新启用死刑。

南部各州都保留了死刑。这里居住着大量黑人，存在暴力亚文化，后者反映在传统上暴力犯罪率高、个人持枪率高。事实上，人口和文化特点，而不是死刑，更可能是高凶杀率的原因。

为此，一些社会学家在分析死刑与谋杀的关系时，把南部各州剔除出去。他们集中分析了北部和西部各州，因为这些州的人口构成和文化传统相同。结果一致表明，保留死刑的州凶杀率仍然高于取消了死刑的州的凶杀率。尽管这无法证明死刑能激发凶杀，却能证明死刑无法遏制凶杀。

第二点，学者们对同一州取消死刑前后的凶杀率进行了比较。结果表明，取消死刑前后的凶杀率并未发生明显的变化。并且，在那些早先取消了死刑的州内，恢复死刑并未减少凶杀案件。这进一步表明，死刑并不能遏制凶杀。

最后一点，学者们对那些被大肆报道的谋杀犯执行死刑前后的凶杀发案率进行了比较。如果死刑能遏制凶杀，那么执行死刑应当对可能的杀人犯具有威慑力，他们将会克制自己不去杀人，该地区的凶杀率应当有所下降。事实显然并非如此。例如在 20 世纪 30 年代的费城，有 5 个广为人知的杀人犯被执行死刑，在行刑前后的 60 天内，凶杀案数量大致相同。其他州也一样。这表明，即使明知道杀人就等于找死，死刑显然也未能吓退那些杀人犯。

事实上，公开执行死刑会适得其反，可能有不尊重人类生命之嫌，或者刺激人们模仿暴力，残忍处决效应会间接导致那些可能的杀人犯去杀人。1946—1955 年期间，加利福尼亚州经常选择周五上午执行死刑，这周周末凶杀案数量反而更高。同样，1907—1963 年期间，在执行死刑的那个月，纽约平均增加了两起杀人案。20 世纪（Bailey，1998；Bowers & Pierce，1980）其他例子中虽然不存在残 79
忍处决效应，但也看不到死刑的遏制作用，因为无论是否公开执行死刑，凶杀数都大致相同（King，1978）。

在分析了14个国家的死刑后，我们可以对上述问题总结一下："如果说死刑与无期徒刑相比更有威慑力的话，那么取消死刑，凶杀率应当有所上升。这一点不仅得不到证明，反而被再三证伪。跨国分析表明，取消死刑后，凶杀率有时绝对下降，有时如威慑理论所预期的那样有所上升。"（Archer & Gartner，1984；Simon & Blaskovich，2002）

然而不时有人对这一结论提出质疑。最有名的是经济学家艾萨克·埃利希（Isaac Ehrlich，1975），他通过统计分析得出结论，认为执行一次死刑可以遏制8次谋杀。人们批评这种分析方法，如使用了不可靠的凶杀资料。比埃利希的结论更具颠覆性的是另一个经济学家的分析，他用了埃利希的统计方法却得出了完全相反的结论（Avio，1979）。与埃利希一样，其他一些经济学家也声称，已经发现死刑的威慑作用，但是有批评者认为，他们使用了有缺陷的研究方法或者使用的数据不充分（Liptak，2007）。

也许我们可以得出结论，死刑无法遏制凶杀。但是为何无效？一个原因是，谋杀是一种冲动犯罪，大多发生于激烈的、不可抗拒的情绪压力下，这使当事人很难停下来去思考，他或她将因为杀人而被判死刑。另一个原因是引起凶杀的一些因素是如此的强有力，如受到虐待、野蛮及贫穷，以至于死刑的威胁并不能阻止有凶杀倾向的人实施犯罪。

十五、本章概要

（1）**故意伤害与杀人有何区别？**被害人还活着就是故意伤害。与杀人犯相比，故意伤害的犯罪分子用枪要少些，夏季犯罪的要多些。

（2）**什么样的人更有可能杀人？**穷人、非洲裔美国人、男性以及年轻人更有可能杀人。他们更多地居住在美国南部地区，在大城市和乡村而不是小城镇。

（3）**凶杀是否有些模式？**是的。杀人在某种程度上更有可能发生在夏季而非寒冷的2月，最有可能发生在周六夜晚。如果侵害者是男性，就有可能在家以外的地方杀人；如果是女性，则更有可能在家里杀人。常见的杀人工具是枪支。

（4）**杀人的特点是什么？**第一，杀人通常是对亲戚、朋友或者熟人的冲动行为。第二，被害人也会引起凶杀。第三，凶杀常因琐事而起。第四，有时在杀害他人后杀人犯会自杀。 80

（5）**什么是大屠杀和连环杀人？**大屠杀是指同时杀死一定数量的人，而连环杀人的被害人则是在不同的时间和地点被杀。大屠杀案的凶手大多是普通人，包括不满的雇员、一家之主、军械狂热爱好者以及魅力领袖的追随者。连环杀手在逃避追捕方面较为聪明，在杀被害人之前还有可能折磨他们。**连环杀手的社会特点是什么？**大多数连环杀手未受过高等教育，但是很狡猾，能够使自己看起来友好且值得信任。他们大部分是白人男子，通常选择陌生人下手，杀人动机为虐待欲和权力欲。**全球视野下凶杀情况是怎样的？**发展中国家的凶杀率比发达国家高，杀人与贫困有关。它还与暴力亚文化有关，与世界上其他贫穷地区相比，拉美国家表现得更为突出。

（6）**校园暴力的诱因是什么？**这包括枪支的易得性、媒体对暴力的美化以及暴力亚文化，暴力亚文化赞成以武力解决人际问题。在以上环境中，那些受情绪困扰、受父母虐待或被同龄人排斥的青少年可能会实施校园暴力。

（7）**跟踪者是什么样子的？**尽管有些跟踪以名人为目标，但是大部分都以前恋人或前配偶、同事和熟人为目标。跟踪者更有可能是男性，而被害人则大部分为女性。大部分跟踪者都不合群，精神上不健康，并且无法适应社会。

（8）**仇杀者的行为特点有哪些？**他们更有可能以同性恋和非洲裔美国人为目标。他们通过凶杀恐吓被害人所属的整个群体，并且他们通常属于一个仇恨群体。他们可能因为激动、捍卫与生俱来的权利或者把消灭所仇视群体看做一种使命而杀人。

（9）**种族屠杀会杀哪些人？**种族屠杀的对象是被视为劣等群体的成员；罪犯是一些普通人，他们听命于人去屠杀；旁观者是普通公民，他们并未制止屠杀行为。**种族屠杀的原因是什么？**根据不同的理论，其原因包括侵害者和被害人之间的生理和心理差异，被害人的非人格化，对权威的普遍服从，正常意识与种族屠杀的精神失常行为之间的心理分离，以及国家的无限权力。

（10）**恐怖主义的实质是什么？**恐怖主义是以政府为目标的暴力行为，它通常会伤及无辜。恐怖分子的目标锁定在国内外。**是什么引发了"9·11"事件？**"9·11"事件由恐怖组织，即基地组织的领导人奥萨姆·本·拉登指挥，他劝说或命令极虔诚的爱国青年袭击了被称为“魔鬼撒旦”的美国。

（11）**人们为何杀人？**一种社会学理论将强大的外部约束看做杀人的原因，而另一种理论则认为暴力亚文化是滋生杀人罪行的土壤。**死刑对谋杀有威慑力吗？**社会学家通常认为没有威慑力，而经济学家则倾向于认为有威慑力。

81 # 十六、扩展阅读

Alvarez, Alex. 2001. *Government, Citizens, and Genocide: A Comparative and Interdisciplinary Approach*. Bloomington: Indiana University Press. Discusses the history of genocide, the political nature of genocide, the institutional and organizational supports of genocide, and the contribution of ordinary men and women to genocide.

Baker, Jean A. 1998. "Are we missing the forest for the trees? Considering the social context of school violence." *Journal of School Psychology*, 36 (Spring), 29–44. Showing how school violence derives from a breakdown of community in schools where students do not feel a sense of belonging.

Beeghley, Leonard. 2003. *Homicide: A Sociological Explanation*. Lanham, Md.: Rowman and Littlefield. Discusses the connection of homicide to gun availability, illegal drugs, violence history, racial discrimination, and economic inequality.

Combs, Cindy C. 2000. *Terrorism in the Twentieth-First Century*. Upper Saddle River, N.J.: Prentice Hall. A systematic discussion of many aspects of terrorism, ranging from terrorist ideology and terrorist organizations to counterterrorist measures.

Dunn, Jennifer L. 2002. *Courting Disaster: Intimate Stalking, Culture, and Criminal Justice*. New York: Aldine de Gruyter. Provides an intimate look at the nature of stalking through the victims' experiences.

Fox, James Alan, Jack Levin, and Kenna Quinet. 2005. *The Will to Kill: Making Sense of Senseless Murder*. Boston: Allyn and Bacon. Analyzes the nature of various forms of murder, including serial murder, school shootings, mass murder, and cult killings.

Holmes, Ronald M., and Stephen T. Holmes. 1998. *Serial Murder*, 2d ed. Thousand Oaks, Calif.: Sage Publications. Presents various types of serial killers, their behavioral patterns, and the motivations behind their killings.

Levin, Jack, and James Alan Fox. 2002. *Dead Lines: Essays in Murder and Mayhem*. Boston: Allyn and Bacon. A series of essays about homicide, school shootings, workplace violence, hate crimes, serial murder, the culture of killing, guns, official responses to murder, capital punishment, and crime victims.

Levin, Jack, and Gordana Rabrenovic. 2004. *Why We Hate*. Amherst, N.Y.: Prometheus Books. Discusses the various sources of hate crime and ways of combating it.

Mann, Coramae Richey. 1996. *When Women Kill*. Albany: State University of New York Press. An analysis of both qualitative and quantitative data on nearly 300 women arrested for homicide in six large U.S. cities.

Martinez, J. Michael, William D. Richardson, and D. Brandon Hornsby (eds.). 2002. *The Leviathan's Choice: Capital Punishment in the Twentieth Century*. Lanham, Md.: Rowman and Littlefield. A collection of articles presenting various perspectives on the death penalty, including the philosophical, theological, social science, and legal perspectives.

Miethe, Terance D., and Wendy C. Regoeczi, with Kriss A. Drass. 2004. *Rethinking Homicide: Exploring the Structure and Process Underlying Deadly Situations*. Cambridge, U.K.: Cambridge University Press. An empirical analysis of homicide as a nexus of offender and victim characteristics and social situations, showing homicide, for example, as an expressive act of violence that men carry out with guns in large cities against acquaintances of a similar race, gender, and age during a heated argument.

Mullen, Paul E., Michele Pathe, and Rosemary Purcell. 2000. *Stalkers and Their Victims*. Cambridge, U.K.: Cambridge University Press. Discusses numerous aspects of stalking, from the epidemiology of stalking to various types of stalkers and stalking situations.

Mullins, Christopher W. 2006. *Holding Your Square: Masculinities, Streetlife, and Violence*. Portland, Ore.: Willan. An analysis of how threat to masculinity often triggers street violence.

Newman, Katherine S., with Cybelle Fox, David Harding, Jal Mehta, and Wendy Roth. 2004. *Rampage: The Social Roots of School Shootings*. New York: Basic Books. Research report on how school shootings usually erupt from a combination of five factors: social marginality, emotional problems, cultural scripts, failed surveillance, and gun availability.

Reuter, Christoph. 2004. *My Life as a Weapon: A Modern History of Suicide Bombing*. Princeton, N.J.: Princeton University Press. An analysis of suicide bombings in different parts of the world.

Sageman, Marc. 2004. *Understanding Terror Networks*. Philadelphia: University of Pennsylvania Press. Based on the biographies of Osama bin Laden and 171 other terrorists, this analysis shows how alienated young men turned into fanatics eager to kill and to become martyrs and then got together to form a global network of terrorism.

82 Simon, Rita J., and Dagny A. Blaskovich. 2002. *A Comparative Analysis of Capital Punishment: Statutes, Policies, Frequencies, and Public Attitudes the World Over*. Lanham, Md.: Lexington Books. A brief historical survey of the views and practices of the death penalty in various countries.

Smith, M. Dwayne, and Margaret A. Zahn (eds.). 1999. *Homicide: A Sourcebook of Social Research*. Thousand Oaks, Calif.: Sage Publications. A collection of detailed analyses of the theories, methodologies, substantive studies, and prevention of homicide.

Vanden Heuvel, Katrina. 2002. *A Just Response: The Nation on Terrorism, Democracy, and September 11, 2001*. New York: Thunder's Mouth Press/ Nation Books. A collection of essays on the meanings and implications of the September 11 terrorist attacks.

Waters, Tony. 2007. *When Killing Is a Crime*. Boulder, Colo.: Lynne Rienner. Illustrates how killing is socially constructed so that it is not always and everywhere viewed as a crime.

Weitz, Eric D. 2003. *A Century of Genocide: Utopias of Race and Nation*. Princeton, N.J.: Princeton University Press. Shows how the zealous attempt to create a homogeneous utopia led the leaders of nations as well as the masses of ordinary people to genocide.

十七、思考题

1. 分析本章所讨论的不同杀人类型。它们有哪些异同?

2. 种族屠杀是最可怕的一种杀人类型。该如何防止呢?

83

第五章 强奸和儿童性侵

表象与事实

表象：由于强奸是一种可怕的重罪，犯罪分子更倾向于选择陌生人，而不是他所认识的人作案。

事实：大部分被害人都认识强奸犯（第 85 页）。

表象：目前种族日益融合，强奸犯更有可能强奸异族女子，而不是同族女子。

事实：虽然目前族际强奸案例比以往增多，但大多数强奸行为仍然发生于同族内（第 85 页）。

表象：强奸多发生于夏季，因为这个季节人们易于冲动，所以强奸的可能性增大。

事实：夏季并未点燃冲动，只是增加了潜在强
84 奸犯与被害人之间的社会交往，这使强奸的可能性增大。同样，周末比任何一个工作日的强奸都多，因为潜在强奸犯与被害人之间更有可能在周末相见（第 86 页）。

表象：正如一些精神病专家所称，轮奸可以解释为一种潜在同性恋倾向的表现方式，同案犯在潜意识里想与同伙发生性行为。

事实：依此类推，几个打劫商店的劫匪在潜意识中想相互抢劫，或者一群狩猎者潜意识里想相互残杀（第 88 页）。

表象：强奸约会对象时，多数年轻人都把约会强奸看做一种犯罪。就像多数被害人所认为的一样。

事实：大多数年轻的强奸犯认为，约会强奸不算真正的强奸。许多约会强奸的被害人也不把她们的经历看做是被强奸，因为她们发现很难相信熟人会强奸她们（第 89 页）。

表象：无论被强奸时被害人是不是积极反抗，事后她们都很难去调整自己的生活。

事实：以尖叫和踢打来反抗的受害者比那些哭喊、乞求、最终屈服的受害者更容易调适到正常生活（第 93 页）。

表象：一个女人被强奸后，她的丈夫会为她付

出更多的爱、感情或理解，因为她被强奸后最需要的是情感支持。

事实：一个女人被强奸后，通常人们说她已经遭到“蹂躏”、“冒犯”、“剥夺”或者“糟蹋”，就好像一件被毁坏的商品。难怪妻子被强奸，丈夫就会减少爱意，而离婚的概率却增加了（第 95 页）。

表象：无论是顺从还是刚毅、自信，所有女人都同样可能遭到强奸。

事实：顺从的女人比同龄中刚毅、自信的女人更容易被当作潜在的强奸对象，并且当潜在的强奸犯接近她们时，她们被强奸的可能性也更大（第 99 页）。

表象：监狱中男人强奸男人的目的在于释放性剥夺感。

事实：狱中强奸的主要动机不是为了性释放，而是为了征服和羞辱被害人。狱中强奸犯会说“搏斗还是被干”或者“我要让你变成一个女人”等，就证明了这一点（第 104 页）。

表象：大部分同性强奸都与男同性恋有关，侵害人、被害人或者两者均为同性恋。

事实：大多数（一半以上）同性强奸的被害人都是异性恋者，大多数侵害人也是如此（第 104 页）。

2008 年，新泽西州某高中的 3 个学生被控在其中一位的家中性侵一名 16 岁的特殊教育学生。一名嫌犯为 18 岁，另外两名为 16 岁。年龄较大的年轻人罗曼·罗伯茨（Romal Roberts）邀请这个女孩来到他家。接下来大约 4 个小时里，罗伯茨和他的两个朋友强迫她与他们性交，并且用扫帚柄虐待
85 她。据一位熟人讲，罗伯茨是一个“玩电脑游戏并且想进入大学的上进孩子”。一个邻居则把他描述为“一个会帮他们扫雪的有礼貌的青年”（Fahim & Schweber，2008）。

在美国，对女性的性暴力是相当普遍的。根据美国的一项全国性调查，18～90 岁的女性中，有 22%的人称自己曾受到过性侵犯（Elliott 等，2004）。其他研究表明，这一比例为 13%～16%（Kilpatrick 等，2007）。无论如何，根据最保守的估计，平均每位女性遭到强奸的几率仍然是“骇人听闻的，10 人中有 1 人被强奸”（Russell & Bolen，2000；Koss，1995）。同样令人震惊的是，绝大多数受害人都认识强奸犯（Campbell & Wasco，2005）。

本章我们将首先探究强奸的类型，试图回答以下问题：谁可能强奸？强奸犯是如何计划并实施强奸的？强奸的类型有哪些？为什么不能责怪受害人？反过来，我们将分析被强奸者和执法者的反应，分析一下鼓励男人对女人进行性侵犯的文化观，看看对强奸的主要解释，并且着重讨论男人成为受害人这一议题。最后，我们将分析儿童性侵的问题。

一、强奸类型

强奸可以分为几种类型。首先让我们看看哪几种类型的男人可能强奸他人以及他们是如何计划和实施这项罪行的。随后，我们将详细分析轮奸、熟人强奸或约会强奸、校园强奸以及颇有争议的受害人促成的强奸等类型。

1. 种族、年龄及情境因素

社会学家梅纳赫姆·埃米尔（Menachem Amir，1971）对 1958 年和 1960 年费城警署档案中记录的 646 例强奸案进行了典型分析，发现大多数强奸犯都很贫穷。他还发现黑人比白人更有可能成为强奸犯和受害人。埃米尔进一步指出，白人普遍有一种恐惧感，认为黑人男子更有可能强奸白人女性。事实正好相反，目前强奸大部分发生在同一种族内——黑人男子强奸黑人女子，白人男子强奸白人女子。费城的强奸案中，大约 95%的犯罪分子和被害人均为同一种族；只有 3%的案例中强奸犯是黑人，受害者是白人。换言之，与凶杀一样，强奸发生于同一种族内。这种种族内强奸的特点至少基于以下两点原因。一个是黑人男子强奸白人女子会受到法律的严惩。另一个是种族隔离，黑人男子更容易接近黑人女子而不是白人女子，因而更容易通过强奸来表现其侵犯性。

如今，大多数强奸案仍然发生于同族内，但是数量却大为减少——或者说，族际犯罪有所增加。在所有强奸案中，黑人强奸白人的比例从 20 世纪 50 年代末 60 年代初的 3%剧增到 80 年代早期的 19%（Wilbanks，1985）。这可能是因为种族的进一步融合，这增加了不同种族的接触。应当指出的是，尽管如此，多数强奸案仍发生在同一种族内。

年龄是另一个因素。女性从 1 岁到 80 岁都是强 86
奸对象。然而，最易受侵害的群体是 16～20 岁的女性。种族内强奸案中，犯罪分子一般比受害人年长

些。但是在族际强奸案中，黑人强奸犯通常比白人受害者年轻。这并不表明他们喜欢年长的白人女性。相反，这主要是由于其“实用性”，因为许多黑人—白人强奸案中，除了强奸还会发生盗窃或抢劫（Russell，1984）。这可能反映了黑人对白人社会的敌视态度，正如有些人认为的那样，它还反映了一个男性至上社会的影响。盗窃犯和劫匪通常认为：“如果你抢了一个女性，还可以强奸她，因为强奸是不受法律约束的。”（Lear，1972）此类罪犯认为强奸不过是对其财产犯罪的“一个额外奖励”（Scully，1990）。

强奸犯罪还存在一个环境因素。强奸，尤其是轮奸，在夏季会有所增加。一个重大发现是大多数强奸案都发生在周末（Michael & Zumpe，1983）。是因为夏季更容易冲动进而增加了强奸的可能性吗？夏天只是增加了潜在强奸犯与受害者之间的社会交往，这使强奸的可能性增大。同大部分凶杀案一样，大部分强奸犯也处于醉酒状态。酒精成为性侵犯的一个借口（“那不是我的错，我喝醉了”）。因为这个借口在很大程度上为社会所接受，这弱化了犯罪分子抑制强奸冲动的能力，正如它对谋杀所起的作用一样。但是，与杀人凶手相比，强奸犯一般很少有暴力倾向，不太可能有恶意伤害的前科。由于强奸犯不像杀人凶手那样充满暴力，大多数强奸都不是像谋杀那样突然爆发的，也不是由于突然的、无法控制的欲望所致。相反，多数强奸犯都是有预谋的。

2. 策划和实施

由于大部分强奸案都是针对熟人、朋友或者情人的，大都始于甜言蜜语、浪漫感情、酒精饮料或其他方式，使女人与其发生性关系，然后无一例外是出其不意达到目的的。

然而，如果与受害者不熟或者不相识，强奸计划也会有所不同。一些案例中，犯罪分子倾向于选择自认为容易得手的女性为目标，如智力低下的女孩、睡梦中的女人、老年女性、醉酒或吸毒的年轻女子等。她们置身于不利环境中，面对威胁无法作出快速而恰当的反应。而其他女性如果表现得消极、顺从或缺乏自信，也容易受到伤害。据称，如果一个女人“步履缓慢，迟疑不决，双眼凝视地面，双臂摆动缓慢而不稳定”，那么潜在的强奸犯就会认为她是顺从的。而另一些强奸犯喜欢那些自负而专横的女子。正如许多入狱的强奸犯所言：“我们想让那个非常蛮横的女人摆正位置。”（Bart & O'Brien，1985）那些自信却不自负的女人不容易成为强奸对象。

如果强奸犯不好判断一个女人是否容易得手，87
他可能会制定策略去测试她。他们首先要看攻击目标是不是一个乐于助人的好心人。一个强奸犯可能在大街上走近一个女人，向她借打火机或问路。如果得到了帮助，他会进一步问她一些暧昧的问题，找一些涉性话题，用胳膊搂着她，或者猥亵女性的私密部位，看看她的反应。如果她很温顺或者很害怕，他就知道只要威胁她，就能让她服服帖帖地满足自己。另一个强奸犯可能恳求一个女人让他进她家打个求救电话，或编一些其他借口打电话。如果该女子没有识破他的伎俩，就可能成为一个可能的强奸对象。下面有这样一个例子：

> 一个强奸犯走向一座公寓，边按门铃边喊“萨利”。当他发现乐于助人的女主人很迷人，又是一个人在家时，他就会说他又热又渴，想要杯水喝。随后，他要求使用卫生间，这样他可以四处查看，以确定房间里只有受害者一人。然后他会向她要第二杯水，乘受害者站在厨房水池边时接近她。面对持刀威胁的歹徒，一切求救方式都不可能，受害者常常会屈服。（Selkin，1975）

在成功地锁定强奸目标后，犯罪分子不会一开始就挥着武器，或者将被害人暴打一顿，即以武力相威胁。大部分强奸犯只在言语上进行威胁，并不会动粗，如“别叫，否则把你撕成碎片”，“你不脱衣服，我就杀了你”，通常只有准备施暴时，他们才会更暴力。波利娜·巴特和帕特里夏·奥布莱恩（Pauline Bart & Patricia O'Brien，1985）在研究中发现，大多数强奸犯都很粗鲁，他们会推、搡、掴或掐受害者。一些强奸犯不仅强迫受害者与其性交，而且强迫他们口交或鸡奸，并且多次实施性侵犯，有时还会拿受害者最担心的问题开玩笑。如得手后，一个强奸犯对受害者说：“如果你怀孕了，我会和你结婚的。”（Macdonald，1995，1971）

3. 轮奸

根据埃米尔（1971）的研究，所有强奸案中有43%为轮奸。其中最显著的特征是罪犯以14～19岁的青少年为主。这些年轻的强奸犯大部分来自贫困家庭，并且是街头黑帮的成员。他们通过以下几种方式来寻找作案目标。第一，他们可能在一个地区开车游荡，寻找搭便车的女子，然后将毫无防备的女子拉到一个无人区，将其强奸。第二，他们可能晚上用刀或手枪绑架一个过路女子。第三，小混混中的一人与一个女子约会，然后在对方不知情或未同意的情况下，把她带到一个预定地点，他会在这个地方跟其他人一起强奸她（Zezima，2004；Scully，1990）。

大学校园中，在中上阶层的学生中发生轮奸的比例相对较低。像大的州立高校、知名的文科院校、
88 教会学校以及常青藤盟校等各类高校都发生过轮奸案：在常青藤盟校中，轮奸通常被看做受害者身后“一辆行驶着的火车”。校园轮奸通常发生在聚会中，男生怂恿一个女生喝酒或吸毒，等她喝醉或吸毒过量时再强奸她（Sanday，1990）。

为什么那些下层青少年和大学生会参与轮奸呢？精神病专家一般把轮奸解释为一种潜在同性恋倾向的表现方式，认为同案犯在潜意识里想与同伙发生性行为（Sanday，1990）。然而，依此类推，几个打劫商店的劫匪在潜意识中想相互抢劫，或者一群狩猎者潜意识里想相互残杀。参与轮奸与其说是满足性欲，不如说是在满足社会需要，尤其在同辈群体的压力下，小伙子以此证明自己不是个“胆小鬼”（Groth & Birnbaum，1979）。这一解释似乎更令人信服。

同样地，关系密切的男生也许会发现，很难抵制这种压力，因为他们唯恐自己的男子气概受到置疑。他们还会以开玩笑的方式催促同伴参与轮奸，并没把轮奸当作一个严重罪行。由此就能解释，为什么学校里的一些兄弟会成员和运动员比其他学生更容易发生轮奸（Schwartz & DeKeseredy，1997；O'Sullivan，1991）。事实上，在交往密切的类似团体中发生轮奸的可能性相对较大。例如20世纪90年代初塞尔维亚士兵轮奸穆斯林女性，第二次世界大战期间日本士兵轮奸中国和其他亚洲国家的女性，越南战争期间美国士兵轮奸越南女性等。

4. 熟人强奸

与强奸陌生人的犯罪分子相比，熟人强奸或者约会强奸更多是从言辞或心理上进行强迫，很少诉诸刀枪。言辞上强迫可能会说：“来吧，我知道你真的想要”，向被害人施压；心理强迫可能是被害人说“住手”时，无视其要求，令她感到无力反抗。另外，强奸陌生人的整个过程是有预谋的，而熟人强奸中，只有发生性关系这一点是犯罪分子预谋已久的，当受害者拒绝时，犯罪分子通常不予理睬，甚至认为这表示同意，最终导致强奸（Jasper，1992）。熟人强奸中，被强奸者大多把自己看成受害者，但与陌生人强奸中的被害人相比，她们也负有部分责任，如过于粗心或者太信任对方等（Bechhofer & Parrot，1991）。正如熟人强奸中的一个被害人所言：

> 我读大学时，有个夏天在汉堡店工作。那里有一个常客。他看起来很帅，我们相当熟悉。那天，他问我是否愿意下午下班后去他家听他提到过的一张唱片。我们一到他家，他就一把拽住我，我挣扎着想脱身，他就把音乐声开得很大，让我最好不要反抗，否则要打掉我的牙齿。音乐声震耳欲聋，就是我喊叫也没人能听到，我知道他不是在开玩笑，只有听之任之。事后我骂他是个疯子，想让他感到难受，但是真正感到糟透了的人却是我，我怎么能那么蠢，允许这种事情发生，我怎么能这样一声不响？（Mithers，1980）

熟人强奸是一种很常见的犯罪。20世纪50年 89
代，克利福德·柯克帕特里克和尤金·卡宁（Clifford Kirkpatrick & Eugene Kanin，1957）以291名女大学生为对象进行了调查，询问她们在大学期间是否遭受到过性侵犯。一半以上的被调查者（55.7%）表示曾经遭受过性侵犯（至少一次）。她们经历过不同程度的性侵犯，从强吻、抚摸到强迫性交等。70年代末，卡宁和斯坦利·帕斯尔（Kanin & Stanley Parcell，1981）进行了重复研究，得出了同样的结论。80年代中期，《女性》杂志在全国范围内对35所高校的7 000多名大学生进行了调查，得出了相同结论：女性受到性侵犯的比率很高，被调查的所有女生中有52%曾受过不同形式的性侵犯。该调查进一步表明，其中15%的女生实际上被强奸——强迫性交。简言之，一半以上的女大学生遭遇过这样或那样的性侵犯，大约15%是约会强奸（Fisher，Cullen & Daigle，2005；Jackson，1996；Koss等，1987；Sweet，1985）。

熟人强奸很常见，并未与传统的男性性行为模式相背离，只是其一种延伸。美国文化认为，男人跟女人在一起不应当害羞，而应当主动，小伙子可以过分些，用强力进行性征服。有研究表明，男人

的性欲越强，就越有可能发生约会强奸，这一点不足为奇（Kanin，1985）。而且大多数强奸犯，甚至许多被害人都认为，约会强奸不是真正意义上的强奸。在《女性》杂志的调查中，大约8%的男大学生承认有过强奸（法律上认定的）或故意强奸，但这些人却不认为自己实质上是强奸犯。该调查还显示，被强奸的女性中，大约75%的人都没把自己的经历看做是被强奸。她们发现很难相信熟人会强奸她们。但是如果此类被害人跟其他人说说，就可能把这些经历看做强奸。正如一个被害人所言："我感觉这是我的错，我喝多了，与人调情，并且离开了聚会，但是我的一个亲密的异性朋友说服了我，那确实是性侵犯。"（Harned，2005；Koss，1995；Sweet，1985）

5. 校园强奸

正如我们所看到的那样，强奸在大学校园里相当普遍，大约15%的女生受到过强奸。但大部分校园强奸犯，甚至大多数被害人都不认为此类侵犯属于强奸。这是为什么？其原因在于社会文化把男人对女人的主动进攻，而不是彬彬有礼，看做年轻人应有的魅力。换言之，校园强奸是这种文化中理想的男性性行为的延伸。因此，与女性接触后，那些富有阳刚之气的男子性欲越强，越有可能发生约会强奸（Mohler-Kuo 等，2004；Gilbert，1995；Koss，1995；Kanin，1985）。

在社会文化对大学校园产生影响的同时，校园本身有没有鼓励性侵的特殊因素呢？校园强奸的研究者认为，答案是肯定的。佩吉·桑蒂（Peggy Sanday，1981）在对小群体的分析中发现，许多小群体无强奸倾向（rape-free），还有一些有"强奸倾向"（rape-prone）。无强奸倾向的社会文化不鼓励性主动，而有强奸倾向的社会文化则相反。最近桑
90 蒂（1996b）发现，大学校园也可以分为无强奸倾向型和强奸倾向型。在无强奸倾向型校园中，性侵是一项严重的犯罪行为，要受到开除的处分，兄弟会中不提倡酗酒，认为女生是朋友而非性目标，同性恋像普通人那样被接受。然而，在强奸倾向型校园中，性侵似乎不是一种严重的罪行，鼓励学生喝酒，占一个醉酒女生的便宜是可以接受的，炫耀性征服在校园中流行，对同性恋普遍怀有敌意，常常用色情刊物和电影来挑逗女生。因此，我们可以肯定，强奸倾向型校园中性侵的频率较高。

对校园强奸较多的原因，其他研究者作了类似的分析。帕特里夏·马丁和罗伯特·翰墨（Patricia Martin & Robert Hummer，1995）对兄弟会团体研究后得出结论，此类学生团体以其独特的价值标准和实践方式从多方面催生了校园强奸的发生。首先，兄弟需要"坚守在一起"，发生强奸或对外宣布时，不提倡任何人阻止强奸。这种"参与"方式有效地宽恕并鼓励了性暴力行为。其次，兄弟会鼓吹大男子主义，这使其成员蔑视女性，更容易把她们视为性目标，一旦遭到反抗就会导致强奸。再次，某些兄弟会的行为通常会导致强制性性行为，如酗酒，其他成员要某人通过性征服来证明男子气概等。对男运动员的研究也发现，他们比其他学生更具强奸倾向。这些运动员认同兄弟会的标准和活动（Adams-Curtis & Forbes，2004；Benedict，1998；Crosset 等，1996）。

6. 受害者轻率的误解

在对费城的典型研究中，埃米尔（1971）发现，19%的强奸案是由被害人自己造成的。他将此类强奸称为"被害人挑衅型"，认为"按照强奸犯的解释，实际上被害人同意发生性关系，只是在发生前又反悔了。或者是当自己提出性要求时，被害人没有强烈反抗"。埃米尔将女人同意喝杯酒或搭乘陌生人的车看做是一种被害人向对方发出的性暗示。这就意味着被害人与犯罪分子一样负有责任。以下就是这样一个例子：

> 一个18岁的女孩站在免下车汉堡店的停车场内，一些男人在车里叫她过去。她走上前发现认识其中一人，于是她坐上前座开始与他们聊天。突然，司机把车开动了。他们解释说在找朋友。车子起步时，一个男人问道："你想做爱吗？"她笑了笑，说："不。"当车停在另一个停车场后，坐在她旁边的男人拿出一支枪指着她的头问道："你害怕吗？"她回答道："我不喜欢有人用枪指着我的脑袋，我非常害怕，但是我不想尖叫或乞求你们，因为我不想和你们争斗。虐待我，你们不会得到任何快乐的。"这个男人转过身对后排的几个人说："哦，怎么样，你们想继续吗？"他们表示同意，最后强奸了她。（Macdonald，1971）

被害人挑衅型强奸，这一概念反映出大男子主 91
义的偏见，而不是对犯罪的准确解释，这种男性

至上主义观点受到了批评。在以上例子中，只有持这种偏见的人才会说那个姑娘“提出了性要求”。正如律师卡米尔·勒格兰（Camille LeGrand，1973）所言：“搭便车或在一个危险的社区里一个人走夜路，似乎是在鼓励性侵。男人视之为性邀请，这没有任何道理，因为一个女人要求搭便车时，她通常并不期望（或希望）与他人发生性关系。”

社会学家卡宁（1984）也认为，被害人挑衅型的概念不能用来解释强奸，正如前面的章节所说的那样，这是谋杀的原因之一。但是卡宁认为，一些被害人确实从某种程度上“促成了”强奸，就像是说一个男人出去旅游却没有让报纸停送，结果导致夜贼入室行窃一样。因此，卡宁建议使用被害人促成型这一术语来概括那些案发前被害人主动深吻或亲近强奸犯的情况。

然而这一概念可能也存在问题。最主要是说所有约会的女人实际上都会促成强奸，因为她们常主动与约会对象亲近。应当指出，受害者只对强奸前的亲密行为负有责任，这就像一个男人出门旅行没让报纸停送，结果遭夜贼入室行窃一样。不能认为是受害者本人促成了强奸，因为她们曾试图制止这一罪行，就像主人回到家里试图制止窃贼，不能说是他促成了盗窃一样。简言之，强奸前的亲密行为与强奸本身存在着本质的区别，前者没有使用强制力，就不是犯罪，后者使用了强制力，因此是一种犯罪行为。

然而，许多男人似乎无法把强迫性交与强奸前双方自愿的亲密行为区分开来。一项研究表明，50%的年轻男性受访者认为“当一个女孩最初同意但后来又改变了主意，或者当她挑起了某男子的性欲时，这个男人就可以强行与她发生性关系”。（Shotland & Goodstein，1983）。最新研究发现，76%的高中男生认为，在类似的情况下强行发生性关系是可以理解的（White & Humphrey，1991）。这些年轻小伙子事实上是在责怪被害人。这反映了一种普遍的误解，即如果她举止轻浮，如果她穿着迷人，如果有男人认为她是“一个卖弄风骚的女人”，如果她同他共饮，如果她跟他看完电影后邀请他去家里喝咖啡，或有时候，甚至她在办公室里对他说声“你好”，那么发生了强奸都可以归结为是她的错误（Morris & Cubbins，1992；Burt，1991）。

二、强奸的后果

从某种程度上讲，强奸是很有特点的，它区别于谋杀、抢劫以及其他犯罪。别的犯罪在发生后基本上都结束了，而强奸却有可能是一个持续的过程，强奸过后受害者仍然经受着痛苦。以下我们将分析受害者被性侵后的经历。

1. 受害者的反应 92

对强奸的反应因人而异。一个极端是，受害者认为强奸无关紧要。有这样一位被害人，当被问起两次遭受性侵犯期间还干了些什么时，她回答道：“我们外出吃了汉堡包。”有些受害者被强奸后睡着了；有些丢了钱包、戒指、手机或其他财物，却显得比被人强奸还要难过；有一些受害者再次与强奸犯相遇时会自愿与其发生性关系；还有一些可能后来与强奸犯结婚，而此前她们可能与他们认识，也可能不认识（Macdonald，1995，1971）。另一个极端是，受害者在精神上受到了重创，她们极度消沉，试图自杀，有些实际上真的自杀了。大多数受害者处于这两个极端之间，她们最初震惊、多疑、愤怒、烦躁或者消沉，但是最终走出了阴影。

对强奸的反应呈现出多样性，这明显与暴力程度、受害者年龄、社会阶层或文化背景以及过去的性经验等因素有关。如果她遭受了可怕的暴力强奸，比较年轻，来自于中上层家庭，或者先前没有或只有一点性经验，那么后果可能就比较严重。其他因素也会对受害者产生巨大的影响。例如，在被强奸前的一年里，如果经历了很大的变故（离婚、分居或失业），那么受到的伤害就会更大（Ruch，Chandler & Harter，1980）。同样，与被熟人强奸的受害者相比，遭到陌生人强奸的女性可能更容易发生消沉、恐惧和人际问题，因为陌生人强奸通常更暴力。但是熟人强奸的女性会产生更多的自责，主要因为有人认为她们在某些方面也负有责任。她们很长时间都不能相信男人，因为曾信任的男人强奸了自己，背叛了自己（Gidycz & Koss，1991；Katz，1991；Mandoki & Burkhart，1991）。

大多数受害者须经历两个特殊的阶段，生活才会逐渐恢复正常。被强奸以后的几天或几周内，她们的生活都处于极度混乱的状态。在这一阶段，她们会感到极度恐惧、震惊、屈辱、尴尬、自责或焦虑。在最初的极度混乱阶段之后，她们一般要经历一个长期的盲目阶段，这第二阶段通常要持续几个月，也可能几年。她们有多种恐惧症的反应，包括害怕独处、害怕性交等。不难理解，离婚、减薪和失业的风险也随之增加（Byrne 等，1999；Burgess，1995）。

读者或许注意到，受害者的反应都是内向的，如恐惧、消沉、焦虑和自责。有些反应可能是外向的，如愤怒、报复和勇气，即鼓起勇气把强奸犯送入监狱。虽然大多数受害者都受到消极内向反应的折磨，但也有一些反应是外向的。一个有过这种反应的受害者说：“我幻想着割了他的生殖器。”另一个说：“我这辈子从来没有如此憎恨过一个人，我恨不得用指头戳瞎他的双眼。”（Madigan & Gamble，1991）这种积极的、愤怒的受害者自我感觉更好些，
93 使生活能更快恢复正常。正如波利娜·巴特和帕特里夏·奥布莱恩（1984）研究发现的那样，以尖叫和踢打来反抗的受害者比那些哭喊、乞求、最终屈服的受害者更容易调适到正常生活。被熟人强奸的受害者如果意识到那完全是强奸犯的错误，也能恢复得快一些（Gidycz & Koss，1991）。

2. 再度被强奸的感觉

20 世纪六七十年代，通俗作家和社会科学家出版了许多恐怖小说，说的是警察与受害人打交道时多么麻木不仁。例如，当一个受害者平静、理智地叙述强奸过程时，警察问道：“你是什么人，是研究某类问题的社会学家吗?”如果受害者长得不是很迷人，那么她的强奸口供就会被驳回，似乎那是一个性饥渴女人的幻想。一个年轻的警察或许会问曾被媒体报道的中年受害者：“他来过吗?”（Geis & Geis，1979）

警察明目张胆的侮辱无疑加剧了受害者的身心伤害，这让她们不由自主地产生再度被强奸的感觉。虽然被警察“再度强奸”的上述感觉仅仅是心理上的，但是造成的痛苦和伤害并不亚于第一次罪犯实施的强奸（Nagel 等，2005；Madigan & Gamble，1991）。如今，警察通常已经表现得很礼貌、很尊重了，但是许多受害者依然遭受着再度被强奸的痛苦，因为警察常询问其道德准则，让她感到自己对第一次强奸负有责任。例如，警察都要问前来报案的女人：“你是否同意跟这个男人喝酒，搭乘该男子的便车或准许该男子搭便车，或者在聚会后与该男子独处?”“你是否曾因拉客入狱，是一个人们都知道的性工作者?”或者问她是否以扭打、搏斗和尖叫来阻止强奸，而不管强奸犯是否持有刀枪（Madigan & Gamble，1991）。这些问题背后隐含着一种假设，即被强奸者“要求如此”。警察实际上把责任归咎于被害人而不是强奸犯。

只有发现“责备受害者”这一假设站不住脚，警察才会对嫌疑犯提出起诉。然而在法庭上，被害人可能要遭受另一次心理强奸。这主要是因为被告律师为了反驳她的陈述，往往质疑被害人的性经历或名声。实际上，他们把她推上审判席，指责说是她“要求如此”。自 20 世纪 70 年代中期以来，美国政府进行了一些法律改革。目前至少有 8 个州已经将强奸改为“犯罪分子性侵”（criminal sexual assault）或者其他术语，让法庭把焦点集中在被告做了什么而不是被害人做了什么。几乎所有的州都通过并实施了性侵害被害人隐私保护条款，努力使受害者在法庭上不感到害怕，“强奸保护”法不允许以被害人的性经验为证据。然而，被告律师仍然能巧妙暗示受害者的性经验，以规避性侵害被害人隐私保护条款。

例如，在一个典型案例中，被告律师把陪审团的注意力转移到一个事实上，即受害者的住址与她仅认识一周的男友的住址相同。显然这意味着她有不道德的性行为。这个策略成功了，正如后来一位陪审员所承认的：“她过去的性经验怎么样我们不会妄加评判，但是事实上她正与认识一周的男友同居，我们很难予以评判。”（LaFree，Reskin & Visher， 94
1985）许多被告律师仍然在使用类似的策略把被害人推上审判席。他们会把被害人饮酒、吸毒、通奸、有私生子、先前与被告相识或发生过性关系以及生活中其他可以令陪审团质疑的品格和诚信度等全都揭发出来（Sanday，1996a；Vachss，1994）。

许多法官之所以让此类证据呈现在陪审团面前，是因为考虑到如果没有这些证据，被告会受到不公正的审判。1993 年，新泽西州格伦里奇（Glen Ridge）的 4 个青年被指控强奸了一个 17 岁的女孩，审判中有个法官就是这么做的。该法官允许律师把该女孩过去杂乱的性关系史作为证据，认为只有这样，被告才能获得公正的审判。有了这些证据，被告律师推断，这个女孩愿意与这些年轻人发生性关系（Lewin，1993）。同样，2004 年，该法官在篮球运动员科比·布莱恩特（Kobe Bryant）一案中允许被告律师把原告过去与他人的性经历作为证据。随后，公众的奚落和嘲笑迫使她撤诉。

三、强奸文化

很明显，许多社会公开把强奸看做一种严重罪行。然而，在同样的社会中，还存在着一种隐形的强奸文化。这种文化鼓励男人对女人进行性侵犯。强奸文化对男性的影响程度因人而异，否则所有的男人都去强奸了。虽然生活在同一文化中，但是有些男人更有强奸倾向。研究表明，那些不成熟、不负责任、缺少社会公德的人更容易受到强奸文化的影响（Sapp 等，1999；Rapaport & Burkhart，1984）。但是，这种强奸文化的本质是什么？这可以通过分析公众对女性的态度以及男女性别角色来揭示。

1. 女人是男人的财产

表面上，法律是保护女性利益、反对强奸的。实际上，法律更是保护男性利益的。因为女性在婚前被当作父亲的财产，婚后被当作丈夫的财产。如果一个男人强奸了一个未婚女孩，这一罪行被视为在侵犯她父亲的财产。如果一个男人强奸了一个已婚女子，他的罪行被视为在侵犯其丈夫的财产。因此，惩治强奸的法律“与其说是保护处女免受性侵害，不如说它在保护年轻新娘作为处女的这种潜在的‘市场价值’”（LeGrand，1973）。关于惩治强奸的法律对女性的压迫，苏珊·格里芬（Susan Griffin，1971）解释道：

> 惩治强奸的法律意在保护男性作为女性身体所有者的权利，而不是保护女性对自己身体的权利。甚至……法律本身就表明了这一点：有些州就不能指控男子强奸自己的妻子。强奸被认为是盗窃另一个男人的财产，而哪个男人会偷已经属于自己的东西？凯特·米利特
> 95 (Kate Millett) 写道：“传统上认为，强奸是一个男人对另一个男人的侵犯，即滥用他的女人。”在强奸别人的女人时，一个男人可能在增强自己的男子气概的同时，削弱了他人的男子气概。因此，男人的愤恨并不是直接源于强奸本身，而是间接地源于“他的”女人。

男人传统上认为有权以他们想要的任何方式把妻子当作一件性商品。正如一个反对把婚内强奸定为犯罪的参议员所言：“你结婚时，当然期待过性生活。”（Blakely，1983）

有些州没有婚内强奸法，大部分州很少有人因强奸妻子而入狱的，这都反映了把女人当作男人财产的观点。强奸文化还以其他方式表现出来。例如，一个女人被强奸后，通常人们说她遭到“蹂躏”、“冒犯”、“剥夺”或“糟蹋”。言外之意，一个被强奸的女人像财物一样遭到了破坏。妻子被强奸后，丈夫觉得她不再像从前那样“值得爱”了，他同样会觉得妻子是一件被破坏的财物。如果把她当作一个有感情的人而不是一个没感情的物品，丈夫理应给她更多的爱或理解，尤其是在被强奸后，她最需要的是情感支持。相反，丈夫却减少了对她的爱，好像她已经成为一件没有感情的、被毁坏的、几乎没有价值的东西了。这就是为什么男人会说“如果我妻子被强奸，我不知该怎样去面对她”的原因。难怪强奸会导致被害人与她的丈夫、未婚夫或男友分手，或者使双方关系紧张。事实上，妻子被强奸后，有75%～85%的夫妻会在两年内离婚（Gordon & Riger，1989）。

人们通常认为，一件商品的使用率越高，其价值就越小。同样，把女人当作性商品的社会中，一个女人的性伙伴越多，其作为财产的价值就越小。一个几乎没什么价值的女人被称为“不值钱的女人”、“放纵的女人”、“婊子”、“荡妇”或“妓女”。所以，就像偷盗或者毁坏他人不值钱的东西后可以轻易逃脱惩罚一样，蹂躏了一个“不值钱”的女人（“普通”财产）的强奸犯也可以不受惩罚。正因为如此，有两个以上性伙伴的女子遭到强奸后，就很难给强奸犯定罪了。如果被害人是一个尽人皆知的性工作者，实际上就更不可能给强奸犯定罪了。人们普遍认为女人是性商品，黑人或贫穷的女人没有白人或富有的女人值钱，因此，强奸前者的风险比后者要小。强奸一个贫穷、有性经历的非洲裔美国女人尤其不可能被判刑。在一个年轻、贫穷的黑人女子强奸案中，一位陪审员宣布被告无罪，他说：“像她‘这样出身的’女孩在她这个年龄不可能是处女。”（LaFree，Reskin & Visher，1985）实际上，许多被判刑的强奸犯都认为，强奸尽人皆知的妓女、“放荡”的女人、“性乱”的女人或者有私生子的女人都不算犯罪。这些强奸犯显然是把这些女人当作便宜的（容易得到的）性商品，男人有权使用（Scully & Marolla，1984）。

最后，色情作品，尤其是那些对女人行使暴力 96
的作品广泛传播，强化了把女人当作男人性商品的

普遍观点。色情作品通过这种方式贬低女人，使男人对女人更加冷酷无情。多项研究表明，长期接触色情作品的男性可能不会把强奸当回事。接触色情作品一段时间后，这些研究中的男性提议减轻对强奸犯的惩罚，并且对被害人的同情越来越少（Segal，1993；Linz，Donnerstein & Penrod，1984；Zillman & Bryant，1982）。显然，色情作品使男人滋生了对女人的冷酷，鼓励着强奸行为的发生。但这并不意味着色情作品本身会导致强奸，因为它并不会对所有男人产生相同的影响。但是它确实使某些男人成为女人身边的危险人物。正如有研究所表明的那样，色情作品可能鼓动暴力，使愤怒的男人实施强奸（Gray，1982）。

由于女人从文化上被界定为男人的财产，男人就很难把女人当作人来尊重。正是缺乏尊重，使男人受到鼓励去强奸女人，因为强奸在本质上是不尊重女性的表现。难怪在对114名服刑的强奸犯的访谈中，社会学家戴安娜·史高丽和约瑟夫·马若拉（Diana Scully & Joseph Marolla，1985）发现，“绝大多数强奸犯表示，从未想过强奸会使他们入狱”。这些男人把女人当作性商品，认为自己有权享用，一个年轻的强奸犯对史高丽说：“强奸是男人的权利。如果一个女人不想给时，男人应当自己去获取。女人没有权利说不，女人就是用来满足男人性欲的，她们都擅长这个。一些女人宁愿挨顿打，但她们总是会屈服的，她们生就为此。”（Scully & Marolla，1985）

2. 把女人置于男子气概的竞争中

我们的社会处处充满竞争，男人要参与到所谓的男子气概的竞争中，以证明自己作为男人的勇气，同时在同辈人中赢得男子汉的美名（Fields，1993）。为了在竞争中获胜，男人不得不与尽可能多的女人发生性关系。

> 那意味着男人在任何状况下都要如此。无论在妓院还是在丰田车的后座上，该商品都是可以用来竞争的。无论如何，如果你无需付冷酷无情的钞票的话，你的得分就高。比赛中最受尊重的选手是靠哄骗、撒谎、耍花招引诱女人最多的男人，是以最少的代价获得最多女人身体的男人。（Medea & Thompson，1974）

这种男子气概的竞争无异于橄榄球、篮球、足球以及网球等竞技运动。这些运动中，运动员有一个对象（即球），为其去抢、去打、去踢或去扣。他们的目标是得分，不会在乎是否伤害到球。同样，在男子气概的竞争中，参与者也有一个对象（即女人），要去玩弄她。他们不在意是否会伤害她的身体、她作为人的自尊或使她感到恐惧。他们的目标是得分，就像洛杉矶郊区莱克伍德（Lakewood）的一个高中男生团体斯珀·波西（Spur Posse）1993
年所做的那样。他们相互竞争，看谁得到的性战利 97
品最多，只要跟一个女孩性交（无论其同意与否）即得一分。在这场男子气概的竞争中，男人把女人仅仅看做一件物品，通常称其为“一块肉”、“一个笨蛋”、“一个阴道（box）”或者“一个娼妓”。据报道，一个被轮奸的女性就是被如此对待的，轮奸过后，其中一个强奸犯说：“我们把这个扔了，再去找一块肉。”（Medea & Thompson，1974）

对女人的这种非人格化的态度还可以从男人描述性交的语言中找到，仿佛它是一场男人的暴力和征服游戏。越战时，美国士兵曾经把将女人拖入森林称为小“突，突”，似乎作为强奸武器的阴茎听起来像一支枪。摆弄[1]女人（与女人性交）也像开枪的声音。还有一些词，如 *whacking off*，*screwing*，*fucking*，*scoring*，*shooting off*，*knocking up*[2] 等，也是性征服的粗俗表达方式（Blakely，1983）。这种对女性的非人格化语言和态度可能会鼓励男人参与男子气概游戏。他们是否确实会参与，有赖于两个因素：其一，男人参与此类游戏的社会压力；其二，了解一些参与此类游戏的指导性信息。

社会压力通常来自于一些朋友，他们会问：“你得分了吗?”“最近做爱了吗?”“她性生活频繁吗?”如果你的回答是不的话，他们或许会说：“怎么了，你不再做爱了吗?”此类社会压力可能使男人，尤其是十几岁的男孩害怕表现出任何“女人气”（温柔、友善、体谅他人）。这些压力还可能促使男人去表现其“男子汉”特质（好斗、强大以及暴力）。结果就是这些男人可能会在一定程度上对女人使用暴力。研究表明，区分有性侵倾向的男性与一般男性的最重要的因素是同伴压力，这种压力主要来自于一些有性侵倾向的朋友（Alder，1985）。

---

① 原文为“bang”，是“性交”比较粗俗的用语，其发音与开枪的声音相似。——译者注

② 这些词均为“性交”的粗俗用语。——译者注

参与游戏的指导性信息来自男人所受教育中关于男性角色的部分。这种教育要求男人在社会中扮演积极的角色，要求在与女人发生性关系时也是如此。在性征服时，他应当尽可能地敢作敢为。他没必要关心社会允许他使用多大的力量。我们的文化把这种负担置于女性之上，她们有责任决定男性在多大限度上使用暴力。但是，即使一个女人直截了当地告诉他停下来，或者坚决抵抗以避开他的求爱，这个男人可能仍然对她的抵抗视而不见（Sanday，1996a；Fillion，1991）。男人的这种经验通常来自于一成不变的电视剧或电影，其中，尽管女主人公激烈反抗，但男主人公仍然强行地、不断地拥抱和亲吻她，直到她温柔地靠在他的臂膀上。现实生活中，此类性侵犯可能会导致暴力强奸。

3. 受害者希望被强奸的误解

人们普遍有一个误解，以为女人内心希望被强奸。各种研究表明，许多人认为女性在潜意识里希望被强奸。这通常有各种表现："她要求这样"，"她确实想要"，"她撒谎"，"她先是答应做爱，但稍后又哭诉'强奸'"，"她没有真正受到伤害"，"虽然没有获得她的首肯，但这仅仅是做爱的一种方式"。甚
98 至有性研究者声称，31%～57%的女性有强奸幻想（Critelli & Bivona，2008；Lonsway & Fitzgerald，1994；Brinson，1992）。结果，许多人——尤其是收入低、受教育程度低的男人——认为，受害者应当为强奸负责。他们认为是受害者的一些行为挑逗男人去强奸她。"这些行为"包括：出现在错误的地点（酒吧或者独自在夜晚漫步），穿着"不合适的"衣服（迷你裙或者其他一些性感的裙子），或者使男人变得兴奋（让男人亲吻或抚摸）（Nagel 等，2005；Vachss，1994；Brinson，1992）。

这些归罪于被害人、把犯罪合理化的观点，反映了社会中的男性至上主义者试图"把女人置于其应有位置"，不愿意给女人以男人所享有的自由的现实。这些观点也来源于一个普遍的假设，即认为强奸仅仅是性欲所致。正因为如此，男人更多地将强奸归咎于不太漂亮的女人身上。他们发现，很难相信如果一个不怎么迷人的女人一直反抗，男人还要千方百计与其发生性关系。他们假定，由于不漂亮的女人吸引男人不是那么容易，她们更有可能通过卖弄风情、穿着性感或者其他性挑逗的方式鼓励强奸。简言之，男人普遍认为，当一个强奸犯出现时，不漂亮的女人更有可能幻想着被强奸，并且要求这样做（Vachss，1994；Deitz 等，1984；Thornton & Ryckman，1983）。

女人想被强奸的误解在强奸犯中很普遍，这或许可以解释，为什么他们首先会犯强奸罪。各种研究表明，大多数被判刑的强奸犯，甚至是那些长期入狱的强奸犯都拒绝承认他们有罪。他们固执地认为，被害人鼓励并且享受了这个过程，或者认为被害人勾引了他们，她们对性侵说"不"时意味着同意，并且最终放松并享受了这次强奸（Vachss，1994；Scully & Marolla，1985；Selkin，1975）。对被害人愿意的误解在法庭上也很普遍。被控强奸的男人在被证明有罪前一直是假设无罪的，而受害人在证明不是故意招致强奸之前一直是假设有罪的。过去，被告律师通常在法庭上指出，"你不可能给一根移动的针穿上线"或者"你也不可能让铅笔穿过一个移动的多福饼"，并强调如果一个女人进行反抗的话，强奸她是多么的不可能。如今，大多数被告律师已经不再用如此策略来表明被害人"要求被强奸"这一点。然而他们设法通过强调她愿意与他在酒吧内共舞，接受了去他公寓的邀请，或者性交前要求他戴上避孕套等来传达同样的意思。这些没有公然羞辱被害人的策略通常能够为被控的强奸犯开脱，因为陪审员也被同样的误解所影响（Vachss，1994；LaFree，Reskin & Visher，1985）。

由于存在被害人愿意的误解，当一个女人拒绝男人的性要求时，他可能继续向她施压："怎么了，你性冷淡吗？哦，来吧，你知道你真的想要。"如果他最终强奸了她，他就会假设她同意了，即使她一直都在激烈抵抗（Sanday，1996a；Vachss，1994）。

4. 社会将女性塑造成为被害者

为了让男人强奸女人更容易，强奸文化模式化地把女孩塑造成女性角色。男孩被教育成"不知天高地厚、懒惰、自负的青年"，相比之下却把女孩教育成为"令人愉快、有情趣且优雅的人"。换言之，男孩要学习坚强和主动，女孩则学习满足和被动。女孩还从电影和其他大众媒体上学到，女人喜欢有 99
男子气概的人，并且希望他们粗暴地对待自己。尤其是那些血腥暴力电影和摇滚乐，教年轻女孩们把性与暴力联系在一起。在学习这些内容的过程中，作为女性角色的一部分，女孩学到的两种行为使其成为潜在的强奸对象。一是要"女性化"，被动、温和、柔弱、孩子气以及依赖男人。另一个是屈服于好斗或暴力的男人。

女性化意味着她在身体上不好斗，心理上对于以搏斗保护自己没有准备。所以，当她碰到强奸犯，尤其是她的熟人或约会对象时，她不可能挖他的眼，踢他的下体，或者使用其他使其失明、残废或死亡的手段。温文尔雅意味着对男人的顺从。被男人侵犯时，一个“淑女”不能高声说话、尖叫、乱抓、乱打或大吵大闹。在公共场合，如公共汽车、地铁、电梯以及电影院里，淑女不能举止野蛮或者挑逗他人。在受到抚摸她的腿或调戏等“性骚扰”时，她不应当在公共场合大吵大闹，这会非常尴尬（Weis & Borges，1973）。因此，正如研究表明的那样，传统上被动或顺从的女人是强奸犯的理想目标，这一点毫不奇怪。她们比性格刚毅、自信的女人更容易被当作潜在的强奸对象，并且，当潜在的强奸犯接近她们时，她们被强奸的可能性也更大（Bart & O'Brien，1985；Myers，Templer & Brown，1984）。

四、环球视野：战时强奸

历史上，在征服一国或一地区后，通常要摧毁或没收被征服人民的财产，军队还强奸当地女性，就好像她们也是财产的一部分。第二次世界大战期间，德国士兵在占领了欧洲许多城乡后，强奸了大批犹太人和苏联女性，日本军队在侵略朝鲜、中国和不少东南亚国家时，有组织性地强奸了许多女性。1971 年，当巴基斯坦军队进入孟加拉后，士兵们首次观看色情电影，随后他们放肆地强奸了至少 20 万名女性。1992 年，作为“种族纯洁”战役的一部分，波斯尼亚的塞尔维亚士兵强奸了数千名穆斯林女性。1994 年，当时统治卢旺达的胡图人强奸了许多少数民族图西女性。1999 年，当塞尔维亚军队接管科索沃时，他们强奸了阿尔巴尼亚女性。2004 年，苏丹前政府国民自卫队在发生叛乱的地区，把强奸当作战争中的一种武器来羞辱非洲黑人女性。这些强奸的例子都反映了一种普遍的观点，即女人是男人的财产，与我们所讨论的美国文化中的观点相同（Lacey，2004；Farwell，2004）。

由于以上态度，难怪战时强奸尤其惨无人道和野蛮，例如在波斯尼亚，被害人在集中营内像牲畜一样被关进围栏，在其家人、邻居以及其他狱友面前一再遭到强奸。这些女人不仅精神上受到极大羞辱，而且生理上也受到了极大折磨。正如一名被害人所言：“他们会问女人是否有男性亲戚。我见他们问了其中一名女性，然后把她 14 岁的儿子叫来，强迫他强奸自己的母亲。如果不强奸的话，男人们会使用瓶子、手枪对着她或在她身上小便。”更糟糕的是，许多女性在被强奸后遭到杀害。那些幸存者会 100
遭到许多男人数月的折磨。尤为真实的是，既传统又保守的穆斯林女性甚至从没有在其丈夫面前赤身裸体过（Carlson，2006；Diken & Laustsen，2005；McGirk，2002）。

被外国士兵强奸后，那些女性可能被认为是一件无法复原的财产，因此毫无价值。在一些传统国家中，她们的丈夫或男性亲戚会把她们赶出家门，就好像丢弃一堆垃圾那样。有时他们甚至会杀死被强奸过的女性。在那些男人的思想中，这些被强奸的亲人给其家庭带来了无法忍受的污名和羞辱。

虽然战时强奸的大部分被害人都是女人，但是也有部分是男人。根据在前南斯拉夫的监狱和伊拉克阿布格莱布（the Abu Ghraib）监狱的调查，对男犯人的性侵犯包括手淫、鸡奸以及打或踢被害人的生殖器。强奸男人成为羞辱和报复敌人的方式，或者是“校园兄弟会的恶作剧”（Carlson，2006）。

五、男人为什么强奸女人？

各类研究者都试图解释为什么有些男人更有可能强奸女性，或者为什么有些群体或社会中强奸发案率较高。心理学家一般把强奸归因于罪犯的一些心理问题。另一方面，社会学家却把强奸犯看做在心理上与普通人无异的正常人。然而，不同的社会学家对此又有不同的解释：有些用社会心理学理论，把强奸归因于社会上的性放纵；还有一些诉诸女性主义理论，把强奸视为性别不平等的表现。这三种理论本质上都属于实证主义理论，主要解释强奸的原因。

1. 心理学理论：性缺乏

通常，心理学家以及精神病学家都认为强奸犯有一些人格缺陷，或者情绪受到困扰。“这些犯罪分子中的大部分并非精神失常，”两位心理学家写道，“他们也不仅仅是‘播撒一些野种’（sowing some wild oats）的健康、好斗的年轻人。实际上，强奸犯是那种有严重心理困扰的人，这种困扰成为与其他人交往的障碍，在这种压力下，他通过性（暴力）

释放了这种困扰。”（Groth，1983；Groth & Birnbaum，1979）另外一些精神病学家说道：“典型的精神病症状实属罕见，但是强奸犯的确表现出所有症状：神经质，性格紊乱，甚至更为严重时会同时表现出神经反应和生理反应特征的两可状态。可以肯定，强奸犯的一些特征与其他罪犯以及其他性侵犯者都有所不同。”（Cohen 等，1971）一个心理学家总结道：“性侵犯者的问题在他的双耳之间，而不在双腿之间。”（Gelman 等，1994）

什么是特别的心理问题，人们对此分歧很大。强奸犯的心理问题被理论化，从性缺乏到对同性恋倾向的恐惧、性嗜好等，范围很大（Herman，1995；Goldner，1972）。根据一种典型的心理学理论，由于幼年时期的不愉快经历，强奸犯性格中有
101 一种名为“性缺乏”的人格缺陷，这种缺陷使他无法顺利地与女性交往。这使强奸犯沉溺于幻想，随后通过强奸女人把这种幻想付诸实施。以下是一个强奸犯对这种幻想的描述：

> 我完全生活在幻想中，幻想着我是一个比所有男人都强健的男人，所有女人都无法抵挡我的魅力，我是一个做了许多大事的实干家……我曾经幻想着我正在强奸一个女人，她的生理反应，她所生活的地方，由于没有我，她对生活中的一些事情愤愤不平。我渴望对他人做一些正常的事情。有时我自言自语，描述着这些幻想，假设那个女人相当顺从，我仅仅是在心里体验这种幻想。（Selkin，1975）

但是诸如此类的心理学理论只能解释部分强奸案例。确实有一些强奸犯因为心理问题而无法与女人正常接触。然而，他们仅仅占所有强奸犯的一小部分。例如，监狱中的大多数强奸犯都很正常，与那些抢劫、盗窃或者其他不属于性犯罪的罪犯没有区别。在一项实验研究中，要求试验对象与一名女性无时间限制地聊天，强奸犯与其他犯人一样的娴熟、轻松（Lussier，Proulx & LeBlanc，2005；Scully，1990；Alder，1984）。

心理学的性缺乏理论甚至在无数的监外强奸犯中适用性也很小，尤其是在熟人强奸犯中。他们大部分都不是性缺乏，而是在与女人打交道时有高超的技巧。实际上，卡宁（1985）的研究表明，大学里的约会强奸犯比其他男生与异性接触更成功，他们的约会次数也更多，性经验更丰富（参见 Lalumiere 等，2005；Rapaport & Posey，1991）。

2. 社会心理学理论：性放纵

社会学家邓肯·夏贝尔及其同事（Duncan Chappell 等，1971）提出一个问题，为什么一些社会中的强奸发案率高于其他社会。他们发现一种具有讽刺意味的现象，强奸高发的社会对性行为更为放纵，在双方自愿的情况下，男人发生婚外性行为的机会很多。在一个用不着使用武力就能轻易与他人发生性关系的社会里，为什么还有不少男人仍然诉诸武力？这些理论家认为，其原因在于一种相对挫折感：当被女人拒绝时，比起那些严格限制婚前及婚外性行为的社会，性放纵社会中的男人受挫感要强烈得多。为什么会这样呢？

在性方面较保守的社会中，男人能够更从容地对待女人的拒绝。因为他认为这种拒绝可能不是对方不情愿，而是社会控制让她无法接受他的性要求，以此保持男人的自尊。他可以从以下一些事实中得到宽慰，如女性在性方面很保守，害怕发生婚前性行为，其宗教谴责这种性行为，或对非婚性行为的限制过于严格。在性放纵的社会中，遭到拒绝的男 102
人就没有这种理性了。相反，他更有可能把这种拒绝归咎于个人，认为没能获得对方的青睐是自己的原因。结果，可能使他遭遇性挫折，感到深受伤害。在美国和瑞典这样性放纵的社会里，正是这种性挫折导致男人们去强奸女人（Geis & Geis，1979；Chappell 等，1971）。

简而言之，性放纵的社会氛围滋生了许多强奸行为，因为女人的拒绝使男人们产生了相对挫折感。该理论可以解释为什么像美国和瑞典这样的现代社会里，当今的强奸发案率高于一个世纪前，或者为什么现代社会的强奸发案率高于传统社会。很明显，现代社会比传统社会对性行为更宽容。然而，这一理论有一个前提：强奸行为大多是性欲所致，对此，女权主义者提出了质疑。他们认为，强奸的主要动机是，男人因性别不平等所产生的统治女人的欲望。

3. 女权主义理论：性别不平等

社会心理学关于性放纵的理论似乎认为，性别平等更容易产生强奸。与对性行为有过多限制的发展中国家相比，像瑞典及其他发达国家这样的性宽容社会，更主张性别平等。然而，女权主义理论把强奸归因于性别不平等。女权主义者认为，强奸主要是男人统治女人的表现，这反过来又反映了社会中的性别不平等。那么，强奸起到了把温顺的女人

禁锢于性别不平等地位的作用（Edwards，1993；Peterson，1992；Schwendinger & Schwendinger，1983；Brownmiller，1975）。

强奸是男性统治地位的表现，这一点随处可见。在哪个社会我们都会发现，绝大多数强奸都是男人强奸女人，而不是相反。同时，男性一般在体力、政治、经济上都优于女性。因此我们也许可以得出结论，强奸主要是男性权力凌驾于女性之上的表现。有大量证据都支持女权主义者的这一观点。例如，在对部落社会的研究中，佩吉·桑蒂（Peggy Sanday，1981）发现，有些社会中强奸行为相对较少，而有一些社会中则充斥着强奸。她认为，强奸倾向型社会（rape-prone societies）的一个主要特征是男性占统治地位，这里强奸被当作男子气概的仪式性表达，或者允许男性以强奸手段惩罚或威胁女性。其他学者进一步发现，那些推崇男性特征、主张男权统治的大学强奸发案率很高（Schwartz & DeKeseredy，1997；Martin & Hummer，1995）。

然而有批评认为，女权主义者的性别不平等理论夸大了男权统治对强奸的影响力。作为该理论的主要首倡者，苏珊·布朗米勒（Susan Brownmiller，1975）的这一观点经常受到指责，她说："我认为，自古以来，强奸的作用至关重要。恰恰是威胁的意识过程使所有男性都保持了对女性的威慑力。"但是也有批评指出，并不是所有男人都会以强奸为手段使所有的女人屈服，显然有很多男人并不想如此，尤其当对方是他们的母亲和女儿时。无论如何，布
103 朗米勒有力论证了强奸是男性统治的一种主要表现，但不是唯一表现。

六、被害人为男性的强奸

人们普遍认为，男人的确"如此强大"、"如此强壮"或者"控制力如此之强"，以至于不会遭到性侵犯。但是，男人也可能在监狱内甚至监狱外成为强奸对象。

1. 狱内强奸

男人在监狱中被强奸，这一现象相当普遍，甚至比男人强奸女人还常见。在美国，10 个女人中有 1 人被强奸，而监狱内大约 5 个犯人中就有 1 人被强奸。而且作为被害人，女性通常只被强奸一次，而男性则被强奸多次。监狱里的强奸发案率为何如此之高？因为：（1）公众很少去同情犯人，甚至没有丝毫同情心。（2）强奸犯不受惩罚。（3）"色狼"（强奸犯）和"废物"（被害人）未被隔离。（4）强奸被当作一种抚慰暴力犯人的管理手段，让他们不会转而攻击狱警（Hensley & Tewksbury，2005；Lehrer，2001；Cahill，1985；Lockwood，1985）。

在一般的州立监狱，几乎每个体格瘦弱的年轻男子入狱后的一两天内都被迫与他人发生性关系。其中许多年轻男子不断被一伙犯人强奸。有些被害人选择自杀，另一些为了不被轮奸，试图寻求一个更强大的犯人做靠山。然而，他们不得不为此付出代价：成为保护人的奴隶，向其提供性服务，为其"主人"整理房间。有时候，"废物"被迫做男妓，为他们的保护人挣一些诸如香烟的商品。一些新来犯人也落入被迫性交的圈套。他们获得了一些诸如香烟、毒品或者从厨房偷来的额外食物，大约一天后，送礼者就会要求性回报。有时新犯人受到诱惑参与赌博，输到一定数量后，被告知"偿还赌金或者交媾"（Lehrer，2001；Knowles，1999；Davis，1982）。被迫性交的策略与狱外社会中男强奸犯对女被害人所使用的伎俩大致相同：在酒吧中请她喝酒，讲一些甜言蜜语，邀请她去他的住所，随后强迫她与其发生性关系。

狱内同性强奸与狱外异性强奸有一定的相似性。两种强奸犯都是异性恋者。他们通常都比受害者更年长、更高大、更暴力，两种受害者也有许多相似之处。然而，与狱外的异性强奸相比，狱中的同性强奸更有可能发生于种族之间——黑人强奸白人。这两类强奸有一个共同点："占统治地位的"群体成员（狱外为男性，狱中为黑人）强奸"从属"群体成员（狱外为女性，狱中为白人）。

按照常识，人们认为狱内强奸可以释放一个人 104
的性剥夺感。但是，这并不是狱内强奸的主要动机。如果一个犯人想要释放其性剥夺感，手淫是一种更便捷的正常途径。相反，同性强奸的主要目的是征服和羞辱被害人，狱内强奸犯所用的一些语言就证明了这一点，他们通常会说"搏斗还是被干"，"我们要灭了你的男子气"，"你必须要放下脸面"以及"我要让你变成一个女人"。当然，这并不意味着强奸只是确立统治地位的需要——如果这样，侵犯者只需满足于恐吓或痛打他人即可。因此，强奸也是有性欲动机的。但是，争夺权力才是狱内强奸更主要的动机（Lehrer，2001；Knowles，1999；Davis，1982）。这种动机确实与狱外大多数强奸其他男人的

男性相同。正如一个强奸犯所言：

> 我让这个家伙感到恐惧，能让他做任何我想让他做的事。我的阴茎并没有勃起，我对性不感兴趣。我感到自己很强大，伤害他很刺激。让他对我口交与其说是满足生理需求，不如说是对他的羞辱。(McMullen，1990)

2. 狱外强奸

在监狱外，男人被强奸的风险远远不及女人受男人性侵的风险大。根据一项美国全国性调查，只有3.8%的男性曾经受到性侵犯，而女性中这一比例则为22%（Elliott 等，2004）。对美国高校的调查显示，校园里男性被害人相当多：12%～48%的男大学生被迫性交，大多为非自愿性交。但人们普遍认为，所有这些强迫性交并非强奸，法律上也是如此，因为这一过程中女性是使用言语压力，如恳求、要求或勒索，而非身体暴力。然而，在为数不多的男人强奸男人的案例中，大多数侵犯者确实使用了身体暴力，鸡奸就是此类性袭击最常见的方式(Gillespie，1996；Struckman-Johnson，1991)。男性侵犯者比女性侵犯者更有可能使用身体暴力，这显然是因为男人通常比女人强壮。但另一个原因是，与女性相比，男性侵犯者更有可能以陌生人为目标。相对而言，陌生人一般会强烈反抗。另一方面，女性侵犯者更有可能使用言语压力，因为她们通常以熟人为目标。

尽管与女性相比，男性侵犯者更有可能选择陌生人为侵犯对象，但是近一半的男性侵犯者认识被害人，例如他们是同龄人、同事、下属或者约会对象。这些熟人强奸包括聚会或酒吧中的侵犯，在海军和其他军队的性侵，被医生、心理治疗师、牧师和老师等一些自己信任的男人施压和诱惑等。大部分被害人在20岁左右。一半以上的被害人均为异性恋者。强奸犯对被害人进行性侵犯大多出于惩罚或控制的目的，而非性欲（Scarce，1997；Struckman-Johnson，1991)。

一些男人遭到强奸的真实案例可以说明同性强奸的问题：（1）一个异性恋男子在同事聚会上喝醉了，让老板载他回家。他在车里昏睡，醒来后发现
105 自己在车后座上，裤子被扒掉——被老板鸡奸了。（2）一个同性恋男大学生在酒吧中遇见一个较年长的男人，他去了这人的公寓，尽管他竭力反抗，但仍然被鸡奸了。（3）三名海军把一名船员压倒在地，对其进行殴打，并将其拖至船上的一个隔离区，想强奸他，但是被害人逃脱了。三周后，还是这些袭击者把这名被害人压倒在地，然后两个人把他按住，另一个人鸡奸了他。然而，同性强奸的受害者们，如这些例子当中的受害者，极不可能说他们受到伤害，这主要是因为人们持有一种误解，即认为“同性强奸是一种同性恋犯罪”及“男人强奸男人的事情是不会发生的”（Rumney，2008；Tewksbury，2007；Struckman-Johnson，1991）。

同性强奸的男性受害者与异性强奸的女性受害者反应大致相同。这包括震惊、自责、羞耻、愤怒以及沮丧。男性的反应比女性更为痛苦，因为人们认为男人应该是强壮好斗的，不该与其他男人有性接触。由于这种男性角色的预期，男性被害人也更有可能否认或把强奸的伤害降到最低来控制自己的情绪。并且，与女性受害者不同的是，男性受害者会感到丧失了男人尊严。如一名被害人所言：“我的上帝，我失去了男人的尊严。他让我变成了一个女人。”（Walker，Archer & Davies，2005；Elliott 等，2004；Pelka，1995；Struckman-Johnson，1991）

3. 女人能够强奸男人吗？

女人能够强奸男人，正如女权主义者强调的那样，强奸主要是一种力量的表达。正如我们所见，监狱中强奸犯比受害者更有威力。同样，在狱外，强奸犯比女被害人的力量更大。由于男人相对女人而言通常处于强势地位，强奸以男人为侵犯者、女人为受害者为特点。但是男人并非总是处于强势地位，女人也并非总是易受伤害。因此，就性交过程中女人也可以征服男人的角度而言，女人是能够强奸男人的。

如果按照社会学的逻辑，女人可能强奸男人，那么，从生理上讲是否可能呢？公众认为答案或许是“不可能”，因为一般人假定男人在受惊吓或焦虑时无法性交。然而，医学博士观察到，“男人的焦虑有所不同。一些男人在焦虑时能够并且确实勃起过”(Sarrel & Masters，1982；Sarrel & Sarrel，1981)。即使一些男人在压力或胁迫之下无法性交，他们仍很容易被强奸，因为他们可能被迫口交或进行其他性行为，这虽然羞辱了自己，却满足了女性强奸犯维护权力和统治的需要。

所以，确实有女人通过强力强奸男人的例子，这不足为奇，但是极为罕见。假设女性日益强大，或许会有更多的女人去强奸男人。迄今为止的此类案例通常是发生在多名强奸犯和一名受害者之间。

显然，这些女人是想弥补自己传统力量的缺失。正如约翰·麦当娜（John Macdonald，1985）的报道：

> 一天深夜，两名女子同一名37岁的男子搭讪，并且用手枪胁迫他进入一栋废弃的建筑内。
> 106 她们命他脱掉衣服，绑住他的双手，刺激他的生殖器至勃起，然后与他进行多次性交。当他不能再勃起时，她们就对他的生殖器和直肠施虐。当他虚弱无力时，她们才松开他的双手，把他放走了。

然而，与上例中靠身体暴力的方法相反，大部分女性侵犯者都采取说服和其他非暴力方式。例如，一个年长的女性诱奸一个十多岁的青少年；一个保姆坐在一个小男孩腿上，强迫他把阴茎插入她的阴道；一个女大学生对其约会对象进行持续的“骚扰”，直到他与她性交（Gavey，2005；Struckman-Johnson，1991）。然而，我们可以认为，如果被害人已经超过可以发生性关系的法定年龄，仅仅是说服并不构成法律意义上的强奸。

使用身体暴力与此不同。它可被定性为强奸，并可能给男性受害者造成同样的伤害。他可能感觉丧失了男性尊严，结果会性功能失调，如阳痿、早泄或性冷淡。但是由于大多数女性侵犯者并不诉诸身体暴力，那些男性受害者就不会有精神创伤。因此，对男性被害人最常见的影响是，避开有侵略倾向的女性和胁迫性行为（Struckman-Johnson，1991）。从目前的状况来看，即使是那些遭到暴力侵犯的男性受害者也不会赢得太多同情。据菲利普·沙若和罗纳·沙若（Philip Sarrel & Lorna Sarrel，1981）报道：“圣迭戈一个曾当过警察的人告诉我们，几年前一个水手来到他所在区域警署报案，说他被一个女人强奸了。接警的警察认为他一定是喝醉了，疯了，或者仅仅是在编造一个美好的童话故事。在一片嘲笑声中他走出了警署。”

七、娈童

娈童（又叫童性侵）被定性为强奸，是因为被害人太年轻，因而在法律意义上无法自主其性行为。

1. 基本事实

各类研究对娈童发生率的估计相去甚远。因此，不可能确定此类性侵发生的真实情况。但是我们能够分析这些基本事实的准确性：（1）女孩比男孩更有可能受到性侵犯。（2）绝大多数的娈童者为男性而非女性。（3）性侵者与受害者之间更有可能是熟人，而非陌生人。（4）性侵者通常未婚，从未或很少约会，独居或与父母一同居住。（5）虽然仅有一小部分性侵者患有严重的精神疾病，但是大部分人性格紊乱，以“相对缺乏与人接触的经验和社会关系”为特点，以无社会竞争力或缺乏社会生存技巧为表征（Bolen，2001；Macdonald，1995；Lanning，1992）。

另一个基本事实涉及娈童对被害人的影响。一项对45个案例的研究表明，遭受性侵的儿童比其他儿童更有可能受到各种问题的困扰。这些问题包括精神紊乱（如噩梦或神经过敏）、行为问题（极度活跃、不成熟、行为不良或者离家出走）、性行为
（放东西在阴道里或者过度手淫）以及缺乏自信 107
（Bruni，1997；Kendall-Tackett，Williams & Finkelhor，1993）。

2. 娈童者的社会特征

与强奸成年女性的男子相比，性侵女童的男子有如下特点：（1）年龄较大。大多数娈童者在35岁以上，而多数强奸犯在20岁以下。（2）娈童者比强奸犯更有可能有儿童期被虐待的经历。（3）娈童者较为温和、消极，而强奸犯较为粗暴、鲁莽。（4）娈童者很少诉诸身体暴力或插入阴道的方式，更有可能限制在抚弄受害者的程度。（5）娈童者在与成年异性相处方面远不及强奸犯，他们与女性交往时技巧较少，比较紧张，而且不太自信。（6）大多数娈童者对同一个儿童的侵犯通常要持续一段时间，而强奸犯则是侵犯不同对象。（7）大多数娈童者承认自己的罪行，而大多数强奸犯则否认有罪（Bolen，2001；Lanning，1992）。

以上内容表明，追求“男子气概”的男性至上文化标准不适于解释娈童者的特点。这足以说明，为什么他们受到谴责，并且在狱中通常又被其较为粗暴的狱友强奸。正是因为缺乏男子气概，娈童者才会因无法跟成年女性正常交往，而对儿童进行控制。强奸犯则是通过强奸表现对女性的强势。虽然以男子气概和男性对女性的统治为主要内容的强奸文化使强奸犯把责任归咎于受害者，但是这种文化对娈童者并未产生相同的影响。这就是为什么娈童者不同于强奸犯，能坦率承认其罪行的原因。然而，与强奸犯相同的是，娈童者也处于社会底

层，也侵害比其力量弱小的人（Bolen，2001；McCaghy，1968）。

3. 性侵男童

变童者不单指男性侵害女童。男性也会侵害男童。有证据表明，大部分性侵男童者并非同性恋。虽然他们亵渎同性儿童，但是他们一般都是已婚，对其他男人没有欲望，并且不承认自己是同性恋。当然，也有同性恋倾向的变童者，比如最近使其教派蒙羞的恋童癖神职人员。但是这部分人为数极少。然而，无论是否为同性恋，性侵男童者与性侵女童者并无太大差别。他们基本上都受到情绪困扰。具体而言，他们与他人接触甚少，生活于自己的幻想之中，对他人缺乏感情，喜欢控制和支配比自己弱小的人。成人后，童年受过性侵的男子则比其他男子更有可能虐待儿童（Bolen，2001；Finkelhor，1984）。

那么，性侵男童的女性呢？此类性侵者极为罕见，也许正因为如此，她们未能成为学术研究的广泛议题。也可能是研究者认为，如果一个女人对男童进行性骚扰，她没有阴茎，几乎不能造成任何伤害，或者与这一态度相关，男童应当认为自己"幸运"，公众大都有同感（Mathis，1972）。事实上，

108 此类性侵可激怒男孩，以至于他们成人后以强奸其他女人来释放这种愤怒。在对加利福尼亚一所监狱中 83 名强奸犯的调查中，两位研究者发现其中 59% 的人在孩童时期曾遭到年长女性的性侵犯（Petrovich & Templer，1984）。

然而，受害者对性侵的愤怒存在性别差异。在儿童时期遭到年长者性侵的男人有可能性侵幼童，以此来释放他们郁积的愤怒。相反，儿童时期遭到性侵的女人更有可能养成其他恶习，如成为被强奸者、受虐待的妻子、吸毒者或妓女等，将其愤怒内化（Finkelhor，1984；Russell，1984）。这种性别差异可归因于传统中性别角色的社会化——鼓励男孩积极进取，女孩顺从内敛。

4. 有变童癖的神职人员丑闻

2002 年初，媒体报道了美国一些罗马天主教神职人员性侵其辖区内儿童的事件。几个月后，随着国内各地牧师变童案的报道，涓涓细流顿时汹涌如潮。多年来，教堂的等级制度保护了变童者，教堂令受害者及其父母保持沉默，同时将变童者调往其他岗位，使得产生新的潜在受害者。例如，1984 年天主教波士顿教区枢机主教罗宾纳在获悉神职人员约翰·盖根（John Geoghan）变童后，仍然依据其申诉将他从一个教区调到另一个教区。盖根于 2002 年因性侵一名 10 岁男童而最终被判 9 到 10 年监禁，但是他在过去的 30 年中已性侵过 130 多名儿童。2005 年，另一名变童的神职人员保尔·香利（Paul Shanley），被判 12 到 15 年的监禁（*USA Today*，2005；Cannon & Sheler，2002）。

结果，如今许多人错误地推断，大多数神职人员都是变童者。事实上，只有一部分神职人员如此。大约只有 4%到 5%的天主教神职人员有恋童癖，他们多数受情绪困扰，不适合从事神职工作，或者性行为方面不成熟。绝大多数的神职人员都是正常的、成熟的。普通大众还认为，天主教要求神职人员独身、禁欲，这种生活方式使他们灰心丧气，以至性变态而变童。如果这一观点正确，那么大部分神职人员都会成为变童者。相反，无论是异性恋还是同性恋，大部分神职人员都遵守着他们的禁欲誓言，过着快乐、健康、服务于教堂和社区的有意义的生活（Greeley，2004）。那么，是什么原因使一些神职人员性侵儿童的呢？

一些观察家认为，其中一个原因是不让女性和已婚男子担任神职人员。正如所看到的那样，女性很少对儿童进行性侵犯。而且在心理和性行为方面，大多数女性明显比那些变童的神职人员更为成熟。与变童的神职人员相比，大多数已婚男子也是如此。因此，如果一定数量的女性和已婚男子成为神职人员，教堂或许就不会陷入变童的丑闻了。

评论家认为，教堂中出现变态神职人员的另一个原因是，神职人员以及愿意成为神职人员的数量在下降。在过去的 40 年里，美国的神职人员由 6 万 109
下降到 4 万，并且在过去的 30 年里，平均每年有 1 200名神职人员辞去教职，其中大多数是因结婚而辞职（Berry，2000）。由于天主教一直以来拒绝任命女性和已婚男子为神职人员，并且拒绝接受美国社会中一些日益普遍的做法，如控制生育、离婚、再婚等，相当多的男子对担任神职不再感兴趣。因此有评论认为，宗教等级制度岌岌可危，以至于教堂降低了神职人员的招募门槛。结果，只有任命那些在心理和性行为方面不成熟的男子（即后来的变童者）担任神职了。

变童丑闻的第三个原因是，教区主教未能将变童者逐出教堂。变童的神职人员通常是从一个岗位调到另一个岗位继续任职，使其得以在新教区继续

亵渎儿童。教区主教实际上帮助并纵容了娈童者（Broder，2005）。之所以会纵容这些娈童者，一个主要原因是宗教等级制中存在一种保密文化。这种文化明确要求教区主教“保守任何可能使教派陷入丑闻或有损教派的秘密”（McGeary，2002）。因此，教区主教在压力之下要保护神职人员，以免陷入娈童丑闻。他们认为，揭露神职人员娈童将会使丑闻公之于众，进而会伤害到教派。另外，宗教中的宽恕文化也在起作用，这种文化把侵犯者当作一个罪人来宽恕，而不是当作一个罪犯交给警察去受审，结果对娈童者起到了保护作用。

八、本章概要

（1）**强奸的主要类型有哪些？**黑人比白人更有可能成为强奸犯。虽然如今族际强奸比过去更普遍，但是强奸主要发生于种族内。16到20岁的女性是最易被强奸的人群。大多数强奸犯的行为不是因冲动而起，而是有预谋的。轮奸主要与年轻人相互施压有关，他们用强奸同一女性来证明其男子气概。熟人强奸比陌生人强奸更为普遍，它是社会中认可的侵略性性行为的延伸。由于受到强奸倾向型文化的影响，校园强奸比较普遍。由被害人自己引起的强奸是一种误解，实际上是谴责受害者，认为是她们自找的。

（2）**强奸给幸存者带来了什么后果？**大部分受害者都受到焦虑和内疚的困扰。有些受害者深感愤怒，报仇心切，她们促成了反性侵组织的成立，以帮助日益增多的被强奸者及其他女性。虽然政府已经进行了法律改革，对待被强奸者更为人道，但是她们仍然有被指为“要求如此”的感觉。

（3）**什么是强奸文化？**它由普遍的男性对女性的态度以及传统上理想的性别角色构成。在这种文化中，女人被看做男人的财产；被当作能够证明男子气概的物品；认为女性内心有被强奸的愿望；教育女孩要扮演娇柔、顺从的角色。以上因素共同导致男人的强奸行为。**战时强奸的全球视野揭示了什么？**侵略某国的军人会强奸该国女人，对待她们就好像是对待被征服国的财产一样。

（4）**男人为什么强奸女人？**心理学理论把强奸
110 归因于心理问题，例如侵犯者感到性缺乏。社会心理学理论把强奸的根源归结为性宽容文化，它强化了男人被女人拒绝时的感觉，进而增加了男人的性挫败感。女权主义理论认为，由于强奸在一个性别不平等社会中充当了维护男人主导地位的角色，因此男人有可能侵犯女人。

（5）**狱中同性强奸的性质是什么？**监狱中男人强奸男人在许多方面都可以跟狱外男人强奸女人进行比较。它主要是一个强势男人强奸一个瘦弱男人的现象；与其说这是性欲的表现，倒不如说是一种主导地位的表达。**在一个社会中男人怎么能够被强奸？**男人可以同其他男人以及在胁迫之下与女人发生非自愿的性交。男性侵犯者多为陌生人，而女性侵犯者则多为熟人。一半以上的男性受害人和侵犯者均为异性恋。**女人能够强奸男人吗？**能。当一些男人相对瘦弱而又顺从，一些女人相对强势且好斗时，女人能强奸男人。但是此类强奸大多仅使用言辞胁迫而非身体暴力。

（6）**娈童有哪些特点？**大多数被害人为女孩；大多数娈童者是男性；娈童者与被害人通常熟识而非陌生；他们一般缺乏社交技巧。**娈童者的社会特征有哪些？**与强奸女性的强奸犯相比，娈童者较年长，很有可能有被虐待的经历，比较温和，比较消极，较少地诉诸身体暴力，很有可能对同一儿童反复侵犯，更容易承认自己的罪行。**美国天主教堂娈童丑闻的原因是什么？**原因是：（1）神职人员中缺少女性和已婚男子；（2）神职人员以及愿意成为神职人员者数量减少，这使得招募标准下降，让娈童者成为神职人员；（3）仍然留用而非开除娈童的神职人员。

九、扩展阅读

Barstow, Anne Llewellyn (ed.). 2000. *War's Dirty Secret: Rape, Prostitution, and Other Crimes Against Women*. Cleveland, Ohio: Pilgrim Press. A collection of articles about how rape is used as a weapon of war.

Benedict, Jeffrey R. 1998. *Athletes and Acquaintance Rape*. Thousand Oaks, Calif.: Sage Publications. A detailed analysis of three court cases involving athletes charged with committing acquaintance rape, showing why such rape is relatively common in sports.

Bolen, Rebecca M. 2001. *Child Sexual Abuse: Its Scope and Our Failure*. New York: Kluwer Academic/Plenum Publishers. Discusses the history of child sexual abuse, the scope of the abuse, and professional responses to the problem.

Brownmiller, Susan. 1975. *Against Our Will: Men, Women, and Rape*. New York: Simon & Schuster. A hard-hitting classic on how men use rape to intimidate and keep women in their place.

Cahill, Ann J. 2001. *Rethinking Rape*. Ithaca, N.Y.: Cornell University Press. Analyzing the nature of rape from the feminist perspective.

Fairstein, Linda. 1993. *Sexual Violence: Our War Against Rape*. New York: William Morrow. An analysis of rape from the author's vantage point as chief of New York's Sex Crime Prosecution Unit for nearly 20 years.

Gavey, Nicola. 2005. *Just Sex? The Cultural Scaffolding of Rape*. London: Routledge. A feminist analysis of rape showing the interrelationships among gender, power, and sexuality.

Henry, Nicola, Tony Ward, and Matt Hirschberg. 2004. "A Multifactorial Model of Wartime Rape." *Aggression and Violent Behavior,* 9, 535–562. An analysis of how wartime rape has its roots in peacetime culture.

Jackson, Thomas L. (ed.). 1996. *Acquaintance Rape: Assessment, Treatment, and Prevention*. Sarasota, Fla.: Professional Resource Press. A collection of articles on various aspects of acquaintance rape, including its impact on victims, treatment of victims, and prevention of the sexual assault.

Madigan, Lee, and Nancy C. Gamble. 1991. *The Second Rape: Society's Continued Betrayal of the Victim*. New York: Lexington Books. A critical analysis of the various ways society makes the rape survivor's life worse.

Meloy, Michelle. 2006. *Sex Offenses and the Men Who Commit Them: An Assessment of Sex Offenders on Probation.* Boston: Northeastern University Press. A thoroughgoing analysis of both quantitative and
111 qualitative data on sex offenders.

Reddington, Frances P., and Betsy Wright Kreisel (eds.). 2005. *Sexual Assault: The Victims, the Perpetrators, and the Criminal Justice System*. Durham, N.C.: Carolina Academic Press.

Russell, Diana E. H., and Rebecca M. Bolen. 2000. *The Epidemic of Rape and Child Sexual Abuse in the United States.* Thousand Oaks, Calif.: Sage Publications. An evaluation of the prevalence of rape and child molestation that concludes that the problem is very widespread.

Sanday, Peggy Reeves. 1996. *A Woman* Scorned*: Acquaintance Rape on Trial.* New York: Doubleday. Illustrates how the U.S. culture and legal system help make victims of acquaintance rape responsible for their own victimization.

Scarce, Michael. 1997. *Male on Male Rape: The Hidden Toll of Stigma and Shame*. New York: Insight Books. The first-ever book-length analysis of male rape outside of prison settings.

Schwartz, Martin D., and Walter S. DeKeseredy. 1997. *Sexual Assault on the College Campus: The Role of Male Peer Support*. Thousand Oaks, Calif.: Sage Publications. Provides a critical review of various theories and studies on campus rape, and shows how male peer groups encourage college men to engage in sexual aggression.

Scully, Diana. 1990. *Understanding Sexual Violence: A Study of Convicted Rapists*. Boston: Unwin Hyman. An insightful analysis of how rapists see themselves and their crime.

十、思考题

1. 强奸文化无处不在。你如何抵制这种文化？

2. 天主教堂能够遏制越来越多的神职人员发生变童丑闻吗？如果能，是什么原因？如果不能，又是什么原因？

112

第六章 家庭暴力

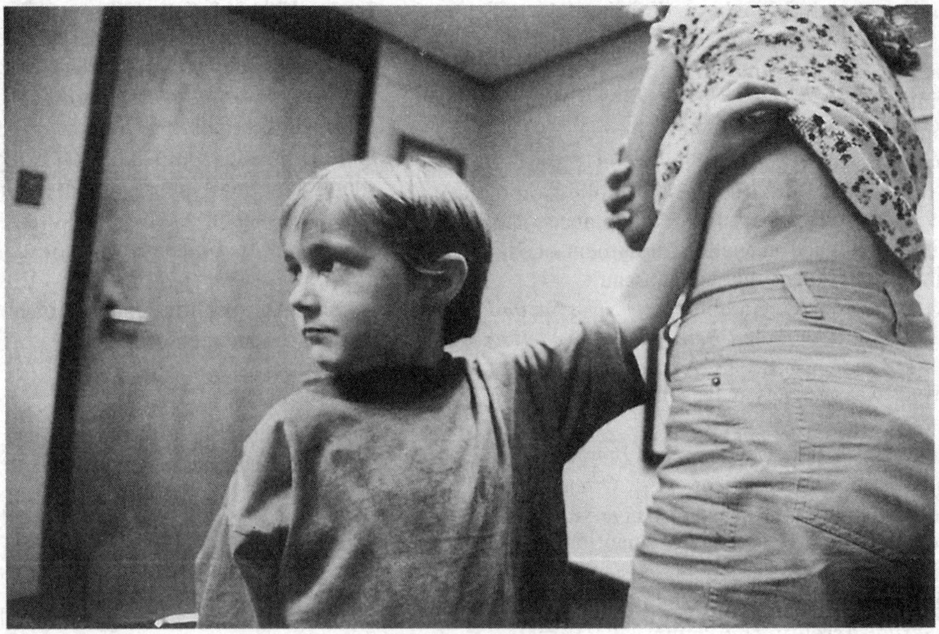

表象与事实

表象：在美国，大多数蓝领或贫困家庭存在家庭暴力。

事实：蓝领家庭比白领家庭更有可能出现暴力行为，即蓝领家庭发生暴力的比例要高于白领家庭。但蓝领家庭发生暴力的比例远远低于50%，这意味着只有一小部分蓝领家庭存在家庭暴力（第114页）。

表象：暴力和爱背道而驰，它们不能同时存在于婚姻和家庭中。

事实：父母经常采取暴力手段教训其爱子。施虐的一方常对受虐者表达爱意，而且对他们的错误
113 行为进行道歉和忏悔（第114页）。

表象：酗酒是家庭暴力的原因。

事实：过量饮酒在家庭暴力中的确扮演着重要角色。事实证明：酗酒的丈夫殴打妻子的比例要比不酗酒的丈夫高近3倍。但是酗酒并不是丈夫虐待妻子的真正原因。真正的原因是个人的或经济的问题（第115页）。

表象：由于婚姻有爱的港湾的功能，因此婚内强奸（一个女人被她的丈夫强奸）是极少的，至少要比陌生人强奸或熟人强奸少得多。

事实：婚内强奸是性强迫的一种普遍现象，比陌生人强奸和熟人强奸多（第116页）。

表象：像强奸陌生人和熟人一样，大多数男人对妻子的强奸包括插入阴道。

事实：大多数婚内强奸不包括插入阴道。它们包括强迫肛交及其他令人发指的性强迫行为（第117页）。

表象：大多数女性被丈夫虐待后，会继续容忍并且继续和她们的丈夫生活在一起，显然，女性们太爱她们的丈夫以至于原谅了他们。

事实：绝大多数受虐待的妻子离开了丈夫。她们会寻求警察、社会工作者、心理健康机构、收容所、父母或朋友的帮助和庇护（第119页）。

表象：大多数被父母虐待的儿童长大后成为施虐的父母。

事实：大多数（约70%）受虐儿童长大后，没有虐待他们的孩子（第122页）。

表象：踢打一个犯错的儿童用不着担心，因为这没啥害处，除非你不想让孩子有出息。

事实：踢打的体罚可能会发展成儿童虐待。正如一位研究者所发现的，赞成体罚的父母虐待孩子的比例4倍于不赞成体罚的父母虐待孩子的比例（第122页）。

表象：成年孩子比其他人更有可能虐待他们年迈的父母。

事实：老人比他们的子女更有可能虐待老伴（第125页）。

表象：既然美国大多数州通过立法反对婚内强奸，现在因强奸妻子被捕的要比没被捕的高得多。

事实：反对婚内强奸的法律很少被执行。许多人仍然不愿意把婚内强奸当作真正的强奸，经常对受害人说三道四，比如"她以前和他做爱上千次，再有一次又会怎样"（第129页）。

23岁的马龙·吉尔（Marlon Gill）和他24岁的女友梅琳达·阿贝尔（Melinda Abell）一起驾车行驶在密苏里州的高速公路上，由于嫉妒而愤怒，他向她吼叫，决定看她的手机通话记录。遭到拒绝后，他驶入一个停车场。在那里他强行掰开她的嘴，把手机塞进了她的喉咙里。医生后来不得不切开气管
114 进行抢救。古尔被控犯有恶意攻击罪，为此他被判入狱，至少要坐10年的牢。这不是第一次被女友控告了。他以前也责打过她。然而，这次奇特的案例引发了一些令人害怕的幽默，促使检控官说："这个案件的种种罪行使我感到不安，我们在这儿讨论的是一次严重的家庭暴力，我们该认识到这个问题的严重性了。"（Johnson，2006）

真正的家庭暴力并不是件可笑的事，它普遍存在而且相当严重。在美国，每天有成千上万像梅琳达·阿贝尔这样的女性，连同许多孩子和老人（大多数超过75岁）都是家庭暴力的受害者。事实上，美国人受家庭成员的攻击率大大高于受陌生人的攻击率。两位研究者称，家庭是"除警察和军人之外，最暴力的机构"（Gelles & Straus，1988）。本章我们将验证一些对家庭暴力的流行观点，接着分析家庭暴力的各种形式及其对受害人的影响，勾勒出家庭暴力者的社会轮廓，看看在穷人和富人社会中，家庭暴力有何不同，理解家庭暴力的理论，看看对该问题的社会反应。

一、对于家庭暴力的误解

因为家庭暴力出现在我们最难忘、最亲密的社会生活中，我们可能很难站在中立或客观的立场上分辨不合适的主题。例如，我们可能认为暴力只发生在功能紊乱的贫困家庭，不会发生在中产阶级或者富人家庭。让我们密切关注这种误解，其他的误解已有人撰文关注了（Barnett，Miller-Perrin & Perrin，2005）。

误解1：家庭暴力只发生在穷人家

大量事实表明，在低收入人群中家庭暴力的比率较高。一项调查显示，在贫困线边缘的贫困家庭中发生的暴力5倍于贫困线以上的家庭。这意味着贫困家庭更有可能发生家庭暴力，但这并不意味着穷人一定最具暴力倾向。事实上，大多数研究表明，只有少数穷人家庭存在暴力。请仔细看看这个重大发现：白领家庭中，有10.4%的丈夫具有暴力倾向（Kantor & Straus，1990）；蓝领家庭中，13.4%的丈夫是暴力的。这一发现常被引证，以说明蓝领丈夫可能更具有暴力倾向。不过，只有13.4%的蓝领丈夫是有暴力倾向的。

误解2：暴力和爱不能同时出现

许多人假设暴力和爱是完全排斥的，因为它们不能同时存在于婚姻和家庭中。但是父母经常采取暴力手段教训其爱子。尽管已婚人士不可能用爱的名义对配偶施虐，但是一方打了另一方后，夫妇还是生活在一起，婚姻也能维持很长时间（平均六年） 115
（Walker，1990；Browne，1987）。这是因为施虐的一方经常向受虐待者表达爱意，而且对他们的错误行为进行道歉和忏悔。大多数受害人也不会每次都立即离开野蛮的配偶或者开始辱骂对方。当然，所有这些并不是暗示暴力对婚姻是有好处的，因为大多数挨打的妻子最终离开了他们的丈夫。它只表明暴力发生在一些爱的关系中。

误解3：大多数受虐待的孩子长大后成为施虐的父母

受虐者和施虐者如影随形。研究已表明：有受

虐经历的父母更有可能把自己的孩子变为虐待对象。事实上，正如后面讨论的，大多数受虐儿童长大后并不会虐待自己的孩子（Kaufman & Zigler，1993；Widom，1989；Gelles，1985）。

误解 4：大多数的家庭暴力伴随着酒精和毒品

事实上，沾染酒精和毒品就很有可能发生家庭暴力。一项研究（Kantor & Straus，1990）表明，酗酒者虐待妻子的比例（19.2%）是不酗酒（6.8%）的近3倍。这表明，滥饮即使不是家庭暴力的真正原因，也在其中扮演了一个重要角色。但毕竟只有少数男人（19.2%）狂饮后打妻子，而大多数人并不这样。酗酒或吸食毒品不是打骂其配偶的原因，因为这不是其本意，虐待配偶的真正原因是一些个人问题或经济问题。对那些有类似问题的男士来说，酒精或者毒品经常成为虐待妻子的一个借口，正如第十二章提到的，它实质上并不能降低使用者的道德标准。

二、家庭暴力的程度

家庭暴力有许多不同的形式，它的范围很广，从兄弟姐妹之间的打闹一直到孩子杀死父母。我们将关注社会学家最感兴趣的类型：婚内强奸、妻子受虐、儿童受虐和老人受虐。

对家庭暴力的程度，各个研究报告众说不一。按照家庭暴力的广义界定，研究者就会报告一个非常高的发生率，而按照狭义的界定又会得到一个很低的发生率。如按照广义上的界定，虐待儿童包括打屁股、掴巴掌、咒骂、威胁、打发犯错的孩子离开（一个传统的方法）以示惩罚等，这样，美国至
116 少有85%的父母虐待过孩子。但是如果从狭义上理解，虐待只包括拳击、碰撞、脚踢等身体暴力或者抛弃孩子，结果虐待孩子的比例骤减为5%（Lewin，1995）。

如果在狭义上把家庭暴力界定为相对严格的并造成了严重的伤害的身体暴力或性暴力，我们就会从各类调查中发现，美国的各类家暴受害人比例有所下降（Martin等，2007；Matthews，2004；Lewin，1995；Russell，1990；Pillemer & Finkelhor，1988）。

- 婚内强奸：婚后8%～14%的妻子。
- 虐待妻子：每年3%的妻子。
- 虐待儿童：每年6%的孩子。
- 虐待老人：每年2%的老人。

应当注意，这些数字只是最小值，是一种保守估计。

严重的家庭暴力事实上可能高于这个百分比，因为人们通常不愿向研究者透露他们的家庭问题。即使这些百分比看起来相当小，但遭受家庭暴力的女性、儿童和老人数量也到了数以百万。例如，6%的孩子受虐，就是说每年有超过450万的孩子是性虐待或是身体虐待的受害人。我们也应当记住，如果把一些较轻的身体虐待方式（如拍打、辱骂或者忽视）也考虑在内的话，家庭暴力就相当普遍了。另外，老人受虐中如果包含经济剥夺的话，其受虐的比例会更大。综上所述，我们可以说家庭暴力很普遍，是一个严重的社会问题。

三、婚内强奸

在1994年初，劳瑞娜·包比特（Lorena Bobbitt）案是被广泛谈论的案例，在丈夫强奸她并睡着后，她割掉了丈夫的阴茎。此案令许多人意识到婚内暴力。婚内强奸是指女人被丈夫强奸，这可能是最普遍的性暴力形式，比陌生人强奸或者熟人强奸还要普遍，但它往往不为公众所知。在旧金山女性的典型调查中，戴安娜·拉塞尔（Diana Russell，1990）研究发现，8%的女性曾被她们的丈夫强奸，与之相对应，3%的女性曾被陌生人强奸，5%的女性曾被熟人强奸。只关注已婚女性而不是所有的女人，拉塞尔及其他研究者发现，10%～14%的女性遭受过婚内强奸。

1. 婚内强奸的类型

大多数婚内强奸包括身体暴力或者以身体暴力相威胁。一受害人作了如下典型的陈述：“他想和我做爱，而我不想，他发狂并且强迫我脱掉裤子，实际上是他自己脱的，所以我反抗。我推开他，但是 117
他比我强壮，所以他强迫我，分开我的腿，强行插入。”这些强奸行为导致对方受到严重伤害。正如一个女人说的：“他把我摔得太重了，以至于脖子上青一块紫一块的。而且他也打肿了我的双眼……每次我浑身是血的时候，邻居都报警。”婚内强奸也包括那些以身体伤害相威胁（“他说，如果我不按他想的

那样做就会掐死我。”），以非身体伤害相胁迫（“他说：‘你现在做爱，否则我就到其他地方性交，我将离开你。’”）以及在受害人睡着的时候，烂醉或者因吸毒而无力时强行与之做爱（Russell，1990）。

与假设相反，大多数婚内强奸并不包括插入阴道。阴道强奸总计不到婚内强奸的一半，而强迫肛交更为常见。婚内其他令人发指的强奸包括：把东西塞进妻子的阴道，强迫她在孩子们面前性交，或者强迫刚生完孩子出院休养的妻子做爱（Barnett，Miller-Perrin & Perrin，2005）。

大多数罪犯固执地认为，不管其配偶想不想要，自己都有权去和她做爱。但是婚内强奸与陌生人强奸给受害人造成的创伤是一样的，这给被强奸的妻子带来了巨大的痛苦。正如一位受害人所说的：“好像他想征服我。不断地拳打脚踢……好像他想从里面撕裂我，甚至片甲不留。”（Browne，1987）受到攻击后，受害人如果有工作或者在经济上能够独立的话，会试图去离婚，而那些没有工作的仍然要维持婚姻。然而，还在维持婚姻的人通常是尽量避免做爱或者变得性冷淡（Barnett，Miller-Perrin & Perrin，2005；Bergen，1996）。

2. 婚内强奸的原因

婚内强奸至少可以归结为三个原因（Bergen，1996）。一是男性至上主义者信奉丈夫有权以任何方式得到他所想要的，包括与妻子做爱。这个信条是一个普遍的家长式神话——妻子不会受到强奸，因为人们认为她们是“属于”丈夫的，也就是说，是她们丈夫的“财产”（Ferro 等，2008）。有一点不足为奇，尽管所有的国家已经最终把婚内强奸当成一种犯罪，但是仍然极少有人控告丈夫强奸妻子。

婚内强奸的第二个原因是，认为妻子不忠诚或者有其他“罪过”，丈夫会设法惩罚妻子。下面是一个受害人的描述，说明丈夫为什么强奸她：

> 多次发生过强奸是因为他疑心重。他总是认为我勾引其他男人。例如我的兄弟和他的朋友都在场的时候，他认为我正在勾引他的朋友，他是真的疯了。他开始打我并且强迫我和他做爱。（Bergen，1996）

婚内强奸的第三个原因是，丈夫把强奸作为控制妻子的形式。正如一个受害人的亲身经历：

> 他认为他越不能控制我，情况就会越糟糕。如果我得到一份工作或者我做得很好，他就会让我辞了它。他打我，强迫我（做爱），以夺回控制权。（Bergen，1996）

这三个强奸原因都是一个家长制社会的组成部分，鼓励男人去支配女人，婚内强奸的实质是男人统治女人。假定一个丈夫越尊崇家长制，越有可能把强奸妻子作为一种性权利，也是对她“罪过”的惩罚，或者设法控制她。由于对这个主题的研究很少，要想充分解释为什么是很困难的。但是在诱导强奸的文化的影响下，一开始一些人更有可能接受家长制。 118

同质文化证实，婚内强奸也会让受害人自责。这里就有一个例子：“我不是世界上最性感的人，有些厌恶性生活。当我试图说不的时候，他让我说同意。我真的不是一个非常温柔的人，我没有发出性爱的信号。我在性方面不易沟通。”（Russell，1990）

四、殴打妻子

据估计，每年美国大约有三分之一的已婚人士会攻击他们的配偶，其中至少有三分之二发生在结婚期间。研究者指出，与丈夫一样，妻子也能够成为罪犯，尽管为数不多（Straus，Gelles & Steinmetz，1980）。问题是，这些研究者把暴力的和非暴力的行为搅在一起，好像两种行为是一样的。例如，他们界定所有的拍打行为都属于暴力。这么做忽略了一些特别是女人的拍打行为，其中许多不能算真正的暴力。而其他的拍打，特别是男性的拍打更有可能是一种暴力行为。结果，一位妻子开玩笑地打她丈夫的手以惩罚他偷吃了她的餐后甜点，也被认定为暴力行为，被认为这跟丈夫怒打妻子的脸，打掉了她的几颗牙齿没有什么不同（Loseke & Kurz，2005；Holtzworth-Munroe，2005；Dobash 等，1992）。为了避免问题复杂化，我们将关注真正的暴力行为，即行为后果非常严重以致造成了伤害，这更多地发生在那些完全听命于丈夫的妻子身上。一些女人严重伤害了她们的丈夫，但是这只占所有虐待配偶案的一小部分（Durose 等，2005；Busch & Rosenberg，2004；Gelles & Straus，1987）。

1. 殴打妻子的实质

就虐待配偶的人而言，绝大多数丈夫比妻子更残暴。正如马丁·施瓦茨（Martin Schwartz，1987）在一项全美范围的调查分析中发现，1 641 名女性说她们被丈夫攻击过，而只有102名男人宣称被他们的妻子殴打过。最近的调查也显示，绝大多数的配偶虐待行为是女性受丈夫的虐待和伤害（Durose等，2005）。虽然每年妻子挨打的比例是非常小的（3%），但实际数量超过了200万，这足以成为一个严重的社会问题（Browne，1993；Gelles & Straus，1987）。

在犯罪过程中，施虐的丈夫通常认为自己有权
119 打妻子。所以在他们施虐后，并没有表现出真正的忏悔，完全承认犯罪。他们甚至经常利用以下方法去故意抵赖，或者把他们的暴行合理化（Barnett，Miller-Perrin，& Perrin，2005；Dutton，1986）：

- 指责受害人挑起了争端。（“她对我大叫，我告诉她别喊，可她并不想闭嘴。”）
- 对受害人的伤害最小化。（“我并没有真正地伤害她，我只给了她一巴掌。”）
- 把暴力归结为自己无法控制的一些问题。（“我喝得太多了，我白天工作不顺心。”）

妻子挨打后，精神上受到的伤害超出了身体的伤害。这种伤害往往发展成心理学家所说的“创伤后应激障碍征”，与美国士兵在越战或伊战时产生的紊乱症相类似。这个综合病症由沮丧、忧虑和无助感所构成。下面是一个名叫金杰（Ginger）的典型案例：

> 金杰把自己与朋友和家庭隔绝起来。她对自己的生活失去了兴趣，避免任何能够“使她处于危险之中”的情形。实际上，金杰看起来好像比精神病院的一些病人更沮丧、更忧虑。（La Violette & Barnett，2000）

一些有压力紊乱症的受害人都会遵循一个特殊的致命模式，即丧失自尊、感觉受骗、经常处于暴力的恐惧之中等，最终以杀掉虐待自己的丈夫而告终（La Violette & Barnett，2000）。

2. 为什么一些妻子挨了打却不离婚？

人们广泛认为，大多数挨打的妻子会继续容忍虐待，并且继续和她们的丈夫生活在一起。但是与此相反，绝大多数女人受虐后离开了施虐的丈夫（DeKeseredy & Schwartz，1996）。她们离开家去寻求帮助，或者寻求警察、社会工作者、心理健康机构、收容所、父母或者朋友的帮助和庇护。但是当她们被施虐丈夫跟踪或追杀时，会继续表现出创伤后应激障碍（Gelles，1995；Gibbs，1993b；Wilson & Daly，1992）。

然而为什么一些女性选择继续和虐待她们的丈夫生活在一起呢？一个原因是，她们中绝大部分受到的教育很少，并且没有收入来源，她们大部分在社会上和经济上与外界隔绝。与此相联系，她们在经济上被迫依赖自己的施虐丈夫，这使她们无法从
家庭之外的其他人那里寻求帮助。另一个原因是，120
受虐者害怕自己离开后，丈夫会报复。然而继续与丈夫在一起，这些女人很可能被丈夫杀掉，或者被逼无奈，转而绝望地奋起反抗，将其丈夫杀死（Matthews，2004；Mann，1996；Goetting，1995；Wilson & Daly，1992）。

3. 殴打妻子的原因

女权主义者认为，殴打妻子的一个主要原因是男性至上主义和父权制，把女人当作是她们丈夫的财产。父权制的表现如下：在有些国家，把一个陌生人打成重伤要算作重罪，但是伤害自己的妻女却可以从轻发落，丈夫极少被捕，很少有人因此入狱（Gibbs，1993b）。已经有证据表明父权制对殴打妻子的影响。例如，信奉父权制的丈夫比一般人更有可能攻击自己的妻子，殴打妻子在父权制社会比那些性别平等的社会更普遍（Boy & Kulczycki，2008；Brown，1992；Smith，1990；Levinson，1988）。

然而，父权制并非殴打妻子的唯一原因。如果是的话，每个丈夫都将成为殴打妻子者。事实上，美国只有30%的丈夫在他们的整个婚姻期内曾经有过身体上虐待其配偶的行为（Dutton，1994）。换句话说，父权制对一些丈夫的影响比较大，他们受到更大的鼓舞去虐待配偶。但是，何种类型的丈夫更容易受到父权制的影响呢？可能是那些因贫困、失业、吸毒、酗酒而使自己的生活失控的人。由于感觉失去了生存权，这些男人更容易接受男性控制和支配他们妻子的父权制观点。既然他们没有钱和其他宝贵的资源等这些富有的男人借以控制他们妻子的东西，穷人们便被迫诉诸暴力，以此作为控制他们妻子的手段。这可以解释为什么研究经常表明穷人或者失业的人比其他的男人更有可能殴打他们的妻子，特别是那些受雇用的女人，因为她们的工作显示出对丈夫权力和控制的一种威胁（Brush，2003；Cazenave & Straus，1990）。

五、虐待儿童

在家庭暴力的不同构成中，虐待儿童看上去是最

严重或是最令公众震惊的。然而虐待儿童并不限于“病态”家庭。它非常普遍，每年有成百万的儿童受害者。难怪虐待儿童已经被称作国家危机（Barnett，Miller-Perrin & Perrin，2005）。虐待儿童有两种宽泛的类型，一是性虐待，另一种是身体虐待。

1. 虐待儿童的实质

一些儿童在家庭成员的控制下遭受了性虐待，这类家庭成员大多是他们的父亲或是继父。这样的虐待俗称乱伦，主要是指父亲为侵害人、女儿为受害人的性侵犯。继父比生父更有可能犯乱伦罪。根据一项研究，任何地方都有10%～20%的女性在儿
121 童期和青年期遭受过性虐待，而1%～3%的男人也有过同样的遭遇。这些数字看上去相差很大，因为它们包括发生在儿童期和青年期的长达17年里所发生的事情。对过去12个月的调查显示，每年大约有2%的儿童是性虐待的受害者（Meiselman，1990）。

研究者发现，大量事例都反映出这种不正常的现象：大多数乱伦的案例都发生在父女之间，继父比生父更有可能犯乱伦罪。乱伦的父亲很有可能断绝一切社会交往。然而，在社会各阶层、族群和种族之间，其发生率并没有明显的不同。乱伦导致青少年受害人惊恐、沮丧和孤独的同时，通常也会使其产生强烈的耻辱感和罪恶感。待他们成人后，往往对性关系感到不满，而且遇到婚姻问题的比例要高于其他人（Johnson，2004；May，1991；Finkelhor等，1989）。

然而，大多数虐待儿童的家庭都包括对孩子进行体罚。轻者出现伤肿，重者殴打致死。每年17岁以下的孩子中有4%，即约300万受到过严厉的体罚（Lewin，1995）。在过去的20年，虐待儿童的现象大量增加，经常被各种媒体曝光。而大量报道的出现应该归功于1974年联邦法院出台的《儿童虐待预防和处理法》。在那之前很少有人帮助受虐儿童，因为这种罪行极少被公开曝光。

1974年的法案要求专业人士比如卫生保健工作者、法官、教师和学校的管理者定期汇报，把涉嫌虐待儿童的人提交给儿童保护机构。这些专业人士中有人因渎职而受到罚款，甚至入狱。为了避免违法，人们比以往更注意报道儿童虐待了。联邦法院鼓励儿童保护机构大肆报道，因为他们报道的虐待儿童案越多，从政府那里得到的钱就越多。他们还运用一项十分简单的技术去“证明”虐待儿童：他们例行公事地把嫌疑人当作“不可信的”证人，只有当他们同意专业人员的主张时，其证词才算是真实有效的；同时，例行公事地把受害人当作“可信的”证人，只有当他们说嫌疑人清白时，其证词才是不可信的（Margolin，1992）。事实上据调查，由于大量曝光和及时预防，一些针对儿童的暴力行为已经有所下降（Gelles，1995）。

尽管如此，被严重虐待的孩子数量仍然大得令人担忧（一年300万）。更令人不安的是，自从20世纪80年代中期以来，被父母杀死的孩子数量增加了48%，在1994年，至少有1 200例死亡案件，这一年一位南卡罗来纳州的年轻母亲苏珊·史密斯（Susan Smith）因溺死了她的两个孩子（一个3岁，另一个仅有14个月）而震惊了全国。（Barnett，Miller Perrin，& Perrin，2005）.

社会学家发现了大量虐待儿童的事例：5岁以下的幼童比年龄稍大的儿童受到身体虐待的风险更大，主要是因为他们更有依赖性，更缺乏能力。与高收入家庭相比，虐待儿童很有可能发生在低收入 122
家庭。虐待儿童者很有可能受到感情、行为、家庭或者人际交往方面的困扰。这包括沮丧、自卑、易怒、失控、婚姻问题以及与亲朋绝交等问题（Barnett，Miller-Perrin & Perrin，2005）。

除了遭受身体上的伤害，与没受过虐待的同龄人相比，受虐的孩子更有可能出现各种社会的和心理的问题。这些问题既包括情感困扰、学习吃力、成绩差和离家出走，又包括青少年犯罪、刑事犯罪和暴力行为。在长大成人后，他们更有可能滥用毒品和酒精、参与犯罪、心理失衡，或者成为虐待儿童者（Goode，1999；Gelles，1995）。

2. 虐待儿童的原因

社会学家已经发现虐待儿童有许多因素。一是两代人之间的暴力传递：如果从小就学会用暴力处理问题的话，为人父母后很可能虐待自己的孩子。当然研究也表明，虐待儿童的父母在孩提时被虐待的可能性比那些不虐待儿童的父母要大。更准确地说，约有30%的儿童虐待者曾被虐待过，而只有3%～4%的不虐待儿童者有过相同的经历。但是这并不是说早期的受虐经历必定会导致后来的施虐，与流行的观点相反，大多数（约70%）受虐儿童长大后不会成为虐待狂（Rein，2001；Peterson，2000；Kaufman & Zigler，1993）。受虐经历只是虐待儿童的影响因素之一，不是唯一的原因。如果从小看到父母和其他成人如何用暴力表达愤怒、抗争

或处理婚姻问题等，那么这些用暴力处理问题的经历也是一个影响因素。这就解释了为什么儿童虐待者比其他人更有可能在家里引起大量的婚姻冲突和暴力（Barnett，Miller-Perrin & Perrin，2005）。

虐待儿童的另一个原因是公众的一个普遍认识，即认为体罚是管束儿童的一种正确方法。近一半的美国父母通过体罚纠正孩子的错误行为。但是体罚有可能发展为虐待（拳打脚踢）。正如一位研究者所发现的，赞成体罚的父母虐待孩子的比例4倍于不赞成体罚的父母虐待孩子的比例。因为社会认同体罚，虐待儿童者会把其虐待行为看做是好的、正确的。以下案例就证实了这一点。一位父亲殴打了他的两个儿子（一个5岁，另一个只有18个月）。在
123 医院，多处淤伤、伤口和骨折的孩子们接受了治疗。父亲告诉检查的医师：“必须得教育孩子学会尊重权威和服从。我宁愿孩子长大以后怕我、尊敬我，也不愿他爱我、关心我。”（Berger，2004；Lewin，1995；Straus，1991）

目前已经发现，导致虐待儿童的其他社会因素还有贫穷、失业、家庭问题以及受教育程度低。贫穷、失业和家庭问题可能对父母造成巨大的压力，正如研究所证实的那样，压力是虐待儿童的一个主要原因。由于受教育水平低，父母会发现自己无力承受巨大的压力，结果为释放这些压力，就会攻击包括孩子在内的其他人。如果能从亲朋好友那里获得社会和心理上的支持，那么就可以消除对孩子施虐的压力。但是在社会上，虐待儿童者比其他人更加孤独，家里甚至没有电话（Barnett，Miller-Perrin & Perrin，2005；Berger，2004）。

最后，父母与孩子之间的沟通问题增加了虐待孩子的风险。如果父母与孩子其中一方有问题，或双方都有问题，那么照料孩子就会很费神，困难或压力增大，双方就会产生沟通问题。父母的问题包括缺乏养育技巧、不了解正常儿童的行为、对孩子不切实际的期望或者惩罚式的养育。孩子的问题包括反社会行为、好斗或身心不健全。自身存在问题的父母在与孩子沟通解决问题时，会因受挫而感到愤怒，以至于对无助的孩子动用暴力（Barnett，Miller-Perrin & Perrin，2005；Denham，Renwick & Holt，1991；Anderson，Lytton & Romney，1986）。

3. 切除女性部分生殖器

切除女性部分生殖器的委婉说法是“女性割礼”，它是指割除女性外阴部如阴蒂、阴蒂包皮或阴唇。这主要发生在非洲，是数百年来非洲文化的一部分。通常，4～14岁的女孩要被切除部分生殖器。大多数执行割礼者是“仪式领袖”，是在社区中备受尊敬的年长女性，她们被专门指定完成此项任务（Hassanin等，2008；Gruenbaum，2001；Toubia & Izett，1998）。

最近，割礼引起了西方世界的公愤，被视为最恶劣的违反女性人权的行为。西方媒体将其描述为极端残忍的行为，如在执行割礼时不打麻醉剂。大多数西方的社会学家都注意到受害人遭受的健康问题。一些是身体上的，如死亡、大出血、感染以及剧痛。一些是心理上的，如焦虑、抑郁、缺乏自尊以及对切除的反复回忆。一些问题与性有关，被行割礼的女性无法感受性愉悦和性高潮，以致她们的丈夫选择与其他“未行割礼”的女人发生性关系。然而一些社会学家认为，只有一小部分女人出现了上述问题（*Nation's Health*，2008；Barstow，2004；Gruenbaum，2001）。

切除女性部分生殖器被指责为父权制表现，认为有女性割礼习俗的社会中，男人实际上在社会生活的各个方面都统治着女人。女性割礼成为男人遏
制女人发生婚外性关系的手段，让她们更加顺从、 124
依赖自己。但是一些父权制社会并不实施女性割礼。父权制可能是该行为的一个原因，但不是唯一原因。为什么该行为只发生在非洲一些父权制社会中呢？对此还有以下一些更为精辟的解释（Ahmadu，2000）。

第一，认为切除外生殖器会使女人更漂亮的“文化观念”。在实行割礼的社会中，阴蒂和阴唇被认为是男性特征，长在女人身上很难看。因此，它们应当被切除，这样让外生殖器看起来高度女性化，而且具有美感。所以，切除女性外生殖器就像西方的隆鼻、隆胸或腹部抽脂这些让女性看起来更漂亮的整容手术一样。

第二，赋予切除外生殖器以“童贞和可婚性”等很高的社会价值。如果一个女人未行割礼，男人就会怀疑她不是一个处女，不会和她结婚。这是因为女性割礼被视为童贞的象征，这样的女人男人才愿意娶。

第三，“社会和心理利益”的回报。女性割礼仪式能使一个女人受到同辈甚至整个社区内所有女人的尊重。并且，在其他女人面前勇敢地面对刀具的经历使当事人感到自己强大有力，由此在社区获得社会支持。为表示对当事人的敬意，割礼一结束，社区就会为其举行一个舞会，朋友、邻居及其他人都会前来祝贺。

六、虐待老人

大多数老人都有能力照顾自己，但也有极少数老人失去了自理能力。如今，美国大约25%的老人需要长期照料。其中一些人住在养老院里，但是大多数仍然住在家中，通常由他们的老伴或亲戚照料（Dobrzynski，1996；Kart，1990）。一部分生活无法自理的老人遭受了虐待。

1. 虐待老人的实质

虐待老人通常表现为漠视、心理虐待、经济剥削或身体虐待。虐待者一般为其成年子女。因此，与成年子女一同居住比独居受到虐待的可能性更大。这可能是因为全天照顾同住的老人比部分时间照顾独居的老人所承受的压力大。老年男性更有可能与亲戚住在一起，所以更容易受虐待。如果老人除了照料者外，很少与朋友、亲戚联系，与世隔绝，那么他们更有可能受到虐待。没有朋友和亲戚的支持，老人很有可能成为照料者（因压力过大）的虐待对象。目前的研究表明，虐待老人没有阶层分野：中产阶级老人与下层的老人受虐待的可能性差不多（Matthews，2004；Paveza 等，1992；Bachman & Pillemer，1991）。

从身体上虐待老人的护理者通常认为他们做的
125 是一件令人不愉快的工作，感到压力很大。但是当对老人进行经济剥削时，则很少与压力有关，更多与贪婪有关。然而，最可能欺骗老人的不是不择手段的理财顾问、骗子或者道德沦丧的专业护理者，而是受害者自己的家人。例如，一个女儿利用其对母亲银行账户的监护权而提取她的终身储蓄；一个赡养父亲的儿子以保有他想要继承的财产为交换条件，向其父提供一般的照料；一个侄子强迫姑姑将其指定为她的人寿保险的受益人。最广为人知的一个例子是富有的慈善家布鲁克·阿斯特（Brooke Astor），她的儿子本应是她的法定赡养者，但是他不仅未照顾母亲，反而从母亲4 500万美元的财产中夺取了数百万（Black，2008）。

受虐老人通常存在各种各样的心理问题，尤其易患抑郁症和失眠症。他们还可能减少与虐待自己的晚辈的联系（Wallace，1996）。但是，目前尚无研究提供详细资料反映老人受虐待造成的后果。

2. 老人受虐的原因

在很大程度上，照料老人是一项压力极大的工作。这对于那些夹在中间一代的女性尤为困难，她们人到中年，上有老下有小。其中许多女性既要照料儿童又要照看老人，在这种双重压力下，无法出去工作。踏上“妈咪轨道”的她们仍期望最终返回工作岗位，如今却发现自己处于一个为期更长的“女儿轨道”上，要照料长期无自理能力的年迈双亲。

正如研究所显示的那样，考虑到照料老人的巨大压力，我们认为，照料老人的女儿比不照料老人的同辈们更有可能虐待双亲（Hinrichsen，Hernandez & Pollack，1992）。然而，我们应当强调的是，大多数压力很大的照料者并不虐待老人。虐待老人者有着严重的个人问题，包括酗酒、吸毒、失业、反社会行为、犯罪前科或者情绪不稳定。另外，虐待老人者一般都受着经济问题的困扰，或者在经济上依赖受害人，这可以说明虐待老人与虐待儿童的区别，前者通常涉及经济剥削，很少有身体虐待。

大体上我们可以得出结论，虐待老人的行为源于照料老人的压力，并且这通常与施虐者的个人品质和经济问题相联系（Barnett，Miller-Perrin & Perrin，2005；J. Shapiro，1996）。一些研究表明，儿子或其他男性亲戚比女儿或其他女性亲戚更有可能对老人施虐，但是另一些研究结果却正好相反。无论施虐者是男是女，他们通常都有个人和经济问题（Barnett，Miller-Perrin & Perrin，2005；J. Shapiro，1996）。

然而，具有讽刺意味的是，一项著名的研究通过对波士顿地区人口的随机调查显示，老人比他们的子女更有可能虐待老伴（Pillemer & Finkelhor，1988），换言之，大多数老人受虐都是配偶施虐。并
且大多数老年施虐者在经济上都依赖于受害人，或 126
者身心不健全，这使得他们无力照料好自己的伴侣。但是，老年人虐待伴侣的可能性仍然比年轻人小得多（Desmarais & Reeves，2007；Krummel，2001；Suitor，Pillemer & Straus，1990）。

对于大多数照料父母的女儿而言，她们没有个人和经济问题，但是却承受着过重的照料压力，为什么她们不会虐待老人？一个主要原因可能是，女性比男性跟父母更亲近，更认真地看待家庭责任。她们把照料父母“看做是一个报答父母养育之恩的机会，一个及时说我爱你的机会”（Beck，1990）。

更通俗地讲，女性比男性更有可能“通过改变个人状况以适应其他人的需要来适应生活中的相互依赖”(Moen，Robison & Dempster-McClain，1995)。

简言之，虐待老人源于照料者的困扰：压力、严重的个人问题、经济困难以及经济依赖。社会交换理论作出了另一种解释，认为虐待老人是由于照料老人的成本高于照料老人所期望得到的利益，这一点已得到经验支持。正如奥拉·巴尼特（Ola Barnett）和她的同事（2005）观察到的那样：

> 照料老人是一件非常浪费时间而又令人不愉快的事情，给照料者的回报很少。假设一位妻子花了几个小时为她的丈夫做了一顿生日晚餐，而她的丈夫患有严重的记忆衰退症，并且认为那天不是他的生日，因此拒绝进餐。试想这位妻子所受到的挫折吧。

但是这位照料者的挫折也不应当被夸大，因为她确实从照料中得到了一些利益，使自己可以忍受这种挫折。要理解这一点，我们就应当知道照料双方的社会交换与经济交换是不同的。经济交换的好处本质上是物质的，也就是我们通常所说的金钱，但是照料老人的益处本质上是心理的，甚至是精神上的，例如回报过去从老人那里得到的物质和心理支持并从中得到满足。另一个好处是，照料者期望在自己年老、生活无法自理时也能够得到帮助。家庭成员互惠的社会标准使得人们可以从中获益(Horwitz，Reinhard & Howell-White，1996)。

七．家庭施虐者的社会特征

大量研究表明，美国家庭中的施虐者一般具有相似性。其特点如下（Rein，2001；Peterson，2000；Suitor，Pillemer & Straus，1990)：

（1）年龄。年轻的丈夫和父母，尤其是那些不到30岁的人比年长者更有可能虐待妻儿。这说明，年轻男子中普遍存在较大的暴力犯罪倾向。

（2）阶层。家庭暴力遍布各阶层，但是在低收
127 入阶层中更为普遍。家庭暴力更频繁地发生在未受过高等教育的人群中。这可能是因为与中上阶层相比，下层人士在家庭外展现个人权力的机会较少，资源或机会缺乏。但是在家里他们发现，相对于妻子，丈夫占据着统治地位，相对于孩子，母亲占据着统治地位。因此，身处下层的男人更有可能虐待妻子，女人更有可能虐待自己的孩子。

（3）性别。在家里，男人比女人更有可能对受害人造成严重的伤害，但是女人与男人一样，甚至比男人还有可能对伴侣造成不太严重的伤害。仅以体罚为例，女人更有可能成为施虐者。一个明显的原因是，母亲承担着照顾孩子的主要责任，与孩子相处的时间较多，因此有更多施虐的机会。依此类推，由男人负责照顾孩子的家里，男人更有可能成为施虐者。

（4）生活压力。生活压力较大的家庭很有可能出现家庭暴力。生活压力包括经济问题、怀孕、身为未婚妈妈、丧偶以及性困扰。

（5）社会隔绝。为了减轻压力进而减少家庭暴力，大部分人都会向亲戚，而不是家人或邻居、朋友以及社区中的其他成员求助。但是那些可能有暴力倾向的人往往不与外界交往。

八、环球视野：家庭暴力

家庭暴力是一种全球性问题，存在于每一个社会。各国的暴力特点基本相同。它涉及身体、心理或性虐待。最常见的身体虐待包括推搡、拳打、掌掴、掷物以及拧臂。在心理虐待的大多数案例中，受害人被当众羞辱、不断责骂或者以其他方式使其丢脸。典型的性虐待是强迫伴侣或其他家庭成员与其发生性关系。虽然这些家庭暴力是世界性的，但是发展中国家比美国和其他发达国家发生的频率更高。在许多贫穷国家，大多数受害人仍旧无法从警察局、收容所以及其他公共机构中获得帮助。但在美国和其他富裕地区，受害人可能很容易得到这些帮助，这在很大程度上要归功于过去30年的女权运动，它力图结束针对女性的暴力。难怪如今富裕社会中的家庭暴力发生率远远低于从前（Durose等，2005；Kishor & Johnson，2004；Summers & Hoffman，2002)。

1990年以来，许多贫穷国家已经开始保护女性不受男性暴力的侵害，但是男性统治的父权制传统
仍然具有强有力的影响。例如，在罗马尼亚，许多 128
家庭暴力的受害人不敢向当局举报暴力行为，因为她们认为作为女人应当时时挨打。在俄罗斯，当一个女人挨打后向警察求助时，对方会说：“你还活着呢。我们看到死尸后自然会调查的。”在诸如南非和乌干达这样的国家，新娘带嫁妆的习俗进一步增强了“妻子是丈夫拥有的一项财产”的传统观念。有

此类家长制的观点存在，家庭暴力在那些国家中非常普遍也就毫不奇怪了（Stickley 等，2008；Gosselin，2005）。

父权制在诸如美国这样的富裕社会中也依然存在，但是其影响力比在穷国小得多，这很大程度上归功于女权主义者近 30 年来对性别平等所做的努力。这显然使美国的家庭暴力减少了。然而，性别平等还带来了一个意外的结果：美国女性似乎比第三世界国家中的女性更有可能虐待她们的丈夫。但此类所谓的虐待丈夫的行为大都是出于在男性统治家庭中的自卫或对施虐的丈夫进行报复。实际上，虐待丈夫反映了女性对父权制的不满，因此它更有可能发生在一个像美国这样的社会中。美国女性比第三世界的女性享有更大的性别平等权利。第三世界的女性对于家长更为顺从，因此她们很少反抗施虐的丈夫（Straus，2005；Loseke & Kurz，2005；Saunders，2002）。

九、家庭暴力理论

我们已经分析了家庭暴力的五种不同原因。然而在美国，除了性侵犯外，其他四种形式的家庭暴力确实具有共性。例如，无论是婚内强奸、殴打妻子、虐待儿童还是虐待老人，施虐者都有压力过大的经历。正是不同家庭暴力中的共性使得一些社会学家们发展出了实证主义理论，它能够同时解释不同类型的家庭暴力。以下我们只讨论几种理论（Kurst-Swanger & Petcosky，2003；Gosselin，2000；Gelles，1998；Kemp，1998）。

1. 社会学习理论

根据该理论，人们如果遭遇过暴力，就很有可能形成暴力倾向。在生活中，他们可能作为侵害者或受害人或他人暴力行为的目击者遭遇过暴力。从这些经历中，个体了解到暴力是处理人际问题的恰当方式。由于此类学习，当一个男人与妻子争吵时，当一个女人无法令孩子停止不良行为时，或者当一个陷入经济危机的人照顾年迈的亲人出现困难时，他们都有可能对其家庭成员实施虐待。

129

2. 社会压力理论

我们所有人时时都要承受压力，除非我们离开这个世界。然而，有些人承受着更大的压力，他们更有可能诉诸暴力。尽管如此，即使承受同样的压力，有些人也更有可能施虐。家庭压力是否会导致暴力，取决于个体是否拥有个人资源（如金钱、智慧以及坚韧），或者是否获得亲友及他人的社会支持。那些缺少资源和社会支持的人很有可能在压力之下崩溃，转而对某个家庭成员施虐。

3. 社会交换理论

该理论建立在利益—成本原则的基础上，类似于奖惩法则。根据该理论，如果实施家庭暴力的利益或回报大于成本或施虐所受的惩罚，那么他们就会施虐。因此，许多家庭暴力源于有权控制受害人的回报大于入狱的风险。由于家庭属于私领域，执法者一般并不热衷于监禁施虐者。

十、对家庭暴力的社会反应

美国社会在反对家庭暴力方面陷入了困境。一方面认为陌生人对女性、儿童以及老人的暴力是一项严重的罪行，为此侵害者通常要受到严惩。另一方面，由于传统上家庭的庄严性和私域性，家庭成员所实施的相同暴力却能被宽容甚至漠视。因此要保护易受伤害的女人、儿童以及老人，让他们免受家庭暴力的伤害，要想达到所有人完全满意是非常困难的（Gelles，1995）。

1. 保护女性

如今，实际上所有的州都颁布了反对婚内强奸的法律，但是这些法律却很少得到实施。许多人仍然不愿意把婚内强奸当作真正的强奸。人们通常这样评价受害人："她以前和他做爱上千次，再有一次又会怎样？"显然有人很难区分婚内的自愿性关系与强迫性关系（Barnett，Miller-Perrin & Perrin，2005）。结果，很少有受害人能够成功地证明其施虐丈夫有罪，并将其送入监狱。然而，受害人可以向诸如美国婚内强奸信息中心（the National Clearinghouse on Marital and Date Rape）的维权团体寻求帮助。由于婚内强奸的受害人通常还遭到丈夫的殴打，一些受害人还可以作为受虐者寻求保护。

一个遭到殴打的受害人可以报警，让警察把丈夫或男友带走。自从 20 世纪 80 年代后期以来，大多数州都要求或鼓励逮捕施虐的丈夫。因此许多施虐者如今都被监禁。另一种解决方式是获得国家秩

130 序的保护，它赋予警察将侵害者逐出家庭的权力，只要他回家就可将他逮捕。此类警察干预有效地遏制了大部分的施虐行为，但是如果侵害者失业、酗酒或者有其他根深蒂固的毛病时，这种方法只会起到相反的作用。这些施虐者通常会更加暴力地对待受害人（Gelles，1995；Zorza & Woods，1994）。

遭殴打的女性寻求保护的另一种方式是去收容所或庇护中心。在那里，她们不仅可以得到身体保护和社会支持，而且还能得到他们提供的许多重要服务，如咨询、法律援助或者职业建议。职业建议是最有效的方法，因为这可以帮助受害人就业。有了工作，她就可以结束与社会隔绝的状态，经济上不再依赖丈夫，从施虐丈夫那里解脱出来（Barnett，Miller-Perrin & Perrin，2005；Gelles，1995）。

最后，刑事司法制度要求施虐丈夫参加一些指导课程，以此来保护女性。正如研究所表明的那样，大体上，那些听完指导课程的施虐丈夫比没有听过的更容易停止暴力行为。不幸的是，只有一小部分施虐者被强制参与课程。大多数被监禁的丈夫都未被起诉或定罪，因此不被要求寻求指导。一些施虐者自愿寻求指导，但是大多数人并没有听完指导课程（Barnett，Miller-Perrin & Perrin，2005；Mills，2003；Gelles，1995）。

2. 保护儿童

自20世纪70年代中期以来，每个州都通过法律，要求教师、保健医生以及其他专业人员向一个官方机构——儿童福利保护部报告儿童受虐的情况。当保护机构经过调查认为某个孩子确实受到了虐待时，他们就有权采取以下任何一项措施：(1) 向该家庭提供社会援助，如咨询、日间照看服务以及食物券；(2) 如果孩子的父母很危险，就把孩子带走并为其找到领养者，或带其到亲戚家，或安置在一个成人日托中心。大部分（大约75%）被确定为受虐的孩子都被领养（Gelles，1995；George，Wulczyn & Funshel，1994）。

两种解决办法都不是最好的。为家庭提供社会援助以及把孩子带离虐待他的父母都是有风险的。孩子可能继续受到虐待，甚至被虐待致死。事实上，受虐状况被报告到儿童福利保护部之后有些孩子就已经被打死了。因为该机构通常人手不足且工作超负荷，以至于一些儿童虐待报告未予调查或被搁置，只能等待下一步行动。把孩子带离虐待他的父母也是有风险的。其一，孩子不能完全理解为什么被带离，他们可能认为自己是因为做错事而受到了惩罚。其二，由于受虐待的孩子因父母对他们的身心伤害而需要特殊照顾，适当地照顾他们对于领养者来说可能是一个负担，因此孩子的状况可能变得更糟。儿童利益维护团体经常批评儿童福利保护部无论在家庭内外都没能充分地保护受虐儿童。然而，大多数结论是，如果没有儿童福利保护部，受虐儿童将会处于更糟糕的状况（Barnett，Miller-Perrin & Perrin，2005；Gelles，1995）。

然而，有时福利保护部热衷于把无辜的父母送 131
上法庭或送入监狱。最臭名昭著的例子是位于华盛顿州东韦纳奇市的儿童福利保护部。该机构曾经使用"强化恢复记忆疗法"来鼓励可疑的儿童受害人去确定曾经受到其父母或其他成年人的性虐待。1994到1995年，这个小城镇里有80多名成年人被指控对儿童进行了性虐待。其中，20多人被定罪并送入监狱。这些人中大多数是穷人，而且没受过教育。那些负担得起律师费用并否认指控的人没有一个被送进监狱（Carlson，1995；Nathan，1995）。但是这样的例子为数不多。

3. 保护老人

虽然没有像保护儿童那样的正式官方保护机构来保护易受伤害的老人，但是所有州都有一些保护老人的措施。另外，大多数州都颁布了类似于儿童报告法的强制性老人报告法。然而有批评认为，此类法律像对儿童那样对待老人，这贬低了老人。此类批评有一定道理，正因为如此，许多老人（至少1/4）在遭到亲戚的虐待后拒绝外界的干预和服务（Mixson，1995；Fredriksen，1989）。无论如何，这些法律要求大部分生理和心理方面的专业人士以及法律执行官向社会服务机构报告老人的受虐状况。

社会服务机构向受虐老人提供了广泛的服务，包括家务援助、法律服务、医疗建议、饮食及收入援助、住房或搬迁援助以及许多其他形式的保护。对于受虐老人而言最有帮助的方式有两种（Barnett，Miller-Perrin & Perrin，2005）：

- 医疗服务：提供医生、护士、理疗师以及社区护士（入户服务的护士）。
- 法律服务：获得禁令使虐待者离开，为老人及其财产提供保护，保证老人的社会保险及其他收入的安全，保护老人不做非自愿的委托。

十一、本章概要

(1) **对家庭暴力的误解有哪些？**这包括：家庭暴力只出现在穷人家；暴力和爱不能同时发生；大多数受虐儿童长大后成为虐待孩子的父母；大多数家庭暴力都与酗酒和吸毒有关。

(2) **美国社会中的家庭暴力普遍到什么程度？**家庭暴力的普遍程度部分取决于对该问题的界定。如果把家庭暴力定义为严重到足以造成伤害的行为，那么在美国受害人的百分比如下：8%～14%的妻子自结婚以来曾遭到过丈夫的强奸，3%的妻子遭到丈夫的殴打，6%的儿童受到性侵害或者体罚，有2%的老人受到虐待。

132 (3) **婚内强奸是指什么？**大多数婚内强奸与身体暴力有关，或以身体暴力相威胁，除了肛交和阴道插入之外，还包括极其下流的性行为。大多数强奸犯认为，无论妻子同意与否，他们都有权与妻子性交。但是与陌生人强奸一样，婚内强奸对受害人也有伤害。**婚内强奸的原因是什么？**此类强奸可归因于：(1) 认为有权性交的观点；(2) 把强奸当作惩罚；(3) 把强奸当作控制手段。

(4) **殴打妻子的本质是什么？**丈夫更有可能殴打妻子，而不是相反。施虐丈夫的行为犹如他们有殴打妻子的“执照”，因此事后不可能真正忏悔。殴打妻子不但造成身体伤害，而且引起外伤后的心理紊乱，准确地说是受虐女性综合征。**大多数遭受殴打的妻子离开她们的丈夫了吗？**是的，大多数确实离开了。但是有一些没有这么做，因为她们对丈夫有社会和经济依赖，害怕丈夫因其离开而进行报复。**是什么原因导致殴打妻子？**殴打妻子的原因可以追溯到男性至上主义、父权制以及施虐者生活陷入贫困、吸毒等问题。

(5) **什么是家庭内的儿童性侵？**家庭内的儿童性侵也叫乱伦，主要是指父亲为侵害人，女儿为受害人的性侵犯。继父比生父更有可能犯乱伦罪。侵害者有可能断绝与外界的交往。乱伦通常会使受害人产生很多问题，尤其是一种强烈的羞辱感和负罪感、焦虑和抑郁以及社会孤立感。**什么是儿童身体虐待？**家庭中，对儿童的身体虐待远比性侵普遍得多。儿童身体虐待的范围很广，包括轻到擦伤，重到死亡的不同程度的虐待。年龄较小的孩子比年龄较大的孩子更容易受到虐待；儿童虐待在低收入家庭中发生的频率较高；除了身体伤害以外，受害人还会出现很多社会和心理问题。

(6) **虐待儿童的原因是什么？**目前所发现的与虐待儿童有关的因素包括暴力的隔代传递；体罚是教育孩子的恰当方式这样一种普遍接受的观点；贫穷和其他给父母带来沉重压力的问题以及父母与孩子之间的沟通障碍。

(7) **为什么一些非洲社会要切除女性的部分生殖器？**原因在于父权制的一般假设与以下几个具体因素的结合：(1) 把阴蒂看做男性特征，因此对女性而言它很难看；(2) 女性割礼被认为是有很高价值的童贞以及可婚性的证明；(3) 割礼仪式为当事人提供了一些社会和心理利益，如社会尊重和强大的感觉。

(8) **虐待老人是指什么？**虐待老人更有可能发生在与亲戚同住的、与外界联系较少的老年男性身上。虐待老人会引起受害人的一些心理和社会问题。**虐待老人的原因是什么？**虐待老人的原因包括照看者的问题，如压力、严重的个人问题、经济困难和经济依赖以及照看老人的成本大于收益。

(9) **家庭施虐者的社会特征是什么？**与一般人相比，施虐者大多在30岁以下，处于社会下层阶级，虐待配偶者更多可能为男性以及体罚儿童者更多可能为女性，家庭生活压力大，而且在社会上很孤立。

(10) **家庭暴力的环球视角说明了什么？**家庭暴力的性质基本相同，它是指对一个家庭成员的身体、 133
心理或者性方面的虐待。但是贫穷社会比富裕社会更为普遍，因为父权制对贫穷国家的影响力更大。然而，富裕社会中对性别平等的要求更高，可能产生了更多虐待丈夫的问题，贫穷国家的女性较为顺从她们的施虐丈夫，因此很少对丈夫进行报复。

(11) **家庭暴力理论包括哪些？**一种是社会学习理论，认为家庭暴力是从个人经验或社会环境中习得的。另一种是压力理论，它将家庭暴力归因于在处理生活压力时缺少个人资源以及社会支持。还有一种理论是交换理论，它把家庭暴力解释为侵害人在虐待某家庭成员时所获得的报偿大于所受到的惩罚。

(12) **如何保护易受攻击的女人免遭性侵害和身体暴力？**美国所有的州都立法反对婚内强奸，但是该法律很少得以执行。然而，婚内强奸的受害人作为受虐的妻子可以从以下几种途径寻求保护：让警察把丈夫逮捕、去收容所或庇护中心以及希望法庭要求施虐丈夫接受指导。**如何保护儿童？**强制报告的法律规定要求专业人士向政府机构报告儿童的受虐状况，这些机构或者向该家庭提供社会支持，或者把受虐儿童带离其危险的家庭，并将其安置于一个看护所。**如何保护老人？**大多数州都已颁布了类似于保护儿童的强制报告的法律。政府的社会服务部门会向受害人提供广泛的服务，如医疗和法律服务。

十二、扩展阅读

Arriaga, Ximena B., and Stuart Oskamp (eds.). 1999. *Violence in Intimate Relationships*. Thousand Oaks, Calif.: Sage Publications. A collection of articles about the characteristics, correlates, and consequences of family violence.

Barnett, Ola W., Cindy L. Miller-Perrin, and Robin D. Perrin. 2005. *Family Violence Across the Lifespan: An Introduction,* 2d ed. Thousand Oaks, Calif.: Sage Publications. A wide-ranging review of numerous studies on abuses against children, spouses, and elders.

Bergen, Raquel Kennedy. 1996. *Wife Rape: Understanding the Response of Survivors and Service Providers*. Thousand Oaks, Calif.: Sage Publications. Covers all aspects of wife rape, including the nature of the offense, the survivor's reactions, and services for survivors.

Berry, Dawn Bradley. 1998. *The Domestic Violence Sourcebook*. Los Angeles, Calif.: Lowell House. Discusses family violence from the historical, psychological, sociological, and legal perspectives, and concludes with ideas on how to reduce and prevent the problem.

Buzawa, Eve S., and Carl G. Buzawa. 2003. *Domestic Violence: The Criminal Justice Response,* 3d ed. Thousand Oaks, Calif.: Sage Publications. A review of various law-enforcement approaches, such as mandatory arrest and protective orders, for dealing with the problem of family violence.

Doak, Melissa J. 2007. *Child Abuse and Domestic Violence*. Detroit, Mich.: Thomson Gale. A condensed book presenting various aspects of family violence such as the causes and effects of child abuse and domestic violence.

Hammer, Rhonda. 2002. *Antifeminism and Family Terrorism: A Critical Feminist Perspective*. Lanham, Md.: Rowman & Littlefield. A feminist scholar's view of family violence and critique of conventional ideas about the problem.

Jackson, Nicky Ali, and Giselé Casanova Oates (eds.). 1998. *Violence in Intimate Relationships: Examining Sociological and Psychological Issues.* Boston: Butterworth-Heinemann. A collection of articles about various forms of family violence including child abuse, wife abuse, husband battering, homosexual domestic violence, and elder abuse.

Kirkwood, Catherine. 1993. *Leaving Abusive Partners: From the Scars of Survival to the Wisdom for Change*. Newbury Park, Calif.: Sage Publications. An analysis of how victims of marital abuse learn to overcome their dependence on their abusive partners.

Kurst-Swanger, Karel, and Jacqueline L. Petcosky. 2003. 134
Violence in the Home: Multidisciplinary Perspectives. New York: Oxford University Press. Discusses various forms of family violence including child maltreatment, spouse abuse, and elder mistreatment as well as strategies for solving and preventing the problems.

LaViolette, Alyce D., and Ola W. Barnet. 2000. *It Could Happen to Anyone: Why Battered Women Stay,* 2d ed. Thousand Oaks, Calif.: Sage Publications. A critical analysis of various theoretical, empirical, and policy issues on why some battered wives do not leave their abusive husbands.

Loseke, Donileen R., Richard J. Gelles, and Mary M. Cavanaugh (eds.). 2005. *Current Controversies on Family Violence,* 2d ed. Thousand Oaks, Calif.: Sage Publications. A collection of conflicting views on some aspects of family violence such as whether women's violence toward men is a serious social problem, whether spanking is necessary and effective, or whether alcohol and drugs cause violence.

Malley-Morrison, Kathleen, and Denise A. Hines. 2004. *Family Violence in a Cultural Perspective: Defining, Understanding, and Combating Abuse*. Thousand Oaks, Calif.: Sage Publications. An analysis of family violence in four ethnic communities in the United States: Native American, African American, Hispanic/Latino American, and Asian American.

Mignon, Sylvia I., Calvin J. Larson, and William M Holmes. 2002. *Family Abuse: Consequences, Theories, and Responses*. Boston: Allyn and Bacon. A wide-ranging analysis of family abuse, including various forms of physical, sexual, and psychological abuses that take place within the family.

Mills, Linda G. 2008. *Violent Partners: A Breakthrough Plan for Ending the Cycle of Abuse*. New York: Basic Books. Instead of using the legal system or focusing on the abuser alone, the author finds it more useful to treat the couple and even the whole family in order to end the abuse.

Nguyen, Tuyen D. (ed.). 2005. *Domestic Violence in Asian American Communities*. Lanham, Md.: Lexington Books. Offers insights into the nature of family violence from the cultural perspectives of Cambodian, Chinese, Korean, Japanese, and other Asian communities in the United States.

Pryor, Douglas W. 1996. *Unspeakable Acts: Why Men Sexually Abuse Children*. New York: New York

University Press. Analyzing the views of men who sexually abuse their sons, daughters, stepdaughters, nieces, and nephews in order to find the reasons for the abuse.

Summers, Randal W., and Allan M. Hoffman (eds.). 2002. *Domestic Violence: A Global View*. Westport, Conn.: Greenwood Press. A collection of 13 articles with each discussing the problem of family violence in a given country ranging from South Africa, Australia, Germany, Russia, and Canada to Jamaica, Japan, Thailand, and the United States.

Wallace, Harvey. 1996. *Family Violence: Legal, Medical, and Social Perspectives*. Boston: Allyn and Bacon. Discusses many forms of family violence, including sibling abuse and gay/lesbian abuse, along with related issues such as stalking and victims' rights.

Websdale, Neil. 1999. *Understanding Domestic Homicide*. Boston: Northeastern University Press. A study of how and why husbands kill wives and vice versa, and why they kill children, with special attention to the ways cultural influences and everyday interactions are involved in the killings.

Winton, Mark A., and Barbara A. Mara. 2001. *Child Abuse and Neglect: Multidisciplinary Approaches*. Boston: Allyn and Bacon. Offers a comprehensive coverage of child abuse, including the sexual, physical, and emotional abuse of children and the treatment and prevention of the abuse.

十三、思考题

1. 作为一种残酷的爱，家庭暴力听起来是矛盾的、不真实的。然而确实它是严厉的爱。家庭被假定为关爱的地方，但它常常变成施虐的场所。如果你正在考虑结婚，你将如何防止你与配偶之间的爱退化为虐待？

2. 女性割礼是非洲社会文化的一部分。因此，要禁止此种习俗就会有种族中心主义和种族主义之嫌，但是，如果允许这种行为继续，则会被指责为残酷和不人道，你会做什么？你会寻求一种中间立场以保证女性割礼像美国的整容手术一样安全吗？如果会，为什么？如果不会，又为什么？

第三部分

自我毁灭的偏差行为

137 第七章

自杀

表象与事实

表象：生活在一个高度个性化的社会，美国人更加自爱，而不会轻易自杀。

事实：调查表明，美国的自杀率远高于他杀率，美国人更容易自杀（第 139 页）。

表象：抑郁是自杀的原因。

事实：抑郁是自杀的危险因素，因为它在自杀人群中很常见。但这并不能说明它是自杀的原因。在各种危险因素中，抑郁不是自杀最重要的原因，
138 仅仅是原因之一。比老年人更易产生抑郁的青少年，自杀的可能性反较老年人更小（第 139 页）。

表象：自杀者大多在第一次试图自杀时就能成功。

事实：大量证据表明，大部分自杀者（大约是三分之二）在自杀前至少有过一次尝试（第 141 页）。

表象：像纽约和新泽西这样人口稠密的州，比蒙大拿州和怀俄明州这样地域辽阔的州生活压力更大。事实表明，人口稠密的州，人们自杀的可能性更大。

事实：人口稠密的州，自杀率较低（第 144 页）。

表象：非洲裔美国人比白人更有可能自杀，他们很有可能是种族主义和贫困的牺牲品。

事实：美国白人比黑人的自杀率更高（第 145 页）。

表象：因为性别偏见和歧视，女性更有可能感到生活压抑，因而会自杀。

事实：男性比女性自杀的可能性更大（第 146 页）。

表象：无牵无挂、自由自在的未婚者比已婚者更会享受生活，因而不太可能自杀。

事实：未婚者比已婚者更有可能自杀（第 147 页）。

表象：自杀式爆炸者大多是精神病人，至少是未受过教育、缺乏理智的穷人。

事实：总的来说，自杀式爆炸者来自相对富裕的中产阶级家庭，他们比大部分农村人受过更好的教育，显然能理智地认识到自己对一个强大的国家

具有严重的威胁（第 149 页）。

表象：在富裕的工业社会，像芬兰、丹麦和瑞士这样收入和权利比较平等的国家，自杀率总体上比美国、英国和澳大利亚等不太平等的国家要低。

事实：事实恰恰相反，越是平等的国家，自杀率越高（第 155 页）。

表象：冬季比春季自杀的多，因为寒冷黑暗的季节更容易产生抑郁，而温暖、阳光明媚的季节更易产生兴奋感。

事实：冬季的自杀率低，春季自杀的人较多。冬季人们喜欢待在家里，与家人和朋友在一起，因此也更能安慰压抑的情绪，预防自杀行为。相比之下，大部分人在春季非常活跃，以至于很少注意到那些有自杀倾向的抑郁者（第 155 页）。

亚当看起来像一个正常的大学生，他有 4 英尺 6 英寸[①]高的运动员般的身材，看不出有任何情感问题。在高中时，他越野赛成绩已经达标。如今在大学他聪明睿智，即将获得物理学的学位。他似乎也没有消极情绪，不吸毒，不酗酒，更不是那种动辄抛弃女友的男孩。一天，他买了一支枪，在宿舍自杀，结束了自己的痛苦，而他从未把这些痛苦对家人和朋友诉说过。他自杀时，舍友不在宿舍，而此
139 前他也没有任何自杀迹象。因此，没有人知道他的确切死亡时间（Dalmas，2007）。

像亚当一样，每年大约有 31 000 人亲手结束了自己的生命。在成人的死因中，自杀居于第八位，但在青少年中却高居第二。自杀往往带有讽刺意味。在个性高度自由的社会，我们爱惜自己而不是他人，同时更关注自我。然而，美国每年的自杀率是他杀率的近两倍，这表明，人们自杀的可能性更大（U. S. Census Bureau，2008）。

因为自杀可怕地、悲剧性地结束了生命，因此大部分人对死者及其亲朋好友会表示同情。但出于宗教和其他文化歧视自杀的缘故，许多人可能把自杀看做一种摆脱恐怖生活的简单方式，因而认为这是一种懦夫的行为。然而这一观点与事实不符。许多研究表明，自杀并非易事，因为自杀者需要战胜对死亡的恐惧。这是一种巨大的生理和社会力量，它植根于我们与生俱来的观念中，植根于人类长期进化、反死亡文化和社会化的自我保护的本能中。战胜这种巨大的恐惧并非易事，研究人员对自杀者自杀前的行为进行分析后发现，自杀者需要有一个熟练的过程，要经过多次尝试、伤害自己、学会用枪和系绳索以及寻找过量药物等过程（Joiner，2005）。

因为自杀被视为一种非正常死亡，所以许多人认为，他们肯定是不正常的精神病患者，或者患有严重的抑郁症，因为抑郁会导致自杀（William，2006）。抑郁是自杀的危险因素，因为它在自杀人群中很常见。但这并不能说明它是自杀的原因。在各种危险因素中，抑郁不是自杀最重要的原因，仅仅是原因之一。比老年人更易产生抑郁的青少年，自杀的可能性反较老年人更小（Joiner，2005）。

如果抑郁不是自杀的主要原因，那是什么呢？我们似乎无力对它进行合理解释，这似乎与美国的某种社会力量有关。即绝大多数压抑的美国人没有选择自杀，而那些极少数的人会自杀，是因为他们已经受到某种社会力量的影响，其中包括缺乏社会支持，正如上述案例表明的那样，这些人不能就自己的问题向家人或朋友倾诉；另一些社会因素如种族、性别、年龄等在自杀中也起着一定作用。在这一章中，我们将深入考察种族、性别、年龄等与自杀密切相关的社会因素，也会讨论各种形式的自杀经历、社会反应、一些解释自杀原因和自杀过程的理论等。

一、各种自杀经历

在通往自杀的悲剧之路上，人们发现不同经历、 140
不同类型、悲伤绝望的自杀践行者。一些人“威胁”说要自杀，但是他们的威胁却没有奏效；还有人“试图”结束他们自己的生命却没有成功；而另一些人成功实施了自杀计划。尽管他们都有同样不堪忍受的情感生活，但个体主要有三种不同的自杀方式。

1. 威胁型自杀

那些威胁型自杀者一般表现得最具体、最直接和最清晰，他们明显是想活而不是想死，因为他们只是把自杀当作达到某种客观目标的手段。这并不表明他们会实施这一威胁。如果达不到客观目标，他们就很可能自杀。由于对他们知之不多，所以研究者无法确定他们成功实施自杀的比例。显然那些引起人们注意的自杀威胁更有可能被阻止。一项经典研究表明，为

① 1 英尺＝0.3048 米，1 英寸＝2.54 厘米。——译者注

达到个人目的，人们常用各种手段以自杀相威胁：

> 以自杀相威胁是一种手段，可以逼婚、不离婚、无视同伴的背叛而强迫他们维持伴侣关系、逃婚、强迫父母默认子女的恶习、不进收容所、逃避军事责任而要求得到酬劳、要求获得比同胞姐妹更好的待遇、想方设法逃避军役等。(Siegal & Friedman，1955)

2. 尝试型自杀

与威胁型自杀者想活而不是想死的情况有所不同，尝试型自杀者对此是模糊的。他们经常带有“我不在乎死活”的情绪。因此，与那些明确发出威胁信号的威胁型自杀者相比，尝试型自杀者不会直率地吐露自杀倾向。他们只是表现出轻微的压抑情绪，或告诉其他人自己的失眠状况，但总体上避免提到“自杀”一词。结果是大部分自杀者无法成功地把自己的压抑信号传达给他人。仅有14%～53%的尝试型自杀者提前向他人发出警告，也常常是模糊的信号（Bettridge & Favreau，1995；Wilkins，1967）。由于他们言辞含糊，所以他们发出信息后，其他人并不会认真对待。他们最终会诉诸戏剧化的、含蓄而危险的方法去表达其求助愿望。

这些方法包括割手腕、吞服大量安眠药、在家里或汽车内吸食毒气。虽然这样可能致命，但与那些普遍采用的枪击、上吊等自杀手段相比，并非愚蠢之至（Peck，1985～1986，1984）。另外，大部分尝试型自杀者在开始行动时总是留有一定的余地或设置圈套，这会导致他们有可能甚至一定能得到救助。某些人很可能在离别人很近的地方实施自杀，或在行动后马上求助自己的朋友。这说明他们对死是很犹豫的，大部分人因此被描述成“求生而非求死”（*Psychology Today*，1976）。

141 尝试型自杀者更有可能是女性而不是男性，是年轻人（24～44 岁）而不是老年人（55～66 岁），来自下层而非上层社会。相比之下，那些真正自杀的人则更有可能是男性而非女性，是老人而非年轻人，来自于上层而非下层，他们也有可能吸毒（O'Boyle & Brandon，1998；Hendin，1995；Harry，1983）。然而，自 20 世纪 60 年代开始，尝试型自杀者的性别差异大幅度缩小，这是女性的独立性日渐增强的结果（Kushner，1995；Kessler & McRae，1983）。例如，今天许多女性能比过去更好地处理离婚造成的影响，因为她们在婚姻破裂前就已经在外工作。然而，传统女性仍有可能自杀。她们更有可能习惯于完全依靠他人，在必须独自处理危机时，会感到孤立无助。总的来说，除了这种“养成的依赖性和无助性”之外，与普通人相比，她们可能观念更狭隘，看待事物更僵化。

3. 实施型自杀

大约 2/3 的自杀者在自杀前至少有过一次尝试。大部分自杀者也公开或隐约地向他人吐露过自杀的念头（Hendin，1995，1979）。纯粹的自杀者有多种形式，包括未能满足自己强烈欲望的威胁自杀者，没有得到及时救援的尝试自杀者，下决心求死的人。从自杀者留下的遗书和企图自杀者的报告中，我们至少可以把自杀时的心理分为五种类型。

第一，大部分自杀者感到压抑，他们想摆脱过去的生活。例如一位深受压抑困扰的大学生留级、睡懒觉、饭量小。自杀前他写道（Wartik，1995）：

> 我孤独地、悲伤地、安静地坐着，思考着死亡。我的希望和梦想已经变成一股青烟，我的灵魂一片空白。我回想着自己聪明、热情、感到满足的孩提时代，每一天、每件事是如此重要，没有真正做错过任何事。甚至当我坐下来想着用自己的手结束生命的时候，我还是如此空虚，甚至不能哭喊。

第二，许多自杀者对生者心怀愧疚。例如在下面的自杀遗言中，一位年轻男子对自己的父母充满了愧疚之情（Folse & Peck，1995）：

> 妈妈、爸爸：
>
> 我想成为模范儿子，什么都做到最好，可我总让你们失望。我现在真的鼓足勇气。我再也不能成为你们的好儿子了。我知道，我说多少话，也不能让你们明白我此刻的心情。但请你们尽量接受我真诚的道歉，这是我最希望看到的。天堂再见。
>
> 加里

第三，一些自杀者对活着的人有一种“报复” 142
心理。他们以自己的痛苦和死亡去谴责他人，为惩罚活着的人而寻找复仇的机会。我们可以通过下面这位 38 岁离婚妇女的自杀遗言来说明这种心理（Shneidman，1975）：

> 贝尔：
>
> 你已经杀了我。即使你真有我怀疑的人，我也希望你从内心感到快乐。请把罗弗（Rover）留给迈克（Mike），也要把我的宝贝单独留

> 下来。如果你不这样做，我的鬼魂将伴你余生，我能想到就能做到。你一直有阴谋，你那么残忍。神不会忘记那些事情，也不会忘记那件事。我死后不要送我鲜花，那没有任何意义。保管好你的钱，我想和贝蒂（Betty）埋在珀特地里（Potters Field）的同一口棺材里……你知道你对我做了什么，正因为那样，我才这么做。是因为你和埃勒（Ella）的过错，如果你能忘记就尽量去忘记吧。但你不能……
>
> 你的妻子

一些自杀者可能确实为“自己”做了错事而感到愤怒，并用自杀来惩罚自己，其典型案例是在谋杀别人后自杀，即赎罪型自杀。这里是一位人类学家雷蒙德·弗斯（Raymond Firth，1961）在南太平洋岛收集到的赎罪自杀的案例。

> 普梢（Pu Sao）选择了最古老的自杀形式，他在公众聚会上撕开了自己的胸口，在羞愧中，他爬上椰子树，坐在尖而硬的佛焰苞上，刺穿了自己的直肠而死——一种怪诞的惩罚方式。

第四，自杀变得对身后世界“宽宏大量”。在自杀者的遗言中，一些人要求死后把自己的尸体捐给医学院，另外有人将自己的财产捐赠给慈善机构，也有一些人原谅那些没有善待自己的人。我们可以看看下面的例子（Shneidman，1975）：

> 玛丽：
>
> 如果你能继续爱我，我们就可能幸福。我面前摆着你的照片，我把它当作最后要看的东西。我很爱你，一想到你在另外一个男人的怀里我就受不了……我为你的轻率而献出生命，请不要让我为你的幸福付出更多。我将忘记你所有的过失而记得与你的甜蜜。你知道这是你离开我后我会做的事，因此这不足为奇。再见！亲爱的，我用我破碎的心来爱你。
>
> W. 史密斯

第五，自杀者通常在生命结束的一刹那充满了“超现实”情感。最初驱使他们自杀的那种暴风雨般的紧张状态消失了，取而代之的是有意识地停止最后呼吸时的超乎一切的平静。在这种平静状态中，他们经历着超现实的情感。很多割腕的尝试自杀者说，手腕流血是不疼的。他们能看到也能闻到自己
143 的血液，它引导他们从这个世界“不真实的死亡状态返回到现实和生命中来”。一些割腕自杀者把这种经历比作性高潮过后那种放松和舒服地睡着的感觉（*Psychology Today*，1976）。然而，这种自杀类型如今并不常见，因为现在选择用手枪这种较快的方式结束生命的人数在不断增加。事实上，用手枪自杀的比例上升很快，以至于用枪代替窒息（包括淹死、闷死和上吊）成为今天最普遍的自杀形式。

二、自杀的高危人群

总之，研究其他领域的社会学家、心理学家和研究者都忽视了自杀的威胁和企图，而把焦点放在自杀本身上面。在研究自杀的社会特征时，社会学家主要依靠法医和其他政府官员编撰的自杀统计数据。通常情况下，这些统计用“自杀率”的形式来表达，这是指每10万固定人口中的自杀者数量。同时，社会学家也在某种程度上意识到官方统计的不可靠性。这至少有两个原因（Labovitz，1968；Douglas，1967）。

首先，不同的国家、州和地区判定自杀的程序不同。结果在某地被定为自杀，而在另一地却被判定为自然死亡、意外死亡或他杀。甚至在同一个国家、同一个州或同一个地方，法医有时也无法判定某一死亡是自杀、他杀还是事故。因此，当官方报道一则自杀案时，它不一定是自杀。而当官方没有报道是自杀时，实际反倒有可能是自杀。例如，当一具尸体漂浮在河面上，它可能被报道成自杀，而实际上反倒是意外。也有这样的情况，突然被他杀的人（如在第四章“身体暴力”中探讨的那样）可能被认定为自杀，但常规报道却是当作一般他杀。简而言之，官方统计是很不可靠的，不仅仅因为不同官员对自杀的定义不同，而且从普通他杀、意外或自然死亡中区分出自杀是很困难的。

其次，官方的自杀数据是不太可靠的，因为自杀者及其亲属可能隐瞒自杀的证据，他们可能把自杀说成意外。如果认为自杀对自杀者本人或家庭是不光彩的就更会如此。进一步来讲，许多自然死亡者（大约15%）实际是自杀者，但按常规，却报道成意外死亡（Madge & Harvey，1999；Lester，1985）。因此，官方统计大都低估自杀率。

尽管社会学家认为官方的自杀统计不太可靠，但没有证据证明其不可靠的“数量或水分”有多大。因而，社会学家对官方统计的可靠性问题是有分歧的。那些只想寻求自杀的社会意义而非原因的人严厉指责官方统计，认为那一点都不可靠。相比之下，
那些想探求自杀原因的人认为，官方统计是十分可 144
靠的，或至少在研究自杀方面是可靠的。一些社会学家认为，不存在成批成系统歪曲报道的情况，即串通起来少报自杀数量，也不会故意歪曲哪个社会

集团更有可能自杀（Phillips，1993；Pescosolido & Mendelsohn，1986）。让我们回到这样的分析上来。

1. 开阔地区的农村居民

过去，研究者发现城市化与自杀之间明显相关。研究表明，19 世纪到 20 世纪之间，所有国家的城市居民都比农村居民自杀的可能性更大。城市的高自杀率源于城市生活的特征。城市中异质性的人群、相互冲突的社会价值标准、快节奏多变化的生活方式，都会弱化个人与他人的联系，进而增加自杀的潜在威胁。但是今天城乡差别已大大缩小，因为媒体和其他制度已经把城市文化传播到乡村。这种社会变化可能弱化了大多数国家农村地区传统的社会支持。因此，今天大部分国家的农村自杀率较高（Hill 等，2005；Levin & Leyland，2005；Goldsmith，2002）。

人们已经发现美国农村自杀率高的原因。如表 7—1 所示，高自杀率的五个州比低自杀率各州的农村更多、人口密度更小。而且在美国各州，总体上农村地区的自杀率高于城市。为什么蒙大拿州和怀
145 俄明州等宁静而开阔的农村有那么多人自杀，而在交通堵塞和人口拥挤的纽约和新泽西州却很少呢？为什么农村的自杀率更高呢？一个原因就是，生活在开阔地区的人们在面对与自杀相关的个人危机、意义重大的社会事件时，他们更倾向于社会性孤独，更有可能靠自己，孤立于人群之外，不愿意向他人求助。

表 7—1　　高自杀率和低自杀率的州

州	每 10 万居民自杀数	农村所占面积百分比	每平方英里[①]人口
阿拉斯加州	23.6	34.4	1.1
蒙大拿州	18.9	45.9	6.2
内华达州	18.8	8.5	18.2
新墨西哥州	18.7	25.0	15.0
怀俄明州	17.4	34.9	5.1
平均值	19.5	29.7	9.1
罗得岛州	7.9	9.1	1 003.2
新泽西州	6.9	5.6	1 134.4
马萨诸塞州	6.6	8.6	809.8
纽约州	6.2	12.5	401.9
哥伦比亚特区	6.0	0	9 316.4
平均值	6.7	7.2	2 533.1

① 1 平方英里约合 2.58998811 平方公里。

资料来源：美国国家健康统计中心，2008；美国统计摘要，2008。

2. 白人

确实，美国白人的自杀率比黑人高。每 10 万个白人男性就有 21 人左右自杀，而黑人同比只有 13 人。白人女性与黑人女性相比为 5∶2。白人的自杀率也比亚裔和西班牙裔美国人高。为什么白人比少数族群的自杀率高呢？原因是白人更缺乏社会控制或个性更自由，而这些都与高自杀率紧密相关。但在过去的 20 年间，虽然黑人自杀率没有同龄的白人高，但“黑人青年”的自杀率却直线上升。这说明他们明显向中产阶级流动，这一流动削弱了社会规范对他们的约束，表现在社区和家庭支持网络的断裂、宗教约束的衰弱等方面（Belluck，1998）。

但各年龄组的白人青年（15～24 岁，25～34 岁，35～44 岁）自杀率普遍没有同龄组的土著美国人高。只有较高年龄组（45 岁以上）的白人自杀率才超过了土著美国人。换言之，较年轻的土著美国人的自杀率是同龄组中最高的。主要原因是，占统治地位的白人社会消灭了大部分他们引以为骄傲的传统文化，使他们产生了认同危机、自我怀疑和自我批评，这些都可能导致年轻人自杀。尽管在西南部的普韦布洛人和纳瓦霍人中自杀率较低，但那是因为这些人尽量保持着自己的传统文化价值和社会实践的缘故（U. S. Census Bureau，2006；Yong，1991；U. S. Congress，1990）。

3. 缺乏宗教信仰的人

总的来讲，新教徒的自杀率高于天主教徒，而后者比犹太教徒高。有时由于研究不多，无法揭示出新教徒和天主教徒之间自杀率的差别（Van Poppel & Day，1996；Breault，1986），但是人们对皈依的宗教有着不同的宗教认同（religious identity）或宗教保守性。因此，宗教认同或宗教保护越弱，自杀的危险性就越大。例如，在 1900 年到 1910 年的荷兰，犹太教徒的自杀率远远高于天主教徒和新教徒，明显是因为那里的犹太教徒不像其他国家的犹太教徒那样具有强烈的宗教认同。新西兰的新教 146
徒和基督教公理会教徒自杀率较高，浸礼会教徒次之，基督教教徒自杀率最低（Goldsmith，2002；Stack，1983）。这主要是因为公理会教徒思想最自由，而基督教思想最保守。然而，如果长期坚持宗教认同或保守主义，宗教因素会在自杀中起很大作

用。因而在美国，那些支持儒教、佛教和印度教的人，不会强烈反对自杀，他们会比那些信仰基督教或伊斯兰教等禁止自杀的教徒，发生自杀的可能性更大（Ibrahim，1995）。

大部分社会学家运用涂尔干的社会整合理论来解释自杀率在宗教上的差别。因此，拿新教徒与天主教徒或犹太教徒相比，新教徒自杀率最高，因为这些教徒与教派的整体联系更为松散。实质上，宗教认同低、宗教自由主义、宗教整体性缺乏似乎都反映出同一事实，即不良社会因素的介入。不管人们是新教徒、天主教徒还是犹太教徒，如果他们没有加入教会或参加一些宗教活动，就很有可能出现自杀。事实上，正如研究所表明的那样，徒有其名的基督教徒比真正的基督教徒更有可能自杀（Kay & Francis，2006；Van Tubergen 等，2005；Goldsmith 等，2002）。

4. 男性

在大多数社会中，男性比女性自杀的可能性更大。这可能与两性间的社会不平等有关。鉴于有更多自由和机会成功，男性发现自己在生活中遇到麻烦时很难去责难他人，相反，更容易因为自己的问题而责备自己，因而更有可能产生攻击自己的自杀行为。所以，性别不平等越严重，自杀的性别差异也就越大。但许多研究表明，随着 20 世纪 60 年代性别不平等的缩小，自杀的性别差异也在缩小（Steffensmeier，1984；Stack，1982）。不过正如我们所看到的，男性自杀率依然很高。尽管相比之下女性的“尝试型”自杀率远远高于男性（Canetto & Lester，1995；Kushner，1985）。

在自杀手段上也有性别差异。如表 7—2 所示，男性更有可能开枪自杀，而女性更有可能采取服毒的方式，包括吸入煤气和过量服用安眠药。这种性别差异说明，男性大多是确切型自杀（completed suicides），而女性则是尝试型自杀（attempted suicides）。大部分确切型自杀主要使用立即致命的开枪自杀手段，而大部分尝试型自杀却不会立即致命，例如煤气中毒和药物过量（Miller & Hemenway，1999；Gunnell，Wehner & Frankel，1999）。

表 7—2　性别和自杀方法

自杀方法	男性（%）	女性（%）
枪类	66	39
中毒[①]	14	35
上吊	15	13
其他	5	13

（续前表）

① 包括服用药物过量和煤气中毒。

资料来源：美国国家自杀预防策略，2005。

大部分社会，特别是西方国家，确实存在一种 147
现象，那就是企图自杀者中女性比男性多，但自杀成功的很少，因为她们更多采用的是难以致命的方法。但是，越来越多的证据表明，在中国和印度农村，那些企图自杀的女性有可能采用致命的方法，如上吊、溺水、吞服农药和纵火自焚等。因此，亚洲国家恰好与西方相反，亚洲女性的自杀率远远高于男性（NewsRx.com，2004；Pearson & Liu，2002）。西方大部分男性自杀是失范型自杀（anomic），因为他们更多地违反了社会的一般规则或有更多的个人自由度。但大部分亚洲女性的自杀是宿命型自杀（fatalistic），这主要是因为她们受更多的社会规范束缚却没有自由，这使她们感到掉进了不公正的社会陷阱，如包办婚姻等。

5. 离婚或单身

婚姻状况的不同会使自杀率大有不同。总的来说，离婚者自杀率最高，已婚者自杀率最低，单身或鳏寡居中。已婚夫妇对自杀具有免疫力。有孩子的夫妇比没有孩子的夫妇对自杀的免疫力更强（Goldsmith 等，2002；Lester，1991；McIntosh，1991）。上述情况表明，我们与他人的联系愈多愈密切，就愈有可能逃脱自杀的困扰。

6. 老人

在美国，自杀率随着年龄的增长而上升，年轻人自杀率最低，老年人最高。最明显的现象是，64 岁老年人的自杀率猛增，在老年组中最高。但是自杀率和年龄之间的关系只限于白人中间。更有意思的是，当白人男性的自杀率随年龄上升时，非洲裔美国人的自杀率却在下降（参看图 7—1）。

为什么白人男性老人的自杀率上升如此之快呢？社会学的解释是，随着老年生活的开始，婚姻、孩子、工作、友谊、社区及其他社会承诺与活动等纽带开始松弛，导致了自杀率上升。当“孩子成年离家、配偶去世、职业生涯结束和健康状况下降”时，社会纽带不可避免地松弛（Girard，1993）。当老人面对严峻的生活问题时，因缺乏他人的有力支持，更容易自杀。

148

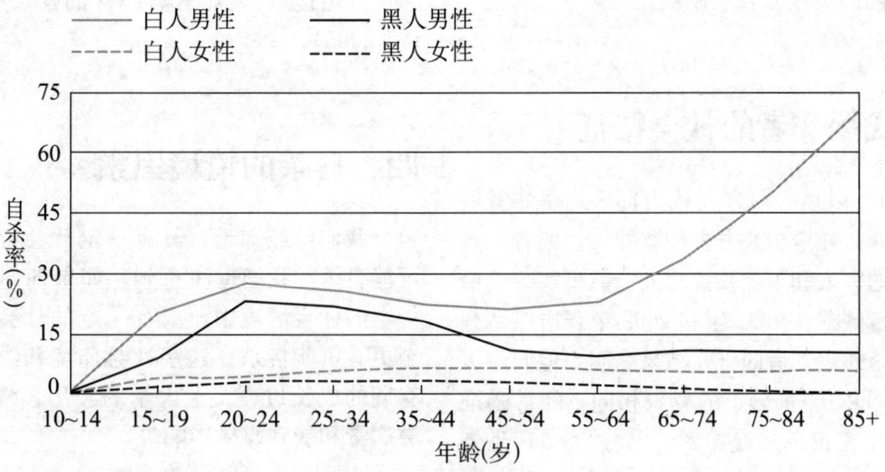

图 7—1　年龄和自杀

资料来源：美国国家自杀预防策略，2005。

然而，正像克里斯·吉拉尔（Chris Girard，1993）指出的那样，有很多寡妇和鳏夫的自杀率却没有上升。显然仅仅是社会纽带的缺乏并不会导致高自杀率。根据吉拉尔的观点，更多的是因为身体、精神能力的下降才自杀的，因为它威胁到人们的自我认同，谁都希望自己是有能力、有价值的人。男性的自我认同在老年时更有可能受到威胁，因为它具有表现型（it is oriented to performance）的特点，更容易从成功经商或从业能力方面表现出来。相比之下，女性的自我认同却更内敛，即建立在“我就像我，正因为我有我自己的方式一样”的基础之上。

老年妇女通常把自己看做长辈、照顾别人的人、宗教意义上的人、有嗜好的人，或其他不受年龄影响的人。但随着越来越多的女性进入商界，她们的自我认同将逐步转向表现型，老年自杀率也会像预料中的那样上升（Girard，1993）。

非洲裔美国男女的情况又怎样呢？为什么他们的自杀率不像白人男性那样直线上升呢？很明显是因为他们的自我认同不是表现型的（performance-oriented），因为种族主义长期以来堵住了他们进入商界和职场的可能性。尽管因为非洲裔美国人的文化强烈谴责自杀，自杀率上升不会很明显，但仍然像前述的白人女性那样，随着他们进入商界的机会增多，自杀率也会升高（Early & Akers，1995；Early，1992）。

7. 相对富裕的人

在考察不同阶层的自杀时发现有很多方面不一致。社会学家在长期观察后发现，富人比穷人更容易自杀，因为他们的地位和期待使他们更容易陷入经济危机（Henry & Short，1954；Durkheim，149
1897）。在发掘的材料中就能找到相关论据，即富裕的发达国家比那些贫困的发展中国家自杀率高。在美国这样的富国中，与低失业率和高就业率相伴随的，是比那些高失业率低收入国家更高的自杀率。特别是医生，在所有职业中是自杀率最高的（Noonan，2008；Lester，2000）。而在墨西哥这样的发展中国家，富裕的中等阶层比下层的自杀率高（Stack，1982）。然而，社会阶层与自杀之间的关系在社会学研究中还没有真正明确。一些研究结果恰恰相反，如认为穷人的自杀率比富人高（Stack，1982）。这种观点是从常说的失业者中得出的，失业更有可能发生在穷人身上，因而也和自杀相关联（Platt，1984）。在研究者看来，贫穷和失业产生了压力，加剧了本来就有的压抑，于是就有可能导致自杀。不过第三种研究却认为，并没发现社会阶层和自杀之间有任何联系（Marks，1980）。

相关证据矛盾重重，主要是因为研究者给社会阶层下的定义或对社会阶层与自杀间关系的检验方法不同而引起的。一些人用收入，而另一些人则用职业给社会阶层下定义。在分析社会阶层与自杀的关系时，一些人运用干扰性因素的影响，如种族、年龄或离婚，而另一些人却没有从这种角度去探讨。有鉴于此，我们不能确定是富人比穷人自杀的多，还是相反。但我们可以合理地推断，富人比穷人更容易自杀，因为所有证据都表明，富裕阶层比贫困阶层自杀率高，白人（一个相对富裕的集团）比黑人（贫困率较高的集团）自杀率高。

三、自杀式爆炸者的社会特征

自“9·11”以后，西方人认为自杀式爆炸者一定是精神病患者，或至少是失去理智的人，或者来自第三世界国家的穷人和未受教育之人，但事实却恰恰相反。对149名试图在1993年和2002年袭击以色列的巴勒斯坦自杀式爆炸者的研究结果表明，他们中大部分人与“9·11”恐怖分子的背景相同。经常瞄准美国士兵的伊拉克自杀式爆炸者，也与“9·11”恐怖分子背景相同。他们来自相对富裕的中产阶级家庭，比该国大多数农村人受过更好的教育。因此，他们显然也很清楚，例如在这场与以色列人实力悬殊的战争中，他们只能以自杀式爆炸作为最终的有力武器。他们就像“9·11”恐怖分子一样明白，自己打不赢传统战争，因为没有坦克、大炮和空中力量，而他们的敌人却拥有世界上最有威力、最现代的军事设施（Nordland等，2007；Pape，2005）。

有证据进一步显示，自杀式爆炸者大多是年轻人、男性和单身。像“9·11”恐怖分子那样，巴勒斯坦和伊拉克自杀式爆炸者认为自己是烈士而不是恐怖分子，中东地区的许多人也这么认为。他们的父母也以他们为骄傲。在巴勒斯坦自杀式爆炸者萨
150 伊德·郝塔里（Saeed Hotari）爆炸身亡后，其父亲曾说：“我很幸福，我为我儿子的举动而骄傲。他已经变成了一位英雄！我还有更多理由去问自己吗？我祝愿萨伊德的兄弟和他的朋友们也能为此而献身。没有更多的理由表达神对他的爱怜。”爆炸者也接受其他更为具体的社会支持，在完成使命自杀身亡后，他们的家庭可以得到来自支持者创办的恐怖组织的永久抚恤金。最后，自杀者也相信，他们将在天堂里获得一个特殊的位置（Begley，2004；Dickey，2002；Ripley，2002）。

自杀式袭击并不新鲜，也不是仅仅出自中东。在1911年的中国，72位拥护民主的革命者，大部分是学生，冲击了清朝的守卫部队，牺牲了自己的生命，目的是激励麻木的中国人推翻专制的清王朝。1945年第二次世界大战结束之际，日本空军敢死队队员开着飞机撞向太平洋上的美军舰队。今天的斯里兰卡，以泰米尔猛虎组织闻名的反政府武装，为建立泰米尔国家，发动了近200起自杀式袭击。所有这些自杀式袭击者都与伊拉克、巴勒斯坦和“9·11”自杀式爆炸者有同样的社会特征（Gambetta，2005）。

四、自杀的情境因素

我们已经知道，具有一定社会特征的个体更有可能自杀。我们也注意到，如果他们发现自己处在一定的社会情境中，或有一定的社会阅历，他们甚至更有可能自杀。这些社会环境和经历可能包括青春期的成长过程、上大学的经历、蹲监狱、感染艾滋病毒和受到媒体影响等。

1. 度过青春期

每年大约有2 800名10～21岁的青少年和更多的中学生（大约300万，或20%）在第一学年认真地考虑过自杀问题。自杀在青春期的死因中位居前列，是继意外和他杀之后的第三位死因。虽然报道中有意外死亡，但是许多意外，特别是夺去年轻人生命的车祸，实际上是自杀（U.S. Census Bureau，2008；Hosansky，2004；Phillips，1979）。更值得注意的是，当年轻人的自杀率仍然低于老年人的时候，与过去的同龄人相比，今天13～19岁的青少年更有可能自杀。在美国所有的年龄组中，青春期的青少年成为过去30年以来自杀率增幅最大的人群。正如表7—3所示，自杀率增长最快的是15～19＋岁组。相比之下，在35～65＋岁的中老年组自杀率却有所下降。

表 7—3　　各年龄组自杀率的变化 151

年龄	自杀率		变化（%）
	1970	2004	
15～19	5.9	8.2	＋39
20～24	12.2	12.5	＋2
25～34	14.1	12.7	－10
35～44	16.9	15.0	－11
45～54	20.0	16.6	－17
55～64	21.4	13.8	－36
65＋	20.8	14.0	－33

资料来源：美国统计摘要，2008。

青年人中自杀率骤增可能是因为青春期的生活危机比过去30年更严重。青春期处于儿童向成人过渡的困扰时期。他们仍被当作孩子（例如：人们认为他们太年轻、不能喝酒、不能回家太晚，也不能

有性行为）而不是成年人（年龄太小，不能驾车、工作或投票）来看待，青春期的青少年越来越感到“冲突”和混乱，既不愿被当作孩子，又担心不能合理地免除成年人的责任。这种情感经常以偏差行为的方式如反抗父母、犯罪、吸毒、随意驾驶或其他夺人眼球的形式表现出来（Hendin，1995）。这些问题是儿童期向成年期过渡时所表现出的部分问题，也是每一代得到社会支持的青年人必然经历的，而且很容易表现出来。

然而，在过去的30年里，青年人在家庭、经济和宗教领域发生了巨大变化，使得这些过渡问题更加棘手。现在，离异家庭、单亲家庭、双职工家庭以及“小鬼当家”的学生越来越多。与30年前的同龄人相比，青少年也不可能在上学期间做钟点工，不可能在夏天得到全日制工作。今天，他们到教堂参加礼拜和其他宗教活动的人数也较少。换言之，当代青年在社会凝聚力和适应社会规范（家庭、用人市场和宗教方面所提供的）方面呈下降趋势，因而自杀率也在上升（Hawton & Harriss，2008；Stockard & O'Brien，2002；Mulrine，2001；Stack，1986）（与自杀相关的社会凝聚力和规则将在以后讨论）。

虽然人们对百忧解（Prozac）、帕罗西汀（Paxil）和舍曲林（Zoloft）等抗抑郁药物是否增加了青少年自杀率争论不休（Carey，2008），但家长们在美国食物和药品管理局公布结果之前就证实，他们的孩子是服用抗抑郁药后才自杀的。同时，一些精神病学家也认为抗抑郁药物能引起自杀（Fritz 等，2007）。但是，许多精神病学家并未谴责抗抑郁药物本身，而认为自杀是由抑郁引发的。他们指出，最容易自杀的青少年一般都患有严重的抑郁症。那些精神病学家进一步认为，如果没有抗抑郁药，自杀率会上升更快。有证据支持这一理论：在2003年至2005年间，为患有抑郁症青少年开的处方下降了50%，而青少年自杀率在2003年至2004年间上升了18%（Rosack，2007；Dokoupil，2007）。

152 2. 进入大学

美国的大专院校中每年大约有1 000名学生自杀。在过去的12个月中，更多（约150万，或10%）在校生认真地考虑过自杀。这些问题今天变得很普遍，这也促使许多大学努力预防校园自杀（Kisch 等，2005；Hosansky，2004；Arenson，2004）。在大学生中间，名校学生自杀的可能性更大，因为他们在激烈的竞争氛围中压力很大。总体上来说，在任何被调查的学校中，有自杀倾向的学生其研究能力较强，但开始考虑自杀的时候，他们的成绩会明显降到Ds和Fs，其中大部分人会在父母和朋友面前表现出烦恼或压抑（Sontag，2002；Lester，2000；Hendin，1995；Peck & Schrut，1971）。

大学生活压力相对较大，这可能是他们自杀的重要因素。但其他因素也可能引起自杀，那些较棘手的压力，如缺乏社会纽带或社会支持，成为这些自杀者中的一个普遍问题。正如一位学生所描述的：“这个地方是个该死的组织！没有人真正在乎发生了什么。因此，没有人注意到我何去何从。”（Rickgarn，1994）另一名自杀学生说：“没有人想和我联系，我从来没有感到如此孤单。我孤独地吃饭，没有人到房间来看我。”（Rickgarn，1994）作为大学生自杀的重要因素，缺乏社会纽带和支持也可以从他们大多是单身中得以验证。如果没有配偶和孩子，大学生就缺乏社会纽带，这种纽带曾帮助夫妇减轻了压力，从而限制了大学生们去自杀。正因为如此，许多大学为保护自己的学生不去自杀，创造了更精致的生活和学习环境，这样的环境减少了学生的孤独感并唤醒了他们的归属感。（Sliverman，2008）

3. 在监狱

自杀是被监禁期间相对普遍的现象，事实上是囚犯的首要死因。在许多国家，监狱里的自杀人数比监外自杀人数多得多。囚犯的自杀人数很可能是自由公民的5～8倍。囚犯自杀率在过去20年中大大超过普通人的自杀率（Fazel 等，2005；Hayes，1995；Liebling，1992）。

在监狱中自杀的主要是20岁刚出头的单身白人，或离异白人，他们缺乏稳定的社会关系和社会支持。大部分是上吊自杀，这最容易。具有讽刺意味的是，相当多的自杀者是在候审或等待宣判的本地监狱内自杀，而不是在宣判之后的国家监狱。更有讽刺意味的是，大部分自杀者犯的都是较轻的罪行。难道他们患有精神病或神经错乱了吗？答案是否定的，他们比社会上其他自杀者患有抑郁症或有过精神治疗史的情况少。直接的原因似乎是，他们对其他同室的囚犯或监禁本身产生的恐惧，这是一个从熟悉而安全环境中的自由人变成一个陌生而危险环境中的囚犯所产生的“剧烈变迁”（radical transformation）造成的，而判决结果的“不确定性” 153
又加剧了这一心理（Hayes，1995；Lester & Danto，1993；Liebling，1992）。

在监禁的最初阶段压力最大，但随着对监狱生活的适应，压力会慢慢减弱。难怪同室囚犯在最初几天自杀的可能性较大。然而，那些被判死刑或等待执行的同室死囚，也比其他普通囚犯的自杀率高，但这种自杀的直接原因是巨大的绝望或无助（Hayes，1995；Lester & Danto，1993；Liebling，1992）。

4. 艾滋病打击

研究表明，受恶疾困扰的人群自杀率较高，如晚期癌症患者。因为艾滋病（获得性免疫缺陷综合征）会致命，所以艾滋病患者比其他病人自杀的可能性大也就不足为奇了。一项研究表明，纽约市每 100 000 个男艾滋病患者中，就有高达 700 人选择自杀，而非艾滋病男性患者的自杀人数仅为 20 人（Mancoske 等，1995）。权威的解释是，当与艾滋病相关的社会污名让病人感到被抛弃和被孤立时，艾滋病患者就产生了巨大的无助感（Beckerman，1995）。

但是，有些人并非患者，而仅仅是艾滋病病毒（人类免疫缺陷病毒，是一种能引起艾滋病的病毒）的携带者，他们有活下来的机会，却更有可能自杀。从艾滋病病毒携带确诊到企图自杀，仅仅只有 1～4 周时间。为什么这些艾滋病病毒携带者比艾滋病病人更容易自杀？原因之一是，由艾滋病病毒感染结果的不确定性，即是否能导致死亡带来的高度紧张心理。相比之下，艾滋病人面对死亡的确定性，却更有可能产生一种屈从或接受心理，从而减少了紧张，因此也减少了自杀的危险。另一个原因是，从健康人突然变成一个垂死的重患者所带来的巨大心理落差，这种巨变带来了极大的压力。一段时间后，当艾滋病病毒携带者完全成为艾滋病人时，这种压力可能减少，因为病人将学会控制对死亡的恐惧感。事实上，一些晚期艾滋病人可以像健康人那样出现低自杀率（McKegney & O'Dowd，1992）。换言之，那些艾滋病病毒携带者的压力与那些刚入狱的自杀者是相同的。在两种情况下，压力均来自对新的、恐怖态势的不确定性以及不能正确对待地位的巨变。

5. 媒体的影响

研究表明，大众媒体会影响自杀。当一位名人，例如小说家欧内斯特·海明威（Ernest Hemingway），著名影星玛丽莲·梦露（Marilyn Monroe），或格朗基摇滚乐（the grunge-rock）歌星科特·柯本（Kurt Cobain）等自杀的消息在媒体广泛宣传后，全
154 国的自杀率呈上升趋势（Stack，1987；Wasserman，1984）。这并不是说名人自杀会引起普通人模仿，而是模仿自杀更有可能在那些有自杀倾向的人中间发生，他们具有与前述高自杀率相关的社会特征（例如男性和白人）。那么为什么名人自杀刺激了那些普通人进行模仿性自杀呢？很明显，这是因为名人被视为典型的楷模，名人以此证明了自杀行为本身的合理性，并把自杀当成是解决困扰的一种方式。在这里也特别提到，如果消息传得很广，真正达到家喻户晓，那么普通人自杀的新闻也能促使全国自杀率上升。这种媒体的公众性对模仿自杀的影响，就像电视商业广告促使消费者的购买风潮一样（Stack，1991）。大众媒体能进一步影响自杀的方式。如自杀者选择枪击、上吊或服药等自杀方式，可能是因为看见电影或电视中那些自杀者使用过（Crabb，2005）。

乡村音乐对自杀也能产生很重要的影响。研究表明，电台播放乡村音乐的时间越长，白人的自杀率就越高。乡村音乐易于调动自杀倾向者原有的那种自杀情绪而促使自杀发生。因为乡村音乐传递了许多与自杀有关的主题，例如婚姻的冲突和解体、酗酒、财政拮据以及工作压力。对 1 400 首乡村音乐内容的分析表明，3/4 的内容是关于爱情的艰难困苦。孤独无助弥漫于大部分乡村音乐中。然而，乡村音乐不可能驱使人们自杀，它只能在那些带有自杀倾向的人群中增加自杀的危险性（Stack & Gundlach，1992）。

五、环球视野：自杀

总之，工业化程度越高，自杀率就越高。因此，美国和其他西方国家的自杀率通常高于发展中国家。西方社会自杀率较高是因为人们更加现代和个性化，他们更加自立，这会让压抑者更有可能以孤独来保护自己。但是发展中国家更加传统并趋向群体化，人们更期待相互依赖，因而压抑者更有可能得到他人的支持。

然而在工业化发展较快的中国、韩国和新加坡等发展中国家，现在的自杀率已高于西方国家。除了工业化的高速发展之外，其他戏剧性的社会变迁也可能扰乱了传统生活方式，最终导致自杀率上升（Pritchard & Baldwin，2002）。例如在俄罗斯，20 世纪 90 年代苏联的解体致使自杀率上升，主要是由于解体后失业、贫穷、离婚和酗酒等社会问题骤增（Pridemore & Spivak，2003）。南非也是这样，20 世

纪90年代白人统治的垮台使得黑人自杀率大大上升。现在，南非人享有更多的自由和机会，然而传统的社会纽带被依靠自我的压力所扭曲，黑人感受到更多的成功压力。像一位自杀男子的继母所言：
155 “我们现在和以前不同了……以前曾经有人对你感兴趣并帮助你。但是现在，当他需要朋友的时候，朋友在哪里呢？人们之间没有信任，每个人只做他自己的事。”（Laubscher，2003）

总的来说，在那些富有的发达国家，芬兰、丹麦和瑞士等收入极为平等的国家，自杀率比美国、英国和澳大利亚等收入不平等的国家要高。收入平等带来更多的个人自由，会引发更多自杀。因为自由越多，个人越会依靠自己而不是别人来解决个人危机。那些面对危机时太主观或太情绪化的人，解决问题就会很困难，因而自杀的危险性加大。

在过去的100年中，西方工业社会在自杀率上也经历了短暂的变化。春天是自杀高峰期，冬天是自杀低潮期；周一开始自杀率明显上升，而周末却骤然下降。原因是人们生活的起伏变化。在春天和每周开始时，大部分人非常活跃和忙碌，人们很少注意那些有自杀倾向的抑郁者，那么这些人更容易发生自杀。但在冬天和周末，人们有机会待在家里与亲朋好友一起放松，因而更有可能为那些压抑者提供社会支持，预防其自杀（Painter，2008；Bjorksten，2005；Lester，2000）。

六、自杀的社会反应

自杀率的高低在一定程度上要看社会反应如何。正如七十多年前两位社会学家观察分析的那样：“哪里的风俗习惯接受或宽恕自杀，那里就会有很多人结束自己的生命；哪个社会通过教会和法律严厉谴责自杀，通常就不会发生自杀。”（Dubin & Bunzel，1993）有足够证据证明这一观点。伊斯兰国家对自杀的谴责远远超过其他社会，因而自杀率通常较低。同样，非洲裔美国人在美国的自杀率相对较低，因为他们的文化就强烈地谴责自我毁灭（Early & Akers，1995）。在西方社会，因为对自杀的更为宽容的态度，自杀在20世纪比上几个世纪更加普遍。过去，那些自杀者被当作罪犯来惩罚；如今，自杀会受到同情。例如中世纪的英格兰和欧洲，自杀者会被惩治以至驱逐出教堂墓地、财产充公，或心脏中间钉上木桩后埋葬在十字路口，这可能是对游魂的谴责。今天，我们从未听说亲友们对自杀如此冷酷，相反，他们对自杀者满怀怜爱之情，或至少会充满温柔。

1. 生者的反应

当一位自己敬爱的人如朋友或家庭成员自杀后，那些被死者抛弃的生者经常会有负罪感。父母的自杀对年轻人而言特别痛苦，他们可能因为负罪感难
以平静，以至于发生严重的精神错乱。孩子们通常 156
认为，他们在某种程度上对父母的死有一定责任（Carter & Brooks，1991）。成年人也很难摆脱负罪感的冲击，他们经常责备自己没有察觉到自杀者的意图，因为他们没能阻止自杀，甚至促成了自杀（Shellenbarger，2001）。在某种程度上，社会通过强加给他们责任而强化其自责。然而，成年人并不像孩子那样，他们能够缓解负罪感。就像一项研究所表明的那样，成年人能通过几种方式缓解自己的负罪感：（1）他们认为自己对自杀者不错。（2）他们把自杀当做不可避免的现象，他们相信，即使自己对死者相当好，他们仍然无法阻止对方。（3）他们认为这对自杀者而言是好事，因为死者不用在这个世上受苦了（Henslin，1970）。

大部分人也会因为疾病和感情困扰（如偏头痛、高血压、疾病发作和抑郁）而自杀。这些症状类似自然死亡或意外事故中的丧亲，但比后者会造成更长时间的精神错乱。这在自杀六个月后仍然会困扰幸存者。然而同时，剩余的家庭成员关系通常会密切起来，主要是因为自杀事件使他们在困境中彼此更加亲近。生者可能得到其他亲朋好友的支持，他们以同情、倾听的态度，尽量避开死亡的话题，目的是更加关注生者的生活（Shellenbarger，2001；Farberow，1991）。那些一直难以摆脱亲人自杀阴影的人容易出现健康问题，他们避免与朋友交谈，把它当做一个“心理上的难言之隐”（psychological skeleton in their emotional closet），这种做法可以理解（Pennebaker & O'Heeron，1984）。

为人父母的人自杀对他的孩子会造成不可估量的影响，而孩子的自杀对父母影响更大。除了孩子自杀后的震惊和崩溃外，父母很容易感到对孩子的死负有不可推卸的责任，因为他们能强烈地感受到孩子自杀给他们带来的污名。研究表明，更多人会谴责自杀孩子的父母。通常，公众要问这样的悲剧是怎么发生的（Calhoun，Selby & Faulstich，1980）。

2. 提倡自杀

自从美国最高法院在1990年规定，南希·克鲁

赞（Nancy Cruzan）的父母有权撤去维持女儿生命的进食管后，越来越多的美国人开始大胆地相信，违背病人的愿望去延长自己的生命是不道德的。事实上，大部分美国人认为，病入膏肓的人应该有尊严地死去，而不是像植物一样没有生机地活着。为回应这一现实要求，国会通过了《病人自决法案》，
157 该法案要求医院通知病人，他们有权通过生前的意愿控制其治疗，即可以建议医生在晚期帮助他们实施安乐死。这实际上就是允许病人拒绝治疗而自杀。美国有半数以上的医生支持这一做法，而且政府和部分公民决定削减医疗费用，也迫使更多医生不再采取极昂贵的方案治疗那些一直昏迷不醒的晚期病人（Gibbs，1995；Davis，1990）。

然而，停止治疗的自杀行为与医生协助自杀有所不同，后者是指医生通过注射致命药物帮助病人死去。据全国调查显示，大部分（72%）美国人认为，晚期重病患者有权去死。但这在美国绝大多数州都是非法的。并且只有一小部分（不超过5%）美国医生会帮助病人结束生命（*Contexts*，2004）。

甚至在俄勒冈州，这个美国唯一一个认为协助自杀合法的州，1998年—2005年间，医生只帮助71名病人（或每100 000人中的5人）实施了安乐死。相比之下，在安乐死同样合法的荷兰，每年大约有4 000名病人（或每100 000人中的25人）在医生的帮助下自杀。荷兰与美国的不同之处在于荷兰安乐死更容易。在荷兰，年仅12岁的孩子可能征得父母同意而安乐死，但在俄勒冈州，至少到18岁才行。同时在荷兰，只要是慢性病且病人不堪痛苦就符合安乐死的条件，但在俄勒冈州，一定要是重病晚期，并且生命只能维持半年或以下时才能采用这种方式。很明显，安乐死在荷兰比美国俄勒冈州更自由（Yen，2005；Nelson，2004；Liptak，2002；Cloud，2001）。

然而，俄勒冈州的协助自杀法在全美国得到广泛支持，2006年，美国最高法院对俄勒冈州的法律也表示赞同，助长了其他州努力通过类似立法的气焰。最主要的原因是人们认同病人无法忍受的痛苦。一些批评者争辩说，医疗业因此而受到谴责，因为大多数医生不知道如何止痛，以致高达90%的病人死于剧痛（Guthrie，2006；Gibbs，1993a）。批评家们认为，如果医疗业能够消除病痛，重病患者就不会要求自杀。但是，难以缓解的病痛并非自杀的唯一原因。在主张安乐死的人眼中，生活质量（例如失去尊严、失去自治或失去生活的意义）比仅仅活着更为重要。因此，他们进一步争辩道，如果人们发现他们的生命没有价值或不堪忍受，就应该让他们去死。也有一些合法的观点，即主张自杀的权利，与宪法保证的隐私权、独处权等是相同的（Ganzini等，2008；Rosenfeld，2004；Gianelli，1999）。

3. 预防自杀

所有这些都惊动了生存权组织（right-to-life groups）。他们更加关心神圣的生命。鉴于生命的神圣不可侵犯，他们认为夺去一个人的生命在道德上是站不住脚的，同时，国家有义务保护生命而不是毁灭生命。他们担心医生协助自杀将很快“下滑”到更大范围的安乐死。他们相信，虽然病人并不一定想死，但社会使他们身心上有别于一般人，处于贫困及其他方面贬值，那么多“绝症患者”会像同辈人被纳粹德国消灭那样被社会所消灭。158 其生命似乎是不合生活规范的，是没有价值的，而结束生命被视为合乎情理的仁义之举。如果这些病人不能合法地要求死去，他们将处在巨大的社会压力之下去自杀，人们认为这是爱的举动和爱国行为，因为这会减轻家庭和社会的沉重负担（Hendin，1997；Mauro，1996）。正如一位反对怜悯重病患者的作者总结的那样：“杀死那些没有高质量生活的人是一个飞跃，也许随着人类器官捐献的前景日益广阔，社会将得到意外的收获。”（Smith，1993）

当生存权组织尽力阻止医生协助自杀时，另一个组织则更加关注大规模的抑郁人群的自杀行为。从20世纪50年代开始，许多预防自杀的团体就出现于各国。至少有150个类似的团体出现于英国，200多个在美国。它们的首要职责就是鼓励那些压抑的个人打电话向它们求助。它们24小时都有友善的、富有同情心和奉献精神的志愿者在工作（Hendin，1995）。

有证据表明，这些组织能够应用心理咨询的方法有效地解决一些个人潜在的自杀问题。但它们不能实质性地降低自杀率。因此，尽管过去40年中，美国自杀预防中心的数量激增，但自杀率仍没有明显下降。一项研究表明，无论各县有没有自杀预防中心，总体上自杀率几乎没什么差别（Miller等，1984）。因为自杀是一种社会问题（主要由社会因素引起）而非心理问题（个人内部的心理因素）。

值得注意的是，像老人这样有明显自杀倾向的人群，往往会远离自杀预防中心，而且在一些案例中，他们确实打过求助电话，但仍然选择了自杀。换句话说，那些没有自杀倾向的人，例如白人女性是向求助中心打电话的主要人群，她们不可能选择

自杀（Hendin，1995；Greer & Weinstein，1979）。也可以这样说，自杀预防中心对那些没有自杀倾向的人群有用，而对那些可能自杀的人却没用。很明显，这些组织无法解决老年人和其他严重自杀倾向者的社会支持问题。这些社会力量本质上到底是什么呢？下面的一些理论将会给我们提供一些答案。

七、自杀的社会学理论

在广义上对自杀进行解释，可以分为两个体系：精神分析理论和社会学理论。精神分析理论认为，自杀者本人患了某种疾病，然而社会学理论认为自杀者本人没有毛病。具体而言，对精神病学家来说，自杀人群在某种程度上患有心理疾病，因而认为自杀是心理疾病造成的。少数精神病学家坚持弗洛伊德的观点，认为死亡冲破了防御的栅栏，驱使个人走向
159 自杀。然而，大部分精神病学家在理论上认为，自杀是心理压力、病态的渴望、强烈的无助感、深深的受挫感或孩提时痛苦而难忘的经历等导致的。有一个例外就是心理学家托马斯·乔依纳（Thomas Joiner，2005）的理论，这种理论把三种社会和心理因素结合起来解释自杀原因。为了自杀，人们必须首先战胜对死亡的恐惧，这是人性中长期形成的自卫本能。他们通过不断经历暴力、痛苦或伤害，战胜了对死亡的恐惧，以致最终让自己丧命。他们会感到自己成为所爱的人及其他人的负担，最终一定会感到自己在社会上是孤立的、无任何牵挂的和离群索居的。

对大多数社会学家来说，精神病学家把自杀归因于心理问题，这毫无意义，因为他们无法解释为什么有些人（例如男人、白人或老人）比另一些人（妇女、黑人或年轻人）更容易自杀。如果我们应用精神病学理论来解释，我们就会得出结论，男性、白人和老人都有点心理不正常，当然这是有违事实的。对社会学家来说，自杀原因不在于个人，而在于个人所属的群体。但不是所有的社会学家都是寻找社会原因的实证主义者，一些社会学家是建构主义者，他们更愿意寻求自杀的社会意义。以下我们将讨论自杀的两种实证主义理论和两种建构主义理论。

1. 涂尔干的经典理论

法国社会学家埃米尔·涂尔干（1897）在很多年以前就提出了自杀的实证主义理论，至今这仍然是该领域最有影响的理论。如果我们专注于细节，就会被其理论的模糊性和不一致性搞糊涂，这是只见树木，不见森林。但是如果把它当作一个整体，就好像综观整个森林，我们可以明白无误地用这一理论去解释集体对各类自杀的影响。让我们从整体上来把握这一理论吧！

根据涂尔干的理论，自杀有两个主要原因：一个与“社会整合”（social integration）相关，另一个与“社会规范”（social regulation）相关。社会整合是指个人愿意把自己置身于某一团体或社会，成为其中一员。社会规范是指个人受其所加入的团体或社会的限制、强制或控制。社会整合或社会规范随个人情况不同而不同。例如，相对于那些未婚者而言，已婚者在道义上社会整合度更高，他们是所谓初级群体的重要部分，如家里的夫妇或父母。与男性相比，女性更容易受到社会性别的不平等对待，如案例所言，与兄弟们相比，女孩受父母的控制更多。

根据涂尔干的理论，社会整合度过高和过低都有可能导致自杀，然而社会整合度适中的人群却不会这样。同理，受社会规范的约束过多和过少都比适度约束自杀的可能性大。在图 7—2 中展示了 4 种自杀行为：(1) 利己型自杀，由于社会整合度过低。(2) 利他型自杀，由于社会整合度过高而引起。(3) 失范型自杀，由于社会规范的约束过低而自杀。(4) 宿命型自杀，由于社会规范过多而自杀。

160

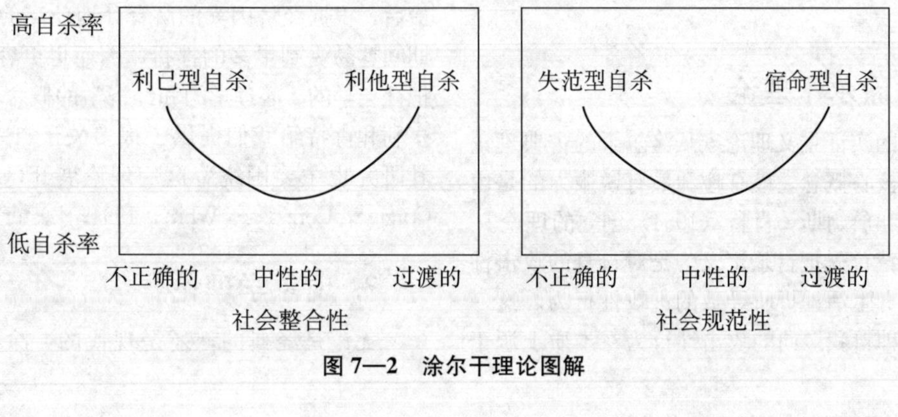

图 7—2　涂尔干理论图解

我们可以举些例子来解释这些理论。与已婚者相比，未婚者更有可能因利己而自杀，因为他们没有和社会联成一体，当他们在生活中遇到挫折时得不到爱情、亲情或配偶和孩子的道德支持；与本国普通的公民相比，那些组织严密的恐怖组织成员更有可能因自杀式爆炸成为利他主义自杀者，因为他们已经与其组织“连成一体”。发达国家比发展中国家的失范自杀率高。因为发达国家的公民更缺乏社会规范的束缚，他们对生活有更多的期待，因而当他们的期待不能实现时就更容易受到挫折。在古代，奴隶比自由人更有可能出现宿命型自杀，按照涂尔干的观点，因为奴隶受到的控制更多，他们的“前途和情感被统治阶级准则无情地阻碍和压抑着”(Durkheim，1897)。宿命型自杀在今天的中国农村相当普遍，因为性别的原因，那里的女性经常感到活着既无助又没有价值（Pearson & Liu，2006；Rosenthal，1999）。

许多研究都支持涂尔干的理论。例如：

- 安德斯·巴斯塔（Anders Barstad，2008）发现，1970 年以来，挪威的年轻人中自杀率猛增，这似乎是由于其结婚率的下降，因为这意味着社会联系的减少。
- 尼克·达尼格里斯和惠特尼·波普（Nick Danigelis & Whitney Pope，1979）发现，已婚者比未婚者、离婚者或丧偶者的自杀率低，因为按照涂尔干的理论，已婚者比其他人更容易与社会整合为一体。
- 史蒂芬·斯塔克（Steven Stack，1979）则发现，政治制度与自杀率明显相关，在政治运动中因一系列事件自杀率直线上升，如婚姻法的颁布和党派的解体等。
- 161 沃尔特·戈夫和迈克尔·休斯（Walter Gove & Michael Hughes，1980）认为，缺乏社会整合的独居者是最灵验的自杀预言者。

2. 现代涂尔干理论

许多现代的实证主义理论家从涂尔干的古典理论中得出自杀的核心概念。最有趣和最有说服力的是由安德鲁·亨利和詹姆斯·肖特（1954）创立的理论。

亨利和肖特首先把自杀定义为是对自身的攻击性行为，是因自身生活挫折所导致的进攻性行为。这一理论认为，这种自我取向的攻击性行为在本质上源于三种因素，即社会学因素、心理学因素、经济因素。

社会学因素由两部分构成：“脆弱的关系制度”和“松散的外部约束”。第一个概念是指缺乏与他人的联系，所以“脆弱的关系制度”一词与涂尔干的“不适当的社会整合”是同一概念。正如涂尔干已经发现的那样，亨利和肖特指出，与其他人关系不融洽的人容易发生自杀。这些自杀倾向者包括未婚者，而不包括已婚者，包括老年人（超过 65 岁）而不包括年轻人。

第二个概念，“松散的外部约束”与涂尔干的“不当的社会规范”含义相同。像涂尔干一样，亨利和肖特认为，地位高的人比地位低的人更容易自杀，因为地位高的人不受外部约束，以致在处理自己的问题时，常常会谴责自己而不是别人。亨利和肖特认为，地位高的人包括白人、男性、高收入者和军官。地位低的人是指黑人、女性、低收入者和军队新兵。

关于自杀的心理因素，亨利和肖特认为，人们认为由“父母要求严格和纪律的内化”（internalization of harsh parental demands and discipline）而产生的强烈的超我意识，在心理上产生了高度自杀倾向。这就意味着，如果被其父母塑造为有强烈道德良知的人，那么他们在遇到问题和挫折时很可能谴责自己而不是别人。因为他们责备自己（而不是别人），就很可能杀死自己（而不是别人）。

至于经济因素，亨利和肖特认为，在经济萧条时期自杀率上升，经济繁荣时则下降。可见，经济萧条是自杀率高的原因。亨利和肖特也观察到，虽然地位高的人和地位低的人都遇到了经济萧条的挫折，但这对地位高的人打击更大，因此他们就更有可能自杀。因为在经济萧条时期，被认为有较高社会地位的人损失更大，所以受到的打击也更大。

自杀的这三个因素因社会地位概念而相互关联。按照社会学的解释，地位高的人更容易成为脆弱关系体系的一部分，并且体会到松散的外部约束，因而更有可能自杀。按照心理学的解释，地位高的人更有可能具有强烈的超我意识，并且常有明显的自杀倾向。最后，根据经济因素的解释，地位高的人在经济萧条期间容易受到更多的挫折，因而也更容易自杀。通过 162
把社会学的、心理学的和经济学的概念合为一种理论，亨利和肖特给我们提供了很多关于自杀原因的知识。其研究也主要围绕着这一理论展开(Unnithan，Huff-Corzine，Corzine & Whitt，1994；Lester，1990)。

3. 现象学理论

无论是经典的，还是现代的，涂尔干理论的最终有效性都要依赖官方自杀统计数据的可信度，这些统计数据一直是经验主义理论的证据。涂尔干理论家们认为这些统计是合理而可靠的，因此常常认为这是有效的。然而，现象社会学家认为官方统计是完全不可靠的，因而他们创立了不同的自杀理论。

涂尔干和现象学家的理论之间有两点不同：(1) 涂尔干的理论是实证主义理论，因此是因果论，它首先注意的是寻找自杀率在不同群体间不同的原因。相比之下，现象学理论是结构主义理论，因此是非因果论，它主要关注自杀的意义，或者个人在这些意义上如何作为。虽然在某种程度上这些意义可能引起自杀。(2) 涂尔干的理论是通过官方统计远距离地观察自杀。而另一方面，现象学理论则通过自杀者的遗书，通过会见自杀者的亲友以及企图自杀者，来近距离地观察自杀。

(1) 自杀意义理论。

根据杰克·道格拉斯（Jack Douglas，1967）的观点，在自杀之前，自杀者会对自己的行为赋予一定的意义（理由）。只是这些个人意义不同于被广泛认同的社会学意义。

道格拉斯认为，我们的社会赋予自杀三种意义（理由）：(1)“自杀行为是有意义的”，这就意味着，许多人通常把自杀归因于某种动机，如压抑、无助或滥用药物。(2)“自杀者的社会境遇有问题”，一般公民经常谴责自杀者的父母、配偶、情人或雇主。(3)“自杀者本人有问题”，大部分人因为对他们认识的人自杀感到震惊、迷惑或难以置信而慌乱不已。因为社会把自杀看做是非同寻常的事件，人们常认为自杀者本人心理不正常。

不像上述流行的三种意义，自杀者深知自我毁灭的意义，这常常使他们走上结束自己生命的道路。道格拉斯把这些意义分为四种类型：(1)“自杀是灵魂从一个世界转向另一个世界的方法”，自杀者相信，自杀可以把喧嚣的生活扔在一边，而进入一个平静祥和的世界。(2)“自杀可以改变世界上他人对自己的看法”，自杀者感到，他们的家人及其他人会认为他们还活着，他们希望通过自杀引起人们更多的关注，自杀者也相信他们死后会被人无比地怀念
163 和感激。(3)“自杀是一种赢得同情的方法”，以一种超现实的梦幻法，自杀者期望自己的行为能赢得广泛同情，因而使亲朋好友更亲近他们。(4)“自杀是一种报复手段”，自杀者由于使造成自杀者痛苦的人有负罪感，从而达到报复的日的。

对于自杀者来说，在本质上确实存在自杀意义，因此使他们更容易走上自杀的道路。当道格拉斯把焦点集中在推动自杀的积极自杀意义类型上时，有些理论家却把视野定格在阻碍自杀的消极自杀意义上。因此，个人在自杀之前必须经历一个扬弃和否定自杀意义的过程。

(2) 自杀过程理论。

杰里·雅各布斯（Jerry Jacobs，1967）把自杀的意义当作社会违禁事件，因为自杀被社会定义为“对神赋予的神圣生命的违背”。因此，根据雅各布斯的理论，自杀者在结束生命之前必须战胜社会禁忌，即需要经历一系列感受自杀、自杀概念形成和自杀合理化的过程。

(1) 某人发现他们自己面对的是出乎意料、无法忍受和无法解决的问题。

(2) 他们认为这些问题不是孤立存在的，是历史遗留的一些问题。同时，在将来可能会有更多的问题。

(3) 他们认为死亡是解决这些问题的唯一方式。

(4) 强烈的社会孤独感使他们进一步相信死亡是命中注定的，因为他们不能和其他人共同面对这些问题。

(5) 对他们而言，由于自杀被视为不道德的行为已经约定俗成，他们现在正努力地寻求各种方法来颠覆社会对自杀的否定态度。

(6) 他们成功地战胜了社会禁忌，因为他们已经感觉到自己孤立于其他人之外，因此可以更自由地做他们想做的事情。

(7) 他们在内心对自杀认识的合理化战胜了社会禁忌，他们使用的方法如“自杀不一定意味着我没有拥有神圣的生命。事实上，尽管我自杀了，但我仍然拥有神圣的生命”。

(8) 他们竭力说服自己，遇到的问题不是自己造成的，并且只有通过自杀才能解决。

(9) 他们把自杀当做必要的解决方式，除此之外别无选择。因此，他们把自己从自杀可能带来的罪恶感中解脱出来，担当起了眼前自杀的责任。

(10) 最后，他们确保死后不会再受到惩罚，他们祈祷神灵原谅他们，或者找出自杀的借口，以便让活着的人为他们的灵魂祈祷。然后，他们就决定自杀。

八、本章概要

(1) **自杀者如何看待自杀行为？自杀者有三种类**

型，他们对自杀处理的方式各不相同。（1）威胁型自杀者与别人交流时，坦言自己的自杀企图。（2）尝164 试型自杀者并未明确传达自己的自杀信息，但更有可能真正结束自己的生命。（3）实施型自杀者可能在过去威胁或尝试过自杀，或者二者都没有。自杀者在自杀之前可能会感到压抑、心怀内疚、有报复心理、恼恨自己、对身后世界“宽宏大量”和有“超现实”情感。

（2）**谁更有可能自杀？**高自杀率有可能出现在人口稀少的地区而不是人口稠密的地方，或者在农村而不是城市，是白人而不是黑人，在宗教不流行的地方而不是宗教盛行之地，是男人而不是女人，是老人而不是年轻人，来自富有阶层而非贫困阶层。

（3）**自杀式爆炸者的社会特征有哪些？**他们相对而言是神智健全的、富裕的、受过良好教育的人，他们大部分是年轻的单身男子。他们没有工作，但是得到恐怖组织的有力支持。

（4）**社会环境或经验是如何诱使人自杀的？**因为社会整合度和控制力的减弱，在过去30年中年轻人的自杀率急剧上升。大学生也比过去更容易自杀，不仅因为他们压力大，而且因为处理压力时得到的支持太少。因为新的、未适应的禁闭经历和对未来命运的不确定性，入狱者比自由人更容易自杀；因为突然病入膏肓以及对病情后果的不确定性，感染艾滋病病毒的病人比事实上的艾滋病患者更有可能自杀；名人自杀在媒体报道后，普通人也倾向于自杀，因为名人的榜样作用，暗示了自杀的合法性；因为无线电广播中经常播放的乡村音乐强化了有自杀倾向的人的自杀情绪，从而导致自杀。

（5）**社会是如何回应自杀的？**过去社会对自杀的回应是惩罚，而现在是同情。随之而来的则是自杀使生者的身心萦绕着负罪感，出现了心理疾病的症状。进一步来讲，对自杀的同情产生了两种不同的社会反应。一种是主张获得体面死亡的权利，特别是绝症晚期或有无法缓解的疼痛时。另一种是支持保护神圣的生命或帮助有自杀倾向的人避免自杀而达到预防自杀的目的。

（6）**全球的自杀情况是怎样的？**工业化社会比非工业化社会自杀率高，但是亚洲发展较快的一些国家，现在的自杀率也很高。在西方，高自杀率与其高度平等自由相关联。自杀最容易发生在春天和一周的开始。

（7）**社会学家如何解释自杀？**精神病学家把自杀归因于一种或几种精神上的疾病，然而社会学家把自杀看做是正常现象。有两种社会学理论范畴：（1）涂尔干的理论是因果论，主要用来解释群体自杀率不同的原因。涂尔干的经典理论认为，高自杀率可能是因为社会整合度过高或过低。亨利和肖特的理论认为高自杀率的原因是社会学的、心理学的和经济学的因素。（2）现象学理论不是因果论的，主要关注自杀的意义以及个人自杀如何与其自杀意义相符。道格拉斯的理论是关于社会和自杀者个人 165 对自杀的定义有何不同，如何把个人意义归因于自杀并顺利实施自杀。另一种是雅各布斯建立的意义理论，认为个人在结束生命之前如何通过一定的经验，概念化并合理化地反对自杀的道德禁忌。

九、扩展阅读

Balkin, Karen F. (ed.). 2005. *Assisted Suicide*. Detroit, Mich.: Greenhaven Press. A series of essays presenting conflicting views on various aspects of assisted suicide.

Dorais, Michel, and Simon Lajeunesse. 2004. *Dead Boys Can't Dance: Sexual Orientation, Masculinity, and Suicide*. Montreal, Canada: McGill-Queen's University Press. A sociological analysis of suicides among young gay men.

Early, Kevin E. 1992. *Religion and Suicide in the African-American Community*. Westport, Conn.: Greenwood. An empirical analysis of how the African American community and culture keeps the black suicide rate low.

Friedman, Lauri S. (ed.). 2005. *What Motivates Suicide Bombers?* Detroit, Mich.: Greenhaven Press. A presentation of various and conflicting views on what motivates suicide bombing, with some, for example, pointing at nationalism and American imperialism as the motives and others blaming Islam and the promise of an afterlife.

Gambetta, Diego (ed.). 2005. *Making Sense of Suicide Missions*. New York: Oxford University Press. A collection of articles about suicide missions in various countries involving the Japanese kamikaze pilots, Tamil Tigers, Palestinians, al Qaeda suicide bombers, and others.

Girard, Chris. 1993. "Age, gender, and suicide: A cross-national analysis." *American Sociological Review,* 58, 553–574. An empirical analysis of how role identities, economic development, and kinship institutions affect the age and gender patterns of suicide—such as highest suicide risks for men in old age and for women in middle age in economically developed countries.

Hendin, Herbert. 1997. *Seduced by Death: Doctors, Patients, and the Dutch Cure*. New York: Norton. A critical analysis of the practice of euthanasia and suicide in the Netherlands.

Holmes, Ronald M., and Stephen T. Holmes. 2005. *Suicide: Theory, Practice, and Investigation*. Thousand Oaks, Calif.: Sage. A brief book about how and why various kinds of people such as the youth and the elderly commit suicide.

Joiner, Thomas. 2005. *Why People Die by Suicide*. Cambridge, Mass.: Harvard University Press. An empirically based analysis of three related causes of suicide: the acquired ability to enact lethal self-injury, the feeling of being a burden on others, and the feeling of disconnection from others.

King, Robert A., and Alan Apter (eds.). 2003. *Suicide in Children and Adolescents*. New York: Cambridge University Press. A collection of articles on youthful suicide analyzed from sociological, psychological, and biological perspectives.

Lester, David. 2000. *Why People Kill Themselves,* 4th ed. Springfield, Ill: Charles C. Thomas Publishers. Summarizing the main findings of numerous research studies on suicide conducted in the 1990s.

Macdonald, Charles J. H. 2007. *Uncultural Behavior: An Anthropological Investigation of Suicide in the Southern Philippines*. Honolulu: University of Hawaii Press. Offers the theory that suicide can be explained by a combination of three interrelated factors: a biologically inherited predisposition, a catastrophic event, and being influenced by suicidal relatives, friends, and acquaintances.

Pickering, W. S. F., and Geoffrey Walford. 2000. *Durkheim's Suicide: A Century of Research and Debate*. London: Routledge. A collection of articles that review and evaluate critical analyses and empirical studies of Durkheim's theoretical ideas about suicide.

Rickgarn, Ralph L. V. 1994. *Perspectives on College Student Suicide*. Amityville, N.Y.: Baywood. An analysis of various aspects of campus suicide, including how suicidal students view college and suicide and how to prevent student suicides.

Stack, Steven, and Jim Gundlach. 1992. "The effect of country music on suicide." *Social Forces,* 71, 211–218. An empirical study of the influence of radio-broadcast country music on white suicide rates in large cities. 166

Unnithan, N. Prabha, Lin Huff-Corzine, Jay Corzine, and Hugh P. Whitt. 1994. *The Current Lethal Violence: An Integrated Model of Suicide and Homicide*. Albany: State University of New York Press. Reformulating Henry and Short's classic theory to explain how attribution of blame leads to suicide rather than homicide or vice versa.

十、思考题

1. 社会学家长期以来发现，自杀与社会整合度的缺乏有关。假定这是事实，你能预防一位压抑的、十分孤单的朋友自杀吗？如果你能，你将会怎么做？如果你不能，为什么？

2. 对于那些绝症晚期或被剧痛折磨的病人，你是否赞成让医生协助其自杀？原因是什么？

167

第八章 精神错乱

表象与事实

表象： 总的来说，精神病是极端怪诞或混乱的。

事实： 大部分精神病人并未到精神错乱的地步，甚至在最严重的精神病，即精神分裂症者身上，狂热的幻觉和妄想也是他们精神错乱的最重要的特征（第 169 页）。

表象： 精神病大多数是不可治愈的，大部分精神病人很难康复。

事实： 大部分精神病人能够康复并能过上相对

168 正常的生活，甚至精神分裂症也能够最终治愈。欧美的一项研究表明，在过去的 20 年中大约一半精神分裂症患者自动康复。专业治疗能使病人更快更好地康复（第 170 页）。

表象： 能很容易很明显地把精神病患者从一般人中区分出来。

事实： 大多数情况下，甚至是精神病医生也不能明确地把大部分精神病患者从一般人中区分开来（第 170 页）。

表象： 精神病患者是疯狂的、暴力的，因此也是危险的。

事实： 绝大多数（约 90%）精神病患者不会使用暴力或犯罪的，他们更有可能伤害自己而非他人（第 170 页）。

表象： 因为冬季寒冷而缺少阳光，我们可能在隆冬得抑郁。

事实： 郁闷更有可能在夏季而不是冬季袭扰我们，大概是因为我们在炎热季节与心爱的人相处比寒冷季节短（第 170 页）。

表象： 与男人相比，女人更有可能患精神病，因为性别歧视使她们经常受到限制和压迫。

事实： 一些研究表明，女性患病率较高；而另一项研究则表明男性的患病率高于女性。然而对专门类型的精神错乱的研究可以看出性别的差异：女性更有可能受到抑郁和焦虑的困扰，而男性则更有可能出现反社会和偏执行为（第 177 页）。

表象：现在，老人比年轻人更容易出现精神抑郁。

事实：在过去的几十年中，抑郁问题在年轻人中有所增加，今天，他们比老年人更有可能出现精神抑郁（第 178 页）。

表象：城市居民比农村和小城镇居民更有可能出现严重抑郁症，因为城市生活的压力更大。

事实：城市居民表象出更多神经症和人格障碍时，他们患上严重的抑郁症可能性更小（第 180 页）。

表象：今天，精神病患者不再被冠以道德上的麻风病人的污名。大多数人能够理解和尊重他们。只有一小部分没有受过教育的人仍然把他们当作二等公民。

事实：无论老少，也不管是否受过教育，大部分人都认为精神病人是危险的、暴力的、不可预测的或无用的（第 184 页）。

表象：在当今美国，精神病犯人更有可能被送进精神病院而不是监狱。

事实：他们更有可能被送进监狱（第 187 页）。

鲍勃·安东尼奥尼（Bob Antonioni）是一位 48 岁的律师，他与抑郁症斗争了近 10 年。在公共场合和法庭上，他维护其代理人的利益，表现得很正常。但在私下里，他却容易暴躁和发脾气，容易为一些小事，例如与女朋友讨论究竟看哪一部电视剧而沮
169 丧。在办公室工作时，他经常到中午就精疲力竭，以致回到家就瘫软在沙发上，度过他一天中其余的时光。他背着朋友和家人来寻求帮助。他偷偷地拜访了一位治疗专家，这位专家为其开出药方，他就到 20 英里以外的药店去抓药（Scelfo，2007）。

像安东尼奥尼一样，成百万的美国人患有抑郁症。如果把那些轻度精神病患者也考虑在内的话，精神错乱确实是一种普遍现象。根据最近的一项全国调查，美国约有一半成年人在其生活中经历过一段时期的精神错乱，其中 1/4 就发生在调查的前一年（Sergo，2008；Kessler 等，2005a，2005b）。

事实上，我们当中所有的人一度患有精神病，就像我们得过的身体疾病一样。当然我们大部分人的精神错乱就像身体疾病那样，不是那么严重。但是，就像偶尔有身体不适如感冒那样，我们也会偶尔有轻微精神错乱，如轻微的抑郁感。确实，抑郁十分普遍，甚至被称为“精神病中的流行性感冒”（Cherry & Cherry，1973）。

然而，因为精神病的污名，大部分人把它与严重的精神病联系起来，如精神分裂症和严重抑郁症。因此，如果我们得了感冒或小病，我们可能对老板说：“我今天病了”，但如果太压抑而不能上班，家里人就会因为害怕而不会告诉老板我们患有精神病。如果说我们“身体有病”，大部分人都不会假定我们患有重病，如心脏病、癌症和艾滋病。但是如果我们说我们是精神病，那么大部分人会得出结论，我们需要立刻送到精神病院治疗。

当多数人把“精神病”当成较严重、不常见的精神错乱时，实际上，每天发生的精神病远没有那么严重，并且极其普通。这基本是一些日常生活问题，可以包括从悲伤、渴望、烦躁或孤僻一直到依赖药物维持生活，从酗酒或喝咖啡到像孩子那样阅读、写作或做算术时出错。精神病学家把所有的这些问题定义为精神错乱（Ratey & Johnson，1997；APA，1994），但我们不能这样，就是说我们不能把精神病与相对严重的疾病联系起来，如在日常生活中过分压抑而不能正常工作（Horwitz & Wakefield，2006；Kutchins & Kirk，1997）。在这一章中，我们将研究重度精神错乱。首先，我们将讨论一些对精神错乱的流行观点。然后，我们将了解各种类型的精神错乱，探查各种隐藏在精神错乱之后的社会力量，分析社会对精神错乱的一系列反应，并且了解一下在看待和解释精神错乱方面，精神病学家和社会学家有何不同。

一、流行的观点

精神病普遍被认为是极其怪诞的。事实上，大部分精神病患者远不是神志错乱的，这是几种错误概念中最首要的问题。仅有少数精神病患者花时间去剪纸、尖叫、大吼、对空气谈话或摆出国王或王后的架势。甚至在最严重的精神病，即精神分裂症
者身上，狂热的幻觉和妄想也不是他们精神错乱的 170
最重要特征。相反，不具有代表性的冷淡、迟钝等症状成为精神分裂症的核心表现。事实上，大部分病人像我们一样，“更多意义上是人而非其他”（Zimmerman，2003；Boffey，1986）。

第二种观点认为，精神病是没有希望的，大多数是不可治愈的。即使人们康复离开了精神病院，他们也很可能被认为有精神病嫌疑。实际上，大多数（大约 70%～80%）住过医院的精神病人，如果他们得到了及时正确的治疗就能够康复，并能过上

正常人的生活。甚至许多最脆弱的精神分裂症患者，尽管病情最糟糕，也最终能恢复。欧美一项研究表明，在过去的20年中约半数的精神分裂症患者自动康复，而且专业治疗、家庭和社会的支持会使病情恢复得更快更好（Kopelowicz & Bidder，1992；Boffey，1986）。

第三种流行的观点认为，在“精神病”和“精神健康”之间有极大的区别。但这一观点只有在极少数精神严重错乱的病人与一般“正常人”对比时才能成立。大多数情况 下，甚至是精神病医生也不能明确地把大部分精神病患者从一般人中区分开来因此，在健康者和精神病人之间划分出界限是武断的（Brody，1997；APA，1994）。这不仅因为从正常人到非正常人之间，个人行为的不可觉察度排序不同，而且因为一个人随着排序的不同，在不同的时间变换了不同的位置，似乎在某一段时间是正常人，而在另外一段时间是非正常人。

第四种流行的观点是，精神病人就像经常在新闻媒体、电影和电视节目中描写的那样，是疯狂的、充满暴力的。事实上，绝大多数精神病患者（大约90%）不会使用暴力和犯罪的。他们更有可能伤害自己而非他人。最值得注意的是，他们中的六七成更有可能成为杀人犯的牺牲品（Harris& Lurigio，2007；Cuvelier，2002；Monahan，1992）。

第五种流行的观点是关于隆冬抑郁症，精神病学家称之为SAD（季节性情感混乱）。许多人认为，我们可能在隆冬变得抑郁，因为那时寒冷而缺少阳光。研究发现结果却并非如此：抑郁更有可能在夏季而不是冬季袭扰我们（Smyth & Thompson，1990；Christensen & Dowrick，1983）。夏大更有可能使我们忧郁，因为我们不能像冬天那样和我们心爱的人一起度过更多的时光。

近来，人们普遍相信，在美国孩子中蔓延着自闭症，后者以严重的语言和社会交际障碍为特征。据美国教育部统计，在过去的十年中，全国范围的自闭症比率已超过65.7%，乃至一位国会议员呼吁：“在我们的身边就有流行病。”（We have an epidemic on our hands）但许多行为科学家不同意这种观点，他们指出，大幅飙升的自闭症中许多是由于其他原因引发的，如更为宽泛的自闭症的定义包括过去未被诊断出的很多轻微症状的儿童，此外学校的政策导致许多精神迟钝或有学习障碍的孩子被贴上自闭的标签。

二、精神错乱的类型

精神病学在精神错乱的诱发因素上有两种相反的观点。一种是医学的观点，把精神错乱定义为生物错乱，类似于身体疾病。这种观点主导着今天的精神病学，其影响可以从最新版的美国精神病学会为精神病医生诊断病情而出版的小册子中发现。这本诊断手册就像诊断身体疾病的小册子一样，包含一个列有大量精神症状的精神错乱表格。另一种精神错乱的观点是心理分析的观点，该观点常常把精神错乱的起源首先归结为心理性的情感问题。这种观点曾经在20世纪五六十年代主导过精神病学领域，在今天的精神病学家中已经不太流行。但是它把精神错乱划分得更细更多，这一方法仍然为了解精神病的形态提供了广阔的视野。

1. 传统的分类

在传统的分类法中，精神错乱分为两个重要类型：器质性错乱和功能性错乱。这两种类型有同样的症状，例如幻觉、错觉、误判及其他的行为失常，但是它们潜在的病因有着质的不同。器质性错乱是由大脑损伤引起的，例如脑肿块、头部外伤、髓膜炎、梅毒、中毒、老龄性衰变、吸毒及其他物理性伤害。功能性错乱是由心理和社会因素引起的，比如说不愉快的童年经历，内心的矛盾及社会压力。在精神错乱中，功能性错乱比器质性错乱多。精神病学家、心理学家及社会学家对功能性错乱的研究更感兴趣。

功能性错乱主要分为三个类型：精神病、神经症、人格障碍（参见图8—1）。通常把精神病界定为个体脱离现实，神经症是个体无法面对现实。弗洛伊德认为：“患有精神病的人否定现实并努力寻找其他替代物。”（in Kolb & Brodie，1982）因为精神病患者脱离现实，他们并不认为自己患有精神病，因此不愿寻求治疗。与之相反，神经症患者依然能够意识到现实，能够在很大程度上感到自身的困惑，乐于转变自身情况。他们的问题是无法接受当前的现实，这使他们无缘无故地担心、惧怕并为之困扰。一个精神病患者可能会认为2+2=10是对的，并且深信不疑。而神经症患者相信2+2=4，但是他很担心。那么，人格障碍作为第三种类型的精神病，情形又如何呢？这类人只顾自己，不爱交际，反社会。

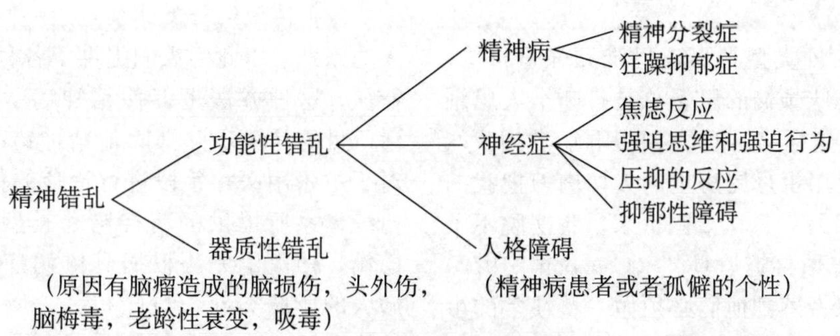

图 8—1　精神错乱的传统分类

他们可能会认为计算 2＋2 等于几是何等愚蠢的游戏。下面我们进一步探讨这三类功能性错乱。

(1) 精神病。

精神病是最为严重的精神错乱。糟糕的是，精
172 神病患者脱离现实，患者不能上学、工作或从事那些正常人所做的事情。精神病的情况也各不相同，为了更好地加以说明，我们在此主要探讨两种类型。

精神分裂症是精神病中最为常见的一种。患者的思维方式和表达方式常常是不合传统、缺乏逻辑、模棱两可的。他们可能这样说："我的身体是个瓶子。"他们的情感表达方式不恰当，例如，听到悲哀的消息会大笑，听到幸福的消息会痛哭起来。他们疏远他人，沉浸在自己的内心世界，通常对外界没有反应。他们会无声无息、毫无表情、纹丝不动地坐着，对周围环境很冷漠。有时他们又会像孩子一样吮吸自己的大拇指。有时他们会产生某种庄严伟大的错觉（例如，视自己为国家元首）。有时他们有受到迫害的错觉（觉得全世界的人都在计划暗杀他们）。他们会产生幻觉，如幻听、幻视。他们会自言自语并且会高声叫喊只有他们自己才能明白的话语。事实上，这些情形并不罕见，我们在某些时候也会有相同的体验，但是精神病学家并不认为我们有精神病，除非在我们的工作学习中经常出现这种情况，甚至严重影响我们的家庭生活。由于他们的精神发生严重的错乱，精神分裂症患者需要住院治疗。

另一种精神病主要是狂躁抑郁症（manic-depressive disorder），又叫做双相型障碍（bipolar disorder）。他们游走于两个极端情绪之间。一个称为狂躁，表现为极喜、狂热、极度自信和兴奋。在这种情绪下，他们爱捉弄人、大笑、发表言论，尽管他们并不快乐也并不充实。他们会持续这种状态，不是因为他们热衷于此，而是他们被内心的力量所指引。在极度活跃中他们陷入了极度的错乱，认为自
173 己是超人、是神，可以获得任何东西。狂躁过后，他们又突然陷入另一个对立情绪中，即所谓的抑郁。当他们进入抑郁状态的时候，他们会感到极度消极和绝望，会产生没有价值的错觉，有自杀倾向，结果他们不想交谈、不想动弹、厌食、失眠及长时间哭泣。

(2) 神经症。

神经症较精神病轻。他们对现实有一些扭曲的看法，大部分神经症患者能够表现得很正常，和正常人一样上学、参加工作、维系家庭。唯一的问题是，神经症使之难以快乐起来。同样按症状划分，神经症也分为多种类型。

一种是焦虑反应，这是一种含糊而概括的理解，对象难以确定。正常人偶尔也会经历这种忧虑，例如我们在参加考试、发表演说、招工面试时会感到神经紧张，但这种焦虑并不严重。请看一名 25 岁秘书的案例：当她一天晚上即将离开办公室的时候，她突然有一种强烈的恐慌情绪，似乎要发生什么可怕的事情。她呼吸困难，感到窒息、眩晕，恐惧袭上心头。她心跳很快很响，自认为会死。她的腿像灌了铅似的，但她尽量迈出去以便呼吸新鲜空气。恐慌慢慢缓和、减轻，但她仍在颤抖，最终回到了家。后来，她这样描述焦虑袭来时的恐惧感："那种感觉就像用手指尖把自己吊在正在飞行的飞机上，迫在眉睫的厄运就像真的那样恐怖。"（Fishman & Sheehan，1985）

如果神经症患者能详细说出让他焦虑的对象，那他们就患有恐惧症。有恐惧症的神经症患者可能对动物有极端不合理的恐惧感（动物恐惧症）、有对高度的恐惧（恐高症）、对密闭空间的恐惧（幽闭恐惧症）、对开放空间的恐惧（广场恐惧症）或其他任何具体形式的恐惧症状。这些简单的、单一症状的恐惧是由具体的动物或环境引发的，例如猫或者开放的空间。另一种是社交恐惧症，是由他人在场引起的。患有社交恐惧症的神经症患者不能在观众面前说话、不能在饭馆吃饭或别人在场时不能写自己

的名字等。

神经症的第二种类型是强迫思维和强迫行为。强迫思维主要是一些烦恼的思想总是打断个人思维顺序。一位大学生这样描述他早年的困扰："当我八岁的时候……我想用祖母厨房里的大切肉刀把我的脖子从一只耳朵到另一只耳朵割下来。我摆脱不了这个想法……我害怕接近刀具。"(Cashdan，1972)强迫行为主要是患者感到他们必须做一些惯常的事情。这样的例证可以在那些极端恐惧细菌和污物的人们中看到，这些人总是强迫自己反复洗手。然而，他们越是用洗手来消除他们对细菌的焦虑，他们就越焦虑。

神经症的第三种类型是压抑的反应。神经抑郁是精神抑郁中很典型的一类，它程度更重，持续时间也更长。轻微的神经抑郁者主要表现为情感悲伤、
174 沮丧和自我贬低。这种压抑的反应可能延续几周或几个月后最终消失。但如果没有消失，它就可能变成精神抑郁症。

神经症的第四种类型是抑郁性障碍，也就是著名的身心失调疾病。它的症状从轻到重依次表现为头疼、溃疡、健忘和麻痹。这种症状并非来源于身体伤害和神经损伤。他们体现了神经症患者应付心理困扰的方式。这可以用一个曾经是舞蹈演员和杂技演员的年轻入伍者作为案例。他发现他在军队里的生活太受限制、太单调，非常渴望旅行，渴望以前经历过的激动人心的场面，但害怕被以逃兵对待而不能离开。情况变得无法忍受，以至于他身心紊乱。既不能走也不能站，他的腿甚至对强劲的针刺都没有反应。几个月之后，他因为医生的残疾证明而从部队复员。不久他的腿开始恢复，三个月之后，实际上他是身体健康地离开了医院（Kolb & Brodie，1982)。

(3) 人格障碍。

这是对所有偏差行为种类的总概括，精神病学家对此只能描述其特征，但不能确定是精神错乱还是神经机能症。这种精神病已被称为性格分裂或反社会紊乱（精神变态），最明显的特征是公然漠视社会规则。人们认为其产生原因是道德感的缺失，即没有发展出道德感、获得真正的同情或学会怎样形成有意义的关系。具有人格障碍的人群包括骗子、贩毒者、男妓、罪犯、奸商、不择手段的律师、庸医和狡诈的政客。这样的人群仅仅被理解为以自我为中心的违法者，而不是严格意义上的精神错乱患者。

这种传统的分类体系是用一些细节解释各类病人的差别，以此为人们提供了各种精神错乱患者的特征。这种方法也促使精神病学家分析患者的生活，目的是发现并消除他精神错乱的诱因。但是，对于主张用医疗手段进行治疗的精神病学家来说，传统体系所提供的精神错乱类型太宽泛，定义太模糊，使医生无法根据具体病症精确地判断精神病人的所属类型。与此相关，所呈现的仅仅是精神错乱的一小部分例证，因而大部分更详细的例证是缺失的，而这些例证正好是下面所要讨论的。

2. 精神病诊断标准 DSM-Ⅳ分类法

精神障碍的种类很多，DSM-Ⅳ 把精神障碍分为 300 多种（见表 8—1)。DSM-Ⅳ是《精神障碍诊断和统计手册》(*The Diagnostic and Statistical Manual of Mental Disorders*)（第四版，美国精神病学会 1994 年版）的缩写。每一种精神障碍都用一连串症状来定义。例如，因恐慌引起的错乱有如下症状：

(1) 气喘或把感情闷在心里。

(2) 眩晕、不稳定或衰竭。

(3) 心悸或心率加快。 175

(4) 颤抖摇晃。

(5) 盗汗。

(6) 窒息。

(7) 恶心或胃部不适。

(8) 胸痛或胸闷。

(9) 死亡恐惧。

表 8—1　　精神错乱的 DSM-Ⅳ 分类

DSM-Ⅳ 提出 300 多种专门的精神障碍。主要形式如下：

(1) 通常，精神障碍最先在幼年、童年或是青少年时得到印证。例如：不合群、口吃、挑衅，还有阅读、数学、写作能力差。

(2) 精神错乱、痴呆、健忘和其他认知上的精神障碍。例如：中毒导致的精神错乱，因疾病引起的智力不健全和健忘症。

(3) 与物质有关的精神错乱。例如：酗酒、抽烟、喝咖啡成瘾、吸食可卡因和其他影响精神的药物。

(4) 精神分裂症及其他心理疾病。例如：无法控制的偏执狂、紧张症、妄想症等。

(5) 情绪障碍。例如：极度抑郁，物质滥用引发的情绪波动。

(6) 焦虑障碍。例如：莫名的恐慌，社交恐惧，剧烈的紧张。

续前表

(7) 生理机能失常。例如：身心失调、疑心病。
(8) 人为障碍。例如：故意想象的疼痛或是对一些心理疾病的苦恼。
(9) 分裂症障碍。例如：多重性格，不服药就健忘。
(10) 性和性别鉴定错乱。例如：早泄、窥阴癖、性虐待或受虐、变性。
(11) 食欲不振。例如：厌食症；易饥症。
(12) 睡眠紊乱。例如：失眠、梦游、做噩梦。
(13) 情感控制紊乱。例如：赌博癖；盗窃癖（经常性地偷窃）；纵火狂（放火时很兴奋）。
(14) 调整障碍。例如：由于紧张的生活导致焦虑和抑郁。
(15) 智力迟钝。例如：轻度、中度或严重智障。
(16) 个性障碍。例如：不擅长社交者、妄想狂、精神分裂症、特立独行者。
(17) 其他表现的临床症状。例如：学业上的问题、婚姻问题、虐童等。

176 像这样根据一系列症状来检查，精神病专家们就能判断患者得了哪一种精神病。用这种机械的、常规的方法来诊断精神病就同内科医师诊断病情一样，精神病专家可以省掉很多传统分类法所要求的耗时较多的心理分析。精神病专家也可以通过用DSM-Ⅳ，为保险公司、政府机构（他们是支持使用这一手册的）提供服务，收取一些回报（Kutchins & Kirk，1997）。由于医生能够根据DSM-Ⅳ开出合适的药方，许多病人得以从精神病的苦恼中减轻痛苦并得到解脱。

但是DSM-Ⅳ并没有什么太大的科学价值。其中一个问题是，诊断手册仅仅是描述性的文字，用一系列的症状来描述精神病，而没有根据他们产生的原因去解释相互之间的差异。DSM-Ⅳ也根据具体的症状武断地为精神错乱下定义。例如，诊断一个人患有狂躁症必须具备七条症状中的三条，但是手册并没有解释断定狂躁症为什么是三条，而不是五条或六条（Davison & Neale，1996）。进一步而言，DSM-Ⅳ手册的最大问题是把一些正常人的行为误诊为精神错乱。例如，与失业、婚姻破裂和配偶死亡等一系列重大事件相对应的胃口不好、睡眠不好、精神不集中等正常错乱症状可能被诊断为精神错乱（Horwitz & Wakefield，2006）。最终，不可避免地使得精神病专家总是在排除症状，而不是去找致病原因。医学上认为精神病是生物因素导致的，在此影响下，要想消除症状就得开药方，就像内科医师给病人治病一样。但通常精神病很难根治，因为还存在一些非生物因素。

自从1952年出版第一版以来，DSM手册就因认为生物因素导致精神病的观点而受到指责。在DSM-Ⅳ的最新版本中，则鼓励科学家去寻找可能导致精神病的社会因素。因此，在鉴定完病人的症状后，DSM-Ⅳ的使用者将按照指导去挖掘病人是否经历了什么"环境"问题，例如教育、职业、金钱或是房子等。然而，医疗和生物的观点继续主宰着精神病治疗领域，以致精神错乱经常靠药物来治疗（Garber，2008；Sorboro，2007）。

三、精神错乱的社会因素

社会学家很早就发现社会因素对精神错乱的影响，我们这里将要讨论较为重要的几个因素。

1. 社会阶层

各种相关研究都表明，在所有与精神错乱有关的因素中，社会阶层是最持久、最明显的因素。具体而言，社会阶层较低的人比社会其他阶层的人更容易患精神病。尽管下层人群中的精神错乱更有可能被上报到权威机构，但美国的抽样调查显示，美 177
国下层人群的患病率很高（Skapinakis，2007；Littlejohn，2004；Dohrenwend，1975）。

这项发现引起了两种互相矛盾的解释。一种叫做社会因素论，这种理论提出，处于社会较低阶层的人更易患精神错乱。因为他们更易受到来自本阶层的压力（例如，失业和婚姻）、受到精神上的折磨、患传染性疾病、神经发生紊乱、缺少药物治疗、无法应对困难、得不到社会帮助等。也就是说这些问题都会导致下层人士患精神病。另一种叫做"社会选择或流向"。表明处于较高社会阶层的精神病人经常会陷入较低阶层的处境，这样就增加了低阶层患病的比例。即较高阶层人士患病其后果是社会地位下降，落到下层。两种解释都发现了一些基本事实：一些底层社会的人患精神病是因为生活压力，一些有情感问题的中产阶级患病后则陷入底层社会的处境（Jone等，1993；Link，Lennon & Dohrenwend，1993；Rodgers & Mann，1993）。

2. 性别

对于不同性别可能导致精神病的观点，有些是相互矛盾的。在多数研究中发现，女性患病率更高，但是另一些研究却相反。还有一些研究无法找出两性的差别（Schwartz，1991；Dohrenwend & Dohrenwend，1976）。

然而，这些矛盾的结果说明，人们希望全面把握精神病的情况。对专门类型的精神错乱的研究可以看出性别的差异。这些研究通常表明，女性更容易遭受抑郁、焦虑的困扰，受外伤后容易出现精神压力，然而，男性则更有可能出现反社会和偏执行为，因毒品和酒精引起紊乱（Norris 等，2002；Yonkers & Gurguis，1995）。我们该如何解释不同性别之间的区别呢？

许多社会学家把它归因于性别角色的不同。女性角色是相对受限制和受压抑的，由此可能将女性思维限制在她的内在自我状态（inner self），导致她倾向于性格内向化（如把挫折与愤怒藏在心里）而不是向其他人发泄出来。所以女性比男性更容易成为抑郁和焦虑的受害者，实质上成为自残的牺牲品。相比之下，男性的角色就更自由些，很可能鼓励男性自信、大胆，在处理社会关系上更具进取心。如果受挫折或是生气，他们很可能会对别人发泄，表现出类似反社会的、狂躁的情感。所有这些可以用涂尔干社会学理论的术语概括：女性很可能对社会压力表现出抑郁，因为她们社会整合度更高，受社会规范约束更多；然而男性则更易表现出反社会的个性紊乱，因为他们社会整合度更低，受社会规范约束更少（Rescorla 等，2007；Schwartz，1991）。

进一步研究表明，女性角色使女性重视与他人之间的联系，更加社会化；而男性角色则训练自己
178 在情感上与他人分离，更具进取心。此外，女性更易屈服于丧偶这样的“社会损失”，然而男性则更易屈服于失业这样的“物质损失”（Lewis，1985；Gove，1984）。然而，越来越多的女性进入了竞争激烈的男性世界，她们遇到的抑郁和焦虑大为减少。研究表明，过去 30 年里妇女就业率的增加已经大大减轻了她们的精神压力。然而，在同一时期，男性就业率下降导致男性反社会者增加。结果，在过去的几十年中，性别差异对精神压力的影响已经越来越小（McLanahan & Glass，1985）。

3. 低龄

20 世纪 80 年代中期以前，许多研究表明，在我们的社会，老年人比年轻人更易出现精神障碍。这应该典型地归因于社会对老年人的忽视：这个社会赋予老年人的社会角色不能令人满意，也没有意义，因为这些角色大多属于对工业产品有很大依赖的年轻人。当不再受人尊重后，老年人变得离群索居了。他们开始出现精神病症状时，其家人和亲友都愿意把他们送进医院或精神病院。到病症严重、医治无望时，他们就被送进疯人院。在那里，他们长时间远离家人的视线（Gallagher，2002；Kaplan，1972）。

然而，20 世纪 80 至 90 年代的最新研究表明，在所有年龄组中，老年人是最不可能患上精神错乱的。例如，1994 年出版的一份全国性的调查显示，相比较而言，年龄在 25～34 岁的年轻人患病率最高（Kessler 等，1994）。另一个叫做跨国合作小组（1992）的研究也发现，尤其是过去的几十年里，在年轻一代中极度抑郁症患者有明显增加。在美国、中国的台湾、黎巴嫩和新西兰等国家和地区，成功的一代也越来越容易患抑郁症。在这些地区，1955 年以后出生的人比他们的祖父母患极度抑郁症的可能性要高出 3 倍。美国人中，大约 6%在 1955 年以后出生的人到 24 岁时就已变得极度抑郁，然而只有 1%在 1905 年以前出生的人到 75 岁时才遭遇类似的抑郁。

流行于年轻人中的抑郁症，可以归因于社会的变迁，更准确地讲，是社会压力的增加和克服紧张的社会资源的减少。大多数压力来自家庭问题，如离婚、虐待儿童、父母漠视孩子对爱和支持的需要。由于缺乏现代社会大家庭、亲密组织和类似农村社区的支持，处理这些压力显得困难重重。

4. 青少年抑郁的社会特征

抑郁有三种类型。如果你经历一次轻微的抑郁，例如你在考试中得了 B 而不是 A，你可能是因为有些失望而稍有伤感。在情境抑郁中，你可能更加悲伤，因为你有更不愉快的经历，例如心爱的人离去，与男朋友或女朋友分手，或者失业，但你不久就会
恢复过来。最严重的是重度抑郁，它是一种涉及极 179
度悲伤的精神错乱，已经超出一切范围，似乎世界的末日就要来临。美国有多达 8%的青少年在某年的某一时间都在遭遇着这种抑郁。更为严重的是美国的大学生，据 2003 年的一项调查显示，40%的大学生在某一年至少有一次感到“如此抑郁，很难调节”（Krislov，2007；McGinn & Depasquale，2004；Furr，2001）。

如果问及下列条目中他们遇到过哪种情况，他们可能至少遇到四种情况并超过了两星期：

- 我感到极度悲伤，非常焦躁。
- 我有负罪感，没有自信心。

- 我感到我是一个失败者或我让家庭失望。
- 我对音乐和体育等方面没有兴趣，我相当孤独。
- 我经常感到焦虑和疲劳。
- 我在做作业或看电视时不能集中注意力。
- 我睡不着或睡得太多。
- 我的食欲增加或减少很多。
- 我经常想到死，有时想到自杀。
- 我定期服用药物或酗酒。

除上述抑郁症外，抑郁的青少年比他们的同龄人更有可能因“压抑事件”（stressful events）而感到烦恼。压力可能来自于家庭问题，例如父母离异和儿童时期性虐待、学校的压力、适应和形成社会关系的困难、男女朋友的问题以及孤独。因为面临这些压力，压抑的青少年有可能更缺乏处理问题的社会资源。父母和朋友可能仅仅用“振作起来，耐心处理”等这些无关痛痒的话安抚他们。青少年所需要的是有耐心、有思想的倾听及回应，而这些在高度个性化的现代社会却是很难做到的（Empfield & Bakalar，2001；Martin，2001）。

5. 种族和族群

像性别一样，总体上没有发现种族及其特点与精神病有内在联系。许多研究表明，在美国的黑人、南美裔和亚裔比白种人患精神压抑的比率高。标准的解释是，少数族群经历了来自种族歧视、贫困和文化冲突产生的社会压力（Kessler & Neighbors，1986；Yamamoto 等，1983）。另一些研究表明，上述少数族群与白人之间在精神问题上没有明显差别。
180 一个合理解释是那些少数族群的团体具有凝聚力，他们被认同，受到相关社会网络的保护，使之免受社会压力的困扰（Kuo & Tsai，1986；Kessler 等，1985）。同样的解释也可以用于说明英国少数族群中低比率的精神病（lower level of mental illness），例如巴基斯坦人和印度人中间的精神病，由于白人的偏见和少数族群维护独立传统的愿望，他们在很大程度上被排斥于英国主流社会之外。然而他们是最不容易遭受心理紊乱袭扰的，因为共同的原因带给他们的孤独感导致了他们强烈的“群体整合”性（Shrout 等，1992；Cochrane，1983）。

种族或种族特征与精神错乱的具体形式之间的关系还有更多的证据。南美裔和非洲裔美国人比爱尔兰人和犹太美国人更可能出现反社会倾向（“我能轻而易举地使人们害怕我并且有时开别人的玩笑”），有时有偏执狂倾向（“在我背后，人们总是谈论各种各样关于我的事情”）。然而非洲裔美国人更有可能表现为偏执狂紊乱（被研究者认为是抵制其他人表现出来的愤怒等外向性格），犹太裔美国人更趋向于表现出压抑性紊乱（变愤怒为对内反对自己）（Ruiz，1982；Kaplan，1972）。亚裔美国人，特别是韩国人的后代，也比白种人表现出更明显的压抑特征（Kuo，1984）。

6. 城市环境

许多研究表明，城市环境是精神错乱的主要制造者。例如一项社区调查表明，精神错乱在城市发病率更高，特别是城市中心区，比农村更为严重（包括郊区和小镇）（Peen 等，2007；Robins 等，1984）。根据许多社会学家和精神病学家的观点，城市环境产生了许多精神问题，因为它以交通堵塞、噪声过大、人口拥挤、社会关系微妙、孤独和社会支持缺乏等形式制造了大量的社会压力。

一些社区研究也揭示了城市生活和特定精神问题之间的联系。总体上讲，当更为严重的精神病情形，特别是严重的抑郁症在农村和小城镇居民中流行的时候，城市居民表现为更高层次的神经症和人格障碍（Dohrenwend & Dohrenwend，1974）。为什么会这样呢？也许农村和小城镇居民更有可能发现自己在非城市领域的生活太受限制，他们不能在亲友熟人面前，甚至不能在给自己制造麻烦的陌生人面前，表达他们的挫折和愤怒。通过压制自我挫折，农村人和小城镇人思想交流的圈子越来越小，直到他们变成精神病患者，总的来说完全退缩到自我封闭的境地，同时也破坏了他们自己和别人的关系，或者和现实失去了联系。相反，城市居民更容易脱离其家人和朋友束缚，在陌生人中表达沮丧，这些陌生人能够忍受非常规的和爆发出的反社会行为。如果他们坚持这样做，城市居民也许会变成神经病患者，但不像精神分裂症病人那样，他们仍然未脱离传统的现实。否则，他们可能发展成一种反社会的精神错乱性格，即一种“表现型”的混乱。

7. “9·11” 181

2001 年 9 月 11 日，当恐怖分子抢劫商务飞机并撞击纽约世贸中心的双塔和华盛顿的五角大楼时，几乎所有的美国人都深感震惊。从那以后，研究者开始尝试着探索美国人精神受损的范围和程度。

根据“9·11”事件后 3～5 天内对美国 560 个

成年人的一项随机调查，这次恐怖袭击给所有的美国人，不仅仅是纽约人和华盛顿人，造成了心理上的阴影。许多人感到一种巨大压力，大概44%的美国人经历了创伤后应激障碍，比如睡眠困难、易怒、不能集中精力、过度警惕和过度惊吓等（Schuster等，2001）。另一项调查是双塔遭袭击后的5～9周内，在1 008位曼哈顿的成年居民中进行的。这项研究发现，大概8%的纽约人经历过创伤后应激障碍（PTSD），其中10%的人被严重的抑郁症击垮。那些离受袭地点最近的人比那些住得远些的人患创伤后应激障碍的几率要高出3倍（Galea等，2002）。

美国人对“9·11”事件的一项全国性调查应该是最全面的——在恐怖袭击后1～2个月对全美2 273个成年人进行了抽样调查。调查首先发现，与世贸中心地理上的接近和创伤后盛行的压力有关。更特别的是，纽约人对于创伤后应激障碍的报道要比全国其他地方多得多（美国纽约的创伤后应激障碍发生率是11.2%，美国其他主要城市是3.6%，华盛顿是2.7%，其他地区是4.0%）。其次是一项惊人的发现，华盛顿的创伤后应激障碍比例和美国其他地区差不多一样。这很可能是因为目标是军事性质的，因此平民受害者的辨认能力和个人脆弱感降低。第三个发现是，人们越是在电视上看袭击节目，他们越容易承受创伤后的精神压力（Schlenger等，2002）。

为了给这些发现提供一些理论支持，我们可以拿2.7%～11.2%经受压力的美国人所受到的创伤与遭受车祸和性侵犯的人相比。这样，由“9·11”恐怖袭击带来的压力应该被视为一个重大的公共医疗问题。

四、环球视野：精神错乱

总体上讲，精神错乱在美国和法国这样的工业社会要比在中国和尼日利亚这样的农业社会多得多，主要原因是现代社会的个人主义和竞争文化。在这样一个现代社会，有个人麻烦的人不得不经常自卫，因为他们不愿意和传统集体主义社会里乐意提供支
182 持的亲朋共同去面对麻烦。美国作为世界上最个性化和最富竞争力的社会，精神错乱的发病率居世界首位。据最新调查显示，超过26%的美国人经历过精神错乱，而法国这一比例为18%，荷兰是15%，中国是9%，尼日利亚是5%（Kessler等，2004；Demyttenaere等，2004）。

有些精神错乱只在特定社会中出现，而在其他地方从未出现或很少出现。在拉丁美洲，有些人被着魔惊恐（susto）困扰着，这是一种病理学的恐惧，认为他们的灵魂离开了自己的身体。在马来西亚，有些人得了拉塔病（latah），在西方被认为是过度惊吓综合征，患者在受到诸如噪音或蛇的惊吓后一段时期内都尖叫、咒骂和抽搐。这类精神错乱在美国就没有。美国的女性们受厌食症折磨，非常害怕长胖，但在第三世界这种病就很少或者从未有过。这些畸形的行为似乎以一种夸张和扭曲的方式植根于文化中。比如“着魔惊恐”，很明显是人们对广泛传播于拉丁美洲的宗教的反应，也反映了宗教的影响程度，厌食症则反映了美国人对“瘦”的崇尚（Lemelson，2001）。

已知的精神障碍症状也可能折射出当地的文化。在发展中国家，抑郁症表现出的心理疾病可能比美国及其他西方社会更严重。因为发展中国家的文化羞于承认情感上抑郁。然而在美国，人们遭受强迫症的困扰（强迫重复地完成一件事），经常一遍一遍地洗手，因为在美国文化中，卫生和健康受到普遍重视。相比之下，在印度尼西亚的巴厘岛，强迫症的一个普遍特征是无法控制地去收集别人的信息。一个遭遇这种困扰的巴厘人，会把经过他家的每一个人的名字找出来，以至于把陌生人当朋友一样招待。在巴厘人的社会，这是非常重要的，他们以友好对待每一个人而著称（Osborne，2001）。

总之，在不同的社会，精神错乱的发生率、类型和症状都有所不同。但是也有相似之处。几乎每个地方，女性都比男性更容易感到焦虑和抑郁，男性比女性更容易受到酒精困扰，年轻人比老年人更容易出现精神错乱（Wolpert，2000）。

五、精神错乱的社会反应

就像现在这样，了解精神错乱只关注问题本身是不够的。有必要把注意力转到社会各界对精神病的反应上，因为他们的反应对患者的生活有巨大的影响。让我们来看看过去人们是如何对待精神病的（Cashdan，1972）。

1. 历史背景

古希腊人几百年来，一直以敬畏的态度看待精神病。即使最伟大的哲学家苏格拉底也相信，精神
病是最大的福佑，是希腊国家和人民感激不尽的。 183

那时，癫痫等同于精神病，它被视为是神圣的——神爱的象征。后来在中世纪，精神病者有时被艺术家和作家描绘成唯一触及未知真理的人。

然而，在人类产生以来的大多数时间里，精神病患者未能得到很好的待遇。在石器时代，精神病被看成是一些进入人体的神秘而邪恶的魔鬼。考古表明，石器时代的人们最早开始对病人做过今天所谓的脑白质切除术。他们的精神外科技术叫做环钻，包括在头骨上钻孔让魔鬼跑出来。

从希伯来时代开始至早期的希腊人，人们一直都认为是魔鬼引发了精神病。萦绕于精神病人周围的恐惧在《圣经》上有所反映："无论男女，是交鬼的，或行巫术的，总要治死他们。"（Leviticus 20：27）这一记载为后来中世纪欧洲的火烧巫婆提供了依据，当时教会宣称精神病人就像巫婆一样让魔鬼附身。烧巫婆有几种形式：有的巫婆被活活烧死；有些则在烧死前先被勒死或是砍头；还有一些在被扔进火堆之前先砍残。1636 年，有个人在德国的哥尼斯堡（Konigsberg）宣称自己是上帝，而当局对他的"魔鬼头衔"处以割舌、砍头、烧尸的惩罚。

到 18 世纪中叶，神学和烧巫婆开始消失，但是精神病人依然受到严酷对待。那些"危险分子"被关进监狱或破房子里，而那些不太暴力的患者则可以上街行乞。也有一些机构治疗精神病，如伦敦伯利恒（Bethlehem）医院以"疯人院"著称。它给病人戴上手铐，铐在墙上。它甚至把病人拿来展示以取悦公众，售票观看那些野性、焦躁的病人表演。同样在法国，精神病人不仅被当作禽兽对待，甚至他们所在的收容所还不如动物园。当时一个法国内科医生报告说：

> 我曾经看到他们裸体出现在阴冷潮湿的人行道上，有的仅用破布包裹，或是仅有稻草御寒。我见他们锁在臭气熏天的家畜棚里，没有光照和空气，也无法抵御野兽的侵袭。在有损健康的枷锁中，他们肮脏又衰弱。冷漠野蛮的收容者所采用的方法就是鞭打、上枷锁和威胁。（Cashdan，1972）

1793 年，在菲利普·皮内尔（Phillippe Pinel）医生负责巴黎一个大收容所后，人们对待精神病的态度发生了革命性的改变。皮内尔卸下了精神病人的枷锁。然后他用现在为人熟知的道德疗法来管理他们——把他们当人对待，鼓励他们对自己有信心，心中充满希望。结果病人们不但没有像公认的那样富于野性和破坏性，反而很温顺、很感激，还有一些人被锁了 20 多年后在几个月后就出院了。很快，皮内尔的道德疗法被美国和英国所采纳。许多待在监狱和破房子里的精神病患者搬到新建的收容所接受更新的人性化治疗。但是渐渐地这个收容所越来越挤，精神病人像住在大仓库里一样。在许多精神 184
病院，情况又变得像以前一样凄凉了（Gamwell & Tomes，1995）。然而到了 1955 年，人们又开始重新选择精神病院了，包括向门诊病人开放的一般医院、私家诊所、社区精神健康中心，人们尝试所有比以前的收容所更好的治疗方法。但是对许多精神病人来说，至今还远未达到人们期待的治疗目标。

2. 公众

公众对精神病患者的消极态度成为我们帮助他们的最大难点。尽管今天公众反对把精神病患者当作恶魔烧死，但是仍保留着过去的基本态度：精神病被诬蔑为有道德缺陷。无论老少，也不管是否受过教育，大部分人都认为精神病人是危险的、暴力的、不可预测的或无用的（Markowitz，2005；Link & Phelan，1999；Trad，1991）。但是不像古代那么野蛮、公开地表明自己无法容忍。今天的文明人比较宽容，在公共场合表现出对精神病人的同情，实际上隐藏了他们的态度。然而，这种无法容忍经常表现出来，正如一位患有精神病（目前已摆脱了酒瘾）的女律师所经历的那样。下面是她对其经历的描述：

> 几年前，一个护士告诉我，她退出了一个医疗小组，因为那里有太多的"疯子"，他们中有一些甚至吃锂（她不知道，我也吃锂）！我的一些从酒瘾中康复的同事和姐妹们认为，服用过精神病药品的人是"不干净和不清醒"的。这种有悖常理的哲学得到那些照顾不幸者的社会机构的强化。我所在的城市有许多未装修的房子，愿意接纳已经康复的酒鬼和瘾君子，但是不接受服用过精神病药物的人。当我把自己的"问题"告诉一位律师兼合作伙伴时，他明显地感到不舒服。（Collier，1993）

公众对精神病的消极态度也可以从那些流行的、老套的笑话中表现出来。例如，一位受追捧的电视剧主角说："只有谋杀犯、心理学家、精神分裂症患者才能骗过测谎专家的测试！"即使总统候选人罗斯·佩罗（Ross Perot）在 1992 年竞选中也对欢呼的人群说："现在我们大家再次疯狂了！我们把外面的汽车排起队来，带你们回疯人院。”戴菲（Daffy）的商业性电视大奖活动中，有一连串服饰折扣店，其中一件紧身衣的挂坠上写道：“如果你花一百多美元买件女衫，我们可能会建议再搭件夹克衫吗?”分析迪斯尼制作的电影后发现，它们中85%用“疯狂的”、“狂热的”、“发狂的”等词来代替精神病（Lawson & Fouts，2004；Socall & Holtgraves，1992）。

人们普遍对精神病的态度是如此消极，甚至影响到那些精神病学家，人们认为他们是富有同情心地去做好本职工作。就像一个精神病学家所注意到的那样：

> 可以看到关于精神病学家的趣事，就像医生在做他们分内的事一样。他们从不接触病人……破例的情况很少，而且会遭到专业人士
> 185 的反对。我清楚地记得我的督导在训练期间对我吐露的秘密，他有时走出办公室，轻拍病人的后背。太可怕了！如果被发现，他可能被贴上异教徒的标签。（Torrey，1974）

让精神病专家像对待正常人一样接近精神病人真的很难。莱恩（R. D. Laing，1985）认为，大多数精神病学家相信疯子和我们之间存在着“无法逾越的鸿沟”、“巨大的差异”或是“完全不同”。当然，一些精神病学家在工作单位花很多时间，对他们的病人相当友好。但是他们的老同事们经常告诫他们，“精神病专业是面对那些极端分子的专业”（the lunatic fringe of the psychiatric profession）（Laing，1985）。

3. 法院

因为公众不喜欢精神病人到处乱跑，法院就有义务将他们带到疯人院或是监狱。这可以通过强制住院治疗、剥夺这些人的权利、同意精神病辩护等三种方法来实现。

（1）强制住院。

法院可以不顾病人的意愿对病人进行强制入院治疗。自然地这种治疗是无限期的。也许只有几天，也许是一辈子。一个人只有经过医院等权威部门证明他们已从精神病中恢复，才可以获得自由。对于个人来说，要想获得这种治疗，他们无须犯罪或是被判刑，甚至被指控有罪。他们只是必须被法院指定的精神病专家认为有精神病，或更通俗点，成为对自己或他人有害的人。

强制住院是一件严肃的事情，所以要精心设计采取措施来保护精神病人的权利。但是在20世纪60年代，相关的保障系统总是逃避责任或忽视这些病人。法官、精神病专家和律师在处理这件事上也比较粗心，通常他们只花2～3分钟就决定一个人是否要在疯人院里无限期地待下去。另外，法院的精神病专家是典型的不称职。结果，一些假精神病人或并不危险的患者不得不被迫接受治疗（Scheff，1966，1964）。

自20世纪70年代早期开始，许多高等法院就已经对上述指责深恶痛绝了。今天大多数法律更关注保护精神病患者的自由，而不是强制他们到精神病院接受治疗。许多初级法院法官不允许把病人送进精神病院，即使病人患有严重的精神病。在这种周全之策大大维护了精神病人权利的同时，具有讽刺意味的新问题也随之产生，许多法院让病人回归社会，他们遭受着精神病的折磨却得不到治疗。这些释放了的病人会无家可归，或是因为扰乱秩序、破坏和谐、流浪罪而被关进监狱。但是现在美国的大部分州（2006年有42个州）为了解决这一问题，立法规定精神病人应接受治疗。例如，被诊断为精神分裂症的杰夫·德曼（Jeff Demann）被迫每隔一
周去一趟诊所，脱下裤子注射抗精神病的药物，尽 186
管他说是药物使他患病。如果他不去诊所，就会被送进精神病院（Fritz，2006）。

（2）剥夺权利。

法院有权不让精神病人受审。如果我们被控有罪，那么接受审判是我们的基本权利。但是精神病人可能被剥夺了这一权利。当一个人被控犯罪，法院会决定是否审判他们。如果认为他们患有精神病，法院就认定他们没有资格接受审判。因此，不审判就不会发现任何罪行，精神病被告就被无限期留在精神病院。事实上，这些未被宣判的被告监禁在精神病院的时间远远长于一个被宣判的罪犯待在监狱里的时间。半数以上未经宣判的被告在精神病院里度过余生，在相当程度上超过了那些被宣判的罪犯（Hess & Thomas，1963）。然而今天，由于关闭了许多州立精神健康机构，大部分病人被关在监狱里。他们的数量估计有30万，而只有7万人待在州立精神病院里（Fields，2006）。

在有些州，性暴力罪犯被判入狱是因为“精神不正常”而造成性冲动失控，变成性掠夺者。因而，他们可能被送回监狱接受无限期的精神治疗。一位被监禁的囚犯抗议道：

> 这儿的做法是错误的。我服够了我的时间，

五个月期间保持清白，我出来了。我不是性掠夺者。他们甚至在我出来之后，找到与我约会过的女孩子谈话，却没有发现我有任何过错。(Richards，1992)

(3) 为精神病辩护。

法院通过辩护，可能不再把精神错乱定为犯罪。如果定为“精神错乱”，被告将被送进精神病院；如果被认定为“精神正常”，被告就得入狱。但是精神错乱的合法定义与公认的神经类精神病概念大不相同。试想1992年的杰弗里·达摩案件，他因为谋杀15个人而被判刑。达摩把被害人用药物麻醉，然后残忍地给被害人的大脑做了手术，试图将被害人变成僵尸。他奸尸并分尸，在水壶里煮被害人的手，在冰箱里藏着腐烂的头颅和一颗心脏，以备日后食用（Toufexis，1992b）。考虑到这些事实，我们很有可能同意精神病医生的看法，认为达摩是精神病。但是法院宣布他神志清醒，找到了他的罪证，并把他送进了监狱。

为精神病辩护有两个主要原则。第一，麦那顿规则（M'Naghten Rule），根据这一原则，如果被告在犯罪时不知道他们的所作所为是错误的，被告就患有精神病，是无罪的。这种观点的另一种说法是，行为者不能明辨是非。因此，麦那顿规则也以正—误试验而著称。这种试验已有100多年了，并且美
187 国2/3的州还在沿用。1954年，美国上诉法院通过并颁布德赫姆规则（Durham Rule），扩大了麦那顿规则的定义范围，这条新法律规定，被告如果是精神病患者，他们就无罪，因为他们的罪行是其精神病的“产品”。因此这条规定也被称为“产品试验”（product test）。

直到30年后的20世纪80年代，许多辩护律师成功地运用产品试验法使他们的当事人获释。无罪释放的原因之一就是，如果被告的行为太怪诞，每个人都认为那个人是精神错乱的，那就确认为精神病患者。那些案件获胜的另一个原因是，被告不是明显的精神病患者，而以精神错乱为借口，同样能轻松获胜。这主要是因为举证责任在于起诉方而不是辩护方。为了赢得定罪的合理性，起诉方必须证明“在合理的怀疑之外”，即被告是心智健全的。这是极端困难的，因为防御性精神病学家提供的被告病症的证据，能够轻易地说服审判团，被告至少有一些精神错乱的可能，而这在事实上就造成陪审团头脑中关于被告心智健康的“某些疑问”。

最好的例证就是约翰·欣克利（John Hinckley）的案件，他在1981年试图暗杀罗纳德·里根总统。欣克利因精神错乱而得以释放，因为起诉书无法证明他在犯罪时是心智健康的。在提及起诉书证明欣克利是心智健康的困难程度时，里根总统说：“如果你开始思考你的许多朋友时，你就会说：‘哎呀！如果我必须证明他们是心智健康的，我的工作就太艰难了。’”（Carrithers，1985）

像欣克利这样的著名案件使许多立法者认为，精神错乱辩护使许多罪犯逍遥法外。结果1984年国会通过一项法律，规定举证责任从起诉方转为辩护方。如今，证明被告精神错乱的抗辩遭到了精神病学家的反诉。反诉认为，被告不一定总是精神错乱，更重要的是，抗辩一定要证明，被告如果证明自己有精神错乱，他在定罪时就无法辨别是非。但是起诉的精神病学家以有力证据反驳了这一观点，认为即使是最严重的精神病人，定罪时也可能知道自己做得不对。因此，从20世纪80年代开始，被告想以精神错乱获释就显得极其困难了，以致今天大部分精神病罪犯被送进了监狱而不是精神病院。目前精神病人占监狱囚犯的16%（Toufexis，2002；Butterfield，1999；Schmitt，1996）。

4. 精神病医院

精神病医院是一个“总研究院”，这是一个与群体生活相隔绝的封闭之所。病人的需要和意愿服从于医院的巧妙运作，因而医院员工更愿意把病人当成物而不是当成人来看待。精神病学家罗森汉（D. L. Rosenhan，1973）及其同僚在假扮成精神病患者进入12家不同的精神病院进行观察后，看到了 188
各种非人的治疗现象。罗森汉列举了一些发人深省的例子，并且描述了这些医院对患者非人性化的态度。

一名护士在受她监护的男人面前解开了她的制服来调整她的胸罩，好像不知道她正做着一件诱惑人的事情。显然，她根本没有注意到我们的存在。一组监管人员可以在休息室里指着病人栩栩如生地描述他，似乎病人根本就不在这里。

把病人当作物，既看不到也感觉不到，监管人员没有给他们应有的尊重，他们可以在任何时候进入病人的房间检查他们的东西；医院人员有时甚至监视病人整理个人卫生间、清除垃圾。这种情况在

州立精神病院尤为严重，这些医院里空气污浊，弥漫着烟味儿和尿骚味儿。病人经常像牛一样排队淋浴，甚或没有喷头只能群体淋浴。蓄意进行身体虐待，包括把病人捆绑在隔离房间的床上。在一些精神病院里发现普遍存在对女性的性虐待、滥用药物和医疗疏忽等。这只是美国上议院此前收到的报告中，对州立精神病院报道的“危险程序”的一部分（Weicker，1985）。而且，精神病院的医生也不称职。具有讽刺意味的是，他们的管理非常混乱，这些病人很明显需要更称职的精神病医生，但是这样的精神病学家宁愿去治疗那些更容易的和更能够赚钱的“令人担忧的富人”，即患有轻微神经病的富人。正如前任APA总裁承认的那样，精神病学“几乎没有发展空间，最有技术的执业医生照顾病得最轻的病人”（Boffey，1986）。

监管人员的不称职和病人的非人性化治疗最容易产生一些不可预测的结果。首先，病人经常表现出一些监管人员认为是精神病特征的症状，但实际上这些症状是由于监管人员的行为所致。例如，当监管人员剥夺难以管束者的自由并把他们隔离起来时，病人可能撕毁褥垫或用粪便在墙上写字。监管人员那时会把这种行为解释为彻头彻尾的病态，但这种行为实际上是病人对强制的非人性化待遇的抗议（Goffman，1961）。其次，一些病人形成了所谓的“形式”或“制度”，即一种由医院挑起的，在更大社会范围内蔓延的，以深度无助感、进取心的普遍丧失、技能蜕化和功能丧失为特征的问题。最后，正如罗森汉（1973）发现的那样，当他和精神正常的同事将自己交由精神病院处置时，很多精神病人马上发觉罗森汉及其同事是正常人，但医院的工作人员却不这样认为。实际上，远离病人的精神病工作者不可能把病人看做一个整体的、全方位意义上的人。相比之下，两个病人生活在一起，每天同出同进，能洞察另外一个人的行为，因而能够全面地了解病情（Kaysen，1993）。

但是这种对精神病院的不利观点还没有得到相关课题的证实。根据雷蒙德·温斯坦（Raymond
189 Weinstein，1983，1981）的观点，有两种关于精神病院的数据，一种是研究者从参与观察的病人中收集的定性资料，这同罗森汉及其同事的收集方法相同，当研究者与病人生活交流时，近距离地观察精神病人的情况。另一种是定量数据，这是研究者抽取了病人中的代表性案例，询问他们关于医院的情况，应用客观测试或指标，经统计分析，画出表格，得出结论。正如我们看到的那样，定性资料严厉地批评了精神病院，但温斯坦主张，他所做的大部分（约3/4）定量研究表明，精神病机构是病人最好的归宿。主要根据是，研究中的大部分病人告诉调查人员，医院的工作人员理解他们的问题，帮助他们越变越好，对他们是善意和尊敬的，注重每个人的兴趣，也注意他们的需要（Weinstein，1981）。

然而，温斯坦的分析招来了猛烈的批评。批评者认为，在大部分定量研究结果中，研究者与自己的课题是分离的，出于其职业需要，病人不可能透露自己的真实感受。正像一位批评者所言，病人“（对医院和他的监管人员）的肯定态度可能是有导向性的，目的是给监管人员留下‘进步’的印象，因而可以尽快让医院安全地把自己释放”（Essex等，1981）。

但是在过去的20多年里，财政问题已经迫使精神病机构退回到对残疾人的社会服务研究中去了。过去精神病患者待在医院的时间不是10年也是好几年，但现在，中度患者住院治疗仅仅约两个星期。在这样的制度下，病人出院（允许离开）比以前快，致使许多病人流落街头，无家可归，或者受到监禁，或者待在监狱（Gove，2004；Lewis，2003；Torrey，1997）。但大部分出院的病人生活在州财政支付的小组家庭、公寓或单亲家庭中，接受普通医院、旧式管理的医院或门诊医院的治疗。一些治疗是以全国社区精神健康中心提供的治疗为基础的（Winerip，2002；Sharpe，1997；Foderaro，1995）。

5. 社区精神健康中心

社区精神健康保护的概念发端于20世纪50年代。1963年，国会通过一项法律，帮助各州和社区建立精神健康保护中心，还配备工作人员、提供资金。今天，这些中心遍布全国，其目的是为情绪紊乱者提供专业辅助和帮助。这些机构提供了诸如医院、法院、警署、福利机构、学校、教会、雇主、同事、邻居和其他相关资源，把这些资源整合起来，对所有压力之下的人提供支持。病人在社区就能接受住院和门诊治疗与保护。这是一个非常重要的选择，处于压力之下的病人不用感受离开生活环境的不便，或者被“流放”到遥远的、隔绝的、较大的非人性化机构的痛苦。病人不再受禁闭在精神病机构的污名困扰，并且得到一个较好的康复机会，因为有家庭成员和其他真正关心与尊敬他们的人积极参与。

190 有趣的是，有证据表明，因家庭和朋友网络而得名的“网络治疗”（network therapy）所提供的非职业化治疗方法，能有效地把出院病人带回正常的生活状态。它涉及为前述医院病人提供的支持系统，否则他们将感到孤独和分离。亲友、邻居和熟人聚在一起讨论每个人能为他做些什么。也许有些人答应经常拜访病人，另一些人将自愿把他们带到教堂，还有一些人将帮助病人找工作，等等。另外，一个危机小组24小时服务，准备随时进行家访以便解决危机。通过网络治疗，甚至有严重精神病的精神分裂症患者也很少重新回到精神病院。他们中病情再度恶化的比率很低，精神分裂症状大为减轻，而且与住院治疗或接受药物治疗的自闭症患者相比，他们对生活更加满足（Prior，2007；Goleman，1986）。

为什么提供网络治疗的普通人似乎在治疗精神错乱方面比职业精神病医生更有效呢？原因可能是许多精神病医生，特别是以医药为导向的医生过分职业化，无法把病人与社会联系起来，更谈不上与病人处成朋友。对这些精神病医生来说，职业化常意味着把精神病当作普通心理疾病来治。但是治疗精神错乱是大大不同的，一种心理援助可能仅仅需要客观的职业手法去治疗，但精神错乱的治疗需要更多方法，它需要许多类似网络治疗的真正同情和感情共鸣（Breggin，1997）。然而，精神病医生通常只把治疗精神错乱等同于其他身体疾病，即仅用常见的治疗方法。因而他们治疗的成功率很低，其有效治愈率不足半数，也就不足为怪了。如果他们在药物治疗的同时，辅之以社会工作者、护士、医生或家庭成员建立的情感关系加以治疗，成功率将会大大上升（Neugeboren，2006；Elias，2005；Wang等，2005）。

六、精神错乱理论

看待精神错乱有三种典型模式，即医疗模式、社会心理模式和标签模式。前两种来源于实证主义观点，第三种来源于结构主义观点。具体而言，医疗模式用生物起源的观点把精神错乱定义为疾病，所以坚持这种观点的精神病学家通过外科手段，如药物、电击和手术等来治疗疾病。社会心理模式见诸各种心理学和社会学理论中，例如行为主义理论、社会学习理论、认知理论、精神分析理论和社会压力理论等。这里我们将讨论最为重要的两种：精神分析理论和社会压力理论。精神分析理论把精神错乱归于感情冲突（主要来自于孩子—父母交流），因此认为应该通过对话解决冲突，达到治疗的目的。社会压力理论主要把精神错乱解释为社会压力造成的结果，而不是建议如何去治疗精神错乱。最后，标签模式既不是解释性的，也不是治疗导向的。它 191
经常被称为反精神病的，因为它对精神病学家关于精神错乱的思考和行为提出严厉批评。让我们详细了解一下这几种类型吧。

1. 医疗模式

根据这种观点，精神病类似于其他身体疾病，它的成因属于生物性的。那么，它就应该像身体其他疾病那样得到治疗（Gottesman，1995）。这种模式自20世纪70年代以来，一直在精神病学领域占据统治地位。那时，药物治疗是比谈话治疗更有前景的选择。那些持有这一观点的精神病学家们以医学和生理学为基础，经常拿其中一种理论解释精神错乱。

有一种类型源于有关个体的基因研究。根据该研究的观点，如果同卵双生的双胞胎有一个患有严重抑郁症，则另一个人患同样病症的几率高达78%。但是在异卵双生的双胞胎中，这一几率只有20%（Goleman，1992）。既然同卵双胞胎的基因比异卵双胞胎的基因有更多的相似之处，精神抑郁的基因就会在亲属中起重要的作用。同样有研究表明，精神分裂的患病率在有直接血缘关系的下一代中更常见，是非直系亲属的3.5倍（Kety，1974）。正如这项研究得出的结论那样：“基因至少在精神分裂病原学与糖尿病、高血压、冠状动脉疾病和溃疡等病原学中是同等重要的。”（Kendler，1983）

另一证据似乎支持生物医疗模式的观点，源于对大量抗精神活动的、抗抑郁的精神病人的成功治疗案例。在20世纪50年代，住院治疗的精神分裂症首先用一种称作氯丙嗪（Thorazine）的药物治疗获得成功。在以后的20年里，氯丙嗪和其他抗精神活动药物使得多达500 000的精神分裂症患者离开了医院。从20世纪70年代开始，更多新型的、并于20世纪90年代流行的药物，包括碳酸锂（Lithium）、氯氮平（Clozaril）和百忧解，已经证明在治疗精神分裂症、抑郁症和其他精神错乱方面是相对有效的（“相对有效”意思是说药物只在2/3～3/4的案例中是有效的）。除此之外，药物使用也很方便。按照惯例，现在的大部分精神病学家都给自己的病人开这种药（Harris Interactive，2004；

Kluger，2003；Goode，2002）。精神病药理学治疗的成功表明，精神病来源于大脑中化学元素的不平衡。

然而事实上，这些药物对精神错乱是治标不治本。因为内因仍然存在，所以药物治疗只能继续，目的是避免重新恶化，即预防旧病复发。那么，按照逻辑推理，大脑中的化学元素不平衡不可能是精神错乱的原因，否则只需药物治疗就能够根除它。至于双胞胎和其他基因研究，证明精神错乱不一定是基因决定的。如果一些缺陷基因是精神病的原因，那么同卵双胞胎中，如果另外一个患病，这一个的患病几率将是100%。虽然我们无法忽视精神病的患病率在同卵双胞胎中比异卵双胞胎中更高的事实，但这确实说明一些人在精神错乱方面的基因比其他人更
192 为脆弱（Van Mourik，2007；Begley，1996；Crossen，1996）。但是基因的脆弱性不能通过自身导致精神错乱，它一定是被一些心理的、社会的力量所引发的，例如感情的冲突或社会的压力。

2. 社会心理模式

社会心理模式的一个版本是精神分析理论。另外一个版本是社会压力理论，这个版本在近年引起社会学家和心理学家的广泛关注。

（1）精神分析理论。

这一理论是一个世纪以前，由弗洛伊德提出来的。精神分析理论认为，精神错乱是由一些病人未能解决的精神或感情冲突而引起的。对弗洛伊德来讲，冲突在每一个人的性格内部都是不可避免的，这是因为个性由三个冲突的部分组成：本我、自我和超我。本我是因动物对性的欲望和进攻性产生的，是所有人与生俱来的。本我受“快乐原则”的控制，寻求自我满足，而不管什么原因，什么逻辑和道德，只要它能够得到满足。另一方面，自我与“现实原则”相一致，它是1～3岁时与环境的交流中形成的，特别是与父母的交流。自我是合理的和符合逻辑的，它能够很现实地应对环境。因此，自我通过限制本我在多大程度上满足自己的冲动而与本我发生冲突。超我也在寻求限制本我，但是因为道德的原因，它出现在3～6岁之间，那时孩子把父母或社会道德以理想和限定的形式内化。超我大概与传统意义上的“良心”相同。

但是在弗洛伊德的观点中，超我正像本我一样是完全不合乎逻辑的。当本我想在其他事物之间，和任何人有性关系时（例如，与自己的父母亲），超我就禁止任何形式的性快乐，包括夫妻之间。作为唯一合理的自我，必须调和本我与超我之间的矛盾，尽量解决他们之间的冲突。自我可以尽量说服本我停止纯粹动物式的行为，指出本我仍然可以通过文明的方式，与自己的配偶享受快乐。同时，自我可能尽量说服超我不再反对任何的快乐形式，让本我享受婚姻的性爱，同时指出这种性爱没有损害超我所拥护的道德观。当然，本我和超我有很多争论的问题，每次发生争论，自我将尽量去解决，大部分冲突发生在儿童时期。如果自我成功地解决了冲突，孩子才会成为正常的孩子。但如果自我不能解决冲突，就会导致神经机能症和精神错乱。

冲突过程通常是如此痛苦的经历，以致病人“压抑”它，把它放到思想的无意识深处。然而，冲突以心理症状的形式表白了自己，例如渴望、抑郁或强制。为了帮助病人，精神分析学家一定要把冲突引出来向病人公开，目的是让病人能理解并解决问题（Edmundson，1999）。

假定患者是一位大学的男校长，患有给女性打电话的强迫症，这些女性在广告中称自己提供照看孩子的服务，这位校长就在电话里问这些女性，她们是否喜欢与孩子发生性关系。每次打电话后，他都会感到有强烈的负罪感，但不知道为什么他要打电话。为了治疗这位病人，精神分析学家每周会见
他几次，长达4～6年，会面时间约1小时。每次见 193
面，精神分析学家可能鼓励病人说出他头脑中所有的事情。同时，他们分析病人说的事情，目的是挖出长期埋在他无意识深处的未能解决的冲突。

最后，病人可能说出精神分析学家想找的问题：当他8岁时，母亲让他与她发生性关系，然后在11岁的时候，她强迫他再次与她发生性关系，这样达几个月之久。根据精神分析理论，这种经历，一定是痛苦而难忘的，以致变成强压的或深埋于意识深处的痛苦。但为什么这种经历是痛苦而难忘的呢？因为它关系到在本我的性满足和超我的不同意之间的冲突。很明显自己解决不了这一冲突，否则，它就不会被压制。这种未能解决的冲突到后来以神经强迫症的形式出现，这就导致他给保姆打猥亵电话。这种强迫涉及病人把对母亲的感情“投射”（无意识地归结）到那些孩子的保姆身上。换句话来说，在病人的脑海中，给保姆打猥亵电话与跟自己母亲发生性关系感觉一样。在精神分析学家的帮助下，这些全部被揭示出来，病人就能解决这种冲突（Berendzen & Palmer，1993）。

然而，精神分析理论并不能通过试验测试，否则它就很难机械地下定义并给出关键概念，即本我、自我和超我。每个人不得不依赖信念接受他们的真实性，就像相信鬼魂是真的一样。一旦这种概念被接受，理论听起来就令人信服，因为有足够的逻辑推理和“谈话治疗”作为证据。

(2) 社会压力理论。

从20世纪80年代开始，关于社会压力的研究有一个重大突破，这对精神病研究的贡献意义深远（Monroe & Hadjiyannakis，2002；Coyne & Downey，1991）。例如，对患者生命危机影响的研究表明，尽管长时间治疗，但大量的病人（20%～40%）不能完全从压抑或其他精神问题中恢复过来（Kessler等，1985）。这些患者通常经历了生命危机，例如离婚、失业和丧偶。即使是不太严重的打击，也可能导致精神问题。例如研究表明，美国人的精神问题在增多，从大学校长到卖鞋匠都面临工作方面的情感崩溃。蓝领的工作压力特别大，因为他们的工作条件令人不爽，以危险、噪音大、酷热、潮湿、油烟多和寒冷为主要特征。人们发现这成为下层人士中间流行精神分裂症的重要因素（Link，Dohrenwend & Skodol，1986）。

虽说压力能够导致精神错乱，但大部分人在压力环境下却没有表现出精神病症状。原因是他们有压力处理源。人们发现有几种类型的处理源在抵消压力方面很奏效。一种是社会支持，又被称为牢固的社会纽带、亲密的人际关系或社会网络。另一种是个人积极解决问题，寻求信息，应用转移或幽默，减轻压力的技能。第三种类型是高度自尊（Kessler等，1985）。

194 总之，如果处理源有问题，社会压力也能引起精神病，因为有些人承受了很多的压力但处理源却很少，他们就有可能发展成精神病。社会因素可能有两种方式导致精神病（例如，由于社会的不平等结构）：第一，把某些人置于更大的压力环境之下；第二，剥夺他们处理压力的社会和心理资源。虽然批评家已经看到，大部分关于压力的研究和精神病理学都无法证明压力会导致精神错乱。因为压力也经常是问题的结果，即陷入烦恼的人如失业者和离婚者更有可能感受到压力（Coyne & Downey，1991；Mitchell & Moos，1984）。

3. 标签模式

医疗模式或社会心理模式的支持者认为精神病是真实的，他们不厌其烦地寻找病因和治疗方法。但是许多精神病学家和社会学家对此表示怀疑，他们按照建构主义观点，并没把精神错乱看成一种疾病，而是把它看成别人用一个标签强加给某些侵扰行为的。这种理论以三种形式出现。

(1) 精神病是虚构的。

精神病学家托马斯·萨斯（Thomas Szasz，1994，1974b）尖锐地批评医疗模式把精神病仅仅当作真实的和客观的普通身体疾病。根据萨斯的说法，抱有医疗模式观点的精神病学家，实际上在传播一种精神的宣传资料：“精神病是虚构出来的，其功能是隐瞒真情，从而提供更加可口的人类关系中道德冲突的苦药丸。”按照这种说法，精神病是虚构出来的。萨斯并没有暗示被标签为“精神病”的行为不存在，他仅仅反对应用标签，因为标签理论通过暗示某种行为类似于身体的疾病，就给某种行为带上了面具，并歪曲了这种行为的本质。

在萨斯的观点中，“精神病”更有可能涉及“生活问题”、“人们关系中的道德冲突”或“表达一些社会性的不可接受的概念的交流”等词语，所有这些词语都暗示着精神病不是一个医疗问题，而是一个社会和道德问题。它不是像人的身体疾病一样源于人体内部，而是不知源于何方。准确地说，它是发生在精神病人与其周围的人（如家庭、邻居、朋友或整个社会）之间的冲突。但是，被标签为精神病后，他们被认为似乎真的有病。精神病学家应用诸如药物治疗、电击治疗或精神禁闭控制等方法，避免“病人”与家人及其他人发生道德冲突。正如因为“生活问题不确定”而被送到精神病院的一名妇女所言：“经常是全家人都很疯狂，但因为不可能所有家庭成员都入院，只好将其中一人定性为疯子而送进去。”（Kaysen，1993）对萨斯而言，那些精神治疗违背了患者的公民权利，即自由和隐私的权利。而实际上治疗更利于其他人，他们既免于“被治疗”，又免于被“病人”搅扰，因此是双重收益。

如果精神病仅仅是一个强加于人与人之间冲突的标签，那么今天许多正常人仅仅因为与其他人有矛盾，而被当作精神病来治疗就不是什么稀奇的事 195
了。当DSM-Ⅰ（APA的《精神障碍诊断和统计手册》的第一版）在1952年出现时，仅有大约100种行为被列为精神错乱，而在1994年DSM-Ⅳ颁布时，这个数字就上升到300多种。这意味着，像对待批评的愤怒反应或发脾气这类从未被当作精神病来治疗的症状，现在也被列入DSM-Ⅳ，社会期望有所控制。而且，精神病学家被各种各样的社会和政府机构征召去控制年轻人，这些年轻人的行为在某种程度上像汤姆·索耶或哈克贝利·费恩那样，冒犯或扰乱了其他人，这些行为包括滥用药物、打架、憎恨学校或无礼等（Diller，1998）。其实，这些年轻人中有许多人是贫穷、虐童或家庭暴力的牺牲品，他们的行为是不正常环境的正常反应。但是，精神病学家不是处理那些引起种种麻烦的不正常的环境，而是给那些孩子贴上“感情错乱”的标签，然后对他们进行药物治疗或隔离或禁闭。简言之，那些坚持与众不同的孩子被贴上精神病的标签并受到控制。正如一位受害者所言：“这个世界上的巴特·辛普森（Bart Simpsons）不是在卡通里，而是在天窗口。”（Armstrong，1993）

（2）标签的影响。

社会学家托马斯·谢夫（Thomas Scheff，1966）也把精神病看做是虚构出来的一个模糊的标签。他称精神病为“破坏规则的余孽”（residual rule-breaking），因为它是社会对各种不能纳入“破坏规则”条款中而又确实违背规则的行为的概括。社会只是为破坏规则的其他偏差行为，诸如犯罪、堕落、不道德行为和丑恶行径等作了一个明确的界定。至于违规等行为，是可以用一种或多种方式进行惩罚的。但是精神病患者可能仅仅是表面上而不是实际上违背了社会标准，这与罪犯和其他规则破坏者不同。换句话来说，大部分人模糊地认为精神病患者是应该受到惩罚的规则破坏者，因此，可能认为精神病属于残存的、剩余的偏差行为范畴，而且是在所有的破坏规则行为被清晰地界定之后，它才被模糊地定义为违规。精神病的模糊性使人们给某人贴标签更为容易。谢夫强调，这种标签能把某人变成稳定的、慢性的精神错乱者。

谢夫认为精神病症状的来源是各种各样的，这可能包括基因的、生物化学的、生理的、心理的因素，或你能够想到的任何东西，如对争斗的恐惧、过度劳累、长期失眠、精神病药物的摄取等。许多受上述某一因素影响的人表现出诸如耳鸣、看到幻影、幻觉、想象等症状。然而他们的家人、朋友和其他熟人并没有给他们贴上精神病的标签，这是因为大部分症状是在正常人身上出现并且持续时间很短的。然而，其中少部分人确实被贴上了精神病的标签，而这最终导致他们变成慢性精神错乱者。

根据谢夫的观点，在人们被贴上精神病的标签后，他们就不得不承认自己患有精神病。如果他们不把自己看做精神病人，他们就会被强制送入精神病医院，工作人员和病人会强迫他们承认这一事实。如果他们请求入院，人们就会赞扬他们“做对了”。 196
在被释放之后，他们可能尝试着去恢复正常生活，但是像先前的精神病人一样，他们很可能被其他人所遗弃。结果他们变得极端混乱、忧虑和害羞。在这样一种感情危机中，他们会接受家人、精神病医生和社区的观点，把自己看做精神病人。因此谢夫得出结论，给一个人贴上精神病的标签是使人变成慢性精神病人的一个最重要因素。确实，已有大量证据证明标签能恶化病情（Link，Mirotznik & Cullen，1991）。

（3）超级清醒的精神病。

英国精神病学家莱恩（1967）也认为精神病是虚构出来的，但是他的质疑方式与萨斯有所不同。莱恩批评他的精神病学同行们，他们相信自己的精神病人经历与其他正常人有所不同，似乎太虚幻、毫无价值，是故意犯的错误。他理直气壮地质问道：“正常人自1914年的第一次世界大战爆发以来，杀死了10亿同胞，怎么能够认为这种精神不正常的经历是无足轻重的呢?”他进一步写道：“那些吹嘘和威胁说拥有世界末日武器的世界政治家们比贴上‘精神病’标签的人们更危险，更脱离现实。”（Laing，1965）这就是莱恩为什么认为精神病患者比正常人更清醒的原因，认为他们的精神错乱正是对精神错乱世界的清醒反应。他引导我们想象飞行途中一只掉队的小鸟，鸟群继续飞向灾难，而那一只有偏差行为的鸟却安全着陆。但大部分精神病学家把精神病人看成是不适应环境的，并认为精神病人迷失了空间和时间。

无论如何，莱恩都批评精神病学家不能理解空间和时间的本质。按照莱恩的观点，有两种空间和时间的类型，一种是外部的，另一种是内部的。当精神病学家带有偏见地认为精神病人迷失方向时，病人实际上指向“内部”的空间和时间，而此时的精神病学家指向的是外部空间和时间。莱恩认为，向内看，没有外部的或客观存在的现实经历，就好像在想象、睡梦、幻觉、沉思或沉默中一样。例如，如果我们仅仅需要感觉神的存在，我们有内部感受即可。但是如果我们尽量合理地或客观地证实神的存在，这就证明我们指向了外部世界。精神病人是内向型的，只是协调他们自己，而不关心其他人如何考虑他们。相比之下，正常人是外向型的，使自己对他人、他人对自己的看法协调。对莱恩而言，内向型比外向型优越。作为内向型形式的一种，精神病人进入了更加现实而非不现实的境界，超清醒而非糊涂的境界，这是一种精神超越而不是精神崩溃。

如果精神病人是超清醒的，为什么许多精神病人似乎感到他们的经历很不幸呢？莱恩认为，他们的不幸可能是看到了社会对精神病人的极端消极的态度。由于我们的社会极力推崇外向而不是内向，我们就习惯于尊敬那些攀登珠穆朗玛峰、乘气球横渡大西洋、乘火箭上月球或从事其他类似冒险活动的人。但是我们不看重那些去人们内心进行时空旅行的其他旅行者。这就是为什么当宇航员从外空返回地面时，人们把他奉为英雄，但当精神分裂者从其内心世界返回时，被侮辱性地称为准精神病人的
197 原因。鉴于我们对外部探险的更加积极的态度，顺境中成长的富有竞争力的人更愿意从事外部探险活动，并且他们能得到他人道义上的支持、航行前的训练、所有航行得以成功的信息和必要器械。相比之下，大部分精神病人被放置到“正常”世界中不可利用的、不能生存的地方，他们就被迫进入内部时空。因此，对内部意识和航行知识的缺乏，使他们不知道如何处理航行中遭遇的恐怖、噪声或幻象。结果他们在内心世界迷航了，这就是为什么他们似乎疯疯癫癫和不幸福的原因。

然而，因为莱恩认为精神病人是超级清醒的，所以他没有用药物令其精神病人对内心世界感知迟钝。相反，他让他们自由地在他的小组里生活，只给他们极少的精神管理。实际上，他给他的病人深刻思考的机会，以便他们能够更加有效地探索自己的内心世界，与魔鬼达成妥协，最终返回到外部的“正常”世界。据说这种独特的方法治愈了待在莱恩的非常规医院中的大部分病人（Mishara，1983）。

（4）标签理论评析。

许多社会学家批评标签模式，认为精神病不是虚构出来的，而的确遍布全球。例如，约翰·克劳森和卡罗尔·赫法恩（John Clausen & Carol Huffine，1975）认为：“如果精神的疾病像萨斯和谢夫所认为的那样是神话，它就会像现代工业社会中出现了上古和前文字时代……那样不可思议。”显然，克劳森和赫法恩把精神病称作虚构，是误解了萨斯的意思。通过“虚构”，萨斯探讨的是“精神病”标签的应用，而不是贴标签的行为。进一步来讲，克劳森和赫法恩的批评避开了萨斯将精神病称作虚构的原因。事实上萨斯是想借此表明，给“精神病”贴标签是如何不公正地牺牲了那些被贴的人。

谢夫认为，标签不公正地牺牲了个人利益。对谢夫来说，这种牺牲包括把个人托付给精神病机构，因此使之长期变成精神病人，即使他们可能只有轻微的、无害的症状。这种标签理论也受到批评家的指责，其中沃尔特·戈夫（1970）认为，许多研究已经驳斥了谢夫的标签理论：

> 有证据表明，实际上住院的大多有严重的精神错乱……一旦公共官员与潜在的病人接触，实际上仍然会有所庇护，大概是挑出那些被捏造了罪名的或精神不太混乱的人吧！（另外，）研究评论说，在不否认谢夫描述的过程及前提下，建议精神病院一定不要，甚至专门地促成（慢性精神病）。

因此，戈夫得出结论说，有证据支持了他的医疗模式而不是谢夫的标签模式。反过来，谢夫（1974）声明，他分析的研究结果也给自己的标签模式以强有力的支持。但是戈夫（1982）争辩说，许多标签理论的研究在方法论上是有缺陷的。

七、本章概要 198

（1）**普遍流行的关于精神错乱的误解有哪些？**即：（1）精神病是极其怪诞的；（2）精神错乱是无望的，大多数是不可治愈的；（3）“精神病”与“精神健康”之间有显著的区别；（4）精神病是疯狂的、充满暴力的；（5）人们在寒冷的冬天最容易抑郁；（6）自闭症成为一种流行病。

（2）**精神错乱的传统分类是什么？**主要有两种类型的错乱：器质性的和功能性的。器质性的错乱是由身体本身引起的，功能性的错乱是由心理和社会原因引起的。功能性的错乱可以进一步划分为三种类型：精神病、神经症和人格障碍。精神病最易使人衰弱，神经症次之，而人格障碍又次之。精神病主要以脱离现实为特征，神经症的特征是常常对不重要的事情表现出明显的恐惧或担心，人格障碍经常是自我中心的、反社会的或违规的。这三种功能性错乱可以进一步分为多种亚类型。**精神错乱的DSM-Ⅳ分类是什么？**300种以上的精神错乱类型被列入其中，每种都被定义为一组症状。在对照DSM-Ⅳ之后，精神病学家能够确定他们的精神病人大概患的是哪种病症。

（3）**精神错乱的社会诱因是什么？**下层人士精神错乱的患病率比其他阶层的高，女性更有可能受

到抑郁和焦虑的困扰，男性更可能出现反社会人格、偏执、滥用药物和酒精等。今天的年轻人比老年人更有可能存在心理问题或抑郁症，他们主要的症状是易于陷入极度悲伤和入睡困难。他们容易被重大事件压倒，但缺乏处理源。南美裔和非洲裔美国人更有可能出现反社会倾向和偏执狂，犹太裔和亚裔美国人更有可能患抑郁性错乱。总的来说，患精神病的比率城市高于农村，城里人也更有可能患神经症和人格障碍，但农村人更容易患严重的抑郁症。此外，“9・11”恐怖袭击引起全美的创伤后应激障碍。

（4）**不同的社会精神错乱有何不同？**总的来说，现代工业社会比传统农业社会精神错乱的多。一些类型的精神错乱，如恐高症和厌食症出现在一些社会而在另一些社会却很少见。精神错乱的症状可能反映出他们所在地区的文化，例如，抑郁在传统社会中经常表现为身体疾病，此时人们羞于说出自己的压抑感。

（5）**社会对精神错乱作何反应？**过去，人们认为精神病是魔鬼附体，所以有时要烧死活人。到17世纪中叶，他们被禁闭起来或者像动物一样受虐待。今天，精神病的治疗不再那么野蛮，但仍然令人不快。公众和精神病学家把精神病患者当作道德的麻风病人。法院通过强制治疗遗弃他们，否认了他们的权利，不再对精神病进行辩护，精神病医院也羞辱他们。当社区精神健康中心接诊量增加时，住院的精神病人数量却在下降。

（6）**目前关于精神错乱的观点有哪些？**医疗模式的观点把精神错乱看做是一种身体疾病，归因于一些生物因素，因此，用药物和其他外科的方法来
199 治疗。社会心理模式，包括精神分析理论和社会压力理论，把精神错乱归因于非生物因素，如感情冲突和社会压迫的经历。当医疗模式和心理模式都认为精神病是真实存在时，标签模式仅仅把精神病当作是把标签贴在某个不情愿的个体身上的结果。标签理论的批评者认为，精神病确实是客观存在的。其实，标签模式没有怀疑其现实性，只是反对把“精神病”的标签不公正地强加于某种行为之上。

八、扩展阅读

Beam, Alex. 2002. *Gracefully Insane: The Rise and Fall of America's Premier Mental Hospital*. New York: Public Affairs. An entertaining narrative of the history of a mental hospital that catered to rich patients, coupled with an account of the changing conceptions and treatments of mental illness within the context of the larger culture.

Chesler, Phyllis. 2005. *Women and Madness*. New York: Palgrave Macmillan. A critical analysis of the sexist bias in the knowledge and practice of psychiatry.

Corrigan, Patrick W. (ed.). 2005. *On the Stigma of Mental Illness*. Washington, D.C.: American Psychological Association. An anthology of articles presenting sociological and other perspectives on mental illness stigma and ways to change it.

Cross-National Collaborative Group. 1992. "The changing rate of major depression: Cross-national comparisons." *JAMA (Journal of the American Medical Association)*, 268 (December 2), 3098–3105. An empirical study showing an overall increase in major depression in widely different countries as well as increasing depression among successively younger generations.

Glenmullen, Joseph. 2000. *Prozac Backlash: Overcoming the Dangers of Prozac, Zoloft, Paxil, and Other Antidepressants With Safe, Effective Alternatives*. New York: Simon & Schuster. Showing how old-fashioned psychotherapy may be more effective than the currently popular psychopharmacology.

Grinker, Roy Richard. 2007. *Unstrange Minds: Remapping the World of Autism*. New York: Basic Books. Shows how social and cultural conditions cause autism to look like an epidemic.

Hobson, J. Allan, and Jonathan A. Leonard. 2001. *Out of Its Mind: Psychiatry in Crisis: A Call for Reform*. Cambridge, Mass.: Perseus Publishing. A critique of the split in modern psychiatry into drug therapy and talk therapy, and a proposal to bring together these conflicting approaches to mental disorder.

Karp, David A. 1996. *Speaking of Sadness: Depression, Disconnection, and the Meanings of Illness*. New York: Oxford University Press. A phenomenological analysis of a common type of mental disorder, as experienced by 50 people and the author himself.

Kaysen, Susanna. 1993. *Girl, Interrupted*. New York: Turtle Bay Books/Random House. An interesting account of the author's two-year stay at an expensive private mental hospital, revealing, among other things, that often the psychiatric staff seems less rational or more insane than the patients.

Kutchins, Herb, and Stuart A. Kirk. 1997. *Making Us Crazy*. New York: Free Press. Shows how the DSM (Diagnostic and Statistical Manual of Mental Illness) contains "a strange mix of social values, political compromise, scientific evidence, and material for insurance claim forms."

Lane, Christopher. 2007. *Shyness: How Normal Behavior Became a Sickness*. New Haven, Conn.: Yale University Press. Argues that the psychiatric definition of social anxiety disorder is so broad that it includes many people who are shy but normal.

Luhrmann, T. M. 2000. *Of Two Minds: The Growing Dis-*

order in American Psychiatry. New York: Alfred A. Knopf. A critical analysis of how the dominance of drug therapy over talk therapy has caused more harm than good to patients.

Rosenberg, Morris. 1992. *The Unread Mind: Unraveling the Mystery of Madness*. New York: Lexington Books. An interesting sociological analysis of mental illness as a breakdown in human relations in which the patients and nonpatients each cannot see the world through the other's eyes.

Schaler, Jeffrey A. (ed.). 2004. *Szasz Under Fire: The Psychiatric Abolistionist Faces His Critics*. Chicago: Open Court. Twelve critical essays about Thomas Szasz's views on mental illness and his response to each of them.

200 Slater, Lauren. 1996. *Welcome to My Country: A Therapist's Memoir of Madness*. New York: Random House. Offers an intimate look into the world of mental illness with the insight of the author as a former sufferer.

Szasz, Thomas. 1994. "Mental illness is still a myth." *Society*, 31, 35–39. An updated version of the author's provocative view that mental illness is a myth.

Vaughan, Susan C. 1997. *The Talking Cure: The Science Behind Psychotherapy*. New York: Grosset/Putnam Books. Presents the new view that psychotherapy, like medication, can cure patients by altering their brains.

Wolpert, Lewis. 2000. *Malignant Sadness: The Anatomy of Depression*. New York: Free Press. A review of the theories and studies of depression, with some accounts of the author's personal experiences.

九、思考题

1. 假定你的一位好朋友长期为死去一只宠物而极度苦恼，你发现这种状况使你感到困扰。你会尽量劝说你的朋友，并说“宠物不会明白你长时间这样是为了什么”吗？如果是，为什么？如果不是，你会怎么办？

2. 思考得克萨斯州母亲案：安德烈亚·耶茨（Andrea Yates）2002年因杀死自己五岁的孩子而获刑，她明显精神失常，患有精神分裂症和抑郁症。你认为她有罪并应将其送进监狱吗？或者你能通过证明她精神失常而使其无罪，并将她送进精神病院吗？请说出你的推论和理由。

第四部分

多重生活方式

203

第九章 异性恋偏差行为

表象与事实

表象：青少年认为口交不是真正的性行为，因此今天越来越多的青少年与多个性伙伴进行口交。

事实：当今确实有越来越多的青少年在进行口交，但绝大多数仅与一个而不是多个性伙伴进行口交（第 205 页）。

表象：谈到对孩子们的性教育时，大多数家长都希望学校把禁欲作为最好的或唯一的选择。

事实：大多数家长（至少 75%）都希望学校进
204 行性教育时，既教育孩子避孕，也教育孩子们禁欲，而不必强调哪一个更好（第 206 页）。

表象：婚外性行为远比婚内性行为刺激，更容易让人得到满足。

事实：大多数（大约 2/3）已婚男子称他们的夫妻生活是"非常愉快的"，只有不足一半的出轨丈夫对他们的婚外性行为也给予了同样的评价（第 206 页）。

表象：一些已婚男女因为性欲过于旺盛而出轨。

事实：那些出轨的人并非性欲旺盛。他们性行为的次数远比夫妻间的性行为次数少（第 207 页）。

表象：换妻能改善婚姻质量，那些换妻者坚信"一起出轨的夫妻，将永远在一起"。

事实：如果换妻的夫妻能把性与爱区分开、与别的夫妻享受纯粹的性快乐而不动感情的话，出轨或许会改善婚姻质量。但是出轨对那些比较保守、不能将性与爱割裂开来的人则有着消极影响（第 210 页）。

表象：色情通常是有害的。

事实：实验研究发现，暴力色情是有害的；但是在现实世界里，那些性爱的、非暴力的色情却是无害的（第 212 页）。

表象：裸体舞酒吧里舞女们的大多数主顾都很有钱，所以她们的收入很高。

事实：大多数裸体舞女的主顾都是蓝领男士，并不富裕（第 214 页）。

表象：大多数妓女都是性冷淡，无法享受性快感。

事实：当与男友或丈夫发生性行为时，作为一个群体，妓女比其他女性反应更热烈，更容易达到性高潮。大多数应召女郎甚至能从嫖客那里获得性高潮（第 216 页）。

表象：妓女大都是严重的吸毒者，是没有自尊、缺乏社会经验和感情受挫的受害者，或是在其他方面不正常的人。

事实：大多数妓女，很大程度上与传统妇女一样，没有这些社会问题和心理问题。仅仅是极少数街头拉客女才会有这样的问题（第 220 页）。

表象：由于追求个性解放、胸襟开阔和恋爱自由，大多数美国人赞成将卖淫合法化。

事实：大多数美国人不仅反对卖淫合法化，而且希望能严格执行现有的反卖淫法（第 227 页）。

克里斯蒂（Kristie）13 岁时就离开了西南部的家乡。朋友们给她介绍了一个高大、英俊的男子，她对他很有好感，因为他夸她聪明、性感。很快他就说服克里斯蒂在拉斯维加斯（Las Vegas）的街头卖淫。随后，克里斯蒂辗转到洛杉矶等其他城市继续卖淫。这个皮条客还有其他不少妓女为他服务，他会带着她们与克里斯蒂一起到一个城市，让她们通宵卖淫，然后再转往另一个地方。克里斯蒂 15 岁被捕后才停止卖淫，两年之后她又重操旧业。在随后的 6 个月时间里，她估计自己已经接了至少 100 个嫖客，但是在被捕之前很长时间她都没有计过数（Fang，2005）。

205 这种卖淫，即女人向男人出卖性，是异性恋偏差行为的典型例子。在这一章，我们将考察卖淫的各个方面。但是首先，我们将考察其他形式的异性恋偏差行为：青少年性行为、婚外性行为、换妻、色情产品、电话性服务、裸体舞和性骚扰。

一、青少年性行为

今天，大多数美国人已不再像二三十年前那样，认为婚前性行为是不正常的。更准确地说，他们认为，虽然婚前性行为对成年人来说是可以接受的，但并不适用于青少年（Risman & Schwartz，2002 年）。对那些 20 岁以上的成年人来说婚前性行为是允许的，但对那些不满 20 岁的人却不行。在今天的美国社会，青少年性行为仍然被视为不正常。对成年人婚前性行为的认可明显是受到了 20 世纪 60 年代开始的性解放思想的影响。但是，为什么青少年就不可以有性行为呢？可能是人们认为青少年还没有成熟，且不能为自己的性行为负责。大多数成年人似乎非常担心，如果允许青少年发生性行为，到头来会出现很多的私生子。事实上，可能就是这个原因，今天性教育类节目一直都在强调禁欲的重要性。

尽管如此，在性方面，今天的青少年比二三十年前的同龄人更积极主动。如今，青少年可能会更早地开始性行为、有更多的性伙伴并可能轻率性交。目前，有一半以上的青少年（年龄在 15～19 岁之间）在性方面非常主动。此外，青少年患疱疹、淋病、艾滋病等性传播疾病（STD）的可能性也更大，并且他们还是世界发达国家中婚前怀孕率最高的群体。督促他们婚前禁欲的性教育在某些方面已产生作用，但也带来了意想不到的后果。例如在有些学校，那些被保证禁欲，推迟性行为长达 18 个月之久的青少年，一旦开始性生活，很可能不采取任何避孕措施。当然，部分原因是性教育中一再强调"说不"，越来越多的青少年试图通过口交来保持技术上的童贞。口交通常不算是真正的性行为，原因大概是口交不会怀孕。但绝大多数仅与一个而不是多个性伙伴进行口交（Sharon，2008；Mosher，2005；Bearman，Moody & Stovel，2004）。

然而，青少年是否禁欲还有性别差异。对 12～14 岁青少年的研究表明，那些自尊心很强的男孩更容易发生性行为，而自尊心很强的女孩则更有可能禁欲（Spencer 等，2002）。很显然，传统的双重标准仍然制约着青少年：性方面积极主动的男孩子因性欲旺盛深受性伙伴的尊敬，而那些性方面主动的女孩子却被贬低为淫荡无耻。女孩子们被卷入了一种两难的境地：如果她们一直保持处女之身，就将冒着被人嘲弄的风险。为避免被侮辱成荡妇或被嘲弄的耻辱，许多青少年女子在性行为方面比较活跃，即与她们的男朋友或者非常熟悉的人而不是陌生人或有一面之交的人保持性关系（Dunn，2004）。

同时，两个成年人群体一直在为如何看待青少年性行为而争论不休。保守的基督徒要求学校只教育青少年戒除性欲，而自由主义者则主张学校开设全面的性教育课程来教育学生既要禁欲，又要避孕。

206 保守主义者认为，避孕教育与禁欲教育是互相矛盾的，因为前者将导致性行为。但是自由主义者却认为，进行禁欲教育而不是避孕教育将使青少年在发生性行为时，对于怀孕和性传播疾病等问题毫无防卫能力。这些都是必然的，因为禁欲教育并不能达到期望中的百分之百成功。

因而，各学校性教育种类也是五花八门。在这些开设性教育课程的学校里，讨论如何避孕时，约51%的学校把教育人们禁欲作为最佳选择；大约35%的学校把教育人们禁欲作为避孕的唯一选择；剩下的14%既介绍禁欲，也介绍避孕，但不强调哪种方式更好。但是，具有讽刺意味的是，大多数（至少75%）家长希望学校采取第三种方式，即采取全面的方法。更具有讽刺意味的是，研究证明，全面的性教育课程对于减少青少年的意外怀孕和性传播疾病是最有效的途径（Kelly，2005；Irvine，2002）。然而，自2002年以来，一种新的性教育方式已经出现，它有效地推进了把禁欲作为唯一避孕方式的课程。它只告诉学生禁欲对于人们身体健康的益处，而不考虑道德问题。例如教育学生说，少女的子宫比成年女性的子宫要脆弱得多，更容易感染性病，特别是病毒性疾病，如乳突淋瘤病毒，因此，尽管性伙伴戴避孕套，但性方面积极主动的少女仍然会患性病（Parker-Pope，2002）。

二、婚外性行为

婚外性行为，通常我们称为通奸、不忠或暧昧关系等，指已婚者与其他男（女）发生的性关系。绝大多数美国人对婚外性行为持反对态度。一个全国性的调查显示：近90%的男性和94%的女性认为通奸“总是错的”或“几乎总是错的”。难怪只有少数人有过婚外性行为：据报道，25%的已婚男性和17%的女性至少有过一次通奸行为。这个数据表明，通奸行为相当普遍，因为这一比例（25%和17%）就意味着美国至少有1 900万的男性和1 200万的女性有过婚外性行为。佛罗里达州的一位性学研究者说：“很大一部分人对其配偶是不忠的。”（Norman，1998；Michael等，1994）

1. 婚外情：诱人的误解

尽管忠实于他们的配偶，但大多数已婚美国人，尤其是男性，仍然希望曾经有过婚外情。根据著名的《金赛报告》，在20世纪40年代后期，超过70%的已婚男性有这样的想法。然而，女性则把婚外性行为与爱联系在一起，而不是仅仅为了性；男性则更有可能只把它看做性出轨（Glass & Wright，1992）。结果，许多男性似乎相信婚外情比夫妻间的性生活更让他们兴奋和满足。但相关数据表明，事实上完全不是这么回事。这主要是因为婚外性行为大都是秘密地进行的，通常都非常紧张并带有罪恶感，所以这种经历是很难让人愉悦的。一项研究表明，2/3的已婚男性称他们的夫妻生活是愉悦的，但只有不足一半的出轨丈夫对他们的婚外性行为也给予了同样的评价。53%的已婚女性与丈夫可以经常性地达到性高潮，但只有39%的出轨女性能在婚 207
外情中获得性高潮（Katchadourian，1985）。

另外一个关于婚外情的误解对于男女都适用，即“人们寻找婚外性行为，是因为他们性欲过于旺盛”。然而，有关研究却表明：那些出轨的人并非性欲旺盛。他们性行为的次数远比夫妻间的性行为次数少（Adler，1996；Pittman，1993）。如果通奸不是因为性欲旺盛，那么又是因为什么呢？我们可以从一系列社会、文化因素中探求其原因，正如事实所暗示的那样，美国婚外性行为的诱因在不同的群体里是不同的；而在世界不同的文化形态中，其诱因也各不相同。

2. 文化差异

在不同的文化中，通奸有合法与非法之分，其表现形式也大不一样。首先，我们来看看不同形式的非法通奸行为。在东非的洛兹人中，通奸并不包括性交。如果一个男子与一个没有亲戚关系的已婚女性同行，或者给这个女性喝一口啤酒，就被认为是通奸。相反，在其他大多数社会里，非法的通奸通常包括性交。对于那些按字面意思解释《圣经》的保守的基督徒们来说，离婚后的性交和再婚都被认为是通奸。正如耶稣在《马可福音》10：11中所说的那样：“凡休妻另娶的，就是犯奸淫，辜负他的妻子；妻子若离弃丈夫另嫁，也是犯奸淫了。”然而，历史上在不同的社会里，通奸的女子比男子受到的惩罚更严厉。例如在伊斯兰教社会，通奸的女子要被砸死。总的来说，由于非法性行为是受社会谴责和唾弃的，因此并不经常发生（Fisher，1992；Lawson，1988）。

然而，人们认可的合法的通奸却经常发生。在尼日利亚的科夫亚（the Kofyar of Nigeria）地区，女子如对丈夫不满，但又不想离婚，无须征得丈夫的同意，就可以另找一个情人，公开地与他一起住在丈夫的家里。科夫亚男子也可以找同样的理由这么做。在亚德里亚海沿岸的许多意大利城镇里，实际上每个已婚男子都有一个情人，并且经常与其约会。这些婚外情大都发生在已婚的男女间。有时，年轻的男仆与富豪的妻子幽会，而富豪们也经常与其女佣或厨子私会。但是，任何已婚者都忌讳谈论自己的风流韵事。这是因为对他人吹嘘、闲谈或者私语调情之事都会暴露自己广布的婚外情关系网络，这将严重损害他们非常珍惜的社会凝聚力和家庭生活（Fisher，1992）。然而，像这种合法的婚外情在美国社会并不存在。

所有这些都表明文化因素对于婚外性行为的巨大影响。一个文化所允许的任何形式的婚外情可能都很盛行。一项对美国社会的研究进一步证明了某些特定的社会因素对婚外性行为的影响。

3. 社会因素

在同样反对不忠的文化影响下，美国的某些群体仍然比其他群体更有可能欺骗其配偶。正如各项研究所表明的那样：婚前有过性行为的比那些没有
208 过的更容易发生婚外性行为；宗教禁忌少的，其婚外性行为的发生率要高于宗教禁忌多的；收入低的比收入高的更有可能背叛他们的配偶（Duncombe等，2004；Janus & Janus，1993）。

社会生物学家们认为，婚外情中的性别差别是他们最重大的发现，因为它事实上存在于所有社会。社会生物学家们追踪研究了人类进化的历史，男性婚外性行为是想使更多的女人怀孕以生育更多的后代，从而保证把他们的基因延续下来（Norman，1998；Fisher，1992）。但是，今天男女调情时最不愿意发生的事情就是怀孕。毕竟现在大多数的人，无论男女都认为性行为的主要目的是享乐而不是生育。进化论并不科学，也并非有效。婚外性行为主要反映了男人的家长式信仰，即到处鬼混以证明他们的阳刚之气。正是这种被广泛认可的信条使得男人更多地去追求、玩弄异性。大多数玩弄女性的男人对待婚外情的态度与其风流韵事中的伴侣是完全不一样的。男人一向不把这些风流韵事看得有多重要，也并不是一定要爱上这些女人。但女人却把这些风流韵事看得非常重要，并坚信她们不再爱自己的丈夫，认为婚外情中的伴侣才是她们的真爱（Allan，2004；Pittman，1993）。

许多风流韵事都是偶然开始的。出轨的配偶可能是喝醉了，一时意乱情迷，或恰巧那天心情很糟。这里描述了一位47岁的大学教授如何意外地走了桃花运：

> 我与一位离异的年轻教师有了一夜情。我们已认识好几年了，彼此之间并没有太多的激情，但她是一个女人，我是一个男人。我一直奇怪究竟是如何发生了这次外遇的。我俩同在乡下的一个学术会议上。第一天晚上喝了一些酒后，我发现自己和她睡在了一起。尽管和她做爱的感觉很好，但是罪恶感却非常强烈。她不停地安慰我说："我们都是成年人，如果我们能给彼此一些快乐，那又有什么罪恶可言呢？"但事情并没有这么简单。我好像看到了可怜的妻子悲伤的面容和孩子们发现真相后恐惧的样子。会议进行了一个星期，但是余下的时间里我小心地回避着她。（Pittman，1993）

不忠很可能导致离婚（Previti & Amato，2004）。但更多的时候，遭到背叛的妻子或被戴绿帽子的丈夫尽管最初都感到被深深伤害和侮辱了，但还是尽其所能地挽救他们的婚姻。如果不再出轨、被公之于众和妥善解决了，他们的婚姻通常还能维持下去（Pittman，1993）。

三、换妻者的社会特征

我们刚刚讨论过的婚外情是指背着配偶的偷情行为。另一种形式的婚外性行为是指夫妻双方都同意的公开的偷情行为。在社会学研究中，这种偷情行为通常叫换妻，也称作"性交换"或"交换配偶"。即指已婚夫妻为了性，互相交换伴侣。在普通民众眼中，换妻比传统形式的通奸还要变态。这也是为什么换妻没有通奸普遍的原因。大约20%的已婚夫妻曾经背叛过其配偶，其中只有1%～2%的人参加过换妻。尽管如此，由于互联网的普及，现在
比以往任何时候、任何场所都容易找到交换性的夫 209
妻。此外，在大城市的性俱乐部，换妻也非常容易（Gould，2000；Levy，1999；Jenks，1998）。

大多数换妻者是住在城郊的中产阶级白人。年龄大都在25～45岁之间。他们在政治上可能相对保守，尤其是如果居住在美国中部的话。他们对于少数种族和异教徒怀着些许歧视。他们尽管自己很少参加宗教活动，却通常把自己的子女送到主日学校

(Sunday school，基督教教会为了向儿童灌输宗教思想，在星期天开办的儿童班)，或者给他们以宗教方面的指导。男人和女人都缺乏兴趣、爱好和户外活动。总之，换妻者通常无聊、失落，无法过一种快乐并充满激情的生活，很像普通美国人所过的“平静而绝望”的生活。这就是吉尔伯特·巴特尔（Gilbert Bartell，1971）著名的研究揭示的换妻者的特征。

布莱恩·吉尔马丁（Brian Gilmartin，1975）从另一个侧面研究了换妻组和一个控制组（由不是换妻者的普通人组成）之间的区别。这两个组在年龄、职业、收入、子女数及参与本地俱乐部和组织的情况等方面都非常相似。换妻者并不比普通人更不幸福、无聊或神经质。这些研究结果证实了巴特尔的发现。吉尔马丁得出结论：“他们不是有性偏差，换妻者最大的特点是，他们是那么的寻常。”但是，吉尔马丁也发现了这两组被研究者之间的显著差别：(1) 换妻者很少参加教会活动；(2) 换妻者有不幸童年的几率较大；(3) 换妻者更有可能家庭不幸或父母离异，尽管他们的妻子并没有什么不同；(4) 换妻者开始约会的时间较早、较频繁，第一次性交的时间也较早，并且婚前在性方面非常积极，结婚也要早些；(5) 换妻者较早离异的可能性很大；(6) 换妻者在政治活动方面不够积极，也很少参与社区活动。

总之，与普通人相比，换妻者与传统的社会机构联系较松散，也很少受到社会的约束，即与宗教、家庭和社区的联系较少。可是这并不意味着他们脱离了社会，生活在传统社会的边缘。换妻仅仅是他们生活的极小部分。他们仍然会花更多的时间与传统社会的人们在一起，过着传统的夫妻生活。

近来的研究进一步证明了早期的这些研究成果。例如，理查德·詹克斯（Richard Jenks，1998，1985）研究发现，换妻者很少受到社会的约束，但与普通民众相比，也并非游离于社会之外。在詹克斯的研究中，换妻者迁移更频繁，在一个社区生活的时间较短，不太可能有宗教认同。由于这些经历，他们感到很少受到社会机构的限制或约束。但是，粗略说来，换妻者与普通人并没有多大区别。例如，与普通人相比，他们并不认为自己的政治选票没有意义，也不认为他们对自己的生活没有影响。总之，换妻者是普通人，只不过有时通过换妻来反抗社会对他们的控制而已。

因为他们把换妻作为表达自己从社会控制中解放出来的一种方式，许多人似乎认为自己是性革命
210 的先锋，来消除男女间的不平等。很显然，换妻的丈夫和妻子在性乱交方面是平等的，但这并不意味着他们已经消除了性别不平等。事实上，换妻基本上是一种男性行为。在几乎所有的换妻伙伴中，都是丈夫首倡交换的主意，并通常遭到妻子反对。于是，丈夫就通过高压手段，巧妙地强迫或说服妻子（Henshel，1973；Palson & Palson，1972）。但是，由于女性社会地位的提高，今天这种情况或许不大可能发生了。

最后，换妻者认为他们交换性是对婚姻的改善，坚信“一起出轨的夫妻将永远在一起”。的确，研究发现，换妻对于某些夫妻来说确实可以改善婚姻关系。一项对换妻夫妇的研究表明，他们比普通人婚姻更幸福。比起传统夫妇，进行换妻的夫妇有更多的亲昵行为、更多的爱和更多的交流沟通，也有更高频率的性爱（Gilmartin，1975）。另一项研究则发现换妻的夫妇比传统夫妇“更和谐、更认可自己和伴侣”。据报道，换妻的夫妇与自己的伴侣性生活更愉悦（Rubin & Adams，1986；Wheeler & Kilmann，1983）。

这是否真的表明换妻可以改善婚姻呢？如果换妻的夫妇能够把性与爱区分开来，与别的夫妻享受纯粹的性爱而不动感情的话，答案则是肯定的（de Visser & McDonald，2007）。但是，换妻对于那些敏感、浪漫、不能将性与爱割裂开来的人来说，则有着消极的影响。由于期望被交换的伴侣当作有血有肉有感情的人来对待，当发现仅被当作性欲工具时，他们就会非常失望。正如有关研究所表明的那样，通常由于厌恶，他们会退出换妻游戏（Denfeld，1974）。总之，换妻是一把双刃剑：既可以带来正面影响，也可以导致负面结果。结果的本质取决于使用剑的人，而不是剑本身。

四、色情产品

很难辨别出媒体中哪些是色情文学。色情文学是露骨的性描写，是违法的。但是，由于对色情的内涵有不同的解释，所以法律并不能严格执行。绝大多数的美国人也反对像色情消费这样的东西（Maguire & Pastore，1996）。然而，直接的性描写材料随处可见，并且大多数人尤其是男性会用到它们。最新的一部关于《好色客》（*Hustler*）杂志创始人的电影——《性书大亨》（*The People vs. Larry Flynt*），挑起了冗长的论争，即宪法赋予人们的言论自由权是否允许用最粗野、下流的言语表达。一

些人将无休止地辩论这类话题，但这里我们将更多地关注色情作品的生产者、销售者究竟卖给了消费者什么，以及这些产品对消费者的影响。

1. 色情产业

今天，色情产业已成为一个庞大的产业。一个主要的原因就是过去10年中，对性用品的需求骤
211 增。例如，那些赤裸裸表现性行为的录像租赁业扶摇直上，其业务量从1985年的7 500万美元迅速增加到1996年的6.65亿美元。如今，美国已成为世界上黄色影碟的最大生产国。这些黄色影碟以每周出品150个新作品的惊人速度倾销到市场，被广泛消费。流行程度略逊于黄色影碟的是黄色杂志、成人有线电视节目、西洋景（通过小孔看的画片）、直播性交节目、电话性服务和网络色情。人们在成人性用品上的花费（10亿美元，2000年）大大高于好莱坞的国内票房收入，或摇滚和乡村音乐唱片的全部收入。仅脱衣舞夜总会所挣得的利润就超出了所有剧院、芭蕾舞、爵士乐和古典音乐节目收入的总和（Egan，2000；Schlosser，1997）。

色情产业不可思议的增长来源于色情影碟向主流社会的入侵。过去，大多数人对于出入破旧的电影院和成人书店感到非常尴尬，但今天人们可以在自己家里看黄色影碟。难怪传统的色情文学的供应量下降了。现在，不仅音像零售店，就连有线电视公司也从黄色影碟中获利颇丰。甚至大型连锁旅馆，如君悦酒店（Hyatt）、假日酒店（Holiday）、万豪酒店（Marriott）等，让客人们像在家里一样在自己房间里观看成人电影，据说每年赚取数百万美元的利润（Ackman，2004；Egan，2000）。

黄色影碟的适用范围极广，几乎可以满足所有消费者的需要：有的影碟放映有关男同性恋、女同性恋、异性恋、变性者、不同种族的男女或老年夫妇的录像等；“猫战”碟反映裸体妇女互相搏斗或联合痛打一个裸体男人；有些碟子是为满足那些施虐变态狂者，喜欢肛交、奴役、抽打或喜欢辱骂的人的需要的；还有数量庞大无法列举的各种录像。其他形式的色情服务产品还有很多，尤其是电话性服务和电脑色情服务也已出现，这些已为远距离网络运营商如美国电话电报公司创造了巨额利润（Koch，2008；Egan，2000；Schlosser，1997）。

2. 色情产品的影响

对色情产品影响的研究，似乎得出了相互矛盾的结论。一些研究支持女权主义者和保守主义者，反对色情文学，认为色情产品有百害而无一利。另一些研究似乎赞同反审查制度和自由主义者的观点，他们坚持认为色情产品是没什么危害的。下面让我们进一步了解一下这两种观点及其研究现状。

（1）色情产品有害论。

部分女权主义者认为，女人有权通过色情产品自由表达感情，即使最终可能发现这种产品是索然无味的、无聊的。但另有许多女权主义者对色情产品持反对态度并主张取缔，因为他们相信色情产品对女性是有害的。

为了证实这种论点，反色情的女权主义者指出：很多实验研究表明，暴力色情会鼓励男性侵犯女性（Linz & Malamuth，1993；Donnerstein 等，1987）。例如，在一次试验中，男性被分成两组：一组观看一部描绘对女性实施性暴力的影片，另一组观看非暴力的影片。看完后，观看性暴力影片的男性更有可能对女性施加电击（Donnerstein 等，1987）。但是，我们不能像部分女权主义者所做的那样，据此
就推而广之，认为暴力色情助长了全社会反女性和 212
性侵犯的潮流。其原因简单地说，正如一些研究所证实的那样，美国大多数色情产品并不是暴力的；非暴力的色情产品，如展示裸体或生殖器等，不会导致男性侵犯女性（Donnerstein 等，1987）。

保守主义者也认为色情产品是有害的。他们认为赤裸裸的性描写将会摧毁传统的家庭道德和整个社会。通常用来证实这种观点的是这样的一个研究结论：长期沉迷在赤裸裸的性产品中使男人们更容易寻求非同寻常的变态性行为，如性暴力、性虐或满足兽欲的性行为。这些男人将会寻求各种各样让他们兴奋、满足的变态的性行为。同时，他们可能会厌倦传统的、一夫一妻制的或婚内的性生活。所有这些都将给传统的一夫一妻制、婚姻、家庭和社会带来毁灭性的后果（Paul，2004；Linz & Malamuth，1993）。然而，并没有确凿的证据证明色情产品摧毁了婚姻，更不用说会威胁到社会的存在了。

（2）色情产品无害论。

自由主义者可能认为色情产品是索然无味的，但他们反对色情产品审查制度，原因不仅在于它违反了言论自由原则，还在于他们认为色情产品是无害的。

为了证实色情产品无害的论点，自由主义者通常提倡研究实验室之外的现实世界。在现实世界里，长期涉猎色情产品并不会导致强奸或其他形式的性

犯罪。例如，20 世纪 60 年代的美国色情产品的数量大幅度增加了，但同期强奸犯罪率并未随之增加。同样地，录像机的出现极大地增加了黄色影碟的广泛传播，但是强奸犯罪率并未相应地增加。色情杂志发行量大的城市，其强奸犯罪率与那些色情杂志发行量小的城市是一样的。20 世纪 60 年代后期的丹麦，尽管废除了所有禁止出售色情产品的法律，其性犯罪不但没有上升，相反却大大下降了。今天，很多人甚至认为黄色影碟对他们的生活有益，因为这些影碟不仅可以帮助他们提高性生活质量，还帮助他们提高了整个生活质量（Hutson，2008；Linz & Malamuth，1993）。对自由主义者来说，所有这些数据都有力证明，色情产品是无害的。

我们可以得出这样的结论，色情产品对大多数男人来说是无害的，但对于那些已经习惯于性暴力的少数男子来说则是有害的。那些赤裸裸展示性暴力的色情产品也更可能是有害的，而那些仅仅展示裸体或非暴力性行为的色情产品则是无害的（Hutson，2008；Kingston 等，2008；Procida & Simon，2003）。

五、电话性服务

在电话性服务中，接听者大多是女性，本质上是给呼叫者——大多是男性兜售性幻想，她非常善于伪造使呼叫对象感兴趣的假象，谈论呼叫对象想要的任何话题，参与他所需要的任何性幻想。这个
213 骗局就是尽可能地使呼叫对象拿住话机不放而最大限度地赚取利润。如对方说“我爱你”，接听者很可能回答：“我也爱你。现在你需要我和你做什么呢?”如果对方想口交，接听者则尽力通过发出合适的声音和适当的话语满足其要求。

因为害怕被殴打、强奸甚至被谋杀，接听者最不愿意做的就是与呼叫者见面。但在电话中，她几乎愿意做任何事情，而不考虑呼叫者是什么样的人。正如一个接听者所说的那样：

> 没有一个呼叫者是我真正喜欢的。有些呼叫者只是抱怨、责备，但这不是一件喜欢或不喜欢的事情。我不把这些呼叫者看做是我喜欢或不喜欢的人。你知道，他们仅是不同的嫖客而已。我的意思是我是一个电话妓女，因此这只是我的计谋，而不是我喜欢或不喜欢他们的问题。（Flowers，1998）

换句话说，接听者对她的工作有着最典型的生意态度。她需要这份工作最主要的是为了挣钱，因此她愿意为任何呼叫者出卖自己的服务。

社会学家艾米·弗劳尔斯（Amy Flowers）花了几个月的时间在一个提供电话性服务的公司里当接听者，观察并采访了 21 个接听者，结果归纳出五种类型的电话呼叫者。了解呼叫者究竟属于什么类型，将有助于我们了解他们参加这种非正常性行为的不同原因。

第一种：“快速性行为”呼叫者，大多数这样的呼叫者并不在电话上花费很长时间，去耗费巨额费用。他们很少甚至不和电话性服务者交谈，通常要求她们提供性挑逗，以使他们快速获得性释放。第二种：喜好暴力的神经错乱者，他们喜欢谈论殴打或强奸妇女。第三种：孤独的、失恋的呼叫者，他们不断地给同一个接听者打电话、求婚，编织他们的未来，但不愿讨论与性有关的事情。第四种：独占欲很强的呼叫者，因为醉心于某一个接听者，他们与失恋者有相似之处。但他们妒忌她与别的男人暧昧不清，要求她只与自己有性关系。第五种：讨人喜欢的呼叫者，他们听起来很有魅力，能引起接听者的兴趣。他们非常健谈、受过良好的教育，从事着令人羡慕的职业，如医生、名人和公务员。他们通常坚称自己打这个性热线电话“仅仅出于好奇”（Flowers，1998）。

六、裸体舞

和电话性服务一样，裸体舞使男性满足了自己与一个魅力十足的女性进行亲密接触的幻想，在裸体舞会上他能看到女性半裸或全裸的身体。在裸体舞酒吧里和女性贴身内衣秀上，舞女们半裸着身子，通常不穿内裤，以此来猥亵顾客。在裸体夜总会，舞女们脱掉所有的衣服。因为她们挣的钱大部分甚至全部来源于顾客的小费，舞女们总是最大限度地取悦客人。因此也难怪，舞女们一点也不重视舞蹈的艺术和美感，她们知道这些不是“观众们”感兴趣的。相反，她们所做的最大努力是把顾客们的注意力和关注点集中在他们来到夜总会所希望看到的内容上。因此，当顾客们坐在舞台边缘附近，手中拿着准备好的小费时，舞女就从一个观众移到另一
个观众展示阴道，以让他们近距离地观看。然后， 214
舞女可能躺下来，伸展她的双腿，拨开她的阴唇，

反复刺激她的阴蒂。如果她的阴道已经足够湿润了，她将抓取一个顾客头上的棒球帽，擦拭她的两腿之间，然后把帽子还给其主人（Schiff，1999）。

绝大多数顾客是蓝领。他们不仅不富有，而且不好看、不年轻、不自信。在家长制社会里，那些事业有成的或富有的老男人通常能得到作为战利品的妻子，但对于这些蓝领来说，获得一个年轻貌美女人的青睐是非常困难的。在他们的日常生活里，这样的女人甚至不可能看他一眼或和他说一句话，更不用说向他展示自己的身体了。但是，他们可以幻想有这样一个女人把他当作百万富翁一样看待，这种幻想正是他们在裸体舞会上所寻求的，并能得到满足（Schiff，1999）。

舞女怎么样？她能从这份工作中得到什么呢？1999年，她预期每年能挣25 000～75 000美元。由于绝大多数舞女仅受过高中教育，没有什么工作技能，这已是相当丰厚的收入。因此金钱是舞女们第一位的需要也就不足为奇了。虽然除了高收入之外，舞女仍被认为是不体面的工作，但这好像并不能妨碍大多数的舞女，因为她们并不把自己与可耻的职业等同起来。相反，她们把自己看做妻子、单身妈妈或其他传统的角色；她们甚至不愿意告诉家人、朋友和其他人自己在干什么。她们觉得舞女的工作没有影响到她们真实的自我、真实的价值观和个性特征。更确切地说，大多数舞女认为自己的工作是合法的，因为这使她们获得了来自“观众”的如此多的关注和兴趣，以至于他们愿意给出丰厚的报酬。她们甚至能制止粗暴的看客们一些无耻行为。例如，当看客接触舞女的私处时，舞女会用自己的臀部撞击看客的头和脸，以使他退却（Spivey，2005；Wood，2001；Schiff，1999；Reid，Epstein & Benson，1995）。

七、性骚扰

性骚扰被认为是一种不受欢迎的性本能行为。美国最高法院已给出了一个更准确的法律定义：性骚扰是任何使工作环境对于受害者来说感到被敌视和侮辱、无法正常开展工作的性行为。

最高法院的定义是伴随着特雷莎·哈里斯（Teresa Harris）对其前任老板查尔斯·哈代（Charles Hardy）的诉讼案的判决而产生的。1987年，因为哈里斯感到被老板哈代性骚扰，失望地辞去了工作。据哈里斯说，哈代经常让她和别的女性雇员从他裤子的前口袋里取硬币。一次哈代要求哈里斯和他一起去宾馆里商谈加薪的事情。他习惯于对哈里斯说：“你是个女人，你知道什么？”哈里斯花了六年时间来说服法官，性骚扰是违反联邦法律的，但说服是徒劳的。法官们认为哈代的行为还没有严重到足以影响哈里斯心理健康的程度，但哈里斯坚决这样认为。最后最高法院做了这样的判决：性骚扰并不一定要对受害者造成心理伤害。正如最高法院所说，联邦法律在性骚扰导致神经衰弱之前已经生效了（Sachs，1993）。最近的1998年，最高法院进一步放宽了性骚扰的定义：即使女性雇员在抗拒雇主的性要求后获得加薪或晋升，依然可以起诉雇主（Lavelle，1998）。 215

自20世纪90年代早期以来，性骚扰的案件数已大幅度上升。为避免被起诉，尤其是1998年当高等法院做出“如果公司制定了有力、有效的预防、处罚性骚扰的规章制度后，可以保护自己免于诉讼”的判决后，许多公司也和高等学院一样，制定了反骚扰政策、方针或教育计划等（Lavelle，1998）。1999年高等法院判决，学校如果不能有效制止一个学生严重骚扰另一个学生时，也将被起诉，随后，初中和高中都已开始预防性骚扰（Greenhouse，1999）。

然而，这个问题如此普遍，以至于很难迅速消除。各种研究表明，将近一半的职业女性在工作中遭受过不同程度的性骚扰，近40%的高校女性被骚扰过。骚扰的程度从令人厌恶的性评论到被强奸。同样，在中学生里，接近70%的女生在校园里被接触、抚摸或捏过。从幼稚园到12年级的学生中，每10个就有1个遭受过老师或学校其他雇员的不同程度的性骚扰（Gregory，2004；Hendrie，2004；Crouch，2001；Reed，2000）。

总体上说，性骚扰反映了男人们试图保持他们的传统地位以及对女性的主导权。因此，当感到女性威胁到自己主导的世界时，他们就更有可能骚扰女性。这也可以解释为什么性骚扰好像总是发生在传统的、男性主导的职业里，如美国军队。同样，在贫穷落后的国家，长期以来男性比女性受到更好的教育，受教育多的女性比一般女性更可能遭到性骚扰（Merkin，2008；Walters，2005）。实际上，性骚扰是一种权力、力量的表达，常是一个更强大的人去侵害一个较弱小的人，就像学校里的雇员去侵害比他们弱小的被管理者一样。一个女老板很可能骚扰一个男性雇员。但是，考虑到男性在权力、力量方面的优势，他们绝大多数情况下是侵犯者。

八、世界各地的卖淫业

卖淫，即为了金钱而出卖性，在欧洲许多国家和地方，卖淫是合法的。与之相反，在美国，除了内华达州的许多县外，卖淫却是非法的。虽然如此，卖淫业很长时间以来一直是美国的大产业。每年嫖客在妓女身上的花费高达数十亿美元，卖淫业的利润至少是美国司法部每年预算的10倍。卖淫者的数量估计已经达到了84 000～336 000人（Potterat等，1990）。但是，这样的估计远远不能代表卖淫者的实际数量，因为这个数字完全来源于那些被警察机关记录在案的卖淫者数量，不包括那些不为警察机关所知的暗娼。在全美范围内对18～64岁的女性进行了一次抽样调查，当问到她们是否会为了金钱而出
216 卖性时，将近6%的人回答“是”。这看起来比例似乎很小，但却代表了一个很庞大的数字，即至少420万个女性有这样的想法（Janus & Janus，1993）。尽管有这么多的卖淫者，但我们对她们却知之甚少。下面我们将揭示卖淫的各个方面。

1. 有关卖淫的误解

我们通常听说卖淫是世界上最古老的职业。然而，这只是一个误解，因为传教士是最古老的职业。我们通常还遇到其他形式的关于卖淫的误解（Weitzer，2005a；Perkins，1991）：

第一，通常在民间传说中，有时甚至在科学文献中提及，卖淫者都是典型的女淫狂，有着无尽的与很多男人交媾的贪欲。这是男人们的幻想，并没有确凿的证据。在进入色情行业前，大多数卖淫者并不比普通女性有更多的性伙伴。能确定的是，卖淫者比其他女性更早开始了性行为（Perkins，1991）。

第二，某些临床心理学家的设想正好和第一个误解相反：卖淫者是性冷淡者。实际上，当卖淫者与丈夫或男朋友发生性行为时，作为一个群体，她们比其他女性反应更热烈，更容易达到性高潮。大多数应召女甚至经常性地从嫖客那里获得性高潮，主要原因在于这些人把她当作女友对待。只是街头拉客女不太可能从嫖客那里得到性高潮，因为这些嫖客并不像应召女郎的嫖客那样友善。

第三，关于卖淫者如何看待嫖客，有两种互相矛盾的观点：一方面，嫖客认为她们是下流的、无情的——正如俗话所证实的那样：“婊子无情”；另一方面，把她们浪漫化为可爱的、热心的“有着金子般心灵的女人”。然而，事实上，一般的卖淫者对待其顾客的态度与其他行业服务者的态度差不多。有些顾客她喜欢，有些不喜欢，对绝大多数顾客来说，她的感觉都是中性的。然而，由于收入丰厚和被友好对待，应召女郎、特殊陪护和妓院妓女比街头拉客女更喜欢自己的嫖客。

第四，根据流行的观点，大多数卖淫者是吸毒者或是为了支付毒品费用才卖淫的，她们甚至有感情问题。街头拉客女比传统妇女更有可能染毒瘾固然是事实，但她们仅是妓女中极小的一部分（10%～30%）。大多数妓女，除街头拉客女外，包括应召女郎、特殊陪护、妓院妓女和其他从事户外性服务的人员都没有毒瘾。她们也没有什么情感问题。而由于街头工作环境的压力和危险，街头拉客女却容易产生心理问题。

2. 卖淫者的种类

卖淫者的种类很多。一些研究者已经发现了18种之多（Benjamin & Masters，1964）。然而，其中的大多数类型现在已经很少见了，因此，我们只需要了解常见的几种，即街头拉客女、雏妓和青少年妓女、妓院妓女、应召女郎等。这些卖淫者是被分 217
层分等雇用的，因此，卖淫者在地位、价格或她们的工作、生活质量方面差别很大。地位、价格和生活质量是逐级上升的，即街头拉客女地位最低下，应召女郎地位最高。

（1）街头拉客女。

在卖淫业中，街头拉客或许是最古老的方式。总体来说，与其他类型的多数娼妓相比，街头拉客女受的教育较少，更容易注射毒品和感染艾滋病，也更常被警察拘捕。

街头拉客女通常采用一种标准的方法拉客。当街头拉客女看到一个潜在的嫖客在路边漫步时，她会朝他微笑。然后，她会上前搭讪说：“嗨，你好!”“你要去哪里?”如果这个男子搭话了，她很可能会问道：“你需要陪伴吗?”“需要约会吗?”“需要做点什么?”接着她会告诉他自己的价格，尽管很多时候是男人掌握着主动权并简单地问：“多少钱?”交易一旦达成，她通常会把他带到旅馆里开房。

有时，街头拉客女会从司机中拉客。这种交易大多数是在汽车中进行的。因为许多嫖客发现车子

里的空间对于性交来说十分狭小，许多的“车内活动”仅限于口交。相反，旅馆内的性服务则通常是阴道性交。无论在哪里和如何施行性行为，大部分的街头拉客女因为报酬低，总是想方设法缩短性交时间。因此，多数的旅馆性服务持续15～30分钟的时间，而大部分的车内性服务仅持续4～15分钟的时间（van Gelder & Kaplan，1992；Freund等，1991）。很多司机嫖客抱怨性服务的时间太短，但大部分街头拉客女却认为，当嫖客射精时，她们的工作就已经完成了。让嫖客射精并不需要很长的时间，正如一个街头拉客女所说的那样：“那些来到这里的驾驶员们是如此激动和欲火中烧。你一摸到他的性器官，他很快就射精了。”（van Gelder & Kaplan，1992）这就是为什么，尽管抱怨，但这些司机嫖客还是经常来寻求这种性服务的原因。

传统上，街头拉客女惯于在下层人士活动地区工作，在那里她们可以大胆地、公开地当街拉客，而不必担心被警察机关拘捕。但是，今天在许多偏远地区，街头拉客女也非常谨慎，以免被警察机关抓捕。拉客困难就出现了。如果街头拉客的妓女为了避免在公共场合太显眼而作伪装的话，那嫖客又怎么辨认什么人是街头拉客的妓女呢？为了解决这个难题，街头拉客女采取了独特的策略：当发现潜在的嫖客时就积极去拉拢，而发现警察时则立刻谨慎地混迹于街头人流中。因此，大多数街头拉客女选择站在公共汽车站或出租车站、公用电话亭旁，街角或旅馆入口处。这就使嫖客能够从其他行人中辨认出她们来，当街头拉客女发现有人向自己靠近时，就知道他是嫖客。同时，当警察出现时，这样的公共场合使街头拉客女可以像其他行人一样看起来在游荡（Riccio，1992）。

被警察抓捕并不是街头拉客女面临的唯一问题。与其他妓女相比，街头拉客女常被嫖客、皮条客甚至警察虐待。嫖客通常强迫她们进行变态的性行为、
218 强奸她们、不付钱、抢劫甚至殴打她们。皮条客也经常打她们。警察有时也殴打她们或享受免费的性服务。连环杀手常常一个接一个地谋杀她们，而她们的家人不愿跟她们联系，警察也不愿看到她们的存在。年幼的街头拉客女，尤其是那些年龄不足16岁的，最有可能遇到这些问题。年龄大些的街头拉客女比较会保护自己。在拉客之前，她们知道如何隐匿，在没弄清嫖客是否可信和安全之前，尽量隐瞒自己的真实身份（Skipp & Campo-Flores，2006；Weitzer，2005b；Silbert & Pines，1981；Merry，1980）。

（2）雏妓和青少年妓女。

一些妓女仅有8～12岁。这些妓女通常被称为“雏妓”（baby pros）。雏妓大多数在贫穷的问题家庭长大，在那里她们已经习惯于看到妈妈或姐姐们与不同的男人发生性行为、进行色情交易或卖淫。在父母或其他成年人的控制下，这些人中的不少人遭受过身体暴力或性虐待。因此，当男人首次接近她们并许诺给她们付费时，她们很乐意接受。由于还很年幼，她们继续与父母住在一起，平时去上学，只在业余时间当雏妓。

比这些雏妓年龄稍长些的是青少年妓女，年龄在13～17岁。大多数也在问题家庭长大，她们也一样在孩童时代遭受过身体暴力或性虐待。但是，与雏妓不同的是，许多青少年妓女已经脱离家庭，成了严重的吸毒者。养活自己和支付吸毒的高额费用是这些青少年妓女从事性交易的最普遍的动机（Weisberg，1985）。在她们入道时，皮条客起了非常重要的作用。孤独地在大城市里生活，许多来自小城镇和乡村的年轻流浪女就成了皮条客们的猎物，这些皮条客们通常寻找新的猎物并诱使或强迫她们从妓（Fang，2005）。

青少年妓女只是美国和其他西方社会中妓女的一小部分。在发展中国家，情况完全不同，那里有大量少女因皮条客、父母或贫困而从妓。在泰国的穷乡僻壤，许多年轻女孩被赤贫的父母卖给妓院，被骗到大城市的妓院工作，或被哄骗跟德国旅游者结婚，然后被卖到德国的妓院里。在尼泊尔喜马拉雅的乡村中，每年大约有7 000多少女被卖到印度孟买的妓院里。在巴西，约有25 000个来自贫困家庭的女孩子被迫到偏僻的亚马逊河边的采矿营从妓。在东欧，许多贫穷的父母强迫他们年幼的女儿出卖肉体，她们只能在妓院的棍棒下屈服。正如一位欧洲救助团的官员所说的那样：“很多女孩被打掉了牙，她们却说是从楼梯上摔下来的。但是这样的女孩太多了，可以说这种性交易是世界上邪恶的根源，抑或是对这些女孩子的压迫。”（Perry & Sai，2002；Kristof，1996a；Hornblower，1993）

贫困不是这些国家青少年妓女最常见的唯一驱动力。对妓女的巨大需求是另外一个重要因素。近年来，嫖客们普遍认为年幼的性伙伴不容易感染艾滋病，这助长了对雏妓的需求。此外，许多来自发
达国家的游客，如西方国家和日本等国的游客，涌 219
入这些贫穷地区寻找雏妓。这些游客知道可以任意虐待这些孩童，而不必担心像在自己国家那样因虐

待罪而被捕（Kristof，1996a；Serrill，1993；Simons，1993）。

（3）妓院妓女。

妓院就是一个让妓女与嫖客相会并与妓院老鸨分享收益的地方。表达妓院的词汇有很多，如“cathouse”、“whorehouse”、“parlor house”和“bordello”等。妓院通常简称为“joint”或“house”[①]。20世纪二三十年代，美国已经出现了很多妓院。1945年以来，很多妓院被迫关闭了。如今，内华达州的一些妓院仍然公开营业，而在美国的其他地方妓院则秘密营业。

在内华达州，卖淫是合法的，妓女有警署或检察官颁发的可以通过“指纹”进行识别的妓女身份证明。妓女们被要求每周进行一次体检。当嫖客走进妓院时，老鸨会把一个妓女引向他。在发生性行为前，内华达州的大多数妓女都要求嫖客们戴避孕套，而其他州的妓女很少这么做（Hilts，1987）。

在美国许多州，妓院是偷偷摸摸经营的，老鸨通常能保证嫖客不是来自于“pussy posse”（多脓群体），这是卖淫行业中对刑警队的称呼。当然，老鸨很乐意接待老主顾。如果不能确认对方是不是真正的嫖客，老鸨会首先在附近的酒吧与其会面或派一个合伙的出租车司机去对他考察一番。只有在确信他是一个真正的嫖客后，老鸨才允许他进入妓院。一些妓女等候在妓院里，另一些则在自己的公寓里等老鸨的电话，妓女们要把收入的一半分给老鸨。因为嫖客们总是寻求新刺激，妓院妓女们通常不会在一家妓院工作很久，最长只有四五年。那些有野心的妓女总是在各地飞来飞去，在一个城市里只待几个星期。为竭力地降低被捕的风险，许多妓院都以陪护代理处的名义营业（Campo-Flores，2002；Potterat等，1990）。

与街头拉客女相比，多数妓院妓女都知道自己有一个非常显著的优势，即在妓院里工作更安全可靠。对于孤独的妓女来说，妓院可以提供与其他妓女经常接触的机会，这很可能发展成为友谊。这种机会对于街头拉客女来说却非常罕见，因为她们必须单独工作。但是，在妓院工作也有其不利之处。她们不能自由地安排工作时间，还必须把收入的一半交给妓院。街头拉客女却不受这一约束。妓院妓女把陪护作为最美的差事。尽管必须把收入的一半交给妓院，但在外过夜后她们很可能从一个心满意足的嫖客那里得到一笔丰厚的小费。但陪护工作也有不利之处，正如一个妓女所说的那样：“在嫖客房里，你是非常容易受到攻击的，没有任何能力去控制局势，情势不利时会相当恐怖……也许你会死掉。”（Perkins，1991）

（4）应召女郎。

作为色情行业中地位最高的妓女，应召女郎被视为“妓女中的贵族”（Greenwald，1970）。被冠以这样的头衔是因为她们每次性交的价格通常是几百美元，甚至更高。她们一年挣的钱甚至比一个成功 220
的律师或医生还要多。她们通常都受过良好的教育或比其他妓女更高雅时髦、老于世故。她们穿着昂贵并住在富人区。应召女郎很清楚自己具有高贵的身份，如果被人当作街头拉客女或妓院妓女一样对待，就会认为受到了侮辱。事实上，许多应召女郎并不把自己与妓女这个字眼联系在一起。

通过在报纸或杂志上刊登广告寻找嫖客一直是应召女郎最典型的接客方式，但近来应召女郎已经转而求助于互联网。她们设立自己的站点，上面附有自己的照片、个人简介和联系方式。通过互联网，她们更容易与嫖客接触，尤其是那些愿意出高价、有望回复电话或电子邮件者（Richtel，2008；Castle & Lee，2008）。

与低收入的妓女相比，应召女郎穿着很有品位的衣服，而不会显得寒酸或花哨。她们擅长于把交易做得不那么商业化，例如，在公共场合，她看起来更像是嫖客的女朋友。她会遵守行业道德规范。比如，假如嫖客是一个名人，她甚至在与别的应召女郎的闲谈中都不会提到这个人的名字。她不会趁着嫖客喝醉或容易受欺诈时，偷走他的财物或向他勒索钱财。她会竭尽所能地使嫖客满意，甚至在嫖客勃起困难的情况下也尽力而为。

大多数应召女郎都认为，她们比拥有合法职业的家庭主妇或女性过得还要好。她们还为收入丰厚、能够别具风格地生活而自鸣得意。她们认为自己在工作中找到了独立自主的方式：“成为一个妻子和成为一个妓女的区别就在于妻子得到了安全保障。但这也只是有多个男人和只有一个男人的区别。如果你有很多男人，比如每天有10个男人，那么你就不依赖于他们中的任何一个。他们总是可以被替代的……这就是我所要的——从来不依赖于别人。”（Rosenblum，1975）然而，她们所说的高收入和高

① 这些都为妓院的俗称，故保留英文而不译。下文仍有类似问题，都作同样处理。——译者注

水平的生活固然是事实，但所谓的独立自主却很难实现。这是因为应召女郎只能依赖嫖客获得高收入，这就要求她们必须服从顾客的需要和命令。即使遇到喜欢服从命令的性受虐狂，她们仍然要先服从他的命令，然后再向他发号施令（Rosenblum，1975）。尽管如此，应召女郎仍然认为自己是操纵者。一个应召女郎曾这样说：

> 嫖客们很多时候总认为自己要发泄一个小时，我就按照他们的要求去做。事实上，是我在控制着整个局势，并且我总是这样说："好的，让我们这样做吧。"虽然他们可以提建议，但如果我不想那样做的话，我就不去做。这点也许让他们吃惊。（Lucas，2005）

3. 卖淫者的社会背景和性背景

根据社会学家罗伯塔·珀金斯（Roberta Perkins，1991）的观点，许多研究都给我们展示了一幅不真实的画面，即妓女是严重的吸毒者，是没有自尊、缺乏社会经验和感情受挫的受害者或是在其他某些方面不正常的人。珀金斯认为，这些结论都有失偏颇，因为它们只关注那些青少年街头拉客女、被警察机关抓捕或被社会机构救助的妓女。这些妓女确实在社会生活方面，比别的性工作者存在更多的问题。但是她们仅仅是少数，只占所有妓女的
221 10%～30%，并且她们与大多数妓女有很大差别（Perkins，1991）。

然而，珀金斯所研究的妓女是提供性服务的女性中相当具有代表性的一种，虽然这些妓女是澳大利亚人，但她们可以与美国及欧洲社会的同行相提并论（Weitzer，2005a）。珀金斯发现，大多数妓女在社会背景和身体条件上与传统女性并没有显著的差别。例如：

- 她们与传统女性一样渴望结婚和有一个传统的家庭。那些已经有了孩子的妓女，都计划着在孩子长大、知道母亲的可耻职业的那一天前，放弃皮肉生意。正如一个妓女所说的那样："我的大儿子今年马上就13岁了，他13岁后我就不想再继续干这个了。"
- 妓女们与普通女性所受的教育差不多。在白领和蓝领家庭里长大的妓女与出生在这些家庭的传统女性所占比例相差不大。
- 大多数妓女在生活中并不是没有朋友的、不可爱的或性关系随便的。像大多数女性那样，她们与丈夫、情人或孩子生活在一起，或者与朋友合租公寓。但是，因为其职业是受人鄙视的，她们比别的女性更容易被强奸。

4. 沦为妓女的原因

根据公众的观点，涉足卖淫业的普遍原因是吸毒、贫困、缺乏自尊和情感问题等。绝大部分与个人和社会心理缺陷有关。这些问题的确使街头的青少年拉客女走向卖淫行列，但是她们与绝大多数妓女是完全不同的。因此，在一个典型的抽样调查中，当妓女被问及为何要卖淫时，给出的答案五花八门。最普遍的原因是经济问题，如想多挣些钱，失业了，养家或支付教育费、海外旅行费，买车或一些别的具体的事情。那么，金钱就成为她们卖淫的最重要的因素。这与大多数普通人从事传统工作的原因没有区别。

经济原因是她们从事卖淫业的主要因素。在入行当妓女之前，她还需要了解这个行业的很多东西。必要的知识通常来自于熟人，正如下面两位妓女所描述的那样（Perkins，1991）：

- 我需要钱，因为我正在打官司，而我现在的工作却付不起诉讼费。我的一个女朋友有一个陪护代理处，它看起来正是我赚大钱的最便捷的途径。
- 我碰到了一个老同学，我们共进午餐。她告诉我她是一个妓女，并告诉我，她已挣了不少钱。她问我愿不愿意和她一起出去一个晚上。结果，那些嫖客们不停地请求我，而不是她。因此，我想我一定是坐在金矿上了。就这样，我开始了卖淫生涯。

5. 卖淫亚文化模式 222

像任何别的行业一样，妓女坚守自己的职业信条。其中一个信条是妓女在道德上优于普通人。因为她们认为自己是真诚的，而其他人是不真诚的。对于妓女来说，传统女性结婚是为了依靠丈夫寻求一生的经济资助，尤其是年轻的女性嫁给年纪大的富翁，事实上就是妓女，只可惜她们不够诚实，看不到这一点。妓女也把她们所谓的值得尊敬的嫖客看做伪君子。如一个妓女说："我们经常与那些'正

直的、被人尊敬的'市民接触，他们在公共场合大声声讨我们，却在私下里拜会我们。"（Hirschi，1962）即使大多数嫖客没有公开声讨妓女，但他们私下里嫖妓，实质上是欺骗了自己的妻子。因此，不少妓女看不起嫖客，并想方设法通过最大限度勒索费用和减少服务来盘剥他们。这种态度和行为，在那些妓女亚文化模式中相互联合的街头拉客女和其他低收入的妓女中非常普遍。但有一些妓女就不会对嫖客蔑视和剥削，其中包括应召女郎和那些要价较高的妓女，因为其朋友圈子里有很多上流社会的正直诚实之人，她们与传统社会并不疏远。这些妓女更容易接受他人，更积极地看待妓女亚文化模式的存在。

妓女亚文化模式较为积极的方面在于相信妓女对社会是有益的，这产生了许多重要作用。其中之一即被认为可以防止性犯罪，正如一个妓女所说："我相信如果有更多的妓院，就不会有这么多不正常的白痴、性欲狂和各种怪异的人东游西荡。"另一个作用是有助于婚姻的成功："可以说妓女作为职业的一部分，比任何离婚顾问维护的婚姻都多。诉说家庭不幸后的轻松，也很好地挽救了许多婚姻。当一个人的神经处于崩溃的边缘时，甚至可能挽救其生命。"妓女们不仅把自己比作婚姻顾问，还比作是人道主义者、社会工作者、心理学家或精神病学家。一个妓女解释说："做妓女我不遗憾，因为我认为我能够帮助别人。许多来看我的男子并不是为了性而来，他们来是为了友谊、为了找人聊天……他们谈论性……其中的许多人是有问题的。"（Bryan，1966；Hirschi，1962）

这种职业的自我认知已经在西方社会妓女中引发了民权运动。例如，英国妓女长期以来都在为禁止于公共场所，如街头、旅馆和酒吧等处拉客而斗争，辩称和平的拉客应该与和平的警戒一样是合法的（*The Economist*，1979）。在美国，妓女们已经在各个城市成立了工会，其目标是使妓女工作非犯罪化，以此改善她们的工作条件，使这一职业与其他合法职业一样受人尊敬。最著名的妓女权利组织是"去你的疲惫伦理"COYOTE（Call Off Your Tired Ethics）。它为完全的非犯罪化和废除所有对妓女的法律限制而斗争。COYOTE组织宣称妓女有权出卖性，因为出卖性与其他女性的各种工作没有什么差别。

223 妇女有权出卖性，就像法律事务所的律师有权出卖自己的脑力，艺术家向博物馆出卖自己的创造性劳动，模特向摄影师出卖自己的肖像，芭蕾舞演员出卖自己的身体一样。（Jenness，1990）

COYOTE组织坚持认为，逮捕或拘禁妓女侵犯了她们的人权，性工作应该像其他合法职业一样受到尊敬和保护。然而，大多数女权主义者却反驳了COYOTE组织的改革观点，认为不能使妓女合法化，因为在她们看来，妓女是一种性奴隶，所以希望妓女从中解脱出来。COYOTE组织已经失去了大多数普通公众、立法者和执法者的支持（Weitzer，1991）。

6. 卖淫的其他参与者

除妓女外，其他三种人也被称为皮肉生意者。他们是老鸨、皮条客和嫖客。

（1）老鸨。

普通民众用"老鸨"一词指妓院的老板或经营者；她们彼此互称女房东。大多数老鸨以前是妓女，具有丰富的人生阅历和从业经验。她们与其他经营合法企业的人一样经营自己的妓院，只不过她们要处理因非法交易所带来的一系列问题而已。老鸨必须跟三种人打交道，即妓女、嫖客、警察。

老鸨不仅通过她现有的妓女大规模地征募新的妓女，也靠皮条客和其他老鸨征募。她训练新招的人做人要清白，培养其社会技能，让她们了解卖淫的一些风俗习惯，如在性服务前怎样索要报酬、控制自己不能付出感情或在一个嫖客身上不花费太多时间等。在新手熟悉工作后，老鸨们会监督她们工作，使她们保持快乐的心态，防止她们之间互相妒忌和争吵，制定和执行规则以管理她们的行为。她行使职责的方式通常像是妓女们的母亲。一些老鸨甚至坚称她们事实上开办着一个魅力学校——在那里她们教授社会规范（*Time*，1980）。

老鸨负责寻找嫖客。她有一个嫖客联系册，那里记有嫖客的姓名和电话号码；当妓院生意冷清时，她就会用上这个本子。通常是嫖客给她打电话。老鸨们最关心的是怎样使嫖客们高兴，把他们变成老主顾。这就意味着，在所有其他的事情中，老鸨必须经常雇用新妓女，因为在卖淫业里，多数嫖客寻求的是妓女的新鲜和多样。

为避免被捕，老鸨们知道如何与警察机关打交道。她通常精于辨认装作嫖客的警察。正如一个老鸨所吹嘘的那样："我能够辨别一英里外的警察，即使我认不出他，我也能闻到他的味道。"（Winick &

Kinsie，1971）虽然如此，老鸨们通常还是制定了很多对付警察的措施。其中之一就是贿赂。但大多数情况下，老鸨和警署能达成谅解，即警署将偶尔履行其逮捕妓女的职责，以维持职业形象、平息民愤，同时允许她们继续从业。如果做不到这点，老鸨会让她的雇员们在自己的住处等她的电话。这样的老
224 鸨本质上经营着一个“应召女郎联络处”，委婉地说，指性交易如“陪护代理处”，通过供养一批随叫随到的妓女来维持生意。她只是坐在电话旁边接嫖客的电话，然后把妓女送到嫖客那里或把嫖客送到妓女那里，或者安排他们在别的地方会面。

（2）皮条客。

许多妓女不是为老鸨，而是为皮条客工作。老鸨占有妓女收入的比例很大，通常是一半，但皮条客却是攫取其收入的全部。老鸨要为妓女找嫖客，而皮条客通常只是吩咐妓女们到大街上拉客。他不想受到她们工作生活细节的烦扰。那么，皮条客就不是许多词典里所说的“他是一个皮条客、做淫媒者或一个在公共场所为妓女拉客而分享其收益的男人”。更确切地说，他只是一个靠占有一个或多个妓女的收益过活的男人。正因为如此，传统社会的多数人把他们看成“下九流中的垃圾”。

皮条客可能有1～20个固定的妓女，但大多数只有1～2个妓女。他们和这些妓女住在亚文化区，这里在许多方面与传统文化完全对立。在皮条客亚文化区，皮条客占有绝对的主导地位，妓女完全服从于他，并且最理想的是一个黑人皮条客和几个白人妓女。这些男皮条客痴迷于装扮，为了让自己看起来更潇洒体面些，每天要在发型、衣着和珠宝配饰等方面花费许多时间。妓女们把自己当作皮条客的“合法妻子”，是真正的养家糊口者，非常努力地工作以维持整个家庭。因为妓女们经常与别的男人即嫖客发生性关系，她们孩子的父亲身份通常在皮条客亚文化群体之外。那么，在这个亚文化群体中，皮条客的服饰和修饰似乎代表着时尚和创造力；妓女们通常白天睡觉，晚上工作；人们把金钱当作上帝来崇拜；每天都沉浸在各种巨额消费中；很少关心将来的生活保障（Hodgson，1997；Milner & Milner，1972）。

皮条客通常诉诸暴力来控制妓女。正如一位曾经的卖淫女所说：“我看见一个女孩走进酒吧递给皮条客一张100美元的钞票。他夺过来并踢她说：‘我告诉过你，婊子，200美元，不是100美元。’她又出去了，去赚取200美元而不是另一个100美元。”（Millett，1973）皮条客用暴力控制妓女的这种方式是非常有效的。据一项研究表明：50%以上曾被皮条客暴打过的妓女“把这当作一种生活方式，觉得是她们该承受的，或把这当作一种被关注的标志而沾沾自喜”（Caplan，1984；Silbert & Pines，1981）。另一项研究显示，通常妓女就像崇拜上帝一样崇拜皮条客。她们把自己的希望、梦想和将来的追求都寄托在他身上。她们骄傲地展示被他暴打后的伤痕，认为那是爱的印迹，认为皮条客对她们所做的一切都是正当的、合适的或令人钦佩的。当一个妓女被问及皮条客所做的与她付出的是否相等时，她回答道：“他什么也没做。但他游手好闲的样子就很有魅力。”（Sheehy，1971）简而言之，正如凯瑟琳·巴里（Kathleen Barry，1995）所指出的那样：妓女们深深地陷入与皮条客的情感纠葛中，甚至意识不到自己被皮条客控制和操纵了（Kristof，2008；Barry，1995）。

（3）嫖客。

在性交易的行话里，嫖客被称作“john”或“trick”。研究已经证明有多个性伙伴的男子比一夫一妻的男子更容易成为“嫖客”（Pitts等，2004； 225
Michael等，1994）。如果性欲旺盛的男子能自由地与传统的女子发生性关系，为什么还愿意向妓女购买性服务呢？根据女权主义者的观点，其中一个原因就是妓女给男性造成一个感觉，即他们是主人、自己是性奴隶。正如一个妓女所说：“他们所买的是权力，你必须取悦他们。他们可以告诉你做什么，而你必须使他们满意，服从他们的命令。”（Overall，1992）在两性之间这种不平等的架构中，嫖客们实际上是妓女们的压迫者和惩罚者。

男人购买性服务还有别的原因（Pitts等，2004；Winick & Kinsie，1971；Benjamin & Masters，1964）。首先，是为了得到快速的、易得的性。找到一个愿意发生性关系的女人需要时间、努力和能力。有些男人没有时间去找这样的女子，尤其是如果他们忙于追求事业，或是远离妻子或女友的异乡人。同样，也有这样的一些男子，他们只需要性，不需要交流、友谊，培养感情或爱。对于这些个体来说，带女子去宾馆、电影院、酒吧或者卧室等约会礼节付出得太多。也有这样一些男人，他们过于害羞或者缺乏吸引力，无法说服女子与其上床。对于这些男人来说，找妓女就不用冒着被拒绝的风险，而且非常容易得到自己需要的性服务。

找妓女的第二个原因是希望得到不受约束的性。

有些男人不愿意与女人有过多的纠葛。他们希望避开感情纠葛、责任或人与人之间的冲突。更确切地说，他们不想在求爱或婚姻上与女人纠缠不清；不愿意承担女子怀孕时的义务；避免破坏婚姻，包括他们自己的婚姻或已婚女子的婚姻。这些男人所需要的就是无感情纠葛的、不被约束的性，这种性可以使他们从必须对性负责的传统责难中获得解放。这种性服务从妓女那里非常容易得到。有一个嫖客直接描绘了没有任何羁绊的性：“我喜欢简单的原始的性……简单的真诚的性。这里有许多真诚。妓女和我都有性的欲望，你是我需要的对象，我给你钱，你给我需要的东西，没有谎言、没有游戏、没有玩弄……它是自然的、真诚的，也是美好的。”（Holzman & Pines，1982）

嫖妓的第三个原因是希望获得多种性体验。有些男人希望与不同的女人发生性关系，而不只是与同一个女人。一些男人尝试不同形式的性行为，如口交、肛交或施虐狂受虐狂的性爱，而这些都会使妻子或女友厌烦。但是所有这些需要却可以轻易地在妓女那里得到满足。

大多数购买性服务者是偶然的嫖客，而少数是习惯性的和强迫性的嫖客（Greenwald，1970）。偶然的嫖客只是偶然光顾妓女，其心理上是正常的。他们与从不嫖妓的男人几乎没有什么区别（Pitts 等，2004）。但是习惯性的嫖客和强迫性的嫖客却是不正常的。习惯性的嫖客情感上依恋于一个特定的妓女。他们喜欢问妓女许多问题、告诉她们自己的生活、向她们提供任何可能的帮助或尽力使她们喜欢与其发生性关系。强迫性的嫖客看起来有点不正常：他们无法从妓女中解脱出来。通常，强迫性的嫖客认为性是肮脏的，不想亵渎一个“好”女子，因此他
226 们只跟“坏”女子——妓女交媾。强迫性的嫖客只有与妓女性交时才有性交能力，与妻子或传统女性性交时却无法勃起。

7. 社会对卖淫的反应

在古代文明中，卖淫并不是邪恶的。它甚至被一些教派赋予神圣的宗教色彩，因此只有女祭司才有权那么做。今天，几乎所有社会都认为卖淫是邪恶的，甚至大多数社会都认为这是难以根除的罪恶。因此通行着两种做法：（1）认为卖淫是合法的，但在公共场所拉客则是非法的，这种情形主要出现在欧洲和亚洲的许多国家（Davis，1993）；（2）卖淫是非法的，但并没有严格执法，这种情况主要在美国。

1900 年以前，在美国，卖淫是非法的，但在西部蛮荒地区却公开营业，在边疆地区，妓女跟矿工、牛仔、城镇传教士和小商人一样多。20 世纪早期，基督教青年会（YMCA）和美国扫黄联盟（American Purity Alliance）等各种组织发起了声势浩大的反卖淫运动。这些恶习的改革者最终取得了胜利，大多数公开营业的妓院到 20 世纪 40 年代中期已被关闭。今天，那些继续公开营业的妓院仅存于内华达州几个人烟稀少的地区，因为那里卖淫是合法的。在美国的其他地方，卖淫却是违法的，大多数妓女在妓院外拉客。街头拉客女受到严格执行反卖淫法的冲击，总是经常性地被捕。她们在法庭上交过罚款或从监狱释放后，回去又立即重操旧业。

既然卖淫如此难以消除，为何还要不遗余力地推行反卖淫法呢？这么多年来，保守主义者为推行反卖淫法做了很多努力，形成了一些基本观点：（1）伴随着卖淫业的常常是行凶抢劫、抢掠或袭击。（2）卖淫业为有组织的犯罪提供了滋生地。（3）卖淫会传播艾滋病和其他性传播疾病。（4）卖淫业通常使无辜的公民在公共场合受到攻击性的骚扰。（5）卖淫业对社会道德造成毁灭性的破坏，只有严格执法才能维护这种道德（Bryant，1977）。许多女权主义者也谴责卖淫，认为卖淫降低了女性地位，剥夺了女性的尊严和做人的价值。女权主义者认为卖淫者是“性奴隶”，因为大多数的妓女是被皮条客控制着的，无法从中逃脱（Barry，1995；Farley，1994）。

另一方面，自由主义者却在为卖淫合法化而斗争。他们认为多数与卖淫相联系的问题源于反卖淫法本身。被像罪犯一样对待，她们肯定要尽可能逃避法律的监督进行地下工作，结果，更有可能与嫖客们互相犯罪、传播性疾病或艾滋病。自由主义者辩称，如果卖淫合法化，这些问题都将消失，因为颁布详细而明确的法令可以控制妓女们的行为（Bilefsky，2005）。法令可以要求妓女们接受定期体
检，在特定的区域里进行性交易，禁止在大街上拉 227
客。一些自由主义者还认为，反卖淫法并不能维持国家的道德水平，相反却促使警署腐化、堕落，促使普通民众道德伪善、不尊重法律。然后他们进一步争辩说，与其花费大量资金起诉妓女、为实施反卖淫法不懈努力，还不如努力用这些钱去制止更严重的犯罪（*The Economist*，2004；Quindlen，1994）。

持保守主义观点的民众要比自由主义的多。据一项调查显示，当问及美国人是否支持卖淫合法化时，72％的被调查者表示“反对”，只有 23％的人表

示"支持"。另一项调查也发现，有更多人希望严格执行现有的反卖淫法（Weitzer，2000，1991）。然而，不论怎样严格都无法消除卖淫，因为很大一部分普通男性需要它。

九、环球视野：卖淫

苏联解体和东欧剧变后，由于经济环境的恶化，许多俄罗斯和东欧的失业女性涌入西欧和其他经济发达国家卖淫。现在，德国至少有1/4的妓女来自这些国家。在以色列，许多报纸广告提供"娱乐服务"、吹嘘有"新的热辣的俄罗斯姑娘"。在日本，金发碧眼的俄罗斯女子已成为舞女酒吧里招徕顾客的尤物。甚至在宗教传统浓厚的沙特阿拉伯，也有不少俄罗斯姑娘。其中一些女性是自愿选择这个皮肉生意的，不过大多数是被迫进入该行业的，她们国家的皮条客或黑手党分子假扮成商人，答应带她们去这些国家从事歌舞、模特或女招待等工作，最后逼迫她们卖淫（Gearan，2006；Pristina & Chisinau，2001）。

在经济发达国家，也有许多妓女来自拉丁美洲。其中大多数也是被骗并被迫卖淫的。有人保证为她们提供所谓的合法职业，如在夜总会工作。然后，有人出钱为其办理护照和机票，作为游客向移民机构缴纳现金。一旦到了国外，她们就被迫卖淫去偿还巨额费用。一些有组织的犯罪团伙以这种方式贩卖妇女，在他们看来，这比贩卖毒品和武器容易多了，也便宜得多（Pratt，2001）。

更多亚洲的贫穷女性也被诱骗到西欧、美国和日本，她们出国前被许诺以合法职业，但一到这些地方就被卖到妓院。不过，大多数亚洲妓女主要在自己国家卖淫。有些人从贫困山村来到大城市，然后被迫卖淫。另外一些人主动选择出卖身体。她们不仅迎合当地人的需要，还迎合大群日本和西方男游客的需要，这些人来到贫穷的亚洲国家，主要就是为了性。事实上，卖淫已成为亚洲旅游产业的一个重要组成部分，构成了这些国家经济的一个重要支柱（Pristina & Chisinau，2001；Kuo，2001）。

亚洲卖淫业兴盛的背后，一个关键原因就是这些国家农村地区的赤贫。就像在印度的尼泊尔妓女
228 蔓竹（Manju）所说的那样："在尼泊尔，即使你一天工作24小时，仍无法解决温饱。一个人可以忍受饥饿外的一切。如果我是个男人，或许我会靠杀人越货来填饱肚子。但作为一个女人，我成了妓女。"乡村的贫困主要是由全球化造成的。例如，美国大型农业综合企业都乐和戴尔蒙特公司已耗尽了菲律宾广阔的农田去种菠萝、香蕉以出口，许多农民被赶出农庄，造成区域性贫困。亚洲卖淫业兴盛的背后还有一个因素就是父权制，即社会和文化体制中男人的支配地位。它迫使贫穷的女性像出卖商品一样去出卖肉体，这又进一步促使男人去剥削和压迫她们（Kuo，2001；Hornblower，1993）。

十、对卖淫的理论分析

关于卖淫业，至少有三种实证主义理论：功能主义、女权主义理论和社会心理学理论。功能主义和女权主义理论关注卖淫，解释为什么卖淫继续存在，而不是根除之。但是，社会心理学理论关注单个妓女，解释为什么有些女性更容易沦为妓女。

1. 功能主义理论

根据社会学家金斯利·戴维斯（Kingsley Davis，1971）的研究，妓女的存在有两个原因。第一个是性道德体制，它表面上谴责卖淫，但具有讽刺意味的是，在潜意识里却把卖淫当作一种社会存在。道德体制至少从两个方面导致了卖淫。首先，道德体制把性划分为两种：与配偶的性是有目的、有意义的，是生活的一部分，与妓女的性是没有任何意义的。这就鼓励人们去狎妓，如果他想寻求"无意义"的性的话。其次，通过界定某些性行为（如口交或肛交）是不道德的，因此不应与"有道德的"妻子或女友发生此种行为，道德秩序鼓励男人求助于不道德的女性，如妓女，来寻求这些性刺激。事实上，道德体制产生了卖淫的需求。

卖淫存在的另一个原因也很具讽刺意味：卖淫加强了性道德。更明确地说，卖淫的存在是因为它通过"保持妻子和女儿的纯洁，使之成为值得尊敬的市民"而加强了性道德（Davis，1971）。换句话说，卖淫业的存在，鼓励男性去妓女那里得到婚前性、婚外性或别的"不道德的"性，因此他们就不必说服或制止"值得尊敬的"女性从事同样"不道德的"性。这样就维护了几乎占人口半数的传统女性的性道德，避免了太多"不道德的"性造成整个社会道德水平的下滑。

简言之，戴维斯的理论表明，妓女的存在受到了道德体制的荒谬鼓励，反过来它也起到了维护

"女性美德"的重要作用。这一理论与公认的观点是背道而驰的，即"淫荡的妓女身上绝不会出现女性的美德，反之亦然"（Davis，1971）。

还有一些证据支持这个理论。在传统的、妓女
229 遍布的亚洲社会，"值得尊敬的"女性相对来说是不可能有"不道德的"性行为的；而在妓女并不普遍的现代西方社会，"值得尊敬的"女性更有可能涉足"不道德的"性。此外，在美国的许多校园里，男生更想与女大学生而不是妓女发生性关系，因此，他们与泰国的同龄人相比，更容易劝说或迫使女生发生婚前性行为。可是，对于功能主义理论而言，这里仍有一个基本问题。在男尊女卑的话语体系中，它界定了性道德和女性美德，就是说当发生"无意义的"或"不道德的"性时，只有女性尤其是妓女才是不道德的和没有廉耻的。这就是为什么功能主义理论不把性关系随便的男人，尤其是那些通常狎妓的男人看做道德秩序的威胁的原因。

2. 女权主义理论

对于女权主义者来说，功能主义理论只反映了男尊女卑者的心声："性关系随便的"男人不会危及社会道德秩序，只有像妓女这样"性关系随便的"女人才威胁到社会道德秩序。这也就解释了为什么在男权社会妓女被逮捕的可能性远远大于男性嫖客。但是，为什么不认为"性关系随便的"男人是道德秩序的威胁呢？因为这种道德体制折射出家长制下的性别等级制度，在这种制度下，男人统治和剥削女人。

在女权主义理论看来，这种家长制产生了供需双方，从而也鼓励了卖淫。在需求方面，受家长制影响，从小男孩对女孩就有统治权，当男孩长大成人后，他们期待去统治女性，与妓女发生性关系就很容易。如果一个年轻男子不愿意找妓女，同伴将会强迫他们去找。在供给方面，社会化中女孩应该顺从男性，成年后，则在工作、竞赛、性方面顺从男性。同时，女人被归入地位低下的职业中，包括卖淫。所有这些都解释了为什么与没有性别歧视的现代社会相比，性别明显不平等的传统社会卖淫更普遍。

当性别不平等的家长制社会鼓励卖淫时，卖淫反过来又强化了家长制。一些女权主义者已经观察到，卖淫"使得女性的从属地位永久化"（Overall，1992）或"使得占社会主导地位的、在生活的各个领域压制女性的观念持久化"（Miller，1991）。换句话说，像出卖商品一样出卖自己的肉体，妓女们传达了这样一个信息，即妇女可以像物体一样被买卖或使用。这直接强化了占优势地位的家长制"观念，即所有的女人在内心都是娼妓，所有的女人都有价格"（Overall，1992）。因此，正如许多男性认为的那样，男尊女卑的笑话非常滑稽可笑。一个男人问一个女人："你愿意为一百万美元和我睡觉吗?"这个女人回答说："我想我愿意。"然后这个男人问道："你愿意为五美元和我睡觉吗?"这个女人勃然大怒道："你把我当作什么人了?"但这个男人回答道："对于这件事我们已经达成了意向，现在我们只是在协商你的价格而已。"（Overall，1992）通过了解妓女，我们发现妇女是可以像物体一样买卖的，正如这个笑话所暗示的那样，许多男人将继续维护这个家长制性别不平等的社会结构，而这反过来又鼓励卖淫继续存在。

女权主义理论确实有力地揭示出性别不平等是 230
妓女向男人出卖性，而不是男人向女人出卖性的重要原因。但是，一些女权主义者则提出了更为激进的观点，即所有的妓女基本上都是同样的受害者，她们受到嫖客们的剥削、压迫和暴力威胁。然而，这种观点却没有确凿的证据。对于某些妓女来说，这种观点是真实的，尤其是街头拉客女，经常遭受这样的虐待。但是这些妓女只代表了妓女中极小的一部分。大多数在室内工作的妓女，如应召女郎、陪护女、妓院妓女或按摩院的妓女都能很好地受到保护，不受暴力侵袭和虐待（Weitzer，2006，2005a）。

3. 社会心理学理论

根据这一理论，社会因素和心理因素导致许多女性沦为妓女。这些因素包括：

- 致病因素。例如一些不愉快的经历，像父母作风不正派、父母的忽视、儿童虐待或其他一些创伤等导致的心理问题。
- 诱导因素。例如建立在传统观念上的期待，即妓女可以过一种安逸或富有的生活。
- 推动因素。例如一些社会情境，如被解雇、遇到一个妓女朋友或被皮条客强迫出卖性等。（Brown，1979；Benjamin & Masters，1964）

大多数心理学家和精神病专家强调，致病因素是进入卖淫业的关键因素。例如，根据哈罗德·格林沃尔德（Harold Greenwald，1970）的观点，妓女出卖性是因为她们被父母忽视、排斥或在孩童时被虐待，因此她们就进一步彰显了这种非正常的症状，

如感到孤独和无价值、缺乏自控、不能与他人建立稳定的关系。这意味着一个女人必定是精神不正常才沦为妓女的。

然而，根据社会学家的观点，我们不能假设妓女们是不正常的，即使是那些被父母虐待过的妓女。似乎是感情的社会化使得这些受害者成为一个正常的妓女，她们能够在感情上把自己和嫖客区别开来。由于父母的虐待使她们能够在感情上把自己和父母区别开来，推而广之，她们就可以把任何一个像父母那样把自己当作物体对待的人区别开来。有了这种感情上的区分，或许后来会发现受害者非常容易进入卖淫行业，从感情上把自己和嫖客区分开来，这些嫖客对待她们的方式正如施暴的父亲所做的那样，即像个物体。简而言之，一些妇女比其他人更有可能成为妓女，不是因为她们不正常，而是因为她们正常，能够在感情上承受嫖客们像童年时虐待她们的父母那样的施暴。但是，这种感情上的冷漠只是有可能引诱一个女性进入卖淫行列，却不一定必然导致其出卖性。当诱导因素和推动因素也出现在她的经历中，像这个理论和一些研究所揭示的那样时，她才有可能成为妓女（Perkins，1991）。

231
十一、本章概要

（1）**美国社会如何看待青少年性行为？**大多数美国人认为青少年性行为是无法接受的，主要是假定青少年还没有成熟到可以对性行为负责的程度。**青少年会按照社会对他们的期望行事而抑制性行为吗？**不。相反，他们比以前更积极。他们也更多地进行口交，认为口交并不是真正的性行为。但是，自尊心很强的女孩子发生性行为的可能很小，而自尊心很强的男孩子却相反。

（2）**有关婚外性行为的误解有哪些？**一种误解是婚外性行为比婚内性行为更令人兴奋和满足。另一种误解是人们有风流韵事是因为他们性欲过盛。**为何通奸行为在不同的文化中是互不相同的？**通奸在一些社会里是被认可和接受的，但在另一些社会却并非如此。合法的通奸行为在不同的文化背景中也各不相同，非法的通奸行为也一样。**哪些群体更容易发生婚外性行为？**主要是男性、宗教禁忌较少的人和低收入群体。

（3）**换妻者有哪些特征？**他们大部分是中产阶级白人，年龄在25～45岁之间，稍微有点保守。他们与传统社会机构如宗教、家庭和社区的联系不多，但是与那些没有互相交换性伴侣的夫妻也没有太大的区别。他们认为换妻改善了婚姻关系，但是这只对那些能够把爱与性区别开的人才有用。

（4）**今天的色情产业有多大？**如今，色情行业已发展成为一个巨大的产业，它比好莱坞电影产业还要有利可图。**色情产业的影响有哪些？**一些人认为色情产品是有害的，但另外一些人则认为是无害的。证据表明虽然引起性欲的、非暴力的色情产品总体上来说是无害的，但暴力色情产品却是有害的。

（5）**为什么一些男人寻求电话性服务？**他们希望电话性服务的接线员能够满足他们的性幻想，主要有以下五个原因：他们需要快速便捷的性、发泄愤怒、寻找爱情、满足自己的独占欲欲望和对电话性服务充满好奇。**什么是裸体舞呢？**在裸体舞会上，裸体舞演员脱掉她所有的衣服，向观众展示她的生殖器以得到更多小费。大多数观众是蓝领男士，他们期盼裸体舞演员们能满足自己的性幻想。这些演员们赚取了相当多的钱，虽然知道自己的工作不体面，但却是合法的。

（6）**何为性骚扰？**从性的本质上来说，性骚扰是一种不受人欢迎的行为，但如果其涉及工人时，根据美国高等法院的界定，任何一种使工作环境不友好、使受害者难以正常工作的行为都是性骚扰。**是什么导致了性骚扰？**一个明显的原因是女性对男性主导地位的威胁，这或许能够解释为什么性骚扰总是发生在传统的男性统治的职业中。

（7）**关于卖淫流行着哪些误解？**这些误解有：妓女是女色情狂，是性冷淡者，是下流的和无情的或是可爱的和热心肠的，大多数是吸毒者，她们在孩提时遭受过性虐待。**所有的妓女都是一样的吗？**不，有各种各样的妓女。从社会地位、价格或生活质量高低排序，包括街头拉客女、雏妓和青少年妓女、妓院妓女和应召女郎。

（8）**妓女们都是什么背景？**大多数妓女与传统妇女具有相同的社会背景，她们渴望婚姻和传统的 232
家庭生活，与其他妇女受过同等教育，在她们的私生活里性关系并不随便。**是什么原因使她们沦为妓女的？**最普遍的原因是经济因素，如需要挣更多的钱、失业或养家糊口等。**卖淫的亚文化模式是什么？**妓女们坚信她们在道德上高于那些恪守传统的所谓正人君子，还认为她们对社会是有益的，她们把卖淫与婚姻顾问、社会工作者或其他援助性职业相提并论。

（9）**卖淫的参与者还有哪些？**他们包括老鸨、皮条客和嫖客。老鸨是一个妓院的所有者或经营者，她们雇用妓女为嫖客服务。皮条客是妓女养着不用工作的情人或丈夫，他们通常用暴力把妓女控制在自己的掌心。嫖客们光顾妓女来享受性行为主导者的感受，或为寻求便捷、容易、不受约束的性和新奇多样的性。**自由主义者和保守主义者怎样看待卖淫？**保守主义者要求严格执行反卖淫法，认为卖淫带来了很多社会问题，如犯罪和疾病等。自由主义者要求把卖淫合法化，辩称卖淫合法化可以使卖淫得到更有效的控制，而那些现存的因卖淫违法而引起的各种问题也会随之消失。

（10）**不同国家的卖淫有何不同？**东欧地区比西欧地区卖淫更普遍，因为这里很多年轻的女性被诱骗或强迫进行皮肉交易。亚洲和拉丁美洲的妓女也可能有过相同的经历。在亚洲，卖淫是旅游业的一个非常重要的组成部分，是由赤贫和父权制造成的。

（11）**各种理论是如何解释卖淫的？**功能主义理论认为，卖淫是由社会的性道德体制所导致的，而反过来卖淫又有助于强化社会性道德。根据女权主义者的观点，父权制通过创造供需双方而鼓励了卖淫，而卖淫反过来又强化了父权制结构中的性别不平等。社会心理学理论则找出了导致卖淫的三个因素（致病因素、诱导因素和推动因素），解释为什么有些女人更容易成为妓女。

十二、扩展阅读

Barry, Kathleen. 1995. *The Prostitution of Sexuality*. New York: New York University Press. An analysis of how prostitution represents the essence of sexual exploitation that serves to oppress womankind.

Bruckert, Chris. 2002. *Taking It Off, Putting It On: Women in the Strip Trade*. Toronto: Women's Press. A sociological analysis of nude dancing based on interviews with fifteen strippers, illustrating the feminist theory that emphasizes the agency, or power, rather than helplessness of women in this deviant career.

Christopher, F. Scott. 2001. *To Dance the Dance: A Symbolic Interactional Exploration of Premarital Sexuality*. Mahwah, N.J.: Lawrence Erlbaum Associates. Discusses the nature of premarital sex among various age groups.

Clift, Stephen, and Simon Carter (eds.). 2000. *Tourism and Sex: Culture, Commerce and Coercion*. London: Pinter. A collection of articles on various dimensions of sex tourism in different cities around the world.

Crouch, Margaret A. 2001. *Thinking about Sexual Harassment: A Guide for the Perplexed*. New York: Oxford University Press. A historical, theoretical, and empirical analysis of sexual harassment.

Duncombe, Jean, et al. (eds.). 2004. *The State of Affairs: Explorations in Infidelity and Commitment*. Mahwah, N.J.: Lawrence Erlbaum Associates. A collection of articles covering the interpersonal, social, and cultural aspects of marital infidelity from different perspectives. 233

Fisher, Helen E. 1992. *Anatomy of Love: The Natural History of Monogamy, Adultery, and Divorce*. New York: Norton. A sociobiological attempt to explain the universality of adultery, though providing data on cultural differences in form and frequency of adultery.

Flowers, Amy. 1998. *The Fantasy Factory: An Insider's View of the Phone Sex Industry*. Philadelphia: University of Pennsylvania Press. Using participant observation, the author studies the operation of a phone sex company and interviews its employees.

Gibson, Pamela Church, and Roma Gibson (eds.). 1993. *Dirty Looks: Women, Pornography, Power*. London: British Film Institute. A volume of articles that deal mostly with nonviolent, erotic pornography, showing the harmlessness of pornography and the harmfulness of censorship.

Gould, Terry. 2000. *The Lifestyle: A Look at the Erotic Rites of Swingers*. Buffalo, N.Y.: Firefly Books. Provides an inside look at the past and current state of swinging.

Gregory, Raymond F. 2004. *Unwelcome and Unlawful: Sexual Harassment in the American Workplace*. Ithaca, N.Y.: Cornell University Press. A thorough analysis of sexual harassment of women by men, harassment of men by women, and same-sex harassment.

Hicks, George. 1995. *The Comfort Women: Japan's Brutal Regime of Enforced Prostitution in the Second World War*. New York: Norton. A documentation of how the Japanese army forced massive numbers of young women in Korea, China, and other Asian countries to become sex slaves for Japanese soldiers.

Irvine, Janice M. 2002. *Talk about Sex: The Battles over Sex Education in the United States*. Berkeley: University of California Press. An analysis of the clash between professional sex education advocates and the politicized Christian conservatives.

Linz, Daniel, and Neil Malamuth. 1993. *Pornography*. Newbury Park, Calif.: Sage Publications. Presenting the conservative, liberal, and feminist views of pornography as well as the data employed to support them.

Malarek, Victor. 2003. *The Natashas: Inside the New Global Sex Trade*. New York: Arcade Publishing. An investigation into the business of shipping women and girls from relatively poor countries in Eastern and Central Europe to Western and other prosperous countries for prostitution.

O'Donohue, William (ed.). 1997. *Sexual Harassment: Theory, Research, and Treatment*. Boston: Allyn and Bacon. A series of articles dealing with many different issues about sexual harassment, including the legal concepts, epidemiology, theories, effects, and prevention of such deviant behavior.

Procida, Richard, and Rita J. Simon. 2003. *Global Perspectives on Social Issues: Pornography*. Lanham, Md.: Lexington Books. Presents diverse societal reactions to pornography in North America, Australia, Western and Eastern Europe, Asia, and Africa.

Ryan, Chris, and C. Michael Hall. 2001. *Sex Tourism: Marginal People and Liminalities*. London: Routledge. Discusses the history of sex tourism, the interactions between sex workers and tourists, and the relationship between sexual slavery and sex tourism.

Smith, Diane Shader. 2005. *Undressing Infidelity: Why More Wives Are Unfaithful*. Avon, Mass.: Adams Media. Drawing from in-depth interviews with more than 150 women, this book presents intimate details of how unfaithful wives conducted their extramarital affairs.

Sheehan, Jack. 2006. *Skin City: Uncovering the Las Vegas Sex Industry*. New York: HarperCollins. A report on what strippers, swingers, porn stars, and prostitutes in Las Vegas do and a guide to sex-driven travelers on how to enjoy themselves with those entertainers.

Weitzer, Ronald (ed.). 2000. *Sex for Sale: Prostitution, Pornography, and the Sex Industry*. New York: Routledge. A collection of articles on various aspects of the sex industry, from the perspectives of sex workers and their customers to prostitutes as victims and the social control of sex work.

十三、思考题

1. 你赞成青少年性行为吗？你认为成年人反对青少年性行为合适吗？请谈谈你的观点。

2. 电话性服务和裸体舞对年轻人有害吗？如果有害，有哪些害处，为什么？如果无害，有哪些好处？为什么？

234 第十章

同性恋和其他污名受害者

表象与事实

表象：与异性恋男子相比，男同性恋的性关系可能更随便，在性方面更加积极主动，因为他们是同性恋而不是异性恋。

事实：男同性恋的性关系随便与同性恋没有什么关系，相反，却是异性恋社会造成的，在这里，无论是同性恋还是异性恋，社会化过程中男性在性方面表现得都比女性积极主动（第 239 页）。

表象：与正常的同龄人相比，在同性恋家庭长大的孩子更容易遇到沮丧、焦虑和其他心理问题。

事实：在同性恋家庭长大的孩子与一般家庭的
235 孩子一样身心健康。显然，同性恋父母知道怎样保护自己的孩子不受伤害。这或许是因为与正常异性恋父母相比，同性恋父母整体而言受到过更多、更好的教育，因此有养育孩子的较好技能，并且会在照顾孩子方面花费更多的时间（第 243 页）。

表象：孩子在同性恋家庭长大，很可能成为同性恋。

事实：同性恋父母养大的孩子并不比异性恋父母养大的孩子成为同性恋的可能性大，并且他们也不会把自己看做同性恋（第 243 页）。

表象：同性恋是天生的，源于其生物基因的同性取向。

事实：同性恋既有先天的因素，也有后天的因素。他们生来具有同性取向的生物诱因，并在后天的成长中被社会化，社会允许将这种生物因素转化成完全的同性恋（第 246 页）。

表象：同性恋恐惧症笼罩着整个美国社会，大多数美国人都反对同性恋。

事实：在某些方面，大多数美国人对同性恋很害怕。人们虽然从感情上反对同性恋婚姻合法化，但在一些非感情问题上却是支持同性恋的，主张给同性恋以与其他美国人一样的公民权和就业机会（第 251 页）。

表象：如今，青少年同性恋非常清楚自己的身份，因此他们通常称呼自己为同志或拉拉。

事实：今天的青少年同性恋通常避免用“同志”或“拉拉”这样的字眼称呼自己，正如他们的异性恋同龄人也不用“异性恋”指代自己一样。同性恋认为自己是更丰富的主体，远非同性恋一词所能涵盖，这点与异性恋一样，他们把自己看做一个好学生、正派人、运动迷、音乐爱好者，等等（第 253 页）。

表象：异装癖者大多数是同性恋，为了让自己看起来像异性的一员，喜欢穿着异性的衣服。

事实：异装癖者大多数是男异性恋，区别于异装同志（drag queens）和异装拉拉（drag kings），异装同志和异装拉拉是同性恋，喜欢穿着异性的衣服，使自己感觉像是异性中的一员（第 257 页）。

表象：某些残疾人的无助、依赖和缺乏自尊通常都来源于其身体的残疾。

事实：某些残疾人所遭遇的问题主要来源于正常人的歧视，这使得他们的生活更加困难（第 259 页）。

表象：因为美国肥胖或超重的人太多，所以他们代表了美国社会的大多数，故肥胖者在美国已变得能够接受，很少受到歧视。

事实：社会上对肥胖者越来越歧视了，许多美国人尤其是女性为其身材感到苦恼（第 260 页）。

表象：既然文身的目的是通过一些偏差的方式在传统中产阶级生活中寻求自由，结果他们偏差得越来越厉害，甚至发展到排斥传统社会的大部分价值观。

事实：尽管文身的初衷是从传统社会中寻求解脱和自由，但许多文身者最终却通过文身强化了与传统社会的联系（第 262 页）。

236 加里和格雷格（Gary & Greg）是一对 30 多岁的同性恋夫妇，住在宾夕法尼亚州中部一个比较保守的小镇里，邻居们对他俩非常熟悉，称之为“小伙子”。在商店，他们彼此以“亲爱的”相称，异性恋朋友们则称呼他们“叔叔”（uncle）。在办公室，他们的异性恋同事们似乎比他们更熟悉同性恋话题。正如加里所说：“他们意识到我们与他们有同样的忧虑。现在是纳税季节，他们会说：‘真不幸，你不能把格雷格放在家庭报税表上。’”在这个保守的小镇上，人们对他们的友好代表了美国社会对同性恋态度的巨大进步。2006 年，全国各地的美国人对一部同性恋电影《断背山》反响强烈，这部电影赢得了数百万美元的票房收入并获得了多个奖项。现在，在美国历史上，还是第一次只有少数美国人（46%）认为同性恋是罪恶的。但同时，大多数人（57%）仍反对同性恋结婚，有超过 32 个州已通过了新的禁止同性恋结婚的法律（Corliss，2006；Leland，2000）。21 世纪，美国社会在平等对待同性恋方面还有很长的路要走。

持续不断的反同性恋的呼声表明，同性恋依然被视为社会污名，是某种被某人做过而他人认为在某些方面是罪恶、糟糕的事情。污名几乎等同于偏差行为，因此本章所讨论的所有偏差行为都可以称作污名。这些行为都是见不得人的、令人不齿的，如妓女、精神病、自杀者、虐待儿童者、杀人犯、强奸犯等。这些污名中有些是有理的，像杀人犯、强奸犯及其他罪行都应该得到应有的惩罚。但是绝大多数污名确实是毫无理由的，因为同性恋、自杀者、精神病、肥胖者和文身者等并没有伤害到别人，然而他们却被认为是可耻的，应受到惩罚。这一章我们将关注男女同性恋和其他受到不公正对待的无辜者，包括双性恋、变性人和那些身体有缺陷的人，如肥胖者、文身者。通过研究这些污名的受害者，我们可以更清楚地了解为什么传统社会认为他们是偏差的以及他们的反应如何。

一、对同性恋的误解

关于同性恋，第一种普遍存在的误解是，同性恋男人特别像女人，同性恋女人特别具有阳刚之气。男同性恋被认为走路像女人、说话像女人或者长相也像女人；而女同性恋则被认为走路、说话或外表都像男人。事实上，是很难把女同性恋和男同性恋与异性恋区别开来的。绝大多数男同性恋的外表、行为与大多数异性恋男人是相同的，同时大多数女同性恋的外表、行为也与大多数女异性恋相同（Marcus，1993；Dunkle & Francis，1990）。

第二个误解是男同性恋喜欢骚扰或诱奸孩童。事实上绝大多数男同性恋对男孩的兴趣并不比绝大多数的异性恋男子对女孩的兴趣大。实际上，多数娈童者都是异性恋男子。在 1991—1992 年的一年间，在科罗拉多州的丹佛市儿童医院里，有 387 例疑似被骚扰过的患儿。犯罪嫌疑人中只有一个是男同性恋，其余都是异性恋男子（Marcus，1993）。

237 第三个误解是男、女同性恋在他们的性行为中都一直扮演一个特定的角色，作为主动或被动的伴侣。主动的伴侣对被动的伴侣进行口交。但事实上大多数的男同性恋和女同性恋经常轮流扮演这两种角色。同性夫妻通常也被认为是像传统夫妻那样，一方扮演主导的丈夫角色，另一方扮演顺从的妻子角色。事实与人们所想大有出入：同性恋关系中的伴侣通常更像好朋友，他们是平等的，有很多相同或相似的爱好，因此他们一起做饭、挣钱并进一步加深感情（Peplau，1981）。

第四个误解是同性取向是精神病的症状。一些同性恋，尤其是那些经常去看精神病医生的人可能精神错乱，但有些异性恋也是这样，尤其是那些常去看精神病医生的。因此，就像假设异性恋是精神病患者不对一样，假设同性恋是精神病也没有道理。这就是为什么美国精神病协会从 1973 年起就把同性恋从《精神障碍诊断和统计手册》中剔除出去的原因之一。尽管如此，现在仍然有一些精神病学家、心理分析学家和心理学家认为，同性取向是一种可以治愈的精神疾病（Socarides 等，1997）。

第五个误解是认为同性恋是变态的、不正常的，因此不会有满意的性生活。然而，研究表明同性恋与异性恋在享受性快感的方面没有什么本质的差别。最主要的差别是做爱的方式。同性夫妻倾向于以娱乐的方式对待性，在直接接触性器官达到性高潮前，会花费很多的时间做前戏——如接吻、爱抚身体的各个部位等。异性恋夫妻把性当作工作来对待，喜欢快速达到性高潮（Masters & Johnson，1979）。

根据第六个误解，男女同性恋都沉迷于性，时刻都在做爱。事实上，男同性恋与异性恋一样每周有 2～3 次性生活。而女同性恋似乎对性不那么感兴趣，她们一周不会超过一次，而已婚女异性恋每周却有 2～3 次性生活（Blumstein & Schwartz，1990）。

最后，第七个误解是大多数人不是绝对的同性恋，就是绝对的异性恋。事实上，从生物学家转而成为性学家的艾尔弗雷德·金赛（Alfred Kinsey，1948）写道：

> （人们）不能把人具体划分为同性恋和异性恋两类。这个世界也不能被划分为山羊和绵羊两类……最基本的分类法表明很难将自然界划分为不相关的、绝对的两类。只有人类在乎事物的种类，并竭力地把各种事物进行鸽笼式的分类。这个鲜活的世界在每个方面都是连续统一、无法截然分割的整体。

两性的差异主要是种类的不同：要么是男性，要么是女性。但是在性取向方面的差异则是一个度的问题：与其他人相比，有些人或多或少更喜欢同性（或异性）。因而，金赛把人们分配到不同的位置，即从绝对的异性恋到绝对的同性恋（见图 10—1）。

238

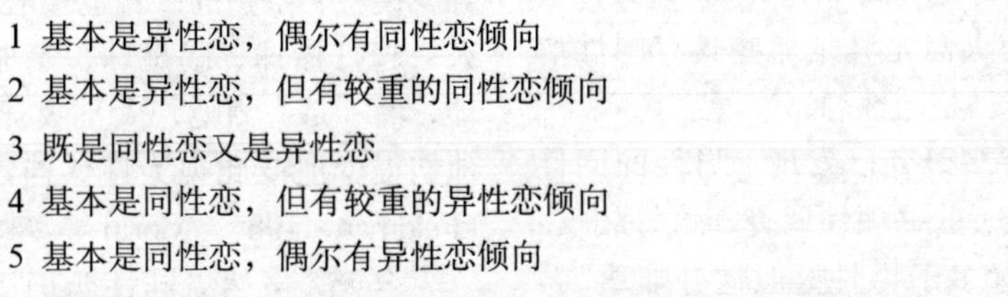

0 绝对的异性恋
1 基本是异性恋，偶尔有同性恋倾向
2 基本是异性恋，但有较重的同性恋倾向
3 既是同性恋又是异性恋
4 基本是同性恋，但有较重的异性恋倾向
5 基本是同性恋，偶尔有异性恋倾向
6 绝对的同性恋

图 10—1 金赛异性恋—同性恋连续统

资料来源：选自 Alfred C. Kinsey，Wardell B. Pomeroy & Clyde E. Martin，*Sexual Behavior in the Human Male*，W. B. Saunders，Philadelphia，1948，p. 638，经金赛性学研究院许可后复印。

二、男同性恋和女同性恋

绝对同性恋的男子和女子被称为男同性恋和女同性恋。这一节里我们将讨论同性恋的数量、特征、如何公开身份（向别人公开自己的性取向）、生活方式和各种探讨人们为什么会成为同性恋的理论。

1. 有多少同性恋？

美国到底有多少男同性恋和女同性恋？答案首先取决于同性恋的定义中男、女同性恋的构成要素。根据不同的研究，认为男同性恋或女同性恋有以下一个或多个特征：(1) 同性感情，被同性吸引；(2) 同性性行为，与同性发生性行为；(3) 认为自己是男同性恋或女同性恋（Savin-Williams，2005c）。

记住这些关于同性取向的定义，下面我们来讨论对美国成年人所做的一项典型的抽样调查（Laumann 等，1994；Michael 等，1994）。

- 对同性产生感情的人：男性占6%，女性占4%。
- 参与同性性行为的人：男性占9%，女性占4%。
- 自认为是男同性恋或女同性恋的人：男性占2.8%，女性占1.4%。

239 这些数字都远远低于10%，男同性恋支持者长期以来都引用金赛的连续统研究中的这些数据作为证据。在20世纪40年代晚期50年代早期，金赛发现10%的美国成年人是“主要的”或“多多少少是绝对的同性恋”。然而，他经过进一步研究后发现，其中只有2.5%的人是“绝对的同性恋”，即使金赛的研究并不代表美国所有成年人的情况，这个数据也与今天美国人自认为自己是同性恋的比例差不多（Voeller，1990；Kinsey 等，1953，1948）。尽管如此，同性恋的真正比例肯定要高于2.5%，因为社会上的同性恋恐惧症，使人们尤其是那些具有同性取向的年轻人不敢承认自己是同性恋。

必须注意的是，许多研究已发现，男性的同性恋取向多于女性，但最近的一项性调查却恰好相反：有同性恋经历的女性远多于男性。但这并非事实，因为在这项调查中，男、女被问及的问题是不同的。具体问到男性是否与别的男性有过肛交或口交，6.5%的人做了肯定的回答。但是调查女性时问题却很笼统含糊，如是否与别的女性有过任何形式的性经历，11%的被调查者表示肯定。这样的女性也许并没有真正的同性恋行为，因为她们的同性经历可能只是拥抱、接吻或别的通常在异性恋女性之间也会发生的行为（Mosher，2005）。

2. 男同性恋有哪些特征？

与异性恋男性相比较，男同性恋更有可能是“性行为随便的”，即在性方面是积极主动的（Blumstein & Schwartz，1990）。但是，恰恰与流行的观点相反，男同性恋性关系随便的原因并非同性恋本身。总体来说，这是异性恋社会的产物，无论是同性恋还是异性恋，社会化过程中男性在性方面表现得都比女性积极主动。通过这种男性主导的文化传统，异性恋社会对男性和女性强加了一个双重的性行为标准。如果女人在性行为上积极主动，她则很可能被斥责为“荡妇”，但一个男人积极主动则被称赞为“猛男”。因此，受到鼓励的男人在性方面就更积极主动。由于男同性恋与一般男子一起在异性恋文化环境中长大，他们就会主动。就像一般男性在性方面比女性积极主动一样，男同性恋在性方面也比女同性恋积极主动。但是，为什么男同性恋在性方面比一般男性积极主动？因为异性恋男女的相遇是渴望性行为的男性与一个对随便的性行为不太感兴趣的女性的相遇；但是同性取向的两人，则是两个对随便的性行为同样饥渴的人（两个男人）。

在20世纪60—70年代性解放时期，随便的性行为在男同性恋中间非常普遍。然而，自从20世纪80年代早期艾滋病席卷男同性恋社会以来，随随便便的性行为已转变成为一夫一妻制了。由于害怕玩性的“俄罗斯轮盘赌”（Russian roulette）而使自己的生命处于危险中，男同性恋已大大减少了性伙伴的数量。街道、公园那些过去男人们常常急寻性伙伴的地方现在已经很荒凉了。男同性恋的报刊上寻求“性”的广告已大为减少，而寻找“友谊”的广告则大为增加。寻找模特、陪护的广告也骤增，他们更喜欢约别的男人一起打棒球、踢足球、参加合唱队和其他社交活 240
动，而不是去酒吧、大量吸毒和性交。走在大街上，他们很少把彼此视为性伙伴，而是微笑着相互问候（Feldman，1985；Morin 等，1984）。

今天，虽然男同性恋仍比一般男性在性方面更积极主动，但绝大多数男同性恋都会保持一种长期稳定的关系。事实上，像异性夫妻一样，大多数男同性夫妻对他们的关系很满意（Peplau & Cochran，1990）。由于社会上对同性恋恐惧、反对同性恋结婚，男同性恋夫妻能够赢得与一般夫妻一样的爱和幸福真是了不起。他们获得幸福的秘诀在哪里呢？一些研究者分析了男同性恋夫妻各种各样的个人和社会特征，如年龄、教育、收入、宗教、种族或生活安排等。可是所有这些都不是男同性恋夫妻获得幸福和满足的条件。研究者确实发现，这些夫妻中一方的收入与另一方的收入相当，满意度就会更高。这个研究结果与其他几种十分相似，即如果男同性恋夫妻认为他们之间的关系是平等的，那么他们就会感到更幸福（Peplau & Cochran，1990）。在一个平等的关系中，两个伴侣平等地一起做决定，这最有可能出现在两人收入相当而不是差距很大的情况下。总之，在男同性恋夫妻中，权利的平等更有助于保证“婚姻”的幸福。

3. 女同性恋有哪些特征？

在异性恋社会里长大，女同性恋在很多方面与一般女性相似，因此这与男同性恋有着明显的不同。另外，因有着同性取向，女同性恋在一些方面又与男同性恋很相似，而与其他女性有着明显的差异。

（1）与其他女性的相似之处。

像一般女性一样，在社会化过程中，女同性恋对随便的性行为不太感兴趣，而对友谊和爱有着更多的兴趣。因此，她们很少会在同性恋酒吧里寻找一夜情，更不用说在大街或公园里寻找性满足了。女同性恋更愿意在团体聚会、社交聚会、朋友的朋友中和学校里交朋友。这种关系发展得很慢，通过对另一个人的长期了解成为好朋友，再约会和培养更深的感情。通常，只有在形成长期稳定的深厚感情之后，才会发生性行为（Nichols，1990）。

与一般女性一样，大多数女同性恋把自己当作普通女性的一员，并与异性恋保持着亲密的关系。摆出异性恋的姿态对女同性恋来说是非常容易的，因为她们与其他女性一样被社会化，扮演着传统女性的角色。一些女同性恋看起来像男性，是因为她们衣着庄重、留着短发，养成了男性化的习惯，但是绝大多数女同性恋看起来与异性恋女子一样。作为异性恋社会群体和职场的一部分，女同性恋也能够融合到这些讲性别差异的场合。因此，超过1/3的女同性恋与男性有性行为，这显示了“某种程度上的双性恋生活方式”，而另外大约2/3的女同性恋则被男性深深地吸引（Rust，1995；Nichols，1990）。

最后，许多女同性恋与一般女性一样想当妈妈。
241 她们会决定领养一个孩子或者通过人工授精生养孩子。如果她们以前有过异性恋婚姻而做母亲了，则会争取孩子的监护权。然而，有时争取孩子的监护权困难重重。例如，1995年，弗吉尼亚州中级法院做出了剥夺一位“不称职母亲”对孩子监护权的判决，而宣判其不称职的理由只是因为她是女同性恋，弗吉尼亚州高级法院裁定这一判决有效。不过，今天女同性恋也与一般女性一样享有做母亲的权利（Kantrowitz，1996；Henry，1993）。

由于与一般女性有这么多的相似之处，女同性恋与男同性恋有很大的不同：对随便的性行为不太感兴趣，而是更多地参与到社交中，与异性发生性行为，并且对养育孩子很感兴趣，67%的女同性恋做了母亲，而只有27%的男同性恋当过父亲（LeVay & Nonas，1995）。

（2）与其他女性的不同之处。

与一般女性相比，女同性恋更有可能拒绝传统的女性角色。在对一定数量的女同性恋和女异性恋群体的研究中发现，前者仅有1/3的人认为自己“大体是女性”（被动的、依赖的或不自信的），而后者的大多数人认为自己是“女性”（Saghir & Robins，1980）。

在青少年时代，与同龄的异性恋相比，女同性恋对自己的性别身份很不认同。而实际上所有的异性恋都认同自己的性取向，但大多数年轻的女同性恋却意识不到或者不确信自己的同性恋倾向。因此，正如下面一个年轻的女同性恋所描述的亲身经历那样，她们不会从性的角度看待自己对同性的兴趣。

> 我们一起出发，只因为我们是好朋友，然后事情变得特别起来。她教会我很多东西。我喜欢音乐，她就教我怎样欣赏音乐。她喜欢我所喜欢的事情，如散步。我们一起读了很多书。我们一起读《圣经》，我们相互为对方朗诵诗歌。我们一起分享很多事情。我们彼此爱抚并接吻。我想我需要有一个人的陪伴。我在那里，她也在那里，我们彼此密不可分。（Simon & Gagnon，1974）

因为在这些方面与一般女性有所不同，女同性恋与男同性恋很相似。正如女同性恋更有可能拒绝传统的女性角色一样，男同性恋也可能拒绝传统的男性角色。例如，他们兼有粗暴和温柔的性情而不仅是粗暴。像女同性恋一样，男同性恋在青少年时代也意识不到自己的同性恋取向。但是总体来说，因为男性开始性行为的时间普遍要比女性早，因此男同性恋确认自己同性恋身份的时间也要比女同性恋早，这在下一部分中我们将会看到。

4. 公开同性恋身份

在同性恋群体的暗语中，公开自己的同性恋身份被称为"出柜"（coming out），即指人们公开地承认自己是男同性恋或女同性恋。对于大多数同性恋来说，向父母、朋友或同事公开自己的同性恋取向是很困难的，因为后者的反应是震惊、拒绝或更糟糕。

在公开同性恋身份以前，尽管也感觉到自己被同性吸引，许多年轻的同性恋仍然在心里不认为自己是同性恋。社会学家理查德·乔登（Richard Troiden，1979）介绍了他所研究的男同性恋如何意识到了自己的身份。同性恋身份的确认要经历以下四个阶段。

第一阶段，感知阶段（sensitization），男同性恋
242 感觉到自己与同龄人不一样。如一个同性恋回忆道："我从来没有感到自己融入那个环境中。我不知道这是为什么。我觉得自己不一样。我想可能是因为自己太敏感。"另一个同性恋表达了相似的感受："我感觉自己不一样，是因为我在学校的兴趣爱好、不擅长运动等。"大多数男同性恋在青春期开始，即13岁时就有这些类似的感受。尽管个别男同性恋在很小时，如6岁或7岁时，就认识到自己是同性恋，但是这些人一般是"娘娘腔"，通常被当作女人（Bawer，1993）。

第二阶段，分离阶段（dissociation），男同性恋大约17岁开始感觉到自己可能是同性恋，但又不愿意把自己当作同性恋。有人曾这样描述他在这个阶段的感受："在我被公开地指认为同性恋以前，我意识到自己对女性不感兴趣。我常与女孩子在一起，我发现被她们吸引的同时，也被男人吸引，并且想与他们发生性关系。不过，我却认为这表示我已经长大成熟了，随着我的日益成熟，某种东西也随之滋长。"在分离阶段，他们可能会敌视男同性恋，骂其为"该死的同性恋"来否认、掩盖自己的同性恋身份。

第三阶段，公开阶段（coming out），男同性恋大概19岁时开始认为他们的性感觉是确定无疑的同性恋；并涉足于同性恋亚文化群体中，重新定义同性恋行为，认为这是一种积极可行的生活方式。然而，真正公开自己的同性恋身份通常是非常痛苦、令人恐惧或不可抗拒的，因而这一体验通常是非常积极的。这被描述为"一种难以想象的解脱和重生……像获得新生一样。第一次感觉到如释重负，有了真正的生活"（Marcus，1993）。

最后一个阶段，固守承诺阶段（commitment），这时的同性恋已经是成年人了，他们固守承诺，坚信同性恋是一种生活方式。他们认为这是非常幸福的，即使有机会也不会改变这种生活，甚至认为自己实在看不出选择异性恋的生活有何好处。这种观点甚至在那些失业或被家庭、孩子抛弃的同性恋中间也普遍存在（Marcus，1993）。

在男、女同性恋公开自己的同性恋取向之后，这个过程并没有结束。"承认同性恋身份并不是一件一讲了之的事情，"男同性恋作家埃里克·马库斯（Eric Marcus，1993）评论说，"对同性恋来说，选择公开的生活就意味着每天都要承认自己的同性恋身份。在各种各样的场合和谈话中，同性恋都要决定自己是否如实回答。"每当在社交聚会或其他场合，总会有人问诸如"你结婚了吗?"此类的问题。公开身份的男、女同性恋不得不这样回答："没有，因为我是同性恋。"这样的情况随时都可能发生，因为他们的生活环境是一个异性恋占绝对主导地位的社会，所以大多数人总是假定别人与他们一样都是异性恋，所问的问题也就建立在这样的假设之上。因此，即使已经公开同性恋的身份，他们仍然面临着与那些秘密的同性恋一样的来自异性恋社会的挑战。

5. 男、女同性恋的生活方式

由于其同性取向，同性恋的生活在某些方面与一般人是不同的。但是，大多数同性恋与一般人一样过着正常而幸福的生活。

（1）家庭和子女。 243

与其他少数群体一样，同性恋遭遇着偏见和歧视。但是，这里却有一个根本的差别。几乎所有的情况下，非洲裔美国人的父母是非洲裔美国人，拉美裔人的父母是拉美裔人，犹太人的父母是犹太人。相反，几乎所有同性恋的父母都是异性恋。与其他少数群体不同，同性恋不能总是依靠父母的支持来处理社会上对于同性恋的恐惧和排斥。事实上，几乎所有的父母在得知自己的子女是同性恋时都非常沮丧。一些父母开始时伤心落泪，但最终都尽力以爱的方式化解；另一些父母则暴跳如雷，拒绝再与同性恋子女有任何往来。事实上，这些父母并不是真正谴责子女的同性恋行为本身的负面影响。由于整个社会对同性恋都很恐惧，父母们特别担心如果朋友、邻居、亲人甚至陌生人发现自己的子女是同性恋后会作何感想。事实上，他们的父母是整个社会反同性恋文化的受害者。因此具有讽刺意味的是，当同性恋子女公开身份后，他们的父母就开始秘密地生活，为的是隐瞒子女是同性恋。现在所有这些

问题已不那么普遍，在很大程度上要感谢“同性恋亲友会”（P-FLAG）等组织，它们帮助同性恋的父母平静地接受孩子的同性取向，而不是恐惧或窘迫（Johnson & Piore，2004；Marcus，1993）。

如果父母是同性恋会怎么样？他们的异性恋子女又会作何反应？如果孩子在出生或孩提时就在同性恋家庭里长大，那么他们对此几乎没什么反应。孩子们已经学会接受家里有两个爸爸或妈妈的事实。随着他们的成长，尤其是在青少年时期，可能会遭到取笑，甚至嘲弄。但研究表明，在同性恋家庭长大的孩子与一般家庭的孩子一样身心健康。显然，同性恋父母知道怎样保护孩子们不受伤害。这或许是因为，与异性恋父母相比，同性恋父母整体而言受过更多、更好的教育，因此有养育子女的较好技能并且会在照顾孩子方面花费更多的时间（Stacey & Biblarz，2001）。多项研究进一步表明，同性恋父母养大的孩子并不比异性恋父母养大的孩子成为同性恋的可能性大，他们也不认为自己是同性恋。然而，同性恋父母养大的孩子不太愿意遵守传统的、异性恋社会中的性别规范，即男子要有阳刚之气，女子要有阴柔之美。因此，女同性恋妈妈养大的儿子在行为上比一般单亲妈妈养大的儿子少了一些传统的阳刚之气。并且女同性恋妈妈养大的孩子虽然不会成为完全的男同性恋或认为自己是同性恋，但更有可能体验同性感情和同性性行为（Stacey & Biblarz，2001）。这或许是因为生物遗传所致，同性恋父母受同性吸引，孩子在社会化过程中，父母公开了多样化的生活方式或性取向，孩子就受到这种生物性倾向（biological predispositon）的遗传。

（2）恋爱和婚姻。

对同性恋而言，在大城市里找到约会伙伴要比在小城市里容易得多，因为大城市里有很多同性恋。他们约会的地方包括酒吧、旅馆、夜总会及其他适合同性恋约会的地方。但是，跟一般人一样，男、女同性恋也能在任何可以想象的场合约会，如工作场所、社交场合、食品杂货店或购物商场等，尽管这些场合里的大多数人是异性恋而非同性恋。对同性恋来说，在
244 这样的场合要想把同性恋与一般人区分开来是很困难的，但有时候他们能从一些细微的线索如在同性恋中间流行的衣服样式或发型来寻找同伴。

当恋爱关系确定下来后，他们与普通人一样会到宾馆、电影院或其他社交场合。不过，在来到同性恋占主导地位的居住区前，他们都尽量避免在公共场合与约会对象有牵手或其他的亲密行为。既然他们像异性恋一样也被社会化，承担着男—女的角色，刚开始时他们不能确信谁先约会谁这样的问题。但是，大多数同性恋很快就会明白，在这样特殊的情势下该怎么做，可以不拘泥于传统的性别角色。因此，谁先提出约会取决于谁对对方更有兴趣或更大胆，谁为晚餐埋单也取决于谁约会谁或谁挣的钱多。一旦陷入热恋，他们也会考虑结婚的事情。但是，因为他们不能领取结婚证，所以同性恋夫妻不能像一般夫妻那样得到法律保护，也不牵涉经济利益，如彼此的保险、养老计划或丧偶退休津贴等（Michels，2006；Cloud，1998）。

（3）政治、教育和宗教。

因为民主党通常支持那些同情同性恋的政策，所以大多数同性恋更有可能加入民主党派。一般人也有政党归属感，但同性恋在政治参与上比一般人更积极主动，一般的民主党人在某种程度上不如共和党人那样积极投票。而同性恋民主党人在投票选举方面则比同性恋共和党人更积极主动些（LeVay & Nonas，1995）。显然，社会上对同性恋的恐慌使得占少数的同性恋更渴望选举出能包容自己的候选人。

总体来说，同性恋受过更好的教育。一些学者把这归因于同性恋的高智商。根据另一些人的观点，隶属于一个受人鄙视的群体的压力促使许多青少年同性恋坚守“成绩超过预期”（overachiever）的信条（LeVay & Nonas，1995）。也许由于社会对同性恋的排斥，同性恋没有或很少有朋友一起娱乐，青少年同性恋会比一般同龄人花更多的时间去阅读和学习。对同性恋的排斥和恐惧使得青少年同性恋的自杀率远远高于一般青少年。为解决这一问题，几大城市的一些高中已经设置了同性恋辅导课程，对其他学生也开设了辅导课程，以减轻他们对同性恋的恐惧、偏见或敌视（Marcus，1993）。

尽管许多教堂和犹太教会堂谴责同性恋修道，但同性恋在各大宗教和教派的比例与一般人毫无二致。此外，他们对宗教更虔诚（LeVay & Nonas，1995）。但同性恋通常加入那些他们确信会受到欢迎的教堂或犹太教会堂，他们与牧师和拉比们一起做礼拜，坚信上帝像爱其他人一样地爱自己。他们并不认为自己的性行为是罪恶的，正如异性恋不会认为自己的性行为是邪恶的一样。从一定程度上来说，越来越多的牧师和其他宗教神职人员愿意主持同性恋婚礼（Niebuhr，1998；Marcus，1993）。

6. 关于同性恋的理论 245

各学科领域的学者大多是实证主义者，他们试图

解释为什么一些人会成为同性恋。他们的解释主要有三种类型：生物学的、精神分析学的和社会学的理论。

（1）生物学理论。

同性取向至少与三种生物学因素有关：荷尔蒙、基因和大脑。

根据荷尔蒙理论，男同性恋的雄性荷尔蒙激素水平要低于一般男性，女同性恋的雌性荷尔蒙激素要低于雄性荷尔蒙激素，而一般女性则有更多的雌性荷尔蒙激素。但是大多数研究发现，同性恋与异性恋之间并没有荷尔蒙的差别。

根据基因理论，同性恋是先天造成的，而不是后天养成的。研究表明，同卵双胞胎比异卵双胞胎更有可能成为同性恋。人们常以此证明同性取向很大程度上是由基因决定的。因为同卵双胞胎与异卵双胞胎相比，在基因方面有更多的相似之处。但是批评家们指出：这些研究并不能证明同性取向是由基因决定的。他们认为，社会环境可能促进了同性取向的发展，因为与异卵双胞胎相比，同卵双胞胎更有可能对别人做出相同的反应。如果父母把同卵双胞胎男孩当作女孩来养，那他们就有可能以同样的方式对待其同胞兄弟。如此一来，同卵双胞胎更有可能发展出相同的行为模式，包括同性恋取向（Santtila 等，2008；Wickelgren，1999；Alessio，1966）。

大脑理论源于西蒙·列维（Simon LeVay，1996）的研究，他仔细研究了死去不久的男同性恋与男异性恋的脑组织。结果发现，大脑下丘脑控制性行为和人体温度，但大小是有差异的。男同性恋下丘脑的面积不及一般男子的一半。列维由此认为较小的大脑可能使一个人成为同性恋。批评者却认为是艾滋病（所有列维研究的对象均死于该病）或同性性行为改变了大脑的大小，这正如有关证据所证实的那样，大脑中枢系统会随着人的某些经历而改变。例如，那些丧失视力阅读盲文的人，大脑中控制手指阅读的区域通常变大了（Ridley，1996）。近来，瑞典的研究者也发现了同性恋与异性恋在脑组织结构上的差别。他们先是发现同性恋的左右脑是一样大的，而异性恋的右脑比左脑要稍大些；接着又发现女同性恋的大脑与男异性恋的大脑相似，而女异性恋的大脑与男同性恋的大脑相似。但关于是否是大脑组织结构导致了同性恋的发生，这一争论仍在继续（Park，2008b）。

（2）精神分析理论。

多年来，大多数精神病专家认为同性恋是精神错乱的一种表现。但是 1973 年，美国精神病协会（APA）决定把同性恋界定为正常人。直到今天，美国精神病协会仍然在寻找被称为性取向错乱的少数同性恋受害 246
者。大多数精神病治疗专家会帮助这些痛苦的同性恋接受同性取向并为此感到自在。但是，有些精神病专家则试图“治愈”这些“病人”的同性取向。他们仍然坚信同性恋是“掩藏自我、恐惧与异性接触”的典型特征（Socarides 等，1997；Berger，1994）。

这种病态的恐惧通常源于不正常的亲子关系。据说在一个母亲独断专横、过度保护或魅力超群，而父亲懦弱、冷漠或不友好的家庭里长大的男孩，成为同性恋的可能性非常大。与父亲疏远，男孩子将轻视他，也不把他当作自己学习阳刚之气的榜样。另一方面，由于被凶恶的父亲赶到慈母的怀抱，男孩会特别依恋母亲、认同母亲，从而难以发展其坚强的男性气质。因此男孩长大后很可能成为同性恋（Socarides 等，1997；Herman & Duberman，1995）。

许多精神病专家发现多数男同性恋病人被亲子关系所困扰，但是这些病人并不能代表同性恋群体。许多对一般的、非病态同性恋的研究发现，他们在亲子关系方面与一般人没什么差别（Ross & Arrindell，1998）。

（3）社会学理论。

生物学理论中一个最主要的问题是假设所有的同性恋都是一样的。如果这个假设可以成立，那么，我们推测不同社会的人出现同性恋的几率应该一样。然而事实上，每个社会中同性恋的形式、发生几率却是千差万别的。

今天，尽管在许多西方社会同性恋行为已经相对来说少见了，但在其他一些地方却相当普遍，如在从古希腊、古代日本到今天的非洲阿赞德人（Azande）和新几内亚岛的各个社会里都普遍存在。在这些社会，人们认为青少年男子与成年男性之间有规律的性行为是正常的，他们成人后会与女性结婚生子（Herdt，1990）。这表明这种社会与同性恋的发展有着密切的关系。因此，对大多数社会学家来说，同性恋与异性恋行为是一样的，都源于社会历史。只是各种社会历史的特质不同而已。

虽然不承认是某种荷尔蒙、基因或大脑面积大小导致了同性取向，但许多社会学家还是推测同性恋可能是生而有之的一种生物癖好，这使他们比其他孩子更容易受到同性玩伴的吸引。然而，生物癖好本身并不能自发地促使一个人变成同性恋。正如社会因素不同导致同性恋发生率不同一样，通过社会交往和社会支持等社会力量，就能遏制或鼓励同性恋行为（Bem，2008；Rieger，2008；Dickermann，1995；Bullough，1993）。

性别社会化是指孩子从出生到3岁间的敏感期在与父母的身体接触中所获得的性倾向。相关研究证明，如异性恋主导型的社会里所期望的那样，如果母亲亲吻、触摸或爱抚女儿比儿子多，那么男孩和女孩都有可能成为异性恋。如果与此相反，母亲对男孩比对女孩的身体接触多，那么他们长大成人后则可能分别成为男、女同性恋。因此，父母可以
247 无意识地通过社会化模式使孩子们认识到作为异性成员的角色，也可以有意识地使孩子成为同性恋或异性恋。但是，因为社会谴责同性恋赞成异性恋，父母只能通过社会化模式使孩子成为异性恋，这就解释了为什么成年的异性恋远远多于年轻的同性恋的原因（Fleishman，1983）。

总之，同性恋的产生既有生物因素也有社会因素。同性恋就像左撇子一样。通常小孩一出生就有左撇子的倾向，在成长的过程中受到熏陶或被允许使用左手，最终才成为左撇子。因此，像美国这样的社会，左撇子是社会所认可的，因此那里的左撇子相对来说就很多。但是在某些社会里，如中国，左撇子在成人中就不普遍，因为这里的左撇子会受到嘲弄，人们会强迫左撇子的孩子停止用左手而改用右手。同理，社会力量也可以使一个生来具有同性恋倾向的人成为同性恋或异性恋。

对上述观点持肯定态度的社会学家是实证主义者，他们认为同性倾向是真实存在的，因此应该去解释其成因。而另外一些社会学家则是建构主义者，他们对寻找同性倾向的原因不感兴趣，因为他们认为这种现象自身或本质上并不是真实存在的。他们将同性恋倾向视为一种社会建构，即社会将同性恋倾向定义为令人不快的。对于建构主义者来说，同性恋怎样生活取决于社会怎样对待他们，而不是他们的性取向。因此，建构主义者大都对研究社会对同性恋的反应很感兴趣，如各种对同性恋恐惧的表现，同时研究这些反应如何影响了同性恋的生活，这是我们在本章的后面部分要讨论的内容。

三、异性恋和双性恋的同性性行为

像金赛所研究的那样，许多异性恋并不是绝对的异性恋，因此一些异性恋以及所有双性恋发生过同性行为，也就不足为奇了。尽管他们并不认为自己是同性恋，然而同性恋恐惧者往往认为这种人是“同性恋”。

1. 异性恋的偶发同性性行为

从情感和性经历来看是绝对的异性恋，只是偶尔发生同性性行为的异性恋被称为trades。所有的trades都是男性。他们或已婚或离异，把寻找同性性行为作为释放压力的一种方式。如果能够轻易出入价格低廉的妓院，他们就会经常光顾那里。他们从别的男人那里获得性满足，却不愿以同样的方式满足对方。因为他们认为自己是异性恋，是具有阳刚之气的男人，所以不愿意为别的男人口交，只是把男伴的嘴巴当作女性的阴道。许多人在公园和洗手间里寻找男
性性伙伴。在对公共厕所内同性性行为的经典研究 248
中，劳德·汉弗莱斯（Laud Humphreys，1970）发现，大多数是较下层的罗马天主教徒，他们从妻子那里无法得到满足。

2. 街头男妓

这类异性恋具有绝对的异性恋情感，这一点与trades相似，但却参与更多的同性性行为。与trades一样，所有的街头男妓都是男性。他们通常是较低阶层的青少年男子，认为自己是异性恋，充满阳刚之气。但是为了赚钱，他们经常性地让成年男子为其进行口交，他们拒绝为别人口交。大多数街头男妓成长于破碎家庭，与父母处不来，或是干脆离家出走。他们在踏入卖淫业时是孤独而一文不名的。开始卖淫时他们通常并不主动，相反是一些年长的男人怂恿他们这样做。下面讲述的是一个年轻的离家出走者埃迪（Eddie）如何开始第一次卖淫的：

> 乘公共汽车到了这座城市后，埃迪站在公共汽车的终点站，“我正确定自己的位置”，这时候一个人走近了……那个男人问道：“你要去哪里?”“没地方去。事实上，我正在找我的叔叔。”他建议他们一起去他住的地方，以便在电话本上找到叔叔的地址。很快他们到了这个人的家，这个男人问：“你的阴茎被吮吸过吗?”埃迪回答道：“什么？没有!”他被这样的问话震住了，因为“这是在亚拉巴马州的塞尔玛从未听说过的事情”。那个男人又说：“嗯，你愿意这样做，挣100美元吗?”埃迪答应了。（Luckenbill，1985）

一旦像埃迪这样的青少年踏入卖淫业，他们就会站在固定的街头、公园、公共汽车站或书店入口

寻找嫖客。因为他们基本上是异性恋，在长大成人时，很可能放弃同性卖淫。当然，也有街头男妓还一直在同性恋酒吧或陪护代理处寻找嫖客从事卖淫活动，但是他们很可能曾经一度把自己当作同性恋（Luckenbill，1986，1985）。

3. 特殊情境下的“同性恋”

一些异性恋男女会在某种特殊的情境下发生同性性行为。这种特殊情境下的“男、女同性恋”通常是狱友、牧师、脱衣舞演员和其他一些同性场合中的人（Blumenfeld & Raymond，1993）。他们总体上是异性恋，也认为自己是异性恋，只要情境改变，他们就能放弃这种同性性行为。但是可能由于生活所迫或受到诱惑，在一种同性环境中与同性发生关系，以此来放松自己。如脱衣舞演员工作一天或一夜后，能获得与同性性接触的机会，这被比作“像喝一杯马丁尼酒一样”的解乏。如一位脱衣舞演员说：“我通常并不讨厌和其他的女人在一起，也并不完全如此，但很多时候是这样。有时候回到家里，你感到非常累，什么也不想做。那么，有一个女人在身边是一件很惬意的事情。你可以躺在地板上放松，边看电视边让她做。”（McCaghy & Skipper，1969）

然而，同性恋的机遇并非只发生在同性情境中。那些感觉婚姻生活中缺少某种东西的异性恋女性也想
249 拥有一个同性的恋人，尽管她们并不认为自己是同性恋。正如一位女性所说的那样：“我不认为自己是同性恋。我不能简单地把自己与同性恋联系起来。在生活中，我需要浪漫缠绵，因此就发生了与维多利亚的关系，但在这之前，我与一个男人在一起。从某方面来说，我很爱我的丈夫。我需要他给予我的那种依靠或稳定……但我同样也需要有浪漫和激情。”（Ponse，1984）事实上，特定情境下的同性恋在有些高校是“非常时髦”的。如一个异性恋女大学生尝试性地与一群同性发生性行为。这样的学生被称为“同性恋直到毕业”（LUGs）或“4年同性恋”，因为当她们离开大学后就会放弃同性恋行为。如韦尔斯学院一位曾经是4年同性恋的25岁女孩所解释的那样：“那是一种真正的同性恋经历。它是独一无二的非凡经历。现在它不再是个问题。我将要与理查德结婚了。”（Rimer，1993）一项最近的研究表明，一些有亲属被诊断患上艾滋病的女异性恋由于害怕从男人那里感染艾滋病，而更有可能进行同性性行为（Francis，2008）。

4. 双性恋

双性恋男女都有。双性恋既是异性恋又是同性恋。大多数的双性恋与异性结婚，但仍然与某些同性保持着性关系。在一般情况下，仅仅是伴侣中的一方，大多数情况下丈夫是同性恋，但在特殊情况下，夫妻双方都是同性恋。

> 舞蹈老师理查德·夏拉尔（Richard Sharrard）和精神病治疗师、作家蒂娜·特森纳（Tina Tessina）非常幸福地度过了10年婚姻生活，在加利福尼亚州长滩市的一个中产阶级居住区里与邻居相处得很好。但是这对夫妻的生活方式不一般：理查德和蒂娜都是公开的、不折不扣的双性恋。在他们不同寻常的、融洽的婚姻生活中，理查德已经与将近半打的男人私通，而蒂娜则有两个同性恋情人。（Toufexis，1992a）

根据普遍的观点，双性恋基本上是异性恋，想尝试意外的惊险，或本质上是同性恋，却不愿意承认自己真正的性取向。然而，绝大多数双性恋在某些方面不认为自己是异性恋或是同性恋，在其他方面认为自己是独特的、拥有第三种身份的人。因此，他们不认为双性恋是走歪道或对现实的逃遁，而是合法的、正常的（Leland，1995；Rust，1995）。作为情侣，双性恋比其他人显得更加敏感和更富同情心，因为他们的双性恋取向使得他们看问题的角度往往并不局限在某个方面。尽管如此，许多双性恋仍然不能超越社会的期望，即他们基本上是异性恋或同性恋。因此他们因不断的矛盾冲突而痛苦，也就不足为奇了。正如一个双性恋所说的那样，“脚踩两只船，但你的心不在任何一方。你有享受充实富足生活的机会，但你总是感觉到必须不断地做出选择”（Toufexis，1992a）。

这个问题仍可能持续下去，因为双性恋通常与异性恋或同性恋而不是与双性恋发生性行为。如果双性恋像同性恋那样形成并发展自己的群体，这个
问题可能就不复存在了。像同性恋群体一样，双性 250
恋群体因其独特的性行为特征，人数有上升势头，因此他们将能够享受到与他人的性爱，而不必怀有罪恶感或出现其他心理问题。双性恋群体将同样会带给我们多元文化社会的和谐，因为他们是独一无二的，是同性恋群体和庞大的异性恋社会的调解者（LeVay & Nonas，1995）。

四、同性恋恐惧症

同性恋恐惧症一词最初时仅指对同性恋取向的恐惧，但是现在它被更广泛地用来指对同性恋的偏

见和歧视。人们常拿同性恋恐惧症与“种族偏见”、“性别偏见或歧视”、“异性恋偏见”等相比较。这是因为同性恋只占少数，经常会因其同性取向而遭遇偏见和歧视，这也正如少数种族与女性因其肤色和性别所遭遇到的歧视那样。

1. 对同性恋的恐惧看法

在美国和其他西方国家，关于同性恋是变态的观点可以在《圣经》里找到记载，这里强烈谴责同性性行为：

> 不可与男人苟合，像与女人一样，这本是可憎恶的。(Leviticus 18：22)
>
> 人若与男人苟合，像与女人一样，他们二人行了可憎的事，总要把他们治死，罪要归到他们身上。(Leviticus 20：13)

从《圣经》的很多经文里，许多极端保守的基督徒找到了证据，证明同性恋可憎，应该被处死。但是今天绝大多数同性恋恐惧者并不会如此费力，或精确地通过翻译解释《圣经》原文寻找证据。如果这样的话，他们会认为很多异性恋也该因通奸、与经期女性性交、算命或诅咒父母等而被处死。因为在《圣经・利未记》的同一卷中，所有这些行为都被认为是可憎的，应该被处死。尽管如此，所有的同性恋恐惧者仍然认为同性恋在某方面是变态的。为什么呢？通常某种行为偏离了规则就被认为是变态的。那么，大多数同性恋恐惧者界定同性恋变态的标准是什么呢？

从表面判断，这个标准似乎说性行为只该发生在不同性别的人之间。但通常谴责同性行为的标准却并非只与性别有关，就像我们在反对同性恋婚姻中所看到的标准判断一样。例如，1996 年那些反对同性结婚的夏威夷的立法者争辩说：“婚姻是一男一女组成的单位，以延续人类族群的繁衍。”前副总统丹・奎尔（Dan Quayle）的秘书莉萨・希夫琳（Lisa Schiffren，1996）认为：“同性婚姻本来就与我们文化中所理解的习惯格格不入。婚姻实质上是男女双方忠诚于性的专一性和生育后代的终生契约。”即使
251 希夫琳被这样的观点说服，即同性夫妻也可以像异性夫妻那样终生对性专一并养育儿女，她仍然坚持同性婚姻是变态的，因为这样的婚姻不能生育后代。显然，不能生殖或繁衍后代通常成为认定同性婚姻（或延伸为同性取向）变态的标准。

过去人们普遍认为，婚姻中的性是以生育为目的的，并由此产生了生育标准。按照这种不当标准，任何没有带来生育的性行为都是不正常的。这就是说现代社会里绝大多数的异性恋夫妻都是变态的，因为他们经常不是为了生育，而是为了欢愉或爱发生性行为。这些违背生育标准的已婚者不仅有普通的夫妻，而且包括不能生育的或无子女的夫妻、结婚时已错过生育年龄的夫妻、采取节育措施的夫妻以及进行口交或其他不能带来生育的性行为的夫妻。如果婚前性行为、婚外性行为或手淫等这些被无数异性恋使用过的性行为方式也被考虑进去的话，那么，很显然所有的异性恋都像同性恋那样违背了生殖标准。然而，对同性恋恐惧的社会用同一个标准判定少数同性恋是变态的，而多数异性恋是正常的。

2. 同性恋恐惧症的本质及其恐惧程度

同性恋恐惧症既是对同性恋态度上的否定（即偏见），也是行为上的不公正（即歧视）。同性恋恐惧症否定同性恋，但这一态度很隐蔽，看不见。它可能表现为不认可，如认为同性恋是可恶的、邪恶的或变态的；也可以表现为对同性恋的排斥，如害怕、厌恶或憎恶。他们对同性恋的歧视则是公开的、看得见的，表现为拒不聘用、直呼其名或攻击等不公正待遇上。

要想评价美国社会对同性恋的恐惧程度是很困难的，但是，如果同性恋恐惧症包括认为同性恋取向是不道德的话，那么将近一半的美国人都可以被视为同性恋恐惧者。在一个全国性的民意测验中，当问及同性成年人之间两相情愿的性行为是否是不道德的时，46％的人做了肯定回答（Leland，2000）。然而，在其他更深的情感问题上，绝大多数的美国人都反对同性恋。另有调查显示，57％的人不愿意让占人口少数的同性恋合法结婚，56％的人不愿意让同性恋养育孩子。在 2004 年的总统大选中，11 个州的投票者以绝对优势通过了关于禁止同性婚姻的宪法修正案（Leland，2000；Berke，1998）。

然而，如果同性恋恐惧症牵涉到取消同性恋享有的公民权利，那么绝大多数美国人似乎都不是同性恋恐惧者：超过 83％的人认为同性恋应与其他人一样享有平等的就业权利。50％～58％的人认为同性恋应该获得健康保险、继承权和社会保障（Leland，2000）。

总之，美国社会对同性恋显示出深深的矛盾情感，在憎恶其同性取向与容忍其公民权之间做痛苦的抉择（Loftus，2001；Wolfe，1998）。

252 3. 同性恋恐惧症的社会特征

并非所有的异性恋都有同性恋恐惧症。患有同性恋恐惧症的人一般具有某些鲜明的特征：

- 受教育较少，家境不好。
- 在社会、政治、宗教和性等方面更保守。
- 更否定、排斥种族和少数民族。
- 更支持传统的性别角色，认为男人是强悍的，女人是温柔顺从的。
- 男人认为自己充满“阳刚之气”，女人认为自己“女人味十足”。
- 模式化地认为男同性恋在某方面“很女性化”，而女同性恋则“很男性化”。
- 除了部分年轻人会以极端暴力的形式反对、攻击同性恋，或憎恶他们的失德行为之外，大多数都是年纪较大的人。
- 无法从个体上区分谁是同性恋。
- 易受同伴的影响。
- 男性多于女性。

为什么男性对同性恋更加恐惧呢？有人解释说，一般的男性习惯于模式化地扮演阳性角色，不愿意别的男人像对待女人那样对待自己。在这个性别歧视的社会里，他们害怕成为妇女通常所扮演的那种角色：成为一个多余的性别关注对象（Wilkinson，2004；Kite & Whitley，1996；Berrill，1992）。

4. 同性恋恐惧症的影响

同性恋恐惧症几乎深刻地影响到同性恋生活的方方面面。实质上，由此会引发一些社会问题或心理问题。

（1）社会问题。

在同性恋的生活中，反同性恋力量所引起的社会问题主要包括以下一些方面：同性恋人不能合法结婚；同性夫妻不能享受到异性夫妻那样的健康保险和其他社会福利；他们通常被异性恋家庭成员和朋友排斥，被同事排斥或驱逐；由于公开了同性恋身份而被军队开除；在公立中小学不能与其他学生谈论同性恋话题等。的确，由于社会偏见和歧视，他们还会遇到其他数不清的问题（Blumenfeld，1992）。那么，由于同性恋恐惧症的盛行，他们要想成功并过上幸福生活，就必须在同样的社会里付出更多的努力。

然而较之于老一辈，如今年轻人对同性恋已经不是那么反对了，因此大多数青少年同性恋发现，可以更容易地像一般同龄人那样去生活了。因而，正如异性恋一样，同性恋也认为自己的行为是理所当然的而非不同寻常的。这就是为什么他们不再用 253
“同志”和“拉拉”这样的字眼指代自己的原因，正如他们的异性恋同龄人也不会用“异性恋”来指代自己一样。换句话说，跟一般同龄人一样，今天大多数青少年同性恋不再认为自己仅仅是同性恋。同性恋认为自己是更丰富的主体，远非同性恋一词所能涵盖，这点与异性恋一样，他们把自己看作一个好学生、正派人、运动迷、音乐爱好者，等等（Savin-Williams，2005a，2005b）。

（2）心理问题。

就像异性恋一样，同性恋不会导致心理健康问题。但是社会上的同性恋恐惧症却有可能给男、女同性恋带来一些心理问题，如持续的紧张、憎恨自己和沮丧消沉，这些反过来导致同性恋自杀、酗酒和吸毒的比例要比一般人高很多。其核心问题在于不能把一个人的不同身份完美地统一在一起（O'Hanlan，1996；LeVay & Nonas，1995）。

成长于一个异性恋占主导地位并对同性恋充满恐惧的社会里，与异性恋一样，同性恋通常认为自己是一个在正常环境里长大的人。他们是父母可爱的儿女，是与异性恋朋友关系融洽的伙伴，是受各种异性恋团体或组织尊重的一员。但是所有这些自我认同都建立在遵守异性恋生活方式的基础上，这与他们自己的同性恋认同相矛盾。这种矛盾本身带来了紧张和烦躁不安。一些同性恋通过融入异性恋世界和表面上像异性恋那样行事来尽力缓解这种矛盾，但却感到非常痛苦，因为生活在谎言中，因为背叛了真实的自我或欺骗了其他的同性恋。有些同性恋通过离开异性恋世界，进入同性恋社区来尽力缓解这种身份冲突，但是许多人却仍然感到有必要同时与两个世界（同性恋世界和异性恋世界）进行身心交流（LeVay & Nonas，1995）。因此，只要同性恋恐惧症继续占统治地位，这种紧张和其他社会问题的身份冲突就会继续存在。但是，由于得到同性恋同伴以及富有同情心的异性恋的不断支持，大多数同性恋克服了这些心理问题，像大多数异性恋一样过着一种相对正常的、幸福的生活。今天的青少年同性恋也确实如此，大多数人都感到自己与同龄人一样拥有自尊（Savin-Williams，2005b）。

5. 艾滋病、同性恋和异性恋

20世纪80年代早期，当艾滋病第一次爆发时，几乎所有的受害者都是男同性恋。今天，男同性恋的染病几率已大为减少，这要归功于安全性行为技术的快速发展，如一夫一妻和避孕套的运用（Francis，2008；Altman，1999；Gagnon，Levine & Nardi，1997）。大多数艾滋病病例不是出现在男同性恋中，而是出现在静脉毒品使用者中，当注射毒品时，他们通常共用一个受污染的针头，艾滋病病毒就由一个人传给另一个人。由于受艾滋病病毒侵染的时间较长，男同性恋仍然是今天艾滋病病人的最大群体。

20 世纪 80 年代，人们谴责是男同性恋的性乱导致了艾滋病。于是，艾滋病与同性性行为联系在了
254 一起，人们甚至把艾滋病称为“同性恋瘟疫”，对同性恋的歧视明显增加。只要是同性恋，就被怀疑感染上了艾滋病病毒，被排除在安全范围之外，被辞退并被逐出公寓。那些确实染上艾滋病病毒的人或艾滋病患者也通常受到社会的不公正待遇。甚至美国司法部也认为，如果雇主因为害怕接触感染而歧视艾滋病感染者的话，那么这种歧视是合法的。通常，由于家人的反对和阻挠，这些感染上艾滋病病毒的人无法见到同性恋恋人甚至无法让恋人参加自己的葬礼。同时，对同性恋的身体攻击也更加普遍了。

一些很著名的保守分子激愤地发表演讲，进一步煽动人们对同性恋的反对情绪。一位保守的专栏作家帕特里克·布坎南（Patrick Buchanan）认为，艾滋病是对同性恋最好的惩罚：“他们已经向大自然宣战，现在大自然正在对他们施以可怕的惩罚。”一些保守主义者甚至主张同性恋应该被监禁，“直到或除非他们能够解决他们的医疗问题”（Bayer，1985）。因为想看到同性恋受到艾滋病惩罚，许多保守主义者强烈反对政府去研制治疗这种致命疾病的疫苗。他们认为，出于同情去研制疫苗，政府实际上是在支持同性恋，把他们的生活方式当成一种正常合法的生活方式（Marcus，1993）。

但是如今，对同性恋的谴责总体上已经少了很多，对艾滋病患者也多了一些同情。大多数州已经颁布法律保护艾滋病患者不被解雇或受到其他歧视。以下的一系列因素导致公众态度的彻底改变：（1）越来越多的异性恋感染上了艾滋病毒，不仅有吸毒者，还有婴幼儿。（2）许多备受尊重的名人死于艾滋病，如演员罗克·赫德森（Rock Hudson）和舞蹈演员鲁道夫·纽瑞耶夫（Rudolf Nureyev），据说他们都是同性恋。（3）媒体也通常以一种积极正确的方式报道感染上艾滋病的同性恋，其伴侣和朋友们都很勇敢，富有同情心，工作也很努力。（4）艾滋病危机已经激起成千上万的其他同性恋同情者加入到战胜艾滋病的斗争中来，因此他们也赢得了公众的尊重，因为在同性恋中抗击艾滋病，也有助于减少这种疾病在异性恋中传播（LeVay & Nonas，1995；Marcus，1993）。

6. 与同性恋恐惧症作斗争

50 多年来，美国的同性恋一直为获得平等权利而斗争。同性恋权利运动始于 20 世纪 40 年代晚期，许多同性恋由此发现自己并不是孤立无助的。这种“同性恋觉醒”产生了金赛那部尽人皆知的大部头报告，即数百万的男女都有过同性恋行为。刚开始时，同性恋组织专门教育公众有关同性取向的问题，劝慰开导那些处于困境的同性恋并向他们提供娱乐服务。

随后，1969 年 6 月，警方突然搜查了石墙酒吧（Stonewall Inn）——纽约的一个同性恋酒吧，只是因 255
为那是个同性恋酒吧。那些经常受到这种恐吓的顾客，则向警方扔瓶子和石块。这种反对警方骚扰的暴力行为很快使同性恋青年男女组建了暴力组织。他们设法让全国人民接受这样的事实：同性恋是受压迫的少数派群体，他们渴望跟非洲裔美国人、拉美裔美国人、女性、移居的农场工人等一样受到尊重。他们聚集了很多人示威游行，喊出了“2—4—6—8，男同性恋比异性恋好两倍!”、“3—5—7—9，女同性恋就是好!”和“同性恋权力!”等口号。他们也采用激烈对抗的策略对付那些反对同性恋的政治人物。其中一个策略是“攻击某人”，如扰乱了 1971 年芝加哥福伦（Foran）州长举行的群众大会，他们在游行时跳跃着，有节奏地反复喊叫“Ho，ho，hey，hey，让你们讨厌的男同性恋在这里”和“福伦是一头大男子主义的猪”（Humphreys，1972）。到 20 世纪 70 年代中期，这种暴力式的热情已冷却下来，人们开始关注同性恋，如为同性恋提供咨询和其他社会服务等。

同性恋暴力运动的冷却源于 20 世纪 70 年代早期和中期，同性恋权利运动取得了多次重大的胜利。12 个州已经使成年同性恋之间自愿的性行为合法化。一些城市的学校董事会不再歧视同性恋教师，不少法院判决也支持同性恋从教的权利。美国银行（the Bank of America）、美国国际商业机器公司（IBM）、美国全国广播公司（NBC）、美国电话电报公司（AT&T）及其他一些大公司也与美国文官委员会（the Civil Service Commission）一样，宣称愿意雇用同性恋。美国精神病协会也不再把同性恋列入精神错乱者的名单中。在洛杉矶的一个教堂里，300 多个同性恋举行了婚礼。

随着20世纪80年代早期艾滋病的突然爆发，同性恋权利运动再次进入高速发展阶段。开始时，主要焦点是争取战胜这种疾病。同性恋为艾滋病病人和生命垂危者提供照顾和帮助，提供艾滋病教育课程，游说政府增加专款用于艾滋病研究，迫使医学研究者和制药公司尽力寻求治疗方法，并为消除人们对艾滋病患者或艾滋病病毒感染者（人体免疫缺损病，HIV）的偏见而斗争。接着，20世纪90年代早期，战斗在艾滋病前线的几个年轻人开始采用激烈对抗的策略使同性恋权利运动再次达到高潮。他们给自己取一些军事意义的名称，如“同性恋国家”、“同性恋行动”等，在大街上、市政厅和郊区购物中心喊出了争取平等权利的口号。他们举行了同性恋自豪游行，男子穿着女服，戴着乳头状的环形物，故意卖弄式地互相亲吻或做出其他一些不合传统的举动。1993年，他们甚至组织了大规模的游行，喊出了这样的口号：“我们在这里！我们是同性恋！习惯它吧！”（Marcus，1992）但是，由于当时社会氛围还很保守，这些同性恋的激烈运动更多是阻碍了同性恋的平权目标的实现。正如男同性恋作家布鲁斯·鲍沃尔（Bruce Bawer，1993）所记述的那样：在同性恋自豪游行中，激烈对抗性的、自我表现的英勇事迹有助于“永久性地传播这样的观点，即同性恋是精神错乱者，是违法者，是性欲狂和暴露癖”。

然而，大多数同性恋维权积极分子却并不好战。例如，最大的同性恋组织——人权运动组织（Human Rights Campaign），它的成员都是平和的，在参加同样的运动、筹款和游说政府时与传统利益团体是一样的，他们也与其他少数派团体一样，强调平等权利的重要性。一句话，他们是主流。因此，同性恋已经成为一个重要的、强有力的政治力量。现在，他们可以让一个人数激增的两党领导人认真考虑他们的平等权利。许多城镇已经颁布了法律，保
256 护同性恋免受歧视。马萨诸塞州已成为第一个同性恋婚姻合法化的州。但是同性恋恐惧症仍然充斥着整个社会，反对力量仍在竭力反对同性恋所得到的权利，他们认为同性恋权利法不仅给予少数派的同性恋以特殊的待遇，而且鼓励了同性恋的生活方式，威胁到传统的婚姻（Rosenberg，2004；Lacayo，2004；LeVay & Nonas，1995）。事实上，作为少数派的同性恋仅仅是渴望得到与其他美国人相等的权利，而不是要完成使异性恋变成同性恋并破坏传统的婚姻这样的不可能的任务。

五、环球视野：同性恋恐惧症

正如我们前面看到的那样，在美国，同性恋恐惧症使同性恋的生活非常困难。他们克服重重困难想获得合法的婚姻，但却通常遭到拒绝或排斥，在紧张或沮丧中面对其他的社会问题和心理问题。在日本，人们通常态度温和地、礼貌地拒绝雇用同性恋，也不愿把房子租给他们。由此引发的问题在不太发达的国家甚至更严重。国际同性恋者人权委员会（the International Gay and Lesbian Human Rights Commission）已经以案例证实，许多不发达国家的政府虐待同性恋。这些案例包括同性恋遭到殴打、强奸、逮捕和收容等。例如，一位罗马尼亚的男同性恋举报说，警署得知他是同性恋后，就把他和同伴都逮捕了。在监狱里，其他的犯人强奸了他，当他在法庭上控告被强奸时，监狱长狠狠地打了他（Hawkins，2000）。

在俄罗斯，尽管反对鸡奸的法律已经在1993年被废除了，报纸上“男人和男人”专栏下的广告已像在纽约那样直白和容易获得了，但是俄罗斯公众的同性恋恐惧症要比美国严重得多。据一项最新的民意调查显示，47%的俄罗斯人认为同性恋应该被处死或隔离，而仅有29%的人认为应该对他们听之任之。可以理解，大多数俄罗斯同性恋非常害怕被暴打，也害怕因暴露同性恋身份而丢掉工作。因此，他们可能比美国的同性恋更深藏不露（Specter，1995）。

在非洲的津巴布韦，总统公开宣布同性恋没有法律权利，称他们是“鸡奸者和性变态者”，“连猪狗都不如”。当美国70名国会议员联名签署一封抗议书时，津巴布韦总统说：“让美国人保持他们那愚蠢荒唐的鸡奸、性变态方式吧。”津巴布韦公民也不能容忍极少数同性恋，尤其是女同性恋。据报道，一个女同性恋的家人把“她锁起来，并让一个男人强奸她以使她怀孕。在她逃脱流产后，他们把她抓回去，锁起来，又让一个男人强奸她。现在她已经有了一个孩子，并被迫与一个男人生活在一起。”在非洲其他国家，类似的暴行也经常发生，如埃及警方通常在互联网上以征同性恋的广告来诱捕他们。一旦被捕，这些同性恋在监狱里通常受到暴打和折磨，甚至被迫害致死（Allam，2004；McNeil，1998，1995）。

257 六、其他社会污名的受害者

像同性恋一样，许多其他团体也蒙受污名，即被认为是不合情理的，在某种程度上是受虐待的。下面，我们将关注这样一些群体。

1. 双性人：变性人、阴阳人和异装癖者

20 世纪 90 年代，一个新概念“跨性别主义”（transgenderism）出现了，它指的是那些具有男、女双性特征的人。包括异性恋、男同性恋、女同性恋和双性恋在内，绝大多数人要么是男的，要么是女的，但是双性人，也被称作“transpeople”，却是双性的。因此“transpeople”包括变性人，即属于一种性别，但看上去又像是另一种性别的人；“阴阳人”（或称 hermaphrodites），他们生下来就具有双性器官，既是男人又是女人；“异装癖者”（cross-dressers），他们偶尔或永远穿着异性的服装。他们都被视为可耻之徒，受到各种伤害。

在这些人群里男性变性人要远远多于女性变性人。男性的异性转化欲源于女性是大多数家庭中孩子们最主要的社交者。如果一个男孩和女孩与母亲的关系都过密，那么他们都会认同母亲的性别，这个男孩就有可能成为变性人，因为母亲与他的性别是相反的。男、女变性人都经历过从一个性别转变为另一个性别的典型过渡期。男变性人开始时有一种成为不完全女性的矛盾感觉，然而渐渐地越来越确定自己想成为一个女人，最后完全认为自己是女性。他们可能会接受激素治疗或变性手术，彻底成为他们心仪的异性成员中的一员（Rosenberg，2007；Nanda，2000）。

阴阳人出生时就具有男、女双性的特征，但是被迫成为两性中的一种。这是因为儿科医师在他们还是婴儿时，就已例行公事地改变了那些意向不明的性器官。大多数手术都是把双性婴儿变成女孩而不是男孩，这主要是手术的便利。正如一个外科医生所说：“你能挖一个洞，但你不能做一个棒。”（Goode，2005b；Hendrix，1993）然而跨性别主义的出现作为一场社会运动鼓励人们自由选择性别身份，这超越了传统的二元论，即只能是两性中的一种。因此，现在变性手术的决定权主要在当事人而不是医生（Gorman & Cole，2004；Nanda，2000）。

异装癖者是异性恋，他们穿着异性的衣服以获得性欲的满足，或满足其无法压抑的想使自己看起来像异性中一员的欲望。这些人大多数是男性。从定义上来说，他们与那些为了展示自己，或为了赶时髦而穿着异性衣服的个体完全不同，如在舞台上男扮女装或女扮男装（女人穿着西装裤子、打着领带，使自己看起来具有阳刚之气）。因为异装癖者是异性恋，他们也区别于异装同志和异装拉拉，后二者是同性恋，喜欢穿着异性的衣服，使自己感觉像异性中的一员。其中具有决定意义的区别是，同性恋会在公共场所炫耀地穿着异性的衣服，而异装癖者如果到公共场所，则通常会保守自己的隐私，害怕受到嘲弄和骚扰（Suthrell，2004）。

事实上，异装癖者并不是唯一受到语言和身体 258
骚扰的对象。其他的双性人，如变性者和阴阳人，如果有人知道他与普通男、女不同的话，也同样会受到语言或身体的骚扰。这就是为什么他们通常尽力装扮成“真正的”男人和“真正的”女人以掩盖他们作为双性人的真实身份的缘故。然而，装扮成功并非易事。例如，许多换性者不得不求助于电针疗法、激素、声带疗法、乳房捆绑、乳房切除术和整形外科手术等手段。但他们仍然不时遭到身边“正常”人的歧视，甚至比同性恋受到的歧视还要多（Rudacille，2005；Seligman，2003；Namaste，2000）。

2. 残疾人

对残疾人的研究很容易歪曲事实，人们总是假定残疾人的生活通常不如正常人那么称心如意。这种歪曲似乎受到社会常识的影响。因此，人们普遍假设与视力正常的人相比，一个普通的盲人很难从一个地点走到另一个地点，但这绝非事实。人们在此用了一个不公平的标准，即允许视力正常的人睁着眼走路。但是如果我们用一个较为公平的标准测一下，看谁能够闭着眼走得更快，那么盲人无疑会更有竞争力。这通常就是污名的本质：并不是残疾本身有问题，而是我们判断残疾所用的标准有问题，它建立在所谓正常人判断的基础上。

残疾人的文学作品也给人以同样的印象，即残疾是一个人生活的中心甚至是全部。这点也不符合事实，因为大多数残疾人承担着许多不同的角色，如儿子，女儿，父母，配偶，工人，权利运动积极分子，教徒或一位安静的、友善的、温柔的、善解人意的或明智的人等，其中许多角色或许都比残疾人本身更重要。一个脑瘫患者如是说：

> 我的名字并不是脑瘫。对我来说有很多比

> 残疾更重要的事。这就是我所说的残疾陷阱。这个国家对待残疾人有一种普遍的偏见，认为残疾人除了谈论他们的残疾外什么都不懂。(Hebl & Kleck，2000)

人们认为残疾人不能够完整地表达自己的想法，好像残疾人比常人矮半截。只有死人才是完全残疾的。总之，残疾人有许多不同的作用和角色，因此不能说他们大部分或完全受残疾的限制。

有些文学评论家认为残疾是耻辱的，他们已经提出了一些类似的无法证实的假设（Link & Phelan，2001；Fine & Asch，1998）：

- 残疾人在生理或身体上是孤独的。
- 残疾人的问题来源于残疾造成的损害。
- 残疾人是残疾的受害者。
- 残疾是残疾人的自我观念、自我认同、社会比较和参考组织的中心。
- 残疾就等于需要帮助和社会的支持。

这些错误假设很大程度上源于研究者对残疾污名
259 这一定义的误解。这个定义的错误在于它只强调残疾人身体的残疾，而忽视了正常人对残疾人主观上的偏见。事实上，残疾人身体上的残疾不是一种耻辱，而令人耻辱的是正常人对残疾人的偏见（Green 等，2005；Link & Phelan，2001）。仅从一种意义上来说，残疾是一种污名，但是这并不存在于残疾人的观念中，而是存在于正常人的观念中，而这通常使残疾人的生活更困难。正如一个残疾人说的那样："我的残疾是人们如何看待我的残疾。"（Gill，2001）这也可以与一个种族主义的受害者所说的加以比较："我的问题是种族主义者如何看待我的肤色。"因此，要理解残疾人的污名，我们应该关注污名的消极作用，污名使正常人变得无知以及污名对于残疾人的影响。

在正常人中也可以发现有关污名的某些特征。首先，污名是强有力的。如布鲁斯·林克和乔·费伦（Bruce Link & Jo Phelan，2001）说："将某人视为可耻之徒是需要能力的。"这个说法是强有力的，即健全人占绝大多数，他们有能力视那些丧失能力的残疾人为可耻。残疾人可以举行反污名活动，认为那些健全人是麻木、愚蠢或自大的，不过这意义不大，因为这并不能明显影响到那些健全人。但是有能力的健全人明显的歧视却能够极大地影响到残疾人的生活。因为他们控制着教育机构、工作、住房、医疗及其他主要的生活领域。

污名的第二个特征是把残疾人模式化，认为他们不能自立、病弱、有依赖性，正如每年杰里·刘易斯为肌肉萎缩症患者募捐的马拉松式电视节目上展示的"杰里的孩子们"那样。这就是为什么许多健全人总是喜欢帮助使用轮椅的人，而从来不先问他是否需要帮助的原因。人们模式化地认为残疾人不能自立，依赖他人，这更难以让健全人向残疾人表示尊重而不是同情，因为模式化不可能使健全人了解和欣赏残疾人努力战胜残疾、成功地做到很多事情的勇气和能力，如发现不断赋予生命的意义和价值。模式化甚至也会使一个富有同情心的健全人为了显示其优越感而帮助残疾人（Gill，2001）。

污名的第三个特征是健全人如何在残疾人面前通过其行为表达这种污名。他们通常感到无所适从和痛苦，因个体不同所表现出来的行为方式也会有很大的不同。这些行为方式包括烦躁、盯着看、不敢正视、回避、远离、表达同情或装作残疾人不存在的样子。他们也可能嘲笑、开玩笑或以假装的殷勤来掩饰对残疾人的不喜。残疾人发现一个特别让他们迷惑的行为是，健全人在帮助他们时，从来没有问过他们是否需要帮助。在残疾人看来，这种助人为乐的行为是一种怜悯和神经质的表现，而不是真正的同情和尊重（Gill，2001；Hebl & Kleck，2000）。

加诸残疾人身上的污名注定要影响到他们生活的各个方面。大多数残疾人不得不与工作歧视、教育隔离和环境障碍作斗争。他们也可能在成为"受欢迎的有益的邻居、可信赖的朋友、称心如意的爱人、出色的伴侣和父母"方面仍然有些困难。有些残疾人成为社会生活中各个领域，如就业、公共住宿和公共服务等方面反对歧视的积极分子。其他许多残疾人则通过与健全人成为好朋友而和他们融洽
相处。因此，他们会"用幽默缓解他人的紧张，言 260
行得体地宽容他人的鲁莽，和善地回应他人侵扰性的好奇心，并且通常会牺牲人与人之间的平等去接受健全人理所当然的、为显示优越感而主动施予的帮助"（Gill，2001；Hebl & Kleck，2000）。

3. 过度肥胖者

美国人越来越胖了。目前，每 3 个美国成年人中就有两个体重超重，而且有 1/3 的人严重超重——过度肥胖。美国成年人中过度肥胖的比率是 20 年前的 2 倍。更糟糕的是，在同一时期，孩童和青少年中肥胖的比率已增至 20 年前的 3 倍。今天，过度肥胖比吸烟给我们带来的慢性病还要多，由此产生的卫生保健费就更高了。导致超重的元凶是吃得过多，尤其是高

脂肪和高糖分的食物。人们的饮食偏好变化很大，在过去20年间，餐馆的食物供应量极大地增加，食品杂货店、自动售货机上的薯条、软饮料和其他不利于健康的小吃售量激增。超重的另一个原因是缺乏体育锻炼（Tumulty，2006；Brownell & Horgen，2004；Lemonick，2004；Spake，2002）。

按理说，已经有越来越多的美国人超重和过度肥胖，人们更容易接受，或者不歧视肥胖者。但是，具有讽刺意味的是，社会上对肥胖者越来越歧视了，使许多美国人，尤其是女性，为其身材感到苦恼。因为在过去的几十年里，美国女性美的模范已经变得更加苗条，过去不少时髦的模特现在几乎都让人生厌了。

与肥胖相关的歧视，不同的群体表现不一。在美国和其他发达国家，过度肥胖者在穷人中更为普遍，但在发展中国家，富人更有可能肥胖。既然穷人总体上都不可能受尊重，那么在发达国家，肥胖者就更容易受到歧视。但这里也有种族因素。非洲裔美国人比白人的肥胖者多，因此在黑人社区里，肥胖者更容易被接受，也可能较少受歧视。最终，歧视的程度取决于大众（除肥胖者外）的观点和态度，即在他们看来是什么原因导致了肥胖。如果认为肥胖是因为吃的过多和缺乏锻炼，这就说明肥胖者自我放纵和懒惰，那人们就会更加鄙视这种人。如果是属于基因遗传，超出了肥胖者本人所能控制的范围，那么对这类肥胖者的歧视就会少很多。但由于缺乏这方面的数据，我们无法确认哪种观点占优势（Hebl & Turchin，2005；Goode，2004b；Winslow & Landers，2002）。

肥胖的污名已经导致了三种结果：第一，一些女性受害者使这种歧视内化，赞同肥胖可耻的观点，认为自己应该受到谴责。其中有些女性感到沮丧和孤独，而另一些则选择了节食和锻炼。第二，一些肥胖女性反对这种歧视，团结起来组成团体来表现自豪感并参加反肥胖歧视的斗争。第三，肥胖歧视催生了一个巨大的产业，如开设体能课程，推广肥胖治疗手术，推销减肥书籍、健身设备、减肥药丸、抽脂以及用于减肥而不改变肌肉的机械装置等，其中有些已证明完全是骗人的，根本不可能达到人们期望的效果（Wang等，2004；Goode，2004b；Falk，2001）。

261

4. 文身者

文身长期以来在酗酒的水手、罪犯、匪徒、娼妓和其他名声不好的人中间流行。文身用以表达文身者的身份，他们是谁、信仰什么或如何感知世界（Vail，2004；Schildkrout，2004）。如果你看见一个男人胳膊上夸张地文着“Kill the pigs”，你就会知道他们是如何评价警察的，你也可以确信他不是法律和秩序的尊崇者（Vail，2004；Dalrymple，2002）。由于长期以来文身总是与名声不好的人联系在一起，文身者通常被视为是可耻的。但是，自从20世纪90年代早期以来，文身已经在大学生、年轻的自由职业者和其他中产阶级、具有较高社会地位的人包括许多女性中流行开来。如今，这些人构成了近来文身者中的主流（Atkinson，2003）。

人们为什么要文身？原因之一是想通过一些不寻常的举动从自己生活的相对保守的中产阶级社会束缚中寻求自由。并且他们发现自己能像酗酒的水手和其他离经叛道者一样以文身来体验这种自由。例如，像大学生这样的年轻人文身意味着脱离父母和其他权威而独立。文身的另一个原因是想让自己像电视和其他公共场合展示漂亮文身的那些人一样“酷”。日益增多的文身者出现在广告上，有很多职业运动员也文身，甚至像美国著名的偶像芭比（Barbie）也文过身（Irwin，2001）。

尽管很多人都有文身的念头，但他们仍然不急于去尝试，因为他们必须应对社会对这种“离经叛道者”的反感和厌恶。试图文身者最大的担忧是害怕破坏与父母的关系，父母通常不赞成文身，因为文身不仅与名声不好的角色紧密相关，而且威胁到这个家庭的社会地位和文身者将来的职业。那么，怎样打消顾虑实现梦想呢？换句话说，怎样使文身不受鄙视或合法，以使文身者维持其中产阶级地位和所占据的优势呢？根据社会学家凯瑟琳·欧文（Katherine Irwin，2001）对一个文身机构43名文身者访谈后得出的结论，有四种方法可以达到这种目的。

第一种方法是谴责那些对文身者歧视、不友善的人。如欧文的一个访谈对象说：“如果有人因文身而歧视我，我将以牙还牙。这是一个素质相当低劣的人。我什么时候都不会把他当回事的。”对敌视文身者采取这种消极、敌对的态度可以增进文身者的信心。但这不是努力了就能为他人接受的，也不是维持地位的有效手段。而要想达到这一目的，其他手段可能更有效。

第二种方法是运用传统的方式实现文身的愿望。用文身纪念一生中的特殊时刻，如大学毕业、通过期末考试、结婚或生孩子等。

第三种方式是让自己融入传统生活。这一方法会在一些人中被采用，如用文身表明他们将会在各种各样的传统追求中如学校家庭和事业等积极上进。

欧文访问的一个年轻人如是说：“父亲怎么会反对呢？我做了他希望一个孩子应该做到的一切。我是
262 一个乖学生，成绩优异，在一份自己和他都喜欢的事业里做得很出色。我结婚了。很快我会给他生很多的孙子。拥有了这些，去文身又能怎么样呢？”

第四种方法是遵守传统的审美观。为了达到这个目的，很多中产阶级文身者避免用反社会的、暴力的和其他让人惊骇的图像文身，“要你好看”（in your face）图像通常流行于摩托车手、光头仔、朋克摇滚乐迷和其他离经叛道者身上。相反，他们采用小的、不显眼的图像，如蝴蝶、花朵或其他让人愉悦而不是冒犯他人的图像来文身。

用这种不让人歧视、反感的文身方式，中产阶级推动了传统社会对文身的接受程度并使之流行开来。然而具有讽刺意味的是，尽管文身的初衷是从传统社会中寻求解脱和自由，但许多文身者最终却通过文身强化了与传统社会的联系。

七、本章概要

（1）**关于同性恋流行着哪些误解？**一种误解是男同性恋都是女性化的，女同性恋都是男性化的。其他的误解有：男同性恋经常娈童，同性恋都局限在要么被动要么主动的角色定位里，他们精神上是病态的，性生活不能得到满足，并且沉迷于性。

（2）**在美国男女同性恋有多少？**大约2.5%的美国成年人认为自己是同性恋。**同性恋有哪些特征？**男同性恋比异性恋男子在性上可能更积极主动些，但绝大多数男同性恋在与性伴侣长期相处中却是平等的。女同性恋与女异性恋很相似，她们渴望长期稳定的关系，希望能与一般人和谐相处，渴望当母亲。但是与传统女性相比，女同性恋不大可能承担传统的女性角色，并且在其青少年时期意识不到自己的同性取向。

（3）**什么是“出柜”？**即向他人公开自己是同性恋。**公开同性恋身份需要经过哪几个阶段？**公开同性恋身份的过程包括四个阶段，感知、分离、公开和固守承诺。**同性恋生活的其他方面怎么样呢？**尽管时刻被人们对同性恋的歧视和恐惧包围着，同性恋仍然尽力过着相对正常、幸福的生活。他们与自己的异性恋父母和子女相处融洽。就像异性恋一样约会、结婚，只可惜他们的婚姻不被法律认可。他们中的大多数是民主党，比一般人受过更好的教育，与异性恋一样属于各种宗教组织。

（4）**同性恋理论有哪些？**生物学理论认为，同性恋取向可以追溯到荷尔蒙、基因和大脑。根据一些精神分析学家的理论，同性恋是一种精神病态，产生于紧张的亲子关系。实证主义社会学家则把同性恋这种偏差的行为归因于孩童时期的性别社会化，而那些建构主义的社会学家则更关注同性恋恐惧症对同性恋的影响。

（5）**那些认为自己不是同性恋的人发生过同性** 263
性行为吗？有些人确实发生过。他们中包括异性恋的偶发同性性行为者、街头男妓、特殊情境下的同性恋和双性恋。

（6）**社会上的同性恋恐惧症是如何歪曲同性恋的？**人们使用了错误的时代标准最终歪曲了同性恋，即人们发生性行为只是为了繁衍后代。**在美国，什么是同性恋恐惧症，它是如何传播并流行的？**同性恋恐惧症是对同性恋的偏见和歧视。普通民众对同性恋怀着深切的矛盾，在反对他们生活方式的同时，却仍然支持给予同性恋平等的权利。**同性恋恐惧者有哪些社会特征？**他们与其他人有着显著的区别，一般受教育较少，比较贫穷，对种族和少数族群的态度更保守、更排斥。**同性恋恐惧症对同性恋产生了什么影响？**同性恋恐惧症给同性恋造成了很多社会问题和心理问题。

（7）**艾滋病危机对同性恋有何影响？**现在同性恋的性行为比过去更安全了。当艾滋病在20世纪80年代首次爆发时，同性恋恐惧症加剧，人们对艾滋病受害者普遍表现得冷漠、麻木。然而今天，由于更多的异性恋染上了艾滋病，同时同性恋为抗击艾滋病所做的一切努力，都使普通大众更加同情和关爱艾滋病患者。

（8）**同性恋权利运动的实质是什么？**大多数同性恋组织在开始时都是服务性的，为那些遇到困难的同性恋提供咨询和娱乐服务。但是，在20世纪60年代晚期和70年代早期，他们开始变得好斗并充满暴力，斗争目标是消除生活中所有对同性恋的歧视。这些斗争获得了一些胜利，随即斗争趋于平缓。20世纪80年代，由于艾滋病危机的爆发导致人们对同性恋更加歧视和恐惧，一些同性恋积极分子又变得冲动好斗起来，但是大多数还是保持着冷静，与传统的利益团体一起参与到反对歧视同性恋的活动中。

（9）**其他国家同性恋恐惧症的状况如何呢？**同性恋歧视在不发达国家比美国更严重。男女同性恋

通常遭到殴打、强奸、逮捕和收容。在俄罗斯，几近半数的人认为同性恋应该被处死或隔离。在津巴布韦和埃及，男同性恋在监狱里往往遭到殴打和折磨。

（10）**双性人是怎么回事？**双性人包含了男、女两性的性特征。常见的例子是变性人、阴阳人和异装癖者。为了避免传统社会的骚扰，他们通常装扮成正常男女。**残疾人有哪些特征？**与常识相反，他们并不全部或主要被限制在残疾范围内，因为他们还扮演着许多与残疾无关的角色。**残疾人的污名有哪些特征？**主要有以下一些特征：（1）主要来自于健全人；（2）模式化地认为残疾人是无能的；（3）通过“正常人”的行为表现出来。

（11）**为什么更多的美国女性感受到肥胖的污名？**因为食物消费已经增加了，并且女性美的标准已经变成了苗条。**肥胖的污名带来了什么后果？**一些肥胖者接受社会给予的污名，而有些人却是排斥和拒绝的，并且出现了一个庞大的帮助肥胖者减肥的产业。**中产阶级如何克服文身的污名？**通过谴责歧视文身者、运用传统的动机满足文身的愿望、忠实于传统的生活和遵守传统的审美标准来实现。

264 ## 八、扩展阅读

Albrecht, Gary L., Katherine D. Seelman, and Michael Bury (eds.). 2001. *Handbook of Disability Studies*. A collection of articles reviewing the literature on many aspects of disability, including the experiences of being disabled and the social factors behind disability.

Atkinson, Michael. 2003. *Tattooed: The Sociogenesis of a Body Art*. Toronto: University of Toronto Press. An ethnographic study of how it feels and what it means to get a tattoo in Canada.

Becker, Ron. 2006. *Gay TV and Straight America*. New Brunswick, N.J.: Rutgers University Press. An analysis of how the recent gay-themed TV shows reflect the anxieties that straight Americans feel about gays and lesbians.

Beemyn, Brett, and Mickey Eliason (eds.). 1996. *Queer Studies: A Lesbian, Gay, Bisexual, and Transgender Anthology*. A collection of articles on various dimensions of same-sex attractions and practices.

Blumenfeld, Warren J. (ed.). 1992. *Homophobia: How We All Pay the Price*. Boston: Beacon. A collection of articles on various aspects of homophobia, ranging from sources and manifestations of the problem to ways of breaking free from it.

Blumenfeld, Warren J., and Diane Raymond. 1993. *Looking at Gay and Lesbian Life*. Boston: Beacon. Discusses many different issues about homosexuality, including gay sex, causes of homosexuality, homophobia, the gay rights movement, and AIDS.

Brownell, Kelly D., and Katherine Battle Horgen. 2004. *Food Fight: The Inside Story of the Food Industry, America's Obesity Crisis, and What We Can Do About It.* Chicago: Contemporary Books. An analysis of how the food industry contributes to the epidemic of obesity in the United States.

Falk, Gerhard. 2001. *Stigma: How We Treat Outsiders*. Amherst, N.Y.: Prometheus Books. A survey of various types of socially stigmatized groups, including the mentally ill, the obese, the mentally challenged, the homeless, and alcoholics.

Garber, Marjorie. 2000. *Bisexuality and the Eroticism of Everyday Life*. New York: Routledge. Analyzing various aspects of bisexuality, such as its culture, politics, and history, its normal sex, and its unique eroticisms.

Harris, Daniel. 1997. *The Rise and Fall of Gay Culture*. New York: Hyperion. A critical analysis of how the increasing assimilation of gays into mainstream society robs the gay culture of its distinctive sensibility and other values.

Heatherton, Todd F., et al. (eds.). 2000. *The Social Psychology of Stigma*. New York: Guilford Press. A collection of articles dealing with the development of stigma, its impact on the victims, and the interaction between the stigmatizers and their victims.

Kotula, Dean. 2002. *The Phallus Palace*. Los Angeles, Calif.: Alyson Publications. A full presentation of how it feels to be a female-to-male transsexual and how he is treated by others.

LeVay, Simon, and Elisabeth Nonas. 1995. *City of Friends: A Portrait of the Gay and Lesbian Community in America*. Cambridge, Mass.: The MIT Press. A highly informative guide into the community and lives of gay and lesbian Americans.

Marcus, Eric. 1992. *Making History: The Struggle for Gay and Lesbian Equal Rights*. New York: HarperCollins. An interesting and enlightening collection of autobiographical accounts of various stages of the gay rights movement.

Miller, Nancy B., and Catherine C. Sammons. 1999. *Everybody's Different: Understanding and Changing Our Reactions to Disabilities*. Baltimore, Md.: Paul Brookes Publishing. Close-up view of various kinds of disabilities.

Nanda, Serena. 2000. *Gender Diversity: Crosscultural Variations*. Prospect Heights, Ill.: Waveland Press. A wide-ranging examination of transgender practices throughout the world.

Rudacille, Deborah. 2005. *The Riddle of Gender: Science,*

Activism, and Transgender Rights. New York: Pantheon Books. A detailed look at the lives of transgender people as the most vulnerable minority group in the United States.

Savin-Williams, Ritch C. 2005. *The New Gay Teenager*. Cambridge, Mass.: Harvard University Press. A study of how the gay young people today reject homosexuality as the defining characteristic of their lives while they freely share with each other their same-sex feelings.

Seidman, Steven. 2002. *Beyond the Closet: The Transformation of Gay and Lesbian Life*. New York: Routledge. Shows how U.S. gays and lesbians have emerged from the closet to join mainstream society but more as tolerated minorities than equal citizens.

Suthrell, Charlotte. 2004. *Unzipping Gender: Sex, Cross-Dressing and Culture*. Oxford, U.K.: Berg. A cross-cultural study of transvestism, revealing the greater social acceptance of cross-dressing in India than in Britain.

Swain, John, et al. (eds.). 2004. *Disabling Barriers—Enabling Environments,* 2d ed. London: Sage Publications. A collection of articles presenting the social perspectives on disability, people's views of their own disability, the problems faced by the disabled, and the support offered to the disabled.

Vaid, Urvashi. 1995. *Virtual Equality: The Mainstreaming of Gay and Lesbian Liberation*. New York: Anchor Books. Shows how mainstreamed gays and lesbians are only virtually—but not really—equal to straights.

Warner, Michael. 1999. *The Trouble with Normal: Sex, Politics, and the Ethics of Queer Life*. New York: Free Press. A provocative analysis of conventional sex and marriage as well as gay life and politics.

九、思考题

1. 如果异性恋参与了同性性行为，你怎样看待他们？认为他们是同性恋、异性恋还是什么？回答并解释。

2. 我们所讨论的社会污名的受害者能从中解脱吗？如果能，你认为应该如何解脱？如果不能，又是为什么？

第五部分

物质的使用和滥用

269

第十一章 药物的使用

表象与事实

表象：合法麻醉品如酒精饮料、香烟不像海洛因、可卡因等非法麻醉品那么危险，合法麻醉品给我们带来的身体伤害也比非法麻醉品小。

事实：合法麻醉品更危险，杀死的人也更多（第 271 页）。

表象：如果某种麻醉品是非法的，那么它必定是危险的。

事实：法律禁止和反对使用一种麻醉品，并不是说这种麻醉品真的有多危险。相反，这种禁令更多地反映了当时的一种境遇。鸦片在今天是一种非法的麻醉品，并且被认为是致病的根源（引起所有病痛的原因），但是在过去的两个世纪里，它却是合
270 法麻醉品，被当作万能药（治疗所有病痛的药方）（第 271 页）。

表象：使用非法麻醉品的人一般都会成为瘾君子。

事实：大多数使用非法麻醉品的人仅仅是抱着尝试的、偶尔使用的或适度使用的态度，不会发展到无法遏抑、不能自已的滥用程度（第 271 页）。

表象：人们认为大麻十分危险，实际上美国的所有州已禁止使用了。

事实：至少在 11 个州已经把大麻当作合法的麻醉药使用了，因为已经证明它可以有效地缓解疼痛，抑制重病患者的痛苦（第 274 页）。

表象：如果人们使用大麻，他们将会不可避免地使用海洛因、可卡因等更烈性的麻醉品。

事实：大麻本身并不是原因，使用其他麻醉品的原因在于大麻使用者的朋友已经使用了更烈性的麻醉品（第 274 页）。

表象：所谓的“一日上瘾，终身难戒”是很有道理的。如果我们对海洛因上瘾，那么就不可能戒除毒瘾。

事实：如果使用海洛因的原因不复存在，毒瘾也会戒除。例如，20 世纪 70 年代，大多数（超过

90%）越战老兵在回国后最终都戒除了毒瘾。因为吸食海洛因的欲望已不复存在，当时吸食是为了缓解越战时期的特殊压力（第 275 页）。

表象：由于通过了严厉的法律遏制麻醉品，美国的麻醉品使用率比其他发达国家要低得多。

事实：美国是发达国家中使用麻醉品率最高的国家，美国高中生也是世界发达国家同龄人中使用麻醉品比例最高的国家（第 280 页）。

表象：麻醉品使用如此广泛，以至于它充斥于社会的每一个角落，美国所有的社会阶层使用麻醉品的程度差不多。

事实：大多数麻醉品使用者只局限于较低的社会阶层，尤其是那些饱受社会和经济压迫的少数人。中产阶级或有钱人使用麻醉品和超剂量使用的情况并不常见（第 280 页）。

表象：吸毒导致犯罪，因为这些贫穷的吸毒者为获取毒资不得不去抢劫或偷盗。

事实：吸食毒品[①]不一定会导致犯罪，因为大多数已有犯罪前科的吸毒者在吸毒前已经开始犯罪了（第 282 页）。

表象：大多数吸烟者并没有意识到吸烟的危害。

事实：大多数吸烟者清楚地意识到吸烟的危害。事实上，他们还会夸大吸烟的危害（第 296 页）。

在新泽西州北部郊外的一个地下室里，一个十几岁的男孩从背包的前口袋里摸出一瓶利他林（中枢兴奋药）——一种治疗注意力不集中和多动症的处方药。他求助于一位朋友并问他："你有止痛药吗？我可以给你一些利他林来交换。"随后一首快板歌响起，他的朋友问："是一般的，还是好的？"楼上，厨房里，几个十几岁的孩子正围坐在一起谈论他们已有的处方麻醉药。一个 15 岁的女孩说，她从
271 自己家的药箱里找到了药效很强的镇痛药奥施康定（OxyContin）。她解释说："这是我姐姐智齿手术后剩下来的。"这里正在进行一场年轻人的"药物"聚会。由于父母都不在家，这些孩子拿出这些处方麻醉药，想从中获得快感（Banta，2005）。

在过去 10 年中，滥用合法处方麻醉品的青少年人数骤增。同样，这类成年人也显著增加。原因何在？在这一章里，我们不仅给出答案，而且还要揭示使用各种麻醉品的实质。我们将首先研究各种非法麻醉品的影响及其相互关系，同时也研究艾滋病、犯罪及其他问题，同时会考察非法麻醉品的使用状况、使用者的特征、他们所经历的过程、相关理论和争论。最后，我们将以奥施康定和烟草为例集中研究合法麻醉品。

一、麻醉品使用情况概览

与普遍流行的观点相反，合法麻醉品在某些方面要比非法麻醉品危险得多。首先，酒精饮料、烟草制品等合法麻醉品的使用要比大麻、海洛因和可卡因等非法麻醉品的使用普遍得多。与 2 000 万非法麻醉品使用者相比，12 500 万的美国人是酗酒者，6 200万的美国人是老烟民。其他的合法麻醉品，如止痛药、镇定剂和兴奋剂等，尽管其使用不像烟酒那么普遍，仍然比海洛因、可卡因这些非法麻醉品要普遍得多。毫不奇怪，与非法麻醉品相比，合法麻醉品尤其是烟酒的普及，导致了更多的死亡、疾病、暴力犯罪、经济损失及其他多种社会问题。例如，每年仅仅死于烟酒这两种合法麻醉品的人，至少相当于所有非法麻醉品致死人数的 60 倍（NSDUH，2006；Caulkins 等，2005）。

与一般的假设相反，法律禁止，或说更普遍的是社会禁止和反对使用一种麻醉品，并不是说这种麻醉品真的有多危险。相反，这种禁令更多地反映了当时的一种境遇。鸦片在今天是一种非法的麻醉品，并且被认为是致病的根源（引起所有病痛的原因），但是在过去的两个世纪里，它却是合法麻醉品，被当作万能药（治疗所有病痛的药方）广泛使用。相反，今天吸烟在所有国家里都是合法的，但在 17 世纪，吸烟在大多数国家都是不合法的，吸烟者在某些国家甚至要受到严惩。在土耳其，吸烟要被处死，在俄罗斯要被割掉鼻子，在印度要被割裂嘴唇（Goode，2005a）。

人们普遍认为非法麻醉品比合法麻醉品危险，同时还认为那些使用非法麻醉品的人一般都会成为瘾君子。但是实验证明，大多数使用非法麻醉品的人仅仅是抱着尝试的、偶尔使用的或适度使用的态度，不会发展到无法遏抑，不能自已的滥用程度。这是因为他们中的绝大部分人能够划定最后界限，即使用麻醉品的量。他们所使用的麻醉品还不足以把他们推向难以控制的边缘。当然，麻醉品使用者中也有一些人是难

① 本章中"毒品"概念相当于"非法麻醉品"。——译者注

以遏制的，但这仅仅是一小部分，不能代表大多数（Goode，2005a）。

272

二、非法麻醉品：其效用及使用者

根据对使用者中枢神经系统、大脑和脊髓的影响，多数麻醉品都可以分成三种。一种是兴奋剂（“uppers”），如可卡因、快克（crack）、咖啡因和烟碱。这类麻醉品能够刺激中枢神经的活动，暂时地产生机敏和兴奋，同时解乏和提神。另一种是镇静剂（“downers”），包括海洛因、五氯酚（PCP）[①]、吗啡和阿司匹林[②]。与兴奋剂相比，镇静剂能减少神经系统的活动，因此它们能够放松肌肉、缓解紧张、减轻疼痛，使人精神愉悦或促进睡眠。第三种是迷幻剂，如迷幻药（LSD）、摇头丸（MDMA，Ecstasy）等。这些麻醉品可以扰乱神经系统，改变使用者对现实世界的认知。大多数非法麻醉品只是这三种中的一种，但是大麻却不是这样。大麻单独列为一类，因为它能够像上述三种中的任何一种那样对使用者产生影响。因此，一些专家已经把大麻列为一种兴奋剂，而另外一些专家则把它归为镇静剂，甚至还有一些人认为它是迷幻剂。

不论是什么样的麻醉品，它们都不能单独地产生上述作用。有些因素也会影响麻醉品的使用效果。一个因素是剂量：剂量越大或数量越多，对麻醉品使用者产生的作用越大。第二个因素是麻醉品的纯度（或成分）：麻醉品中对精神、心理起作用的物质（如大麻中的化学成分四氢大麻酚）越多就越容易获得快感。第三个因素是麻醉品中的混合成分：当从鼻孔吸入大麻含量较高的可卡因，或注射一种可卡因和海洛因的合成物时，都能产生一种增效的或加倍的效果，这比单独使用其中一种所产生的效果要高许多倍。第四个因素是使用的方式：静脉注射比肌肉注射产生的效果要明显得多，肌肉注射包括往腿或胳膊上注射麻醉品。点燃可卡因后吸食所产生的效果也比用鼻孔吸入可卡因的效果要明显得多。第五个因素是吸食者的适应程度：麻醉品对偶尔吸食者产生的作用要比经常使用者大得多（Goode，2005a）。记住这些影响麻醉品成效的因素，我们将细致考察今天依然被广泛使用的三种非法麻醉品及其效果，此外还要了解三种刚开始流行的麻醉品。

1. 大麻

大麻是美国使用最广的非法麻醉品。它源于印度大麻的雌花。这种植物的顶部会产生一种可以改变人的精神和心理状态的黏性物质。这种黏性物质的一小部分流淌下来盖住了大麻的下部。在美国，这种植物在交易时典型的名称是大麻（包括大麻叶、
大麻烟或大麻液），包含大麻的全部。但是，当只收 273
割大麻的顶部时，其产品可以提炼出麻药，它比大麻对神经和心理的影响效果要大得多。大麻及其提取物都可以吃或喝，但是最常见的是把大麻卷成烟卷来吸。大麻这种植物可以在世界各地生长，但是美国、墨西哥、牙买加和泰国的大麻等级要高些。

在古代，大麻是神圣的、非常有用的麻醉药，正如下面这段古印度文学作品中所描述的那样：

> 对印度人来说，大麻这种植物是神圣的。看护者住在大麻林里。大麻是快乐的给予者，是天空的飞行者，是天堂的守护神，是穷人的天堂，是苦难的抚慰者……没有任何神、任何人像虔诚的大麻吸食者这样美了。贝拿勒斯学习经文的学生在坐下学习之前必先吸食大麻。在圣殿里，瑜伽修行者深深吸几口大麻，这样他们就能够集中注意力思索永生……在大麻的帮助下，修道的苦行僧可以很多天不吃不喝。在大麻的支持下，许多印度家庭安全地渡过了不幸的大饥荒。（引自于Szasz，1974a）

然而，在我们今天的社会，很多人反对使用大麻。这歪曲了外行和专家们对大麻效力的判断。20世纪50年代早期，美国联邦麻醉品局局长这样表述了普通民众对大麻效力的观点：“在自我陶醉的最初阶段，意志力被摧毁了，约束和限制被解除了，道德底线被突破了，并且通常导致放荡和淫乱。精神不稳定了，就会出现暴力倾向。”（Anslinger & Thompkins，1953）但是，后来许多研究者发现，大麻可以抑制而不是激发暴力行为。其中两位研究者通过试验发现，服用较大剂量大麻的人对挑衅的反应没有服用小剂量的人那么强烈

---

① 即pentachlorophenol，迷幻药的一种。——译者注

② 解热镇痛药。——译者注

(Myerscough & Taylor，1985)。

今天，包括官员、科学家等在内的许多人都争论说，吸食大麻严重影响了身体健康。吸食者能够体会到短期不适，如记忆力下降、焦虑和心率加快等。长期吸食者最终会导致癌症、呼吸系统疾病和心脏问题。但是批评者却指出，大多数大麻使用者并没有遭受长期的危害，而麻醉品使人兴奋的效力并不比烟酒对人的危害大（Williams，2003）。

无论如何，如果长期大量吸食大麻就会上瘾。如果不持续使用，使用者就会遭受中断的痛苦，如恶心、乏力和没有食欲等。尽管不像对海洛因和其他麻醉品上瘾那样严重，大麻也可以导致心理上成瘾，但只是稍微有一点瘾，因为它不如可卡因或海洛因产生的兴奋那么强烈。虽然如此，人们很容易以一种独特的方式对大麻上瘾。因为他们认为大麻是无害的，即不会损害人们的事业、摧毁健康、破坏婚姻或导致其他恶果，大麻使用者受到鼓动经常吸食，这样就很容易上瘾（Roffman & Stephens，2006）。

如果人们已习惯了陶醉于大麻带来的刺激和兴奋中，就会产生与饮酒一样的问题。例如，它将削弱智力判断、降低短期记忆力并影响人们的精神运动功能。因此，它会妨害人们的阅读或学习能力，也会影响汽车驾驶员和飞行员的操作能力（Murray，1986；Yesavage 等，1985）。但是，适度使用大麻可以使人精神愉
274 悦、灵敏度提升、感知力增强和食欲增加（Falco，1992）。大麻也可以用到医学领域，特别是对重病患者很有好处。大麻提炼后的产品名称是屈大麻酚，它可以像香烟一样吸食。有研究证明，大麻可以有效治愈恶心，预防艾滋病，缓解癌症及其他重病患者的疼痛。因此，美国有 11 个州已使大麻医用合法化了（Harris，2006；Conant，1997；Doblin & Kleiman，1993）。

许多人坚信大麻是通往更烈性麻醉品的门户。确实，相当多的研究证明几乎所有的海洛因、可卡因的使用者都是从吸食大麻开始的（Fergusson，2006；Kandel & Jessor，2002）。但是这并不能说明使用大麻将必然导致使用更烈性的麻醉品，对大麻本身的感觉是导致进一步使用其他麻醉品的原因。寻求更烈性麻醉品的原因在于大麻使用者受到周围人的影响。换句话说，大麻吸食者使用海洛因或可卡因很大程度上是因为他们的朋友早已使用了更烈性的麻醉品（Goode，2005a）。

2. 海洛因

海洛因，在街头交易中也被称为“P 涂料”（P-dope），1898 年第一次从吗啡中提炼出来；而吗啡是在 1803 年首次从鸦片中分离出来的。吗啡和海洛因都是止痛剂，已经被广泛使用。但是现在，海洛因是备受关注的吸毒问题的最主要源头。美国的大部分海洛因来源于罂粟，主要产自于东南亚金三角（缅甸、泰国和老挝）、南亚金新月地带（巴基斯坦、阿富汗和伊朗）、墨西哥和哥伦比亚。

海洛因可以点燃吸食，通过鼻孔吸，口服或注射到皮肤、肌肉或静脉。静脉注射海洛因可以产生最快和最强烈的兴奋感。传统上，静脉注射是目前为止最普遍的摄取海洛因的方式。但是，由于担心感染艾滋病，现在抽或用鼻孔吸食海洛因越来越普遍。适度地摄入海洛因不仅可以缓解疼痛，而且可以减少紧张和焦虑。最重要的是，海洛因能使人精神愉悦甚至达到类似性高潮那样的兴奋。事实上，海洛因本身并不能带来兴奋的感觉；海洛因使用者不得不“学习”体会注射海洛因所产生的愉悦。新手必须承受第一次注射时的不愉快感觉。然而，这种不快经历很容易被合理化，从而开启了摄取更多海洛因以体验迷幻感的道路。这里，一位年轻女子描述了她第一次和男友一起使用海洛因的感受：

> 冲力如此之大，以至于他几乎倒下。他脸色苍白，大汗淋漓……我也开始出汗和颤抖。如果有人看到……我们正走出房子，他肯定会叫救护车的，我们几乎走不动。由于某种极愚蠢的原因，注射后我们决定立刻驾车回家……我不得不尽力靠边行驶以便在路边呕吐……我真的感到很吃惊，那天夜里我们竟然没有死。身体上的痛苦是我以前从来没有经历过的。整个夜晚我都在不停地呕吐。让我震惊的是，当时我们并没有忘记海洛因。这太可怕了！但是，后来我们把吸食海洛因的难受归结为我们亲爱的朋友给我们的剂量太大了。因此，我们决定再尝试一次。（Goode，2005a）

一旦像这位女士这样尝试几次之后，使用者就会从中感到极大的快慰。许多使用者（有男有女）认为，
海洛因的冲劲是非常让人满足和兴奋的，它所带来的 275
荣耀和愉悦是一般人怎么也体会不到的。无论如何，这很容易让人对这种麻醉品产生心理依赖。而且海洛因特别容易上瘾，一天不吸食，上瘾者就会遭受停止吸毒的病痛。这些病痛包括大汗淋漓、流鼻涕、流眼泪、打寒战、腹部绞痛、恶心和腹泻（Chase，1996a）。

为了减轻或避免停止用药的痛苦，上瘾者不得不持续使用。这使得很多研究者相信，一旦人们对

海洛因上瘾，他们就再也体验不到没上瘾前所能体验的那种快乐了，他们使用海洛因仅仅是为了免除停止吸毒的痛苦。正如一位很有影响的麻醉品研究者艾尔弗雷德·林德史密斯（Alfred Lindesmith，1968）所写：“在使用海洛因这个固定的过程中最关键的体验不是其产生精神愉悦，而是人们相信在停止使用时所产生的不可避免的痛苦。”但是，威廉·麦考利夫和罗伯特·戈登（William McAuliffe & Robert Gordon，1974）通过有关证据，提出了与林德史密斯相反的观点，即瘾君子们仍然能够从接下来的每次海洛因注射中继续体验到精神愉悦。麦考利夫与戈登说，如果不是为了体验精神愉悦，他们是不会一直以偷窃或抢劫的方式为下次注射冒险的，如果仅仅是为了避免停止用药的痛苦，他们可以从一些戒毒治疗中心得到帮助。但事实并非如此。

两种解释或许都没有切中问题的要害。他们首先反映了研究者自己对麻醉品效力体验的感知，而不是吸毒者本人，并没有去问及本人的真实感受。一项人种学研究鼓励瘾君子们谈论自己的真实感受，大多数海洛因上瘾者都在避免停药的痛苦与获得精神愉悦间苦苦挣扎，与开始吸食时相比，停药的痛苦越来越多，精神愉悦却越来越少。他们找寻的是“一种暂时的镇定和平静，一种常态的感觉，放松和能够为自己灰暗、沉闷的生活提供喘息的机会。是追求生活的常态而不是精神愉悦促使这些瘾君子继续使用海洛因的”。然而，追求生活常态并不是要以疯狂、凄惨的方式来减轻停药的痛苦。相反，这些海洛因上瘾者认为自己是可控制的，而不是“不可救药的瘾君子”。人们普遍认为吸毒者地位低下，在这样的社会保持常态，吸毒者感到非常自豪（Hanson 等，1985）。

尽管海洛因会上瘾，但是大多数使用者并没有成为瘾君子。一个最大的原因就是，与早期吸食海洛因所得到的欢愉相比，海洛因上瘾者所能得到的快乐越来越少。正如一位曾使用过海洛因的人所说的那样：“幸运的是，从中再也不能得到足够的快乐，也不值得为吸食海洛因而弄到破产的境地……海洛因对我来说已经失去了诱惑。一点儿也不值得为此付出金钱。很久以前，这种魔力突然终止，仅仅留下一点记忆……现在我宁愿出去吃顿美妙的晚餐，也不愿吸一包海洛因。”（Goode，1981）而所谓的“一日上瘾，终生难戒”也是没有根据的。有关研究表明，1971 年从越战返回的染上毒瘾的老兵中，90% 以上的人在回家 8 个月之后就不再吸毒。这主要是因为吸食海洛因的欲望已不复存在，当时吸食是为了缓解越战时期的特殊压力（Dodes，2005；Maddux & Desmond，1980；Robins，1973）。即使一直沉迷于海洛因，也不一定严重损害吸食者的身体健康。海洛因与其他能改变人们心理状态的麻醉品相比，也许是无害的。不像吸烟和喝酒，长期使用海洛因并非必然损害脏器、组织或人体细胞。 276
只要他们不忽视生活的其他方面，他们就能像一般人一样保持身体健康。正如杰尔姆·贾菲（Jerome Jaffe，1965）（一位内科医师，后来成为尼克松总统的毒品问题顾问）所说的那样：

> 上瘾者如果能通过合法渠道获得足够的麻醉品，并有足够的资金，通常穿着得体、营养良好，是能够以较为合理的效率履行社会义务和工作责任的。他通常保持良好的身体状态，很少表现出异常，一般而言，很难与其他人区分开来。

身为内科医生的成瘾者就是很好的例证。尽管他们使用了比“街头吸毒者”更大剂量的麻醉品，但通常都能保持身体健康并很好地履行工作职责。他们仅仅是在工作效率上比不吸食麻醉品的同事稍差些而已（Coombs，1997）。

另外，街头吸毒者更有可能遭受使用麻醉品的法律问题。受法律制约，海洛因没有市场定价，其价格通常都非常高，而吸食者大都非常贫困，不得不花大量时间疯狂筹集资金以获得海洛因。疯狂的筹钱方式可能包括入室行窃、入店行窃、赌博、卖淫及其他可能的犯罪活动，这都给社会带来了很大的压力，制造了紧张气氛。当他们能够弄到足够多的钱买到一包毒品时，可能已经筋疲力尽、心力交瘁了。此外，他们无法得知这包麻醉品的纯度和效力，其海洛因的含量可能有少到 0、多到 99% 这么大的差距。如果他们习惯于吸食含量不超过 5% 的海洛因，但碰巧买到含量 50% 的，那么就可能会因超剂量服用而致死（Smolowe，1993）。

3. 可卡因和快克

大家知道的“coke”、“snow”、“toot”都是可卡因的别称，它来自于古柯植物的叶子。世界上至少 90% 的古柯生长在秘鲁和玻利维亚的山上，这两个国家的政府有时把这种作物视为本国最大的出口物资。然而，古柯叶在哥伦比亚被加工成可卡因，其成品被走私到美国（Wren，1997）。

20 世纪初，可卡因在还没有成为非法麻醉品之前，曾被广泛地用作局部麻醉剂，用以消除疲劳和沮丧，治疗吗啡上瘾和肠胃功能紊乱。它甚至被花粉热协会（Hay Fever Association）指定为官方治疗用药。奥地利神经学家、精神病学家、精神分析的创始人弗洛伊德不仅把可卡因作为治疗这些病痛的药方，而且他本人也使用可卡因，让自己保持警醒，解除忧郁。可卡因也是众多特许药和许多软饮料如可口可乐等的主要成分。1885 年，一家著名的制药公司把可卡因当作一种神奇的药物，宣称它“可以代替食物，使懦夫勇敢，使寡言者雄辩，使酗酒和吸食鸦片者从恶习的奴役中解脱出来，并且作为麻醉药，可卡因可以降低人们对疼痛的敏感度”。19 世纪末，一种最好最流行的葡萄酒是以圣母玛利亚的名字命名的，其中就含有可卡因。它赢得了罗马教皇利奥十三世（Pope Leo XIII）、罗马教皇庇护十
277 世（Pope Pius X）、总统麦金利（President McKinley）和四个国家（西班牙、希腊、挪威和瑞典）的国王以及许多作家和艺术家的青睐。设计了自由女神像的法国雕塑家说，如果他早点饮用玛利亚葡萄酒的话，他就能够把女神像塑造到数百米高（Goode，2005a；Musto，1986）。

在 20 世纪之交，把可卡因定为非法麻醉品的法律颁布时，可卡因已经成为广泛使用的兴奋剂。那个时候，大多数使用者是下层人士，像非洲裔美国人、下层白人和罪犯。但是 20 世纪 60 年代以来，可卡因已经成为一种财富或身份的象征，在有钱人中十分流行。它是最昂贵的麻醉品，有时称为“麻醉品之冠”或“麻醉品中的鱼子酱”。它通常用鼻孔吸食，其形态呈白色粉末状，因此也被称之为“可卡因粉”。吸取高纯度的可卡因可以获得更刺激的快感。然而，自 1986 年以来，越来越多的年轻人，尤其是来自贫困家庭和工人家庭的年轻人开始使用强效可卡因或快克。虽然可卡因的纯度有所降低，但是仍能产生强烈的兴奋，因为使用者一般都是点燃吸食而不是用鼻孔吸食。快克比纯可卡因要便宜得多，这也许就是它能在穷人和年轻人中流行的原因。

作为一种兴奋剂，可卡因会使心率加快，血压和体温升高。从鼻孔里吸入产生的兴奋能持续大约半个小时。吸食高纯度的可卡因被客观地描述为一次极为生动的巅峰体验。在使用者看来，可卡因有以下作用：（1）产生兴奋，一种兴高采烈的安宁感或奢侈逸乐的快感；（2）增强自信，让使用者感到无论做什么都可以控制和胜任；（3）增加能量、消除疲乏，使吸食者可以保持较长时间的旺盛精力，使精神处于兴奋状态，例如，可以不睡觉连续工作两三天。一些使用者认为可卡因是春药，但是大多数人不这样认为。越来越多的证据表明，长期不断地使用可卡因会导致性功能障碍和阳痿（Goode，2005a）。

可卡因容易导致生理上瘾，停止用药会感到筋疲力尽和胃绞痛等。尤其值得注意的是，可卡因会导致极端的心理上瘾，因为吸食者能从中获得极大的快乐。减少用量通常会导致极度沮丧，唯一的治疗方法是加大用量。接着是更大的剂量，很快伴随着所有毁灭性的后果，强烈的欲望变成全身心的沉迷。像一个可卡因使用者所说的那样：“我甚至典当了我妻子的结婚戒指。那根本就不是我。说可卡因不会上瘾的人真该挨枪子儿。”（Rosenfeld，1985）对可卡因巨大的心理上瘾已通过对动物的实验得到证实。一旦对可卡因上瘾，老鼠和猴子即使一整天没有吃东西，对麻醉品的渴望仍远大于食物。为了获得可卡因的奖赏，它们会反复不断地按门闩（它们被训练这样做），直到筋疲力尽为止。快克甚至比普通可卡因更容易上瘾，上瘾的冲力来得更强烈、更迅速，使吸食者上瘾得也更快。根据美国国家药物滥用研究所的研究发现，快克使用者 6～10 周就能上瘾，而持续使用可卡因的人则要到 3～4 年才会上瘾。用鼻孔吸食时，可卡因在 8 分钟的时间里可以到达大脑，产生比快克更为温和的兴奋。而快克则是在几秒钟的时间里就会以一种更强烈、更集中的方式冲击大脑（Lamar，1986）。

大多数使用可卡因的人都认为其吸食经历是值得肯定的。但要长期、频繁、大剂量地使用这种麻 278
醉品，也是非常危险的。它能导致失眠、阳痿、易怒、偏执及其他精神症状，感觉像小虫子在心里爬。一次大剂量的使用也会产生这样的后果。“就像在脑子里点了一把火”，引起严重的头疼、恶心、呼吸急促、心跳加快，出现昏厥和痉挛。快克吸食者甚至冒着更大的风险。由于其急剧地使血压升高和心率加快，快克更容易导致心脏病发作和死亡。然而，大多数可卡因使用者并没有尝到这些恶果，主要因为他们只是适度、偶尔地使用可卡因。

4. 甲安菲他明和迷奸药

甲安菲他明（甲基苯丙胺）是注射用兴奋剂，在街面上又称为“speed”、“crank”、“crystal”。1995 年以来，它在美国西部的毒品使用者中间很快流行开来。但这种麻醉品并不是那时才出现的。在第二次世界大战期间，交战双方的战士已用它来减轻疲劳，增强战斗力。希特勒被公认为甲安菲他明

的上瘾者。后来在20世纪60年代，美国总统约翰·肯尼迪也使用过，很快甲安非他明以所谓安非他明的畸形物流行开来。但是，因为它非常昂贵，也非常难以得到，因此甲安非他明的使用从来没有像可卡因那样普遍。

今天，甲安非他明已相对便宜和容易得到，已经取代了可卡因成为各阶层人士吸毒的首选。最初它被认为是“穷人的可卡因”，在18～34岁的白人工人阶级和乡村男性中流行，但现在已经进入到主流社会，席卷了各阶层。因为甲安非他明容易从感冒药如伪麻黄碱片中提炼，美国国会已经通过了《防制甲基苯丙胺法》（Combat Methamphetamine Act），因而使得购买此类药物更为困难，如要求药房把这些药放在柜台后面等。甲安非他明流行的一个推动因素是，它产生的兴奋持续的时间比可卡因的长4～5倍。最初使用时，人们认为甲安非他明能抑制食欲、产生愉悦、增强自信和供给能量。但对这种麻醉品适应以后，使用者很可能产生沮丧，随之而来的是强烈的偏执情绪（Mitka，2006；Jefferson，2005；Johnson，2004；Witkin，1995）。

另外，近年来流行的麻醉药是镇静剂，形态是药片或药丸，不像甲安非他明是兴奋剂。在街头巷尾人们称其为“roofies”、“rope”、“the forget pill”和“roach”。它与安定有关，但药效却要强10倍。迷奸药实际上是镇定药，是治疗严重失眠的处方药。镇定药在60多个国家是无需处方可直接购买的，美国街头买卖的主要是从墨西哥和哥伦比亚走私过来的。镇定药在美国南部、西南部的青少年中广为流行，他们喜欢把镇定药与酒混合在一起服用，以迅速获得快感。这种体验非常危险，曾使一位垃圾摇滚明星柯特·科本（Kurt Cobgin）在自杀前昏迷了一个月。就像烈性酒一样，迷奸药使一些服用者好斗而无所畏惧，但又时常会导致暂时失去知觉，一般是丧失记忆。因此一些男人用迷奸药使女性失去知觉，然后实施强奸。由于这
279 种用途，迷奸药也被称为约会强奸药（the date-rape drug）。迷奸药也因为易上瘾和致命而引起人们诸多的关注（Cannon，1999；Seligmann & King，1996）。

5. 摇头丸

近来最流行的非法麻醉药是摇头丸，药剂师称其为MDMA（亚甲二氧甲基苯丙胺）。摇头丸在高中生和大学生中非常流行，主要是那些较为富裕的青年，他们喜欢在舞会俱乐部或聚会上吞食这种药丸。摇头丸是一种迷幻剂，能改变人们的心理和情绪。大多数使用者称服用以后感觉更幸福愉快、大脑更清醒、记忆力也提高了。他们感受到人与人之间亲密的关系，因此变得对他人更富同情心，也更宽容。比如，服用后他们更喜欢拥抱别人，所以摇头丸的别称是“拥抱药”。总之，根据这些使用者的说法，麻醉药提供了一种对生活更好更新的理解。这里，一个摇头丸使用者描述了该药如何改变了自己的生活：

> 自从我服用摇头丸（rolling）起，我就变得更健康了。我不吸烟、不喝酒，加强体育锻炼并服用维生素。我对这种调节非常感兴趣。整个情况对我个人来说是最好不过的了。我变成了一个更好的人。我变得更沉静、更体贴。我不再失控去做那些愚蠢的事情了。（Klam，2001）

但是对美国政府和一些科学家来说，麻醉品是很危险的。1985年美国政府通过一项立法把摇头丸定为非法麻醉品时，谣言四起，人们认为该药能导致帕金森病，把脊柱变成酱状或液体状。近年来的一系列研究证实，大剂量使用摇头丸可以毁坏老鼠和猴子的大脑。因此一些科学家认为，即使使用一剂摇头丸，也会使人的大脑遭到毁灭性的破坏。这样的论断是毫无根据的。大剂量的摇头丸的确是危险的。吞食一整瓶羟苯基乙酰胺（Tylenol），将会损坏人的肝脏并导致死亡。但摇头丸的使用者通常仅吞食很小的剂量。

使用摇头丸确实至少存在两大问题：第一，特定剂量的摇头丸可能不纯，含有一些可能致命的其他物质；第二，摇头丸使身体发热。如果使用者不及时补充足够的水，则会使身体脱水、器官衰竭或大脑受损。另一方面，过量饮水则会导致使用者因血液过分稀释而死（de Seve，2006；Klam，2001）。

三、麻醉品使用的社会维度

麻醉品的使用不是单纯的个人行为，而是社会行为。包括许多麻醉品使用者在内，不仅影响到使用者本人，而且也影响到其他人，事实上是影响整个社会。这里我们将重点关注麻醉品使用的四个社会维度：美国麻醉品的使用范围、使用麻醉品对艾滋病传播及犯罪的影响、麻醉品及其使用者的社会经济地位。

1. 麻醉品的使用范围 280

在美国，非法麻醉品的使用相当普遍。每年，12

岁及以上的美国人中使用非法麻醉品的人占全国总人口的12%左右，其中有一半至少每月使用1次。在不同年龄组中，青年人（18～25岁）最多，青少年（12～17岁）位居第二。总体上说，美国是世界发达国家中使用麻醉品比例最高的国家，美国高中生也是世界发达国家同龄人中使用麻醉品比例最高的群体（Lynch，2008；NHSDA，2001；Sallett，Goode & Pooler，1999）。

然而，我们不应该过分夸大这一切。美国是发达国家使用麻醉品的排头兵，这固然是事实。但如果说美国的麻醉品使用非常普遍，已经渗透到社会的每个角落，美国各个阶级都不同程度地沉溺于麻醉品，则不是事实。大多数麻醉品问题，尤其是那些最严重的问题，如麻醉品上瘾、大剂量使用导致的死亡或与麻醉品有关的杀人等，大多数都发生在较低的社会阶层中，尤其是那些饱受社会和经济压迫的少数族群中。总体上说，中产阶级或有钱人使用麻醉品和超剂量使用的情况并不常见（Massing，1998；Currie，1993）。

事实上，从总体上来说，美国在1980—1992年间麻醉品使用比例已稳步下降了，1992年以来基本保持相同的比例。但青少年使用麻醉品的比例却一直在上升，主要是白人青少年吸大麻的人数急剧增加，因此今天大麻的使用者远远超过了其他任何麻醉品的使用者（见表11—1）。麻醉品使用者中增速最快的是青少年，年龄大都在13岁左右（Caulkins等，2005；Sallett，Goode & Pooller，1999）。另一个发现是美国黑人初中学生比其白人同龄人更不可能吸食麻醉品，因为他们真切地注意到麻醉品是怎样摧毁了黑人社区生活的（Wren，1996；Bogert，1994）。

表11—1　　2006年麻醉品使用统计

麻醉品种类	使用这种麻醉品的人数
大麻	1 480万
可卡因	240万
甲安非他明	70万
摇头丸	50万
海洛因	30万

资料来源：2006年美国麻醉品与健康普查。

2. 麻醉品与艾滋病

静脉注射非法麻醉品能传播艾滋病病毒（HIV），该病毒将导致艾滋病，引起使用者之间的交叉感染。大多数感染艾滋病的麻醉品使用者对海
281 洛因上瘾，他们因与其他上瘾者共用针头而感染了这种致命的病毒。在美国，麻醉品与艾滋病如影随形。在荷兰、瑞典和加拿大，所有艾滋病患者中因静脉注射麻醉品而染病的不到10%。与之相比，这个数字在美国则高达30%以上。在美国的一些城市，这个比例还要高得多：在纽约是40%，在纽瓦克是65%。事实上，艾滋病病毒在同性恋之间已经很少传播了，但是却仍然在静脉注射麻醉品的人之间传播着（CDC，2003；Currie，1993）。原因在哪呢？

同性恋中艾滋病发病率急剧下降的主要原因是安全性行为的推行。但是许多静脉注射麻醉品的人却拒绝使用安全针头，仍与他人共用针头，甚至连简单易行的清洗消毒都不愿意做（Decker & Rosenfeld，1992；Sibthorpe等，1991）。为什么他们要冒着感染艾滋病病毒的风险呢？一个原因是，他们是麻醉品上瘾者而不是偶尔使用者，他们对麻醉品的渴望太强烈了，迫不及待地去注射而不愿意采取任何预防措施（Sibthorpe等，1991）。另一个原因是吸毒者的生活方式实质上就是在冒险："他们习惯于每天与死亡打交道。超剂量使用、肝炎、监狱这些危险的代名词时常伴随着他们，艾滋病病毒的致命威胁对许多人来说似乎是多余的。"（Goode，2005a）第三个原因是同性恋进行安全的性行为，静脉注射麻醉品的人排斥安全针头，两者的社会背景有很大的不同。大多数同性恋是相当殷实的白人，而绝大多数吸毒者是非洲裔和拉美裔人。他们被剥夺了获取物质财富的机会，在社会上备受歧视，被迫通过虚张声势和冒险的方式来寻求社会地位。方式之一就是使用危险的麻醉品，尤其是那些众所周知的能致人死命的麻醉品。换句话说，是极度贫困使生活如此黯淡、如此空虚，因此他们不惜冒险，使用极危险的麻醉品去体验富有挑战和刺激的生活，以显示生命的存在（Currie，1993）。

3. 麻醉品与犯罪

美国及其他国家的研究足以证明，使用麻醉品与犯罪之间有着密切的关系，那些使用非法麻醉品的人比一般人更容易犯罪。研究发现，美国被捕的犯罪嫌疑人中有将近一半在犯罪前三天使用过非法麻醉品，在英国则高达55%。我们综合各个国家的30多项研究后发现：麻醉品使用者的犯罪几率是一般人的3～4倍（Bennett等，2008；Wren，1999；Walchak，1996）。所有这些是否就表明吸毒能导致犯罪呢？毒品奴役理论（drug enslavement theory）给出了肯定的答案。而一般越轨症候群理论（general deviance syndrome theory）则给出了否定的答案。

282 根据毒品奴役理论，毒品使用者被迫过着犯罪生活，因为他们无法支付昂贵的、禁售的毒品费用，除非靠抢劫或偷盗来支付下次毒资。这对经济拮据的吸毒者来说是可以理解的。他们处于生活贫困、缺乏教育和工作技能、遭遇种族歧视等不利环境中。但是这一理论并不适用于“有闲阶级”，他们有足够的财力，不必为支付毒资而犯罪（Harrsion，1992）。

根据一般越轨症候群理论，吸毒与犯罪的强相关并不能说明吸毒必然导致犯罪，因为大多数吸毒者在吸毒之前已经有过犯罪前科。作为毒品使用者，变成吸毒者和继续犯罪是一丘之貉，即从常态堕入非常态。这些具有越轨症候的人不仅有一种非常态，还有其他非常态，如毒品使用和与毒品相关的犯罪。在丹佛戒毒中心，研究者发现，有这种越轨症候的人占了全部吸毒者的77%，剩下的23%则没有这种症候，他们是在吸毒之后才开始犯罪的（Dalrymple，2006；Swan，1993）。显而易见，对大多数吸毒者来说，毒品使用本身并不一定导致犯罪。但是，吸毒确实激发了犯罪倾向或提高了犯罪率。这或许能够解释“庞大而无法估计的”吸毒者的犯罪原因吧。

4. 麻醉品及其使用者的社会经济地位

社会经济地位以教育、职业、收入为衡量标准，与非法麻醉品使用的类型有密不可分的关系。地位较高的人喜欢使用某些特定麻醉品，而那些地位较低的人则喜欢使用另一些（Goode，2005a）。

社会地位与大麻存在着强相关：地位越高，使用大麻的可能性越大。大麻在大学生和高中生中尤为盛行，目前是他们的首选。不仅在美国如此，大麻在加拿大、英国、瑞士和西班牙等发达国家的青年中也非常流行。主要原因在于发达国家的青年比发展中国家的同龄人有更多休闲娱乐的机会。吸大麻正是这些阔少们追求的娱乐方式（ter Bogt等，2006）。

海洛因无疑在下层社会中最为流行，尤其是那些居住在贫民窟的人。那些有钱人，包括他们上高中或大学的孩子，一般对海洛因都不感兴趣。长期以来都是这样，甚至在20世纪60年代，当大量的大学生、高中生尝试使用各种毒品时，海洛因还是他们迫不得已的选择。但是从20世纪90年代以来，更多有钱的白人转而吸食海洛因，主要是因为现在海洛因的纯度已经很高，可以用鼻孔吸或抽，而不必冒着与他人共用针头感染艾滋病病毒的风险（Wren，1999；Leland，1996）。

由于价格昂贵，长期以来可卡因成为富人的消费品。直到今天，它依然在富人中盛行。但是，自从可卡因不那么昂贵之后，越来越多经济不富裕的人也开始使用了。可卡因最便宜的形态是快克，在穷人中尤为流行。事实上，快克已被称为“穷人的毒品”。由于被社会边缘化，如被剥夺了社会支持、经济资源和健康，穷人更有可能继续使用快克（Van Der Poel & Van De Mheen，2006）。

至于甲安非他明和迷奸药，似乎对工人阶级与年轻人有着特别的吸引力。研究证明，一些工人使用甲安非他明来寻求快乐、提高自信、增加能量；因为甲 283 安非他明能抑制食欲，有些女工用它来减肥。迷奸药在年轻人，尤其是那些爱喝酒的人中非常流行，作为镇静剂，除了其效力更强外，与酒有着同样的效果。迷奸药似乎在工人中间也很盛行。至于摇头丸，通常与高中生、大学生和年轻的专业人士紧密相连。

尽管我们已分别讨论了吸毒者使用的各种毒品，但也应该注意到，特定毒品的使用并不表明个体总是使用或长期持续使用那种毒品。大多数毒品使用者都不限于使用一种毒品。此外，在同伴的影响下，他们会逐渐从相对温和的麻醉品如香烟、烈性酒或大麻转向更加烈性的毒品，如海洛因和可卡因。尽管如此，在众多的毒品中，大多数吸毒者仍然钟情于某一种毒品（Fergusson，2006）。

四、成为吸毒者

在关于海洛因使用的经典研究中，伊西多·切英（Isidor Chein）及其同事（1964）揭示了成为吸毒者的四个阶段：尝试性使用、偶尔使用（1周1次或更少）、经常性使用（1天1次或更多）和想改变这种习惯的痛苦挣扎。伊西多·切英和同事们进一步注意到，有些吸毒者可能经历过所有的阶段，也可能在任一阶段停止。有的人可能尝试一次，不会重复第二次；而另一个人可能会偶尔使用海洛因，不会经常性地使用；第三个人可能经常性地使用，但想尽力改变恶习；第四个人可能经历了所有这四个阶段，成为海洛因上瘾者，而不做任何努力来改变这种恶习。

在不同的吸毒者中，海洛因使用者似乎最有可能坚持到底，到达第四个阶段（上瘾）。而使用大麻、可卡因和其他非法麻醉品的人则会保持在前面几个阶段（尝试性使用、偶尔使用或经常性使用）。

海洛因最容易上瘾，不仅因为其化学效用，更重要的是因为绝大多数瘾君子是穷人，他们用海洛因来缓解生活压力，如低薪、失业和种族歧视。由于海洛因所带来的缓解只是一时的，而压力却一直存在，就可能长期使用海洛因；并且由于海洛因非常容易上瘾，使用者上瘾的几率也最大。另一方面，大麻、可卡因和其他毒品的使用者不可能对这些毒品上瘾，因为不像海洛因使用者是穷人那样，其使用者大多数是年轻人，他们使用毒品的原因与上电影院、参加聚会或出去约会一样，也就是说，毒品是他们社会生活或娱乐的一部分。对美国高中毕业生的一项全国性调查发现，大麻、可卡因使用者最常提到的理由是“为了与朋友玩得快乐”，“为了感觉好一些或获得快感”和“想知道吸毒的感觉到底是怎么样的”。少部分学生则提到“为了使自己从困境中解脱”，“为了平息愤怒和受挫”或“为了熬过这一天”（Johnston 等，1986）。因此，如果不是为了解决困难和棘手问题而被迫吸毒，他们很有可能只是偶尔使用一下而已。

吸毒者在哪个阶段结束？他们最早是在哪里接触到毒品的？他们通常从朋友那里以一种简单的、
284 不经意的方式获得毒品。这可以从下面两个年轻人的第一次海洛因体验中得到证实（Chein 等，1964）：

> 天正下着雨，我非常累。我站在门口，这时一个朋友路过这里。他说：“需要打一针吗？”我说：“好的！”于是，我们都注射了毒品。
>
> 在一个聚会上，每个人都玩得很开心，我也很想融入其中。我想，这不伤害他们，也不伤害我。从此就一发而不可收拾。那时他们正在用鼻孔吸毒。有两三个人掏出几颗海洛因胶囊，说：“如果需要这个，就试试吧。”我接受了。他们不是为了让我上瘾，而只是想让我尝试一下。

与流行的观点正好相反，并非贩毒者（死亡商人）把毒品强加到无辜的青少年身上的，而是朋友们向他们介绍了毒品的使用方法，尤其是大麻这种最普遍的非法麻醉品。据全美一项调查显示，绝大多数（将近90%）的大麻吸食者是从朋友或亲戚那里得到大麻的（Caulkins & Liccardo，2006；Osgood 等，1996）。

一旦尝试过毒品后，使用者都要经历一个学习过程，从朋友那里获得明确或含蓄的指导。霍华德·贝克尔（Howard Becker，1963）研究了成为大麻吸食者的三个过程。

第一是学习获得快感的技巧。因为初学者习惯于像抽普通香烟那样吸大麻，这样就不会从中获得预期效果。因此他们会观察有经验的朋友如何吸食，或从朋友那里得到指教，以正确的方式吸大麻。如深吸一口，让烟在肺里保留足够长的时间，这样可以使血管吸收到足够多的能影响人精神和心理的物质，以产生快感。

第二是学习识别毒品的效力。在学习正确吸食大麻的技巧之后，新手们仍不能获得快感。因此，他们必须从朋友那里学习大麻快感的一些特征：如脚发凉、腿发软、饥饿、感觉不到时间的流逝等。

第三是学习享受毒品的效用。获得快感时，新手们会感到头昏眼花、口渴和头皮发麻，搞不清楚时空，或感到自己同时身处两地，也可能以特殊的方式感觉或听到某些事物。对初次吸毒者来说，这些感觉或许是不愉快的甚至是可怕的。他们必须学会把这些感觉重新定义为快乐的，否则他们就不愿再使用毒品了。受到有经验的朋友的鼓励，新手们通常学会了享受这种经历。朋友可能告诉他们说：“你真幸运，我只有付出全部才能获得快感。我很久都没有获得过那样的快感了。”

随着对可卡因、海洛因或其他非法药品的进一步使用，新手们也必须学习第一步——使用这些药品的技巧。但是第二步和第三步——学习识别和享受毒品的效力，或许没有必要，因为其效力通常比大麻更明确、更容易预料。实际上，所有可卡因的最初使用者都认为，可卡因能带来强烈的快感。因此，可卡因和其他毒品的使用者没有必要去学习怎样识别和享受毒品的效力。

五、吸毒者的社会特征 285

与一般人相比，吸毒者通常有着特定的社会和心理特征。第一，吸毒者中男性明显多于女性。这说明，在总体上，男性比女性更易于参与偏差行为。男性不仅有可能吸毒，而且很有可能经常吸，并极有可能成为上瘾者（Osgood 等，1996）。

第二，吸毒者都相当年轻。吸毒率最大的年龄组是 18～25 岁。在这个群体里，18 岁、19 岁的青少年要高于 24 岁、25 岁的青年。青少年吸毒率较高，主要是由于脱离父母监管后的自由放任，更重要的是不需承担成年人的责任，如就业、婚姻、养育子女等。长期研究证明，那些无业、未婚和无子女的人比有工作、有配偶和有子女的人更有可能吸毒（Goode，2005a）。

第三，吸毒者从父母和同龄人那里学会了吸毒。吸毒者的父母通常使用合法麻醉品，如香烟、酒精和为了缓解紧张及治疗失眠的处方麻醉品，这些对子女有很大影响。在使用非法麻醉品之前，他们从父母那里首先学会了使用合法麻醉品。第一次使用的毒品通常都是朋友给的。毫不奇怪，吸毒者大都有几个使用毒品的朋友。第一次吸毒之后，是否继续吸毒也取决于其朋友如何使用毒品（Martins 等，2008；Molotsky，1999）。

第四，与不使用毒品的同龄人相比，吸毒的高中生更有可能逃课、逃学或中途辍学，不参加宗教活动，晚上通常出去寻欢作乐等。换句话说，与不吸毒者相比，年轻的吸毒者与三大社会公共机构（学校、教堂、家庭）的关系不那么密切（Goode，2005a）。

六、为什么要吸毒？

40 多个实证主义理论都在关注毒品使用的某些问题。一些理论试图解释为什么有些人比其他人更有可能使用或滥用毒品。这些解释的理论可分为三大类：生物学的、心理学的和社会学的。根据生物学理论，毒品上瘾的原因在于生物因素，如对毒品有天生的承受力，或因新陈代谢紊乱导致的对毒品的渴望，就像糖尿病患者对胰岛素的渴望一样。根据心理学理论，毒品使用是由特定的人格特征决定的，如缺乏自尊、打破常规、我行我素。根据社会学理论，毒品使用源于社会力量，如毒品亚文化模式或同龄群体的影响（Goode，2005a）。第一种理论是最不可信的，因为科学研究无法找到相关证据。当然，所谓的生物学原因也可能被视为滥用毒品的影响。大量的证据可以支撑另两种理论。下面我们先讨论三个具体的理论。

286 1. 经济剥夺理论

在回顾了 20 世纪 50 年代早期以来有关毒品使用的各种研究后，埃利奥特·柯里（Elliott Currie，1993）得出结论：“毒品滥用与剥夺之间的联系是 40 年来研究最深入、最具体的。”他写道：

> 40 年的研究积累证明，常见的毒品滥用与被剥夺感、经济边缘化和文化集团的崩溃密切相关。欧洲与美国一样，20 世纪 80 年代、90 年代与 60 年代一样，贫穷的白人、拉美裔人与内城区的黑人也一样。

柯里进一步解释了为什么穷人为了适应社会环境会选择吸毒。一个重要的原因是，毒品可以满足这种地位需要。在较大的传统社会，穷人被剥夺了合法获得自尊、受到尊重，甚至是产生归属感的权利。结果，穷人社区发展了毒品文化作为自尊和受尊重的替代品。有研究指出：“处在毒品文化里，你像一个电影明星那样，那么多人依赖你，在大街上想拦住你。警察也总是依赖你……你是一个非常重要的人物。”第二个原因是毒品可以帮助使用者应对残酷的受压抑的贫困状态。如柯里写道：“毒品成为每天逃脱棘手问题的良药，医治情绪上的痛苦，减轻压力，摆脱疼痛。”第三个原因是毒品能让人产生弥补或重建破碎生活的感觉。由于缺少稳定的工作或稳固的家庭生活，穷人无法找到富人所拥有的那种感觉。作为替代物，毒品有助于缓解穷人单调而盲目的生活。第四个不可避免的原因是穷人社区充斥着毒品。由于轻易可得的大量毒品和随处可见的吸毒者，人们非常容易陷入滥用毒品的境地而不考虑后果（Currie，1993）。

总之，由于穷人的正常需要被社会剥夺或遏制，折磨人的贫困促使人们把毒品当作满足正常需要的手段。显而易见，这种理论对于解释穷人吸毒是非常有用的，但是对富人使用毒品却无法给予合理的解释。

2. 认知联想理论

经济剥夺理论意在解释毒品的使用和滥用，认知联想理论则试图解释毒品上瘾，如林德史密斯（1968）解释说：

> 毒品的惯性来自毒品停用后随之而来的影响，而不是任何身体自身所产生的正面影响。当吸毒者停用毒品后会很痛苦，而这种痛苦产生的原因又被理解为是毒品停用引起的，于是就会继续使用毒品以减轻这种痛苦，这时就会出现上瘾……如果吸毒者个人没有认识到这种痛苦和不适是源于药品停用，他就不会因继续吸食而上瘾；但是，如果他认识到了而进一步使用毒品，其上瘾就是迅速而永久性的了。

林德史密斯已经搜集了很多确凿证据来支撑他 287
的理论。他发现，在那些使用吗啡减轻术后疼痛的病人中，一些人后来对该麻醉品上瘾，而另一些人则没有。其区别在于病人是否意识到自己的恶心和其他症状与停用吗啡有关。当病人意识到（换句话说，“认知联想”）自己的痛苦源于吗啡的停用时，他们就会对吗啡上瘾，并要求得到更多的吗啡。相反，那些经历过同样的麻醉品停用后遗症的病人，由于不知道痛苦产生的原因，也就没有对麻醉品上瘾。为什么没有上瘾呢？因为医生告诉他们，这种不适是病人术后康复的正常症状，最终会自动消失的。于是，这些病人克服了痛苦，而不再要求更多的吗啡。

总之，药物上瘾的原因在于使用者对于停药痛苦与以前药物使用之间的认知联想。为了证明这个理论，林德史密斯进一步观察了精神病人、精神障碍者、年幼的孩子和动物，他们通常对药物上瘾都有免疫力，因为他们认识不到停药后的痛苦来源于药物的停用，即使解释他们也不明白。这个理论还可以解释为什么一旦人们体验到停药痛苦后，一般智力水平的人都那么易于对药物上瘾。尽管如此，我们还可以这样认为，上瘾的一个更深层次的原因是大多数人生活在一个现代的、快乐主义的社会里，希望立即解除停药后的痛苦，而不愿坚韧地忍受直至其慢慢消失。

3. 社会心理学理论

从各种研究中我们可以发现，很多社会因素和心理因素导致各行各业的人使用毒品。

在这些社会因素中，有些因素是从更高的社会或文化水平上施加影响，而另一些则更直接地通过个体生活的环境去影响个体，如家庭、朋友、同学、邻居、同事和其他经常相处的人。

社会因素的一个最显著的例子是现代社会的合法麻醉品文化。这些能够对人们的心理和精神状况产生影响的麻醉品，如烟酒和各种镇静剂、镇定剂，被直接或间接地用于普通大众。每年烟酒生产企业斥巨资做广告，以哄骗和诱惑人们使用它们的产品。制药厂派销售代表带着免费的镇定剂和兴奋剂样品到医生办公室推销，说服医生给病人使用他们的药品。另一方面，普通大众也需要这样的药物去帮助他们减轻身体上的疼痛和痛苦，消除心理上的沮丧和压抑，缓解自己的无能和窘迫感或空虚和厌倦感。因为有这样的麻醉品文化环境，许多人习惯于使用合法麻醉品，这就使得尝试非法麻醉品变得非常容易。这就是为什么许多人在学会喝酒或吸烟之后才开始使用非法麻醉品，许多青少年只在长期看到父母吸烟喝酒后才使用非法麻醉品的原因。如果一个小孩子说："我的父母喝酒，为什么我不能抽大麻？"成人是很难说服他并平息争论的。

那些更直接、更迅速地促使人们使用麻醉品的社会因素可以分为如下几种行为偏差理论：社会控制理论、差异交往理论、社会学习理论、结构压力
288 理论、差异违法机遇理论和偏差亚文化理论等。这些理论的意义已经在一些最新研究中得到了证明。既然这些理论在第二章、第三章中已详细地讨论过了，这里我们只讨论一些已知的、对解释麻醉品使用最有用的变量。它们是：（1）与传统社会中的人或机构，如父母、教师、牧师和雇主或家庭、学校、宗教和工作等，缺乏联系；（2）有朋友使用麻醉品；（3）是毒品使用亚文化环境中的一员；（4）容易获得麻醉品（Kilmer 等，2006；Caulkins & Liccardo，2006；Kaplan 等，1986）。

至于麻醉品使用背后的心理原因，相关研究已发现有以下重要因素：缺乏自知、没有自尊、自我否定，感到悲伤、无能或无望，非传统的或叛逆的，感受无常，寻求冒险，追求新奇体验，期望麻醉品能提升自己或缓解生活压力（Kaplan 等，1986；Jurich & Polson，1984）。临床案例进一步证明，那些有着某种个人问题的人在尝试使用各种麻醉品后，易于选择一种特定的麻醉品。他们经常性地使用自己喜欢的麻醉品，因为这可以帮助他们减轻某些特殊问题。例如，那些好事者、好斗者或有暴力倾向的人经常会使用海洛因，因为他们发现海洛因能帮助他们"感觉正常、平静、甜美、抚慰和放松"。那些经常感到压抑、疲惫、厌倦或害羞的人喜欢使用可卡因，因为可卡因让他们精力充沛、自信并善于交际（Khantzian，1985）。那些担心体育竞技失败或体形过瘦者，则会使用类固醇及人体生长激素来提升体育成绩和改善体形（McCallum，2008）。

七、与麻醉品作斗争

与麻醉品作斗争有两种基本策略。一种是惩罚性的：依法禁止供应并惩罚麻醉品销售者和使用者。另一种是支持性的：采取阻止（或教育）和治疗的办法，减少人们对麻醉品的需求，并向那些瘾君子提供帮助。美国政府已经投入了大量的反麻醉品资金来推动法律强制执行。例如，2008 年，政府斥资 83 亿美元来强制推行反麻醉品法，同时投入 46 亿美元用于禁毒和治疗毒品使用者（Kalb，2008）。结果是被幽禁的毒品上瘾者剧增。这种强调运用法律强制手段阻止和治疗毒品使用者的方法能解决麻醉品问题吗？首先，让我们考察一下过去和现在政府是如何执行惩罚策略的，再分析其成效。然后，我们将考察惩罚策略是如何引发麻醉品合法化的争论的。最后，我们将考察支持策略在解决麻醉品问题上的运用。

1. 历史模式

在历史上，与麻醉品作斗争变成了对弱势群体尤其是少数分子的战争。

反麻醉品的斗争始于 1875 年，在旧金山是以反鸦片法的形式第一次出现在历史舞台的。抽鸦片的习惯最早是由中国劳工传入美国的，他们都是没有什么技能的体力劳动者，被贩运到美国从事修铁路等建筑工作。最初他们吸食鸦片是受到包容的。但是很快，中国劳工被看成美国白人劳动力市场的威胁，因为他们从事超长时间的低薪工作。美国白人
289 开始了反中国劳工和鸦片烟的运动。这场运动在美国劳工联合会（American Federation of Labor）会长的有效领导下，虚构了一幅“中国劳工诱惑白人小孩成为鸦片上瘾者的可怕画面，声讨他们在洗衣店后面消磨时光”（Hill，1973）。结果，很多城市紧随其后也通过了反鸦片法。这一法律实际上是针对中国人的，因为这为“不受约束的、任意搜捕和袭击中国人的政策提供了法律依据”（Helmer，1975）。

1900 年前后，许多州的地方政府也颁布了相关法律、条例，禁止使用另外一种麻醉品——可卡因。这些法律实际上是针对黑人的法律。那时，可卡因在黑人中广泛使用，但是白人惊恐地坚信，可卡因产生的快感会激发黑人对白人施加暴力，刺激黑人男子对白人女子进行性骚扰，提高黑人的枪法，使黑人免受子弹的伤害，给予黑人超人的力量，使他们变得狡猾而精干。因而，反可卡因法对控制黑人并使他们安分守己是非常有用的。

1937 年，国会通过了《大麻税法案》（the Marihuana Tax Act）。这个反大麻的法案实际上是针对拉美裔人的。众所周知，西部和西南部的墨西哥移民（工人）广泛吸食大麻，盎格鲁美国人（Anglo Americans）对他们怀有强烈的偏见，散布谣言说“大麻”通常会导致墨西哥人犯谋杀、强奸及其他可怕的罪行。例如，1936 年，科罗拉多州一家报社的一位编辑给麻醉品局（Bureau of Narcotics）写信说：“我希望能让你们意识到一个很小的大麻烟对我们已经堕落、退化的、讲西班牙语的居民有多么大的影响。这就是为什么我们的问题如此严重的原因：这里大部分人口是拉美裔，他们大都由于社会、种族的原因而智力低下。”（Himmelstein，1983；Musto，1973）

1956 年颁布的《麻醉品控制法案》（The Narcotic Drug Control Act）对海洛因贩卖者的惩罚的确极为严厉，它规定年龄超过 18 岁的人一旦向不满 18 岁的未成年人出售海洛因，就要被处以死刑（Szasz，1974a）。

20 世纪 60 年代，有关大麻及其他非法麻醉品药效的可怕传言广为流传。其中一个传言来自 1968 年的宾夕法尼亚州州长，此人后来成为了尼克松政府的大麻和麻醉品滥用委员会（Marijuana and Drug Abuse Commission）主席。他告诉新闻媒体说：6 个大学生在服用迷幻药（LSD）后，直直地注视着太阳，结果都被阳光刺瞎了眼睛。尽管这个传言后来被证明是谎言和骗局，但普通大众已经对迷幻药及其他非法麻醉品充满了恐惧。随后，联邦政府和州政府的许多新立法都宣布要严惩非法麻醉品使用者。所有这些法律都是要惩罚那些敢于背叛传统价值观念、蔑视当权派、抗议美国参与越战的年轻人的。

然而，自 20 世纪 60 年代晚期以来，大量传统的、中产阶级白人开始使用麻醉品，尤其是大麻。职业运动员、电影明星、摇滚明星、企业主管和其他受人尊敬的成功人士都把使用可卡因作为一种身份和地位的象征。麻醉品使用已经与无能的少数派、反权威的青年和不受社会欢迎的人无关了。如今有钱的麻醉品使用者受到尊敬，而不再被当作危险的
罪犯对待，更有可能获得自由或量刑较轻。但是占 290
人口少数的种族，尤其是美国黑人仍然受到反麻醉品法的严惩。

2. 惩罚策略：法律的实施

与富裕的白人相比，贫穷的、占人口少数的麻醉品使用者更有可能被逮捕或监禁。例如，美国黑人仅占总人口的 12%，但是在使用麻醉品而被捕的人中他们却占到 50%以上。被联邦法庭判决有罪的绝大多数可卡因使用者也是黑人，因为销售可卡因粉而被判的刑期也要比犯同罪的富裕白人长得多。所有这些都表明，如今实施的反麻醉品法仍然沿袭着打击少数派的历史模式，表现最明显的是对美国黑人和西班牙裔的歧视；法律的实施消耗了大量本应用来进行麻醉品教育和治疗工程的专项资金，加剧了麻醉品问题。因此，贫穷的黑人和拉美裔人社区仍是吸毒率最高的，也是美国其他麻醉品问题最多的人群（Beckett 等，2006；Friedman，1998）。

禁毒法律还针对那些向美国倾销非法麻醉品的发展中国家。美国政府已竭尽全力敦促这些国家根除麻醉品植物。这些国家获得了数百万美元的补偿，而那些不能有效降低麻醉品产量的国家则面临着失去美国援助及国际社会借贷的威胁。美国士兵和顾问甚至已被派往拉丁美洲去摧毁可卡因加工厂并驱

赶麻醉品种植园主。美国海关（the U. S. Customs Service）也抓获了很多试图向美国走私非法麻醉品的人员。此外，美国药品管理局（Federal Drug Enforcement Agency）也经常向全国发布新闻，表明缴获了许多非法麻醉品。

然而，在美国街头，麻醉品仍然很容易获得，这很大程度上是因为需求巨大，总有一些国家和走私者会提供麻醉品（Shishkin & Crawford，2006；Wren，1996）。

3. 对麻醉品合法化的争议

依法控制麻醉品的明显失利，使麻醉品合法化的呼声日益高涨。拥护麻醉品合法化的人认为，像 20 世纪 20 年代的禁酒一样，现阶段的反麻醉品法弊大于利。这些法律导致了更多的犯罪，包括凶杀。如米尔顿·弗里德曼（Milton Friedman，1989）争论说："瘾君子为获得麻醉品被迫从事犯罪活动，以致最终成为罪犯来支付毒品费用。"他们还认为反麻醉品法催生了政府腐败，因为毒品买卖中的巨额利润驱使犯罪分子去贿赂执法机关"网开一面"。支持者们认为，通过使麻醉品合法化，政府可以剥夺贩毒者的非法暴利，杜绝执法机关腐败，并且大幅度地降低犯罪率。拥护麻醉品合法化的人还坚信，随着麻醉品的合法化，现在花在打击麻醉品犯罪上的巨额资金就可以用来开展麻醉品教育和治疗了，这将极大地减少麻醉品的使用和上瘾（Friedman，1998；Carter，1989）。

291 但是大多数美国人反对麻醉品合法化。他们担心，如果合法化了，麻醉品使用和吸毒成瘾将会大幅增加、无法遏抑（Walters，2002）。正如前国家禁毒政策办公室主任威廉·贝内特（William Bennett，1989）所说的那样："禁酒令废除以后，酒的消费飙升了 350%。"根据另一个反对麻醉品合法化的观点，麻醉品合法化以后，其使用和上瘾率的飙升将会使本已深受麻醉品之害的贫穷的少数族裔遭受更多的伤害（Rosenthal，1995）。社会学家柯里（1993）也认为麻醉品合法化不能解决麻醉品滥用和犯罪问题，因为问题的根源在于贫困、种族主义或不平等。因此，柯里建议政府通过向所有的人提供就业、提高最低工资、扩大就业途径、对贫困人口提供医疗保健、增设家庭带薪假、提供廉价住房和缩小社会不平等措施来消除贫困。

最近出台了控制麻醉品的第三种方案，即在完全的歧视和完全的合法化之间达成妥协。对于这些"妥协者"来说，正如麻醉品合法化的倡导者所指出的那样，完全的歧视会使一系列问题激增，如犯罪和腐败。但是妥协者也认为完全的合法化会导致麻醉品滥用和麻醉品上瘾激增。那么，解决的办法就是降低这两个问题导致的不良后果。例如，向成年人而不是未成年人销售大麻合法化，而向任何人兜售高纯度毒品都是非法的。这在荷兰已经成为现实，是否能在美国实行还很难说（Goode，2004a）。

4. 支持策略：预防和治疗

尽管美国政府非常重视惩罚策略，但同时也采取了支持策略，如开展教育、治疗上瘾者和预防毒品上瘾。为了预防沾染毒品，政府通过学校课程、电视商业节目及其他教育手段力图使学生们认识到毒品的危害性。治疗包括医院、公共卫生机构和为吸毒者设立的戒毒中心。下面让我们再仔细考察一下这两种支持策略。

（1）毒品预防。

最普及的项目是药物滥用防治教育计划（Drug Abuse Resistance Education，DARE）。有 60%以上的地方学校都在采用药物滥用防治教育计划，即请一个警官去学校进行毒品教育。这一项目就是要通过教育让学生认识到毒品的危害性，从而教会他们如何发展社会技能、增强自尊、抗拒同伴的诱惑、寻求摆脱毒品的替代物，如指导青少年培养健康的业余爱好等来预防吸毒。根据项目负责人和支持者们的说法，药物滥用防治教育从 1982 年设立以来，已经成功实现了既定目标（DeJong，1986）。但是研究者却发现，事实并非如此：药物滥用防治教育并不能有效地预防毒品使用，尽管它确实增强了孩子们的自尊、发展了社会技能并改善了他们对警方的态度（Elliott，1995）。

尽管如此，大多数参加过药物滥用防治教育课程学习的父母似乎赞同项目负责人的说法，即这个项目还是有效的。他们发现自己的孩子没有使用毒品。但是正如研究者所指出的那样，他们也没意识 292
到，药物滥用防治教育仅仅对那些像自己一样不可能带头吸食毒品的孩子们有用。更确切地说，药物滥用防治教育确实能够强化家教中培养的反毒品态度达到预防孩子们吸毒的目的。事实上，药物滥用防治教育及其同类课程并不能对那些已经尝试过吸毒的孩子们起太大作用。这些孩子又是怎么样的呢？他们一般有着以下经历：

- 家庭有酗酒史。
- 家庭有犯罪史。

- 父母糟糕的抚养习惯，如管教不严和不断的批评。
- 父母吸毒或对毒品持许可态度。
- 在学校有早期反社会行为，尤其是攻击行为。
- 疏远和忽视学校教育。
- 在中学时期学习成绩差。
- 与吸毒者交往甚密。(Levine，1986)

很显然，药物滥用防治教育本身对有毒品问题的孩子们起不到什么作用，除非家庭、学校、社区和社会各界一致努力，解决毒品对孩子们的影响才能奏效。

2）麻醉品治疗

对麻醉品上瘾者有三种治疗方法。第一种是化学疗法，包括解毒和维持疗法。解毒即是运用非麻醉药化学制剂或必需的睡眠使病人进入一种不需要麻醉品的状态。解毒本身并不能治疗麻醉品成瘾，因为对麻醉品的渴望依然存在，但是却使病人更愿意服从心理疗法或其他专为上瘾者设计的治疗方案。维持疗法是治疗中心给病人一种与病人先前使用的非法麻醉品成分相同的制剂。这种替代药物，如用于海洛因上瘾的美沙酮，能够防止停药后的痛苦，可以经常性地作为街头麻醉品的安全替代品，或作为治疗麻醉品上瘾的有效补充（Massing，1998）。

第二种方法是心理疗法，包括厌恶治疗、个案治疗（personal therapy）和小组治疗（group therapy）。厌恶治疗是让病人把吸毒与一些不愉快的经历联系起来。如果麻醉品上瘾者每次选择麻醉品时都遭受电击，那么他就很可能停止使用麻醉品。个案治疗即精神治疗师帮助病人发现并消除使用麻醉药的心理因素，如缺乏自尊或不能与他人建立良好的人际关系等。小组治疗指一群上瘾者共同讨论和分享他们的生活以及每人使用麻醉品的经历。

第三种方法是社区治疗。麻醉品上瘾者像家庭成员一样生活在一起。切断一切外界联系，包括与亲友的联系，这些上瘾者互相支持、互相帮助，过着没有毒品的生活。较为有名的治疗社区是锡南浓社区（Synanon）、奥德赛之家（Odyssey House）和凤凰屋（Phoenix House），如今甚至在许多监狱里也都建有这样的治疗社区（Early，1996）。

293 很难说清这些方案中哪一个最好，因为吸毒者在很多方面差异甚大，如年龄、种族、职业地位、使用麻醉品时间长短和上瘾程度等。有些方案可能对中毒较轻的人很有效，但对毒瘾很大的人却没多大成效，因此无法对这些方案进行比较。研究表明，如果吸毒者找到一份薪水不错的工作、得到亲友的帮助或远离毒品滥用的亚文化社区，那么任何一个治疗方案都可能非常有效（Abadinsky，1993）。

八、滥用处方麻醉品，尤其是奥施康定

使用医生为病人开具的处方麻醉品既可以是合法的，也可以是非法的。合法使用处方麻醉品主要是为了消除病人的痛苦，如疼痛、压抑和疲劳等。而非法使用处方药一般发生在健康者想获得快感时。在过去十多年间，这种滥用已急剧增加，如止痛药滥用的上升速度远远高于镇定剂、兴奋剂和镇静剂（见图11—1）。男性和白人比女性、黑人、拉美裔人更有可能滥用处方麻醉品。同样，那些受过高等教育的人也更有可能滥用。很显然，滥用处方麻醉品主要是存在于中产阶级中的问题。

滥用处方麻醉品的飙升主要有以下几个原因。第一，麻醉品非常容易得到，医生滥开处方，而且无需处方的在线售药也日益增加。第二，错误地以为处方麻醉品是安全无害的，因为它们是合法的，来自于信任的医生和药房，而不是非法的，来自于贩毒者。第三，这些使用者受到了与使用非法麻醉品一样的社会因素的影响。这些因素包括前面已讨论过的同伴影响、缺乏社会控制、合法麻醉品文化，这种文化激励人们吸烟喝酒或服用各种各样的止痛药、镇定剂等（Schepis & Krishanan-Sarin，2008；Compton & Volkow，2006）。

滥用止痛药的增加，尤其是奥施康定，似乎是从医疗机构和制药工业的发展中获得了动力。1990年以前的很长一段时间里，医生通常很少注意病人对疼痛的抱怨。随着这种抱怨日益频繁，医生们在20世纪90年代早期开始积极关注并着手解决这一问题。这使得制药公司大量生产各种各样的止痛药。于是，在随后的10年里，这些公司积极开展活动来推销它们的止痛药。一个最常见的策略就是用免费旅游和支付研讨会费用等方式贿赂医生。例如，某个制药公司会支付上百名医生的车旅费、住宿费，让他们参加在名胜古迹举办的“解决疼痛问题”周末研讨会。制药公司也会征募医生并向其支付高昂的费用，让他在全 294
国各地的各种“解决疼痛问题”研讨会上向其他医生宣传自己的产品。在这些会议上，医生们被鼓动给病人开止痛药，尤其是奥施康定这种最常用的处方麻醉品（Meier & Petersen，2001）。

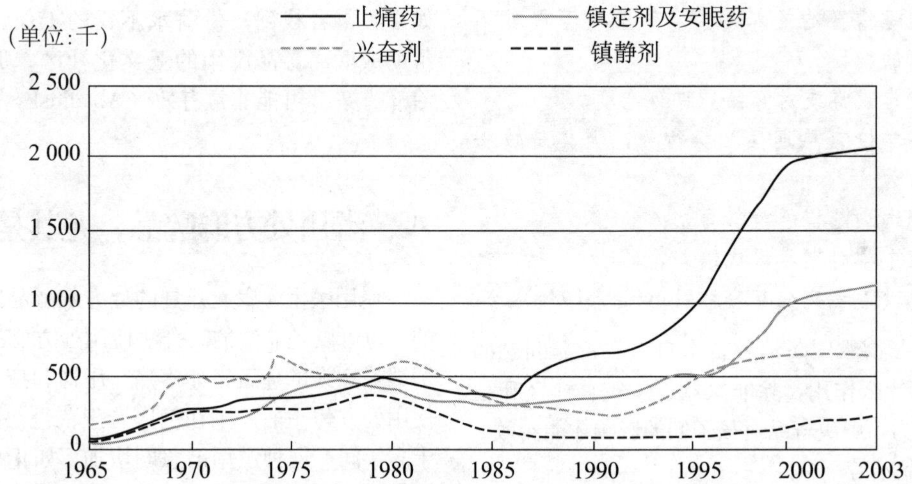

图 11—1 近年来处方麻醉品非法使用者数量变化表

资料来源：2004 年美国国民综合住户麻醉品使用状况调查统计（NHSDA）。

不幸的是，许多受到蛊惑并向病人开具奥施康定及其他止痛药的医生对处理这些麻醉品都没有太多经验。结果，他们常常不清楚病人是否真的需要止痛药，因此所开的处方药不是被滥用，就是由病人转卖给了他人。随着医生们急切开出的大量处方，大量止痛药及其他处方麻醉品充斥市场，滥用麻醉品的大门被打开。许多滥用者成为“医生的常客”，他们拜访不同的医生以获得更多的麻醉品，这点很容易做到。正如一个滥用者所说的那样：“我走进去告诉他，我得了偏头痛。这就是我全部要说的话。”有些滥用者通过欺骗获得了麻醉品，如使用伪造的处方或以医生的名义向药房打电话等。有些滥用者偷窃医生的处方便笺簿、强行进入药房，或拿着合法的处方到病人之家获得麻醉品。有些滥用者从经
205 销商或病人那里以高出药房很多的价格购买麻醉品。然而 2004 年以来，美国药品管制局已加强了对奥施康定和其他止痛药的控制（Spencer，2004；Kalb，2001）。

奥施康定是最流行的处方麻醉品，因为它是目前为止最有效的止痛药，对解除剧痛最有效。奥施康定具有延时释放的特性，减轻疼痛所持续的时间是其他麻醉品的 3 倍，使用者一般口服即可。合法的使用者用水吞服药片后，使其在身体里慢慢产生药效。但是滥用者则通过碾碎药片用鼻子吸食的办法获得更快速、更强烈的快感冲击。由于该麻醉药比较容易获得，这就很可能威胁到滥用者的健康，也会威胁到他们的社会生活和职业生涯（Adler，2004；Kalb，2001）。

九、吸烟

正如前面所说的那样，合法麻醉品比非法麻醉品更普遍。随着时光的流逝，合法麻醉品也更危险。酒精滥用是下一章要讨论的问题。我们先来考察一下吸烟问题。

自 1964 年美国公共卫生局（the U. S. Surgeon General）通过研究第一次宣布吸烟会导致肺癌以来，已有很多报告证明吸烟危害健康。因此政府已制定多项法律，规定要贴上禁烟标志、限制香烟广告、控制香烟的研发、设立吸烟区和禁烟区。政府甚至已迫使烟草业在过去 25 年里支付了5 000多亿美元（每年 200 亿美元）用于卫生保健。相对于烟草业每年大约赢利 300 亿美元来说，这已经是相当大的数目了。所有这些努力使过去 40 年的吸烟人数下降了 40％，现在美国人吸烟的比例是世界上最低的（Sullum，1998；Pollack，1997）。

尽管如此，仍然有 25％以上的美国人经常吸烟。在特定的月份里，甚至 13％的青少年（12～17 岁）是烟民。大多数青少年吸烟者长大后有可能继续吸烟，因为大多数成年烟民都是在 18 岁前开始吸烟的（NSDUH，2006）。

青少年中白人比黑人更有可能吸烟。然而成年人中，美国黑人则更有可能吸烟。在不同种族或不同信仰的人群中，吸烟率最高的是美国土著人，最低的是亚裔美国人。这些种族差异与受教育程度有关。正如许多研究所证实的那样，受教育不到 12 年的人比受教育 16 年以上的人的吸烟率高 3 倍，即受

教育少的群体比其他群体吸烟的可能性大。吸烟也有性别差异，在大多数种族内，男性的吸烟率明显高于女性，白人青少年则是特例，其青少年男女吸烟的比例是差不多的（Adler，2008；McMurray，2004；SAMHSA，2002；AHA，1998）。

296 既然吸烟严重影响健康，为什么仍然有这么多的人继续吸烟而不愿意戒掉呢？他们是没有理性，还是没有意识到吸烟的危害？许多烟民已经上瘾了，因此他们无法戒掉。但是另外一些人即使能够戒掉，却仍然继续吸，这是因为对他们来说吸烟利大于弊。吸烟的好处包括缓解压力、放松情绪、享受宁静或者抽烟时与人交谈的乐趣。此外还有其他一些因素。与不吸烟的人相比，烟民们更清楚地意识到吸烟的风险。与流行观点相反，大多数吸烟者清楚地意识到了吸烟的危害。事实上他们还会夸大吸烟的危害。例如，一项研究表明，有些烟民认为吸烟患肺癌的比例是 38%，而实际上真正的风险远远低于 10%（Blizzard，2004b；Viscusi，1992）。

无论吸烟者认为他们从烟草中得到了怎样的好处，不吸烟的人仍然有权保护自己不受二手烟的危害。但是吸烟者也有权以自己的健康做赌注继续吸烟。面对这种矛盾，美国政府目前正在着力建设一个无烟社会，但这只是在公共场合禁烟，而不是针对吸烟者本身。

十、环球视野：吸烟

20 世纪 60 年代以来，在美国、西欧和其他发达国家及地区，吸烟已经不如过去盛行。与之相反，在亚非拉和东欧的发展中国家，吸烟却越来越普遍。结果，今天发展中国家烟民的数量远远多于发达国家的烟民数量。其数量增长的一个最主要原因是没有立法，如警告人们吸烟的危害、限制烟草广告和烟草开发、禁止人们在工作和公共场合的室内区域吸烟。而在发达国家，这样的法律对降低吸烟率起着巨大的作用（Mackay & Eriksen，2002）。

在 20 世纪下半叶，吸烟在发达国家远比发展中国家盛行。因此 1980—2000 年间，吸烟导致的死亡率在发达国家较高，但 21 世纪初已开始下降。既然现在发展中国家吸烟率这么高，那么未来 30 年在这些相对贫穷的国家，与吸烟有关的死亡将非常普遍（Peto & Lopez，2001）。

无论是在发达国家还是发展中国家，男性吸烟率都比女性的高。在发展中国家的烟民中这一比例更高，这反映了第三世界国家明显的性别不平等。但由于烟草企业努力说服女性吸烟，这些国家女烟民数量骤增。例如，烟草公司经常用那些时髦、成熟、开放、充满活力、苗条性感、诱人的女烟民偶像做广告，也促使女性抽一些专为她们制作的品牌烟，这些烟又长又细、低焦油、颜色较浅或含有薄荷醇。

从全世界来看，绝大多数烟民都是在未成年时 297
开始吸烟的。青少年吸烟的一个最普遍原因就是同龄人的诱惑和压力。一个年轻人如果有朋友吸烟，那么他就很可能吸烟。另一个原因是年轻人普遍认为吸烟很正常或“很酷”，加之烟草公司的广告及诱使、香烟的易得及相对低廉的价格，使吸烟在青少年中相当流行（Mackay & Eriksen，2002；Peto & Lopez，2001）。

十一、本章概要

（1）**如何正确看待非法麻醉品的使用？**我们应该认识到非法麻醉品的使用没有合法麻醉品广泛，也没那么危险。社会对非法麻醉品的态度因时间、地域的不同而不同。而且非法麻醉品的使用在极大程度上是适度的，并不是无法控制的。

（2）**各种非法麻醉品的效用怎样？**作为兴奋剂，大麻可以产生欢愉、提高敏感度、改善感知和增加食欲。实践证明它对危重患者非常有效。但是如果吸到迷醉的程度，大麻就会破坏人的判断力和记忆力。它非常容易上瘾，吸食者也比一般人更有可能使用烈性麻醉品。作为一种镇静剂，海洛因可以减轻疼痛、紧张和压力，也给使用者带来欢愉。它也很容易上瘾。海洛因上瘾者并不一定会损害健康、影响事业，但是他必须承受失去社会权利和财力支持的双重影响。作为一种兴奋剂，可卡因强化感知、产生愉悦、提高自信并产生能量。它也是非常容易上瘾的。快克是更便宜的一种可卡因，可以点燃吸食，效力甚至更强，也更容易上瘾。甲安菲他明和迷幻药是非常流行的麻醉药，前者是一种兴奋剂，后者是一种镇静剂。如今最流行的麻醉药是摇头丸，它使绝大多数使用者感觉良好并对生活积极乐观，尽管政府一再告诫它是非常危险的麻醉药。

（3）**美国麻醉品使用的程度如何？**美国是世界上发达国家中使用麻醉品比例最高的国家，但是绝大多数麻醉品问题都集中在下层人士中。美国麻醉品使用在1982—1992年间已稳步下降，再次上升主要是因为白人青年开始吸食。

(4) **为什么静脉注射麻醉品容易感染艾滋病？**静脉注射的使用者不愿意采取任何预防措施去避免共用针头。原因主要包括渴望立即体验麻醉品注入的快乐，麻醉品使用者的冒险生活方式，因贫穷折磨而导致的生活黯淡和空虚。**麻醉品使用会导致犯罪吗？**根据毒品奴役理论，答案是肯定的；但根据一般越轨症候群理论，答案却是否定的。

(5) **麻醉品使用与社会经济地位有何关系？**大麻和可卡因粉的使用者相对来说比较富裕，而海洛因和快克的使用者则比较贫穷。甲安非他明和迷幻药的使用者大都是工人阶层和年轻人。摇头丸的使用者则大多数是学生和年轻人。**非法麻醉品使用者的社会特征有哪些？**非法麻醉品的使用者一般都是男性和年轻人，有着使用麻醉品的父母和朋友，缺乏与社会机构的紧密联系。

(6) **个人是如何成为毒品使用者的？**成为一个毒品使用者要经历四个阶段：尝试性使用、偶尔使
298 用、经常性使用和上瘾。一个使用者可能经历所有这四个阶段而上瘾，也可能在第一、第二、第三阶段停止。贝克尔对大麻吸食者的著名研究指出，一个人必须逐步学习三件事：如何获得大麻快感、如何体验这种快感和如何享受这种快感。

(7) **是什么导致人们使用毒品并上瘾的？**根据柯里的经济剥夺理论，极度贫困的受害者通过使用毒品来满足其社会地位的需要、缓解受压迫的贫困状况、用易得的毒品弥补破碎的生活并产生一种对生活的希望。林德史密斯的认知联想理论则认为：如果我们认识到痛苦源于毒品的停用，我们就会对海洛因上瘾。最后，社会心理学理论认为，毒品使用中既有社会因素也有心理因素的影响，前者表现在合法毒品文化和缺少社会控制对个人的影响上，而后者主要是自我观念淡薄和缺乏自尊。

(8) **与麻醉品斗争的形式有哪些？**有关麻醉品的斗争包括两种策略：一种是惩罚性的，包括以立法遏制毒品的泛滥和惩罚贩毒者与使用者；另一种是支持性的，包括通过预防或教育减少人们对毒品的需要，通过治疗帮助毒品上瘾者。

(9) **为什么奥施康定成为麻醉品滥用者最流行的处方药？**当这种药被碾碎用鼻子吸时，能立即产生很强烈的快感冲击。它的盛行产生了巨大的需求，以至于许多滥用者通过欺骗、入室行窃和其他违法犯罪行为获得。**吸烟的实质是什么？**尽管吸烟能致病，但是美国至少有25%的人经常吸烟，主要原因是他们坚信吸烟利大于弊。

(10) **世界上吸烟者的情况如何？**在20世纪后半叶，吸烟在发达国家比发展中国家盛行。但是今天，吸烟在发展中国家却更普遍，主要原因是缺少限制烟草使用的法律。无论在发达国家还是发展中国家，男性的吸烟率都要高于女性，并且大多数烟民都是在很小的时候就开始吸烟的。

十二、扩展阅读

Boyd, Susan C. 2004. *From Witches to Crack Moms: Women, Drug Law, and Policy*. Durham, N.C.: Carolina Academic Press. A study of how the drug war affects the daily lives of women who use drugs, making them out to be more deviant and immoral than their male peers.

Caulkins, Jonathan P., et al. 2005. *How Goes the "War on Drugs"? An Assessment of U.S. Drug Problems and Policy*. Santa Monica, Calif.: RAND. Analysis of the drug war with the conclusion that it has had a mixed record, with a modest decline in the use of cocaine but a substantial rise in marijuana use.

Cherry, Andrew, Mary E. Dillon, and Douglas Rugh (eds.). 2002. *Substance Abuse: A Global View*. Westport, Conn.: Greenwood. A series of articles discussing the problem of drug abuse in 13 countries.

Coombs, Robert Holman. 1997. *Drug-Impaired Professionals*. Cambridge, Mass.: Harvard University Press. An interview-based analysis of the nature and causes of drug addiction among doctors, lawyers, and other professionals.

Currie, Elliott. 1993. *Reckoning: Drugs, the Cities, and the American Future*. New York: Hill and Wang. An analysis of the drug problems in largely poor minority neighborhoods of large cities across the United States.

Dalrymple, Theodore. 2006. *Romancing Opiates*. New York: Encounter Books. A critical analysis of drug use with such observations that drug addicts usually appear in pain while seeing their therapist but cheerful in the presence of fellow addicts.

Early, Kevin E. (ed.). 1996. *Drug Treatment Behind Bars: Prison-Based Strategies for Change*. Westport, Conn.: Praeger. A collection of articles on the therapeutic communities in U.S. prisons. 299

Falco, Mathea. 1992. *The Making of a Drug-Free America: Programs That Work*. New York: Times Books. Showcasing effective programs on drug prevention, treatment, and law enforcement.

Gately, Iain. 2002. *Tobacco: The Story of How Tobacco Seduced the World*. New York: Grove. A readable and entertaining history of the weed, showing how it spread throughout the world and, in the process, influenced important global events such as the Atlantic slave trade, the American Revolution, and the opening of international trade.

Goldberg, Ted. 1999. *Demystifying Drugs: A Psychological Perspective*. New York: St. Martin's. Discusses how and why people use drugs as well as how the Swedish and Dutch societies deal with drug abuse.

Goode, Erich. 2005. *Drugs in American Society,* 6th ed. New York: McGraw-Hill. A comprehensive text on the subject, covering drug use in general, many specific drugs such as alcohol, marijuana, and cocaine, and theories of drug use.

Hawdon, James E. 2005. *Drug and Alcohol Consumption as Functions of Social Structures: A Cross-Cultural Sociology*. Lewiston, N.Y.: Edwin Mellen Press. An analysis of how and why drug use is more prevalent in modern, industrialized societies.

Kandel, Denise B. (ed.). 2002. *Stages and Pathways of Drug Involvement: Examining the Gateway Hypothesis*. Cambridge, UK: Cambridge University Press. An anthology of diverse articles presenting various theoretical and empirical analyses of the famous idea that the use of licit or less harmful drugs often leads to the use of harder or more dangerous drugs.

Massing, Michael. 1998. *The Fix*. New York: Simon & Schuster. An analysis of the U.S. drug problem with practical recommendations for treatment as opposed to law enforcement.

Roffman, Roger A., and Robert Stephens (eds.). 2006. *Cannabis Dependence: Its Nature, Consequences and Treatment*. Cambridge, U.K.: Cambridge University Press. A series of articles presenting various aspects of marijuana addiction including the signs and interventions of addiction and the arguments for prohibition or legalization of the drug.

South, Nigel (ed.). 1999. *Drugs: Cultures, Controls and Everyday Life*. Thousand Oaks, Calif.: Sage Publications. A collection of articles dealing with the cultural influences on drug use and various societies' efforts to control it.

Sussman, Steve, and Susan L. Ames. 2001. *The Social Psychology of Drug Abuse*. Philadelphia: Open University Press. A review of studies focusing on social and psychological factors in drug abuse.

Venturelli, Peter J. 1994. *Drug Use in America: Social, Cultural, and Political Perspectives*. Boston: Jones and Bartlett. An anthology of articles on drug use among youth, women, and minorities as well as on drug prevention and decriminalization.

十三、思考题

1. 如果在与麻醉品的斗争中，你必须在惩罚性策略与支持性策略中二选一，你会选择哪一种？为什么？

2. 有些吸烟者认为，在一个自由的国度里，即使吸烟会置人死地，也该允许人们自由自在地吸烟。只要烟不进入不吸烟者的肺里，就可以吸烟，还是应该禁止吸烟？谈谈你的观点。

300

第十二章 饮酒与酗酒

表象与事实

表象：美国人喜欢喝酒。他们已步入世界上酗酒者的行列。

事实：在全球范围内，美国人还算是饮酒适度的，既不是严重酗酒，也不是滴酒不沾（第 302 页）。

表象：几杯酒下肚后，更容易产生性冲动。

事实：由于酒精是镇静剂，而非兴奋剂，所以即使饮酒者酒后不加克制，他或她也很难产生性冲动（第 303 页）。

表象：酒精通常会使饮酒者道德沦丧，导致他
301 们行为低俗。

事实：酒精本身不会让人道德沦丧，但是人们相信酒精会使道德沦丧。这种观念如此普遍，就像是一种自我实现的预言，致使许多人喝点酒就做出些道德败坏的事（第 304 页）。

表象：黑人大学生和白人大学生一样会喝酒或酗酒。

事实：比起同龄白人大学生，黑人饮酒或酗酒可能性更小（第 308 页）。

表象：在美国，意大利裔和华裔酗酒率最低，因为他们几乎不喝酒。

事实：这两个族裔的人经常喝酒，但不会变成酒鬼，因为他们一边吃饭一边喝酒，这样就不容易喝醉（第 309 页）。

表象：由于他们的教会禁止饮酒，那些保守派新教徒如五旬节派和南方浸礼会的教徒已经学会远离酒精。

事实：相对于自由派新教徒，保守派新教徒中大部分人不喝酒，只有很小一部分人过量饮酒。但是一旦喝起来，他们更容易成为酗酒者。一种解释就是，他们在宗教环境中长大，一直被教导远离酒精，而没有学会适量饮酒（第 310 页）。

表象：饮酒者中，下层人士比上层人士的比例大，因此酒鬼也更多。

事实：下层饮酒者比上层少，但酗酒者却更多。

可以这么解释，上层饮酒者更有可能把酒精看做调节人际互动的润滑剂，而下层饮酒者更喜欢将喝酒作为一种发泄个人困境的消极手段。这与上层人士有所不同（第310页）。

表象：在美国，南部的酒精消费水平最高，酗酒率也最高。

事实：虽然南部的酒精消费水平最低，但其酗酒率却最高。饮酒率最高的原因在于，那里的宗教保守人士和下层人士的比例较大（第311页）。

表象：如今在美国，校园狂欢纵饮比以前更为常见。

事实：美国校园狂欢纵饮无论是过去还是现在一直都很普遍，只是沉迷于酒精的学生比以前更多了（第315页）。

表象：法定最低饮酒年龄是21岁，这有助于降低青少年饮酒的风险，如狂欢纵饮或酗酒。

事实：相反，法定饮酒年龄助长了青少年在参加公共活动前，私下里进行“赛前”狂欢或“鼓劲儿”式狂饮。同时，他们也以喝酒的方式证明自己已经成年（第324页）。

在一般的美国校园中，周末派对从周五便开始了。午夜过后有人问“你为什么喝这么多”时，大多数学生都会给你一个简短的答复。“压力太大!”一位工商专业的学生在酒吧外说，然后，他被一个大块头扶着，跌跌撞撞地走远了……“应激反应!”一个女生小声说，她靠着墙以防摔倒。她跟前站着两个脖子短粗的年轻人，其中一个穿了件T恤衫，
302 上面写着：“把我灌醉，我就到家了!”另一个人的衣服上写着：“两杯半啤酒就能让我欲火中烧!”他们抓住晕头转向、咯咯直笑的女生的脚踝，将她举过啤酒桶，头朝下倒挂在那儿。这个女生抓住一个塑料软管开始大口吞咽……“可恶的、可怕的专业压力!”站在俱乐部门外的第三个学生说，她正要把一个喝得走不动的朋友扶上车。那个朋友的头发完全被啤酒浸湿了，他迅速把头伸到窗外，打了个酒嗝之后开始呕吐。这些学生的所作所为被称为狂欢纵饮，从20世纪80年代末开始出现在许多大学校园，一直延续到压力重重的今天（Seaman，2005；Matthews，1993）。

学者们把狂欢纵饮定义为：男子一连喝五杯及以上的酒，而女士一连喝四杯或更多。根据全美的一项调查，大约44%的学生至少两周狂欢一次（Wechsler等，2002）。大多数学生都认为压力大是导致狂欢纵饮的最重要影响因素，但也不乏其他因素。本章我们将讨论导致饮酒和酗酒的其他影响因素。

一、饮酒与酗酒的范围

尽管校园狂欢纵饮十分盛行，但是大多数美国人并没有成为酒鬼，因为根据定义，酒鬼是指由于饮酒过量而失控，结果引发健康、工作和个人关系方面的问题。美国只有大约6%的成人酗酒。大概63%的人喝酒精饮料，如蒸馏酒、葡萄酒或啤酒。这些适度饮酒者中，男士一天喝酒不超过两杯，女士不超过一杯。在一个较大的少数族群中，37%的成年人绝对戒酒，滴酒不沾（Blizzard，2004a；SAMHSA，2002）。在全球范围内，美国人还算是饮酒适度的，既不是严重酗酒，也不是滴酒不沾。自20世纪80年代以来，这种饮酒适度的方式越来越受人们欢迎。从那时起，戒酒人数上升，酗酒者下降，这主要得益于人们健康意识的提升，大家对酒后驾车可能导致的车祸越来越谨慎了（Ahlstrom & Osterberg，2005；Chase，1996b）。

不过，饮酒仍远比使用非法麻醉品普遍，而且在所有的麻醉品滥用中，酒精滥用覆盖面最广。酗酒成为美国最大的健康问题之一，仅次于心脏病和癌症，而酒后驾车则成为年轻人的第一大死因（年龄在16～24岁之间）。酗酒问题造成巨大的经济损失，一年中在工业产值下降、疾病或交通事故等方面造成的损失甚至高达900亿美元（Rivara等，2004；Brake，1994；Heien & Pittman，1993）。

二、有关酒精滥用的误解

尽管饮酒现象十分普遍而且后果严重，但是公众似乎对此不以为然。如果我们是男女主人，请客人喝酒，根本不会认为自己是麻醉品的推销员。更
重要的是，啤酒与白酒广告相互竞争，就是要把这 303
种麻醉品推向更广大的受众。这就是为什么只有少数美国人会把饮酒或者酒精滥用看做一个严重的问题的原因。公众认为其他麻醉品（如大麻、可卡因和海洛因）的滥用才是严重问题，而对酒精及其滥用却漠不关心，并引发了很多错误观点。由于公众很少关心饮酒问题，尽管一些流行观点（如“空腹喝酒会

醉得更快”）是正确的，但不少观点却大错特错。

第一个普遍流行的错误观点，认为大多数酒鬼都是些无家可归的人，通常被贬称为“游无定所的无赖”（skid-row bums）。事实上，无家可归的酒鬼只占美国饮酒人口中很小的一部分（不足 5%）。绝大多数酒鬼是普通人，他们就住在家里。

第二，人们普遍认为，不同的酒掺到一起喝会醉得更快。事实上，并不是混着喝，而是消耗的酒精总量和消化时间的长短决定着醉酒的速度。

第三，许多人相信，喝黑咖啡或者往头上浇凉水能醒酒。事实上，醒酒的最有效方法是等着酒精排出体外，要等多长时间取决于酒精在血液中的浓度。

第四个流行的错误观点，认为只喝啤酒是不可能酗酒的。事实上，跟杜松子酒、苏格兰威士忌或其他任何酒精饮料相比，喝啤酒更容易让人变成一个醉鬼。这是因为啤酒比其他饮料酒精含量低，人们可以一连喝几个小时，并不断延长，结果就很有可能导致酗酒。

第五个误解非常有诱惑力，即几杯酒下肚后，人们更容易产生性冲动。然而，由于酒精是一种镇静剂，而不是兴奋剂，所以即使饮酒者酒后不加克制，他或她也很难产生性冲动。正如莎士比亚在《麦克白》（*Macbeth*）中所写的，饮酒“能燃起某人的欲望，却无法达到目的”。对那些酗酒的男性，尤其是中年男性而言，一个共同的问题是无法勃起。一个醉汉想让他的伴侣兴奋起来，就像一只大猩猩试图拉小提琴一样（Hammond & Jorgensen，1981）。

三、酒精能让人干什么

自石器时代以来，人们就因为饮用了水果中渗出的液体（把水果长时间放在温暖的地方发酵而成）而喝醉过，酒精给人类带来了快乐，但同时也带来了悲伤。如今，大多数爱喝酒的美国人从酒精中获得了欢愉，但也有人很悲惨，最终变成了酒鬼。酒精在神圣仪式中起着非常重要的作用，让人倍感虔诚，但它同时也是许多谋杀案和恶意伤害案中的一只黑手。酒精的这些自相矛盾的作用在民间谚语中也有所反映。例如，中国有句谚语叫“酒后吐真言”，另一种说法是
304 “举杯销愁愁更愁”。《圣经》告诉我们“酒能愉悦人心”，但也警告我们“酒能使人亵慢，浓酒使人喧嚷”（Fort，1973）。酒精究竟能做什么或对饮用者有什么好处，还是让我们再走近它去看看。

1. 对心理和生理的影响

酒精是一种药物，因为它影响到我们的心理和生理活动。酒精能增强身心的机能，即使它不是兴奋剂，却还是普遍被当作一种兴奋剂。不过酒精是一种镇静剂，它跟麻醉剂和催眠药属于同类药物。而作为一种镇静剂，酒精却降低了人们的生理和心理机能。

> 在感觉运动水平方面……酒精会致人无能。它影响饮酒者的身体平衡，如会绊倒、撞倒东西，摔倒、跌倒……此外，会把东西弄翻甚至打破。对时间和距离的判断开始出现偏差，工作质量下降……更有甚者，大家都知道，一个人如果喝醉了，酒精导致的无能既不是故意所为，也不是饮酒者靠纯粹的意志能控制得住的。(MacAndrew & Edgerton，1969)

酒精大大降低了饮酒者运动感知的能力，即心理和生理的机能性运动。但酒精不会降低人的道德水准（Graham 等，1979；MacAndrew & Edgerton，1969）。例如，它不会让人们去侮辱自己的朋友或者在异性面前做出一些不受欢迎的事。酒精本身不会让人道德沦丧，但是人们相信酒精会使道德沦丧。这种观念如此普遍，就像是一种自我实现的预言，致使许多人喝点酒就做出些道德败坏的事。等酒醒了，他们认为都是酒精惹的祸，并以此为自己辩解，以获得公众的谅解。

知道酒后即使做出不道德的事也不会受到社会的谴责后，社会上有许多男性常聚在一起喝酒或跟自己的女性朋友喝，但并不是总能达到目的。有些人醉意十足，感到无拘无束，另一些人却可能由于太难受或太困，什么感觉也没有了，这是因为其中有些人或多或少要比其他人更容易醉。那么不同程度的酒精中毒是由什么决定的呢？影响因素有以下几种：

（1）一个小个子可能只喝一瓶啤酒就醉，而一个大块头在喝完 3～4 瓶之后还是清醒的。这是因为酒精在血流中慢慢被稀释了，一个体重 100 磅的女人的酒量大不过一个 200 磅重的男人。

（2）高度酒更容易醉人。因此，一瓶 90 度的威 305
士忌（酒精含量为 45%）远比一瓶 6 度的啤酒（酒精含量为 3%）容易醉人。显然，消耗的酒精总量越多，就越容易醉。

（3）酒精的消化不像食品，它是穿过胃壁和肠

壁直接吸收到血液里。因此胃里的食物能有效阻止酒精的吸收并削弱醉酒的力度；另一方面，空腹喝酒会被迅速吸收，醉得更快。

（4）一个人经常喝酒，而且喝的酒度数较高的话，对酒精的耐受水平也就比较高。如果两人摄入同样多的酒精，酒量大的人更不容易喝醉。

2. 对健康的影响

摄入少量的酒精对社交、心理，甚至身体都是有好处的。例如，研究表明，偶尔或适量饮酒有助于缓解农村白人的紧张感和严酷的生活压力。养老院的老人喝些酒精饮料也会适度促进睡眠、提神和提高总体幸福感。而且适量饮酒的人身体更健康、更长寿，死亡率也要比禁酒者低。此外，适量饮酒比禁酒者患心脏病的概率小得多。事实上，喝酒是要浅尝即止，而不是多多益善。在此要“鼓励”的关键词是“适量”，因为我们已经提到过，男子一天喝两杯而女性一天喝一杯。如果喝得太多，就可能不同程度地有损健康（Underwood，2005；Burros，1996）。

纵酒对身体最常见的伤害是伤肝。在问题饮酒者中，持续摄入酒精最常引发营养不良的问题，并损坏肝细胞，导致脂肪堆积在肝脏，由此造成创伤并形成脂肪肝，导致肝硬化，这是酗酒者得恶疾甚至是过早死亡的主因。肝硬化也可能导致性无能。虽然60%以上的肝硬化患者在戒酒5年后慢慢康复，但仍是性无能患者（Andreasen & Black，2001）。

过量饮酒还可能导致心脏病和中风。一方面，酗酒者往往会发生心血管堵塞，要比适量饮酒者更容易得冠心病。此外，他们很可能会得心肌病或出血性脑中风（Mukamal & Rimm，2001）。

如果加上大量吸烟，酗酒会进一步增加患口腔癌、喉癌及其他易受酒精侵蚀的器官致癌的风险。酒精滥用与这些癌症之间似乎是间接而不是直接的关系：（1）酒精刺激口腔、喉咙及其他部位，从而使之更容易受到致癌物（致癌的物质）的侵袭；（2）一
306 些酒精饮料本身就含有致癌物；（3）嗜酒者的不良饮食习惯为致癌物大开方便之门；（4）大量摄入酒精增加了吸烟致癌的可能性（Bagnardi 等，2001）。

最后，严重的酒精依赖还会产生其他健康问题，例如：

- 记忆力和学习能力的衰退。
- 未老先衰，神经心理学上表现为老人的特征越来越多。
- 胎儿酒精综合征，其特点是损害胎儿的中枢神经系统，表现为婴儿体重轻、个头小以及各种出生缺陷。（Stark，1987；Miller，1986）

3. 饮酒的社会后果

适量饮酒可以带来社会效益，如利于人际交往、殷勤款待、共同娱乐；但过量饮酒却会带来一系列消极的社会后果，其中一个后果就是发生率较高的汽车事故，这是美国青年的第一大死因。每年有一半以上的车祸伤亡都与过量饮酒有关。美国国家酒精滥用和酒精中毒研究所（NIAAA）发现：“大多数酒驾中丧生的人，其血液中酒精含量都很高，平均达到法定酒精摄入量的两倍。”（NIAAA，1983）一些青少年群体更有可能遭遇汽车事故并因此丧生。与同龄人相比，他们饮酒不仅更容易过量，而且还滥用非法药品、违反各种交通法规、喜欢冒险、富有攻击性或对他人有敌意（Donovan，1993）。

酗酒的另一个后果是犯罪率较高。直接与饮酒相关的犯罪包括：在公众场合酗酒、酒后驾车、行为不检、流浪和违反禁酒令。警方为此逮捕了很多人，这甚至对刑事司法系统造成了很大压力。1970年以来，为帮助问题饮酒者减少因酒精而被捕的次数，人们制定了许多治疗方案，但因酒精而被捕依然是目前被捕最多的一项罪名（U. S. Census Bureau，2008）。在大学校园里，90%以上的犯罪都与酗酒有关。其犯罪类型很多，包括故意破坏、打架斗殴、盗窃和酒后暴力。他们可能是学习成绩差的学生，或者是运动员，因此会大量饮酒（Engs & Hanson，1994；Towson State，1993）。

酗酒进而在一些更严重的暴力犯罪中扮演了一个非常重要的角色，如杀人、暴力伤害、强奸等，尽管是间接的。如图12—1所示，美国的暴力犯罪中42%都牵涉到酒精。酗酒者们似乎以喝酒为借口来表现其攻击性，那些有攻击倾向的人把手里的酒精变成了炸药。一项实验研究发现，过去有好辩及好斗行为的人在滥饮之后更有可能表现出攻击性行为（Boyatzis，1975）。

四、饮酒的社会影响因素

有些美国人极有可能喝酒或酗酒，其社会影响因素很多，如性别与年龄、种族和族群背景、宗教派别、社会经济地位和地理区位等。

307

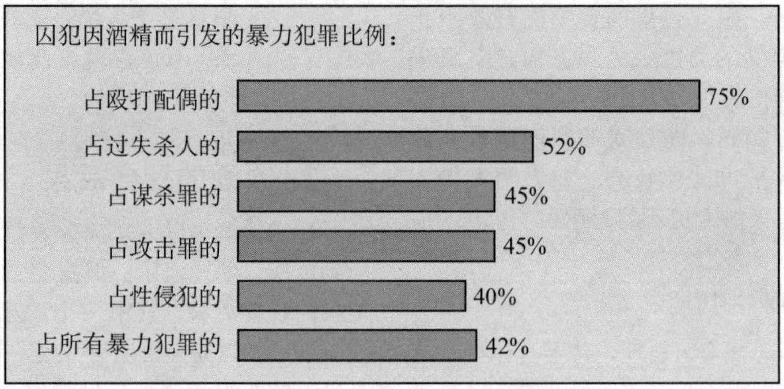

图 12—1 酒精与暴力犯罪

资料来源：美国司法部司法统计局，1999、2004。

1. 性别与年龄

喝酒是典型的男性行为。与女性相比，男性喝酒的可能性不仅更大，消耗的酒精更多，也更容易因喝酒而招来麻烦。据估计，男性成为酗酒者的可能性至少是女性的 4 倍。但是这种性别差异近些年已经大大缩小。因为女性在各个方面已经获得了与男性同样的地位。各项研究表明，在过去 30 年里，女大学生的饮酒率和酗酒率显著上升。研究者把这一结果归因于女性承受的工作压力太大，为表示性别平等，她们会刻意使自己的行为像“一个男孩”一样，同时因喝酒而带来的社会羞耻感也在降低。尽管如此，男性还是会比女性喝得多，同时也会因喝酒出现更多的问题（Blizzard，2004a；Rowe，1995；Gross，1993；Hanson & Engs，1992）。

男女在酗酒问题上表现出的性别差异，主要是因为男性饮酒和酗酒更容易被社会所接受。另外一个原因是，作为性别社会化的结果，人们更关注男子汉气概，如他们需要占据主导地位，要学会控制感情，而且在同辈压力下进一步得到强化，要“像男人一样去喝”（Carey，1993）。研究表明，关注男子汉气概与酒精之间有着很强的相关性（Huselid & Cooper，1992）。

显然，相对于老年人而言，年轻人更关注自己的男子汉气概，因此更有可能喝酒，而且喝得更多。
308 但是这种酒精消耗的年龄差异在女性中却没那么明显，因为一般的女性对男子汉气概不感兴趣。尽管年轻女性还是比老年女性喝得多。这说明如果排除性别因素的影响，年龄因素能够作为一个独立的变量影响饮酒行为（Blizzard，2004a；Breslow & Smothers，2004；Hanson，1995）。

2. 种族和族群背景

不同种族和族群的美国人饮酒和酗酒的比率往往有所不同，显然，祖先文化的延续会影响美国人的饮酒方式。

（1）非洲裔美国人。

与白人这个大群体相比，虽然非洲裔美国人饮酒的可能性要小些，但出现酗酒者的可能性更大。甚至在他们上了年纪之后，非洲裔美国人继续酗酒的可能性要比同龄的白人更大（Nielsen，1999）。因此，非洲裔美国人作为一个群体，因酒精引发疾病的患病率更高，如酒精脂肪肝、肝炎、肝硬化、食道癌等（Herd，1991）。其原因很大程度上是非洲裔美国人贫困率较高。多项研究表明，贫困与酗酒之间相关度很大。人们认为贫穷的黑人酗酒就是把酒精“作为一种逃避贫困、歧视和剥夺感的方法”，这种尝试是徒劳的（Neff & Husaini，1985）。有调查表明，生活贫困的黑人更有可能滥用酒精，因为贫困造成了低自尊，而且几乎没有种族自豪感（Harper & Saifnoorian，1991）。相反，中上层黑人有高自尊，种族自豪感也很强，他们不用酗酒就能从传统的非洲血缘价值观及文化精神中获益。难怪有研究发现，比起同龄白人大学，那些来自中上层的黑人大学生饮酒或酗酒的可能性更小，更别说跟那些贫困的黑人相比了（Peralta，2005；Hanson，1995；Herd，1991）。

（2）拉美裔美国人。

与非洲裔美国人一样，拉美裔美国人也比英裔美国人酗酒的可能性大。这是因为在很长时间内人们一直把它归咎于拉美式的大男子主义价值观，这种价值观强调在男权统治中男子汉气概的重要性，强调坚韧和荣誉的重要性。但是，最近多项调查显示，拉美裔美国人中酗酒与显示男子汉气概并没太大关系，与适量饮酒者相比，那些酗酒者对彰显男子汉气概没多大兴趣。有讽刺意味的是，男子汉气概已影响到英裔美国人中的酗酒者（Neff 等，1991）。显然，拉美文化中的男性为证明男子汉气概不是通过喝酒，而是通过其他方式，如展示自己的勇气和性能力。酒量越大越有男子汉气概，这种社会心理似乎反而成为盎格鲁文化的一部分。拉美裔美国人酗酒率较高还有一个比较有说服力的解释，即这一群体的贫困率也很高。总之，像多美尼亚人和古巴人这样较为成功的拉美裔群体，酗酒的可能性比其他群体，如波多黎各人、危地马拉人要低得多（Hanson，1995）。

309 （3）美国土著人。

与非洲裔美国人和拉美裔美国人相比，美国土著人的酗酒问题也很严重，由此导致酒精性肝硬化发病率高、公共场所酗酒的被捕率高、酒驾引发的死亡事故多。这些问题应该归咎于社会文化因素，特别是美国土著人的生活与那些贫困的少数族群一样充满压力，而传统文化提供给他们的自豪感和尊严，在经过欧洲及其他移民长时间的殖民后，已经被践踏或破坏了（Schaefer，1981）。然而，这也并不能说明酗酒问题已经影响到所有的美国土著人部落。虽然他们的问题要严重些，但有的部落却很少。一般说来，那些有“狩猎采集传统，强调个人主义”的部落群体比“农业传统，强调社区价值观念和仪式”的部落群体酗酒率要高（Hanson，1995）。

（4）爱尔兰裔美国人。

在美国社会，爱尔兰裔美国人是酗酒率最高的，主要原因可以追溯到传统的爱尔兰文化。这种文化把酗酒看成一种正常现象，认为醉鬼很可爱。

> 在爱尔兰醉酒……是有趣的、令人愉快的，在某种程度上是令人兴奋的，就像单调乏味生活中的一个逗号，会得到人们的赞扬。饮酒者一旦喝醉了，就会得到周围人更多的关爱。人们以母爱的方式去对待醉鬼，常常把他们称为“可怜的孩子”。这充满了特殊的意味，如同情、爱意、怜悯和悲哀。如果酗酒者已婚，他的妻子会充满同情地祷告“阿门，上帝帮帮我们吧”。醉酒的男子有时候甚至会遭到那些清醒者的嫉妒。（Bales，1962）

（5）意大利裔美国人和华裔美国人。

尽管意大利裔美国人和华裔美国人经常喝酒，但他们的酗酒率是最低的。这是因为意大利人通常是吃饭的时候喝酒，不鼓励一个人自斟自饮以酒浇愁，同时对酒鬼会严厉制裁。同样，华裔美国人喝得比较多，但是很少喝醉。跟意大利裔一样，华裔通常也在吃饭的时候喝酒，特别是在特殊场合喝酒，如家庭聚会（生日、婚礼、葬礼）、国庆节和宗教节日。他们并不认为醉鬼的行为有趣或滑稽，他们瞧不起酒鬼，因为他们相信醉酒会大大破坏人际关系，只有适量地、有节制地喝酒才是社会的润滑剂（Hanson，1995）。

3. 宗教派别

美国犹太人很小就开始喝酒，但酗酒问题却最少，这一现象一直延续至今。人们公认的一个原因就是正统犹太教文化。特别值得一提的是，事实上犹太人只在宗教仪式上饮酒，并且认为醉酒是亵渎神的。但是社会学家巴里·格拉斯纳（Barry Glassner，1991）发现，正统犹太教文化不能完全解释犹太人酗酒率低的问题，如今很多犹太人已不再那么虔诚了，而是有名无实、不信宗教，甚至不参加任何活动，他们不去犹太教堂，也不遵守教规。他们 310
不酗酒有四个因素彼此制约。

第一，犹太人有一个普遍信念，即犹太人的优点是适量饮酒而不是过量饮酒，犹太人经常使用依地语（Yiddish）说“像绅士一样喝酒”，并且认为是犹太人就不会喝醉。第二，就是他们很早就学会了适量饮酒，他们从小就有很多机会把饮酒与正向生活事件联系在一起，如宗教服务、结婚和晚餐等。在这些场合要求控制酒量，一旦过量就会受到谴责。第三，他们受到同龄群体的影响。由于大多数朋友都是犹太人，同龄群体的这种支持和压力十分有效，让犹太人与酒精滥用绝缘。第四，哪怕在社会压力下（来自非犹太人的压力），犹太人都会有意识地避免过量饮酒，如果他们受非犹太人的鼓动，超出了自己的酒量，就会简单地说“不”，或抿一小口而不是把满满一杯都喝光（Glassner，1991）。

保守派新教徒如五旬节派及南方浸礼会教徒是禁止喝酒的。因此，相对于天主教徒或自由派新教徒，他们中的大部分人不喝酒，只有很小一部分人过量饮酒。但是一旦喝起来，保守的新教徒更容易成为酗酒者，一种解释就是，他们在宗教环境中长大，一直被教导远离酒精，而没有学会适量饮酒。另一种解释是，其酗酒问题是在宗教训练中整体偏差的一部分。无论偏差行为是怎么引起的，如家庭破裂或是失业，都可能导致酗酒（Galen & Rogers，

2004；Orcutt，1991）。

4. 社会经济地位

相对于经济水平较低的人而言，社会经济水平较高的人中饮酒者所占的比例要高些。然而更多的酗酒者和醉鬼来自下层。对这一自相矛盾的结果可以有两种解释：一是不同层次的酗酒者喝酒目的不同。上层饮酒者更有可能把酒精看做调节人际互动的润滑剂，而下层饮酒者更喜欢将喝酒作为一种发泄个人困境的消极手段。这就是为什么在喝酒的时候，下层比上层人士喝得多喝得快的原因（Hunter，Hannon & Marchi，1982）。很明显，酒精的大量消耗使下层饮酒者失去自控能力，这反而使他们的问题更不好解决。为了达到目的，他们可能一直喝，结果越喝问题越难以解决。另一个解释是，在酗酒问题上，不同阶层之间并没有真正的差异。下层人士更容易酗酒，这是因为他们不像上层人士那样能成功地掩盖酗酒问题。

前一种解释显然更有说服力，因为下层人士遭
311 遇的大量悲惨的人生经历往往与酗酒问题有关，这些经历包括家庭破裂（如家庭暴力、分居或离婚）和失业。研究一再发现，那些经历过这些挫折的人，酗酒的可能性要比一般人更大（Mulia 等，2008；Catalano 等，1993）。

5. 地理区位

酒精消耗量最大的地区是美国东北部，最小的是南部，而中西部和西部地区则处于中等水平（见图 12—2）。酒精消耗量较大的州往往都是城市化水平较高的地区，这表明城市和市郊的饮酒率比农村和小城镇高。对此，一种解释是，城里人往往面临更大的生活压力和负担。另一种解释是，酒精消耗量大的地区可能对酒精的态度更宽容，法律限制更少，戒酒或禁酒的意识更淡薄。

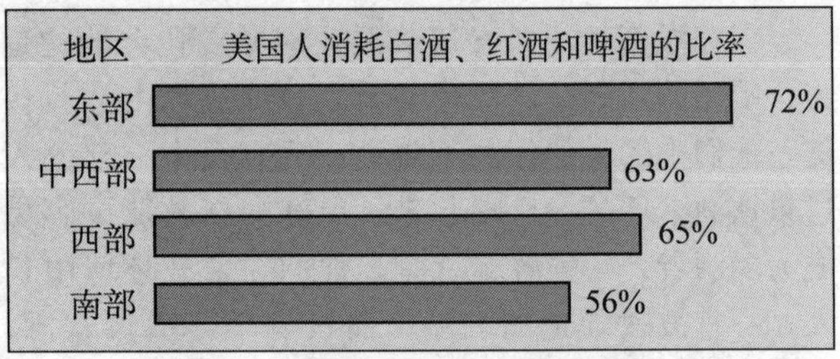

图 12—2　美国各地区的饮酒普及率

资料来源：盖洛普民意测验星期二简报，2004 年 8 月 24 日。

虽然南部的酒精消费水平最低，但其酗酒率却最高。实际上，与其他地区相比，南部的酗酒率不仅高，同时因酗酒打架或在工作、家庭及朋友间发生问题的比例也较大（Hilton，1991），换句话说，美国南部的人不像其他地区的人那样喜欢喝酒，可一旦喝起来，就更有可能变成酒鬼。南部这种酒精的低消耗量与高酗酒率的明显矛盾不足为奇，它类似于我们看到的宗教保守者和下层人士，可能比其他人喝得少，但一喝就可能喝醉。早些时候人们认为原因在于：（1）有些宗教保守者没有学会适量饮酒；（2）下层人士尝试着以喝酒解决个人问题，这是徒劳无益的。在南方，酗酒率高的原因又是什么呢？那就是与其他地区相比，宗教保守人士和下层人士的比例较大。

五、环球视野：饮酒 312

在过去的 25 年中，世界各地越来越盛行喝白酒和啤酒，而葡萄酒则在减少。整个酒精饮料的消费在不同地区影响不同，一般说来，富国比穷国消耗的酒精多。比如，繁荣的西欧和北美，酒精消耗量就比经济欠发达的东南亚及中东国家高。在经济发达国家中，法国、德国、英国酒精消耗量比美国和加拿大要多。酒精消耗量比欧洲其他地区更多的是俄罗斯，其酒精消耗量居世界首位（Ahlstrom & Osterberg，2005；Rehm 等，2003）。

自从 500 年前发明了深受人们喜爱的伏特加酒后，在俄罗斯，大量饮酒便成为一种根深蒂固的习俗。关键原因显然是俄罗斯人能从伏特加中获益。正如俄罗斯作家解释的："伏特加能够让你的个人生活达到一种完全放松的理想境界，忘掉烦恼，有种自由选择的幻觉。"自 20 世纪 90 年代苏联解体后，酗酒带来的社会和经济问题更加严重。越来越多的人遭遇失业和贫困，人们收入下降，商品和服务价格不断上涨，小偷和杀手大量涌现。这些问题反过来使社会生活失去了活力。过去，人们经常拜访朋友、光顾咖啡馆和饭馆、看电影、参加体育运动或其他的社会活动，但现在人们更喜欢待在家里喝酒（Jukkala 等，2008；Erofeyev，2002；Levin，Jones & Braithwaite，1998）。

俄罗斯和其他国家一样，非常盛行喝酒。饮酒的性别差异相当小，男性饮酒人数只略微高于女性。但是在一些信奉伊斯兰教的国家则禁止女性饮酒，而相当传统的一些东南亚国家，喝酒几乎仅限于男

性，因此在这些地区，女性喝酒是非常罕见的（Bloomfield等，2006；Rehm等，2003）。

当传统的亚洲国家繁荣起来后，饮酒率也有望上升。世界上的人口大国印度和中国，饮酒势头在不断上升。另一个显著趋势是，欧洲的很多年轻人开始由吃饭时适量饮酒，变为随时随地狂饮。原因在于饮酒业积极向欧洲青年推销。总之，在推动年轻人喝酒上，白酒和啤酒公司常常通过赞助各种娱乐活动或把公司招牌挂在网页上，来引导年轻人，让他们相信，杯中酒是娱乐、情趣及聚会中不可缺少之物（Hagmann，2001）。

六、什么是酗酒?

对酗酒一直没有一个普遍认可的定义，最流行的一个定义是1952年世界卫生组织提出的：“酗酒就是那些过度饮酒者对酒精的依赖已经到了……影响到他们的身心健康、人际关系、社会和经济功能
313 等这样一种地步。”（Cahalan，1970）这一详尽的定义被精神病学家唐纳德·古德温（Donald Goodwin，1991）归结为一句话：“酗酒是一种强制性饮酒，结果害人害己。”因此可根据其酒后所引发之问题来确认酗酒者。但是这两个定义都太宽泛了，不够具体。1991年，美国国家酒精滥用和酒精中毒研究所（NIAAA）在一份报告中列出了酗酒者的33种表现，以下是其中的10种：

（1）我早晨起床的第一件事情经常就是喝一杯酒。

（2）我有意识地设法减量或把酒戒掉，但却做不到。

（3）一旦开喝，不喝醉我是很难停下来的。

（4）只要没人看着我，我就会迅速喝上一杯。

（5）喝酒时，一日三餐通常不规律。

（6）第二天醒来时，酒后干过什么我已经想不起来了。

（7）因为喝酒，我丢了工作，或几乎失去某人。

（8）喝酒让我在交通事故中受伤（在汽车上或别处）。

（9）医生建议我戒酒。

（10）因为酗酒，我已不再工作，或上班经常迟到。

按照NIAAA的标准，如果一个人对上述问题中的某一项做出肯定回答，那么这个人便有可能被认定为酗酒者，但这并不是说具有上述问题的人就一定是酗酒者。比如说第10个问题，很多大学生不时会因前一夜的聚会畅饮，第二天无法上课，但他们不一定就是酗酒者，因为这种情况只有一两次，并不是经常发生。然而可以肯定地说，以上的这些问题越多，这个人越有可能是酗酒者。这些问题可以分为以下四类（Schukit，1984）：

（1）长期过量饮酒。

（2）心理上成瘾，即不可抗拒地渴望酒精。

（3）生理上成瘾，即停止喝酒会引起身体不适。

（4）跟酒有关的问题，如由于无节制酗酒造成离婚、交通事故或无法工作。

即使一个人被认定为酗酒者，社会科学家可能还是不同意给他们贴上问题饮酒的标签。有些人会为其贴上酗酒的标签，因为他们认为这是一种病；但另一些人把它看成问题饮酒，是因为他们认为这是一种行为，还有些人简单地称酗酒为饮酒慢性病，比问题饮酒还要严重。我们根据自己的目的直接换成不同的标签，不仅包括酗酒和问题饮酒，而且包括滥用饮料、无节制饮酒和滥用酒精，但不管我们用哪种说法，它都离不开上述四个问题。

314

七、成为酗酒者

当人们生平第一次喝酒，既不会马上，也不会必然变成酗酒者（Hasin，Grant & Endicott，1990）。他们通常会经历一系列事件之后才会达到顶点——完全依赖酒精。在酗酒问题研究方面是颇具影响力的先驱E. M. 杰利内克（E. M. Jelinek，1952）经过研究后认为，这一系列过程分为四个阶段。

1. 社会饮酒者

第一个阶段是前酗酒阶段，准酗酒者始于社会饮酒者，他们发现通过喝酒多少能缓解紧张感（Orcutt，1993），但是喝得越多，越无法忍受紧张感；对紧张感的耐受力越差，就越想喝酒去缓解它。结果造成恶性循环——越来越多地喝醉或宿醉。同时，喝得越多，他们对酒精的耐受力就越大，只有消耗越来越多的酒精才能喝醉，这些经历对饮酒者身心的冲击也越来越大。但这一阶段，人们仍然可以控制饮酒，可以继续正常地工作和社交。

2. 心理上成瘾

在第二阶段，社会饮酒者如果开始出现晕厥，也就出现了滥用酒精的迹象。晕厥是一种健忘症或失忆，但与失去知觉大有不同。当人们饮酒超过了所能承受的限度，他们会当场昏迷，完全不能与他人互动。另一方面，晕厥者可能是聚会上最活跃的人，或至少能与他人交谈，而且行动自由，但是第二天他们却不记得自己做过什么。

至此，他们已经成为心理上成瘾，对酒精有着强烈的渴望。这种渴望太强烈了，结果会喝得更多，自斟自饮，甚至一大早就喝。喝酒如此过分，开始影响他们与亲人、朋友和同事之间的关系，他们可能会因喝得太多而内疚。尽管在酒精的强烈吸引下自己显得很无助，但是只要他们下决心去戒，他们还是可能停止酗酒的。

3. 生理上成瘾

第三个阶段，喝酒者在生理上成瘾，只要没酒喝就会发冷、发抖，或表现出其他的脱瘾痛苦。到这时，他们就是想戒也戒不了，因为他们喝酒已经失控了。因此，他们一旦开始喝酒就会一直喝下去，直到酒没了，或者醉得无法再喝。尽管已经无法自
315 拔，但他们一般还会坚持，只要自己真的想戒还能戒掉。为了证明自己可以做到，他们会戒掉一阵子或改变喝酒的方式，如换一种酒、试着用不同的方式混着喝、改变喝酒的速度。

但是饮酒者越认为自己能控制，越想控制就越容易失控，结果他们开始为喝酒找借口或将其合理化。比如，他们会责怪其配偶或老板让他们太紧张了，只有喝酒才能得到缓解。喝酒会破坏他们与老板、朋友和家庭的关系，使之更依赖酒精，结果他们经常只喝酒不吃饭。然而，他们仍然可以很合群并有能力进行社交（Morey，Skinner & Blashfield，1984）。

4. 达到底线

在最后阶段，酗酒者变得孤立，不爱与人交往，至此他们已经达到底线，即完全依赖酒精，表现出的怪异行为引人注目。一个典型的例子是，他们通常连续好几天除了不断地喝酒、醉倒之外，其他什么事都不做，他们被巨大的恐惧所缠绕，害怕有人从他们手上把酒拿走。他们必须喝点酒第二天才能起床。他们也可能喝得太多，以至于将酒送入口中都几乎成了不可能完成的任务，但是他们通常努力去做，几个小时跌跌撞撞、爬行、呕吐、颤抖，失败 3～4 次之后才能把酒送入腹中。由于几乎不吃东西，他们通常患营养不良症，也会患震颤性谵妄，这种病会产生可怕的幻觉，如看见数百万小苍蝇追逐、闷死或吃掉自己。

八、大学生与酒精

20 世纪 80 年代以来，就在越来越多的人开始戒除酒瘾的同时，许多大学生却拿起了人们无情丢弃的酒瓶。正如我们在本章开头提到的那样，那些酗酒者是狂欢纵饮者，一次喝五杯及以上的男人和四杯及以上的女人。这些饮酒者是哪一类学生呢？是什么让他们开始狂饮的呢？

1. 大学里的狂欢纵饮

大部分大学生（大约 56%）适量饮酒或者滴酒不沾。事实上，与 20 世纪 90 年代初相比，现在更多的大学生已戒酒。但就在同一时期，狂欢纵饮一直呈高发态势。2001 年就有 44.4%的大学生狂欢纵饮；1993 年为 44%，与适量饮酒和滴酒不沾者相比，狂欢纵饮者最有可能去找警察的麻烦，伤害自己或他人，出现学习或人际交往问题，而且酒后驾车。这也对他人带来“副作用”，他们会干扰他人学习与休息，迫使他们照顾自己，甚至袭击或侮辱他人（Seaman，2005；Wechsler 等，2002）。

20 世纪 80 年代末，狂欢纵饮开始成为许多校
园的一个严重问题。大约在同时，美国政府把法 316
定饮酒年龄推迟到了 21 岁。在这一法令实施之前，饮酒是公开的，由警察、警卫甚至医疗保健工作者监督。饮酒年龄提高后，饮酒并未停止，这些人只是将地点移到了家里的地下室、车里和兄弟会内部的地下室，背着成年人和权威人士，放开手脚狂欢纵饮。

更重要的是，现在大多数学生没有学会，也未体验过适量饮酒。这与他们的长辈过去经历的 21 岁以前允许喝酒不同。那时所有学生都能喝酒，他们在学校组织的社交活动上，或应邀去教授家参加聚会时，学会了如何在这些场合适量饮酒，但是这种经历对现在的学生而言已经不再有了。所以杰克·希特（1999）嘲讽道：“有些人会问，大学生为什么会蠢到去喝酒？因为这是反抗愚蠢的禁酒令的一种

形式。”大多数学生就算适量饮酒也是不合法的。在过去的10年里，大学管理人员尽力开展无酒精节、摇滚音乐会、无酒寝室等活动，同狂欢纵饮作斗争，侧重点在禁酒上，但狂欢纵饮仍然像过去一样盛行不衰（Wechsler等，2002）。

然而在有些大学，反对派取得出卓越进展。1996年，纽约霍巴特和威廉姆史密斯学院的社会学教授韦斯利·珀金斯（Wesley Perkins）调查发现，该校学生说他们一周喝五次酒，然而事实上只喝两次，其他学校的学生也夸大了纵酒。因此，珀金斯得出结论认为，在知情的情况下，学生在学校会根据真正的饮酒标准喝酒。为了验证他的理论，他把大多数学生只喝一点儿这个事实公布在海报和报纸广告上，在接下来的两年里，他发现过量饮酒明显减少。同样的策略用在其他大学后，同比下降也很明显（Kluger，2001）。

2. 大学里狂欢纵饮者的社会特征

大学狂欢纵饮者的特征如下：

- 男性。
- 白人。
- 年龄在18～23岁之间。
- 传统的全日制学生，未婚，不与父母同住。
- 父母有大学学位。
- 参与危险行动，如抽烟、吸毒。
- 运动员。
- 兄弟会成员或女生联谊会成员。
- 在高中高年级即沉溺于狂欢纵饮。

与那些为了找乐子的适量饮酒者不同，狂欢纵饮者的目的是为了喝醉。其背后至少有四个因素：第一
317 是刻苦努力获得高分的压力所致；第二是来自社会的压力，喝醉已得到社会认同，不再被当作紧张或反社会行为；第三是以社团为中心的生活方式已成为大学生活的重要组成部分；第四是认为狂欢纵饮在大学非常普遍，尽管事实并非如此（DeSimone，2007；Jackson等，2005；Hoover，2004；Wechsler等，2002）。

九、女性与酒精

同男性相比，女性一般更容易受到酒精的伤害，她们对白酒的承受力也相对较弱。然而，女性越来越有可能喝酒并成为酗酒者，饮酒成瘾的女性在日益增加，似乎要努力赶上男性。现在我们就来讨论一下，为什么当今女性饮酒的可能性会更大，此外，酗酒的女性与同龄男性有何不同。

1. 如今越来越多的女性开始饮酒的原因

近年来科学家发现，适量饮酒有利于健康，特别是对心脏有益。适量饮酒的人比起滴酒不沾的人患心脏病的概率要低，而且寿命也更长。然而对于女性来说，饮酒的同时也增加了患乳腺癌、结肠癌、髋骨骨折以及不孕症的风险。除了这些弱点之外，由于各种原因，女性对酒精的耐受力也不如男性。首先，女性的身材一般较男性娇小，用来稀释酒精的能力相对较弱。其次，女性的体内脂肪更多、水分更少，也会降低其酒精稀释能力。再次，女性的胃中用来中和并消除血液中酒精的酶含量也较少。由于以上种种差异，男女如果喝得一样多，女性的血液中就会比男性聚集更多的酒精，这会对她们的身体造成更大的伤害（HWHW，2000）。

尽管存在这么多不利于健康的因素，如今饮酒的女性要比以前更多。在总体上女性饮酒远远不及男性，但对年轻的女性而言，这种差别已经不复存在。据最新一项全国调查显示，在12岁或以上的饮酒者中，女性占42%，同比男性为55%，但在12～17岁之间的青少年中，女性的饮酒率（17.3%）已相当于男性（17.2%）（SAMHSA，2002）。

为什么现在越来越多的女性喝酒呢？主要原因显然要归功于男女平等的社会，它给女性们提供了越来越多的权利和自由。为此我们可以找出史料和一些跨文化的证据：美洲殖民地时期，上层社会的女性被社会赋予了许多权利，可以在公众场所饮酒。如今，那些享有性别平等权利的西方女性，饮酒率要远远高于那些性别不太平等的其他社会的女性。在美国，年轻女性享有很高的性别平等权利，她们饮酒的可能性比长辈更大，而且12～17岁的女孩也会和她们的同龄男孩一样去喝酒。最明显的要算是那些女权主义的堡垒——女子大学了，1993年到2001年间，狂欢纵饮的现象飙升了125%（SAMH- 318
SA，2002；Jersild，2001），这激起了一位老一辈女权主义者的感慨：“与男性面对面地争论是女权主义者的行为，（但）跟他们比着喝酒就不是了。”（Ehrenreich，2002）

尽管如此，在女性中以饮酒追求“性别平等”

的势头却难以遏制。全职工作的女性比全职妈妈更有可能饮酒。同样，这些女性也从性别平等中获益最多。那些白人、企业管理人员、未婚或是年轻的女性，要比那些有色人种、已婚、低收入、老年女性饮酒的可能性更大。同样值得注意的是，德文·杰西尔德（Devon Jersild，2002）发现，“许多女孩和年轻的女士把独立、魅力和过去的男性特权这些概念与饮酒联系到一起。”正像一个女大学生所说的：“对我来说，能同男人一样喝酒是件光荣的事，这就是女权运动!”（Jersild，2002）

2. 女性酗酒

大概是由于通常人们预期女性不会像男性一样喝那么多酒，所以就算知道她们喝得烂醉如泥也往往不会认为是酗酒。“我过去常带满满一大包啤酒去见我的精神病医生，而且就在治疗期喝光，”一位女士回忆起以前她酗酒时说：“他对此什么都不说，当我回过头，想挑起他对我说些什么来帮帮我时，可是他绝对不管这事。”由于不能或不愿意把酗酒当作女病人心烦意乱的病源，医生们往往会把这种症状诊断为“神经紧张”、焦虑、抑郁或其他情绪症状，继而会开镇静剂、抗抑郁药和其他兴奋剂，而对男性病人却极少采用这种方法。因此不难理解，为什么女性酗酒者中对酒精之外的其他药物上瘾的是男性患者的两倍了（Sandmeier，1992）。

由于大多数的研究者长期只研究了男性酗酒问题，尽管至少有25%的酗酒者是女性，医务工作者也可能因缺乏对女性酗酒的了解而误诊。结果，医生们往往会把她们归为男酗酒者那类粗人，或是像妓女一样性生活淫乱的人。然而大多数的女性酗酒者不会有以上表现，因此医生们也很难把她们诊断为酗酒（Jersild，2001）。

对女性酗酒者的研究表明，某种程度上，她们与同龄男性有很多不同。首先，她们很有可能有酗酒家族史；第二，她们很有可能经历过应激性生活事件，如肉体的摧残或性虐待、不幸失去所爱的人或孤独等，这都会导致她们酗酒；第三，初次饮酒和初次醉酒的女性要比有这种经历的男性年长；第四，女性通常会在其丈夫和男友成为酗酒者后，自己也开始喝酒，而男性则很少会追随他们的妻子或女友成为酗酒者；第五，女性会在家里喝多，而男性则在酒吧或其他公共场所喝过量；第六，在身体机能和社会功能方面女性的问题更大，她们承受的身体痛苦更多，身心健康状况也更糟（Jersild，2001；H&MW，2001）。

十、酗酒是什么原因造成的？ 319

对于酗酒的成因，不同领域的研究者们提出了不同的实证主义理论，医学家和精神病医生认为，一部分人酗酒是基因脆弱导致的。心理学家则把酗酒归因于人格特质，统称为酒精人格。社会学家认为酗酒是由于某些特定的环境因素造成的。下面我们分别来了解一下这些理论。

1. 生物学取向

一些医学家长期认为酗酒的根源在于不同的健康问题，如营养缺乏、腺体疾病、中枢神经系统功能性障碍等。每一种身体因素都会使人们强烈渴望酒精，最终导致酗酒。不过也有人指责医学家混淆了因果关系，他们所说的这些问题可能正是酗酒所导致的结果。换句话说，长期频繁地大量喝酒很可能会危害酗酒者的健康，从而产生上述问题。

医学和精神病的研究还表明，酗酒是由基因决定的。为了证明这一论点，他们指出，研究表明，与异卵双胞胎相比，同卵双胞胎一起酗酒的比例更高（也就是说，如果同卵双胞胎中一个是酗酒者，则另一个变成酒鬼的比例相当高，而在异卵双胞胎中这种可能性则明显较低）。既然同卵双胞胎比异卵双胞胎在基因上更为相似，就可以认为是基因导致酗酒的。

20世纪90年代初，据说一些医学研究者发现了容易导致酗酒的所谓基因AL。就是这个基因剥夺了携带者的愉悦感。因此这些研究者认为，那些天生携带这种缺陷基因的人会一直被迫饮酒或是使用其他药物，才能找到基因正常者不用酗酒就可以享受到的愉悦。在分析了159个人的血液后，研究者们发现，他们研究的酗酒者中50%携带着AL基因，而正常人仅占21%（Noble等，1991；Parsian等，1991）。

还可以用另一个证据证实基因导致酗酒的理论。许多研究表明，大部分中国人和日本人（大约2/3到3/4）会对酒有“脸红反应”，只要喝一点儿酒（不超过1～2杯啤酒），脸部及上半身就会发红，而且伴有发热、反胃和浑身不适。由于这些生理反应显然源自于基因，许多亚洲人承受不了大量酒精，因此不可能成为酗酒者。相反，白种人尤其是白人男性并不会有这类反应，结果他们更能随意抱着酒瓶，即使狂饮也不会醉。正是这种超强的酒精耐受力，他们才更有可能成为酗酒者（Hampton，2006；Nakawatase等，1993；Goodwin，1991）。

320 尽管以上这些论证都表明生物因素会导致酗酒，然而并没有直接的证据来证明这一点。生物因素最多只能说明存在过量饮酒的一种倾向，但是人们是否真有这种酗酒倾向，还得取决于社会和心理因素（Bower，1992）。

2. 酒精人格

许多心理学家把酗酒归因于一种或多种消极的人格特征。这包括孤僻、叛逆、自私自利、好社交、多动、被动依赖、抑郁、焦虑以及敌对。酗酒还会导致缺乏自尊、自我认同低、耐挫力不足、神经质似的负罪感。据说这些人格缺陷在酗酒者身上都能找到（Donovan，1986）。对于所谓的"酒精人格"包含多少特征，人格研究者们并没有达成共识，有些人认为只要一种特征——孤僻——就会导致酒精人格；而另一些学者则认为酒精人格是由多种人格特征导致的。人格理论的另一个问题是这些特征之间往往是自相矛盾的，像多动症与抑郁症，敌视和好社交。第三个问题是大多数的人格研究者只是关注已经成为酗酒者的成年人，而不是运用纵向预测法来调查儿童，等他们成年以后再进行复查，因此常常会把酗酒的因果关系相混淆。有证据表明，长期饮酒会引起冲动、缺乏自尊、焦虑或抑郁，而不是这些特征导致酗酒（Vaillant，1995；Vaillant & Milofsky，1982）。

其他心理学家则认为，对依赖的需要是导致酗酒的关键因素。如威廉·麦科德和琼·麦科德的研究表明（William McCord & Joan McCord，1960），酗酒者大部分都在一个充满压力、不稳定的家庭环境中长大，有些母亲经常用溺爱娇惯来满足孩子，同时又以断然拒绝来吓唬孩子。据说正是这些相互矛盾的童年经历强化了个体对爱的需要，即依赖他人的需要。然而这种强烈的需要并不容易得到满足，因此个体就会变得非常焦虑，最后不得不借助酒精来摆脱这种焦虑。但是戴维·麦克莱兰（David McClelland）和他的同事们（1972）则认为，对权力的需要而不是对依赖的需要，才是酗酒的驱动力。正如麦克莱兰所说："社会和个体强调个性化权力的需要，为了获得这种力量，就会比一般人喝得多。"

麦克莱兰认为，对权力的需要才导致酗酒，威廉·麦科德和琼·麦科德并不全盘否定他的观点，这是因为麦科德承认这种权力欲其实是酒精人格者特有的在无意识中对依赖需求的另一种表现方式。在这些精神分析中，过量饮酒可以说提供了一个表象，让酗酒者在意识层面认为自己很强大，这反过来又压制了酗酒者成为独立个体的渴望。实际上，过量饮酒同时满足酗酒者在意识层面对于权力的需要以及在无意识层面对依赖的需要。不过，这种无意识的概念是很难用经验去证明的。

3. 社会力量和文化力量 321

社会学对酗酒的解释主要有两种：一种是严格意义上的社会学理论，它有助于解释为什么某些群体的酗酒率更高；另一种理论是社会心理学理论，它解释了为什么有些人会成为酗酒者，而其他人却不会。

（1）个体差异理论的解释。

根据古典社会心理学理论，某个体成为酗酒者的独特因素在于，一方面表现为脆弱的人格特质，另一方面又有某些饮酒群体的价值观和行为方式（Trice，1966）。这种现象可能在四种情况下发生：

（1）要想变成一个酒鬼，必须具备这样一些特质，即具有脆弱的人格特征。这正是心理学家们确定的酒精人格特质。正如哈里森·特赖斯（Harrison Trice，1966）所说的那样："一个可能成为酗酒者的人会有着强烈的依赖感、明显的自卑心理、自我仇视感和无用感，从而萌生出与众不同的需要，既要求别人也要求自己把他当成一个'男子汉'看待。"像这种依赖性个体对自己的能力深感焦虑，极易受饮酒群体的影响。

（2）一旦加入饮酒群体，他们便会很快融入其中。典型的饮酒群体成员认为，饮酒是男性力量的一种象征。他们喜欢鼓励新成员"要像男人那样喝"，并称赞他"好酒量"。这种鼓励是有望成为酗酒者的男性迫切需要的，因为他们有一种"与众不同的需要，既要求别人也要求自己把他当成一个'男子汉'看待"。

（3）饮酒享受一段他的"男子汉"地位后，为了证明自己的男子汉气概，他会越喝越多，最后达到顶峰，变成一个失去自控力的酗酒者。这时饮酒群体便不会因为他喝得多再奖励他，而是把他当成一个失败者拒绝他。因为该群体的价值观虽然强调成员要像男子汉一样喝酒，同时也强调自控的重要性，这也同样是男子气的另一个方面。

（4）从最初受到酒伴的鼓励饮用酒精到最终因狂饮烂醉遭到酒伴的排斥，那些难以自控的酗酒者便开始寻找更宽容的酒伴圈子，即像他们一样的喜好狂饮烂醉者。在这样的群体中，他们相互鼓励，越喝越多，直到最后完全陷入酗酒中难以自拔。

总之，心理脆弱的个体及其同龄群体因为饮酒走到一起，形成了群体力量，逐步把自己变成了一个名副其实的酗酒者。

（2）群体差异理论的解释。

根据另一个古典社会学理论，高酗酒率是三个因素共同作用的结果：（1）其文化造成心理紧张；（2）文化作为一种手段，对饮酒的引导缓解了心理紧张情绪；（3）文化的失利提供了解决心理紧张情绪的适当替代性手段（Bales，1946）。

第一，最需要考虑的因素是文化产生心理紧张
322 情绪，包括焦虑、内疚、冲突、缓解敌对状态和性挫折。为了证明文化可以给这些成员造成内心的紧张情绪，贝尔斯（Bales）以爱尔兰农民为例，描述了他们在过去几个世纪的醉态。在管教儿童时，爱尔兰父母给孩子灌输恐惧、不安全感和焦虑，会用“恶巫”、“幽灵”和“妖精”威胁吓唬他们。一会儿对他们极尽宠爱，过一会儿又在气头上打他们。孩子们往往不得不留在农场，一直为他们的父亲努力工作，直到退休或去世。“他们尽可能长时间地留在农场，”贝尔斯发现，“即使他们到45岁或50岁，也要作为‘男孩’或‘被视为男孩’为自己的父亲工作。”这导致他们对父亲蓄积了很大的敌意。这些身体成熟的男人一直被父亲视为“男孩”，既不能结婚也不能在婚前调情，有任何性出轨。这种状况导致极度性紧张。

第二，内心极度紧张会变成强迫性饮酒的一个强大动力，如果文化让人们认为，喝酒能有效缓解心理紧张及许多其他问题，人们就会去喝酒。据说爱尔兰农民就有这样一种文化，去集市买卖牲畜时，他们会用酒来招待别人，以“软化另一个家伙”，因此他们通常在一种深度醉酒的状态中回到家。不过妻子们对他们又体贴又宠爱，其母亲也深情地称他们为“我可怜的孩子”，而熟人、朋友及其他知道他们喝醉的人，不是怜悯而是嫉妒他们。爱尔兰人认为，酒精是“祛除胃寒”的一种行之有效的民间偏方，即可以治疗胃痛，抗击失眠，增强体力和性能力，甚至能摆脱宿醉。因为有了这种态度，爱尔兰人自然会以饮酒的方式来淹没他们的个人问题，结果就是他们的酗酒率相当高。

第三，对于文化造成的压力，如果找不到别的方法释放，人们就会转向酒精。犹太人和意大利人似乎把吃东西当作缓解压力的手段。许多穆斯林转而吸食麻药、喝浓茶和咖啡。印度的婆罗门和日本人依赖鸦片。如果某个群体的文化提倡用酒精替代物缓解这种紧张，则该群体的酗酒率就低。而爱尔兰人没有一种酒精替代物，所以酗酒率较高。

社会学的以上三种理论都很有说服力，正如心理学家麦科德夫妇（1960）所说：“社会学家的证据充分表明，酗酒率显然与社会因素有关。”但我们不能以偏概全。那些心理脆弱的人和受同龄人影响才喝得烂醉的人不一定都会变成酗酒者，也不会像大多数爱尔兰人那样沉溺于酗酒中。社会学理论认为，有社会经验和文化的人更容易变成酗酒者。

十一、控制饮酒和酗酒

像非法使用毒品一样，人们一直想方设法控制饮酒或酗酒，但也有证据表明，这将成为美国人的生活中不可或缺的一个方面。

1. 法律措施 323

控制饮酒的一个办法就是要制定强有力的法律。让我们来看看过去与现在的法律是如何执行的。

（1）过去。

在殖民时期，清教徒有权喝啤酒并适量饮酒，但谴责酗酒行为。19世纪初兴起了一个总禁欲的改革运动，人们通常称之为戒酒运动。最终导致1919年第十八条修正案的颁布（俗称“禁酒令”）。在接下来的14年里，酗酒并未从美国人眼前消失。相反，禁酒遭遇灾难性的失败，于是在1933年，禁酒令被第二十一条修正案废止（Gusfield，1991；Wilkinson，1970）。

在某种程度上，这与如今在取缔精神麻醉品方面所做的努力十分相似，这在前文已经提到过。禁酒令主要源于人们想控制社会弱势群体。在后殖民时期美国出现的首次戒酒运动，起因是那些富有的贵族阶层企图通过运动来控制民众中出现的民主新浪潮，巧的是当时的民众中的确有不少好酒之徒。后来占主导地位的中产阶级（自由农民、小企业主及专业人士）利用戒酒运动激起人们对爱尔兰和德国移民、天主教徒和犹太人、城市底层的偏见和歧视。中产阶级认为“游手好闲的、没有抱负的、没有宗教信仰”的移民和以传统方式饮酒的美国穷人威胁到他们清教徒式的价值观——勤劳致富。但禁

酒令生效时，中产阶级内部又出现了一个新的、更强大的群体（工薪专业人士、白领工人和管理人员）。与老一代中产阶级提倡绝对禁酒有所不同，新中产阶级支持适量饮酒，禁酒令因而终止。此后，一直规范着中产阶级和大多数美国人的是适量饮酒而不是完全禁酒（Gusfield，1991）。

（2）现在。

20 世纪 90 年代，克林顿政府为阻止酗酒行为开始征收“罪孽税”，它针对的是白酒而不是啤酒或葡萄酒。增加这项税是为了支付每年价值数十亿美元的巨额诊疗费，即酗酒引发的各种疾病。这看起来是一项反酗酒的英明举措，与以往所有禁酒令都有所区别。但白酒利益集团太强大，克林顿不得不改变主意。事实上，在过去 40 年中，各种酒精饮料的消费税一直比较低，成为酒精价格低廉的原因之一，此外还有积极地推销，尤其向青少年群体营销，鼓励人们广泛饮酒（Serdula 等，2004；Cohn & Hager，1993）。

此外，反对青少年饮酒和酒驾的运动也十分成功。由于酒后驾车导致很多人在交通事故中丧生，1982 年以来，反酒后驾车母亲协会（MADD）和反酒后驾车学生协会（SADD）有效地发动公众对酒驾同仇敌忾。协会最大的成就是游说联邦政府和各州
324 政府把最低饮酒年龄提高到 21 岁，到 20 世纪 80 年代末，几乎所有的州都已经这么做了。结果与酒精有关的车祸数大幅降低（Serdula 等，2004；Hughes & Dodder，1992）。

虽然限制饮酒年龄的法律降低了青少年酒驾与车祸的死亡率，可是该限制使青少年饮酒风险更大。与狂饮如影随形的酗酒现象在青少年群体中仍然频频出现。具有讽刺意味的是，这在很大程度上应该归因于饮酒年龄限制本身。一方面，这项法律在无意中促使青少年狂饮，出现了一些前所未有的现象，如聚会前狂欢、赛前狂欢或鼓劲儿式狂欢，只有达到法定饮酒年龄的年轻人才能在参加聚会或其他公共活动时饮酒，而那些没有达到法定年龄的青少年只能偷偷在背地里无节制地狂饮；另一方面，该法极大激发了青少年以饮酒证明自己成年的热情。该法似乎告诉 21 岁以下的年轻人，他们还是孩子，尚未成人。而那些 18～20 岁的青年是把自己当作成年人的，这种自我认同促使他们想通过饮酒证明这一点，于是喝得烂醉，就好像到了世界末日。毕竟，酒在美国文化中一直是成年的象征，而法定饮酒年龄进一步强化了这一点。对于那些急于想忘掉教室、宵禁和楼管，渴望离开中学的年轻人而言，这种象征意义尤为重要（Pedersen & LaBrie，2007；Seaman，2005）。

提到一直以来未成年人狂欢纵饮的问题，最近几年至少有 24 个州试图通过一个“社会主人”法来劝阻和遏制，它主要惩罚成年人，尤其是那些纵容孩子在家里饮酒的父母。一些调查报告显示，这一法律很奏效：父母为孩子们开派对提供酒才可能导致他们狂欢纵饮。但是其他的研究得出了不同的结论：孩子跟父母一起饮酒不太可能狂饮，大概是因为他们已经从大人那里学会负责任地喝酒（Cloud，2008；Schwartz，2007）。

2. 治疗措施

按反酒驾或反未成年人饮酒法令处置饮酒问题时，是将那些酗酒者视为罪犯，而治疗法则是把他们当作需要帮助的病人加以治疗。

（1）排毒和治疗中心。

在 20 世纪 70 年代，人们普遍将酗酒看做一种病，这也促使 20 多个州颁布法令，把酗酒者视为患者而不是罪犯进行治疗。现在这些州即使酗酒者违反了公共醉酒法也不再将其送到监狱了，而是把那些人送到公共戒瘾中心进行治疗。然后，如果有必要，把他们送到中途之家或康复调养机构，得到照顾并保持“戒酒状态”。不幸的是，许多走出戒瘾中心或中途之家的患者还会“二进宫”。事实上研究表明，“戒瘾中心大门的旋转速度远远超过监狱大门”。主要原因是许多患者不愿意把自己视为酒鬼，因此也不遵守中心的康复守则（如参加会议或讨论饮酒问题），以上两点主要表明，治疗酗酒重在恢复（Rubington，1991）。

对那些没有触犯公共醉酒法的酗酒者而言，全 325
美国有无数个社区酒精治疗中心。这些中心主要提供门诊服务，不得已才会让患者入院治疗。中心大多是在精神病专家和心理学家的督导下运转的，服务项目主要包括心理咨询和治疗。许多心理治疗包括厌恶疗法或小组治疗法。小组治疗是把酗酒者集中起来（在很多情况下，还包括他们的配偶和子女），通过一系列活动，包括讲座、教育片和讨论饮酒问题，努力引导，让他们恢复到清醒状态。厌恶疗法是指使用电击或致恶心药物，让患者一闻到酒精的味道就恶心。总之，这种厌恶疗法只在短期有效，6～12 个月之内又会有酗酒的冲动。比较而言，小组治疗更有效。然而，大多数治疗中心没有得到充分利用，作为一个整体，社会上大量的酗酒者都无人过问（Roman & Blum，1991）。比较受欢迎，也最有效的方法不是哪

种专业疗法，而是由酗酒者和前酗酒者自己组成的组织，这就是戒酒互助协会（AA）的治疗。

（2）戒酒互助协会。

创立于1935年的戒酒互助协会治疗组织，如今也是最大、最成功的帮助酗酒者的组织（Weisner等，1995）。对那些申请人只有一个要求，就是他们愿意戒酒。一旦加入了该组织，新成员可以选一个戒酒互助协会成员作为引领人。这个引领人是正在康复的前酗酒者，只要新成员需要，就随时准备帮助他。成员们要参加一系列聚会，分享他们的饮酒经历。这些聚会可能在办公室、学校、教堂、旅馆或者私人家里举办，他们同样欢迎不嗜酒的人参加。在一个典型的聚会上，一位志愿者作为“领导人”以“你好！我是约翰，同时我也是一个酗酒者”这样的方式开始。他或她可以引荐一些戒酒互助协会成员讨论自己的饮酒体验及其在恢复期间遇到的问题。随后其他人也会联系自己的经验这么做。这些活动的一个关键环节，就是向自己也向其他成员承认自己是个酒精患者，而且成了无可救药的酗酒者。

这是个公认为应对酗酒的最好方法，类似组织随之也应运而生，如嗜酒者家庭互助会（Al-Anon，酗酒者的配偶、其他近亲属和朋友）和酗酒者子女互助会（Alateen，酗酒者的子女）。其目的是帮助人们了解自己及酒精中毒，学会与酗酒的亲友一起生活并帮助他们。戒酒互助协会以聚会与康复寝室相结合的方法，同样也适用于越来越多的大学生。显然，戒酒互助协会不愧为一种有效的好方法，它主要是通过对饮酒问题深入的个人理解，为酗酒者提供群体支持。这对酗酒者尤为重要，因为他们是典型的“逃避性饮酒者”（独自喝闷酒，徒劳地尝试解决个人问题），而不是社交性饮酒者（像意大利人、犹太人、中国人或更高地位的人一样，为了饮食规定、宗教或社交原因，跟其他人一起参加酒会）。研究结果显示，戒酒互助协会为酗酒者提供了他们在
326 酗酒之前一直苦苦追寻的东西，即社会接受，一个更正面的身份，一种常态感和自信，从小组支持中获益（Helliker，2006；Karlin Resnick，2004；Hurlburt，Gade & Fuqua，1984）。戒酒互助协会之所以能提供这些，是因为它已有效地把酗酒者变成家庭成员，正如一个成员在聚会上所说的：

> 我已经失去了一切，包括家庭、房子、妻子、孩子和工作。甚至我的父母也反对我……我最终找到了你们。现在你们就是我的家人，无论我走到哪里，你们也到哪里……你们给了我所有想要的和我曾经追求的一切，我感到又有人需要我了。（Denzin，1991）。

（3）酗酒者能学会适量饮酒吗？

戒酒互助协会假设酗酒是一种不治之症。这就是为什么戒酒互助协会常常宣称“一旦成为酒鬼，注定永远是酒鬼”。由于他们并不期待完全恢复，甚至那些仍然清醒着的成员，多年来一直被视为或被称为正在康复的和没有康复的酗酒者。戒酒互助协会坚信，要继续保持清醒，酗酒者必须始终处于戒酒状态。戒酒互助协会认为，即使只喝一小口葡萄酒也会让他们陷入无节制饮酒中，因为他们的病还没好。因此，对于戒酒互助协会来说，酗酒者绝不能学习适量饮酒，即使讨论适量饮酒也只会成为他们继续酗酒的一个借口。

但越来越多的研究者认为，酗酒对于那些没有自控力的问题饮酒者来说不是一种病。相反，这是一种不健康的行为方式，可以通过适量饮酒的学习进行控制。根据美国适度理论家的研究，许多酗酒者可以学会适量饮酒而不会旧病复发，而在许多欧洲国家也有研究证明，酗酒者能学会适量饮酒，无节制饮酒没再复发（Rotgers等，1996；Sobell & Sobell，1993）。但是，我们也应该注意到，大多数酗酒者可能只是“问题饮酒者”，并没有发展到对酒精严重成瘾的地步。但对于“顽固的酗酒者”，即长期对酒精严重上瘾的酗酒者，戒酒互助协会坚持用禁酒法，也许仍是对付上瘾的一种较为安全的方法（Rivera，2000；Marrott，1995）。

十二、本章概要

（1）**在美国饮酒和酗酒到了什么程度？**大多数美国人饮酒，但很适度，少部分人（约1/3）不喝酒，很小一部分人（6%）患有酒精中毒症。

（2）**公众对饮酒有哪些误解？**误解有以下几点：酗酒者大多是无家可归者；不同的酒掺着喝会醉得更快；喝黑咖啡或往头上浇冷水就可以醒酒；只喝啤酒不会成酒鬼；喝酒之后会产生性冲动。

（3）**酒精有哪些作用？**酒精是一种镇静剂，因此它降低了饮酒者的身心能力，但不会影响道德能力。身心能力下降多少取决于中毒程度，即血液中的酒精含量。后者又取决于以下因素，如饮酒者的身材和重 327
量、消耗的酒精种类和摄入量、胃中的食物量、饮酒者对酒精的耐受力。适量饮酒既有保健功效又有益于

社交。但过量饮酒可能损害肝脏，导致性无能，引发心脏病、中风、癌症及其他健康问题。酗酒又进一步引发一些社会问题，如交通事故伤亡和刑事犯罪。

（4）**哪些人最有可能喝酒并成为酒鬼？**喝酒可能性较大的是白人、男性、青少年、自由派新教徒和天主教徒、地位较高者以及东北部和西部的居民。但是，那些可能最终成为酗酒者的是社会地位较低的人，如非洲裔、拉美裔、爱尔兰裔和美国土著人。

（5）**在全世界，饮酒的情况是怎么样的？**富国比穷国酒精消耗量大。在那些富国中，欧洲人比北美人喝得多，俄罗斯的酒精消耗量最大。现在欧洲青年比过去更容易酗酒。这些富国的女性只是比男性喝得稍微少点，而在伊斯兰教国家和东南亚国家，女性饮酒是极为罕见的。

（6）**什么是酗酒？**即饮酒过度，造成心理和生理成瘾，出现与酒精有关的问题。**一个人怎样才能变成一个酗酒者？**首先始于一种社交性饮酒，然后是心理上成瘾、生理上成瘾，最后达到底线，完全依赖于酒精。

（7）**导致校园狂饮的原因是什么？**由于限制饮酒年龄法的实施，青少年没有机会学习负责任地适度饮酒。**谁最有可能去狂饮作乐？**像其他偏差者一样，狂欢纵饮的很可能是白人男性、很年轻的全日制学生、运动员、兄弟会成员和那些喜欢冒险活动的人。**对女性尤其是年轻女性的饮酒率上升该怎么解释？**性别日趋平等，鼓励女性像男性那样喝酒。**女性酗酒与男性有何不同？**女性酗酒者极可能有家族病史，经历过重要事件，初次饮酒时年龄较大，像配偶那样酗酒，在家里喝酒，在身心和社会方面受的折磨更多。

（8）**是什么导致酗酒的？**根据生物学理论，酗酒是由体内的一些问题造成的，如营养不足、有基因缺陷或没有脸红反应。心理学家把酗酒归于酒精人格，其中包括反社会、依赖他人和权力欲。按照古典社会学理论，酗酒是在某种社会环境的影响下发展而来，在饮酒同伴的压力下，心理脆弱的人就会酗酒。从社会现状看，酗酒者在心理上易受个人压力的伤害。根据另一社会学理论，是文化导致了酗酒，它通过制造深刻的内心紧张，让人们认为喝酒可以有效舒缓紧张情绪，但又没有提供合适的酒精替代物。

（9）**美国社会是如何控制酗酒的？**通过立法并进行治疗。20 世纪 20 年代和 30 年代初，虽然法律严禁售酒，但并没有根除酗酒。禁酒令反映的是控制社会弱势群体的一种尝试。克林顿政府打算劝阻酗酒，但收效甚微。尽管如此，20 世纪 80 年代以来，反对青少年酒驾的运动降低了致命的车祸发生率，但却没有降低狂欢纵饮的比率。控制酗酒也采 *328* 纳了治疗手段，如把公共醉酒者不是当成罪犯，而是当成病人进行治疗；在社区中心提供治疗服务；酗酒者通过自我组建小组提供社会支持等，其中最大也是最成功的组织是戒酒互助协会。戒酒互助协会坚持认为，酗酒者必须绝对禁酒，但越来越多的研究人员发现，酗酒者（更准确地说，是问题饮酒者）可以学会适量饮酒。

十三、扩展阅读

Catalano, Ralph, et al. 1993. "Job loss and alcohol abuse: A test using data from the epidemiologic catchment area project." *Journal of Health and Social Behavior,* 34 (September), 215–225. Alcohol abuse is found to be more common among those who have been laid off than among those who have not.

Clark, Walter B., and Michael E. Hilton (eds.). 1991. *Alcohol: Drinking Practices and Problems*. Albany: State University of New York Press. A collection of articles presenting the results of several survey studies on alcohol use and abuse in the United States.

Denzin, Norman K. 1993. *The Alcoholic Society: Addiction and Recovery of the Self*. New Brunswick, N.J.: Transaction. Analyzing the various scholarly views on alcoholism and the experiences of drinking as well as recovering from alcoholism.

Edwards, Griffith. 2002. *Alcohol: The World's Favorite Drug*. New York: St. Martin's. A wide-ranging analysis of scientific facts about alcohol and its impact on people, illustrated with case studies.

Grant, Marcus, and Jorge Litvak (eds.). 1998. *Drinking Patterns and Their Consequences*. Washington, D.C.: Taylor & Francis. A collection of articles about social, cultural, and personal factors in drinking; policies and programs on alcohol use and abuse; and new approaches to controlling alcohol problems.

Heath, Dwight B. (ed.) 1995. *International Handbook on Alcohol and Culture*. Westport, Conn.: Greenwood. A collection of articles on the drinking norms and practices of 27 countries.

Jersild, Devon. 2001. *Happy Hours: Alcohol in a Woman's Life*. New York: HarperCollins. Presenting a mix of scientific data and personal stories about various aspects of drinking and alcoholism among women.

Martin, Jack K., Paul M. Roman, and Terry C. Blum. 1996. "Job stress, drinking networks, and social support at work: A comprehensive model of employees' problem drinking behaviors." *Sociological Quar-*

terly, 37, 579–599. A study of how stressful working conditions, drinking networks, and social support at work influence problem drinking among employees.

Obot, Isidore S., and Robin Room (eds.). 2005. *Alcohol, Gender and Drinking Problems: Perspectives from Low and Middle Income Countries.* Geneva, Switzerland: World Health Organization. A collection of articles dealing with the gender difference in drinking and alcoholism in eight developing countries.

Orcutt, James D. 1993. "Happy hour and social lubrication: Evidence on mood-setting rituals of drinking time." *Journal of Drug Issues,* 23, 389–407. This study indicates a reduction in stress among college students when they engage in social drinking during weekday evenings.

Perkins, H. Wesley. 1992. "Gender patterns in consequences of collegiate alcohol abuse: A 10-year study of trends in an undergraduate population." *Journal of Studies on Alcohol,* 53, 458–462. The data show that college men continue to have many more alcohol abuse and alcohol-related problems than college women.

Pittman, David J., and Helene Raskin White (eds.). 1991. *Society, Culture, and Drinking Patterns Reexamined.* New Brunswick, N.J.: Rutgers Center of Alcohol Studies. A large collection of articles presenting the social scientific views on various aspects of alcohol use and abuse.

Roman, Paul M. (ed.). 1991. *Alcohol: The Development of Sociological Perspectives on Use and Abuse.* New Brunswick, N.J.: Rutgers Center of Alcohol Studies. A set of essays on the contributions made by sociologists to the understanding of drinking and alcoholism.

Sayette, Michael A., et al. 1993. "Alcohol and aggression: 329
A social information processing analysis." *Journal of Studies on Alcohol*, 54, 399–407. Alcohol use is found to be associated with aggressive responses to provocation.

Seaman, Barrett. 2005. *Binge: What Your College Student Won't Tell You.* Hoboken, N.J.: Wiley & Sons. An ethnographic analysis of today's college life including drinking and alcohol problems.

十四、思考题

1. 在导致酗酒的不同社会因素中，哪个因素可能对你影响最大？哪个最小？为什么？

2. 为什么说要求两性平等的女权运动会无意中导致很多女性酗酒？

第六部分

不平等引发的偏差行为

第十三章

333 特权偏差行为

表象与事实

表象：食品业使用化学添加剂只是为了让产品不变质，以保护消费者的健康。

事实：使用化学添加剂的真正目的不是保护消费者健康，而是使食品看上去更新鲜，能吸引消费者购买，从而牟取高额利润（第 338 页）。

表象：非法药品及其他产品的虚假广告，会严
334 重伤害消费者，与普通罪犯一样，犯罪公司也将受到严惩。

事实：对非法制作虚假广告的行为，相关公司并不会像普通罪犯那样受到惩罚，它们只需要签署一份声明，表示同意停止非法行为即可（第 340 页）。

表象：与其他国家的同行相比，在国外经商的美国公司贿赂外国政府官员的可能性更大。

事实：尽管美国公司偶尔也会向外国政府官员行贿数百万美元，但与欧洲和亚洲的同行相比，这么做的可能性要小得多（第 341 页）。

表象：如果报酬相对较低，美国公司的管理人员很可能从事一些违法或犯罪的商业活动以增加其收入。

事实：与那些守法的企业高管相比，遭指控或因商业犯罪被判刑的高管收入要高得多。事实上，高额的报酬往往会鼓励非法商业行为，因为这让那些管理人员误认为自己可以凌驾于法律之上（第 342～343 页）。

表象：工资较低的底层雇员比中层管理者更有可能盗用公司财物。

事实：大多数公司窃贼是中产阶级，盗用的原因包括其公司太大，没有人情味，其社会有劳资冲突的传统，而且他们发现自己的工作太单调（第 343～344 页）。

表象：挪用公款者一再向亲朋好友寻求经济帮助却无果之后，才不得不偷窃。

事实：挪用公款者通常羞于把他们的财政问题告诉朋友、配偶以及那些可能给予帮助的人，这种困窘的财政问题可能包括因赌博或供养情妇而债台

高筑（第 345 页）。

表象：如今在法庭上，白领罪犯就像普通罪犯那样会受到严惩。

事实：近几年，白领罪犯确实受到了严惩，但和那些街头罪犯相比，法庭对他们仍然是从轻发落，例如，1995 年到 2002 年间，同比 93%的街头罪犯，仅有 57%的白领罪犯被判入狱（第 350 页）。

表象：鉴于其储备的尖端武器，富国政府可能比穷国更容易出现“政府屠杀”（democide），即民众被其政府所杀。

事实：显然，由于将人的性命看得轻如鸿毛，穷国政府更有可能出现“政府屠杀”（第 355 页）。

表象：与富国相比，穷国的官员腐败比较少见，因为穷人没有那么多钱去贿赂政府官员。

事实：一般而言，国家越穷，公务员越腐败。在大多数穷国，腐败太普遍，甚至被当作一种正常现象（第 355 页）。

表象：当美国政府高级官员向公众承诺，他们将会纠正政府偏差行为时，他们一定会履行其承诺。

事实：政府很有可能只是承诺采取措施处理问题，但很少付诸行动。例如，2006 年，美国国会承诺通过艰难的改革法案，严厉打击国会议员的腐败行为，但人们普遍认为，这仅仅是冠冕堂皇的一说，还预期一切照旧，就像许多其他类似的承诺一样，会不了了之（第 357～358 页）。

335 作为全球巨头泰科（Tyco）的老板，丹尼斯·科兹洛夫斯基（Dennis Kozlowski）为公司和自己赚足了钱。10 年中，他掀起了一个购物热潮，还花 600 亿美元收购了 200 家大型企业和数百家小企业。结果泰科从一个年度销售额仅为 30 亿美元的工业零部件制造商，变成了一个全球巨头，每年就赚 360 亿美元，出售的产品从纸尿布到火灾报警器无所不有。为此，科兹洛夫斯基在最后三年中就挥霍公司 3 亿美元以上，此外还有他自己专用的 3 辆哈雷戴维森机车、1 艘 130 英尺长的游艇、1 架私人飞机，在两个州建有别墅。然而在 2002 年夏天，他首先被指控未支付 100 万美元的艺术品销售税，然后又被指控从泰科公司窃取 1.5 亿美元。2005 年，有人指控他有计划地洗劫公司，他也因此可能获刑 8～25 年（*Wall Street Journal*，2007；Eisenberg，2002；Hill，2002）。

科兹洛夫斯基的罪行可被称为特权偏差行为，这种高利润的偏差行为，通常发生在有特权的人身上，他们既富有，又有权威。特权偏差行为可以划分为白领偏差行为和政府偏差行为，本章我们将进一步了解社会学对白领偏差行为的界定、企业偏差行为和职场偏差行为的特征（这是白领偏差行为下的类型）、白领偏差行为的特征及解释，然后分析政府偏差行为的各种表现及其成因。

一、什么是白领偏差行为？

社会学家埃德温·萨瑟兰 1939 年首次提出白领偏差行为的概念，把它定义为一种违法行为，是“受人尊敬的上层、白领阶层，或至少是受尊重的商业人士和专业人士”的违法行为。10 年后萨瑟兰（1949）又力图完善这一概念。

> 白领偏差行为可以被定义成受尊敬的上层人士在所辖领域内犯下的罪行，因此，它包含了很多高层犯罪，大都是谋杀、通奸、投毒的案例，虽然在他们的职业做法中并不常见。

这个经典定义从两方面为白领犯罪定了性：（1）与职业相关联，在任期间实施犯罪，其职业属于白领而非蓝领；（2）经济偏差行为一般是那些令人尊敬的、身居高位的人所为。萨瑟兰认为“身居高位”者是指从公司经理、管理人员到“工作中衣冠楚楚的工薪阶层，如商场售货员”（Sutherland，1956）。

白领犯罪和蓝领犯罪、街头犯罪的显著区别不仅在于其行为本身，它还包括怎样为自己的罪行开脱。因此，白领犯罪可能更讲求技巧，更善于诡辩，或者最重要的是，以其权力资源、影响力或名望避免被侦办、起诉或判刑。如果蓝领要犯下同样的罪行，通常不可能也做不出像白领那样的事，这就是为什么蓝领在犯下同样罪行时，更有可能被逮捕、 *336* 起诉或判刑的原因（Shapiro，1990）。

当谈到身居高位者从事经济犯罪时，萨瑟兰也认为，企业可能也参与了类似的偏差活动。企业偏差行为的概念对于总体上理解白领犯罪的社会学性质至关重要。萨瑟兰举了一些企业偏差的例子，表明心理学对偏差的解释是多么荒唐。

> 我们没有理由认为，通用汽车公司有一种自卑情结，或美国铝业公司（the Aluminum Company of America）有挫折—侵入情结，或者美国钢铁公司（the U. S. Steel）有恋母情结，

> 或者阿穆尔公司（the Armour Company）有想死的欲望，或者杜邦（DuPonts）公司有回到子宫的欲望。（Sutherland，1956）

因此，我们认为白领偏差行为包括职场偏差行为和企业偏差行为。值得注意的是，我们用白领偏差来代替白领犯罪，扩大了它的内涵，这是因为社会学家传统上所谓的白领犯罪不仅包括犯罪行为，还包括民事犯罪和违法行为（民事犯罪从法律上讲，不是一种犯罪行为，因为它属于民法而非刑法）。我们以白领偏差行为这一术语去讨论身居高位者的经济偏差行为，它包括犯罪和违法两种形式，职场偏差行为是指利用职务之便（即职场偏差行为）或代表公司（即企业偏差行为）为个人谋利。

二、企业偏差行为

企业偏差行为通常发生在企业，是管理者为了公司的利益和他们自己的利益实施的行为。主要可以分成四种类型：对员工的偏差行为、对客户的偏差行为、对政府的偏差行为和对环境的偏差行为。

1. 对员工的偏差行为

多年来，人们都期望公司确保其雇员在没有危险的环境下工作，并最终于 20 世纪 70 年代正式立法，为确保工作环境的安全，还建立了一个联邦机构，称之为职业安全与卫生署（OSHA）。但是如今仍然有很多工人在各种污染环境如煤灰、棉尘和辐射中工作。尽管人们发现这些物质能够致癌、诱发白血病以及其他一些恶疾，但是企业仍然置之不理或矢口否认，而不采取适当措施，如加强防护，使工厂更安全（Frank，1993）。

社会学家戴维·埃尔曼（David Ermann）和理查德·卢德曼（Richard Lundman，2002）认为企业
337 忽视员工的健康和安全是出于三点原因，其中最显而易见也是最重要的原因，是企业只关注利润最大化，公司高管对工厂有损健康的危险视而不见，消除这些危险就会减少公司利润。

无视员工安全的第二个原因，是企业结构的本质。企业最主要的一个特点是管理人员只追求短期业绩，以此获得回报。因此，公司管理人员是忽视还是消除这种危害，取决于这能为他们在未来数月而不是一二十年赢得多大的利润。难怪他们反对在任期间投入大量资金改善工人的工作环境，他们这样做只是不愿意做长远考虑，如面对许多残疾员工针对他们提起的高额诉讼。企业结构的另一个重要特征是，它促使企业高管在客观评价员工的价值时，只关注他们的产品贡献。结果他们看待员工就像机器一样，员工很容易被取代。如果一些工人残疾或死亡，可以很容易地找到合适人选来接替他们的位置。正是这种对工人的冷漠态度，导致企业管理人员无视职工的健康与安全。

对员工偏差行为的第三个原因，是政府不愿意对违法企业采取措施，职业安全与卫生署通常不愿意使用威胁和定罪的方式阻止这类行为，相反，通常借助协商和说服的方法让企业守法，以条例和罚款为最终诉求，企业只要纠正其“不足之处”就能降低惩罚力度。除了这种执法不力的政体外，政府还削减了职业安全与卫生署的执法人员。更有甚者，很多州严禁受害员工起诉雇主，除非他们能证明那属于故意伤害。换句话说，员工不能起诉雇主有过失（Frank，1993）。

2. 对客户的偏差行为

针对客户的企业偏差行为形式各有不同，最常见的包括危险食品、不安全产品、欺诈、虚假广告和违反反垄断法等行为。

（1）危险食品。

食品工业素以销售掺假和受污染的食品牟取暴利而著称，肉类加工企业通常不衡量其产品是否符合安全食用标准就出售。因此，专家建议消费者自己确认汉堡是否完全烤熟。1993 年，400 人因食用了杰克盒子（Jack in the Box）快餐店的汉堡，被大肠杆菌感染而患病，其中有 4 名儿童死于细菌感染。据美国农业部和州卫生局的报告，如果该快餐店在烹制汉堡时温度再高一些（华氏 155 度而不是 140 度），病菌本可以消灭。但问题源于屠宰场，那里的肉已被渣滓污染（McDowell，1996）。

食品也能掺假。例如，荷美尔公司（Hormel Company）曾将零售店中顾客退回的变质肉“翻
新”、重新包装，再以更大的利润返销到其他商店， 338
而没有通过美国农业部官员的二次质检，正如某研究者所发现的：“经过修复和烟熏，排骨恢复了滑溜、色泽和黏性”，更名后在少数民族聚居区的商店出售，并远远超过新鲜猪排的价格（Wellford，1972）。

事实上，人们对食品业在产品中使用各种化学添加剂已经司空见惯，在政府部门工作的科学家甚

至怀疑，其中很多添加剂会致癌并引发其他疾病。使用添加剂的目的除了防腐之外，还能使食品看起来新鲜诱人、具有吸引力、色香味俱佳。比如，添加亚硝酸钠和硝酸盐保持肉类食品色泽红润。但是，隐藏其后的真正目的还是牟取高额利润，正如一个食品推销员所说：“食品添加剂带来的利润确实惊人，远远高于传统食品的基本利润。”（Simon，2006）

（2）不安全产品。

获利动机也会促使汽车、药品、烟草及其他工业生产和销售对人们有害的产品。比如，烟草公司早就知道吸烟会致癌，而且会上瘾，但它们仍然一如既往地生产和销售香烟（Noah，1997）。制药业也经常曝出生产不安全产品的丑闻。药品公司经常被曝光触犯产品安全法规，比如，出售掺假、超标、过期或有菌的灭菌产品。更为严重的例子是，多次曝光的药品在安检时蒙混过关。在试用药品时，有些鼠或猴染上了重病，如肿瘤或失明，却用健康动物取而代之，死掉的动物也会在实验报告中“复活”，即服用某种新药致死的老鼠，重新出现在存活的数据中（Braithwaite，1993），诸如此类歪曲的临床试验数据使药品公司与法律相抵触。例如，1990年波拉公司（Bolar）的抗高血压药 Dyazide 系列，因发现有缺陷而被召回，该公司在获取美国联邦食品药品管理局（FDA）许可证的过程中，因递交伪造文件而被罚款 1 000 万美元（Gorman，1992）。

向联邦食品药品管理局递交虚假数据是利益驱动所致。比这个更为常见的倾向是，对联邦食品药品管理局隐藏了药品副作用的数据，结果，许多可能有危险的药品通过了联邦食品药品管理局的检验，而消费者被当成了试验品。自己掏钱买药，服用了很长一段时间才知道，这种药品是否有危险。当然，等他们发现有危险的时候为时已晚，他们已经受害，有时甚至已经死亡。此类丑闻会弄得满城风雨，道康宁公司（Dow Corning）的乳房硅胶植入剂事件便是 20 世纪 90 年代的一大丑闻。1992 年很多消费者投诉植入剂泄露、破裂或导致自动免疫系统失调。联邦食品药品管理局被迫开展调查，从公司内部文件中得知，厂商早在 20 世纪 70 年代就对该隐患心知肚明（Pontell & Calavita，1993）。

（3）欺诈。

欺诈行为在各行各业如金融业、保险业、房地产和证券业等中蔓延。它们都是缺乏政府监管的暴利行业，让我们再进一步去探究金融业及保险业诈骗的本质。

20 世纪 80 年代，美国历史上最大的一桩银行诈骗案牵涉了一大批存贷机构，使纳税人损失达到了 339
天文数字——14 亿美元。在 1987—1992 年的短短五年时间里，共发生了 95 045 起针对储蓄与贷款机构官员的起诉案。涉嫌欺诈的案件可归为三类：（1）非法的非金融活动，即违反银行法从事高风险活动，例如，在一个高风险领域集中投资，不经过任何市场调查就发放建设贷款。（2）集体贪污，即利用储蓄与贷款机构的所有权盗取储户的存款，加利福尼亚州的某官员曾经说过：“抢银行的最好方式莫过于拥有一家银行。”（3）掩盖事实，即篡改账目，使机构看上去运转正常或资金流畅。之所以出现这些欺诈行为，主要是拆除了“几十年来维系储蓄业的大部分规范设施”（Pontell & Calavita，1993；参见 Truell & Gurwin，1992）。

欺诈在保险业中也是一个大问题，保险公司资不抵债，经常会导致内部欺诈行为的发生。政府监管在保险业中也十分不力，尽管有专门的联邦机构管理银行、储蓄、贷款、证券和商品期货，但对保险业却没有设立相应的机构。一些国家机构参与了对保险业的监管，但是大都不力，主要是资金和人手不足。以美国新墨西哥州为例，该州仅有 5 名监管人员，要监管的保险公司却多达 1 600 家。最常见的保险诈骗是虚假资产和小公司骗局：在虚假资产中，保险公司虚报资产以表明它们有足够的法定资产；小公司骗局中，某公司管理一项多雇主福利安排项目（MEWA，即几个小雇主集资为其职工投保健康险），盗用钱财，直到支付不起任何索赔（Headden & Witkin，1993）。

（4）虚假广告。

虚假广告与诈骗十分相似，大多数广告仅仅是吹嘘和夸大产品，例如（Simon，2006）：

> 雀巢制造出最好的巧克力。
> 美国通用汽车公司总是走在前列。
> 麦片——早餐中的冠军。
> 每个美国孩子都喜欢杰利奥牌明胶果冻。
> 施格兰，美国排名第一的杜松子酒。

尽管这些广告有虚假成分，但它们却是合法的。即使用一些误导人的标签使食品看起来比实际的健康、少油腻，也是合法的，如聚丙烯酰胺及其他烹饪喷剂，能够使百分之百都是脂肪的食物看起来无脂肪、无热量（Parker-Pope，2003）。

但是另一种形式的虚假广告是非法的，因为这些产品严重危害到消费者，请看下面的例子（Simon，2006）：

> 美国联邦贸易委员会裁定，阿纳辛（Anacin）打了虚假广告，声称它有以下奇效：(1) 能够缓解神经质、疲劳、紧张、压力和抑
> 340 郁；(2) 比阿司匹林效果好；(3) 在 22 分钟内
> 能让你得到舒缓；(4) 医生极力推荐；(5) 在止痛方面比其他任何一种镇痛药效果都显著。

然而对于这种违法行为，相关公司并不会像普通罪犯那样受到惩罚，它仅仅需要签署一份声明，表示同意停止非法行为即可。显然，法律的目的并不想惩罚罪犯，只是想遏制不法行为，以防造成更进一步的伤害（Coleman，2006）。

(5) 违反反垄断法。

反垄断法是为了阻止公司合谋，而合谋的目的的则是减少或消除竞争。如果没有竞争，价格就会上涨，消费者除了付钱以外别无选择。违反反垄断法，公司销售同一型号的产品，经常一起定价，从而使价格维持高位。有时企业还会阻止新的竞争势力进入市场，这点可以两个最大的信用卡公司为例，维萨（Visa）和万事达（Master）两个公司阻止各大银行发行美国运通卡和发现卡（Frank & Wilke，1997）。违反反垄断法会带来巨大收益，尽管它最直接的目的是利润，但是至少有三个小因素也在起作用：第一，公司之间长久以来的合作史；第二，市场被少数几个公司垄断，使之很容易合作；第三，公众对违反反垄断法缺乏相关意识（Ermann & Lundman，2002）。

这三个因素在婴儿食品业中可见一斑。事实上，几乎每个有婴儿的美国家庭都要购买婴儿配方奶粉，少数家长会抱怨婴儿配方奶粉价格昂贵，但是大部分人不知道这么高的价格是由于违反了反垄断法，这种行为涉及三个奶粉公司，它们长期合作，主导奶粉产业。这种违法行为始于 1980 年，这三家中最大的雅培公司串谋另外两家，阻止新的竞争对手雀巢进入美国的奶粉市场，自从它们主宰了市场后，奶粉的价格就居高不下（Wilke，2004；Jamieson，1994；Burton，1993b）。

3. 对政府的偏差行为

逃税是企业针对政府的最典型的偏差行为。但是企业逃税并不总是违法的，因为它们的政治影响力无处不在，而且十分强大，大企业能通过减税法和复杂的税收漏洞合法避税。美国国会的一项研究发现，这是前 148 强企业上交的税收不到官方税率利润的一半，同时 10% 的企业根本就没上税的原因（Coleman，2006；Sloan，1997）。

不过利用税收漏洞走得太远就可能违法了。例如，政府为那些在其他国家的美国公司制定了免税法。为了钻这个漏洞，美国的很多大型公司实行跨国合作，在企业税率很低的国家设立子公司，所以
它们大部分利润都来自于国外。假设一个产品在美 341
国生产成本是 100 美元，而又以 100 美元的价格卖给爱尔兰的子公司，因为在这项交易中无利可图，所以在美国国内不会缴纳税款。但是如果子公司以 200 美元的价格转售产品，将会获利 100 美元。而公司在爱尔兰只需缴纳 4% 的税，这样在美国就逃了 48% 的税。通过设在国外的子公司，美国企业大部分的利润来自于国外，从而逃了大笔税费（Martz，1991）。

在针对政府的偏差行为中，企业不仅仅是逃税，还给两个政党捐赠巨额竞选经费以影响立法，使之有利于自己（Sabato & Simpson，1996；Hunt，1995）。在今天的全球经济一体化中，美国的大型公司甚至还贿赂外国政府，或者在国外从事一些美国法律禁止的活动。以巴克斯特国际公司（Baxter International Inc.）为例，作为全球最大的医疗设备供应公司，它于 1993 年承认自己违反了美国法律，同阿拉伯国家联合起来抵制以色列。自 1985 年以来，巴克斯特国际公司就想进入广阔的、利润可观的阿拉伯市场，但阿拉伯国家官方表示，将不会与该公司合作，除非它们先停止以色列的业务。结果巴克斯特国际公司就这样做了（Burton，1993a）。美国公司从事的大多数非法活动包括，给予外国政府上百万美元的贿赂，然而与欧洲和亚洲同行比起来，美国企业用这种方法做海外贸易的可能性要小得多，这种手段在全球经济中太普遍了。比如，2007 年，人们发现，为了赢得电信设备的巨额合同，德国西门子公司向尼日利亚、俄罗斯和利比亚的政府官员行贿数百万（Crawford 等，2007；Milbank & Brauchli，1995）。

4. 对环境的偏差行为

大部分企业以一种或多种方式把废弃物倒在地里、排放到空气中和流入水里，这主要是因为它们认为开发生态安全的替代品或者防污设备过于昂贵，它们也不乐意收拾残局，或承担影响公民身体健康

的责任，因为这样做会使其利润大打折扣。按照美国国会的说法，那些石油化工、五金、电力和运输企业对环境的污染较为严重（Barnett，1993）。

环境污染以某些方式影响着我们所有的人，就像拉尔夫·纳德（Ralph Nader，1970）所说："汽车、植物，焚烧的硫氧化物、碳氢化合物、一氧化碳、氧化氮、微粒及许多其他污染物，这都是大部分美国人被强制消费的。我们无法不摄取这些污染物，因为我们要呼吸。"根据美国环境保护署（EPA）的研究，居住在贫穷的少数族群地区的居民，最容易受到污染，因为垃圾填埋场、垃圾焚化炉、有毒垃圾倾倒场以及对环境有害的植物都靠近这些地区（Suro，1993）。

自从20世纪70年代以来，联邦政府努力与环境污染作斗争，但在整整10年中却收效甚微。1980年美国国会又通过了一个《综合环境反应、赔偿和责任法》（the Comprehensive Environmental Response Compensation and Liability Act），人们普遍称之为超级基金计划（the Superfund program），准备清理全美国一些最糟糕的处置危险废物的场所。20世纪80年代早期，这个超级基金计划开始出现疲
342 软，因为环保机构EPA对环境犯罪采取"软"措施，许多污染环境的企业都没有受到惩罚，只有少数违法企业有机会跟EPA商议清除污染源。但是到了20世纪80年代末，EPA开始强制执行超级基金计划，惩治那些污染环境的企业。如今这些企业在EPA的巨大压力下开始缴纳清污费，尽管一些企业和保险公司主张，以缴税的形式来缴这些清理费，它们辩称公众也应该承担这笔费用，因为公众获得了工业企业的产品并从中受益，而那些产品却会污染环境（Barnett，1993）。如今，公众普遍反对高税收，他们是否乐意承担这部分费用令人怀疑；此外，很多人坚持认为，应该是企业而不是公众对工业污染物负有责任。

三、企业欺诈的社会特征

最近有不少关于企业主管涉嫌非法经营活动的报道（Emshwiller等，2006），包括：

- 美国大型能源贸易公司——安然公司（Enron）的总裁肯尼斯·雷伊（Kenneth Lay）及其下属，因侵吞投资者、雇员及退休人员的数百万美元，造成该公司破产，这也是美国历史上最大的破产事件。雷伊及公司首席执行官杰弗里·斯基林（Jeffrey Skilling）后来被指控犯有多项共谋罪和欺诈罪。
- 媒体报道，安达信会计师事务所（Arthur Andersen）的最高执行官为其客户安然公司做假账，用碎纸机毁灭犯罪证据，为此，一些高管被判妨碍司法罪。
- 世界通信公司（WorldCom）是一个全球通信公司，其首席财务官斯科特·沙利文（Scott Sullivan）及其同事布福德·耶茨（Buford Yates）双双涉嫌金额高达72亿美元的证券诈骗。这起诈骗案还涉及故意提高公司收入，以确保公司股票价格上涨，两人分别获刑。他们的老板伯纳德·埃伯斯（Bernard Ebbers）稍后涉嫌与证券监管机构联合进行证券欺诈、共谋、伪造档案等，被判处25年监禁。
- 有线电视公司阿德菲亚（Adelphia）的创始人及其两个同为该公司高管的儿子被判入狱，因为他们诈骗投资者2.5亿多美元，还设法侵吞了公司23亿美元。
- 英克隆（ImClone）生物制药公司的创始人及首席执行官，被判犯证券欺诈罪、妨碍司法罪和欺诈银行罪。"家政女皇"玛莎·斯图尔特（Martha Stewart）也因妨碍联邦调查人员调查该公司股票内部交易而获刑。

这些企业骗子连同23家公司的首席执行官们涉嫌在财务上违法做账受到调查，他们赚的钱相当于
另外300家大型企业首席执行官共同收益的70%以 343
上。特别是从1999年到2001年，与其他公司首席执行官平均3 600万美元的收益相比，这些企业骗子平均每人得到6 200万美元。三年中这23家公司暗箱操作的首席执行官们据为己有的金额共高达14亿美元，而他们所在公司的利润直线下降了5 300亿美元，16.2万名员工失业。显然，过分地报道高额报酬往往会鼓励非法商业行为。这让那些管理人员误认为自己可以凌驾于法律之上，而不像底层那些无足轻重的工人（Lavelle & Prasso，2002）。

但更重要的是，这些腐败的执行官们是放松管制的产物，而这种商业管制在混乱中已经运营了20多年。因此，他们的犯罪行为与许多解除了商业管制的美国企业没有太大区别。比如，下述行为就是合法

的：(1) 把公司总部搬到百慕大及其他能逃过美国税费的地方，却无人员调动；(2) 即便工作表现极差，还要给予企业高管超高的报酬、巨大的股票期权及无息贷款等，给公司造成很大的损失；(3) 通过大量解聘员工，增加行政支出，分散人们对行政管理不善的注意力；(4) 董事会内部人员和朋友们慷慨地提高高管薪酬，而对他们的错误却睁一只眼闭一只眼；(5) 为两党候选人竞选捐款，以确保得到政府补贴、税收优惠及其他优惠（Frank 等，2004）。

四、职场偏差行为

与那些大企业的违法犯罪行为相比，个别白领员工为个人利益给受害者带来的损失要小得多，但仍比下层的普通犯罪带来的损失要大得多。白领偏差行为有许多不同类型，而我们要分析的是那些代价最高昂的常见案例。

1. 员工的偷窃行为

员工偷窃在很多公司是相当常见的，同时代价也是很高昂的。在 20 世纪 90 年代，此类偷窃一年造成的损失近 1 200 亿美元，至少占销售总额的 2%（Buss，1993）。商家和消费者都受到了伤害。每年因员工偷窃让 1 000 多商家倒闭，而其他企业则提高物价，把这笔损失转嫁到消费者身上。根据专家估算，美国约有 30%的员工准备从雇主那儿偷窃，另有 30%的员工表现基本良好，但偶尔也经不住诱惑，剩下 40%的员工诚实本分（Buss，1993）。在美国，员工偷窃行为可能是各类涉及财产的偏差行为中分布范围最广、损失最大的。

偷窃的员工大多属于中产阶级。他们“主要是可信赖的、受人尊敬的纳税人；是职业棒球大联盟的球迷；具有‘美国人的生活方式’和努力诚实工
344 作的信念；一看到那些福利骗子、街头无赖、放纵和不道德的行为，他们就会愤怒，认为这会扰乱业已建立起来的社会秩序”（Altheide 等，1978）。那么，为什么这么正直的人会去偷窃呢？研究者们至少给出以下三种解释（Hollinger & Clark，1983；Altheide 等，1978；Conklin，1977）。

(1) 员工大多偷窃那些较大的、没有人情味的企业。员工对这样的公司没有丝毫忠诚感，这些公司将他们看做是抽象实体而不是真正的人。对这些员工而言，在这样的大公司里偷窃就等于没偷，一般人也会是这种感觉。正如杰克·道格拉斯和弗朗西斯·威斯勒（Jack Douglas & Frances Waksler，1982）所说：“如果有人偷了你 20 美元的计算器，你会得到人们的同情；如果一个 IBM 的员工偷走了类似的计算器，人们则不太可能对 IBM 公司表现出类似的同情心，说‘可怜的 IBM’!”

(2) 具有劳资冲突的传统社会，如在美国，员工偷窃的发生率很高，因为他们感觉自己受到公司的剥削，并因此对公司怀有怨气。因而偷窃成为员工对公司进行报复的一种表达。员工感到他们的待遇不高，还受到老板的虐待，或者因得不到提拔和加薪而有受挫感。这些员工并不认为这种行为是真正的盗窃，而把它视为非正式的补偿形式，他们感到这完全是自己应得的（Greenberg，1996）。

(3) 如果员工觉得他们的工作太单调，也有可能去偷窃。工作时偷窃不仅富有趣味性也有挑战性。在中西部服装商场进行的一项调查显示，满足于侥幸逃脱的快感而去偷的员工要远远多于单纯为了钱或一时冲动去偷的员工。一旦不盗窃了，对工作不满的员工则会进行各种各样的破坏活动，如工作草率，上班迟到、早退，拖延午餐和喝咖啡的休息时间，谎称病假，或者是工作时喝酒、吸毒。

2. 挪用公款

挪用公款也是一种员工偷窃行为，它往往指偷钱，而员工偷窃行为经常指偷盗商品。尽管这种形式要付出的代价比员工偷窃的要小一些，但在 20 世纪 90 年代，挪用公款已在一年时间里造成 272 亿美元的损失。同时，商业银行中挪用公款造成的损失是银行遭遇抢劫而造成损失的 5 倍（Thompson 等，1992；Conklin，1977）。

无论是下层员工还是高层管理人员都会挪用公款。许多人是中产阶级银行出纳，他们不时从公司里偷上几百美元来解决一些财政问题，如支付逾期的账单或者是医疗费用。当然，高层员工挪用公款的数额要高得多。例如，1991 年丹佛一家有线电视公司查出，一名被信任了 9 年的部门经理唐纳德·霍德（Donald Houde），每月从有线电视公司的财务中挪用 3 万美元，直到被捕。被捕时，他已挪用公款多达 200 万美元（Thompson 等，1992）。

像霍德那样挪用公款的大多数是管理人员，一般他们是 30 多岁、收入可观的白人男子，结了婚并有了一两个孩子，住在高档社区。挪用公款者大都工作努力、为人诚实，一些甚至还是公司的骨干。 345

那么，他们为什么要去偷呢？根据社会学家唐纳德·克瑞西（Donald Cressey，1971）的经典分析，挪用公款者的社会心理过程分为三个阶段：

第一个阶段，他们感觉自己遇到了难以启齿的财政问题。他们羞于把财政问题告诉配偶、朋友以及那些可能给予帮助的人。如因赌博债台高筑，或者有了情妇，或者自己太好面子而不愿向他人求助。

第二个阶段，个别人认为他们有机会悄悄解决财政问题。这个机会在于他们已经牢牢地占据了受人尊敬和信任的职位。

第三个阶段，也是至关重要的阶段，他们把挪用公款的行为合理化，声称这只是短期贷款而不是偷窃行为，他们期望能很快把钱还上。正如一个挪用者所解释的："我认为，如果你能使用某些手段帮助自己，设法取而代之，而且不伤害他人，这种手段就是合理的。"（Coleman，2006）正是这种合理化才导致他们挪用公款。尽管如此，与那些公司高层人士相比，低层员工很少把这种行为合理化，而是大多认为挪用公款是一种犯罪（Benson，1985；Zeits，1981）。

3. 金融诈骗

金融诈骗中最常见的形式就是不交个人所得税。一半以上的纳税人都有过某种程度的逃税行为。中高收入者，尤其是商人和律师中最为常见。为什么逃税现象如此普遍？一个原因是人们都认为逃税是一个普遍现象，正是这种感觉让人们觉得"如果每个人都逃税而我却缴税，那我就是个傻瓜"（Welch 等，2005）。另一个原因是收入税法太复杂了，有许多法定条文出现歧义，如收入的构成、扣除额、贬值问题、豁免和信贷。这些条款能以不同方式计算和操控，结果收入相同的人缴的税却不同。实际上，人们缴税多少要看"逃税游戏"玩得怎么样。一般而言，高收入者玩得更好，因为他们聘得起精明的税务会计或律师（Coleman，2006）。因此，有钱人敢于自夸自己缴税很少，或者就不缴。正如利昂娜·赫尔姆斯利（Leona Helmsley，曾是美国史上最富有的房地产企业家）所说："缴税的只是极少数人。"

仅次于逃税的是违反证券法。由于大多数违法者是专业的股票经纪人或证券交易商，因此每次违法的代价就更高。股票经纪人最常见的违法方式是诱骗股民购买那些不值钱的证券。假设一个股票经纪人在即将破产的公司里拥有很多股票，他联系到华尔街的朋友发布虚假信息，并通过市场分析给别人造成一种假象，认为他持有的股份将有很大的获利空间。向股民提供了这些虚假信息后，股票经纪人则把手上股票全部抛出。当然，当公司倒闭、股票探底时，这些股民将损失惨重。比这种证券欺诈更普遍的是彩票造假、网络证券欺诈和身份盗用，如使用某个人的社会保障号码或者其他人的数据资料获取信用卡或贷款（Eaton，1999）。 346

与证券有关的另一种违法形式是内幕交易。这涉及公司内部人员，如公司的老板或高管，他们依靠大众所不能获得的秘密信息买进或卖出股票，如提前得知一项新产品和出人意料的企业盈亏。在大众知道新产品面世或者盈利之前，如果知情者在公司购入大量股票，那么他们就可能发一笔横财。因为消息一经发布，股票证券的价格就会大幅上涨。这样的内幕交易把公众放在一个明显不利的位置上，破坏了证券市场的公平、诚信交易的原则（Szockyj，1993）。

4. 行业偏差行为

行业有多少，行业偏差行为就有多少。这里我们只关注三种：医疗不端、律师目无法纪、会计违法做账。

（1）医疗不端。

在医疗行业中有许多犯罪形式，我们只谈其中一部分。

第一种不端行为是回扣，指的是医生通过转介病人收取回扣。收回扣的全科医生通常是把病人介绍到外科医生或专科医生那里去。回扣问题不仅有损病人的利益，还有可能令他们致残或死亡。因为全科医生把病人送到外科医生那里去，只是想分到更多的费用，而不是因为外科医生手术做得好。不幸的是，回扣给得最多的医生，手术也做得最差，手术的风险也最大。由于能力不足，为了招徕业务，他们不得不给出高额回扣（Green，1990）。

第二种是实施不必要的手术。一项在康奈尔大学医学院（Cornell Medical School）的研究显示，在检查了 1 356 名建议手术的病人之后，发现有 25%的手术没必要做。对身体局部做手术的比例就更高了：50%的起搏器手术，36%的眼部手术，31%的胆囊切除手术，29%的前列腺手术，43%的痔疮手术及 32%的膝部手术都没必要做（Green，1990）。这些不必要手术的原因显然是追求利益最大化而不是真的误诊。正如调查所示，外科医生实施一个手术可以得到的保险公司支付的报酬要比由健康维护组织（HMOs）给的多得多（Coleman，2006）。

第三种不端行为是谎称给付医疗服务费。这通常是当事人向保险公司、州和联邦医疗补助和联邦医疗保险计划索要从未提供过的服务费用，为他们的服务重复计费，或者向这些部门索要昂贵的医生服务费。但事实上，这些服务是由护士或其他人提供的。这些欺诈行为，尤其在那些医术不高的医生中较为常见，他们通常在穷人聚居区工作（Coleman，2006）。

347 （2）律师目无法纪。

律师目无法纪的行为十分普遍，主要表现在向委托人索取高额费用。据一个专门调查律师账单的审计师透露，他所审核的90%的案例存在大肆索费的问题。一项调查显示，60%以上的律师承认，他们自己做过假账（Budiansky等，1995）。

法律工作无形之中为律师提供了很多有利可图的机会。管道工提供的服务是有形的、可见的，主要是清除阻塞的排水沟或者是维修漏水的水龙头。而律师常常提供一些无形服务，如给几点建议、打电话、填写并提交表格、写信、准备文件、与另一个律师或政府代理人交换意见、与某人磋商或当事人看不到的其他类似服务。因此，尽管这些事情只需要几分钟时间，但律师却要为自己争取一小时或数小时的费用。委托人很难在高额费用上与律师发生争执，因为他们看不见律师在幕后所做的事（Stevens，1995；Green，1990）。

即便委托方可以看见律师的所为，尤其是出庭，律师们仍然有机会骗取费用。一方面，律师故意延长结案时间，却频频出庭，并据此向委托人收取费用。假如委托人很有钱，律师们则会表演这种戏法。这种戏法同样适用于没钱的委托人，但采取的是缩短时间的方式。这一策略缩短了案件的周期，并为律师赢得更多的客户，因此利润也随之而来。律师可以假装自己代表委托人的利益在努力工作，劝说委托人认罪，以尽快结案（Coleman，2006）。

律师们会不顾一切夸大自己的服务时间，这里有一个笑话就是讽刺此类律师的："一个律师出现在天堂门口，并大声疾呼他只有42岁，死得太早了。'真可笑！'圣彼得回答，'根据你账单上列出的工作时间，我们认为你已有93岁了！'"（Budiansky等，1995）

（3）会计违法做账。

在为公司和个人报税表时，为了能少交税，会计会帮助他的委托人伪造或扣除其收入。但这种滥用无利可图，因为税收只占会计专业收入的很小一部分。每年460亿美元的专业收入绝大部分来源于公司财务状况的检查。因此，滥用职权大多数是指审计中的欺诈或玩忽职守（Wells，1993）。

实际上，审计一个公司的账目就是确定其账目是准确的，这对确保国家经济稳定和健康运行起着极大作用。如果公司真如会计所说的运营状况良好的话，那么给公司贷款的银行及持有公司股票的股民今后都有机会获利。但是，如果像安然公司那样，会计说公司财力不错而且很景气，而事实上公司却要倒闭的话，银行和投资者就有可能受损失。但是银行也会与图谋不轨的公司相勾结，欺骗股民与投资人，在贷方会计的协助下掩盖肮脏交易。1993年，关于会计的责任诉讼多达4 000个，这是7年前起诉总量的两倍，造成的损失高达150亿美金。但 348
大多数指控都因找不到会计欺诈的证据而败诉（Wells，1993）。

会计违法做账的主要原因明显在于利益冲突。在会计师岗位上赋予审计师职责，由公司付酬进行自我审计，这些会计很难抵御这个唾手可得的诱惑。为了客观地调查公司账目，他们坚持认为自己完全独立于公司。但事实上，他们在财政上还是要依赖于公司。如果过分执著地进行调查，他们就会丢掉饭碗。总之，利益的冲突使会计们不能去做他们应该做的，即看看他们审计的公司有没有欺诈行为（Wells，1993）。

五、是什么让白领偏差与众不同？

白领偏差，又叫白领犯罪，白领犯罪在很多方面都与普通犯罪有所不同，最大的不同是，为实现利益最大化，白领会找出合理的借口，运用权力、影响力和受尊敬的社会地位来掩盖罪行。此外，同样独特而不太明显的区别还包括：（1）白领偏差者受人尊敬的自我形象；（2）受害者的不知情合作；（3）社会的相对漠视。

1. 偏差者受人尊敬的自我形象

白领偏差者通常把自己看做值得尊敬的人，而不是普通罪犯，这种自我形象在实施偏差行为中发挥了重要的作用。

白领偏差者通常强化他们受尊敬的自我形象。被判有操纵价格罪的企业高管会辩称，他们非法操纵价格的方案远没有达到犯罪的地步，相反，他们认为自己靠“稳定物价”为国家的经济做出了真正的贡献，他们还认为自己有效地帮助公司“收回成本”，他们的账本上就没有什么固定的价格。挪用公款者，就像我们看到的那样，往往把“偷”说成是“借”，还坚持说他们马上会把钱还上。较常见的员工偷窃的肇事者认为，他们实际上没有窃取自己公司的任何东西，因为公司可以通过减税和让客户支付更高的费用来弥补损失。偷税漏税者往往认为自己是受害者而不是罪犯，他们会说自己只是做了每个人都做的事情，却不幸被抓到。正如某个偷税者所说：“每个人，至少95%的人都会在个人所得税上做手脚，哪怕他们仅仅逃了10美元的税款，性质都是一样的，我并没有欺诈，我只是不知道怎样举报!”（Benson，1985）

不同类型的白领偏差者在否认犯罪动机上有哪些
349 共同点呢？他们承认自己被关进监狱是因为犯了罪，但是仅仅把自己的行为当作一个错误，而没有犯罪动机和犯罪心理。简而言之，他们很难把自己当作一个真正的罪犯。就像一个因为操纵价格被关进监狱的商人所说的：“已经从商33年了，你不可能在一夜之间成为一个罪犯。”（Benson，1985）1989年因银行欺诈和敲诈罪而被关进监狱的查尔斯·基廷（Charles Keating）甚至根本不认罪（Zagorin，1997）。同样，当安然公司的总裁肯尼斯·雷伊被指控犯有欺诈罪及其他罪名之后，他说：“对于这些指控，我坚信自己是无辜的!”（Clark & Lavelle，2006）

2. 受害者的不知情合作

与杀人、抢劫、强奸以及骚扰这类普通犯罪相比，白领偏差者要求受害者进行不知情的合作。这种合作是因为受害者的粗心或疏忽造成的。例如，在一项住房改善项目中，受害者懒得去核查投标公司有无欺骗记录，在还没有检查合同内容的情况下（如真实价格和信用条款）就与公司签了合同。一些受害者没有核实公司的信誉就去邮购商品。医生可能在听了广告和医药公司推销员的话之后，就给病人开了未经检测核准的药品。最好不去责备受害者，因为很难让他们明白自己的受害者地位，即使他们想知道自己受害的实质。比如说，消费者并不知道他们购买的猪肉中含有荷尔蒙、抗生素、农药、亚硝酸盐的残留物，这也很难去检测。

3. 社会的相对漠视

因无知或粗心，受害者在不知情的情况下与白领偏差者合作，同时社会对其罪行的漠视也容易使他们得逞。通常，几乎没人愿意费力去抓捕这些白领，即使有，也很少，他们被捕后也极少被投进监狱。即使他们坐了牢，也不可能在那恶劣的地方待太久。

尽管如此，20世纪80年代以来，有迹象表明，美国社会更加关注这些白领偏差或白领犯罪了。许多大公司因从事非法活动遭到起诉。1985年，一名芝加哥法官判处一家公司的三名行政高管最严厉的罪行——长达25年的监禁，原因是这些高管没有及时改善车间条件而造成一名员工死亡。在宣判后的第二天，《底特律自由报》的一名记者采访读者：“对这些玩忽职守的高管判谋杀罪，是不是太苛刻了?”80%的被访者都回答“不是”（Cahan等，1985）。社会学家发现，绝大多数被调查者认为，这种白领犯罪跟街头犯罪一样严重（Piquero，Carmichael & Piquero，2008；Geis，1984）。

这是否就表明法律对白领犯罪一视同仁呢？未必。最明显的是，迄今为止没有一个白领因为导致许多员工或顾客死亡被判死刑，更不用说执行死刑了，而许多下层罪犯仅仅因杀了一个人就被执行死刑。此外，大多数白领罪犯，尤其是有时间去偷成千上万美元的白领，给他们的量刑依然比街头罪犯轻得多。在1987—1992年间，联邦部门指控了95 045位白领和企业高管，涉嫌各种银行欺诈及储
蓄和贷款机构欺诈，但75%以上的起诉被驳回。那 350
些被判有银行欺诈罪的人，平均入狱仅2.4年，而传统的银行劫匪平均被判处7.8年监禁（Pizzo & Muolo，1993）。在1995—2002年间，仅有57%的白领罪犯被判入狱，他们平均在狱中只待11个月；相比之下，街头罪犯同比为93%，但平均要监禁79个月（Shover & Hochstetler，2006）。

政府是否有能力发动一场打击白领犯罪的全面战争令人怀疑。因为许多罪犯有权有势，并且受人尊敬。法官一般对这些白领罪犯很宽容，一方面是因为多数白领罪犯从来没有严重地触犯过法律；另一个原因是很难证明其犯罪意图：故意抢劫酒水商店，其犯罪意图是显而易见的，但犯有商业欺诈罪的企业律师和会计，其犯罪意图就无法证明了。此外，陪审团很难在第一现场指认白领确实犯了罪。正如一位检察官所说：“瞧！我在陪审团面前摇晃着一条带血的短裤，就能引起他们的注意；而我在同一个陪审团面前摇晃一张10亿美元的假冒贷款结算表时，却只能看见他们呆滞的眼神。”（Pizzo &

Muolo，1993）他们眼神呆滞不仅是因为它们认为这张贷款结算表枯燥，更是因为他们发现这过于复杂，搞不明白（Jenkins，2004；Glater，2002；Eichenwald，2002）。

六、白领行为偏差的成因

通过分析白领犯罪的材料，我们会发现，公司高管及其他白领职员发生偏差行为有三大原因：偏差动机、偏差机会、社会控制不力。这跟尼尔·修文（Neal Shover）和安迪·霍克斯特勒（Andy Hochstetler，2006）对白领犯罪的解释很相似：（1）个人特征上具有犯罪倾向。（2）受到犯罪机会的诱惑。（3）缺乏可靠的监督。但是修文和霍克斯特勒在阐述上述成因时提供的数据与这里的有所不同，此处所说的这三个原因必须与更高的地位相联系，这在第三章的权势理论中已有所阐述。

1. 偏差动机：患得患失

有证据显示，在白领这个圈子里，与偏差行为密切相连的是恐惧与贪欲。众所周知，华尔街的观察员把恐惧与贪婪视为驾驭股市最有影响力的两大情感。担心受损失促使投资者卖掉股票，使股价下降。如果这种恐惧心理很强，波及面又广，就会使股市崩盘。另一方面，贪欲会促使投资商去购买更多股票，这便抬高了股价。如果贪欲强、影响范围大，市场就会繁荣。所有这些在经济术语里意味着股票供应量加大，许多投资者就想卖掉手中的股票，那么股价就会下降；股票需求量增加，许多投资者就想购买更多股票，那么股价则会上涨。

就像恐惧与贪欲驾驭着股市一样，这些动机似
351 乎也在驱使着白领发生偏差行为。患得患失已经与白领偏差行为联系在一起，如怕房子抵押权被取消，没房子住，或者害怕公司倒闭。这种偏差行为带来的利润很低，而被捕风险却很大，像银行挪用公款及信用欺诈等。这种情况常在下层白领员工及刚成立的没有业绩的小公司里发生（Wheeler，1991；Weisburd 等，1991）。贪婪——为了证明某人多么成功，将一个规模庞大业绩不错的公司变成大帝国——也可能引发白领偏差行为。但是这样的行为往往可以带来高额利润，如通过巨额捐赠或者违反反垄断法赢得政治影响力。通常这会发生在拥有一流高管、规模较大、运营良好、很成功的公司。贪婪可以说是成功的副产品。正如一名研究白领犯罪的专家说的："贪婪是一种永不满足的欲望；得到的越多想要的就越多。"（Braithwaite，1992）

但是贪欲并不是一种不正常的心理。它是竞争文化派生出来的，也是资本主义的发动机，驱使人们追求财富（Simpson & Piquero，2002）。20 世纪 80 年代，这种文化越来越鼓励贪欲。在依凡·博斯基（Ivan Boesky）被指控犯内幕交易罪之前，他曾是加利福尼亚大学伯克利分校商学院毕业典礼的荣誉演讲人，他对毕业生说："我要你们知道，贪婪没什么不对……它是健康的，你们仍旧可以保持贪念，而且自我感觉良好。"随后观众席响起了雷鸣般的掌声与欢呼声（Martz，1986）。商学院的学生之所以赞同博斯基的说法，是因为贪欲与雄心勃勃都是美国成功文化的产物，这种文化在我们的生活中强调物质上获得成功的重要性。

总之，越害怕失去或越渴望得到，发生白领犯罪的动机就越强烈。

2. 偏差机会：身居高位并拥有权力的好处

仅仅是恐惧或贪欲这种偏差动机，还不足以让个人或公司发生经济偏差行为。只有机遇来临，才有可能发生。一般而言，一个人在公司中职位越高，他就越有可能成为"有偏差动机"的人，进行那些获利丰厚的犯罪活动，这主要因为他们身居高位，容易获得公司的资源。像经理、主任、主管这样的高层管理人员在公司进行偷窃的比率往往要比下层工作人员高。在社会中具有较高地位和威望的人也更容易对毫无戒备之心的受害者实施欺诈，因为地位与威望为他们披上了合法的、值得信任的外衣，弱化了受害者的防范意识（Weisburd 等，1991）。较高的职位、地位及威望这三方面一起，为不法行为提供了更多机会，这又反过来把犯罪意识变成了犯罪行为。

同理，如果一个公司权力越大，越有可能出现企业犯罪，有证据可以证明这一点。例如，一项调查发现，70%的企业犯罪是发生在 42%的大型企业
中的，而中型企业仅占 20%，小型企业占 10% 352
（Clinard & Yeager，1980）。

3. 社会控制不力：执法不严

众所周知，相对于街头犯罪而言，法律对白领犯罪的控制力十分有限。我们已经说过，与低收入

人员抢劫银行平均被判以 7.8 年监禁大有不同，银行高官或主管如果犯有银行欺诈罪，平均只判 2.4 年。结果是有钱有势的白领犯罪要比没钱没地位的街头犯罪普遍得多。有时政府甚至直接鼓励富人去参与违反政策的犯罪，正如我们所看到的，20 世纪 80 年代，银行欺诈案的增长正是由于政府对银行业监管不力造成的（Glasberg & Skidmore，1998）。放松管制还可能含蓄地暗示医生，对医疗保险和医疗补助服务收费多少，政府不会对他们的专业判断提出质疑，这也许可以解释，为什么医生中普遍流行着向政府过高索价，收取从没给患者提供过的服务费的问题（Shover & Hochstetler，2006）。

然而，一些研究则认为，绝大部分白领犯罪并不是有钱有势者所为，相反是由那些可怜的中产阶级所为，如一个欠款多日的银行出纳可以挪用几百美元的公款（Weisburd 等，1991）。调查样本通常都有所侧重，代表的大多是白领中的失败者，即那些遭到指控被判刑的人。事实上，大多数白领偏差者，尤其是那些有钱有势的罪犯并未被捕，这充分证明，对这些人的执法力度是相当宽松的。

对那些有权的偏差者执法不力，不能完全责备执法者，偏差者的巨大影响力也起了一定的作用。比如，在制药业中，政府管理部门可能会没收那些未经严格测试的药物。但是有影响力的制药公司可以利用其丰富的资源去阻挠政府执法。它们可以贿赂管理部门或者医药研发人员，让他们开一张假证明说自己研发的药品是安全可靠的。为了确保不被指控为贿赂罪，一些制药公司甚至要求员工承担相关责任，甚至把坐牢都当成工作的一部分。如果说某人不得不把头“放在砧板上”，这就意味着他将成为雇员的头儿（Braithwaite，1993，1992）。

简言之，由于社会控制不力，越有影响力的公司和个人，越有可能出现偏差行为。

七、政府偏差行为

大多数人似乎对政府高官怀有一种矛盾心理。一方面我们期待他们时不时违法，看到其中有人被捕，我们则会评论：“又出了个骗子!”马克·吐温 1894 年曾对这种公众情绪发表过精辟论断：“人证物证都可能表明，美国没有明显的犯罪阶层，除了
353 国会。”另一方面，作为我们的领导，我们会对他表示尊敬与赞赏，我们还会经常拿着他们的亲笔签名在人群中呐喊，或者与他们握手时倍感自豪和荣耀。尽管内心对他们充满了尊敬与反感的矛盾心理，我们还要试着去客观分析政府的偏差行为。这主要包括政府官员滥用职权，或者是政客选举时滥用权利。这里我们着重关注三种偏差行为：政治腐败、选举失当及官方暴行。

1. 政治腐败

政治腐败，即为了私利滥用职权，通常与贪污受贿联系在一起。它可以公开行贿的形式出现，政府官员收受了贿赂，而行贿者期待今后能得到回报。公开行贿一般发生在穷国，因为这已经成为它们文化的一部分（Omestad，1997）。在美国，公开行贿并不常见，政治腐败却很常见。这包括收回扣、拿公款为自己牟私利和滥用免费邮寄特权等。

（1）向商人收取回扣。

联邦政府会用纳税人缴来的巨款去购买商人们提供的各类商品和服务。负责采购这些物品及服务项目的官员们认为，自己很难抵御相关公司提供的回扣诱惑。为收取回扣，这些官员会让商人把大笔账单交给政府，由政府埋单。因此，维修承包商与供应商会要求政府为根本没有提供的服务或材料埋单。众所周知，美国国防部的官员会为一把锤子支付数百美元，或为一个坐便器多支付数百美元。而且，总有一些国会议员收受公司的贿赂，因为他们让公司获得了获利丰厚的合同或者其他好处（Brush，2005）。

（2）滥用公款。

公款的不当管理是滋生政治腐败的温床。市财务主管或州财务主管很难抵御诱惑，将上百万美金据为己有，尤其因为他们采用了各种精明狡猾、难以遭指控的手段。在决定把大量公款存入哪家银行的问题上，政府官员的依据是对方能否在财政或政治上给自己带来好处。因此，他们会选择自己当股东的那家银行，或选择能向家人或商业合伙人提供低息贷款的银行，或选择一家保证在政治运动中为他们提供物质帮助的银行。

（3）滥用免费邮寄特权。

官员腐败最常见的形式可能要属滥用免费邮寄特权了。创始人的初衷只想供官方使用，即为了给选民回复信件。而国会议员通常会为个人利益滥用这种权力，他们通过免费邮寄特权，发出竞选信息以确保再次竞选。事实上，他们把免费邮寄系统变成了一种“纳税人资助的宣传机器”（Sabato & Simpson，

1996）。正如一位国会议员向一位新来的新闻助理说
354 的：“我们就是要邮寄，邮寄，一直寄，越寄越多。你也要寄，直到你感到江郎才尽了。然后你去跟其他人讨论并把他们的想法寄出去，直到他们也挖掘不出新东西。然后你来我这，把我的想法邮寄出去，直到我也才思枯竭。到那时，我就把我的照片钉在那该死的黄皮书封面上，把它们寄出去。我告诉你，你怎么用也用不完。”(Jackley，1992)

2. 选举失当

美国的代议制民主要求公众有权选举自己的领导人。但这个权利对于那些想当领导的人而言，一点意义都没有。因为他们为了赢得竞选，会不择手段。

(1) 否认选举权。

我们鼓励全体公民积极参与总统竞选。但事实上，是总统选举团选出总统，选举团由政治领导人而不是平民百姓组成。这应该归咎于宪法的撰写者，而不是当前的政治领袖。关键是要认识到在某种程度上投票人被抛在一边了，而由政治领导人决定谁将成为总统（Simon，2006）。

(2) 政治上的卑鄙伎俩。

为了能在选举中获胜，政治家们常常会使用一些卑鄙手段。这包括：散布谣言；污蔑竞争对手的某些奇怪个性，如怪癖的性生活、与毒枭有染等；在对手的聚会上当众诘问，或者问一些令人尴尬的问题；丑化对手的广告牌；偷走对手的选举信件。手段更狡猾的是“电话人身攻击”，即由参与选举的员工打电话给选民，说他们正在做一项全面调查，然后问一些准备好的问题，如：“你知道参议员琼斯准备对禁止儿童色情投反对票的事吗？”(Sabato & Simpson，1996)

(3) 竞选交易。

候选人的选举办公室常常会募集资金，并得到一些有钱的利益实体（大公司或富翁）提供的大笔竞选经费。捐赠者期待这些政治家在竞选成功之后给自己一些回报。没有对手的现任立法者同样想从怀有期待的富商那里得到巨额捐赠。结果，只有富人才能接近普通市民难以企及的白宫和国会。实际上，所有这些都涉及政治影响力的交易或接近当选者。例如，克林顿在位时，邀请了一些对他连任有突出贡献的著名银行家，到白宫与他和国家银行监管高官共同讨论银行监管问题。菲利普莫里斯公司（Philip Morris）是一家大型烟草公司，其中一个董事因为对共和党有过很大贡献，就能与共和党国会领导人讨论他们关心的问题（van Natta & Fritsch，1997；Wertheimer，1996）。

3. 官方暴行

在美国，针对各种群体的政府暴行已有很长历史了。例如，在美国早期历史上，政府将美国土著
人赶出家园，还杀害了许多人。今天，大多数官方 355
暴行都涉及警察对公民的野蛮行为，尤其是针对大城市里的非洲裔美国人和拉美裔美国人。当有人向相关人员投诉此类野蛮行径时，这些官员通常认为这不值一提并将投诉丢在一边。如果他们认为一些投诉是正当的，政府官员就会谴责肇事警察是警局里的“极少数坏苹果”。但是，这些坏苹果通常被强制保留，直到腐烂而不是被扔掉。结果，几乎在每个大城市的警署，大部分的警方暴行都是由少数警察所为。为防止警察暴行，一些警署已经开始设立公民反馈平台，但大部分警署却不愿屈从外部压力，相信他们可以管好自己人（Kappeler，Sluder & Alpert，1998；Gleick，1995；Herbert，1995）。

然而作为一个民主国家，美国政府所犯下的政府屠杀罪（政府对人民的屠杀）比其他国家要少得多。此外，穷国政府要比其他富国屠杀规模大。显然，穷国当局把生命看得轻如鸿毛。但是，如果这些国家的经济发展了，这种屠杀率就会下降。因为“即使是残忍的独裁者也需要税收，而你不能向死人征税”(Scully，1997)。

八、环球视野：官员腐败

官员腐败是全世界普遍存在的一种现象。一般说来，一般而言，国家越穷，公务员越腐败。在大多数穷国，腐败太普遍，甚至被当作一种正常现象。比如，人们向政府行贿以得到或维持生意，去拿到政府的合同，或得到那些免费的公共服务费，如让孩子入公立学校。腐败对穷人的伤害最大，因为相对于他们的微薄收入，他们用于贿赂的钱就会显得较多，而他们却得不到最急需的社会公共服务。腐败还以另一种方式殃及穷人，为了帮助那些极度贫困的公民，世界银行每年从 40 多个富裕国家募集大量资金，给这些发展中国家贷款 200 多亿美元。但是大部分钱款都落入了政府官员的腰包（Pound & Knight，2006；Transparency International，2004）。

在一个腐败的国家，官员腐败不利于对外投资，

而这会妨碍该国的经济增长。这就是许多发展中国家很难摆脱贫困的一个主要原因。但是，腐败也使韩国、泰国、日本及中国台湾等几个国家和地区繁荣起来。这是由于为回报大型商业公司的贿赂与回扣，政府官员提供了更低的贷款和税收、保护外国进口产品以及其他的补贴和支持。但不幸的是，许多发展中国家太穷，不像这些新型工业国家和地区的政府一样，能进行巨额贸易，资源那么丰富（Rock & Bonnett，2004）。

356 不同国家的调查显示，官员腐败至少有三方面的原因：第一个就是贫困。如上所述，腐败在发展中国家比发达国家更普遍。这是因为穷国政府的税收支付不起公务员的工资。第二个原因就是庞大的人口，因为监督大量的公务员是一件困难的事。第三个原因是缺乏民主。这也许就能解释，为什么在专制国家腐败发生率较高了。因为它们没有民主国家所拥有的由公民组织、媒体和改革派政要组成的反腐监督（Cheung & Chan，2008；Xin & Rudel，2004）。

九、以官方的方式开脱罪行

政府官员会极力掩饰其偏差行为。即使这些行为败露，他们也很少有人认罪。相反，他们还会习惯性地试图为其偏差行为开脱——让人感觉他们好像并没有什么错，这被称为“摇摆仪式”。政府官员摆脱其偏差行为的手段很多，让我们来看一看他们惯用的伎俩（Lieberman，1973）。

1. 否认显而易见的事实

公务员会对他们的错误行为予以否认，不管嫌疑有多大，或是事实多么明显。他们都尽可能像平常一样满脸诚实地不断予以否认。即使是受欢迎的罗纳德·里根总统被发现了，也不会说出事情真相。1986年年底，美国出售给伊朗军火的丑闻震惊全国时，里根总统声明，自己不知道出售军火所得资金转给了尼加拉瓜的叛乱者，尽管很多美国人都知道。在一次全国性民意调查中，47%的被调查者认为他在“撒谎”（这个词是问题中所用的词），而只有37%的人认为他说的是实话（Church，1986）。最近，前总统克林顿说，如果他和那些有钱的资助者在白宫喝咖啡或者共进午餐的话，他应该没有什么错。例如，他说：“我认为总统和财政部长会见一些银行家，倾听并了解他们所关心的问题，既合情理，又不失为一件好事。”（Mitchell，1997）前总统小布什和副总统以及政府其他官员，同样不愿意承认发动伊拉克战争是个错误。政府对过错一再否认，显而易见能得出这样一个结论：“如今，在政界没有人会认错。在现实生活中，我们没有一个人是完美的，但最奇怪的是，政界永远都不会出错。”（Borger，2006）

2. 对偏差行为不理不睬

如果个别官员背地里做了一些违法的事，他们就会采取不理不睬的态度，关掉电话，四处躲藏以逃避媒体，或是简单地以“无可奉告”搪塞。如果人们建议政府采取措施制止违法行为的话，他们就会以事情 357
没彻底查清、绝对保证政府干预等方式加以回避。比如，美国政府无法对涉足越南战争这件事的合法性做出合理的解释。即使已经发现他们有罪，那些官员仍不会把他们的偏差行为当成是真正的偏差。比如，1997年，当众议院发言人纽特·金瑞奇（Newt Gingrich）因多年的不道德行为遭到谴责，并被处以30万美元的罚款后，他却对自己的错误行径不以为然，认为那就好比是乱穿马路（Weisman，1997）。

3. 诬告举报者

在追究私人刑事责任的情况下，个别官员可能会恐吓曝光其罪行的记者，或是以诽谤罪提请诉讼。尽管几乎不可能证明其诽谤，但那些官员希望诉讼能转移公众的注意力，把视线从他们的错误行为上移开。而政府诬告原告时也如出一辙。这就是为什么当尼克松内阁的罪行一经公布，他们就会经常攻击媒体，说媒体歪曲事实。同样，当哥伦比亚广播电视网在新闻中播放了批判纪录片《五角大楼的推销》之后，国会委员会就调查了这家新闻节目组，而不是去调查国防部。1992年，一名妇女指控华盛顿州参议员布洛克·亚当斯（Brock Adams）性骚扰，他却声称是她精神不正常，尽管另有8名妇女分别指控他对自己也有类似的性骚扰行为（Trost & Thomas，1993）。最近，就在2006年，美国联邦调查局（FBI）通过录像发现，路易斯安那州的威廉·杰斐逊议员（William Jefferson）收受了10万美元的贿赂，并依搜查令在他家中的电冰箱中找到9万美元的赃款，随后美国联邦调查局同样依照联邦法院的搜查令搜查了嫌疑人的办公室。但嫌疑人的律师称，搜查是“无耻”的，而其议会领导人也指责美国联邦调查局违反了政府立法与行政部门分离的原则（Isikoff等，2006）。

4. 承诺采取行动

当政府高级官员面临巨大压力而需要对某一特定事件做点什么时，他们一般会公开承诺会对此采取行动。但是在事后，那些承诺并不会真正兑现。20世纪70年代，水门事件曝光后，首席检察官承诺，司法部对这次丑闻的调查将成为“继刺杀肯尼迪总统之后，最广泛、最彻底、最详细的调查”。但这也只是空口许诺，什么用都没有。20世纪80年代，面对对伊出售军火和向尼加拉瓜叛乱者转移资金的丑闻，里根总统一再声明，他会查个水落石出。然而他并没有设法查出事实真相。他甚至没有向他的助手们，即这次丑闻的关键人物，索要事情经过的报告（Church，1986）。另外，克林顿一再宣称他将会废除那项鼓励政客为大选募捐而出卖利益的制度，但他却仍为其政党向大企业和富人索要捐款（Mitchell，1997）。同样在2006年，美国国会承诺通过艰难的改革法案，严厉打击国会议员的腐败行为。但人们普遍认为，这仅
358 仅是冠冕堂皇的一说，还预期一切照旧，就像许多其他类似的承诺一样，不了了之（Knight，2006；Continetti，2006）。

5. 对偏差行为进行辩解

这种抵赖行为被称为优秀的合理化。虽然那些有罪的官员已经承认他们会对自己的错误行为负责，但仍然解释说，这些偏差行为是很有必要的，这没有什么好惊讶的，因为有一个很普遍的信念做支撑，那就是“只问目的，不问手段”。于是，许多官员为违法安装电话窃听装置加以辩解。他们说如果不用这来对付嫌疑犯或是恐怖分子，其风险是很大的。20世纪70年代初，尼克松总统、中央情报局（CIA）和联邦调查局甚至把对美国国民的监视说成是为了国家的安全利益着想。20世纪50—60年代，美国的高级军事情报员说，有必要将纯种的美国人当作几内亚猪一样，进行心理控制试验。因为有报道称，苏联在心理控制上取得了成功，即偷偷在他们的饮料中加入强效药来改变其心智（Budiansky等，1994）。1997年，克林顿为自己募集大笔竞选经费的行为辩解道：“我相信你永远都不可能脱离政治来谈政治学，而且那也不坏。”（Mitchell，1997）2004年国防部长十分赞成拷打罪犯，他说根据《日内瓦公约》的战犯条款，那些拘留犯无权获得所有权利包括特权（Barry等，2004）。

十、政府行为偏差的原因

在审视了政府行为偏差的各种研究后发现，至少有两种原因会导致这一问题：模棱两可的法律法规过多，政府的复杂性和权力。

1. 模棱两可的法律法规过多

政府官员经常依据模棱两可的法律法规办事，这些模棱两可的法律法规缺乏明确的条文来控制他们的行为。一位法学家把这一庞大的模糊法规体系描述为：“就好比是格子木架做的墙：细细的木条代表我们所有的法律条款，而那些遍布着的小洞则显得很突出；实际上，除了那些洞，其他的都不需要设计。”（Lieberman，1973）这句话中所说的“洞”就是大家熟知的“漏洞”，这就意味着，模棱两可的法律法规有助于人们逃避法律的制裁。所以，法律模棱两可的地方过多，就必然会产生一个“自由的荒野”，在这片领域，政府官员就可以相对自由地根据自己的判断和自身利益来解释法律。这为那些官员从事偏差行为提供了很多机会，无论什么时候，他们想那么做，都可以不受惩罚。

实际上，研究美国总统史的史学家都知道，
许多法律是有意模糊的，这就为总统们留下了很 359
大的余地。比如说“里根政府”就“遵循其前任总统的做法，强调语义的解释，从而以各种法律为其豁免。由于杜鲁门政府称朝鲜战争是一次‘维和行动’，没必要宣战，所以里根政府指出它对尼加拉瓜叛乱者的援助只是‘拦截’萨尔瓦多叛乱分子补给线策略的一部分，而不是削弱尼加拉瓜桑地诺政府”（Tolchin，1986）。约翰逊总统和尼克松总统在国会没有批准宣战的情况下，绕过法律向越南战场派遣军队。比尔·克林顿也绕过法律为他的竞选连任筹措资金。比如，有一次，克林顿得到消息说有一个有钱人想为他的竞选活动捐资500万美元，于是就叫他的白宫办公厅副主任来处理这事，尽管这有违政府官员收受竞选经费的法律（Isikoff，1997）。

2. 政府的复杂性及其权力

作为一个庞大组织，政府本质上是复杂难懂的，这就决定了这个组织中的成员不可能有完整信息和责任，考虑做什么或怎么做。由于缺乏信息和责任，官员就可能发生偏差行为（Ermann & Lundman，2002）。

但是，这就暗含着官员不该为自己的错误受到责备的意思。因为他们缺少信息和责任，不是故意发生这些行为的。政府复杂性这一概念就可以顺理成章地解释政府官员的无意识偏差行为。至于他们故意的偏差行为，本质上就是权力的滥用，在第三章提到的权势理论可以很好地解释这个问题，在前面我们也已将它运用于解释白领偏差行为。根据权势理论，政府官员故意滥用职权大致有三个原因：强烈的偏差动机、大量的偏差机会和较弱的社会控制。由于政府官员有着相对较高的社会地位，所以他们野心勃勃，更有可能体会到相对剥夺感，这就促使他们采用违法手段实现其远大目标。他们也进一步受到鼓励去滥用权力，因为他们有大量的机会这么做，又没有严格的社会控制，而这得再次感谢他们高高在上的社会地位。

十一、本章概要

（1）**什么是白领偏差行为？**传统上称之为白领犯罪。白领犯罪包括犯罪和违法两种形式的经济偏差行为，它是地位相对较高的人士所为，他们利用职务之便，为自己牟私利（又称为职场偏差行为），
360 或代表企业中饱私囊（又称为企业偏差行为）。

（2）**企业偏差行为的特征是什么？**根据受害者是谁或是什么，可分为四种类型。针对员工的偏差行为包括，公司忽视雇员的健康和安全；针对客户的偏差行为包括，经营危险食品或不安全产品、从事商业欺骗或虚假广告、讳反反垄断法；针对政府的偏差行为包括逃税、用竞选活动的捐款扩大影响力、贿赂外国政府或从事其他非法境外活动；针对环境的偏差行为涉及环境污染。

（3）**企业欺诈的社会特征是什么？**他们是企业高管，被指控犯有欺诈罪及其他非法商业活动罪。他们守法的同行收入已经很高了，而他们的所得远远高于这些同行。超高的报酬使他们觉得自己可以凌驾于法律之上，但由于太放松管制，他们的非法商业活动与合法活动区别不大。

（4）**职场偏差行为的本质是什么？**为自己牟私利，而不是代表企业的利益。职场偏差行为包括员工偷窃，挪用公款，金融诈骗，在医疗、法律和会计职业等领域的行业偏差行为。

（5）**怎么区分白领偏差行为和普通犯罪或街头犯罪？**白领偏差行为可根据以下几点区分开来：为犯罪行为找到合理的借口，罪犯具有受人尊敬的自我形象，受害者的不知情合作，社会的相对漠视。

（6）**是什么导致了白领偏差行为？**一般来说，发生白领偏差行为是因为有较强的偏差动机、较多的偏差机会和较弱的社会控制。动机包括害怕失去又渴望得到，即患得患失。偏差机会在于身居高位或在更有权力的企业工作。较弱的社会控制是指对白领犯罪执法不严。

（7）**政府偏差行为的本质是什么？**政府偏差行为包括政府官员滥用职权或政客选举时滥用权力。这类偏差行为表现为不同的形式，包括政治腐败、选举失当和官方暴行。政治腐败包括收取回扣、滥用公款和滥用免费邮寄特权。选举失当包括否定选举权、耍政治伎俩、买卖政治影响力来取悦有钱人而不是普通老百姓。官方暴行包括警方对犯罪嫌疑人和无辜市民的野蛮行径，尤其是对非洲裔美国人和拉美裔美国人。

（8）**世界上政府腐败的特征和本质是什么？**腐败在全世界都很普遍，尤其在穷国更是如此，已经成为一种司空见惯的现象。腐败对穷人伤害最大，而不是对有钱人，通常会减缓一个国家的经济发展速度。腐败的诱因包括贫穷、人口众多和缺乏民主。

（9）**如果把政府官员的违法行为公之于众，他们会怎么做？**他们会试图掩盖自己的偏差行为。这种掩盖表现为否认显而易见的事实、对偏差行为不理不睬、诬告举报者、承诺采取行动以及对偏差行为进行辩解。

（10）**是什么导致政府偏差行为的？**政府偏差行为的原因包括模棱两可的法律过多、政府的复杂性以及权力引发的偏差动机、偏差机会和较弱的社会控制。

十二、扩展阅读 361

Coleman, James William. 2006. *The Criminal Elite: Understanding White-Collar Crime*, 6th ed. New York: St. Martin's. A comprehensive review of the literature on white-collar crime, dealing with the types, characteristics, origins, and legal control of the crime.

Continetti, Matthew. 2006. *The K Street Gang: The Rise and Fall of the Republican Machine*. New York: Doubleday. An analysis of how the lobbyists in the nation's capital corrupt the Republican politicians while enriching themselves.

Croall, Hazel. 2001. *Understanding White-Collar Crime*. Philadelphia: Open University Press. A concise text on white-collar crime, covering the nature, regulation, and explanation of the subject.

Ermann, M. David, and Richard J. Lundman (eds.). 2002. *Corporate and Governmental Deviance,* 6th ed. New York: Oxford University Press. A collection of articles dealing with the characteristics of elite deviance, its impact on people, and societal reactions to it.

Friedrichs, David O. 1996. *Trusted Criminals: White-Collar Crime in Contemporary Society*. Belmont, Calif.: Wadsworth. A comprehensive text covering various types and characteristics of white-collar deviance.

Green, Gary S. 1990. *Occupational Crime*. Chicago: Nelson-Hall. Deals with various kinds of crime committed in the course of one's occupation, as well as the concept, measurements, explanations, and control of occupational crime.

Poveda, Tony G. 1994. *Rethinking White-Collar Crime*. Westport, Conn.: Praeger. An analysis of the theoretical issues about the definition, explanation, and social control of white-collar crime.

Rosoff, Stephen M., Henry N. Pontell, and Robert H. Tillman. 2002. *Profit Without Honor: White-Collar Crime and the Looting of America,* 2d ed. Upper Saddle River, N.J.: Prentice Hall. Describing in great detail the nature of various forms of white-collar crime, including consumer fraud, governmental abuse of power, medical crime, and computer crime.

Sabato, Larry J., and Glenn R. Simpson. 1996. *Dirty Little Secrets: The Persistence of Corruption in American Politics*. New York: Times Book. Discusses how corruption flourishes in the current political system that serves big-money interests more than the ordinary citizenry.

Schlegel, Kip, and David Weisburd (eds.). 1992. *White-Collar Crime Reconsidered*. Boston: Northeastern University Press. A collection of articles by various sociological researchers on the definitions, theories, victimization, and control of white-collar crime.

Simon, David R. 2006. *Elite Deviance,* 8th ed. Boston: Allyn and Bacon. A survey of various forms of elite deviance, including corporate deviance, international deviance, and political deviance.

Simon, David R., and Frank E. Hagan. 1999. *White-Collar Deviance*. Boston: Allyn and Bacon. Presents various aspects of white-collar deviance.

Shichor, David, Larry Gaines, and Richard Ball, eds. 2002. *Readings in White-Collar Crime*. Prospect Heights, Ill.: Waveland Press. An anthology of articles dealing with the sociological definition of the subject, various forms of white-collar crime, and the treatment of white-collar criminals by the criminal justice system.

Shover, Neal, and Andy Hochstetler. 2006. *Choosing White-Collar Crime*. New York: Cambridge University Press. Using rational-choice theory to explain why and how people commit white-collar crime and why it has proliferated over the last several decades.

Shover, Neal, and John Paul Wright, eds. 2001. *Crimes of Privilege: Readings in White-Collar Crime*. New York: Oxford University Press. A collection of articles covering the costs, opportunities, decision-making processes, characteristics, and controlling of white-collar crime.

Sutherland, Edwin H. 1983. *White-Collar Crime: The Uncut Version*. New Haven, Conn.: Yale University Press. A classic on white-collar crime, with introductory remarks by contemporary sociologists Gilbert Geis and Colin Goff.

Weisburd, David, Elin Waring, and Ellen F. Chayet. 2001. *White-Collar Crime and Criminal Careers*. New York: Cambridge University Press. An analysis of the criminal careers of white-collar offenders who repeatedly run afoul of the law.

Weisburd, David, Stanton Wheeler, Elin Waring, and Nancy Bode. 1991. *Crimes of the Middle Classes: White-Collar Offenders in the Federal Courts*. New Haven, Conn.: Yale University Press. An empirical study of middle-class white-collar offenders who get caught for their crimes.

十三、思考题 362

1. 人们通常认为，作为资本主义的核心，自由企业使我们享受到社会繁荣的发展成果。而企业偏差行为却是资本主义无法避免的，需要我们不得不为繁荣付出的代价吗？我们能否在不推翻资本主义的前提下就解决这个难题呢？

2. 当得知政府发生偏差行为时，为什么政客和政府官员们不愿向公众认错？如果他们承认了错误，在什么情况下公众会原谅他们，什么情况下公众不会原谅呢？

363 # 第十四章 弱势群体偏差行为

表象与事实

表象：抢劫是一种暴力犯罪，因为它包括暴力，或对受害者以暴力相威胁等。

事实：抢劫既是财产犯罪又是暴力犯罪。说它是财产犯罪是因为它非法掠夺受害者的财产；说它是暴力犯罪是因为它对受害者使用暴力或以暴力相威胁（第 365 页）。

表象：大多数劫匪犯案时都会持枪，因为他们喜欢享受受害者面对武力时表现出的懦弱所带来的刺激。

事实：大多数劫匪，无论带不带武器，都主要是对钱感兴趣。就像臭名昭著的威利·萨顿（Willie Sutton）。当问他为什么要抢银行时，他回答道："因为那里有很多钱。"（第 365 页）

364 **表象**：徒手劫匪要比持枪劫匪危险性小。

事实：徒手劫匪往往对受害者造成的伤害更大，因为劫匪会认为受害者看见劫匪没有武器，很有可能会选择反抗（第 366 页）。

表象：所有的抢劫几乎都发生在室内，而且大多数发生在银行。

事实：银行抢劫案相对较少，大概只占入室抢劫的 5%（第 367 页）。

表象：大多数盗车贼是青少年，他们偷车的目的仅仅是为了"偷车兜风"——把车开上一会儿就遗弃掉。

事实："偷车兜风"只在 19 世纪 60—70 年代风靡一时。今天，大多数盗车贼只想尽快把车卖掉，获得可观的利润（第 371 页）。

表象：大多数入室行窃都发生在夜晚，在受害者熟睡之后。

事实：大多数入室行窃都发生在白天没人的时候，因为房主出去工作、学习、购物或是度表了（第 372～373 页）。

表象：巨型犬能在一定程度上防盗，而小狗却不能。

事实：大多数窃贼都会远离那些养狗的房子。就算是小狗也能有效防盗，就像一个窃贼说的："小狗会叫得很凶，而邻居听见了就会过来看看，是什

么让它这么兴奋！”（第 373 页）

表象：入店行窃大都是一种女性犯罪，因为女性更经常逛街。

事实：绝大多数入店行窃的是男性（第 374 页）。

表象：黑手党现在还和 30 年前一样有影响有势力。

事实：黑手党已经部分失去了对黑社会的主导地位，事实上，所有的黑手党头目都已经被送进了监狱（第 379 页）。

表象：如果美国在打击有组织犯罪方面相当成功的话，那其他国家，如意大利、日本、俄罗斯也一样能做到。

事实：这些国家打击有组织犯罪更加艰难，因为犯罪组织的势力和影响已经深深渗透到商界、政界和文化界等传统领域中去了（第 381 页）。

中美洲的街头黑帮已经织成一张抢劫和杀人的大网，穿过危地马拉、萨尔瓦多、洪都拉斯，甚至是美国。估计有多达 100 万会员，其中大约 40%是年轻女性，班克（Benky）曾经是其中一位。从六岁起她就流落街头，14 岁时决定加入其中一个帮派。为此，她不得不和十几个同伙发生性关系，她哭着回忆最后一个年轻人爬到她身上的情景。此后她才成为这个帮派的正式会员，她总是按上司的命令行事，如抢劫汽车和杀害敌对帮派的成员等（Lacey，2008）。

可以说班克跟其他黑帮成员一起，实施了弱势群体偏差行为，这种偏差行为典型地出现在那些相对贫穷而又没什么背景的人群中。弱势群体偏差与特权偏差明显不同，它几乎无利可图。本章我们将
365 讨论弱势群体偏差行为的不同案例，包括抢劫、盗车与劫车、入室行窃、入店行窃和有组织犯罪。

一、抢劫

抢劫既是财产犯罪又是暴力犯罪。说它是财产犯罪是因为它非法掠夺受害者的财产；说它是暴力犯罪是因为它对受害者使用暴力或以暴力相威胁。我们首先看看与抢劫相关联的这两个方面，然后再看看抢劫的形式。例如，抢劫通常发生在何时何地、劫匪的特征以及他们为什么会抢劫。

1. 抢劫是一种财产犯罪

作为财产犯罪，抢劫是相当理性的、有预谋的行动。它做出的决定是理性的。该决定由三个系列因素构成：(1) 多数是为了谋取钱财而决定抢劫；(2) 确定抢劫目标；(3) 决定怎样抢劫（Conklin，1972）。

(1) 决定抢劫。

对于大多数劫匪来说，决定抢劫是基于他们对金钱的渴望。但是精神学家倾向于认为武装劫匪基本上都是不正常的，具有某种不足和缺陷。因此，他们实施武装抢劫，以寻求自我满足和力量。正如一名武装劫匪所说：“只要有一支枪在手，我就所向披靡，它让我感到自己重要而强大。有一把左轮手枪，你就是名人！”（Gabor 等，1987）对于一些劫匪而言，确实如此。但大多数劫匪无论带不带武器，都主要是对钱感兴趣，就像臭名昭著的威利·萨顿（Willie Sutton），当问他为什么抢银行时，他回答道：“因为那里有很多钱。”如果说抢劫是为了寻求力量，这一动机也只能是第二位的（Haran & Martin，1984）。

(2) 确定抢劫目标。

一旦他们决定抢劫，这些准劫匪就会去寻找一定的目标。目标选择主要基于两个因素：(1) 劫匪通常要考虑获利丰厚的机构，如银行、杂货店和其他可获得大笔现金的地方。(2) 他们通常选择被捕风险较小的那些目标，因此，大部分劫匪会抢劫那些靠近高速公路、远离商业区、人比较少的银行支行，而不是位于繁华商业中心的大银行。

(3) 决定怎样抢劫。

最后的决定涉及计划的变化程度。一个极端是，有些劫匪，尤其是那些想做大手笔的专业劫匪，会在策划时小心谨慎、注重细节。另一个极端是，一些劫匪，尤其是那些突然需要一笔钱的业余劫匪，几乎不做任何计划，就突然实施犯罪。大部分是经过精心策划的，这就是抢劫案的破案率很低的原因，只有四分之一的劫匪最后被捕（FBI，2008）。

2. 抢劫是一种暴力犯罪 366

说抢劫是一种暴力犯罪，基于两个因素：一个是实际暴力，另一个是潜在暴力。因为没有携带武器，徒手劫匪通常诉诸实际暴力，让受害人屈服，因此这种犯罪又被称为“暴力抢劫”；而武装劫匪更倾向于潜在暴力，即以武力相威胁，向受害人出示武器来吓唬他们。如今，许多社区对警察是否能控制犯罪都缺乏信心。结果为了逃脱罪行，劫匪更愿意持枪实施犯罪，同时其受害者也会用枪防身（Warner，2007）。

(1) 徒手抢劫和实际暴力。

公众通常认为，徒手抢劫或暴力抢劫比武装抢

劫危险性要小，但事实却相反，徒手劫匪最有可能伤害受害人。有调查显示，有66%遭遇徒手抢劫的受害人受过伤，相比之下，武装抢劫的受害者这一比例仅为17%（Feeney & Weir，1975）。当然武装劫匪更容易置人于死地，但这种可能性极小，在所有的武装抢劫案中，受害者的死亡率不到1%（Wright，Rossi & Daly，1983；Feeney & Weir，1975）。

徒手抢劫更危险，是因为抢匪会认为受害者看见抢匪没有武器很有可能反抗。正如一名徒手劫匪所说的："在徒手抢劫中，你不得不花几分钟把受害人放倒。你没有一支枪或一把刀的话，他只会告诉你：'去死吧！'或激怒你，因此你能做的就是把他打倒。"（Luckenbill，1981）

（2）武装抢劫和潜在暴力。

在武装抢劫中，潜在暴力就是以暴力相威胁，这很少转变为真正的暴力，因为武器尤其是枪的使用，通常能保证犯罪的顺利实施。武器让劫匪有效达到目标，通常有四种途径（Conklin，1972）。

第一，武器在劫匪和受害人之间制造了一个缓冲地带。许多劫匪认为，枪是最有效的，因为它最能吓住受害人。枪让受害人保持一定的距离，劫匪可以同时控制一大片区域和许多人。第二，武器吓住了受害人，就不需要劫匪诉诸暴力了，如果出示武器不能吓住受害人，让他们交出钱财，劫匪通常会举起手枪，或瞄准受害人脑袋来增强威慑力。如果这招还不灵，劫匪就会采用第三招——被迫使用武器，好好威胁一下。部分劫匪击打或射伤受害人，而大多数劫匪只是击打受害人的头或肚子，但受害人不会受重伤，以表明自己是"动真格的"。如果这样还不行，受害人顽强抵抗，大部分劫匪都会毫不犹豫地杀掉受害人（Wright & Decker，1997）。根据芝加哥警方对815起抢劫案的分析，只有少部分（7%）受害人会顽强抵抗，其中大部分被杀害（Meer，1985）。第四，武器能保证实施犯罪后逃跑，因为劫匪可以用武器阻止受害人、目击者甚至警察妨碍其逃跑。

367

3. 抢劫的类型

抢劫基本上是一种大城市犯罪。大城市的抢劫率比农村地区高很多倍。与此相应，一个地区城市化水平越高，抢劫率就越高。不像杀人案中案犯与受害者往往是熟人，抢劫大部分发生在陌生人之间。而在大城市，遇到陌生人的机会很多。美国东北部比南部各州城市化水平高，因此东北部各州抢劫发案率就较高（U. S. Census Bureau，2008）。

抢劫通常发生在冬天寒冷的月份，在12月圣诞假期里达到顶峰。这时候商店可以赚更多的钱，人们上街也会随身带更多的现金。抢劫在冬季发生率较高还有几个附带原因。阴冷的天气使大多数人都不愿意上街，周围没有多少目击证人，因此有利于劫匪抢劫那些独行者。冷天，厚厚的外套下藏把枪或是其他武器，看起来很自然。冬季漫长的黑夜为劫匪增加了逃脱的机会，不易被逮住。所有这些因素都为抢劫提供了条件。其他因素就和日益增加的犯罪动机有关了。其中一种因素就是在冬季失业问题严重。很大一部分犯罪源于季节性失业，如建筑、旅游及其他户外工作在冬季较易失业。还有一个动机是冬季生活费用上升带来的经济压力。因为要花更多的钱买东西，如冬装、百叶窗和暖气（Landau & Fridman，1993）。

许多抢劫案（约60%）都发生在户外，如在街上和高速公路上。一般人们认为入室抢劫大多会发生在银行。但是银行抢劫案相对较少，大概只占入室抢劫的5%（见图14—1）。然而，自20世纪90年代早期以来，银行抢劫明显增加，这主要是因为如今抢银行更方便，银行不像过去建得像堡垒。现在的很多银行为了令顾客满意，有不少盆栽植物、柔和的灯光、延长的工作时间和敞开式柜台，而这更容易遭到抢劫。为了不惹恼劫匪，遭受暴力伤害，银行员工被教导要快速把钱交出去，这甚至为12岁或80岁的人去抢银行提供了便利。道路系统的发达使劫匪更容易在抢劫选定的银行后逃离，因为抢劫后上高速公路只需一分钟，这或许可以解释为什么全美公路最密集的加利福尼亚州比其他州发生的银行抢劫案更多了（St. John，2004；Hechinger，2002；Johnston，1997）。

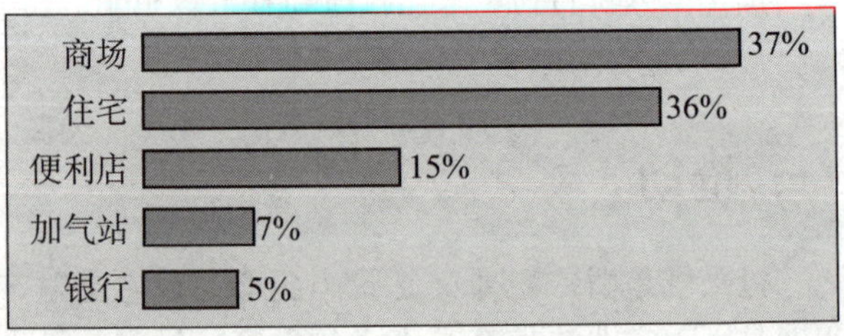

图14—1　入室抢劫的地点

资料来源：美国统计局：《美国统计摘要》，2008。

当今大多数劫匪都是有武器的，在过去的几年 368
里，武装劫匪比徒手劫匪增加得快。这些劫匪大部分都是用枪而不是刀和其他切割工具。成人持枪抢劫的可能性比青少年大。与之相反，徒手抢劫大都是青少年而非成人，包括抢夺钱包、行凶抢劫及其他对抗。与武装抢劫相比，徒手抢劫的发生地有可能就在案犯家附近，主要是因为罪犯一时兴起，利用步行的优势作案。这也与武装抢劫的严密计划性相反。二者的共同之处在于，作案时都使用了交通工具（FBI，2008；Capone & Nichols，1976）。

其他暴力犯罪，如杀人和强奸，主要发生在相同人种之间。相比之下，抢劫更有可能发生在不同人种之间，如黑人抢劫白人（Wilbanks，1985）。这可能是因为抢劫比杀人或强奸更有预谋，更不受个人情感影响。“有预谋”说明劫匪更理性，也更精明，而受害人中有钱人较多。说它“不受个人情感的影响”，是指劫匪会抢劫陌生人，而不是亲朋好友或熟人。受害者的特征是：比较有钱的陌生人，更有可能是白人。因此，黑人劫匪更倾向于抢劫白人而不是其他黑人。

4. 业余抢劫和专业抢劫

劫匪分为专业的和业余的两种。与专业劫匪相比，业余劫匪一般是为了得到一小笔钱财，缺乏算计和技术，被捕的风险更大。成年人比青少年更容易成为专业劫匪，青少年则更多是业余的。如今劫匪更有可能是亡命徒，也很难捉摸，更倾向于暴力，很有可能酗酒和吸食毒品。这些劫匪中大多是业余的，其数量与几十年前相比大幅增加，而其专业同行的人数却在萎缩（Matthews，2002）。

（1）业余劫匪。

业余劫匪可进一步分为三类：（1）随机劫匪；（2）吸毒劫匪；（3）酒鬼劫匪（Haran & Martin，1984；Conklin，1972）。

（1）随机劫匪：大部分业余劫匪都是随机劫匪。就像盗窃和入店行窃的盗贼一样，通常是伺机抢劫。实施抢劫时，他们倾向于以独行者而非商业机构为目标。典型的目标是拿钱包的老太太、酒鬼、出租车司机和在黑暗或空旷街道上的独行者。选择这种目标是因为可以更容易接近受害人，更容易攻击他们，而不是因为有大量现金。或许是因为这些目标易于抢劫，罪犯很少带武器，甚至就没有任何武器可带，因此他们可能组成一个团伙。在暴力抢劫中，
369 3～4 个年轻人一起制服受害人。因此与刀具的威慑力相比，这个团伙本身就相当于一种武器。

20 世纪 90 年代初以来，随机抢劫掀起了银行抢劫的一个高潮。传统的银行抢劫大多数是由专业劫匪所为，而如今新一代的银行劫匪大多是不谙世事的青少年。他们抢劫前几乎不做策划，同谋的选择也很随意，为了所谓的“工作”组成一个松散的团伙。抢劫都太不专业，认为能得到多少赃物纯粹靠运气。劫匪平均收入是 3 000 美元，但是看起来还没有这么多，因为要分成两份、三份或四份（Kaplan，1991；Haran & Martin，1984）。

（2）吸毒劫匪：目的通过抢劫来买他们下一份“毒品”。像随机劫匪那样，吸毒劫匪很少跟踪获利多的目标，他们往往为了很小一笔钱去抢劫。吸毒的巨额花销让他们变成吸毒劫匪，出于绝望，比随机劫匪实施的财产犯罪次数更多。吸毒劫匪更愿意使用武器而不愿靠体力。他们经常对街上易受攻击的目标实施抢劫，以获得现金。这些目标通常包括毒贩和白人。毒贩经常携带很多现金。就像通缉犯不可能去警察局自首一样，白人也不会像黑人那样去反抗（Jacobs，2000；Wright & Decker，1997）。

（3）酒鬼劫匪：在所有的业余劫匪中，酒鬼是最不可能实施抢劫的，也最有可能被捕。他们通常不做任何行动计划，也不会找一个弱者让自己更容易得手。相反，他们通常是在意料之外抢劫的，他们可能会跟人打架或是酒后伤人，随后拿走受害人的钱。酒鬼犯罪的随机程度可以这样解释：一个酒鬼随意走进一个商店去买一瓶威士忌，在他付账给店员后，店员问他还需不需要其他东西，酒鬼决定告诉他需要，让店员把收银台里所有的钱都交出来。出于震惊和愤怒，店员拒绝了他，在争执中酒鬼成功抢走了钱，然后逃之夭夭。

（2）专业劫匪。

专业劫匪通常都经过精心策划，与一个或多个同伙，采用一种或多种技术手段抢上一笔巨款。专业抢劫有两种形式：第一种更专业，除了抢劫以外再不做其他事情；而那些稍微不太专业的劫匪，也会从事其他犯罪活动，他们虽然也有专业技巧，只是偶尔为之。第一种专业劫匪在过去很常见，而第二种现在更普遍。

总的来说，专业劫匪有很强的犯罪动机，因为他们把抢劫当作一种谋生手段，会制造一系列大案，来维持其高昂的享乐主义生活方式。在实施抢劫后，专业劫匪经常会离开市区几个星期，如去旅游胜地度假。在那里他们像百万富翁一样挥霍钱财，以满足奢华的奇想和嗜好。金钱消耗殆尽时，他们就开始精心策划更多的抢劫方案，其余时间他们就睁大眼睛
寻觅可能的目标。由于只对巨款感兴趣，他们通常会 370
抢劫存有大笔现金的商业机构。因为这些目标采取的防盗措施比一般其他个体更严密，所以比起业余劫匪，专业劫匪通常要掌握更多技巧并制订更周密的计

划，而业余劫匪通常只抢劫一点儿个人钱财。

专业劫匪常把他们的犯罪看成是一种诚实可靠的事业，不像入室行窃和其他盗窃行为那样偷偷摸摸和充满诡计，抢劫要直接与受害人发生公开的、面对面的接触。在专业劫匪眼里，正是这种“坦诚相见”的品质使得在他人眼中的犯罪变成一种诚实的行为。专业劫匪甚至认为，他们比所抢公司的商业活动更坦诚。正如一个劫匪解释的那样：“对我来说那是完全诚实的，因为这些公司的所有者想方设法欺骗人们。你只是从他们那里拿走一点儿，真的比他们更坦诚，无论如何他们是受保人，绝大多数的时间，从事不法行为挣的钱比你多。”(Irwin，1970)

5. 抢劫的原因

抢劫的原因可以用两种实证主义理论来解释：一是关注抢劫的动机；一是关注导致抢劫的机会。根据第一个理论，动机就是社会造成了相对剥夺感，下层人士意识到自己的期望过高难以实现而产生的挫败感。第二个理论认为，较大的社会及经济的繁荣为此提供了机会。

(1) 相对剥夺感。

20世纪70年代，约翰·康克林（John Conklin，1972）为了解释美国一些大城市抢劫率高发的原因，使用了“相对剥夺感”的概念。康克林发现，从1960年到1969年，由于联邦政府采取了许多反贫困措施，或发动民权运动，贫困的非洲裔美国人的社会地位和经济地位明显提高，同时他们中的抢劫率也大幅提高。康克林将这个具有讽刺意味的抢劫增长率归结为贫困黑人中的相对剥夺感：他们生活水平的绝对提高使得他们的期望值提高，即想与白人一样有很多机会。但当这些期待实现不了时，他们会产生挫败感，结果就去抢劫。

(2) 经济富足。

勒罗伊·古尔德（Leroy Gould，1969）不仅使用了相对剥夺感的概念，也使用了经济富足的概念来解释，为什么在1930—1943年经济匮乏时期财产犯罪相对较少，而1944—1965年经济富足时期，这一比率却突然上升。正如古尔德所说：“财富量的增加可能增加一些人的相对剥夺感，即那些没有得到财产所有权的人。同时这些人更容易偷窃财物为其所用。”

根据古尔德的理论，当他们知道周围很多人都过得很好，普遍都很富裕的时候，穷人尤其会有挫败感。社会经济的富足也创造了很多的抢劫机会。许多银行，特别是支行，都靠近高速公路和购物中心。购物中心的设计明显既方便顾客，也方便了劫匪们（Johnston，1997；Duffala，1976；Gould，1969）。在许多其他商业机构或私人住宅也会发生抢 371
劫，劫匪们能得到大笔钱、珠宝及其他值钱的物品。由于人们更有钱了，上街时随身带的现金可能更多。简而言之，经济富足为抢劫创造了更多的机会。这就是社会学家说的抢劫的“目标适宜性”（Cohen，Cantor & Kluegel，1981）。

二、盗车与劫车

在过去20年里，各种财产犯罪明显下降，但是相对于抢劫和入室行窃，汽车盗窃案的下降幅度相对较小（见表14—1）。

1. 特征与发展趋势

很多人似乎都认为，盗窃汽车是青少年为“兜风”而为的，将车开一段时间后就丢弃。事实上，“兜风”一度很盛行，尤其是在20世纪60—70年代。今天，大多数盗车贼只想尽快把车卖掉，获得可观的利润。事实上，汽车盗窃已经成为一个严重的问题。每年大约有120万辆车被盗，至少损失80亿美元，几乎占了财产犯罪损失的一半（FBI，2008）。

表14—1　1986—2003年财产犯罪

罪行	每10万人的犯罪率		1986—2003年的变化
	1986	2003	
盗车	507.8	433	−15%
抢劫	225.1	142	−35%
入室行窃	1 344.6	741	−45%

资料来源：美国统计局：《美国统计摘要》，2006。

绝大多数的盗车贼不会对受害者施加任何暴力，因为他们通常都是乘车主们不在的时候作案。然而20世纪90年代以来，用暴力迫使车主弃车已成为一种趋势。汽车在高速公路休息点、加油站、快餐店、洗衣店、红灯前和购物商城的停车场被劫走。典型的劫车案就是抢劫者持枪抵着司机的脑袋，把那人吓呆，然后将车抢走。一些劫车犯会制造一场“碰了就跑”的追尾事故，当毫无戒心的司机下车查看受损情况时，一个劫匪就会挡住受害者，而其他劫匪就趁机将受害者的车开走。有些劫车案极端暴力，会致受害人重伤甚至死亡（Hyatt，1993；Witkin，1992）。

据美国司法部统计，20世纪90年代每年大约有

4.9 万起图谋劫车案，其中有一半驾车逃走。大多数
372 劫车犯是非洲裔美国人，但他们也是最容易受害的人。容易被劫的人也最有可能成为暴力犯罪的对象。总的来说，劫车犯中男性多于女性，黑人多于白人，拉美裔多于非拉美裔，离婚者多于已婚者，城市居民多于乡村或郊区居民（Klaus，1999）。

2. 盗车原因

汽车盗窃的犯罪动机类似于其他财产犯罪。盗车贼非常想获得大笔金钱。他们的犯罪动机源自于贫穷、底层的环境，他们饱受收入不平等、种族歧视、无法获得体面的工作等带来的相对剥夺感。但盗车贼的不同之处在于，人们给他们提供了大量的盗车机会（Rice & Smith，2002）。

首先，法律的不完善使偷车简单易行，而且很难被抓住。警察没有太多时间来管盗车案。在美国 50 万名警官中，只有不到 3 000 人去调查盗车案（不足 1%）。而且由于暴力犯塞满了监狱，盗车贼不会获刑，只会在缓刑期获释。第二个原因是，盗车和偷汽车零件获利丰厚。一些国家有这个需求，每年会有 20 万辆“热销”的车被运走，因为一辆偷来的美国汽车，在那些国家可获利 2～3 倍。汽车修理铺也愿意购买零部件，因为它们比合法零件便宜，也比从生产厂商那进货便捷。盗车的第三个原因是保险诈骗。为了获得保险金，车主会联系盗车贼偷走他的车，将车丢在某市街头，让其他人偷走，或者把车开进河里（Christian，1995；Witkin，1992）。

那劫车率大增是什么原因呢？这个原因说起来有点荒唐，即车辆安全装置越来越复杂，如报警系统、方向盘锁、点火控制系统。这些防盗装置可能会鼓励盗车贼，尤其是年轻的业余窃贼去劫持车辆，因为武装劫持一辆机动车比偷一辆熄火停靠的小汽车更容易。

三、入室行窃

与其他财产犯罪相比，入室行窃案件降幅最大（见表 14—1）。然而，每年入室行窃造成的损失仍超过 40 亿美元，大约是汽车盗窃的 3 倍（Armes，2004）。

1. 行窃手法

入室盗窃犯作案时更理性，也更谨慎。所以，大多数入室行窃都发生在白天没人的时候，因为房主出去工作、学习、购物或是度假了。作案最多的时段为上午 9～11 点和下午 1～3 点，这是人们最有可能外出的时间。与人们公认的正相反，盗窃并非发生在夜间，因为夜晚破门而入会引发与房主的正面交锋。不过也有例外，一些小窃贼会悄悄溜进房间，而不会惊醒房主。进入噪声很大的空调房更为容易，就像窃贼所说的那样：“如果你睡着了，听不见空调的声音，那你也听不见我进你家的声音！”其他一些盗窃案发生在夜间，是因为房主外出度假了（Sussman，1992；Cromwell，Olson & Avary，1991）。

为了确保他们要进去的房子没有人，大多数窃贼都掌握了一套技巧。最常见的是装成挨家挨户上门的推销员，他们敲门或按门铃，准备推销零售商品。类似的伎俩还有敲门询问一个根本不存在的人的名字，或附近的一个地址（“史密斯先生在家吗?”）。如果没有人应答，他们很快就会破门而入。但是谨慎的窃贼会在门里塞一张卡片。如果第二天卡片还在那里，就表明家里人确实已经外出了。另外一种常见的伎俩，是通过邮箱获得房主的名字，查找电话号码，然后不停地打电话，如果无人应答，那么房子里肯定没人（Cromwell，Olson & Avary，1991）。

当确定房子里没有人之后，大多数窃贼仍然想确定屋里是否装有防盗报警器，如果有，他们就会离开。他们甚至在经过一栋房子时，仅仅根据一个信号或窗户贴纸就知道，这栋房子有没有报警系统。他们可不想跟那些有防范意识的房主打交道。正如一个窃贼所说：“为什么要冒险？有很多房子都没有报警器。也许他们会虚张声势，也许不会。”狗是另外一种有效的威慑物。大多数窃贼都会远离那些养狗的房子。就算是小狗也能有效防盗，就像一个窃贼说的：“小狗会叫得很凶，而邻居听见了就会过来看看，是什么让它这么兴奋！我可不喜欢爱叫的小狗。”（Helm，2006；Cromwell，Olson & Avary，1991）

2. 入室行窃的原因

像其他财产类犯罪一样，入室行窃也可以从不正当的动机和机会来解释，但具体的行窃动机和机会与其他经济偏差行为有所不同。

在盗窃案中，最主要的动机是获得一笔钱来满足奢侈的需要，尤其是维持一种“刺激生活”、吸毒或酗酒的需要。窃贼的这些需要来自街头文化，他们把聚会作为自己最重要的人生目标（Wright &
Decker，1994）。 373

入室行窃的机会大多源自于常说的监管不力，有力的监管能阻止他人犯罪。家庭成员只要在家就可以防范入室行窃者，但是当夫妇去工作、孩子去
374 上学时，家里就没人监管了。而且，由于缺乏社区联动，邻居们相互之间缺乏照应，大大降低了社区的防盗监管能力（Lynch & Cantor，1992）。

四、入店行窃

入店行窃这个词听来令人恐慌，仿佛小偷就混在顾客之中。谁想在小偷遍布的商店里购物呢？商店老板为了不吓走顾客，委婉地将入店行窃说成“缩水”，这点就不难理解了。不管怎么说，入店行窃已经成为美国的一个严重问题，每年全国的商场大约损失 310 亿美元。这大约相当于商品总价值的 2%，相比之下，加拿大同比为 1.5%，日本不足 1%。然而最终，入店行窃造成的损失是由诚实的顾客来支付的，为减少“缩水”造成的损失，商品价格不断上扬（Jacobs，2005；Clarke，2002；Adler，2002；*The Economist*，1991）。

1. 入店行窃者的社会特征

入店行窃者中只有少部分是惯犯，即专门为获利而行窃的专业窃贼。大多数人都是小毛贼，即窃取价值不大的商品供自己使用的业余小偷。

入店行窃绝大多数属于青少年犯罪。21 岁以下的人最有可能这么做，其中 11～15 岁之间的人最多，这就是为什么在学校不上课的日子、下午和晚上、周三至周六，入店行窃案明显上升的原因。青少年窃贼进一步解释说，他们通常偷的都是光鲜亮丽的商品、音乐光碟、影碟，从运动鞋到时装的装饰品等。青少年窃贼的大量增加直接导致一些商城发出禁令，晚间如果没有成人陪伴，青少年不得入内（Lee，2006；Adler，2002）。

50 岁以上的人入店行窃的可能性最小，然而，上年纪的窃贼更容易出现在新闻和报纸上，因为他们会讲一些令人心碎的故事为其辩解：“我再也不想吃狗食了，我就想好好吃一顿饭！”电影明星和其他社会名流入店行窃是极为罕见的，因为他们与常人不同，人们认为他们没有偷窃动机，因为“不幸”患上了盗窃癖，一时冲动才去偷（Clarke，2002）。

人们似乎认为入店行窃大多数是女性所为。一些犯罪心理学家也做过这样的假设，但这只是对已经被捕的窃贼进行研究后提出的，被抓住的窃贼并不代表所有的入店行窃者，其中大多数没被警察抓住。在最近的一项研究中，随机询问普通人是否有过偷盗行为时，结果表明男性多于女性（Klemke，1992）。

入店行窃案中，社会地位低下者、失业者、无家可归者和吸毒者的比例都比较高。至于人种，黑人比白人多，黑人偷的往往是比较值钱的商品，而白人则更有可能偷一些不值钱的东西（Clarke，2002；Klemke，1992）。

2. 入店行窃的原因 375

像其他财产犯罪一样，入店行窃可以从犯罪动机和机会两方面来解释。但是入店行窃的犯罪动机不同于其他犯罪。

入店行窃的动机可以分为经济动机和心理动机。说到经济动机，贫困是一个因素，最好的例证是穷人更有可能入店行窃，失业率较高或经济停滞时这种现象也要普遍一些。但仅仅是严重的经济困难不足以解释大多数案件。事实上，很多入店行窃者只是节俭的顾客，他们买得起所需商品，但省钱念头驱使他们去偷。而且，许多年轻人承认，他们之所以去偷，是因为买不起品牌牛仔裤、别致的鞋及其他时尚用品，而这些商品都能加强同辈的接纳程度（Dugas，2008；Klemke，1992）。

从入店行窃的社会心理动机来看，第一个动机也是最大的共同点，就是刺激、兴奋或有趣的感觉，而这正是他们实施犯罪时所期待的。另一个重要动机是希望被社会所接纳，尤其是青少年，很大程度上屈从于同辈压力。当问及为什么入店行窃时，他们说：“因为我的朋友们都那么做了！”第三个动机是在实施犯罪前，某群体就把这一行为合理化，并为自己辩解和开脱。因此，许多入店行窃者否认自己的罪责（称“是朋友要自己做的”或者“我喝醉了”），否认伤害他人（称“这只是一瓶廉价的香水”、“这么大的商店是不会丢东西的”），或者认为受害者是罪有应得（“它活该，因为每次从这里买东西时，它的价格都高得离谱”）。有了这些合理性，入店行窃者的犯罪感就大大降低了，他们甚至认为，自己是人格高尚的守法公民，而不是罪犯（Klemke，1992）。

这些经济动机和社会心理动机本身似乎足以让人们去行窃，因为诱惑无处不在。任何人都可以毫不费力地将自己伪装成顾客，然后走进一家商店去行窃。由于法律对入店行窃处理很宽松，人们认为这种风险最小，即使被抓住，大部分商店担心败坏名声，加上

有可能误抓，所以不愿意指控他们（Adler，2002）。

五、有组织犯罪

像30多年前在美国首映的电影《教父》里那样，娱乐媒体经常把黑帮成员美化为受人尊敬、勇敢而坚韧的人，同时为引起轰动效应，还把他们渲染为无情的杀手。事实上，有组织犯罪的成员就像普通美国人一样，想实现自己的美国梦，不同的是，他们更多地运用有损名声的偏差手段。让我们走近有组织犯罪去看看。

376 1. 组织结构

美国有许多不同的有组织犯罪团伙，每个团伙的成员都有着相同的人种或族群背景，最有名、影响最大的就是黑手党，又被称为“我们的事业”（la Cosa Nostra）、暴徒（the mob）或辛迪加（the syndicate）。绝大部分由意大利裔美国人组成，黑手党是一个相对比较松散、独立地活动于全美各大城市的非正式犯罪同盟。在执法机构眼中，每个黑帮团伙都以某家族著称，这个家族通常以创始人的名字命名，如杰诺维塞家族（Genovese）、甘比诺家族（Gambino），或布亚诺家族（Bonanno）。每个家族以科层制组成，头衔由高到低依次为：“阁下”或老板、二老板、指挥官、顾问和“士兵”或下人（这么称呼是因为头衔较高的人“一按按钮”叫他们做什么就得做什么）。家族头目指挥成员进行犯罪活动。

成员们受行为准则的约束，其中最重要的是忠诚（“忠诚于家族”）和保密原则（“不告发同伙”）。如果违反规则，他就会遭到谋杀。因此，美国政府为了保护证人，不得不支付高昂费用，为他们在异地提供新身份、住房和工作。

这些组织具有两大基本特征：有明确的等级地位和行为准则。许多不同族裔的犯罪团伙也存在一定差异，如非洲裔美国人、拉美裔美国人和亚裔美国人。这些族群团伙不仅彼此之间有差异，而且与美国黑手党所从事的偏差行为有着本质的不同。

2. 有组织的犯罪活动

最大的犯罪组织是6 000人的埃雷拉（Herrera）家族，这一组织由墨西哥移民创立，主要在加利福尼亚州的南部活动。他们因向美国走私海洛因而臭名昭著。佛罗里达州大约有200个哥伦比亚犯罪家族，专门走私海洛因。当时人们发现越南人、韩国人、日本人等团伙也在东海岸和西海岸走私毒品，还向他们辖区内的企业敲诈钱财。其他团伙的劣迹在不同城市可见一斑：以色列人在洛杉矶主营保险欺诈，古巴人在迈阿密搞非法赌博，加拿大人在迈阿密走私枪支并洗黑钱，俄罗斯人在纽约进行敲诈勒索和雇佣杀人等（Kleinknecht，1996；President's Commission，1986）。尽管各有特点，但所有这些群体都有一个共同点：它们主营一种或两种形式的经济偏差行为，其活动局限在一定区域，通常是一个少数族群社区。与此相比，意大利裔美国人的犯罪集团则遍布全美，从事如下所述的各种犯罪活动。

（1）推销非法商品和服务。

黑手党推销非法商品和服务的活动包括地下赌博、放高利贷和毒品交易。地下赌博包括赌马、博彩和体育赛事赌博。但是今天，由于彩票与赌博逐渐合法化，地下赌博已经越来越难盈利。在20世纪90年代早期，非法赌博每年仅为黑手党赚得20亿美元，377
在黑手党至少600亿美元的年收益中，这只是九牛一毛（Angelo，1992；President's Commission，1986）。

盈利更多的是放高利贷，高利贷利率是极高的，通常年利率都超过100%。事实上，经济萧条或衰退时，商人和贷款人被迫以200%～300%以上的年利率向高利贷者借钱。由于贷款人只能以他们的身体担保（如果他们有值钱的财产，就会去合法的贷款公司了），为收回贷款，高利贷者自然会诉诸暴力或以暴力相威胁。但是高利贷者几乎不用暴力去威胁，更不用说诉诸暴力了。因为他们向来以暴力臭名远扬，这就足以震慑贷款人（Block，1991）。

在违禁药物领域，意大利裔美国黑手党以最小风险在毒品交易中获得最大利益。进口和批发分销时他们严格自律，让单个的毒品贩子承担街头贩毒的风险。毒品交易是犯罪团伙最赚钱的营生，难怪由非洲裔、亚裔和拉美裔组成的“新黑手党”会将走私毒品列为其主要的收入来源。

（2）大规模盗窃和敲诈勒索。

黑手党大肆盗窃，而把小规模偷窃，如持枪抢劫和入室行窃，留给了单独作案的案犯。相反，他们转向了批发业务：他们盗窃大量可兑现的股票和债券，还有信用卡和机票，从码头、火车站和国际机场盗取整车（有时连汽车一起）的商品和价值百万的汽车，然后再配以合适的发动机号和所需的注册文件，把车售出。

另一种形式的有组织犯罪活动是诈骗，这是以

“保护费”的形式向守法的商户诈取钱财。他们提出的统一报价令商人们无法拒绝，即购买“事故”的“保险单”，如商店被烧毁、橱窗玻璃被砸和商人的头被打破等，如果商人们不买“保险”，暴徒们就会那么干。更常见的是劳动欺诈，它包括对雇主和工会的操纵。诈骗者强行给商人提供“情人合同”，即雇主付给相应的费用，让员工加入诈骗者子虚乌有的工会。他们通过劳动纠纷威胁雇主，敲诈钱财，或者要求公司把他们的亲属列入在职人员名单。

（3）贿赂公务员。

为了确保以上各类犯罪活动的顺利进行，贿赂公务员是十分必要的，犯罪团伙的贿赂目标集中于三种人：执法官、政客和官方许可的监管人员，或者监督管理机构（Block，1991）。贿赂的方式是直接以金钱贿赂，或资助政治家竞选。目的是让他们的“政治先锋”通过那些维护其利益的法律，阻止那些对他们的非法活动不利的法律，让警察和其他
378 执法官员对其犯罪行为熟视无睹，或者让监督管理机构对他们经营合法生意时采取的一些违法手段如以武力威胁竞争对手睁一只眼闭一只眼。

（4）渗入合法生意。

这是犯罪团伙获利最多也最安全的方式。他们渗入的生意包括：拉斯维加斯赌场、夜总会和餐馆、酒店和汽车旅馆、汽车公司、食品批发经营，以及金融投资产业、保险、房地产、电器、健康服务、证券经纪公司和预付电话卡等。黑手党对这些合法生意的渗透是如此之深，以至于许多守法公民都习以为常了，甚至一直忙于打击有组织犯罪的美国联邦调查局也曾在不知情时雇用了犯罪团伙经营的一家搬家公司（Raab，1997；President's Commission，1986）。通过兼并任何一个合法业务，犯罪团伙旨在达到一定的目标：赢得尊敬、建立合法获益的渠道来纳税、把“黑钱”（从诈骗和其他非法活动中获得的）投资到合法企业以获得合法收益。

加入合法经营的共同目的是最后一点，获得最大收益。不合法的方法可能包括保险欺诈，接管生意后雇用专业纵火犯烧毁大楼和里面的东西，目的在于获得火灾保险金。为了避免执法人员展开调查，黑手党使用更加复杂的欺诈手法，典型的是白领犯罪和企业犯罪，这些在前一章已经讨论过了。

3. 族群与有组织犯罪

有组织犯罪的根源可以追溯到很久以前。在18世纪，美国众多的港口和河流地区有海盗，在大部分农村和边疆地区有强盗、赌徒和奴隶贩子，边疆的不法行为在19世纪一直存在，造就了一些传奇的扒火车、抢银行的团伙，如雷诺兄弟（Reno brothers）和杰西·詹姆斯（Jesse James）团伙。

到19世纪末，许多犯罪团伙开始进入城市，最主要的有爱尔兰裔、犹太裔和意大利裔团伙，但是这三个团伙的势力在那个时候并不均衡。在20世纪头20年，爱尔兰裔控制了有组织犯罪，控制了大城市的政治机器和行业，如建筑业、货车运输业、公用事业和码头行业。然后到20世纪20年代，犹太裔接替了他们的主导地位，控制了赌博和劳动欺诈。20世纪20年代禁酒令（反对生产和出售酒精的法律）的实施让意大利裔战胜了犹太裔。到20世纪30年代早期禁酒令结束时，意大利裔美国人牢牢地控制了有组织犯罪。事实上，意大利裔的这种统治地位一直延续到今天，主要原因是禁酒令。

禁酒令开创了有组织犯罪的新时代。在该法令颁布之前，犯罪团伙大都在当地进行活动，限于某一族群社区。然而，在禁酒令实施期间和之后，意大利裔团伙走出社区，控制了更大范围的犯罪活动，
甚至覆盖了整个美国。禁酒令导致贩卖违禁品的复 379
杂化和规模化，非法酒类生产出来，运送、分发到全美国成千上万的分销商那里。成功贩卖违禁品要有复杂的运作，要有大型啤酒厂、巨大的仓库、舰队式的油罐车和卡车，还要防范抢劫，也要贿赂海岸警卫队、海关、政治家和警察，争取他们的合作（Hills，1980；Homer，1974）。

这些都说明了为什么黑手党是如今唯一植根于美国各大城市的犯罪团伙。但是，从20世纪80年代早期以来，黑手党已经部分失去了对黑社会的主导地位。美国最有名的黑手党头目约翰·高提（John Gotti）最后也受到指控，被判监禁。事实上，其他黑手党头目也被除掉了。全国24家黑手党中，每一家都有一些成员被捕。其内部也是矛盾重重，除非坦白，否则他们就要面临长期监禁的威胁。许多黑手党成员愿意违背黑手党组织神圣的“缄默”（omerta）（保持沉默和保密）准则，当庭指证同伙。由于黑手党家族的子孙后代更愿意从事律师、医生或商业等传统职业，其成员也减少了。鉴于所有这些困扰黑手党的问题，在过去30年中，其他族裔的犯罪团伙正试图进入意大利裔垄断美国60年、获利丰厚的犯罪市场（Corliss & Crittle，2004；Griffin，2003；Kleinknecht，1996；Reuter，1995）。

但是新的族群团伙要想从意大利裔手中夺取黑

道统治权，还需要一段时间。有组织犯罪的族群继任史，即统治权首先归于爱尔兰裔，然后是犹太裔，最后是意大利裔，这些都表明族群团伙必须经历至少四个阶段才能在美国黑道取得霸主地位。第一阶段，在自己的族群社区，常见的是把街头犯罪组织起来，以形成自己的族群帮派。第二阶段，在同一地区，各帮派为了主导该地区的犯罪，被迫与其他帮派展开竞争，常常发生暴力冲突，包括暗杀。第三阶段，形成更大的犯罪组织来解决派系之间的冲突，以和平的方式给各帮派分地皮，解决内部冲突。这个组织比任何一个帮派都要强大，其影响足以使犯罪行为延伸到族群社区之外。第四阶段，各族群犯罪组织相互争斗，最终将有一个族群组织胜出，主宰全国的黑道世界。这正是 20 世纪 30 年代意大利裔打败犹太裔和爱尔兰裔所走过的道路（O'Kane，1992）。

现在，非洲裔、亚裔和其他帮派正在第二阶段挣扎，在它们自己的族群社区，族群之间冲突不断。大部分冲突与毒品有关，因为新的族群团伙将毒品交易作为它们收入的主要来源。回顾 20 世纪 30 年代，意大利裔也是处于第二阶段。事实上，就像意大利裔所做的那样，新的族群帮派已经接手了贩毒及其他传统
380 的街头犯罪活动，不过仅限于它们自己的族群社区。但是没有一个新的族群团伙能像黑手党一样成功，在全国范围内发展出一个多元化组合，不仅有贩毒，还有其他犯罪活动（Kleinknecht，1996；Nordland，1992）。总之，黑手党的势力日渐衰落，但还没有出现取而代之的犯罪组织。

六、美国打击有组织犯罪

20 世纪 80 年代，美国政府承诺，要严厉打击有组织犯罪。政府在全国 26 个城市都成立了专门的打黑机构，逮捕并审判了一大批犯罪分子，依法没收了他们的非法所得。司法部的律师、联邦调查局、麻醉品管制局、劳工部、国税局、海关和邮政局、烟酒枪械炸药局等多个机构同心协力，确保这些黑帮成员无一漏网。联邦调查局也与地方警察合作，共同打击违法犯罪，完全不像过去在有组织犯罪的调查中那样互不信任、相互抵触。为支持该行动，罗纳德·里根总统也取消了对审判程序的重要限制。联邦调查局借助那些电子设备，能够听到犯罪分子们在汽车、社交俱乐部以及其他场所的无数对话。他们还成功迫使犯罪分子在重刑的威胁下，违反持续了上百年的拒绝作证传统，指证以前的同伙。这些变节者大都获得了新生，因为他们发现，忠于犯罪家族要面临长期监禁，这代价太大了。

由于各种因素的共同作用，美国此次打击犯罪团伙的行动取得了显著成效。仅在 1981—1985 年的 4 年中，就有 2 554 名黑帮成员遭到起诉，其中 809 名已经定罪量刑（Magnuson，1986）。到 20 世纪 90 年代，打击有组织犯罪的行动获得了更大的成功（Nordland，1992）。到 2004 年，纽约 5 个最大的黑手党头目中有 4 人已经被判刑或入狱，而第五个也在等待审判（Corliss & Crittle，2004）。

毫无疑问，这次行动给黑手党以迎头重击。但是这并不表明有组织犯罪团伙已经灰飞烟灭了。还有一些逃脱法网的犯罪家族成员，更加谨慎地掩盖自己的罪行和身份。他们逐渐转向从事那些更巧妙、不易察觉的白领犯罪（Raab，1997，1994）。他们从过去那种绚丽的生活方式中隐退，也不再吸引公众的注意力了。人们不知道他们是否会再度变成暴徒。他们把自己所到之处都当成“一个人的游行”，为了给人留有印象，而给服务生 100 美元小费，只是为了保持冰块的温度（Pileggi，1986）。

也许最重要的是，未来似乎不可能消灭有组织犯罪，因为这种偏差行为得以存在还有两个基本的社会原因：(1) 对违禁药物及其他恶习的强烈需求，或在白领犯罪和企业犯罪中有机会非法获利；(2) 一支有抱负的穷人或移民大军，他们无法通过传统手段实现“美国梦”。

七、环球视野：有组织犯罪 381

让我们来探究意大利、日本、中国香港和俄罗斯的有组织犯罪的发展状况。与美国的有组织犯罪相比，它们在某些地方相同，而某些方面又有所不同。

如同在美国一样，对那些雄心勃勃一心致富却没钱的年轻人而言，有组织犯罪是一条曲折的道路。例如雅库扎（Yakuza），日本的犯罪组织，其成员大多是较下层的年轻人，包括那些辍学者、吸毒者和摩托车帮派成员，他们被商界拒之门外。在加入雅库扎前，这些不被社会接受的人，必须要经历 5 年之久的学徒期。他们学习集团的价值观和习俗，比如要为自己的错误负责就切下小拇指，或者更重要的是，对老大要绝对忠诚，他的性命甚至比妻儿的性命都重要。在结束学徒生涯加入犯罪组织后，那

些成员能赚到的钱是常人的4倍（Kaplan，1998）。

有组织犯罪在大多数国家基本相同，因为它是一种等级组织，下一层成员要完全服从和忠于其上一层领导。以中国香港名为“三合会”（Triad）的犯罪团伙为例，成员在首次加入仪式上要发誓36次，以示忠诚，让他们永远记得只有两种选择——忠诚于三合会或被处死。所以，他们会非常忠诚，因为他们知道不忠诚就要被处死。俄罗斯的犯罪团伙是个例外，其中充满了不信任与背叛，成员们为保全自己就向警察出卖自己的同伙。他们那种无法预测和反复无常，足以表现出无组织犯罪而不是有组织犯罪的特点（Booth，2000；Friedman，1999；Bohlen，1994）。

尽管如此，俄罗斯的有组织犯罪比美国更普遍，更有影响或威力。举例来说，在俄罗斯的主要城市中，绝大多数的商业银行和私营企业不得不把利润的10%～20%交给犯罪团伙，其原因显然是经济上的：俄罗斯的资本主义不如美国成熟，因此有组织犯罪难以控制而且更加猖獗。意大利、日本和中国香港的有组织犯罪也要比美国普遍，但更多的是文化方面的原因：有组织犯罪在这些国家和地区更能被社会接受，并且与合法经营的商界和政界融为一体。在意大利，如果被抢劫的人寻求黑手党的帮助而不是去警察局，他们就有可能找回被抢财物。在日本，雅库扎不仅渗入到银行和其他合法企业，而且还进入到政治领域，商人和政治家积极找门路，想成为雅库扎的客户、独家供应商并提供必要的服务。在中国香港，“三合会”同样渗透于合法经营中（Ward & Mabrey，2005；Kaplan，1998；Nicastro，1992）。

在这些国家和地区，由于犯罪组织深深地渗透到传统社会，摆脱有组织犯罪不是不可能的，但也是极其困难的。虽然美国的有组织犯罪仍有一定影响力，但美国当局确实较为成功地掌控了局势。

382 ## 八、本章概要

（1）**抢劫的特点是什么？**抢劫既是财产犯罪同时又是暴力犯罪，作为一种财产犯罪，它是一种理性的行为，人们做出理性的决定后才实施抢劫。作为一种暴力犯罪是因为它在实施中对受害人既有实际暴力又有潜在暴力。不管带没带武器，抢劫都存在实际的暴力行为，而武装抢劫存在潜在暴力。

（2）**抢劫有哪些类型？**大多数抢劫通常发生在大城市的冬季，发生在室外。尽管银行抢劫相对较少，但却有迅速增加的态势。大多数劫匪都是有武装的，与其他暴力犯罪，如杀人和强奸相比，抢劫更多地发生在不同人种之间。

（3）**业余抢劫和专业抢劫的区别是什么？**业余劫匪一般都比较年轻，实施抢劫只是为了得到小笔钱财，缺乏策划与技术，而被捕的风险却较大。然而，专业劫匪有一种强有力的保证，他们把抢劫视为一种谋生手段，把犯罪看成是一种诚实可靠的事业。**是什么引发了抢劫呢？**根据社会学理论，下层阶级的相对剥夺感和较大的社会经济繁荣，导致了抢劫的发生。

（4）**盗车和劫车各有什么特点？**大多数的盗车贼是为卖掉车迅速获得一大笔钱。而绝大部分的盗车贼是车主不在时悄悄作案，少部分是用暴力手段劫车。**是什么原因引起盗车和劫车案增加的呢？**汽车偷盗的原因包括针对盗车贼执法不严、盗窃汽车和零部件获利丰厚以及保险诈骗。劫车率高涨的背后，汽车安全措施日益复杂又成为另一个影响因素。

（5）**窃贼是怎样破门而入的？**他们闯入空房子以免撞见房主，这足以说明，为什么大多数入室行窃会发生在白天家里没有人的时候，而不是晚上了。**是什么引发了入室行窃呢？**原因包括罪犯需要维持一种“刺激生活”，如聚会、吸毒和喝酒。通常对入室行窃缺乏有力监管，也为盗贼提供了犯罪机会。

（6）**入店行窃者的社会特征是什么？**入店行窃者绝大多数是低于21周岁的青少年。他们最有可能是男性、社会地位较低者、失业者、无家可归者和吸毒者。**是什么引发入店行窃的呢？**其原因包括经济动机，如穷困和节俭；还有社会心理动机，如渴望刺激、被社会接受的欲望以及把犯罪合理化。

（7）**作为一个组织，有组织犯罪的本质是什么？**体系内部有一套完善的等级制度和行为准则制约着成员的行为。**有组织犯罪团伙都参与哪些犯罪活动呢？**大多数少数族群犯罪团伙专门走私毒品或只从事几种犯罪，意大利裔美国黑手党从事多种犯罪，包括出售非法商品和服务、组织大规模偷窃和敲诈勒索、贿赂官员和向合法生意渗透等。

（8）**有组织犯罪与族群之间有什么关联？**追溯到19世纪末，最厉害的犯罪团伙主要是爱尔兰裔、犹太裔和意大利裔团伙。有组织犯罪首先控制在爱尔兰裔手里，然后犹太裔接替了他们的主导地位。到20世纪30年代早期，被意大利裔所控制。禁酒令（期间喝酒是违法的）帮助意大利裔发展出一个犯罪团队，主导着全国的有组织犯罪一直延续至今。 383
从20世纪80年代早期开始，在执法力度加大的压力下，意大利裔的主导地位逐渐丧失，出现了其他族群的有组织犯罪团伙，尤其是非洲裔、拉美裔和亚裔美国人。但是意大利裔黑手党依然在美国的黑社会中占据着领导地位。

（9）**美国政府怎样对付有组织犯罪？**早在20世纪80年代，联邦政府就加强了执法力度，结果卓有成效，把有组织犯罪挤出了商业领域。相当多的犯罪团伙成员及其老板已经被成功起诉和驱散。但说有组织犯罪已经在美国消亡还是令人怀疑的。因为罪犯们开始越发小心地隐藏自己的罪行与身份，而且最重要的是，导致有组织犯罪的基本社会因素依然存在。

（10）**在不同国家，有组织犯罪有哪些异同？**某种程度上基本相同，例如，这是有抱负的穷人获得成功的一种手段，作为一个等级组织，有头衔和准则，他们发誓要忠于他们的领导。其他国家的有组织犯罪比美国的更普遍，更有影响力。

九、扩展阅读

Albanese, Jay S., Dilip K. Das, and Arvind Verma (eds.). 2003. *Organized Crime: World Perspectives*. Upper Saddle River, N.J.: Prentice Hall. A collection of articles on the concept of organized crime, its nature and extent, and the methods of dealing with it in 20 different countries on all continents.

Block, Alan A. (ed.). 1991. *The Business of Crime: A Documentary Study of Organized Crime in the American Economy*. Boulder, Colo.: Westview. A collection of government reports on organized crime's infiltration and control of garment, air freight, waste disposal, and other industries.

Booth, Martin. 2000. *The Dragon Syndicates: The Global Phenomenon of the Triads*. New York: Carroll & Graf Publishers. A comprehensive study of the past and present conditions of Chinese organized crime.

Cromwell, Paul F., and James N. Olson. 2004. *Breaking and Entering: Burglars or Burglary*, 2d ed. Belmont, Calif.: Thomson/Wadsworth. A thorough-going look into the world of burglary.

Handelman, Stephen. 1995. *Comrade Criminal: Russia's New Mafiya*. New Haven, Conn.: Yale University Press. Offers a guide to the frontierlike, ruthless, and chaotic world of organized crime in Russia.

Jacobs, Bruce A. 2000. *Robbing Drug Dealers: Violence beyond the Law*. New York: Aldine de Gruyter. An ethnographic analysis of what motivates robbers to stick up drug dealers and how they choose their targets, carry out the robbery, and deal with the retaliation from the victim.

Kenney, Dennis J., and James O. Finckenauer. 1995. *Organized Crime in America*. Belmont, Calif.: Wadsworth. A textbook on organized crime, covering its history, crime activities, and association with various groups of Americans, as well as the attempts to deal with organized crime.

Kleinknecht, William. 1996. *The New Ethnic Mobs: The Changing Face of Organized Crime in America*. New York: Free Press. A detailed presentation of organized crime among various ethnic minorities in the United States.

Klemke, Lloyd W. 1992. *The Sociology of Shoplifting: Boosters and Snitches Today*. Westport, Conn.: Praeger. A comprehensive theoretical and empirical analysis of various aspects of shoplifting.

Liddick, Donald R., Jr. 2004. *The Global Underworld: Transnational Crime and the United States*. Westport, Conn.: Praeger. Describing the nature of transnational crime and its impact on the United States.

O'Kane, James M. 1992. *The Crooked Ladder: Gangsters, Ethnicity, and the American Dream*. New Brunswick, N.J.: Transaction. An analysis of how a succession of ethnic minorities has been using organized crime to climb the ladder of success in the United States.

Rengert, George F., and John Wasilchick. 2000. *Suburban Burglary: A Tale of Two Suburbs*, 2d ed. Springfield, Ill.: Charles C. Thomas. An empirical analysis of how burglars choose which communities and houses to break into.

Reppetto, Thomas. 2004. *American Mafia: A History of* 384
Its Rise to Power. New York: Henry Holt. A detailed description of the development of organized crime during the first half of the twentieth century.

Schulte-Bockholt, Alfredo. 2006. *The Politics of Organized Crime and the Organized Crime of Politics: A Study in Criminal Power*. Lanham, Md.: Lexington Books. A neo-Marxist analysis of organized crime as an ally of the political elites in the country where it operates.

Shover, Neal. 1996. *Great Pretenders: Pursuits and Careers of Persistent Thieves*. Boulder, Colo.: Westview. An ethnographic analysis of the experiences of criminals who persist in pursuing an unsuccessful career of committing robbery, burglary, and other property crimes.

Tunnell, Kenneth D. 1992. *Choosing Crime: The Criminal Calculus of Property Offenders*. Chicago: Nelson-Hall. An empirical study of robbers, burglars, auto thieves, and other property offenders with a focus on how they have come up with their motivation and decision to commit the crime.

Wright, Richard T., and Scott H. Decker. 1994. *Burglars on the Job: Streetlife and Residential Break-ins*. Boston: Northeastern University Press. A close-up analysis of how burglars do their crime and live their lives.

Wright, Richard T., and Scott H. Decker. 1997. *Armed Robbers in Action: Stickups and Street Culture*. Boston: Northeastern University Press. A detailed ethnographic analysis of how street robbers go about deciding to rob, choosing targets, and carrying out the offense.

十、思考题

1. 根据你对抢劫的了解，你认为你所在的社区该如何防范呢？

2. 你认为有可能消除有组织犯罪吗？为什么？

第七部分

网络空间——未开发的领域

第十五章

387 网络偏差行为

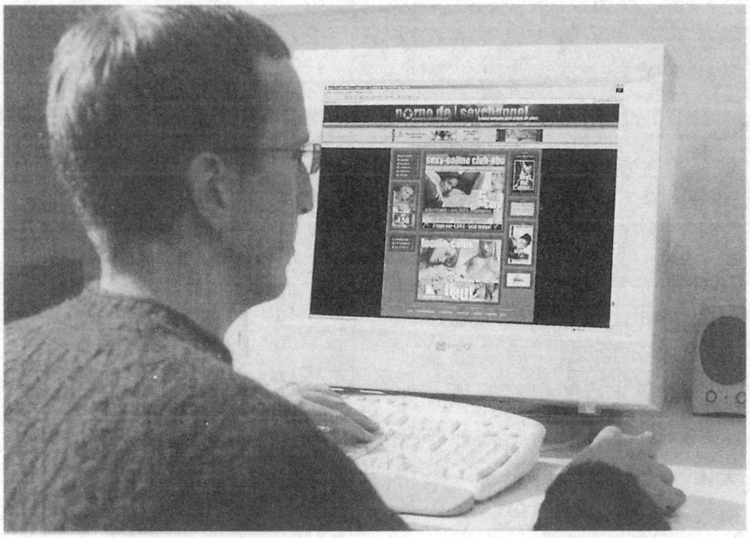

表象与事实

表象： 正如高科技把我们带入互联网，它也使美国执法机构将 10%盗用身份的罪犯绳之以法。

事实： 网络盗用身份的罪犯想要逃脱罪责是很容易的，被定罪的远远不到 1%，甚至几乎是 0（第 389 页）。

表象： 键盘记录程序，也就是我们熟知的间谍软件或木马程序，使窃贼用以盗取电脑中的用户名和密码，最终是现金，但是这非常复杂，只有少数罪犯知道怎么用。

事实： 键盘记录程序并不复杂，每个人都很容易掌握，甚至包括那些想要知道孩子上网都做了些什么的父母。这种程序极易掌握，在很大程度上为
388 盗用网络身份猖獗创造了条件（第 390 页）。

表象： 远在异国的陌生人也可以盗取我们的私人信息，所以大多数盗用身份的罪犯都离他们所危害的公司或消费者很远，这也就不足为奇了。

事实： 大多数的身份盗用都是公司内部人员所为，包括受害公司的资深雇员、经授权的电脑用户和其他信得过的人（第 390 页）。

表象： 在美国，网上赌博是违法的，如玩体育赌博、扑克、二十一点等，因为它主要靠的是运气而不是技术，所以在线玩合法游戏的人更多，如国际象棋、西洋双陆棋和台球。

事实： 在美国玩非法游戏的人很多，为了迎合这群赌徒，赌博网站从 1999 年的 700 个上升到了 2006 年的 2 400 多个（第 391 页）。

表象： 人们都喜欢性，所以各种社会和种族背景的人都能平等地参与网络性爱。

事实： 大多数参与网络性爱的都是白人、男性，具有大学学历，至少一半人已婚（第 392 页）。

表象： 网络色情要想在美国盛行起来是很困难的。因为这是一个基督教国家，无论是在线还是离线，人们一听到色情就会皱眉头。

事实： 10 年前，网络色情兴起后不久，很快就如同野火一样蔓延开了。仅在 20 世纪 90 年代末的一年之中，色情网站的数量就从 900 个激增到了 20 000～30 000 个（第 393 页）。

表象： 大多数网络色情的狂热者都是青少年。

事实： 典型的网络色情定期消费者并不是青少年，而是成年人。大多数色情网络的浏览者都是 30 岁以上、已婚的中产阶级白人（第 394 页）。

表象：因为网上婚外恋没法发生面对面接触，即网络之外传统恋情中所谓的性接触和其他亲密行为，所以一般公众大都不认为网上婚外恋是真的对婚姻不忠。

事实：一般公众大多认为网上婚外恋跟现实生活中的婚外恋一样真实（第 395 页）。

表象：网络让人们更容易表达自己的偏见，并对少数族群进行歧视。

事实：网络的确使人们更容易表达偏见，但很难去歧视（第 397 页）。

表象：因为网络跟踪不会真正触及受害者，所以网络跟踪比传统的跟踪更温和，其危害性也比现实中的要小。

事实：网络跟踪比传统跟踪更烦扰、更危险。更容易接近受害者的私人信息，因此比潜伏的小偷更能扰乱受害者的生活和工作（第 398 页）。

德博拉·马佐拉（Deborah Majoras）最近在一个鞋店买了一双鞋，以信用卡结了账。后来她发现她的信用卡卡号储存在了那家公司的资料库里，并且那家公司用她的卡号，以她的名义买了各种各样的原料。至少 140 万美国人受到过这种侵害。盗用
389 身份的罪犯用电脑盗窃数字银行所冒的风险要比传统的持枪抢劫银行小得多。这有待各银行、信用卡公司和信用局去寻找其他途径完善（Acohido & Swartz，2008；Levy & Stone，2005）。

身份盗用是一种新的偏差行为，后者是如今有待开发的领域，就像早期未开发的原始西部边疆。网络上充斥着各种各样的偏差行为，而且就是做了也相对不受惩罚。网络盗用身份的罪犯想要逃脱罪责是很容易的，被定罪的远远不到1%，甚至几乎是0。难怪身份盗用成了 21 世纪增长最快的犯罪形式（Levy & Stone，2005）。

我们将在本章探究网络身份盗用及其他形式的网络偏差行为。所谓互联网偏差行为或网络偏差行为，就是利用电脑进行的偏差行为。研究者将它们分为两大类：（1）把破坏计算机网络作为目标，比如说黑客（侵入计算机网络）和网络恐怖主义；（2）把电脑当作实施偏差行为的工具，如盗用身份、色情文学、跟踪等。后一种远比前一种要普遍。后一种还可以根据犯罪者把电脑当作什么样的工具，细分为三类：轻松赚大钱、寻找性爱和泄愤。让我们先来看看这三种网络偏差行为，随后再了解一下黑客和网络恐怖主义。

一、在线寻找赚钱机会

如果有机会，很多人都想不费吹灰之力赚到钱。随着电脑的普及，这种机会唾手可得。利用这种新技术，人们可以通过网上盗用身份或网上赌博轻易赚到钱。把电脑变成摇钱树，网上盗用身份的罪犯需要的仅仅是一点电脑技术，而网络赌博不需要技术，只需要运气。

1. 网上盗用身份

网上盗用身份指的是利用电脑窃取信用卡卡号、社会保险账号或其他个人信息。盗用者可以拿这些卡号在网上或现实中免费购买任何东西，而这些卡号的主人却要为此埋单。这种网上盗窃比传统盗窃形式如偷盗商店或银行更易实施，而且一旦得手会获利丰厚。以电脑技术员卡洛斯·萨尔加多（Carlos Salgado）为例：他通过在网络上预制的电脑入侵程序，入侵到几个电子商务数据库，获取了 10 万多张信用卡卡号。这些卡总共的信用额度超过 10 亿美元。然而不幸被联邦调查局抓获，萨尔加多随后被判处两年半监禁（Hansen，2004）。

像萨尔加多一样侵入商业机构数据库，在盗用身份犯罪中是很常见的。另一种常见的做法是“网
络钓鱼”，其目标直指个体消费者。他们会向消费者 390
发送伪装成来自合法银行和电子商务网站的电子邮件，要求收件人提供银行账户、社会保险账号、信用卡卡号等个人资料来确认或升级其账户。即使是长期上网的用户，对这种骗局也防不胜防。例如，马克·尼科尔斯（Mark Nichols）是一位商店老板，曾经收到过一封他认为是 eBay 发出的电子邮件，告知他在那家公司的账户已经被冻结，要他提供信用卡卡号。由于要把旧信用卡卡号换成新的，他就进入一个网站根据指令输入了用户名和密码，正当他准备确认新的信用卡卡号时，他幸运地发现那个网站并不是 eBay 的官方网站，因此他没有确认（Mann，2006）。

但是最近人们发现，有一种窃取消费者私人信息的新方法，就是利用键盘记录程序复制电脑用户的击键记录，程序再把这些信息发送给骗子。这种监控程序通常被秘密地植入特定的网站、电子邮件、电子邮件的附件和一般下载的软件中。这就是大家熟知的间谍程序或木马程序。这些隐藏的程序并不是十分的复杂，每个人都很容易掌握它们甚至可以

出售给家长，让他们看看孩子们都在网上做什么，或者出售给那些想知道和自己关系密切的人在网上聊天室干什么的人。但是键盘记录程序常常被用来盗取受害者的用户名和密码，最终盗取钱财。这些罪犯往往穿过互联网边界，让网络用户感到危机四伏。乔·洛佩兹（Joe Lopez）是佛罗里达州一家小公司的老板，他最近成了一名受害者，一个网络骗子在他的公司电脑上植入了一个键盘记录木马程序，获取了他的银行账户信息，并把他的9万美元转移到了拉脱维亚（Zeller，2006）。

一些远在异国的陌生人也能盗取我们的个人信息，值得注意的是，大部分网络窃贼都是内部人。一份来自密歇根州立大学刑事司法专家的研究表明，50%以上的身份盗用都是公司内部员工所为。他们都是受害公司的技术员工、资深雇员、用户和其他信得过的人。正如这位专家所说："最大的问题就出在工作场所上，工作场所的最大问题是缺乏个人安全。"这位专家还举了个例子，一位通用汽车公司的工作人员，在她上班的最后一天把上千家公司主管的个人信息带回了家。她因此被捕并被判刑，但是在缓刑期间，她受聘到另一家公司，同样如法炮制（Mann，2006）。

对内部员工可能盗窃客户信息的监管不力仅仅是公司存在的问题之一，还有许多问题为身份盗用大开方便之门。例如，有些公司就没有使用防火墙来阻止无线入侵；有人用易破解的密码保护信息；还有些公司精心保护的信息无意间卖给了骗子。Choice-Point就发生过这样的事，这是家信息经纪公司，存有190亿份美国客户记录，它曾经把至少14.5万客户的私人信息卖给了一个假公司。当然还有很多类似的例子，这一切都说明，我们敏感的私人信息在这个互联网世界是多么的不安全（Levy & Stone，2005）。

391

2. 网络赌博

网络赌博在美国是违法的。在线游戏要有更高的技术而不是机会，比如国际象棋、西洋双陆棋和台球，这些是合法的；只有那些靠运气而不是技术的才是非法的，如体育赌博、扑克牌及赌场类游戏，如二十一点和轮盘赌等（Walsh，2005）。尽管这些游戏不合法，但是仍然有很多人在玩，而且在过去几年赌博人数飙升很快。为了迎合这群赌徒，赌博网站如雨后春笋般从1999年的700个增加到2006年的2 400多个。通过互联网赌博业攫取的利润也从20世纪90年代末的不足10亿骤增到2006年的120亿，而且网络赌博还将继续猛增（Miller，2006）。

为什么美国政府不能通过立法来阻止这类现象呢？主要原因是网络赌博具有全球性和无国界性。在美国，网络赌博是违法的，但是在其他国家却是合法的，而且美国很多迷恋网络赌博的人，都是进入国外的赌博网站进行赌博的，尽管这种网站的很多网管和运营商都是美国公民，这些网站却是美国法律鞭长莫及的。网络赌博屡禁不止的另一个原因是，美国对赌博网站的运营缺乏现行法律监管。即使美国政府能合法追查国内的赌博网站，但是苦于没有法律支持，通常都不会采取任何行动，主要是因为人们认为其他的社会问题比这一问题更紧迫，如恐怖主义和毒品交易等（Stone，2005）。

美国政府把网络赌博视为非法行为，许多国会议员进而希望彻底取缔网络赌博。其中有些人提出议案，不让银行和信用卡公司给网络赌博付款，可这项议案没有通过立法。存在很多原因使网络赌博至少从技术上来说不合法持续有效：（1）如果网络赌博合法，那它将会向更多的未成年人敞开赌博的大门，而现在要防止未成年人参与网上赌博已经很困难了。毕竟，赌博网站看不到它们的顾客，无法知道他们的年龄，也不可能像地上赌场那样要求出示带照片的身份证明。让网络赌博一直处于不合法地位，至少是不鼓励青少年参与赌博。（2）网络赌博很容易让那些嗜赌成性的赌徒倾家荡产，因为他们可以在任何时候赌博，直到破产。（3）赌场和庄家存在联手欺诈的可能，这种可能性在网络空间比现实世界大得多。尤其是在外国，网上赌场和庄家更是如此，因为有效的监管和执法在那里少得可怜，甚至根本没有。（4）有组织犯罪可能涉足网络赌博，因为地上赌场就是它们的传统经营项目。（5）犯罪分子通过网上赌场洗黑钱，这比抢银行容易，因为网上赌场没有银行那么细致的检查和规定（Malcolm，2005）。

当然，让网络赌博继续处于不合法地位也是要付出代价的：会造成税收上的损失，如果网络赌博合法化，政府就可以向它征税。据估计，网络赌博如果合法化，每年能增加9亿美元的税收（Miller， 392
2006）；还能使这一产业规范化，能减少上文提到的那些问题，如赌博人群低龄化、赌博成瘾、诈骗和洗黑钱等。继续禁止网络赌博，会让那些网民远离美国，对此美国法律鞭长莫及。此外，没有合法化带来的行业规范，网络赌场和其他网民就不愿意控制低龄和成瘾的玩家（Strumpf，2005）。

不管是否合法，网络赌博都确确实实吸引了一定数量的玩家。据一项调查显示，那些曾经进过赌场的人比一般人更容易参与网络赌博。即使那些已经厌倦网络赌博的人，也仍然会继续在网上赌博，而不愿意到真正的赌场里去。与那些没有参与过网络赌博的人相比，网络赌博的参与者更年轻，更愿意尝试新事物，受过更好的教育，而且更愿意在线支付（Woodruff & Gregory，2005）。另外一项调查显示，网络赌徒明显不同于一般的传统赌徒，最大的不同在于，前者有更稳定的经济来源，往往把随身带的钱输光就停止了；但是，传统赌徒即使负担不起，也往往会继续赌下去。如前所述，缺乏经济控制力明显反映出传统赌徒受的教育较少。当然这并不是说传统赌博更容易让人上瘾。实际上，赌徒们网络赌博比传统赌博更容易失控。这说明网络赌博更容易上瘾，因为网络赌博便利、好玩、一个人就行，而且最重要的是匿名性，没人知道谁在赌博（Griffiths & Parke，2002）。

二、网上寻找性爱

当电脑日益成为盗用他人身份、网络赌博和轻松赚钱的工具时，越来越多的人却用电脑来寻找性爱。因此他们在网上独自获得性满足，与人发生性行为、浏览色情网页以及在线或不在线搞婚外恋。

1. 网络性爱

为了体验网络性爱，大多数人都要先发出邀请，或在网上留下私人信息，或者是进入网上聊天室去找到一个性伙伴。然后他们互相发送色情邮件，交换各自的淫秽图片，或在网络聊天室里热聊，在这个过程中获得性刺激，通常伴有手淫。有一些热衷于网络性爱的人会在现实世界与自己的虚拟伴侣见面。如果他们双方都对会面感到满意的话，就会发生性行为（Cooper，2004；Wysocki，1998；Lamb，1998）。

大多数参与网络性爱的都是白人、男性，具有大学学历，至少一半人已婚。不管这些人是否结婚，为什么要在网上寻找性刺激呢？社会学家黛安娜·威索基（Diane Wysocki）通过实证研究，总结出了5个原因。

第一个原因是能满足匿名的需要。不像现实世界中的性伙伴可以面对面，在虚拟的网络世界，他
393 们的真实身份给隐藏起来。他们可以舒舒服服在家和他们感兴趣的任何人调情。如果一个男人很害羞，他在现实生活中约会女性时说话都不利落的话，网络可以令他摆脱羞涩，感到勇气十足，变得善于言辞，让他显得像在聚会上一样有活力。有些女人觉得自己又胖、又老，羞于见人，但在网上她们就会觉得自己苗条、年轻、受追捧和性感，她们就把这种自画像通过电脑网络传递给另一头的男性。

参与网络性爱的第二个原因是，在这里找个性伙伴相对而言更加简单易行。在现实世界要想找到一个在性态度和性需求方面与自己合拍的人很难，而且要花很长时间，因为你遇到的大多数人跟你都兴趣不合。但是在虚拟空间却很容易找到趣味相投的人。对于那些现实生活中太忙而无法面对面寻求友情和性接触的人而言，网络性爱简便易行，就显得十分重要了。

人们沉迷于网络性爱的第三个原因是分享性幻想。大多数人喜欢性幻想，如在户外进行性活动，同时和一个以上的性伙伴发生性关系，或成为异装癖，即穿异性的服装。传统社会不赞成这种幻想，许多人发现，在现实社会中跟人分享这些东西是很尴尬的，即使是跟自己的妻子或丈夫。但是在虚拟世界中，有同样幻想的人走到一起，就可以畅所欲言，甚至很容易让情投意合的人步入现实生活中。

第四个原因，就是在线寻找性刺激很容易找到那些能让长期手淫者得以发泄的伙伴。一位经常参与网络性爱的女性说："我喜欢男人达到高潮时的感觉……一切从逗弄和调情开始……我会摩擦我的阴蒂，然后我们一起达到高潮。我通常穿一件迷你衬衫或是全裸，由此开始……通常男人们在经过一番激情对话之后，就马上想来我这里。"（Wysocki，1998）

第五个原因，是网络性爱后有望与那些情投意合的性伙伴，在现实中发生真实的性爱。很多网络性伙伴都觉得，他们对现实生活中的性体验很满足，但仍然有人对这种经验很失望，因为双方至少有一方在网上就自己的外貌向对方撒了谎。例如，一个男人说他会面的网友中有一些并不诚实："她们说自己有多苗条……三围有 38－22－36 并且只有 128 磅……当你看到她时，你会觉得她有 180 磅……或者她们会告诉你，自己想这样或那样，但是见面之后就不同了。"（Wysocki，1998）

2. 网络色情

网络色情并不新鲜。网络这个技术平台开通后不久，人们就开始买卖淫秽图片。但这种业余的交易现在已被商业企业所取代。1997 年 6 月，据美国网络色情在线监管部门的统计，约有 900 个色情网

站。但仅仅一年之后，这个数字骤增到 20 000～30 000个。这些商业网站不仅在规模上各不相同，既有几百位缴费会员的小网站，也有多达几千订阅者的大网站。截至 2001 年，前五位淫秽网站的访问人数已达前五位新闻网站访问人数的两倍（Webb，2001；Barnako，1998；Weber，1997）。

394 淫秽网络已变成了大企业大财团，每年收益可达 7 亿美元。现在，淫秽网络已经形成了一个完整的商业链，淫秽网站比体育和气象网站更受人青睐，也只稍稍比商业和旅游网站逊色一点。一个现场脱衣秀网站能得到的收益太大了，于是一位职业女性干脆做起了职业网络脱衣舞娘。以前，她月收入仅 1 500美元，但是她转行之后，每月可以赚 10 000～15 000 美元。一位 23 岁的男士赚得更多，在成立了一个网络娱乐公司后，年收入达到 2 000 万美元，该公司提供各种在线淫秽表演。一种名为“现场直播”，就是具有异国情调的裸体舞娘，逼真地出现在消费者的电脑屏幕上，并且允许消费者给表演者打电话，消费者甚至可以点击进入不同的虚拟房间。在“卧室”可以看一个裸体女人在巨大的床垫上翻滚，在“健康俱乐部”跑步机上锻炼的表演者一丝不挂。色情网络获利如此丰厚，难怪那些小小的色情公司会变成华尔街上受人尊敬的企业巨头（Whitehead，2005；Barnako，1998；Weber，1997）。

网络色情普及的主要原因，是它可以让客户足不出户就能看到生动的内容。他们不用再跑到破旧的成人书店，或者从影碟商店的后门溜进去了。但是，淫秽网站的大量出现也引起了很多家长的担心，因为孩子们只要上网就可以很容易看见色情的东西了。出于对性的好奇，年轻人可能会去尝试。他们发现网站提供了他们想找的。从理论上讲，大批青少年经常光顾色情网站主要有以下几个原因：（1）他们可以悄悄在家里，而不用走进成人图书室和电影院就得到这些东西；（2）他们可以只下载一部分就打开看，而不用买下整本杂志或整张影碟；（3）他们可以探索性方面的东西，而不会受到人们的嘲弄和传染病的威胁（Jerome 等，2004；Elmer-Dewitt，1995）。但是，在下一节我们会看见，网络色情的典型客户群是 30 岁以上的男性，而不是青少年（Webb，2001）。

美国在 1995 年时曾试图通过一个议案，禁止向 18 岁以下的孩子们提供“不适当”的东西。但是，这项议案没有成功立法，不仅是因为许多人认为它违背了宪法第一修正案关于保证言论自由的精神，而且人们害怕网络成为一座儿童图书馆，只有那些适合儿童的言论才行（Elmer-Dewitt，1995）。如今，计算机行业已经研发出像“网络监督员”（SurfWatch）和“网络保姆”（Net Nanny）的程序，以切断孩子们接触那些不良信息的渠道。另外，很多成人网站都要求提供成人身份证和一张信用卡，父母也能通过教育孩子远离色情，解决此类问题（Biskupic，2004；Onstad，1996）。

3. 网络色情用户的社会特征

与人们公认的相反，网络色情的老主顾并不是那些为性痴狂的青少年，相反却是更年长的已婚男性。统计资料显示，2/3 的网络色情浏览者都是 30 岁以上的男性，而且大多数都是已婚的中产阶级白人。一份社会学调查显示，那些网络色情用户的宗教观念相对较弱，而且在物质方面也比较缺乏幸福 395
感。另据一份调查显示，70%的网络色情都是发生在上班时间，而不是等孩子们都去学校后发生在家里。青少年很少浏览色情网站，因为他们是在充斥着色情刺激的环境中长大的，他们不会把这当回事。而成年人往往觉得，网络色情带给他们的刺激更大，也是成长环境使然（Albright，2008；Stack，Wasserman & Kern，2004；Tuesday，2002）。

一份调查显示，儿童色情网络的用户有着同样特征：绝大部分儿童色情的浏览者是 30～40 岁的白人男性。然而他们的职业跨度很大，从失业的出租车司机到科学家和工程师，干什么的都有。人们认为他们是变童癖，因为他们被小孩子所吸引，跟成年女性在一起却感到不自在。他们经常把儿童色情当做自己手淫的辅助工具。但是为了满足他们的“集体恋物癖”，他们也喜欢进行淫秽图片交易，就像正常人喜欢搜集卡片、军用物品和《星际迷航》大事记一样。外界对此一直都褒贬不一，有人说他们的行为是错误的，但又有人坚持认为他们没错。有些人觉得，那些变童癖只对“单纯的”想象感兴趣，而有些人则承认，他们还侵害了儿童（Jenkins，2001；Webb，2001）。

4. 网上婚外恋

网上婚外恋是已婚人士欺骗配偶，与网络中的其他人发生婚外恋，具体是通过电子邮件和进聊天室实现。这种婚外情与传统的有所不同，传统的婚外恋有面对面的接触，包括性行为和其他身体亲近；但是网上婚外恋则不是这样，人与人之间相隔两地，坐在电脑屏幕前进行着露骨的谈话，交流性幻想，或者进行自慰，如手淫。

看起来，网上婚外恋并不是真的对婚姻不忠，所以基本上没什么害处。事实上，某些人还为此列举了如下理由：

- 那实际上“只是一种友谊”。
- 那仅仅是一种调情或娱乐。
- 那是通过机器（电脑）建立的联系，而不是真正的人与人之间的关系。
- 两人之间可能从来没有见过面，或者就没打算见面。
- 没有发生性行为就不算不忠。（Whitty，2004）

网上婚外恋者通过这种方式把自己对配偶的不忠合理化了。然而，只有少数人对此持上述观点。调查表明，大多数人认为，网上婚外恋就跟现实生活中的婚外恋一样真实。他们进一步发现，网上婚外恋跟现实中的一样，对婚姻危害很大（Whitty，2005）。很多人觉得，网上不忠就像现实中不忠一
396 样，很有可能导致婚姻不和谐、分居甚至离婚。也许是他们看到网络欺诈跟传统的没什么不同，大多数人会因为配偶的不忠受到伤害，就跟传统社会对不忠的反应一样。这就是网上不忠与现实中的不忠会一样严重的原因（Young 等，2000）。

尽管如此，与现实中的婚外情相比，网络通过制造更有吸引力的欺骗手段，鼓励人们进行网上婚外恋。其中一个原因就是网络交流的匿名性，让那些人发生不忠行为而不必担心被自己所背叛的配偶抓住。第二个原因是可以不用离开自己熟悉而舒适的家，或者办公室，就很容易在全世界寻找伴侣。第三个原因是网络很容易逃避，让人们很容易逃避现实生活的压力和痛苦，进入一个虚幻世界：“一个妻子在形同虚设的婚姻里……她的网上伴侣们深深渴望着；一位得不到性满足的丈夫可能变身成聊天室里女人们争相追捧的网络爱人!”（Young 等，2000）

以上三个容易造成网络不忠的原因，很可能让不忠进一步发展到现实生活中。的确，调查显示，三成发生网上婚外恋的已婚人士最终独自与网友见面，甚至发生了性关系（Drapkin，2005）。这些人当中，大多数在当初选择网络情人的时候就已经计划好要走到这一步了。这些发生在现实中的性接触一般都是短暂的，与一个人发生关系之后，不忠者就会转向下一个目标。一位来自达拉斯的 40 岁的已婚销售员泰德（Ted），就通过网络发生了一系列恋情：只是想与别的女性发生随意的性行为，他在一个小网站上发出了约会广告，说自己正在寻找一个“不介意我已婚的朋友”，马上便有几位女士响应。两周之后，就在结婚10 周年之时，他与其中的一位女性发生了关系。在见面之初他还有些紧张，但随后他就异常兴奋，渴望起下一段恋情了（Orr，2004）。

泰德的经历告诉我们，因为网络的匿名性、便捷性和容易逃脱等特点，对婚姻不忠显得简单易行。仅仅两个月的时间，他就由一个“只有不忠念头的丈夫，发展成不忠惯犯”（Orr，2004）。从此以后，他的婚外联络发展成一周一次，有时甚至会在星期六一天约会两位女性。他不想离开自己的妻子，因为他只是感到与妻子的性生活不再快乐。他就是网上约会服务所说的“不那么幸福的已婚者”（NSHM）。因此，他对找一个固定的女朋友并不感兴趣，只是想和不同的女人发生关系。那些他约会的已婚女人也和他一样，只是想跟别的男人发生性关系而已（Orr，2004）。

三、网上泄愤

人们往往把网络当做一个对他人发泄不满的工具，受害者往往只有泄愤者自己知道，如前女友或前男友。在某些情况下，受害者与当事人素不相识。这种在线泄愤的表现形式，往往是网络追踪并不断骚扰某人。人们也常用网络表达自己对某些少数族群的憎恨。这中间也不乏对少数族群的偏见和歧视。

1. 网络上的偏见和歧视 397

当今是尊重人权的时代，对少数族群持有偏见的人尽量克制自己表达对少数族群信仰和感情的反感。但通过便捷的网络，人们可以肆意表达自己的偏见，而不用担心被反对者嘲弄、攻击或报复。他们不用再站在街角大声吐露自己对少数族群的仇恨；相反，可以比较安全地待在家里，就能达到同样的目的。这是因为网络的匿名性，允许用户根据意愿隐藏自己的真实身份。因此，反少数族群的极端分子和仇恨群体在网络上大量滋生。他们出现在电子邮件、聊天室和网站上，不仅在全美国，而且在加拿大、南美和欧洲，几乎无处不在。互联网的匿名性使人们更有可能在网络上表达，而不是面对面交流（Glaser & Kahn，2005）。

然而，人们在努力消除偏见。一些组织在尽力使那些偏激言论出现频率高的网站保持平和、宽容，如反诽谤联盟（Anti-Defamation League）、南方贫困法律中心（the Southern Poverty Law Center）、西蒙·维森塔尔中心（Simon Wiesenthal Center）。某

些软件公司也推出了过滤系统，尽力使儿童远离那些仇恨团体和种族歧视网站。在德国，网站如果提倡仇恨就属于违法行为。在美国，一个21岁的男子因为向几十个亚洲人发送恐吓邮件而被判有仇恨罪。这些都有助于减少偏见，特别是年轻人的偏见。年轻人最容易成为种族歧视群体的目标。但是，那些措施究竟能有多大效果，还有待考证（Glaser & Kahn，2005；*Telephony*，1998）。

网络的匿名性让那些持有偏见的人能肆意表达偏见，又不受惩罚与伤害，同样这种匿名性又让他们很难歧视少数族群。匿名性同时为两种不同的人提供了服务：一是通过隐藏真实身份保护了那些持有偏见的人，任由他们在网络上表达偏见；但匿名性也隐藏了潜在的受害者身份，让他们免受歧视。偏见是一种隐蔽的心理状态，如对少数族群不公正的思想和感情。然而，歧视是一种公开的行为，其特点就是做那些不利于少数族群的事。作为歧视或偏见的潜在受害者，少数族群的身份可以通过人种、性别、性取向或是否残疾等线索辨认出来。因为与物理空间相比，网络空间更有可能把这些特征隐藏起来，结果几乎不可能发生歧视。在物理空间，当人们去面试和抵押贷款时，用人单位和发贷方就能看见那些人的种族和性别，决定拒绝录用或不予贷款，就更像是以申请人的体貌特征为依据的一种歧视。但是在网络上，因为无法得知对方的体貌特征，用人单位和发贷方就很难以同样的方式去歧视（Glaser & Kahn，2005）。

总之，网络的匿名性以一种自相矛盾的、冲突的或相反的方式影响着歧视和偏见。如果有偏见，人们尤其喜欢通过网络来表达，但他们几乎不可能去歧视。

398

2. 网络跟踪

网络跟踪就是用互联网或邮件不断骚扰和恐吓另一个人。由于电脑技术容易买到，便于掌握，比以前更好用，又可以帮助网上跟踪者隐藏真实身份，逃避惩罚，所以网络跟踪增长很快。新罕布什尔大学的调查显示，大约10%的学生经常收到骚扰、恐吓或侮辱邮件（Finn，2004）。

与传统跟踪相比，网络跟踪由于缺乏身体接触，可能更温和。但事实上，网络跟踪比传统跟踪更烦扰、更危险，更容易接近受害者的私人信息，因此比潜伏在暗处的小偷更能扰乱受害者的生活和工作。由于互联网为全球提供快捷方式，骚扰者随便在全球任何一个角落都能对受害人进行骚扰。这对受害者会造成极大的身心伤害，甚至也会导致身体伤害或性侵犯、绑架，甚至谋杀等（Bocij，2004；Newton，2004）。

然而，网络跟踪与传统跟踪也有共同之处。罪犯大都是男性，而对象往往是女性；大多数跟踪者都比受害者年长，而且都认识受害者。这里有一个经典案例：洛杉矶一位50岁的退休保安，为了报复一位曾经拒绝过他的28岁的女士，就假装是这位女士，在网上发布了很多消息，说“她”幻想被强奸，并附上了她确切的电话号码和住址。结果，有6位男性看到这条信息后，晚上先后去了这位女士家，敲开门说他们渴望强暴她。肇事者最后被捕，因为跟踪和教唆性侵犯被判处有期徒刑6年（Sheridan &Grant，2007；Newton，2004）。

与传统跟踪一样，有些人与跟踪对象素不相识。有这样一个案例：一位刚从圣迭戈某大学毕业的学生，认定有5位女生取笑他，结果其他人纷纷效仿。为了给予还击，他在后来的12个月中，每天给她们寄去4～5封恐吓邮件，这就是网络跟踪惯用的伎俩——“邮件炸弹”。被捕后，警察发现他是因为心理不平衡，而且那几位女性也从来没有见过他（Newton，2004）。甚至心智正常的人也会用这种手段对付陌生人。例如，在新罕布什尔州的某所大学，有些少数性取向有问题的人更喜欢向那些陌生的同性恋或双性恋，而不是那些陌生的异性恋发送骚扰邮件（Finn，2004）。如果这些学生跟那些性取向有问题的学生认识，或者把他们当朋友，而不是当陌生人，就不会被在网上骚扰了。

四、破坏计算机网络

到目前为止，我们一直讨论的都是把计算机当作工具实施的一些网络偏差行为。现在我们把注意力转向那些以计算机网络为目标的偏差行为，特别是电脑黑客和网络恐怖主义。

399

1. 电脑黑客

电脑黑客是指“侵入他人电脑网络，继而植入病毒，偷走资料，改掉用户名和密码，操控网页，或者只是简单地勘察网络”的人（Hale，2006）。最为人熟知的黑客方式是把病毒植入我们的计算机，这被称为计算机破坏，因为设计好的病毒能删除重要文件，或者让计算机功能失常。只要一台计算机被感染，该病毒在用户的帮助下，就会迅速蔓延到其他用户。结果，几乎每个电脑用户都有可能成为受害者。

还有一种类似的计算机破坏，就是制造并传播一种蠕虫病毒，恶意程序使电脑不断进行自我复制，如果用户得不到援助，最终会导致系统崩溃。例如，一名德国少年，2004年制造了一种蠕虫病毒，造成数千人的计算机瘫痪，当然同时也缓解了互联网的拥堵现象，2005年他被判缓刑（Alexander，2006）。

实质上，这种利用病毒或蠕虫的黑客通常是恶意的。还有一种不用病毒或蠕虫的黑客也是恶意的，如侵入一个电话公司的计算机网络，使整个城市的电话服务陷入瘫痪。但是黑客可以是无害的，如侵入计算机系统只是为了挑战，然后通知系统管理员如何破解，以便提高其网络安全性能。还有其他形式的黑客攻击，虽然只是恶作剧，但还是不合法。例如，马萨诸塞州的一个少年2005年认罪伏法，说他侵入巴黎希尔顿酒店一位女继承人的手机，然后把她的照片和联系信息发布到网上。同年，一个英国人也因侵入美国军方网络系统而被捕，他非法获取了访问美国政府97台电脑的权限，按照检察官的说法，这已造成70万美元的损失（Alexander，2006）。这个恶作剧的黑客还袭击了一些美国中学网站，进入他们学校的计算机系统修改成绩，删除老师的记录或窃取数据。这些黑客大都不是技术高超的电脑爱好者；他们只是普通学生，会利用安全漏洞“随时随地”访问学校的计算机系统（Borja，2006；Stover，2005）。

不管是恶意的、无害的或恶作剧的，这些黑客的目的都不是为了钱，其发案率也有所下降。如今大部分窃取个人信息或身份的黑客，似乎把目标转向了金钱（Alexander，2006）。西方富国有越来越多的黑客联手合作，组成犯罪团伙，把黑手伸向那些没有反黑客法或类似法律的比较贫穷的国家。这一新型网络犯罪团伙，成员都在20～30岁之间，是高智商青年，也都受过挫。阿列克谢·伊万诺夫（Alexey Ivanov）就是这样一个典型，这个电脑神童生活在俄罗斯的一个贫困地区，他大学退学，当了一个家具搬运工，收入微薄，最后他加入了一个电脑黑客团队，侵入企业网站，窃取信用卡号码（Piore等，2006）。但是大多数想挣钱的黑客都来自于像美国这样的发达国家。例如，许多人仰赖黑客社区所说的“社会工程”，装扮成公司的同事，或对方信得过的内部人，诱使员工透露其密码或其他隐蔽信息（Yount，2006）。

400 几乎所有黑客行为都属于青少年偏差行为，即未成年人比成年人更有可能成为黑客，这点最引人注目。这促使社会学家去研究黑客是不是另一种形式的青少年犯罪。事实上，根据黑客的犯罪特点和原因，人们已经把它归为青少年犯罪了。首先，与青少年犯罪一样，黑客绝大多数是男性，且男女比例估计高达99∶1。大规模男性黑客出现，是因为他们对数学和逻辑问题感兴趣，还喜欢操纵机器和管理他人。其次，像许多少年犯一样，黑客很可能来自那些功能失调型家庭，表现为父母漠视、不和或离婚，受虐待，父母酗酒等。尽管有这些家庭问题，黑客也可以是“正常的孩子”，多数人与他们的同龄群体没有什么不同。最后，就像少年犯一样，黑客经常与同龄群体一起，还能得到群体的鼓励，如参与激烈的黑客竞赛活动（Yar，2005）。

2. 网络恐怖主义

目前，为了策划并实施恐怖活动，基地恐怖组织的成员大多利用互联网与他人联系。有些邮件以代码的形式被张贴在各个网站上。其他信息用电脑发送。为了保密，在收件人收到并阅读后，整个通信和相关文件都会被删除。此外，邮箱地址通常只用1～2次（Jehl & Rohde，2004）。

恐怖分子还能够侵入美国的计算机网络，直接发射数据进行攻击。这种网络袭击可能使国家的基础设施遭到破坏或陷入瘫痪状态，最终向他们屈服。这个基础设施包括国家的许多重要设施和服务，如供电供水、天然气和石油的生产与储存设施、电信和银行网络、空中交通管制系统、运输和应急服务等（Mazzetti，2004；Hosenball，2002）。例如，网络恐怖分子能够闯入空中交通管制系统，造成飞机相撞，使数百人死亡。这种网络黑客还没有发生，但有可能发生。在过去几年里，与政治无关、以娱乐为主的黑客就造成雅虎、亚马逊和其他大网站瘫痪。

网络恐怖主义分子把电脑当作一种大规模破坏性武器，比发射洲际弹道导弹到美国还容易，可以无视让美国人长期有安全感的天然屏障，即两大海洋（大西洋和太平洋），和两大与美国和平相处的邻国（加拿大和墨西哥）。如今在计算机统治的世界，恐怖分子不需要再利用肉体入侵美国的领土或领空，去破坏资源，扰乱人们的生活。的确，正如加利福尼亚州的国会议员哈曼（Harman）谈到对大多数的政府官员的信任感时所说的：“网络恐怖主义确实存在，越来越威胁着美国的安全。我担心的是网络袭击与传统的恐怖主义联手，生死攸关时我们将无力还击！”（Newton，2004；Will，2001）

然而网络恐怖主义还只是个威胁。在过去10年里，美国没有遭到过一次网络袭击。这并不意味着 401
恐怖主义对攻击美国及其他国家不感兴趣。毕竟，近10年来，已发生1 813起国际恐怖袭击和217 394起电脑黑客事件，其中没有一起造成美国的基础设施中断或全国性恐慌（Lewis，2005）。像一些评论家认为的那样，不大可能发生，或还没有发生网络恐怖主义的主要原因在于，侵入一个国家的基础设施网络需要具备专门的知识，而恐怖分子还没有掌握，据一些评论家所说，他们也不太可能具备这类知识（Green，2006；Lewis，2005）。

五、环球视野：网络偏差行为

网络偏差真正是全球性的、无国界的行为，可以发生在世界上任何地方，而且很容易跨越国界，某国的诈骗犯还能到其他国家去行骗。一个典型案例就是尼日利亚的一个骗局，从20世纪80年代初至1996年总共骗了美国人50亿美元。这种诈骗方式一直延续至今，跟以前相比，只是范围缩小了。方法可能是给无数美国人发送电子邮件，承诺说只要他们支付几千美元就能从非洲新发现的金矿中获得数百万美元（Marshall，Robinson & Kwak，2005）。在另一起案件中，一个加拿大吸毒团伙定期偷信用卡卡号、社会保障号码及其他个人信息，然后登录网络聊天室，将这些赃物出售给远在罗马尼亚、奥地利和埃及等国的犯罪团伙（Acohido & Swartz，2005）。

正如一些实例所说，网上欺诈包括身份盗用，是目前世界上最常见的网络偏差行为。如表15—1所示，据国际网络刑警的报告，在所有的网络犯罪中，欺诈占26%。另一个重要事实是目前国际网络犯罪大量增加。同样根据上述刑警的报告，1993年网络犯罪只有640起，到2002年这一数字飙升到135万起（Marshall，Robinson & Kwak，2005）。

表15—1　　全球网络犯罪的布局

欺诈	26%
儿童色情	17%
跟踪	11%
滥用电邮	9%
骚扰	9%
病毒侵袭	9%
侵犯版权	4%
恐怖主义	3%
滥用聊天室	2%
其他	10%
总计	100%

资料来源：国际公共新闻办公室，引自马歇尔、罗宾逊和夸克，2005。

网络犯罪的大幅上升可以归因于两个主要因素：一是在过去10年里，计算机和互联网的使用增速惊 402 人；另一个因素是在世界各地打击网络犯罪的执法力度相对不足。这一问题在俄罗斯、东欧及其他失业现象普遍的国家尤其严重，那些地方网络使用率很高，但警力薄弱。有许多精通电脑的青少年通过网络聊天室被招募到犯罪团伙中。例如，韩国有个大型犯罪集团，就是利用聊天室举行虚拟黑客比赛，招募到一些最有潜力的年轻参赛者，难怪该国的黑客犯罪从2000年的449件飙升到2003年的14 065件（Anderson，2008；Piore等，2006）。此外，这些国家执法不严，在抓捕网络犯罪时缺乏国际合作，让那些罪犯很容易逃脱。例如，2002年，一名男子在菲律宾制造了“我爱你”的病毒，造成各国数百万美元的损失，而他却逃脱了制裁。因为在他的祖国缺乏适用的法律，无法被起诉，他也不能被引渡到美国接受审判，因为两国的执法机构之间缺乏合作（Archick，2003）。

六、本章概要

（1）**网络偏差行为的实质是什么？**互联网偏差行为，又叫网络偏差行为，是指利用计算机进行的偏差行为。它可分为两大类型：一类是把计算机网络作为破坏目标，用电脑这个工具去实施偏差行为，另一类是把计算机当作一种实施偏差行为的工具。第二类可进一步分为三种：一种是网上赚大钱；第二种是网上寻找性爱；第三种是在线泄愤。

（2）**在线进行身份盗用有哪些特点？**它包括利用计算机窃取信用卡卡号、社会保障号码或其他个人资料。它可以通过侵入商业公司的数据库，假装合法公司向客户发送虚假的电子邮件，或把键盘记录程序悄悄植入受害者电脑中来实现。这种身份盗用大都是内部成员所为，通过与受害公司交往，如与他们的雇员联系，实施的犯罪。

（3）**为什么美国的法律无法遏制网络赌博？**原因之一是网络赌博具有全球性和无国界性。因为在其他国家网络赌博是合法的，那些嗜赌的美国人可以轻易去访问国外的赌博网站。反网络赌博不力的另一个原因是，没有真正在全美实施禁止网络赌博的法律。**什么样的人最有可能在线赌博？**他们有可能进过赌场，一般都很年轻，喜欢尝试新鲜事物，受过良好教育，愿意使用在线银行，经济上稳定。他们在网上赌博可能比进赌场赌博赌得更凶。

（4）**为什么有些人喜欢跟网上认识的陌生人寻求网络性爱？**其原因包括匿名性，在线寻找性伙伴轻松便利，还能分享性幻想，长期手淫者容易找到得以发泄的伙伴，而且能与网上遇到的性伙伴发生
403 真正的性关系。**什么是网络色情？**就是通过互联网访问的色情资料。如今这已非常普遍，许多家长担心自己的孩子会接触到网络色情，不过也有办法不让儿童去访问。**色情网站的用户有哪些特征？**色情网站的网民大多是30岁左右、已婚、中产阶级的白人男性。他们宗教观念薄弱并缺乏幸福感，往往在工作时间访问色情网站。总的说来，儿童色情网络的消费者大都有娈童癖，他们与普通的色情消费者背景大致相同，但喜欢收藏和通过色情描写进行手淫。

（5）**网上婚外恋真的跟传统婚外恋一样，对婚姻有害吗？**公众大多认为是有害的。进一步研究表明，跟传统的婚外恋一样，网上婚外恋对婚姻的影响也很大。**为什么有些已婚人士会进行网上婚外恋？**其原因是虚拟社区的匿名性，便于寻找性伙伴，为了逃避现实生活的压力，进入虚幻的世界，幻想自己拥有很多性伙伴。

（6）**互联网鼓励人们表达对少数族群的偏见吗？**是的，因为网络的匿名性给人以安全感。持有偏见的人可以表达自己的偏见而不用担心被嘲笑、攻击或报复等。**同样，匿名性鼓励人们去歧视吗？**不是的，因为匿名性隐瞒了潜在受害群体的身份线索，如他或她的族群、性别、性取向和残障情况。持有偏见的人无法知道这些线索，如求职者是不是黑人，因此就不能歧视他或她。

（7）**网络跟踪比现实社会的跟踪危险性小吗？**相反，由于他们更有可能接触到受害者的个人资料，网络跟踪可能比伺机潜伏在黑暗中的小偷，对受害者的个人生活和职业生涯影响要大。但是在某种程度上，网络跟踪与离线跟踪或传统跟踪一样，大多数跟踪者是男性，而受害者是女性，而且大多数在线跟踪者比受害者年长。

（8）**电脑黑客的本质是什么？**它侵入计算机系统，然后在系统中植入病毒或蠕虫，删除文件或使某种功能不正常。它通常恶意破坏计算机系统，虽然它是非法的，但也可能只是恶作剧。然而，现在大多数黑客似乎都想通过窃取个人资料或身份获利。**黑客最引人注目的是什么？**黑客大都是青少年的偏差行为，因为青少年比成年人更容易成为黑客。正如青少年犯罪一样，黑客绝大多数是男性，是功能失调型家庭的产物，也是同龄群体的行为。

（9）**网络恐怖主义严重威胁着美国吗？**是的，政府官员尤其这样认为。但评论家却不这么想，他们认为至今没有真正发生过一起网络恐怖主义事件，因为恐怖分子首先不具备侵入政府计算机网络所必需的专业知识。

（10）**环球视野可以告诉我们哪些关于网络偏差行为的知识？**网络偏差行为确实具有全球性和无国界性，可以发生在任何国家，还能跨越国界，从一国到另一国行骗。网上欺诈包括身份盗用，要比世界上的其他网络偏差行为都多得多。20世纪90年代以来，网络偏差行为的发生率直线上升，原因在于互联网用户大量增加，而且在世界各地缺乏打击网络犯罪相关的法律。

七、扩展阅读 404

Amichai-Hamburger, Yair (ed.). 2005. *The Social Net: Human Behavior in Cyberspace*. New York: Oxford University Press. A collection of 10 essays on the social and social-psychological influences of the Internet.

Blane, John V. 2003. *Cybercrime and Cyberterrorism*. New York: Novinka Books. A brief statement of how the governments in seven countries fight cybercrime and cyberterrorism and prevent these attacks from happening.

Calder, Martin C. (ed.). 2004. *Child Sexual Abuse and the Internet: Tackling the New Frontier*. Dorset, England: Russell House Publishing. A series of articles about the use of the Internet to distribute child pornography and have sexual contacts with children in Great Britain.

Colarik, Andrew M. 2006. *Cyber Terrorism: Political and Economic Implications*. Hershey, Penn.: Idea Group. Discussing the power of terrorism, the development of cyberterrorism, the cyberattack methods, and the cyberattack scenarios.

Furnell, Steven. 2002. *Cybercrime: Vandalizing the Information Society*. London: Addison-Wesley. Presenting the nature and impact of computer crime, especially hacking, on society as a whole.

Henderson, Harry. 2005. *Library in a Book: Internet Predators*. New York: Facts on File, Inc. An informative guide to the nature of cyberdeviances including a chronology of important events relating to Internet crimes and a list of biographical sketches of cybercriminals.

Jenkins, Philip. 2001. *Beyond Tolerance: Child Pornography on the Internet*. New York: New York University Press. Discussing the nature of Internet child porn and society's reactions to it.

Joyce, Bryan H. 2002. *Internet Scams: What to Be Afraid of in Cyberspace*. Pembroke Pines, Fla.: Net Works. Reviewing a variety of attacks with computer viruses, social engineering, cons, and scams facing Internet users.

Mitnick, Kevin D., and William L. Simon. 2005. *The Art of Intrusion: The Real Stories Behind the Exploits of Hackers, Intruders & Deceivers*. Indianapolis, Ind.: Wiley. A series of stories about computer hacking followed by insights gained from them.

Orr, Andrea. 2004. *Meeting, Mating, and Cheating: Sex, Love, and the New World of Online Dating*. Upper Saddle River, N.J.: Reuters. An ethnographic, close-up view and analysis of the world of online dating.

Taylor, Max, and Ethel Quayle. 2003. *Child Pornography: An Internet Crime*. New York: Brunner-Routledge. An analysis of how child porn is used online and how social factors influence such use.

Waskul, Dennis D. (ed.). 2004. *net.seXXX: Readings on Sex, Pornography, and the Internet*. New York: Peter Lang. A collection of essays on various aspects of cybersex and cyberporn.

Worley, Becky. 2004. *Security Alert: Stories of Real People Protecting Themselves from Identity Theft, Scams, and Viruses*. Indianapolis, Ind.: New Riders Publishing. Showing with supporting anecdotes the nature of such cyberdeviances as identity theft, scams, viruses, stalking, and sexual exploitation of children, and providing advice on how to avoid becoming a victim.

Yount, Lisa. 2006. *Does the Internet Increase the Risk of Crime?* Detroit, Mich.: Greenhaven Press. A presentation of conflicting views on various aspects of Internet deviance including hacking, cyberterrorism, identity theft, and cyberstalking.

八、思考题

1. 匿名性是互联网最主要的特点，人们得以在网上隐藏自己的身份。这对用户和社会有好处吗？为什么？如果没有，又是为什么？

2. 网络偏差行为获利丰厚，在全球迅速蔓延。引发这一问题的原因是什么？能否争取出台一项国际计划，联合各国使该问题最小化呢？根据事实做出符合逻辑的推论。

参考文献

Abadinsky, Howard. 1993. *Drug Abuse,* 2d ed. Chicago: Nelson-Hall.

Ackman, Dan. 2004. "A star is porn." *Wall Street Journal,* August 27, p. W13.

Acohido, Byron, and Jon Swartz. 2005. "Meth addicts' other habit: Online theft." *USA Today,* December 15, p. 1A.

Acohido, Byron, and Jon Swartz. 2008. *Zero Day Threat: The Shocking Truth of How Banks and Credit Bureaus Help Cyber Crooks Steal Your Money and Identity.* New York: Union Square Press.

Adams, Mike S., et al. 2003. "Labeling and delinquency." *Adolescence, 38,* 171–186.

Adams-Curtis, Leah E., and Gordon B. Forbes. 2004. "College women's experiences of sexual coercion: A review of cultural, perpetrator, victim, and situational variables." *Trauma, Violence, & Abuse, 5,* 91–122.

Adler, Jerry. 1996. "Adultery: A new furor over an old sin." *Newsweek,* September 30, 54–60.

Adler, Jerry. 2002. "The 'thrill' of theft." *Newsweek,* February 25, pp. 52–53.

Adler, Jerry. 2004. "In the grip of a deeper pain." *Newsweek,* October 20, pp. 48–49.

Adler, Jerry. 2008. "The working-class smoker." *Newsweek,* March 31, p. 16.

Agnew, Robert. 1992. "Foundation for a general strain theory of crime and delinquency." *Criminology, 30,* 47–87.

AHA (American Heart Association). 1998. "Tobacco smoke biostatistical fact sheet." http://www.amhrt.org.

Ahlstrom, Salme K., and Esa L. Osterberg. 2005. "International perspectives on adolescent and young adult drinking." *Alcohol Research & Health, 28,* 258–268.

Ahmadu, Fuambai. 2000. "Rites and wrongs: An insider/outsider reflects on power and excision." In Bettina Shell-Duncan and Ylva Hernlund (eds.), *Female "Circumcision" in Africa.* Boulder, Colo.: Lynne Rienner.

Akers, Ronald L. 1985. *Deviant Behavior: A Social Learning Approach,* 3d ed. Belmont, Calif.: Wadsworth.

Akers, Ronald L., and Gang Lee. 1999. "Age, social learning, and social bonding in adolescent substance use." *Deviant Behavior, 20,* 1–25.

Al-Arian, Laila. 2004. "Perceptions of U.S. in the Arab World." Washington Report on Middle East Affairs, September, pp. 69–70.

Albrecht, Steven F. 2001. "Stalking, stalkers, and domestic violence: Relentless fear and obsessive intimacy." In Joseph A. Davis (ed.), *Stalking Crimes and Victim Protection.* Boca Raton, Fla.: CRC Press.

Albright, Julie M. 2008. "Sex in America online: An exploration of sex, marital status, and sexual identity in internet sex seeking and its impacts." *Journal of Sex Research, 45,* 175–186.

Alder, Christine. 1984. "The convicted rapist: A sexual or a violent offender?" *Criminal Justice and Behavior, 11,* 157–177.

Alder, Christine. 1985. "An exploration of self-reported sexually aggressive behavior." *Crime & Delinquency, 31,* 306–331.

Alessio, Vittoria. 1996. "Born to be gay?" *New Scientist, 151,* September 28, 32–35.

Alexander, Steve. 2006. "Computer and information systems." pp. 160–166 in *Encyclopaedia Britannica: 2006 Book of the Year.*

Allam, Abeer. 2004. "Egypt: Torture charged." *New York Times,* March 2, p. A6.

Allan, Graham. 2004. "Being unfaithful: His and her affairs." pp. 121–140 in Jean Duncombe et al. *The State of Affairs: Explorations in Infidelity and Commitment.* Mahwah, N.J.: Lawrence Erlbaum Associates.

Altheide, David L., et al. 1978. "The social meanings of employee theft." In John M. Johnson and Jack D. Douglas (eds.), *Crime at the Top.* Philadelphia: Lippincott.

Altman, Lawrence K. 1999. "New York study finds gay men using safer sex." *New York Times,* June 28, pp. A1, A17.

Alvarez, Alex. 2001. *Governments, Citizens, and Genocide.* Bloomington: Indiana University Press.

Amir, Menachem. 1971. *Patterns in Forcible Rape.* Chicago: University of Chicago Press.

Anderson, C. A. 1989. "Temperature and aggression: Ubiquitous effects of heat on occurrence of human violence." *Psychological Bulletin, 106,* 74–96.

Anderson, K. E., Hugh Lytton, and David M. Romney. 1986. "Mothers' interactions with normal and conduct-disordered boys: Who affects whom?" *Developmental Psychology, 22,* 604–609.

Anderson, Mark. 2008. "Crimeware pays." *IEEE Spectrum,* July, p. 13.

Andreasen, Nancy C., and Donald W. Black. 2001. *Introductory Textbook of Psychiatry,* 3rd ed. Washington, D,C,: American Psychiatric Press.

Angelo, Bonnie. 1992. "Wanted: A new godfather." *Time,* April 13, p. 30.

Anslinger, Harry J., and W. S. Thompkins. 1953. *The Traffic in Narcotics.* New York: Funk and Wagnalls.

APA (American Psychiatric Association). 1994. *Diagnostic and Statistical Manual of Mental Disorders,* 4th ed. Washington, D.C.: APA.

Archer, Dane, and Rosemary Gartner. 1984. *Violence and Crime in Cross-National Perspective.* New Haven, Conn.: Yale University Press.

Archick, Kristin. 2003. "Cybercrime: The Council of Europe Convention." pp. 1–6 in John V. Blane (ed.), *Cybercrime and Cyberterrorism.* New York: Novinka Books.

Arenson, Karen W. 2004. "Worried colleges step up efforts over suicide." *New York Times,* December 3, pp. A1, A15.

Armes, Audrie. 2004. "Keep your castle secure." *Family Safety & Health,* Fall, pp. 24–29.

Armstrong, Louise. 1993. *And They Call It Help: The Psychiatric Policing of America's Children.* Reading, Mass.: Addison-Wesley.

Arrigo, Bruce A., and Thomas J. Bernard. 1997. "Postmodern criminology in relation to radical and conflict criminology." *Critical Criminology, 8,* 39–60.

Athens, Lonnie. 1985. "Character contests and violent criminal conduct: A critique." *Sociological Quarterly, 26,* 419–431.

Atkinson, Michael. 2003. *Tattooed: The Sociogenesis of a Body Art.* Toronto: University of Toronto Press.

Avio, Kenneth L. 1979. "Capital punishment in Canada: A time-series analysis of the deterrence hypothesis." *Canadian Economic Review, 12,* 647–676.

Bachman, R., and Karl A. Pillemer. 1991. "Retirement: Does it affect marital conflict and violence?" *Journal of Elder Abuse and Neglect, 3,* 75–88.

Bagnardi, Vincenzo, et al. 2001. "Alcohol consumption and the risk of cancer: A meta-analysis." *Alcohol Research & Health, 25,* 263–270.

Bailey, William C. 1998. "Deterrence, brutalization, and the death penalty: Another examination of Oklahoma's return to capital punishment." *Criminology, 36,* 711–733.

Baker, Al. 2007. "City homicides still dropping, to under 500." *New York Time,* November 23, p. 1.

Bales, Robert F. 1962. "Attitudes toward drinking in the Irish culture." In David J. Pittman and Charles R. Snyder (eds.), *Society, Culture, and Drinking Patterns.* New York: Wiley.

Bales, Robert Freed. 1946. "Cultural differences in rates of alcoholism." *Quarterly Journal of Studies on Alcohol, 6,* 480–499.

Balkan, Sheila, Ronald J. Berger, and Janet Schmidt. 1980. *Crime and Deviance in America: A Critical Approach.* Belmont, Calif.: Wadsworth.

Ball-Rokeach, Sandra J. 1973. "Values and violence: A test of the subculture of violence thesis." *American Sociological Review, 38,* 739–743.

Banta, Carolyn. 2005. "Trading for a high." *Time,* August 1, p. 35.

Barnako, Frank. 1998. "Sex sites: $1 billion and growing fast." *CBS MarketWatch,* October 8.

Barnett, Harold C. 1993. "Crimes against the environment: Superfund enforcement at last." *The Annals of the American Academy of Political and Social Science, 525* (January), 119–133.

Barnett, Ola W., Cindy L. Miller-Perrin, and Robin D. Perrin. 2005. *Family Violence Across the Lifespan: An Introduction,* 2d ed. Thousand Oaks, Calif.: Sage Publications.

Baron, Beth. 2006. "Women, honour, and the state: Evidence from Egypt." *Middle Eastern Studies, 42,* 1–20.

Baron, James N., and Peter C. Reiss. 1985. "Same time, next year: Aggregate analyses of the mass media and violent behavior." *American Sociological Review, 50,* 347–363.

Baron, Stephen W. 2007. "Street youth, gender, financial strain, and crime: Exploring Broidy and Agnew's extension to general strain theory." *Deviant Behavior, 28,* 273–302.

Barry, John, et al. 2004. "Abu Ghraib and beyond." *Newsweek,* May 17, pp. 32–37.

Barry, Kathleen. 1995. *The Prostitution of Sexuality.* New York: New York University Press.

Barstad, Anders. 2008. "Explaining changing suicide rates in Norway 1948–2004: The role of social integration." *Social Indicators Research, 87,* 47–64.

Barstow, Anne Llewellyn (ed.). 2000. *War's Dirty Secret.* Cleveland, Ohio: Pilgrim Press.

Barstow, Donald G. 2004. "Female genital mutilation." In Alex Thio and Thomas C. Calhoun (eds.), *Readings in Deviant Behavior,* 3d ed. Boston: Allyn and Bacon.

Bart, Pauline B., and Patricia H. O'Brien. 1984. "Stopping rape: Effective avoidance strategies." *Signs, 10,* 83–101.

Bart, Pauline B., and Patricia H. O'Brien. 1985. *Stopping Rape: Successful Survival Strategies.* New York: Pergamon.

Bartell, Gilbert D. 1971. *Group Sex.* New York: Signet.

Bawer, Bruce. 1993. *A Place at the Table: The Gay Individual in American Society.* New York: Poseidon Press.

Bayer, Ronald. 1985. "AIDS and the gay community: Between the specter and the promise of medicine." *Social Research, 52,* 588–589.

Bearman, Peter S., James Moody, and Katherine Stovel. 2004. "Chains of affection: The structure of adolescent romantic and sexual networks." *American Journal of Sociology, 110,* 44–91.

Beasley, James O. II. 2004. "Serial murder in America: Case studies of seven offenders." *Behavioral Sciences and the Law, 22,* 395–414.

Bechhofer, Laurie, and Andrea Parrot. 1991. "What is acquaintance rape?" In Andrea Parrot and Laurie Bechhofer (eds.), *Acquaintance Rape: The Hidden Crime.* New York: John Wiley & Sons.

Beck, Melinda. 1990. "Trading places." *Newsweek,* July 16, pp. 48–54.

Becker, Howard S. 1963. *Outsiders: Studies in the Sociology of Deviance.* New York: Free Press.

Becker, Howard S. 1974. "Labeling theory reconsidered." In Paul Rock and Mary McIntosh (eds.), *Deviance and Social Control.* London: Tavistock.

Beckerman, Nancy L. 1995. "Suicide in relation to AIDS." *Death Studies, 19,* 223–234.

Beckett, Katherine, et al. 2006. "Race, drugs, and policing: Understanding disparities in drug delivery arrests." *Criminology, 44,* 105–137.

Begley, Sharon. 1996. "Born happy?" *Newsweek,* October 14, pp. 78–80.

Begley, Sharon. 2004. "Alternative peer groups may offer way to deter some suicide bombers." *Wall Street Journal,* October 8, p. B1.

Bem, Daryl. 2008. "Is there a causal link between childhood gender nonconformity and adult homosexuality?" *Journal of Gay & Lesbian Mental Health, 12,* 61–79.

Benedict, Jeffrey R. 1998. *Athletes and Acquaintance Rape.* Thousand Oaks, Calif.: Sage Publications.

Benjamin, Harry, and R. E. L. Masters. 1964. *Prostitution and Morality.* New York: Julian.

Bennett, Trevor, et al. 2008. "The statistical association between drug misuse and crime: A meta-analysis." *Aggression & Violent Behavior, 13,* 107–118.

Bennett, William J. 1989. "A response to Milton Friedman." *Wall Street Journal,* September 19, p. A32.

Benson, Michael L. 1985. "Denying the guilty mind: Accounting for involvement in white-collar crime." *Criminology, 23,* 585–607.

Berendzen, Richard, and Laura Palmer. 1993. *Come Here: A Man Overcomes the Tragic Aftermath of Childhood Sexual Abuse.* New York: Villard Books.

Bergen, Raquel Kennedy. 1996. *Wife Rape: Understanding the Response of Survivors and Service Providers.* Thousand Oaks, Calif.: Sage Publications.

Berger, Joseph. 1994. "The psychotherapeutic treatment of male homosexuality." *American Journal of Psychotherapy, 48,* 251–261.

Berger, Lawrence M. 2004. "Income, family structure, and child maltreatment risk." *Children and Youth Services Review, 26,* 725–748.

Berk, Richard A., and Phyllis J. Newton. 1985. "Does arrest really deter wife battery? An effort to replicate the findings of the Minneapolis spouse abuse experiment." *American Sociological Review, 50,* 253–262.

Berke, Richard L. 1998. "Chasing the polls on gay rights." *New York Times,* August 2, Section 4, p. 3.

Berrill, Kevin T. 1992. "Anti-gay violence and victimization in the United States: An overview." In Gregory M. Herek and Kevin T. Berrill (eds.), *Hate Crime.* Newbury Park, Calif.: Sage Publications.

Berry, Jason. 2000. *Lead Us Not Into Temptation.* Urbana: University of Illinois Press.

Bettridge, Brenda J., and Olga Eizner Favreau. 1995. "Suicidal behavior among adolescent females: The cry for connection." In Silvia Sara Canetto and David Lester (eds.), *Women and Suicidal Behavior.* New York: Springer.

Bilefsky, Dan. 2005. "Belgian experiment: Make prostitution legal to fight its ills." *Wall Street Journal,* May 26, pp. A1, A8.

Biskupic, Joan. 2004. "It may be up to parents to block Web porn." *USA Today,* June 30, p. 6A.

Bjorksten, Karin Sparring. 2005. "Suicides in the midnight sun—a study of seasonality in suicides in West Greenland." *Psychiatry Research, 133,* 205–213.

Black, Jane A. 2008. "The not-so-golden years: Power of attorney, elder abuse, and why our laws are failing a vulnerable population." *St. John's Law Review, 82,* 289–314.

Blakely, Mary Kay. 1983. "The New Bedford gang rape." *Ms.,* July, p. 53.

Blank, Jonah, Jason Vest, and Suzie Parker. 1998. "The children of Jonesboro." *U.S. News & World Report,* April 6, pp. 16–22.

Blizzard, Rick. 2004a. "Americans and alcohol: Drink, drank, drunk?" The Gallup Poll Tuesday Briefing, August 24. www.gallup.com.

Blizzard, Rick. 2004b. "Smoking: Will education overpower addiction?" The Gallup Poll Tuesday Brief, August 31. www.gallup.com.

Block, Alan A. 1991. *The Business of Crime.* Boulder, Colo.: Westview.

Bloomfield, Kim, et al. 2006. "Introduction to special issue 'gender, culture and alcohol problems: A multi-national study.'" *Alcohol and Alcoholism,* October/November, pp. 13–17.

Blumenfeld, Warren J. (ed.). 1992. *Homophobia: How We All Pay the Price.* Boston: Beacon.

Blumenfeld, Warren J., and Diane Raymond. 1993. *Looking at Gay and Lesbian Life.* Boston: Beacon.

Blumstein, Alfred. 1995. "Violence by young people: Why the deadly nexus?" *National Institute of Justice Journal,* August, pp. 2–9.

Blumstein, Philip, and Pepper Schwartz. 1990. "Intimate relationships and the creation of sexuality." In David P. McWhirter, et al. (eds.), *Homosexuality/ Heterosexuality.* New York: Oxford University Press.

Bocij, Paul. 2004. *Cyberstalking: Harassment in the Internet Age and How to Protect Your Family.* Westport, Conn.: Praeger.

Boffey, Philip M. 1986. "Schizophrenia: Insights fail to halt rising toll." *New York Times,* March 16, p. 1.

Bogert, Carroll. 1994. "Good news on drugs from the inner city." *Newsweek,* February 14, pp. 28–29.

Bohlen, Celestine. 1994. "Graft and gansterism in Russia blight the entrepreneurial spirit." *New York Times,* January 30, p. 1.

Bolen, Rebecca M. 2001. *Child Sexual Abuse: Its Scope and Our Failure.* New York: Kluwer Academic/ Plenum Publishers.

Booth, Martin. 2000. *The Dragon Syndicates: The Global Phenomenon of the Triads.* New York: Carroll & Graf Publishers.

Borger, Gloria. 2006. "A real shot . . . in the foot." *U.S. News & World Report,* February 27, p. 32.

Borja, Rhea R. 2006. "Cyber-security concerns mount as student hacking hits schools." *Education Week,* January 18, pp. 1–13.

Botchkovar, Ekaterina V., and Charles R. Tittle. 2005. "Crime, shame and reintegration in Russia." *Theoretical Criminology, 9,* 401–442.

Bower, Bruce. 1992. "Alcoholism: Nurture may often outdo nature." *Science News,* 141, February 1, p. 69.

Bower, Bruce. 1994. "Mental disorders strike about half of U.S." *Science News,* January 22, p. 55.

Bowers, William J., and Glenn L. Pierce. 1980. "Deterrence or brutalization: What is the effect of execution?" *Crime and Delinquency, 26,* 453–484.

Boy, Angie, and Andrzej Kulczycki. 2008. "What we know about intimate partner violence in the Middle East and North Africa." *Violence Against Women, 14,* 53–70.

Boyatzis, Richard E. 1975. "The predisposition toward alcohol-related interpersonal aggression in men." *Journal of Studies on Alcohol, 36,* 1196–1207.

Bradsher, Keith. 1999. "For car thieves, a technological arms race." *New York Times,* March 28, Section 4, p. 3.

Braithwaite, John. 1989. *Crime, Shame and Reintegration.* New York: Cambridge University Press.

Braithwaite, John. 1992. "Poverty, power, and white-collar crime." In Kip Schlegel and David Weisburd (eds.), *White-Collar Crime Reconsidered.* Boston: Northeastern University Press.

Braithwaite, John. 1993. "Transnational regulation of the pharmaceutical industry." *The Annals of the American Academy of Political and Social Science,* 525, January, 13–14.

Braithwaite, John. 2000. "Shame and criminal justice." *Canadian Journal of Criminology,* July, 42, 281–299.

Brake, Mike. 1994. "Needed: A license to drink." *Newsweek,* March 14, p. 11.

Breault, K. D. 1986. "Suicide in America: A test of Durkheim's theory of religious and family integration, 1933–1980." *American Journal of Sociology, 92,* 628–656.

Breggin, Peter. 1997. *Empathy and the Creation of a Healing Presence.* New York: Springer.

Brener, N., et al. 2004. "Violence-related behaviors among high school students—United States, 1991–2003." *JAMA (Journal of American Medical Association), 292,* 1168–1169.

Breslow, Rosalind A., and Barbara Smothers. 2004. "Drinking patterns of older Americans: National health interview surveys, 1997–2001." *Journal of Studies on Alcohol, 65,* 232–240.

Brewer, John D. 2000. *Ethnography.* Buckingham, U.K.: Open University Press.

Brinson, Susan L. 1992. "The use and opposition of rape myths in prime-time television dramas." *Sex Roles, 27,* 359–375.

Broder, John M. 2005. "Los Angeles files recount decades of priests' abuse." *New York Times,* October 12, pp. A1, A16.

Brody, Jane E. 1997. "Quirks, oddities may be illnesses." *New York Times,* February 4, pp. B9, B11.

Brown, Judith K. 1992. "Introduction." In D. A. Counts, J. K. Brown, and J. C. Campbell (eds.), *Sanctions and Sanctuary: Cultural Perspectives on the Beating of Wives.* Boulder, Colo.: Westview.

Brown, Marjorie E. 1979. "Teenage prostitution." *Adolescence, 14,* 665–680.

Browne, Angela. 1987. *Why Battered Women Kill.* New York: Free Press.

Brownell, Kelly D., and Katherine Battle Horgen. 2004. *Food Fight: The Inside Story of the Food Industry, America's Obesity Crisis, and What We Can Do About It.* Chicago: Contemporary Books.

Brownmiller, Susan. 1975. *Against Our Will: Men, Women and Rape.* New York: Simon & Schuster.

Bruni, Frank. 1997. "In an age of consent, defining abuse by adults." *New York Times,* Section 4, p. 3.

Brush, Lisa D. 2003. "Effects of work on hitting and hurting." *Violence Against Women, 9,* 1213–1230.

Brush, Silla. 2005. "Who's sorry now?" *U.S. News & World Report,* December 12, pp. 35–43.

Bryan, James H. 1966. "Occupational ideologies and individual attitudes of call girls." *Social Problems, 13,* 441–450.

Bryant, Marshall A. 1977. "Prostitution and the criminal justice system." *Journal of Police Science and Administration, 5,* 384.

Budiansky, Stephen, et al. 1995. "How lawyers abuse the law." *U.S. News & World Report,* January 30, pp. 50–56.

Bullough, Bonnie. 1993. "The causes of homosexuality: A scientific update." *Free Inquiry, 13* (Fall), 40–47.

Burgess, Ann Wolbert. 1995. "Rape trauma syndrome." In Patricia Searles and Ronald J. Berger (eds.), *Rape and Society.* Boulder, Colo.: Westview.

Burgess, Robert L., and Ronald L. Akers. 1966. "A differential association-reinforcement theory of criminal behavior." *Social Problems, 14,* 128–147.

Burr, Chandler. 1996. *A Separate Creation: The Search for the Biological Origins of Sexual Orientation.* New York: Hyperion.

Burros, Marian. 1996. "In an about-face, U.S. says alcohol has health benefits." *New York Times,* January 3, pp. A1, B6.

Burt, Martha R. 1991. "Rape myths and acquaintance rape." In Andrea Parrot and Laurie Bechhofer (eds.), *Acquaintance Rape.* New York: Wiley.

Burton, Thomas M. 1993a. "Caught in the act." *Wall Street Journal,* March 26, pp. A1, A5.

Burton, Thomas M. 1993b. "Spilled milk." *Wall Street Journal,* May 25, pp. A1, A6.

Burton, Velmer S., et al. 1998. "Gender, self-control, and crime." *Journal of Research in Crime and Delinquency, 35,* 123–147.

Busch, Amy L., and Mindy S. Rosenberg. 2004. "Comparing women and men arrested for domestic violence: A preliminary report." *Journal of Family Violence, 19,* 49–57.

Buss, Dale. 1993. "Ways to curtail employee theft." *Nation's Business,* April, p. 36.

Butterfield, Fox. 1999. "Prisons brim with mentally ill, study finds." *New York Times,* July 12, p. A10.

Byrne, C. A., et al. 1999. "The socioeconomic impact of interpersonal violence on women." *Journal of Consulting and Clinical Psychology, 67,* 362–366.

Cahalan, Don. 1970. *Problem Drinkers.* San Francisco: Jossey-Bass.

Cahan, Vicky, et al. 1985. "A murder verdict jolts business." *Business Week,* July 1, p. 24.

Cahill, Tom. 1985. "Rape behind bars." *The Progressive,* November, p. 32.

Calhoun, Lawrence G., James W. Selby, and Michael E. Faulstich. 1980. "Reactions to the parents of the child suicide: A study of social impressions." *Journal of Consulting and Clinical Psychology, 48,* 535–536.

Campbell, Rebecca, and Sharon M. Wasco. 2005. "Understanding rape and sexual assault: 20 years of progress and future directions." *Journal of Interpersonal Violence, 20,* 127–131.

Campo-Flores, Arian. 2002. "A crackdown on call girls." *Newsweek,* September 2, p. 59.

Canetto, Silvia Sara, and David Lester (eds.). 1995. *Women and Suicidal Behavior.* New York: Springer.

Cannon, Angie, and Jeffrey L. Sheler. 2002. "Catholics in crisis." *U.S. News & World Report,* April 1, pp. 51–57.

Cannon, Angie. 1999. "Sex, drugs, and sudden death." *U.S. News & World Report,* May 24, p. 73.

Caplan, Gerald M. 1984. "The facts of life about teenage prostitution." *Crime & Delinquency, 30,* 69–74.

Capone, Donald L., and Woodrow W. Nichols, Jr. 1976. "Urban structure and criminal mobility." *American Behavioral Scientist, 20,* 199–213.

Carey, Benedict. 2008. "Drawn lines: Making sense of the great suicide debate." *New York Times,* February 10, p. 1.

Carey, Kate B. 1993. "Situational determinants of heavy drinking among college students." *Journal of Counseling Psychology, 40,* 217–220.

Carlson, Eric Stener. 2006. "The hidden prevalence of male sexual assault during war: Observations on blunt trauma to the male genitals." *British Journal of Criminology, 46,* 16–25.

Carlson, Margaret. 1995. "The sex-crime capital." *Time,* November 13, pp. 89–90.

Carrithers, David W. 1985. "The insanity defense and presidential peril." *Society, 22* (July/August), 22–27.

Carter, Bonnie Frank, and Allan Brooks. 1991. "Child and adolescent survivors of suicide." In Antoon A. Leenaars (ed.), *Life Span Perspectives of Suicide: Time-lines in the Suicide Process.* New York: Plenum.

Carter, David, and Andra J. Bannister. 2002. "Computer-related crime." In David Shichor, Larry Gaines, and Richard Ball (eds.), *Readings in White-Collar Crime.* Prospect Heights, Ill.: Waveland.

Carter, Hodding. 1989. "We're losing the drug war because prohibition never works." *Wall Street Journal,* July 13, p. A15.

Cashdan, Sheldon. 1972. *Abnormal Psychology.* Englewood Cliffs, N.J.: Prentice Hall.

Castle, Tammy, and Jenifer Lee. 2008. "Ordering sex in cyberspace: A content analysis of escort websites." *International Journal of Cultural Studies, 11,* 107–121.

Catalano, Ralph, et al. 1993. "Job loss and alcohol abuse: A test using data from the epidemiologic catchment area project." *Journal of Health and Social Behavior, 34,* 215–225.

Caulkins, Jonathan P., and Rosalie Liccardo. 2006. "Marijuana markets: Inferences from reports by the household population." *Journal of Drug Issues, 36,* 173–200.

Caulkins, Jonathan P., et al. 2005. *How Goes the "War on Drugs"?* Santa Monica, Calif.: RAND.

Cazenave, N. A., and Murray A. Straus. 1990. "Race, class, network embeddedness, and family violence: A search for potent support systems." In M. A. Straus and R. J. Gelles (eds.), *Physical Violence in American Families.* New Brunswick, N.J.: Transaction.

Centers for Disease Control and Prevention (CDC). 2008. "CDC: School-based homicides on the decline in recent years." *Canadian Electronics, 23,* 6.

CDC, 2003. "Drug-associated HIV transmission continues in the United States." www.cdc.gov/hiv/pubs/facts/idu.htm.

Chambliss, William J. 1969. *Crime and the Legal Process.* New York: McGraw-Hill.

Chambliss, William J., and Robert Seidman. 1971. *Law, Order, and Power.* Reading, Mass.: Addison-Wesley.

Chamlin, Mitchell B., and John K. Cochran. 2005. "Ascribed economic inequality and homicide among modern societies." *Homicide Studies, 9,* 3–29.

Chappell, Allison T., and Alex R. Piquero. 2004. "Applying social learning theory to police misconduct." *Deviant Behavior, 25,* 89–109.

Chappell, Duncan, Gilbert Geis, Stephen Schafer, and Larry Siegel. 1971. "Forcible rape: A comparative study of offenses known to the police in Boston and Los Angeles." In James M. Henslin (ed.), *Studies in the Sociology of Sex.* New York: Appleton-Century-Crofts.

Chase, Marilyn. 1996a. "Health journal." *Wall Street Journal,* August 26, p. B1.

Chase, Marilyn. 1996b. "Americans seem to drink a lot or hardly at all." *Wall Street Journal,* December 30, p. B1.

Chein, Isidor, Donald L. Gerard, Robert S. Lee, and Eva Rosenfeld. 1964. *The Road to H.* New York: Basic Books.

Cherry, Rona, and Laurence Cherry. 1973. "Depression: The common cold of mental ailments." *New York Times Magazine,* November 25, p. 38.

Chervyakov, Valerity V., et al. 2002. "The changing nature of murder in Russia." *Social Science and Medicine, 55,* 1713–1724.

Chesney-Lind, Meda. 1997. *The Female Offender: Girls, Women, and Crime.* Thousand Oaks, Calif.: Sage Publications.

Cheung, Hoi Yan, and Alex W. H. Chan. 2008. "Corruption across countries: Impacts from education and cultural dimensions." *Social Science Journal, 45,* 223–239.

Chiroro, Patrick, et al. 2004. "Rape myth acceptance and rape proclivity: Expected dominance versus expected arousal as mediators in acquaintance-rape situations." *Journal of Interpersonal Violence, 19,* 427–442.

Christensen, Russ, and Peter W. Dowrick. 1983. "Myths of mid-winter depression." *Community Mental Health Journal, 19,* 177–186.

Christian, Nichole. 1995. "New generation of car thieves restructures the business." *Wall Street Journal,* July 19, p. B1.

Church, George J. 1986. "What he needs to know." *Time,* December 22, pp. 17–18.

Clark, Kim, and Marianne Lavelle. 2006. "Guilty as charged!" *U.S. News & World Report,* June 5, pp. 44–45.

Clarke, Ronald V. 2002. *Shoplifting.* Washington, D.C.: U.S. Department of Justice.

Clausen, John A., and Carol L. Huffine. 1975. "Sociocultural and social-psychological factors affecting social responses to mental disorder." *Journal of Health and Social Behavior, 16,* 405–420.

Clifton, A. Kay, and Dorothy E. Lee. 1995. "Gender socialization and women's suicidal behaviors." In Silvia Sara Canetto and David Lester (eds.), *Women and Suicidal Behavior.* New York: Springer.

Clinard, Marshall B., and Peter C. Yeager. 1980. *Corporate Crime.* New York: Free Press.

Cloud, John. 1998. "For better or worse." *Time,* October 26, pp. 43–44.

Cloud, John. 2001. "A license to kill?" *Time,* April 23, p. 66.

Cloud, John. 2008. "Should you drink with your kids?" *Time,* July 30, pp. 44–47.

Cloward, Richard, and Lloyd E. Ohlin. 1960. *Delinquency and Opportunity: A Theory of Juvenile Gangs.* New York: Free Press.

Cochrane, Raymond. 1983. *The Social Creation of Mental Illness.* London: Longman.

Cohen, Albert K. 1955. *Delinquent Boys: The Culture of the Gang.* New York: Free Press.

Cohen, Lawrence E., David Cantor, and James R. Kluegel. 1981. "Robbery victimization in the U.S.: An analysis of a nonrandom event." *Social Science Quarterly, 62,* 645–657.

Cohen, Murray, Ralph Garofalo, Richard Boucher, and Theoharis Seghorn. 1971. "The psychology of rapists." *Seminar in Psychiatry, 3,* 310.

Cohn, Bob, and Mary Hager. 1993. "The power of sin." *Newsweek,* October 4, p. 51.

Coleman, James William. 2006. *The Criminal Elite: The Sociology of White Collar Crime,* 5th ed. New York: St. Martin's.

Collier, Theresa J. 1993. "The stigma of mental illness." *Newsweek,* April 26, p. 16.

Colvin, Mark, and John Pauly. 1983. "A critique of criminology: Toward an integrated structural-Marxist theory of delinquency production." *American Journal of Sociology, 89,* 513–551.

Compton, Wilson M., and Nora D. Volkow. 2006. "Abuse of prescription drugs and the risk of addiction." *Drug and Alcohol Dependence, 83S,* S4–S7.

Conant, Marcus. 1997. "This is smart medicine." *Newsweek,* February 3, p. 26.

Conklin, John E. 1972. *Robbery and the Criminal Justice System.* Philadelphia: Lippincott.

Conklin, John E. 1977. *"Illegal but Not Criminal": Business Crime in America.* Englewood Cliffs, N.J.: Prentice Hall.

Contexts. 2004. "From the polls: Assisted suicide." *Summer,* p. 58.

Continetti, Matthew. 2006. *The K Street Gang: The Rise and Fall of the Republican Machine.* New York: Doubleday.

Cook, Philip J., and Mark H. Moore. 1999. "Guns, gun control, and homicide: A review of research and public policy." In M. Dwayne Smith and Margaret A. Zahn (eds.), *Homicide: A Sourcebook of Social Research.* Thousand Oaks, Calif.: Sage Publications.

Cookson, Peter W. Jr., and Caroline Hodges Persell. 1985. *Preparing for Power: America's Elite Boarding Schools.* New York: Basic Books.

Coombs, Robert Holman. 1997. *Drug-Impaired Professionals.* Cambridge, Mass.: Harvard University Press.

Cooper, Al. 2004. "Online sexual activity in the New Millennium." *Contemporary Sexuality,* March, pp. 1–8.

Cooperman, Nina A., and Jane M. Simoni. 2005. "Suicidal ideation and attempted suicide among women living with HIV/AIDS." *Journal of Behavioral Medicine, 28,* 149–156.

Corliss, Richard, and Simon Crittle. 2004. "The last don." *Time,* March 29, pp. 44–52.

Corliss, Richard. 2006. "How the west was won over." *Time,* January 30, pp. 60–63.

Corzine, Jay, Lin Huff-Dorzine, and Hugh P. Whitt. 1999. "Cultural and subcultural theories of homicide." In M. Dwayne Smith and Margaret A. Zahn (eds.), *Homicide: A Sourcebook of Social Research.* Thousand Oaks, Calif.: Sage Publications.

Cose, Ellis. 2008. "The lessons of Rwanda." *Newsweek,* April 21, p. 33.

Cottle, Thomas J. 2004. "A teen suicide in the family." In Alex Thio and Thomas C. Calhoun (eds.), *Readings in Deviant Behavior,* 3d ed. Boston: Allyn and Bacon.

Cowley, Geoffrey. 1997. "Can marijuana be medicine?" *Newsweek,* February 3, pp. 22–27.

Coyne, James C., and Geraldine Downey. 1991. "Social factors and psychopathology: Stress, social support, and coping processes." *Annual Review of Psychology, 42,* 401–425.

Crabb, Peter B. 2005. "The material culture of suicidal fantasies." *The Journal of Psychology, 139,* 211–220.

Crawford, David, et al. 2007. "Siemens ruling details bribery across the globe." *Wall Street Journal,* November 16, pp. A1, A17.

Cressey, Donald R. 1971. *Other People's Money: A Study in the Social Psychology of Embezzlement.* Belmont, Calif.: Wadsworth.

Critelli, Joseph W., and Jenny M. Bivona. 2008. "Women's erotic rape fantasies: An evaluation of theory and research." *Journal of Sex Research, 45,* 57–70.

Cromwell, Paul F., James N. Olson, and D'Aunn Wester Avary. 1991. *Breaking and Entering: An Ethnographic Analysis of Burglary.* Newbury Park, Calif.: Sage Publications.

Crossen, Cynthia. 1996. "Losing it." *Wall Street Journal,* December 3, pp. A1, A10.

Crosset, Todd W., J. Ptacek, M. A. Mcdonald, and J. R. Benedict. 1996. "Male student-athletes and violence against women: A survey of campus judicial affairs offices." *Violence Against Women, 2,* 163–179.

Cross-National Collaborative Group. 1992. "The changing rate of major depression: Cross-national comparisons." *JAMA (Journal of American Medical Association), 268,* 3098–3105.

Crouch, Margaret A. 2001. *Thinking about Sexual Harassment.* New York: Oxford University Press.

Current Science. 2008. "Autism epidemic a myth." March 28, p. 14.

Currie, Elliott. 1993. *Reckoning: Drugs, the Cities, and the American Future.* New York: Hill and Wang.

Cuvelier, Monique. 2002. "Victim, not villain." *Psychology Today,* May/June, p. 23.

Dalmas, Paul C. 2007. "Looking for answers to my nephew's death." *Newsweek,* April 23, p. 18.

Dalrymple, Theodore. 2002. "Marks of shame." *National Review,* March 11, pp. 28–30.

Dalrymple, Theodore. 2006. *Romancing Opiates.* New York: Encounter Books.

Danigelis, Nick, and Whitney Pope. 1979. "Durkheim's theory of suicide as applied to the family: An empirical test." *Social Forces, 57,* 1081–1106.

Davies, Scott, and Julian Tanner. 2003. "The long arm of the law: Effects of labeling on employment." *Sociological Quarterly, 44,* 385–404.

Davis, Alan J. 1982. "Sexual assaults in the Philadelphia prison system and sheriff's vans." In Anthony M. Scacco, Jr. (ed.), *Male Rape.* New York: AMS Press.

Davis, Bernard D. 1990. "Right to die: Living wills are inadequate." *Wall Street Journal,* July 31, p. A12.

Davis, Kingsley. 1971. "Sexual behavior." In Robert Merton and Robert Nisbet (eds.), *Contemporary Social Problems,* 3d ed. New York: Harcourt Brace Jovanovich.

Davis, Nanette J. (ed.). 1993. *Prostitution: An International Handbook on Trends, Problems, and Policies.* Westport, Conn.: Greenwood.

Davis, Nanette J., and Clarice Stasz. 1990. *Social Control: The Production of Deviance in the Modern State.* New York: McGraw-Hill.

Davison, Gerald C., and John M. Neale. 1996. *Abnormal Psychology,* 6th ed. New York: Wiley.

De Seve, Karen. 2006. "The perils of ecstasy." *Current Health 2,* February, pp. 26–29.

De Visser, Richard, and Dee McDonald. 2007. "Swings and roundabouts: Management of jealousy in heterosexual 'swinging' couples." *British Journal of Social Psychology, 46,* 459–476.

Decker, Scott, and Richard Rosenfeld. 1992. "Intravenous drug use and the AIDS epidemic: Findings from a 20-city sample of arrestees." *Crime & Delinquency, 38,* 492–509.

Deitz, Sheila R., et al. 1984. "Attributions of responsibility for rape: The influence of observer empathy, victim resistance, and victim attractiveness." *Sex Roles, 10,* 261–280.

DeJong, William. 1986. "Project DARE: Teaching kids to say no to drugs and alcohol." *NIJ Reports,* no. 196, pp. 2–5.

DeKeseredy, Walter S., and Martin D. Schwartz. 1996. *Contemporary Criminology.* Belmont, Calif.: Wadsworth.

Demyttenaere, K., et al. 2004. "Prevalence of mental disorders in Europe: Results from the European Study of the Epidemiology of Mental Disorders project." *Acta Psychiatrica Scandinavica, 109,* 21–27.

Denfeld, Duane. 1974. "Dropouts from swinging." *The Family Coordinator,* January, pp. 45–49.

Denham, Susanne A., Susan M. Renwick, and Robert W. Holt. 1991. "Working and playing together: Prediction of preschool social-emotional competence from mother-child interaction." *Child Development, 62,* 242–249.

Denzin, Norman K. 1991. "The AA group." In David J. Pittman and Helene Raskin White (eds.), *Society, Culture, and*

Drinking Patterns Reexamined. New Brunswick, N.J.: Rutgers Center of Alcohol Studies.

DeSimone, Jeff. 2007. "Fraternity membership and binge drinking." *Journal of Health Economics, 26,* 950–967.

Desmarais, Sarah L., and Kim A. Reeves. 2007. "Gray, black, and blue: The state of research and intervention for intimate partner abuse among elders." *Behavioral Sciences and the Law, 25,* 377–391.

Dickermann, Mildred. 1995. "Wilson's panchreston: The inclusive fitness hypothesis of sociobiology re-examined." *Journal of Homosexuality, 28,* 147–183.

Dickey, Christopher. 2002. "Inside Suicide, Inc." *Newsweek,* April 15, pp. 26–32.

Diken, Bulent, and Carsten Bagge Laustsen. 2005. "Becoming abject: Rape as a weapon of war." *Body & Society, 11,* 111–128.

Diller, Lawrence H. 1998. *Running on Ritalin.* New York: Bantam Books.

Dobash, Russell P., R. Emerson Dobash, Margo Wilson, and Martin Daly. 1992. "The myth of sexual symmetry in marital violence." *Social Problems, 39,* 71–91.

Doblin, Rich, and Mark A. R. Kleiman. 1993. "Marijuana as medicine." *Wall Street Journal,* February 19, p. A13.

Dobrzynski, Judith H. 1996. "For more and more job seekers, an aging parent is a big factor." *New York Times,* January 1, pp. 1, 24.

Dodes, Lance M. 2005. "Psychological factors, not the chemical properties of drugs, cause addiction." pp. 26–33 in Mercedes Munoz (ed.), *What Causes Addiction?* Detroit, Mich.: Thomson/Gale.

Dodge, David L. 1985. "The over-negativized conceptualization of deviance: A programmatic exploration." *Deviant Behavior, 6,* 17–37.

Dohrenwend, Bruce P. 1975. "Sociocultural and social-psychological factors Iin the genesis of mental disorders." *Journal of Health and Social Behavior, 16,* 365–392.

Dohrenwend, Bruce P., and Barbara Snell Dohrenwend. 1974. "Psychiatric disorders in urban settings." In S. Arietti and G. Caplan (eds.), *American Handbook of Psychiatry.* New York: Basic Books.

Dohrenwend, Bruce P., and Barbara Snell Dohrenwend. 1976. "Sex differences and psychiatric disorders." *American Journal of Sociology, 81,* 1447–1454.

Dokoupil, Tony. 2007. "Trouble in a 'black box'." *Newsweek,* July 16, p. 48.

Donnerstein, Edward, et al. 1987. *The Question of Pornography: Research Findings and Policy Implications.* New York: Free Press.

Donovan, James M. 1986. "An etiologic model of alcoholism." *American Journal of Psychiatry, 143,* 5–6.

Donovan, John E. 1993. "Young adult drinking-driving: Behavioral and psychosocial correlates." *Journal of Studies on Alcohol, 54,* 600 613.

Douglas, Jack D. 1967. *The Social Meanings of Suicide.* Princeton, N.J.: Princeton University Press.

Douglas, Jack D., and Frances C. Waksler. 1982. *The Sociology of Deviance.* Boston: Little, Brown.

Drapela, Laurie A. 2005. "Does dropping out of high school cause deviant behavior? An analysis of the national education longitudinal study." *Deviant Behavior, 26,* 47–62.

Drapkin, Jennifer. 2005. "PT data mine." *Psychology Today,* July/August, p. 30.

Dubin, Louis I., and Bessie Bunzel. 1933. *To Be or Not to Be.* New York: Harrison Smith and Robert Haas.

Duffala, Dennis C. 1976. "Convenience stores, armed robbery, and physical environmental features." *American Behavioral Scientist, 20,* 227–246.

Dugas, Christine. 2008. "More consumers, workers shoplift as economy slows." *USA Today,* June 19, p. 1B.

Dugger, Celia W. 1999. "Calcutta's prostitutes preach about condoms." *New York Times,* January 4, pp. A1, A8.

Duncombe, Jean, et al. (eds.). 2004. *The State of Affairs: Explorations in Infidelity and Commitment.* Mahwah, N.J.: Lawrence Erlbaum Associates.

Dunkle, John H., and Patricia L. Francis. 1990. "The role of facial masculinity/femininity in the attribution of homosexuality." *Sex Roles, 23,* 157–167.

Dunlap, David W. 1995. "Two steps forward for homosexuals." *New York Times,* October 18, p. A12.

Dunn, Jennifer. 2004. "'Everyone knows who the sluts are': How young women get around the stigma." In Alex Thio and Thomas C. Calhoun (eds.), *Readings in Deviant Behavior,* 3d ed. Boston: Allyn and Bacon.

Durkheim, Émile. 1897/1966. *Suicide.* New York: Free Press.

Durose, Matthew R., et al. 2005. *Family Violence Statistics.* Washington, D.C.: U.S. Department of Justice, Bureau of Justice Statistics.

Dutton, Donald G. 1986. "Wife assaulters' explanations for assault: The neutralization of self-punishment." *Canadian Journal of Behavioral Sciences, 18,* 381–390.

Dutton, Donald G. 1994. "Patriarchy and wife assault: An ecological fallacy." *Violence and Victims, 9,* 167–182.

Early, Kevin E. 1992. *Religion and Suicide in the African-American Community.* Westport, Conn.: Greenwood.

Early, Kevin E. 1996. *Drug Treatment Behind Bars: Prison-Based Strategies for Change.* Westport, Conn.: Praeger.

Early, Kevin E., and Ronald L. Akers. 1995. "'It's a white thing': An exploration of beliefs about suicide in the African-American community." In Alex Thio and Thomas Calhoun (eds.), *Readings in Deviant Behavior.* New York: HarperCollins.

Eaton, Leslie. 1999. "Assault with a fiscal weapon." *New York Times,* May 25, pp. C1, C25.

Edmundson, Mark. 1999. "Save Sigmund Freud." *New York Times Magazine,* July 13, pp. 34–35.

Edwards, Hodee. 1993. "Rape defines sex." *Off Our Backs, 23* (August), 16–17.

Egan, Timothy. 2000. "Technology sent Wall Street into market for pornography." *New York Times,* October 23, pp. A1, A20.

Ehrenreich, Barbara. 2002. "Libation as liberation." *Time,* April 1, p. 62.

Ehrlich, Isaac. 1975. "The deterrent effect of capital punishment: A question of life and death." *American Economic Review, 65,* 397–417.

Eichenwald, Kurt. 2002. "White-collar defense stance: The criminal-less crime." *New York Times,* March 3, Section 4, p. 3.

Eigen, Joel Peter. 1981. "Punishing youth homicide offenders in Philadelphia," *Journal of Criminal Law and Criminology, 72,* 1075.

Einstadter, Werner, and Stuart Henry. 1995. *Criminological Theory: An Analysis of Its Underlying Assumptions.* Fort Worth, Texas: Harcourt Brace.

Eisenberg, Daniel. 2002. "Dennis the menace." *Time,* June 17, pp. 46–49.

Elias, Marilyn. 2005. "Mental illness: Surprising, disturbing findings." *USA Today,* June 2005, p. 8d.

Elliott, Diana M., et al. 2004. "Adult sexual assault: Prevalence, symptomatology, and sex differences in the general population." *Journal of Traumatic Stress, 17,* 203–211.

Elliott, Jeff. 1995. "Drug prevention placebo." *Reason, 26* (March), 14–21.

Elliott, Robert E., et al. 1985. *Explaining Delinquency and Drug Use.* Beverly Hills, Calif.: Sage Publications.

Elmer-Dewitt, Philip. 1995. "On a screen near you: Cyberporn." *Time,* July 3, pp. 38–45.

Empfield, Maureen, and Nicholas Bakalar. 2001. *Understanding Teenage Depression.* New York: Henry Holt.

Emshwiller, John R., et al. 2006. "Symbol of an Era: Lay, Skilling Convicted of Conspiracy." *Wall Street Journal,* May 26, pp. A1, A9.

Engs, Ruth C., and David J. Hanson. 1994. "Boozing and brawling on campus: A national study of violent problems associated with drinking over the past decade." *Journal of Criminal Justice, 22,* 171–180.

Erikson, Kai T. 1962. "Notes on the sociology of deviance." *Social Problems, 9,* 307–314.

Erlanger, Howard S. 1974. "The empirical status of the subculture of violence thesis." *Social Problems, 22,* 280–292.

Ermann, M. David, and Richard J. Lundman (eds.). 2002. *Corporate and Governmental Deviance: Problems of Organizational Behavior in Contemporary Society,* 6th ed. New York: Oxford University Press.

Erofeyev, Victor. 2002. "The Russian god." *New Yorker,* December 16, pp. 56–63.

Essex, Marilyn, et al. 1981. "On Weinstein's 'Patient attitudes toward mental hospitalization: A review of quantitative research.'" *Journal of Health and Social Behavior, 21,* 393–396.

Fahim, Kareem, and Nate Schweber. 2008. "Three youths in Montclair are charged in sex attack." *New York Times,* March 12, p. A3.

Falk, Gerhard. 2001. *Stigma: How We Treat Outsiders.* Amherst, N.Y.: Prometheus Books.

Falkenrath, Richard A. 2006. "Grading the war on terrorism." *Foreign Affairs, 85,* 122–128.

Fang, Bay. 2005. "Young lives for sale." *U.S. News & World Report,* October 24, pp. 30–34.

Farberow, Norman L. 1991. "Adult survivors after suicide: Research problems and needs." In Antoon A. Leenaars (ed.), *Life Span Perspectives of Suicide: Time-lines in the Suicide Process.* New York: Plenum.

Farley, Melissa. 1994. "Prostitution: The oldest use and abuse of women." *Off Our Backs, 24,* 14–15.

Farrington, David P. 1977. "The effects of public labelling." *British Journal of Criminology, 17,* 112–125.

Farwell, Nancy. 2004. "War rape: New conceptualizations and responses." *Affilia, 19,* 389–403.

Fazel, Seena, et al. 2005. "Suicides in male prisoners in England and Wales, 1978–2003." *Lancet, 366,* 1301–1302.

FBI (Federal Bureau of Investigation). 2008. *Uniform Crime Reports.* Washington, D.C.: Government Printing Office.

Feeney, Floyd, and Adrianne Weir. 1975. "The prevention and control of robbery." *Criminology, 13,* 104.

Feldman, Douglas A. 1985. "AIDS and social change." *Human Organization, 44,* 343–348.

Felson, Richard B., and Henry J. Steadman. 1983. "Situational factors in disputes leading to criminal violence." *Criminology, 21,* 39–74.

Fergusson, David M. 2006. "Cannabis use and other illicit drug use: Testing the cannabis gateway hypothesis." *Addiction, 101,* 556–569.

Ferrell, Jeff, and Mark S. Hamm (eds.). 1998. *Ethnography at the Edge: Crime, Deviance, and Field Research.* Boston: Northeastern University Press.

Ferro, Christine, et al. 2008. "Current perceptions of marital rape: Some good and not-so-good news." *Journal of Interpersonal Violence, 23,* 764–779.

Fields, Gary. 2006. "No way out: Trapped by rules, the mentally ill languish in prison." *Wall Street Journal,* May 5, pp. A1, A16.

Fields, Suzanne. 1993. "Rape as sport: The culture is at the root." *Insight on the News, 9* (May 3), 19–20.

Fillion, Kate. 1991. "Rape on campus." *Chatelaine, 64* (August), 33–35.

Fine, M., and A. Asch. 1988. "Disability beyond stigma: Social interaction, discrimination, and activism." *Journal of Social Issues, 44,* 3–22.

Finkelhor, David, et al. 1989. "Sexual abuse and its relationship to later sexual satisfaction, marital status, religion, and attitudes." *Journal of Interpersonal Violence, 4,* 379–399.

Finkelhor, David. 1984. *Child Sexual Abuse: New Theory and Research.* New York: Free Press.

Finn, Jerry. 2004. "A survey of online harassment at a university campus." *Journal of Interpersonal Violence, 19,* 468–483.

Firth, Raymond. 1961. "Suicide and risk-taking in Tikopia society." *Psychiatry, 24,* 4.

Fisher, Bonnie S., Francis T. Cullen, and Leah E. Daigle. 2005. "The discovery of acquaintance rape: The salience of methodological innovation and rigor." *Journal of Interpersonal Violence, 20,* 493–500.

Fisher, Helen E. 1992. *Anatomy of Love: The Natural History of Monogamy, Adultery, and Divorce.* New York: Norton.

Fishman, Scott M., and David V. Sheehan. 1985. "Anxiety and panic: Their cause and treatment." *Psychology Today,* April, p. 26.

Fleishman, Ellen Gerschitz. 1983. "Sex-role acquisition, parental behavior, and sexual orientation: Some tentative hypotheses." *Sex Roles, 9,* 1051–1059.

Flowers, Amy. 1998. *The Fantasy Factory: An Insider's View of the Phone Sex Industry.* Philadelphia: University of Pennsylvania Press.

Foderaro, Lisa W. 1995. "Mentally ill gaining new rights, with the ill as their own lobby." *New York Times,* October 14, pp. 1, 8.

Folse, Kimberly A., and Dennis L. Peck. 1995. "A phenomenological analysis of suicide." In Alex Thio and Thomas Calhoun (eds.), *Readings in Deviant Behavior.* New York: HarperCollins.

Fort, Joel. 1973. *Alcohol: Our Biggest Drug Problem.* New York: McGraw-Hill.

Fox, James Alan, Jack Levin, and Kenna Quinet. 2005. *The Will to Kill.* Boston: Allyn and Bacon.

Fox, James Alan. 1996. "Trends in juvenile offending." *National Institute of Justice Journal,* August, pp. 15–23.

Francis, Andrew M. 2008. "The economics of sexuality: The effect of HIV/AIDS on homosexual behavior in the United States." *Journal of Health Economics, 27,* 675–689.

Frank, Nancy. 1993. "Maiming and killing: Occupational health crimes." *The Annals of the American Academy of Political and Social Science, 525,* 107–118.

Frank, Robert, et al. 2004. "Scandal scorecard." *Wall Street Journal,* October 3, pp. B1, B4.

Frank, Stephen E., and John R. Wilke. 1997. "Visa, MasterCard may face antitrust suit." *Wall Street Journal,* February 7, p. A3.

Frederick, Sharon. 2001. *Rape: Weapon of Terror.* River Edge, N.J.: Global Publishing.

Fredriksen, K. I. 1989. "Adult protective services: A caseload analysis." *Journal of Interpersonal Violence, 4,* 245–250.

Freund, Matthew, et al. 1991. "Sexual behavior of clients with street prostitutes in Camden, N.J." *Journal of Sex Research, 28,* 579–591.

Friedman, Milton. 1989. "An open letter to Bill Bennett." *Wall Street Journal,* September 7, p. A18.

Friedman, Milton. 1998. "There's no justice in the war on drugs." *New York Times,* January 11, p. 19.

Friedman, Robert I. 1999. "White collar and dangerous." *New York Times,* August 27, p. A25.

Fritz, Mark. 2006. "Strong medicine." *Wall Street Journal,* February 1, pp. A1, A12.

Fritz, Robert, et al. 2007. "Antidepressants can lead to teen suicide." pp. 133–137 in David Becker and Cynthia Becker (eds.), *Problems with Death.* Detroit, Mich.: Greenhaven Press.

Furr, Susan R. 2001. "Suicide and depression among college students: A decade later." *Professional Psychology: Research and Practice, 32,* 97–100.

Gabor, Thomas, et al. 1987. *Armed Robbery: Cops, Robbers, and Victims.* Springfield, Ill.: Charles C. Thomas.

Gagnon, John H., Martin Levine, and Peter Nardi (eds.). 1997. *Encounters with AIDS: The Impact of the HIV/AIDS Epidemic and the Gay and Lesbian Communities.* Chicago: University of Chicago Press.

Galea, S., et al. 2002. "Psychological sequelae of the September 11 terrorist attacks in New York City." *New England Journal of Medicine, 346,* 982–987.

Galen, Luke W., and William M. Rogers. 2004. "Religiosity, alcohol expectancies, drinking motives and their interaction in the prediction of drinking among college students." *Journal of Studies on Alcohol, 65,* 469–476.

Gallagher, Bernard. 2002. *The Sociology of Mental Illness,* 4th ed. Upper Saddle River, N.J.: Prentice Hall.

Gallup-Black, Adria. 2005. "Twenty years of rural and urban trends in family and intimate partner homicide: Does place matter?" *Homicide Studies, 9,* 149–173.

Gambetta, Diego (ed.). 2005. *Making Sense of Suicide Missions.* New York: Oxford University Press.

Gamerman, Ellen. 2006. "Legalized 'cheating.'" *Wall Street Journal,* January 21, pp. 1, 8.

Gamper, Catharine M. 2004. "Perceived social competence and rape myth endorsement." *Deviant Behavior, 25,* 133–150.

Gamwell, Lynn, and Nancy Tomes. 1995. *Madness in America: Cultural and Medical Perceptions of Mental Illness before 1914.* Ithaca, N.Y.: Cornell University Press.

Ganzini, Linda, et al. 2008. "Why Oregon patients request assisted death: Family members' views." *JGIM: Journal of General Internal Medicine, 23,* 154–157.

Garber, Kent. 2008. "Who's behind the bible of mental illness." *U.S. News & World Report,* January, pp. 25–26.

Garfinkel, Harold. 1967. *Studies in Ethnomethodology.* Englewood Cliffs, N.J.: Prentice Hall.

Garland, David. 1993. *Punishment and Modern Society: A Study in Social Theory.* Chicago: University of Chicago Press.

Gauthier, DeAnn K., and William B. Bankston. 2004. "'Who kills whom' revisited: A sociological study of variation in the sex ratio of spouse killings." *Homicide Studies, 8,* 96–122.

Gavey, Nicola. 2005. *Just Sex? The Cultural Scaffolding of Rape.* London: Routledge.

Gearan, Ann. 2006. "U.S. cites countries for human trafficking." www.yahoo.com, June 5, 2006.

Geis, Gilbert, and Robley Geis. 1979. "Rape in Stockholm: Is permissiveness relevant?" *Criminology, 17,* 315.

Geis, Gilbert. 1984. "White-collar and corporate crime." In Robert F. Meier (ed.), *Major Forms of Crime.* Beverly Hills, Calif.: Sage Publications.

Gelles, Richard J. 1985. "Family violence." *Annual Review of Sociology, 11,* 347–367.

Gelles, Richard J. 1995. *Contemporary Families: A Sociological View.* Thousand Oaks, Calif.: Sage Publications.

Gelles, Richard J. 1998. "Family violence." In Michael Tonry (ed.), *The Handbook of Crime and Punishment.* New York: Oxford University Press.

Gelles, Richard J., and Murray A. Straus. 1987. "The cost of family violence." *Public Health Reports, 102,* 638–641.

Gelles, Richard J., and Murray Straus. 1988. *Family Violence.* Beverly Hills, Calif.: Sage Publications.

Gelman, David, et al. 1994. "The rapist: An overview." In Karin L. Swisher, Carol Wekesser, and William Barbour (eds.), *Violence Against Women.* San Diego, Calif.: Greenhaven.

George, Robert, Fred Wulczyn, and David Funshel. 1994. "A foster care research agenda for the 90s." *Child Welfare, 73,* 525–549.

Gianelli, Diane M. 1999. "Oregon suicide report contains some surprises." *American Medical News, 42,* March 8, pp. 9, 11.

Gibbs, Nancy. 1993a. "R for Death." *Time,* May 31, p. 37.

Gibbs, Nancy. 1993b. "'Til death do us part." *Time,* January 18, p. 41.

Gibbs, Nancy. 1995. "Love and let die." In Robert Emmet Long (ed.), *Suicide.* New York: Wilson.

Gibbs, Nancy. 2007. "Darkness falls: One troubled student rains down death on a quiet campus." *Time,* April 30, pp. 37–53.

Gidycz, Christine A., and Mary P. Koss. 1991. "The effects of acquaintance rape on the female victim." In Andrea Parrot and Laurie Bechhofer (eds.), *Acquaintance Rape.* New York: Wiley.

Gilbert, Neil. 1995. "Realities and mythologies of rape." In Alex Thio and Thomas C. Calhoun (eds.), *Readings in Deviant Behavior.* New York: HarperCollins.

Gilgoff, Dan, and Jay Tolson. 2003. "Losing friends?" *U.S. News & World Report,* March 17, p. 40.

Gill, Carol J. 2001. "Divided understanding: The social experience of disability." In Gary L. Albrecht et al. (eds.), *Handbook of Disability Studies.* Thousand Oaks, Calif.: Sage Publications.

Gillespie, Michael, Valerie Hearn, and Robert A. Silverman. 1998. "Suicide following homicide in Canada." *Homicide Studies, 2,* 46–63.

Gillespie, Terry. 1996. "Rape crisis centers and 'male rape': A face of the backlash." In Marianne Hester et al. (eds.), *Women, Violence and Male Power.* Philadelphia: Open University Press.

Gilmartin, Brian G. 1975. "That swinging couple down the block." *Psychology Today,* February, pp. 54–58.

Girard, Chris. 1993. "Age, gender, and suicide: A cross-national analysis." *American Sociological Review, 58,* 553–574.

Glasberg, D. S., and D. Skidmore. 1998. "The dialectics of white-collar crime: The anatomy of the savings and loan crisis and the case of Silverado Banking, Savings and Loan Association." *American Journal of Economics and Sociology, 57,* 423–449.

Glaser, Daniel. 1956. "Criminality theories and behavioral images." *American Journal of Sociology, 61,* 433–444.

Glaser, Jack, and Kimberly Kahn. 2005. "Prejudice, discrimination, and the Internet." pp. 247–274 in Yair Amichai-Hamburger (ed.), *The Social Net: Understanding Human Behavior in Cyberspace.* New York: Oxford University Press.

Glass, Shirley P., and Thomas L. Wright. 1992. "Justifications for extramarital relationships: The association between attitudes, behaviors, and gender." *Journal of Sex Research, 29,* 361–387.

Glassner, Barry. 1991. "Jewish sobriety." In David J. Pittman and Helene Raskin White (eds.), *Society, Culture, and Drinking Patterns Reexamined.* New Brunswick, N.J.: Rutgers Center of Alcohol Studies.

Glater, Jonathan D. 2002. "Mad as hell: Hard time for white-collar crime." *New York Times,* July 28, Section 4, p. 5.

Gleick, Elizabeth. 1995. "The crooked blue line." *Time,* September 11, pp. 39–42.

Gleick, Elizabeth. 1996. "Putting the jail in jailbait." *Time,* January 29, pp. 33–34.

Goetting, Ann. 1989. "Patterns of marital homicide: A comparison of husbands and wives." *Journal of Comparative Family Studies, 22,* 341–354.

Goetting, Ann. 1995. *Homicide in Families and Other Social Populations.* New York: Springer.

Goffman, Erving. 1961. *Asylums.* Garden City, N.Y.: Anchor.

Gold, Martin. 1958. "Suicide, homicide, and the socialization of aggression." *American Journal of Sociology, 43,* 651–661.

Goldberg, Carey. 1998. "Little drop in college binge drinking." *New York Times,* September 11, p. A12.

Goldner, Norman S. 1972. "Rape as a heinous but understudied offense." *Journal of Criminal Law, Criminology and Police Science, 63,* 402–407.

Goldsmith, S. K., et al. 2002. *Reducing Suicide: A National Imperative.* Washington, D.C.: National Academies Press.

Goleman, Daniel. 1986. "Aid in day-to-day life seen as hope for schizophrenics." *New York Times,* March 19, pp. 1, 12.

Goleman, Daniel. 1992. "A rising cost of modernity: Depression." *New York Times,* December 8, p. B6.

Goode, Erica. 2002. "Antidepressants lift clouds, but lose 'miracle drug' label." *New York Times,* June 30, pp. 1, 18.

Goode, Erich. 1981. "Drugs and crime." In Abraham S. Blumberg (ed.), Current Perspective on Criminal Behavior. New York: Knopf.

Goode, Erich. 1991. "Positive deviance: A viable concept?" *Deviant Behavior, 12,* 289–309.

Goode, Erich. 2004a. "Legalize it? A bulletin from the war on drugs." *Contexts,* Summer, pp. 19–25.

Goode, Erich. 2004b. "The stigma of obesity." In Alex Thio and Thomas C. Calhoun (eds.), *Readings in Deviant Behavior,* 3d ed. Boston: Allyn and Bacon.

Goode, Erich. 2005a. *Drugs in American Society,* 6th ed. New York: McGraw-Hill.

Goode, Erich. 2005b. *Deviant Behavior,* 7th ed. Upper Saddle River, N.J.: Prentice Hall.

Goodwin, Donald W. 1991. "The etiology of alcoholism." In David J. Pittman and Helene Raskin White (eds.), *Society, Culture, and Drinking Patterns Reexamined.* New Brunswick, N.J.: Rutgers Center of Alcohol Studies.

Gordon, Margaret T., and Stephanie Riger. 1989. *The Female Fear.* New York: Free Press.

Gorman, Christine, and Wendy Cole. 2004. "Between the sexes." *Time,* March 1, pp. 54–56.

Gorman, Christine. 1992. "Can drug firms be trusted?" *Time,* February 10, p. 43.

Gosselin, Denise Kindschi. 2000. *Heavy Hands: An Introduction to the Crimes of Domestic Violence.* Upper Saddle River, N.J.: Prentice Hall.

Gosselin, Denise Kindschi. 2005. *Heavy Hands: An Introduction to the Crimes of Family Violence,* 3d ed. Upper Saddle River, N.J.: Prentice Hall.

Gottesman, Irving I. 1995. "Genetic factors contribute to schizophrenia." In David Bender and Bruno Leone (eds.), *Mental Illness: Opposing Viewpoints.* San Diego, Calif.: Greenhaven.

Gottfredson, Michael R., and Travis Hirschi. 1990. *A General Theory of Crime.* Newbury Park, Calif.: Sage Publications.

Gould, Leroy C. 1969. "The changing structure of property crime in an affluent society." *Social Forces, 48,* 50–59.

Gould, Terry. 2000. *The Lifestyle: A Look at the Erotic Rites of Swingers.* Buffalo, N.Y.: Firefly Books.

Gove, Walter R. 1970. "Societal reaction as an explanation of mental illness: An evaluation." *American Sociological Review, 35,* 882.

Gove, Walter R. 1982. "Labeling theory's explanation of mental illness: An update of recent evidence." *Deviant Behavior, 3,* 307–327.

Gove, Walter R. 1984. "Gender differences in mental and physical illness: The effects of fixed roles and nurturant roles." *Social Science and Medicine, 19,* 77–84.

Gove, Walter R. 2004. "The career of the mentally ill: an integration of psychiatric, labeling/social construction, and lay perspectives." *Journal of Health and Social Behavior, 45,* 357–375.

Gove, Walter R., and Michael Hughes. 1980. "Reexamining the ecological fallacy: A study in which aggregate data are critical in investigating the pathological effects of living alone." *Social Forces, 58,* 1157–1177.

Graham, Kathryn, William Turnbull, and Linda LaRocque. 1979. "Effects of alcohol on moral judgment." *Journal of Abnormal Psychology, 88,* 442–445.

Gray, Susan H. 1982. "Exposure to pornography and aggression toward women: The case of the angry male." *Social Problems, 29,* 387–398.

Greeley, Andrew M. 2004. *Priests: A Calling in Crisis.* Chicago: University of Chicago Press.

Green, Edward, and Russell P. Wakefield. 1979. "Patterns of middle and upper class homicide." *Journal of Criminal Law and Criminology, 70,* 172–181.

Green, Gary S. 1990. *Occupational Crime.* Chicago: Nelson-Hall.

Green, Joshua. 2006. "Cyberterrorism is not a major threat." pp. 56–65 in Lisa Yount (ed.), *Does the Internet Increase the Risk of Crime?* Detroit, Mich.: Greenhaven Press.

Green, Sara, et al. 2005. "Living stigma: The impact of labeling, stereotyping, separation, status loss, and discrimination in the lives of individuals with disabilities and their families." *Sociological Inquiry, 75,* 197–215.

Greenberg, David F. (ed.). 1981. *Crime and Capitalism: Readings in Marxist Criminology.* Palo Alto, Calif.: Mayfield.

Greenberg, Michael, and Dona Schneider. 1994. "Violence in American cities: Young black males is the answer, but what was the question?" *Social Science and Medicine, 39,* 179–187.

Greenberg, Scott. 1996. "Why do workers bite the hands that feed them? Employee theft as a social exchange process." *Research in Organizational Behavior, 18,* 111–156.

Greenhouse, Linda. 1999. "Sex harassment in class is ruled schools' liability." *New York Times,* May 15, pp. A1, A24.

Greenwald, Harold. 1970. *The Elegant Prostitute.* New York: Walker.

Greer, Frank I., and Rhona Strasberg Weinstein. 1979. "Suicide prevention outreach: Callers and noncallers compared." *Psychological Reports, 44,* 387–393.

Gregory, Raymond F. 2004. *Unwelcome and Unlawful: Sexual Harassment in the American Workplace.* Ithaca, N.Y.: Cornell University Press.

Griffin, Sean Patrick. 2003. "'Emerging' organized crime hypotheses in criminology textbooks: The case of African-American organized crime." *Journal of Criminal Justice Education, 14,* 287–300.

Griffin, Susan. 1971. "Rape: The all-American crime." *Ramparts,* September, pp. 4–5.

Griffiths, Mark D., and Jonathan Parke. 2002. "The social impact of Internet gambling." *Social Science Computer Review, 20,* 312–320.

Gross, William C. 1993. "Gender and age differences in college students' alcohol consumption." *Psychological Reports, 72,* 211–216.

Grossman, Dave. 1995. *On Killing: The Psychological Cost of Learning to Kill in War and Society.* Boston: Little, Brown.

Groth, A. Nicholas, and H. Jean Birnbaum. 1979. *Men Who Rape.* New York: Plenum.

Groth, A. Nicholas. 1983. "Rape: Behavioral aspects." In S. H. Kadish (ed.), *Encyclopedia of Crime and Justice.* New York: Free Press.

Gruenbaum, Ellen. 2001. *The Female Circumcision Controversy: An Anthropological Perspective.* Philadelphia: University of Pennsylvania Press.

Gunnell, David, Helen Wehner, and Stephen Frankel. 1999. "Sex differences in suicide trends in England and Wales." *Lancet, 353,* 556–557.

Gusfield, Joseph R. 1991. "Status conflicts and the changing ideologies of the American temperance movement." In David J. Pittman and Charles R. Snyder (eds.), *Society, Culture, and Drinking Patterns.* New York: Wiley.

Guthrie, Patricia. 2006. "Assisted suicide debated in the United States." *CMAJ: Canadian Medical Association Journal, 174,* 755–756.

H&MW (Health & Medicine Week). 2001. "Study finds women at greater risk of harm by alcoholism." *H&MW,* April 2, pp. 13–14.

Hagmann, Michael. 2001. "Alcohol takes its toll on Europe's youth." *Bulletin of the World Health Organization, 79,* 380.

Hale, Chris. 2006. "Internet crime is increasing." pp. 10–18 in Lisa Yount (ed.), *Does the Internet Increase the Risk of Crime?* Detroit, Mich.: Greenhaven Press.

Hammond, D. Corydon, and Gary Q. Jorgensen. 1981. "Alcohol and sex: A volatile cocktail." *USA Today: The Magazine of the American Scene,* July, pp. 44–46.

Hampton, Tracy. 2006. "Interplay of genes and environment found in adolescents' alcohol abuse." *JAMA: Journal of the American Medical Association, 295,* 1760–1762.

Handel, Warren. 1982. *Ethnomethodology: How People Make Sense.* Englewood Cliffs, N.J.: Prentice Hall.

Hannon, Lance E. 2005. "Extremely poor neighborhoods and homicide." *Social Science Quarterly, 86,* 1418–1434.

Hansen, Brian. 2004. "The proliferation of cybercrimes." In Alex Thio and Thomas C. Calhoun (eds.), *Readings in Deviant Behavior,* 3d ed. Boston: Allyn and Bacon.

Hanson, Bill, et al. 1985. *Life with Heroin: Voices from the Inner City.* Lexington, Mass.: Health.

Hanson, David J. 1995. "The United States of America." In Dwight B. Heath (ed.), *International Handbook on Alcohol and Culture.* Westport, Conn.: Greenwood.

Hanson, David J., and Ruth C. Engs. 1992. "College students' drinking problems: A national study, 1982–1991." *Psychological Reports, 71,* 39–42.

Haqqani, Husain, and Daniel Kimmage. 2005. "Suicidology." *New Republic,* October 3, pp. 14–15.

Haran, James F., and John M. Martin. 1984. "The armed urban bank robber: A profile." *Federal Probation, 48* (December), 51.

Harman, Lesley D. 1985. "Acceptable deviance as social control: The case of fashion and slang." *Deviant Behavior, 6,* 1–15.

Harned, Melanie S. 2005. "Understanding women's labeling of unwanted sexual experiences with dating partners: A qualitative analysis." *Violence Against Women, 11,* 374–413.

Harper, Dee Wood, and Lydia Voigt. 2007. "Homicide followed by suicide: An integrated theoretical perspective." *Homicide Studies, 11,* 295–318.

Harper, Frederick D., and Elaheh Saifnoorian. 1991. "Drinking patterns among black Americans." In David J. Pittman and Helene Raskin White (eds.), *Society, Culture, and Drinking Patterns Reexamined.* New Brunswick, N.J.: Rutgers Center of Alcohol Studies.

Harries, Keith D. 1990. *Serious Violence: Patterns of Homicide and Assault in America.* Springfield, Ill.: Charles C. Thomas.

Harris Interactive. 2004. *Therapy in America 2004.* http://cms.psychologytoday.com/pto/topline_report_042904.pdf.

Harris, Andrew, and Arthur J. Lurigio. 2007. "Mental illness and violence: A brief review of research and assessment strategies." *Aggression and Violent Behavior, 12,* 542–551.

Harris, Gardiner. 2006. "F.D.A. dismisses medical benefit from marijuana." *New York Times,* April 21, pp. A1, A23.

Harrison, Lana D. 1992. "The drug-crime nexus in the USA." *Contemporary Drug Problems, 19,* 257–258.

Harry, Joseph, and Mary C. Sengstock. 1978. "Attribution, goals, and deviance." *American Sociological Review, 43,* 278–280.

Harry, Joseph. 1983. "Parasuicide, gender, and gender deviance." *Journal of Health and Social Behavior, 24,* 350–361.

Hasin, Deborah S., Bridget Grant, and Jean Endicott. 1990. "The natural history of alcohol abuse: Implications for definitions of alcohol use disorders." *American Journal of Psychiatry, 147,* 1537–1541.

Hassanin, Ibrahim, et al. 2008. "Prevalence of female genital cutting in Upper Egypt: 6 years after enforcement of prohibition law." *Reproductive BioMedicine Online, 16,* 27–31.

Hawkins, Joseph R. 2000. "Japan's journey into homophobia." *Gay & Lesbian Review Worldwide,* 7 (Winter), pp. 36–38.

Hawton, Keith, and Louise Harriss. 2008. "Deliberate self-harm by under-15-year-olds: Characteristics, trends, and outcome." *Journal of Child Psychology and Psychiatry, 49,* 441–448.

Hayes, Lindsay M. 1995. *Prison Suicide: An Overview and Guide to Prevention.* Washington, D.C.: U.S. Department of Justice.

Headden, Susan, and Gordon Witkin. 1993. "Preying on the helpless." *U.S. News & World Report,* May 24, pp. 48–52.

Hebl, Michelle R., and Julie M. Turchin. 2005. "The stigma of obesity: What about men?" *Basic and Applied Social Psychology, 27,* 267–275.

Hebl, Michelle R., and Robert E. Kleck. 2000. "The social consequences of physical disability." In Todd F. Heatherton et al. (eds.), *The Social Psychology of Stigma.* New York: Guilford Press.

Hechinger, John. 2002. "Easy money." *Wall Street Journal,* October 8, pp. A1, A18.

Heckert, Alex, and Druann Maria Heckert. 2002. "A new typology of deviance: Integrating normative and reactivist definitions of deviance." *Deviant Behavior, 23,* 449–479.

Heckert, D. Alex, and Edward W. Gondolf. 2000. "The effect of perceptions of sanctions on batterer program outcomes." *Journal of Research in Crime and Delinquency, 37,* 369–346.

Heidensohn, Frances. 1995. *Women and Crime,* 2d ed. New York: New York University Press.

Heidensohn, Frances. 2002. "15. Gender and crime." pp. 491–530 in Mike Maguire and Rodney Morgan (eds.), *Oxford Handbook of Criminology.* New York: Oxford University Press.

Heien, Dale M., and David J. Pittman. 1993. "The external costs of alcohol abuse." *Journal of Studies on Alcohol, 54,* 302–307.

Helliker, Kevin. 2006. "The case for Alcoholics Anonymous: It works even if the science is lacking." *Wall Street Journal,* October 17, p. D1.

Helm, Burt. 2006. "Common-sense home safety." *Business Week Online,* May 9, p. 5.

Helmer, John. 1975. *Drugs and Minority Oppression.* New York: Seabury.

Hendin, Herbert. 1979. "A saner policy on suicide." *Psychology Today,* May, p. 115.

Hendin, Herbert. 1995. *Suicide in America.* New York: Norton.

Hendin, Herbert. 1997. *Seduced by Death: Doctors, Patients, and the Dutch Cure.* New York: Norton.

Hendrie, Caroline. 2004. "Report examining sexual misconduct taps some nerves." *Education Week,* July 14, pp. 1–2.

Hendrix, Melissa. 1993. "Is it a boy or a girl?" *Johns Hopkins Magazine,* November, pp. 10–16.

Henry, Andrew, and James Short. 1954. *Suicide and Homicide.* New York: Free Press.

Henry, William A. III. 1993. "Gay parents: Under fire and on the rise." *Time,* September 20, pp. 68–71.

Henshel, Anne-Marie. 1973. "Swinging: A study of decision making in marriage." *American Journal of Sociology, 78,* 885–891.

Hensley, Christopher, and Richard Tewksbury. 2005. "Wardens' perceptions of prison sex." *The Prison Journal, 85,* 186–197.

Henslin, James M. 1970. "Guilt and guilt neutralization: Response and adjustment to suicide." In Jack D. Douglas (ed.), *Deviance and Respectability.* New York: Basic Books.

Hepburn, John R. 1977. "Social control and the legal order: Legitimated repression in a capitalist state." *Contemporary Crises, 1,* 84.

Herbert, Bob. 1995. "Killer cops." *New York Times,* September 15, p. A15.

Herd, Denise. 1991. "Drinking patterns in the black population." In Walter B. Clark and Michael E. Hilton (eds.), *Alcohol in America.* Albany: State University of New York Press.

Herdt, Gilbert. 1990. "Developmental discontinuities and sexual orientation across cultures." In David P. McWhirter et al. *Homosexuality/Heterosexuality.* New York: Oxford University Press.

Herman, Ellen, and Martin B. Duberman. 1995. *Psychiatry, Psychology, and Homosexuality.* New York: Chelsea House.

Herman, Judith Lewis. 1995. "Considering sex offenders: A model of addiction." In Patricia Searles and Ronald J. Berger (eds.), *Rape and Society.* Boulder, Colo.: Westview.

Hess, John H., and Herbert E. Thomas. 1963. "Incompetency to stand trial: Procedures, results, and problems." *American Journal of Psychiatry, 119,* 713–720.

Hill, Andrew. 2002. "Ex-Tyco chairman free on $10m bail." FT.com, September 27.

Hill, Herbert. 1973. "Anti-oriental agitation and the rise of working-class racism." *Society, 10,* January/February, p. 52.

Hill, Simon A., et al. 2005. "Changing patterns of suicide in a poor, rural county over the 20th century." *Social Psychiatry & Psychiatric Epidemiology, 40,* 601–604.

Hills, Stuart L. 1980. *Demystifying Social Deviance.* New York: McGraw-Hill.

Hilton, Michael E. 1991. "Regional diversity in U.S. drinking practices." In Walter B. Clark and Michael E. Hilton (eds.), *Alcohol in America: Drinking Practices and Problems.* Albany: State University of New York Press.

Hilts, Philip J. 1987. "AIDS infection found in 11% of U.S. prostitutes." *Washington Post,* March 27, pp. A1, A10.

Himmelstein, Jerome L. 1983. *The Strange Career of Marijuana: Politics and Ideology of Drug Control in America.* Westport, Conn.: Greenwood.

Hinrichsen, Gregory A., Nancy A. Hernandez, and Simcha Pollack. 1992. "Difficulties and rewards in family care of depressed older adults." *Gerontologist, 32,* 486–492.

Hirschi, Travis. 1962. "The professional prostitute." *Berkeley Journal of Sociology, 7,* 44–45.

Hirschi, Travis. 1969. *Causes of Delinquency.* Berkeley and Los Angeles: University of California Press.

Hirschi, Travis. 1973. "Procedural rules and the study of deviant behavior." *Social Problems, 21,* 166–171.

Hirschi, Travis, and Michael R. Gottfredson (eds.). 1994. *The Generality of Deviance.* New Brunswick, N.J.: Transaction.

Hirschi, Travis, and Michael Gottfredson. 2000. "In defense of self-control." *Theoretical Criminology, 4,* 55–69.

Hitt, Jack. 1999. "The battle of the binge." *New York Times Magazine,* October 24, pp. 31–32.

Hochstetler, Andy. 2004. "Interactional dynamics in robbery." pp. 303–307 in Alex Thio and Thomas C. Calhoun (eds.), *Readings in Deviant Behavior,* 3d ed. Boston: Allyn and Bacon.

Hochstetler, Andy, Heith Copes, and Matt DeLisi. 2002. "Differential association in group and solo offending." *Journal of Criminal Justice, 30,* 559–566.

Hodgson, James F. 1997. *Games Pimps Play: Pimps, Players and Wives-in-Law.* Toronto: Canadian Scholars' Press.

Hollinger, Richard C., and John P. Clark. 1983. *Theft by Employees.* Lexington, Mass.: Lexington Books.

Holmes, Ronald M., and Stephen T. Holmes. 1992. "Understanding mass murder: A starting point." *Federal Probation, 56,* 53–61.

Holtzworth-Munroe, Amy. 2005. "Male versus female intimate partner violence: Putting controversial findings into context." *Journal of Marriage and Family, 67,* 1120–1125.

Holzman, Harold R., and Sharon Pines. 1982. "Buying sex: The phenomenology of being a john." *Deviant Behavior, 4,* 105.

Homer, Frederic D. 1974. *Guns and Garlic: Myths and Realities of Organized Crime.* West Lafayette, Ind.: Purdue University Press.

Hoover, Eric. 2004. "Studies find 'social norms' strategy reduces drinking at colleges." *Chronicle of Higher Education,* August 13, p. A32.

Hornblower, Margot. 1993. "The skin trade." *Time,* June 21, p. 45.

Horwitz, Allan V., and Jerome C. Wakefield. 2006. "The epidemic in mental illness: Clinical fact or survey artifact?" *Contexts, Vol. 5* (Winter), pp. 19–23.

Horwitz, Allan V., Susan C. Reinhard, and Sandra Howell-White. 1996. "Caregiving as reciprocal exchange in families with seriously mentally ill members." *Journal of Health and Social Behavior, 37,* 149–162.

Hosansky, David. 2004. "Should government fund more prevention programs?" *CQ Researcher,* February, pp. 1–32.

Hosenball, Mark. 2002. "Islamic cyberterror." *Newsweek,* May 20, p. 10.

Hughes, Stella P., and Richard A. Dodder. 1992. "Changing the legal minimum drinking age: Results of a longitudinal study." *Journal of Studies on Alcohol, 53,* 568–575.

Humphreys, Laud. 1970. "Tearoom trade: Impersonal sex in public places." *Transaction, 7,* 17–18.

Humphreys, Laud. 1972. *Out of the Closets.* Englewood Cliffs, N.J.: Prentice Hall.

Hunt, Albert R. 1995. "The best Congress money can buy." *Wall Street Journal,* September 7, p. A15.

Hunter, Patricia A., Roseann Hannon, and David Marchi. 1982. "Alcohol consumption in natural settings as a function of sex, age, and income level." *Journal of Studies on Alcohol, 43,* 387–392.

Hurlburt, Graham, Eldon Gade, and Dale Fuqua. 1984. "Personality differences between Alcoholics Anonymous members and nonmembers." *Journal of Studies on Alcohol, 45,* 170–171.

Huselid, Rebecca Farmer, and M. Lynne Cooper. 1992. "Gender roles as mediators of sex differences in adolescent alcohol use and abuse." *Journal of Health and Social Behavior, 33,* 348–362.

Hutson, Matthew. 2008. "Vice or virtue?" *Psychology Today,* February, p. 18.

HWHW (Harvard Women's Health Watch). 2000. "Women and moderate drinking: Health in the balance." *HWHW,* November, pp. 2–3.

Hyatt, Ralph. 1993. "Carjacking: A sign of the times." *USA Today: The Magazine of the American Scene, 22,* September, pp. 40–41.

Ibrahim, Farah A. 1995. "Suicidal behavior in Asian-American women." In Silvia Sara Canetto and David Lester (eds.), *Women and Suicidal Behavior.* New York: Springer.

Irvine, Janice M. 2002. *Talk about Sex: The Battles over Sex Education in the United States.* Berkeley: University of California Press.

Irwin, John. 1970. *The Felon.* Englewood Cliffs, N.J.: Prentice Hall.

Irwin, Katherine. 2001. "Legitimating the first tattoo: Moral passage through informal interaction." *Symbolic Interaction, 24,* 49–73.

Isikoff, Michael, et al. 2006. "How the Jefferson search put Bush in a bind." *Newsweek,* June 5, p. 6.

Isikoff, Michael. 1995. "Crack, coke and race." *Newsweek,* November 6, p. 77.

Isikoff, Michael. 1997. "The White House shell game." *Newsweek,* February 10, pp. 34–35.

Itzin, Catherine (ed.). 1993. *Pornography: Women, Violence, and Civil Liberties: A Radical View.* New York: Oxford University Press.

Jackley, John L. 1992. *Hill Rat: Blowing the Lid Off Congress.* Washington, D.C.: Regnery Gateway.

Jackson, James O. 1996. "The lost children." *Time,* March 25, pp. 44–45.

Jackson, Kristina M., et al. 2005. "Drinking among college students: Consumption and consequences." pp. 85–117 in Marc Galanter (ed.), *Recent Developments in Alcoholism.* New York: Kluwer Academic/ Plenum Publishers.

Jackson, Lois, et al. 1992. "Varied potential risks of HIV infection among prostitutes." *Social Science and Medicine, 35,* 281–286.

Jacobs, Andrew. 2005. "As shoplifters improve game, police do, too." *New York Times,* December 24, pp. B1, B4.

Jacobs, Bruce A. 2000. *Robbing Drug Dealers: Violence Beyond the Law.* New York: Aldine de Gruyter.

Jacobs, Jerry. 1967. "A phenomenological study of suicide notes." *Social Problems, 15,* 60–72.

Jaffe, Jerome H. 1965. "Drug addiction and drug abuse." In Louis S. Goodman and Alfred Gilman (eds.), *The Pharmacological Basis of Therapeutics.* New York: Macmillan.

Jamieson, Katherine M. 1994. *The Organization of Corporate Crime: Dynamics of Antitrust Violation.* Thousand Oaks, Calif.: Sage Publications.

Janus, Samuel S., and Cynthia L. Janus. 1993. *The Janus Report on Sexual Behavior.* New York: Wiley.

Jasper, Jann. 1992. "Rape: Are you at risk?" *New Woman, 22,* 80–86.

Jefferson, David J. 2005. "America's most dangerous drug." *Newsweek,* August 8, pp. 41–48.

Jehl, Douglas, and David Rohde. 2004. "Captured Queda figure led way to information behind warning." *New York Times,* August 2, p. A1.

Jellinek, E. M. 1952. "Phases of alcohol addiction." *Quarterly Journal of Studies on Alcohol, 13,* 673–684.

Jenkins, Holman W. Jr. 2004. "Is corporate fraud too hard for juries?" *Wall Street Journal,* April 14, p. A15.

Jenkins, Philip. 2001. *Beyond Tolerance: Child Pornography on the Internet.* New York: New York University Press.

Jenks, Richard J. 1985. "Swinging: A test of two theories and a proposed new model." *Archives of Sexual Behavior, 14,* 517–527.

Jenks, Richard J. 1998. "Swinging: A review of the literature." *Archives of Sexual Behavior, 27,* 507–521.

Jenness, Valerie. 1990. "From sex as sin to sex as work: COYOTE and the reorganization of prostitution as a social problem." *Social Problems, 37,* 403–420.

Jerome, Richard, et al. 2004. "The cyberporn generation." *People,* April 26, pp. 72–76.

Jersild, Devon. 2001. *Happy Hours: Alcohol in a Woman's Life.* New York: HarperCollins.

Jersild, Devon. 2002. "Alcohol in the vulnerable lives of college women." *Chronicle of Higher Education,* May 31, pp. B19–11.

Johnson, Charles Felzen. 2004. "Child sexual abuse." *Lancet, 364,* 462–470.

Johnson, Dirk, and Adam Piore. 2004. "At home in two worlds." *Newsweek,* October 18, pp. 52–54.

Johnson, Dirk. 2004. "Policing a rural plague." *Newsweek,* March 8, p. 41.

Johnson, Dirk. 2006. "A terrible connection." *Newsweek,* January 9, p. 31.

Johnson, Matthew C., and Glen A. Kercher. 2007. "ADHD, strain, and criminal behavior: A test of general strain theory." *Deviant Behavior, 28,* 131–152.

Johnston, David. 1997. "The mystery of the violent bank jobs." *New York Times,* March 30, p. E4.

Johnston, Lloyd D., et al. 1986. *Drug Use Among American High School Students, College Students, and Other Young Adults.* Rockville, Md.: National Institute on Drug Abuse.

Joiner, Thomas. 2005. *Why People Die by Suicide.* Cambridge, Mass.: Harvard University Press.

Jones, Peter, et al. 1993. "Premorbid social underachievement in schizophrenia: Results from the Camberwell Collaborative Psychosis Study." *British Journal of Psychiatry, 162,* 65–71.

Jukkala, Tanya, et al. 2008. "Economic strain, social relations, gender, and binge drinking in Moscow." *Social Science & Medicine, 66,* 663–674.

Jurich, Anthony P., and Cheryl J. Polson. 1984. "Reasons for drug use: Comparison of drug users and abusers." *Psychological Reports, 55,* 371–378.

Kahan, Dan M. 1997. "It's a shame we have none." *Wall Street Journal,* January 15, p. A14.

Kalb, Claudia. 2001. "Playing with painkillers." *Newsweek,* April 9, pp. 45–48.

Kalb, Claudia. 2008. "And now, back in the real world . . . " *Newsweek,* March 3, p. 41.

Kandel, Denise B., and Richard Jessor. 2002. "The gateway hypothesis revisited." pp. 365–372 in Denise B. Kandel (ed.), *Stages and Pathways of Drug Involvement.* Cambridge, U.K.: Cambridge University Press.

Kanin, Eugene J. 1984. "Date rape: Unofficial criminals and victims." *Victimology: An International Journal, 9,* 95–108.

Kanin, Eugene J. 1985. "Date rapists: Differential sexual socialization and relative deprivation." *Archives of Sexual Behavior, 14,* 219–231.

Kanin, Eugene J., and Stanley R. Parcell. 1981. "Sexual aggression: A second look at the offended female." In Lee H. Bowker (ed.), *Women and Crime in America.* New York: Macmillan.

Kantor, Glenda, and Murray A. Straus. 1990. "The 'drunken bum' theory of wife beating." In M. A. Straus and R. J. Gelles (eds.), *Physical Violence in American Families.* New Brunswick, N.J.: Transaction.

Kantrowitz, Barbara. 1996. "Gay families come out." *Newsweek,* November 4, pp. 50–57.

Kaplan, David A. 1991. "The bank robbery boom." *Newsweek,* December 9, p. 63.

Kaplan, David E. 1998. "Yakuza Inc." *U.S. News & World Report,* April 13, pp. 40–47.

Kaplan, David E. 2003. "Playing offense." *U.S. News & World Report,* June 2, pp. 18–29.

Kaplan, David E., and Kevin Whitelaw. 2004. "Terror's new soldiers." *U.S. News & World Report,* November 1, pp. 34–35.

Kaplan, Howard B. 1972. *The Sociology of Mental Illness.* New Haven, Conn.: College and University Press.

Kaplan, Howard B., et al. 1986. "Escalation of marijuana use: Application of a general theory of deviant behavior." *Journal of Health and Social Behavior, 27,* 44–61.

Kappeler, Victor E., Mark Blumberg, and Gary W. Potter. 1993. *The Mythology of Crime and Criminal Justice.* Prospect Heights, Ill.: Waveland.

Kappeler, Victor E., Richard D. Sluder, and Geoffrey P. Alpert. 1998. *Forces of Deviance: Understanding the Dark Side of Policing,* 2d ed. Prospect Heights, Ill.: Waveland.

Karlin-Resnick, Joshua. 2004. "Helping students stay clean and sober." *Chronicle of Higher Education,* August 31, pp. A31–A33.

Kart, Gary S. 1990. *The Realities of Aging,* 3d ed. Boston: Allyn and Bacon.

Katchadourian, Herant. 1985. *Fundamentals of Human Sexuality,* 4th ed. New York: Holt, Rinehart and Winston.

Katz, Bonnie L. 1991. "The psychological impact of stranger versus nonstranger rape on victims' recovery." In Andrea Parrot and Laurie Bechhofer (eds.), *Acquaintance Rape.* New York: Wiley.

Katz, Jack. 1988. *Seductions of Crime: Moral and Sensual Attractions in Doing Evil.* New York: Basic Books.

Kaufman, Joan, and Edward Zigler. 1987. "Do abused children become abusive parents?" *American Journal of Orthopsychiatry, 57,* 186–192.

Kaufman, Joan, and Edward Zigler. 1993. "The intergenerational transmission of abuse is overstated." In Richard J. Gelles and Donileen R. Loseke (eds.), *Current Controversies on Family Violence.* Newbury Park, Calif.: Sage Publications.

Kay, William K., and Leslie J. Francis. 2006. "Suicidal ideation among young people in the U.K.: Churchgoing as an inhibitory influence?" *Mental Health, Religion & Culture, 9,* 127–140.

Kaysen, Susanna. 1993. *Girl, Interrupted.* New York: Turtle Bay Books/Random House.

Kelley, Jack. 2001. "Wired for death." *USA Today,* June 26, p. 12.

Kelly, Katy. 2005. "Just don't do it!" *U.S. News & World Report,* October 17, pp. 44–51.

Kemp, Alan. 1998. *Abuse in the Family: An Introduction.* Pacific Grove, Calif.: Brooks/Cole.

Kempf, Kimberly L. 1993. "The empirical status of Hirschi's control theory." In Freda Adler and William S. Laufer (eds.), *New Directions in Criminological Theory.* New Brunswick, N.J.: Transaction.

Kendall-Tackett, Kathleen A., Linda Meyer Williams, and David Finkelhor. 1993. "Impact of sexual abuse on children: A review and synthesis of recent empirical studies." *Psychological Bulletin, 113,* 164–180.

Kendler, Kenneth S. 1983. "Overview: A current perspective on twin studies of schizophrenia." *American Journal of Psychiatry, 140,* 1413–1425.

Kessler, Ronald C., and Harold W. Neighbors. 1986. "A new perspective on the relationships among race, social class, and psychological distress." *Journal of Health and Social Behavior, 27,* 107–115.

Kessler, Ronald C., and James A. McRae, Jr. 1983. "Trends in the relationship between sex and attempted suicide." *Journal of Health and Social Behavior, 24,* 98–110.

Kessler, Ronald C., et al. 1985. "Social factors in psychopathology: Stress, social support, and coping processes." *Annual Review of Psychology, 36,* 560–561.

Kessler, Ronald C., et al. 2004. "Prevalence, severity, and unmet need for treatment of mental disorders in the World Health Organization world mental health surveys." *JAMA (Journal of the American Medical Association),* 2581–2590.

Kessler, Ronald C., et al. 2005a. "Lifetime prevalence and age-of-onset distribution of DSM-IV disorders in the national comorbidity survey replication." *Archives of General Psychiatry, 62,* 593–602.

Kessler, Ronald C., et al. 2005b. "Prevalence, severity, and comorbidity of 12-month DSM-IV disorders in the national comorbidity survey replication." *Archives of General Psychiatry, 62,* 617–627.

Kessler, Ronald., et al. 1994. "Lifetime and 12-month prevalence of DSM-III-psychiatric disorders in the United States." *Archives of General Psychiatry, 51,* 8–19.

Kety, Seymour S. 1974. "From rationalization to reason." *American Journal of Psychiatry, 131,* 957–963.

Khantzian, Edward J. 1985. "The self-medication hypothesis of addictive disorders: Focus on heroin and cocaine dependence." *American Journal of Psychiatry, 142,* 1259–1264.

Kilmer, Jason R., et al. 2006. "Misperception of college student marijuana use: Implications for prevention." *Journal of Studies on Alcohol, 67,* 277–281.

Kilpatrick, Dean G., et al. 2007. "Rape-related PTSD: Issues and interventions." *Psychiatric Times, 24,* 50–58.

King, David R. 1978. "The brutalization effect: Execution publicity and the incidence of homicide in South Carolina." *Social Forces, 57,* 683–687.

Kingston, Drew A., et al. 2008. "Pornography use and sexual aggression: The impact of frequency and type of pornography use on recidivism among sexual offenders." *Aggressive Behavior, 34,* 341–351.

Kinsey, Alfred C., et al. 1948. *Sexual Behavior in the Human Male.* Philadelphia: Saunders.

Kinsey, Alfred C., et al. 1953. *Sexual Behavior in the Human Female.* Philadelphia: Saunders.

Kirkpatrick, Clifford, and Eugene Kanin. 1957. "Male sex aggression on a university campus." *American Sociological Review, 22,* 52–58.

Kirn, Walter. 1998. "Crank." *Time,* June 22, pp. 26–32.

Kisch, Jeremy, et al. 2005. "Aspects of suicidal behavior, depression, and treatment in college students: Results from the spring 2000 national college health assessment survey." *Suicide & Life-Threatening Behavior, 35,* 3–13.

Kishor, Sunita, and Kiersten Johnson. 2004. *Profiling Domestic Violence: A Multi-Country Study.* Calverton, Md.: ORC Macro.

Kite, Mary E., and Bernard E. Whitley, Jr. 1996. "Sex differences in attitudes toward homosexual persons, behaviors, and civil rights: A meta-analysis." *Personality and Social Psychology Bulletin, 22,* 336–353.

Kitsuse, John I. 1962. "Societal reaction to deviant behavior: Problems of theory and method." *Social Problems, 9,* 247–256.

Klam, Matthew. 2001. "Experiencing Ecstasy." *New York Times Magazine,* January 21, pp. 38–43, 64–79.

Klaus, Patsy. 1999. "Carjackings in the United States, 1992–96." *Bureau of Justice Statistics Special Report,* March, U.S. Department of Justice.

Kleck, Gary, and M. Hogan. 1999. "National case-control study of homicide offending and gun ownership." *Social Problems, 46,* 275–293.

Kleinknecht, William. 1996. *The New Ethnic Mobs: The Changing Face of Organized Crime in America.* New York: Free Press.

Klemke, Lloyd W. 1992. *The Sociology of Shoplifting: Boosters and Snitches Today.* Westport, Conn.: Praeger.

Klinger, David A. 2001. "Suicidal intent in victim-precipitated homicide." *Homicide Studies, 5,* 206–226.

Kluger, Jeffrey. 2001. "How to manage teen drinking (the smart way)." *Time,* June 18, pp. 42–44.

Kluger, Jeffrey. 2003. "Medicating young minds." *Time,* November 3, pp. 48–57.

Knight, Danielle. 2006. "Ethically challenged." *U.S. News & World Report,* May 22, pp. 24–25.

Knight, Zelda G. 2006. "Some thoughts on the psychological roots of the behavior of serial killers as narcissists: An object relations perspective." *Social Behavior and Personality, 34,* 1189–1206.

Knowles, Gordon James. 1999. "Male prison rape: A search for causation and prevention." *Howard Journal of Criminal Justice, 38,* 267–282.

Koch, Wendy. 2008. "Ban on child porn web forums affects few." *USA Today,* June 13, p. 3A.

Kolata, Gina. 1992. "The burdens of being overweight: Mistreatment and misconceptions." *New York Times,* November 22, pp. 1, 18.

Kolb, Lawrence C., and H. Keith H. Brodie. 1982. *Modern Clinical Psychiatry,* 10th ed. Philadelphia: Saunders.

Konty, Mark. 2005. "Microanomie: The cognitive foundations of the relationship between anomie and deviance." *Criminology, 43,* 107–131.

Kopelowicz, Alex, and T. George Bidder. 1992. "Outcomes of schizophrenia." *American Journal of Psychiatry, 149,* 426.

Koss, Mary P. 1995. "Hidden rape: Sexual aggression and victimization in a national sample of students in higher education." In Patricia Searles and Ronald J. Berger (eds.), *Rape and Society.* Boulder, Colo.: Westview.

Koss, Mary P., et al. 1987. "The scope of rape: Incidence and prevalence of sexual aggression and victimization in a national sample of higher education students." *Journal of Consulting and Clinical Psychology, 55,* 162–170.

Kotula, Dean. 2002. *The Phallus Palace.* Los Angeles: Alyson Publications.

Krislov, Marvin. 2007. "Mental illness on campus: A quiet danger no longer." *USA Today,* December 20, p. 13A.

Kristof, Nicholas D. 1996a. "Asian childhoods sacrificed to prosperity's lust." *Time,* April 14, pp. 1, 6.

Kristof, Nicholas D. 1996b. "Guns: one nation bars, the other requires." *New York Times,* March 10, p. E3.

Kristof, Nicholas D. 2008. "The pimps' slaves." nytimes.com, March 16.

Krueger, Alan, and Jitka Maleckova. 2002. "Does poverty cause terrorism?" *New Republic,* June 24, pp. 27–33.

Krummel, Sabine. 2001. "The elderly are vulnerable to abuse." In J. D. Lloyd, *Family Violence.* San Diego, Calif.: Greenhaven.

Kuo, Michelle. 2001. "Asia's dirty secret." *Harvard International Review, 22* (summer), 42–45.

Kuo, Wen H. 1984. "Prevalence of depression among Asian-Americans." *Journal of Nervous and Mental Disease, 172,* 449–457.

Kuo, Wen H., and Yung-Mei Tsai. 1986. "Social networking, hardiness and immigrant's mental health." *Journal of Health and Social Behavior, 27,* 133–149.

Kurst-Swanger, Karel, and Jacqueline L. Petcosky. 2003. *Violence in the Home: Multidisciplinary Perspectives.* New York: Oxford University Press.

Kushner, Howard I. 1985. "Women and suicide in historical perspective." *Signs, 10,* 543.

Kushner, Howard I. 1995. "Women and suicidal behavior: Epidemiology, gender and lethality in historical perspective." In Silvia Sara Canetto and David Lester (eds.), *Women and Suicidal Behavior.* New York: Springer.

Kutchins, Herb, and Stuart A. Kirk. 1997. *Making Us Crazy.* New York: Free Press.

Labaton, Stephen. 1995. "As pornography arrests grow, so do plans for computer stings." *New York Times,* September 16, pp. 1, 8.

Labovitz, Sanford. 1968. "Variation in suicide rates." In Jack P. Gibbs (ed.), *Suicide.* New York: Harper & Row.

Lacayo, Richard. 2004. "For better or for worse?" *Time,* March 8, pp. 26–33.

Lacey, Marc. 2004. "Amnesty says Sudan militias use rape as weapon." *New York Times,* July 19, p. 9.

Lacey, Marc. 2008. "Abuse trails Central American girls into gangs." *New York Times,* April 11, p. A1.

LaFree, Gary D. 1982. "Male power and female victimization." *American Journal of Sociology, 88,* 312–313.

LaFree, Gary D., Barbara F. Reskin, and Christy A. Visher. 1985. "Jurors' responses to victims' behavior and legal issues in sexual assault trials." *Social Problems, 32,* 389–406.

LaFree, Gary. 1999. "Homicide: Cross-national perspectives." pp. 115–139 in M. Dwayne Smith and Margaret A. Zahn (eds.), *Studying and Preventing Homicide.* Thousand Oaks, Calif.: Sage Publications.

Laing, R. D. 1965. *The Divided Self.* Baltimore, Md.: Penguin Books.

Laing, R. D. 1967. *The Politics of Experience.* New York: Ballantine.

Laing, R. D. 1985. *Wisdom, Madness and Folly.* New York: McGraw-Hill.

Lalumiere, Martin L., et al. 2005. *The Causes of Rape: Understanding Individual Differences in Male Propensity for Sexual Aggression.* Washington, D.C.: American Psychological Association.

Lamar, Jacob V. 1986. "Crack." *Time,* June 2, p. 17.

Lamb, Michael. 1998. "Cybersex: Research notes on the characteristics of the visitors to online chat rooms." *Deviant Behavior, 19,* 121–135.

Landau, Simha F., and Daniel Fridman. 1993. "The seasonality of violent crime: The case of robbery and homicide in Israel." *Journal of Research in Crime and Delinquency, 30,* 163–191.

Langton, Lynn, Nicole Leeper Piquero, and Richard C. Hollinger. 2006. "An empirical test of the relationship between employee theft and low self-control." *Deviant Behavior, 27,* 537–565.

Lanning, Kenneth V. 1992. *Child Molesters: A Behavioral Analysis.* Arlington, Va.: National Center for Missing and Exploited Children.

Laubscher, Leswin R. 2003. "Suicide in a South African town: A cultural psychological investigation." *South African Journal of Psychology, 33,* 133–143.

Lauderdale, Pat, Jerry Parker, Phil Smith-Cunnien, and James Inverarity. 1984. "External threat and the definition of deviance." *Journal of Personality and Social Psychology, 46,* 1058–1068.

Laumann, Edward O., et al. 1994. *The Social Organization of Sexuality: Sexual Practices in the United States.* Chicago: University of Chicago Press.

Lavelle, Louis, and Sheridan Prasso. 2002. "The fat wages of scandal." *Business Week,* September 9, p. 8.

Lavelle, Marianne. 1998. "The new rules of sexual harassment." *U.S. News & World Report,* July 6, pp. 30–31.

LaViolette, Allyce D., and Ola W. Barnett. 2000. *It Could Happen to Anyone: Why Battered Women Stay,* 2d ed. Thousand Oaks, Calif.: Sage Publications.

Lawson, Andrea, and Gregory Fouts. 2004. "Mental illness in Disney animated films." *Canadian Journal of Psychiatry, 49,* 310–314.

Lawson, Annette. 1988. *Adultery: An Analysis of Love and Betrayal.* New York: Basic Books.

Leaning, Jennifer. 2004. "Diagnosing genocide—The case of Darfur." *New England Journal of Medicine, 351,* 735–738.

Lear, Martha Weinman. 1972. "Q. If you rape a woman and steal her TV, what can they get you for in New York? A. Stealing her TV." *New York Times Magazine,* January 30, pp. 62–63.

Lee, Louise. 2006. "Kick out the kids, bring in the sales." *Business Week,* April 17, p. 42.

Lee, Matthew R., Timothy C. Hayes, and Shaun A. Thomas. 2008. "Regional variation in the effect of structural factors on homicide in rural areas." *Social Science Journal, 45,* 76–94.

LeGrand, Camille E. 1973. "Rape and rape laws: Sexism in society and law." *California Law Review, 61,* 929–930.

Lehrer, Eli. 2001. "Hell behind bars." *National Review,* February 5, pp. 24–25.

Leland, John. 1995. "Bisexuality." *Newsweek,* July 17, pp. 44–50.

Leland, John. 1996. "The fear of heroin is shooting up." *Newsweek,* August 26, pp. 55–56.

Leland, John. 2000. "Shades of gay." *Newsweek,* March 20, pp. 46–49.

Lemelson, Robert. 2001. "Strange maladies." *Psychology Today,* December, pp. 60–64.

Lemert, Edwin M. 1951. *Social Pathology.* New York: McGraw-Hill.

Lemonick, Michael D. 2004. "How we grew so big." *Time,* June 7, pp. 66–74.

Leonard, Eileen B. 1982. *Women, Crime, and Society: A Critique of Criminology Theory.* New York: Longman.

Lester, David, and Bruce L. Danto. 1993. *Suicide Behind Bars: Prediction and Prevention.* Philadelphia: Charles Press.

Lester, David. 1985. "Accidental deaths as disguised suicides." *Psychological Reports, 56,* 626.

Lester, David. 1988. "Toward a theory of parasuicide." *Corrective and Social Psychiatry, 34,* 24–26.

Lester, David. 1990. "Suicide, homicide and the quality of life in various countries." *Acta Psychiatrica Scandinavica, 81,* 332–334.

Lester, David. 1991. "Childlessness, suicide and homicide." *Psychological Reports, 69,* 990.

Lester, David. 2000. *Why People Kill Themselves,* 4th ed. Springfield, Ill.: Charles C. Thomas.

LeVay, Simon, and Elisabeth Nonas. 1995. *City of Friends: A Portrait of the Gay and Lesbian Community in America.* Cambridge, Mass.: MIT Press.

LeVay, Simon. 1996. *Queer Science: The Use and Abuse of Research into Homosexuality.* Cambridge, Mass.: MIT Press.

Levin, B. M., Anthony Jones, and Kim Braithwaite. 1998. "Principal factors of the spread of alcoholism in society in a time of social changes." *Russian Social Science Review, 39* (November/December), 38–50.

Levin, Jack, and James Alan Fox. 1985. *Mass Murder: America's Growing Menace.* New York: Plenum.

Levin, Kate A., and Alastair H. Leyland. 2005. "Urban/ rural inequalities in suicide in Scotland, 1981–1999." *Social Science & Medicine, 60,* 2877–2890.

Levine, Art. 1986. "Drug education gets an F." *U.S. News & World Report,* October 13, pp. 63–64.

Levinson, David. 1988. "Family violence in a cross-cultural perspective." In V. B. Van Hasselt et al. (eds.), *Handbook of Family Violence.* New York: Plenum.

Levy, Ariel. 1999. "Sex clubs." *New York,* May 3, p. 72.

Levy, Steven, and Brad Stone. 2005. "Grand theft identity." *Newsweek,* July 4, pp. 38–47.

Lewin, Tamar. 1993. "Rape and the accuser: A debate still rages on citing sexual past." *New York Times,* February 12, p. B12.

Lewin, Tamar. 1995. "Parents poll finds child abuse to be more common." *New York Times,* December 7, p. A17.

Lewis, Helen Block. 1985. "Depression vs. paranoia: Why are there sex differences in mental illness?" *Journal of Personality, 53,* 150–178.

Lewis, James. 2005. "The threat of cyberterrorism is exaggerated." pp. 101–109 in James D. Torr (ed.), *The Internet: Opposing Viewpoints.* Detroit, Mich.: Greenhaven Press.

Lewis, Mindy. 2003. "Those who hold the keys are listening." *Newsweek,* October 6, p. 24.

Li, Spencer De. 2004. "The impacts of self-control and social bonds on juvenile delinquency in a national sample of midadolescents." *Deviant Behavior, 25,* 351–373.

Liddick, Don. 2004. "Political deviance: Two case studies." pp. 280–283 in Alex Thio and Thomas C. Calhoun (eds.), *Readings in Deviant Behavior,* 3d ed. Boston: Allyn and Bacon.

Lieberman, Jethro K. 1973. *How the Government Breaks the Law.* Baltimore, Md.: Penguin.

Liebling, Alison. 1992. *Suicides in Prison.* London: Routledge.

Lilienfeld, Scott O., and Hal Arkowitz. 2007. "Is there really an autism epidemic?" *Scientific American Special Edition, Vol. 17,* Issue 4, pp. 58–61.

Lindesmith, Alfred R. 1968. *Addiction and Opiates.* Chicago: Aldine.

Link, Bruce G., and Jo C. Phelan. 1999. "Public conceptions of mental illness: Labels, cause, dangerousness, and social distance." *American Journal of Public Health, 89,* 1328–1333.

Link, Bruce G., Bruce P. Dohrenwend, and Andrew E. Skodol. 1986. "Socio-economic status and schizophrenia: Noisome occupational characteristics as a risk factor." *American Sociological Review, 51,* 242–258.

Link, Bruce G., Jerrold Mirotznik, and Francis T. Cullen. 1991. "The effectiveness of stigma coping orientations: Can negative consequences of mental illness labeling be avoided?" *Journal of Health and Social Behavior, 32,* 302–320.

Link, Bruce G., Mary Clare Lennon, and Bruce P. Dohrenwend. 1993. "Socioeconomic status and depression: The role of occupations involving direction, control, and planning." *American Journal of Sociology, 98,* 1351–1387.

Linz, Daniel, and Neil Malamuth. 1993. *Pornography.* Newbury Park, Calif.: Sage Publications.

Linz, Daniel, Edward Donnerstein, and Steven Penrod. 1984. "The effects of multiple exposures to filmed violence against women." *Journal of Communication, 34,* 130–147.

Liptak, Adam. 2002. "Judge blocks U.S. bid to ban suicide law." *New York Times,* April 18, p. A16.

Liptak, Adam. 2007. "Does death penalty save lives? A new debate." *New York Times,* November 18, pp. 1, 32.

Littlejohn, Christopher. 2004. "Rediscovering the 'social' in the biopsychosocial perspective." *Mental Health Practice, 8,* 14–17.

Livingston, Michael. 2008. "Alcohol outlet density and assault: A spatial analysis." *Addiction, 103,* 619–628.

Lockwood, Daniel. 1985. "Issues in prison sexual violence." In Michael Braswell et al., *Prison Violence in America.* Cincinnati, Ohio: Anderson.

Loftus, Jeni. 2001. "America's liberalization in attitudes toward homosexuality, 1973–1998." *American Sociological Review, 66,* 762–782.

Lonsway, Kimberly A., and Louise F. Fitzgerald. 1994. "Rape myths are attitudes and generally false beliefs about rape." *Psychology of Women Quarterly, 18,* 133–164.

Loseke, Donileen R., and Demie Kurz. 2005. "Men's violence toward women is the serious social problem." pp. 79–95 in Donileen R. Loseke, Richard J. Gelles, and Mary M. Cavanaugh (eds.), *Current Controversies on Family Violence,* 2d ed. Thousand Oaks, Calif.. Sage.

Love, Sharon RedHawk. 2006. "Illicit sexual behavior: A test of self-control theory." *Deviant Behavior, 27,* 505–536.

Lucas, Ann M. 2005. "The work of sex work: Elite prostitutes' vocational orientations and experiences." *Deviant Behavior, 26,* 513–546.

Luckenbill, David F. 1981. "Generating compliance: The case of robbery." *Urban Life, 10,* 25–46.

Luckenbill, David F. 1985. "Entering male prostitution." *Urban Life, 14,* 131–153.

Luckenbill, David F. 1986. "Deviant career mobility: The case of male prostitutes." *Social Problems, 33,* 283–296.

Lussier, Patrick, Jean Proulx, and Marc LeBlanc. 2005. "Criminal propensity, deviant sexual interests, and criminal activity of sexual aggressors against women: A comparison of explanatory models." *Criminology, 43,* 249–281.

Lyman, Stanford M. 1995. "Without morals or mores: Deviance in postmodern social theory." *International Journal of Politics, Culture and Society, 9,* 197–235.

Lynch, James P., and David Cantor. 1992. "Ecological and behavioral influences on property victimization at home: Implications for opportunity theory." *Journal of Research in Crime and Delinquency, 29,* 335–362.

Lynch, Sarah N. 2008. "An American pastime: Smoking pot." *Time,* July 11, http://www.time.com/time/health/article/0,8599,1821697,00.html

MacAndrew, Craig, and Robert B. Edgerton. 1969. *Drunken Comportment.* London: Nelson.

Macdonald, John M. 1971. *Rape.* Springfield, Ill.: Charles C. Thomas.

Macdonald, John M. 1995. *Rape: Controversial Issues.* Springfield, Ill.: Charles C Thomas.

MacFarquhar, Neil. 2001. "Bin Laden and his followers adhere to an austere, stringent form of Islam." *New York Times,* October 7, p. B7.

Mackay, Judith, and Michael Eriksen. 2002. *The Tobacco Atlas.* Geneva, Switzerland: World Health Organization.

Maddux, J. F., and D. P. Desmond. 1980. "New light on the maturing out hypothesis in opioid dependence." *Bulletin on Narcotics, 32,* 15–25.

Madge, Nicola, and John G. Harvey. 1999. "Suicide among the young—The size of the problem." *Journal of Adolescence, 22,* 145–155.

Madigan, Lee, and Nancy C. Gamble. 1991. *The Second Rape: Society's Continued Betrayal of the Victim.* New York: Lexington Books.

Magnuson, ed. 1986. "Headhunters," *Time,* December 1, p. 32.

Maguire, Kathleen, and Ann L. Pastore (eds.). 1996. *Sourcebook of Criminal Justice Statistics—1995.* Washington, D.C.: Government Printing Office.

Malcolm, John G. 2005. "Internet gambling is a serious problem." pp. 61–66 in James D. Torr (ed.), *The Internet: Opposing Viewpoints.* Detroit, Mich.: Greenhaven Press.

Mancoske, Ronald J., et al. 1995. "Suicide risk among people living with AIDS." *Social Work, 40,* 783–787.

Mandoki, Catalina A., and Barry R. Burkhart. 1991. "Women as victims: Antecedents and consequences of acquaintance rape." In Andrea Parrot and Laurie Bechhofer (eds.), *Acquaintance Rape.* New York: Wiley.

Mann, Coramae Richey. 1996. *When Women Kill.* Albany: State University of New York Press.

Mann, Joseph. 2006. "Internet use increases the risk of identity theft." pp. 66–72 in Lisa Yount (ed.), *Does the Internet Increase the Risk of Crime?* Detroit, Mich.: Greenhaven Press.

Mao, Tse-tung. 1967. *Selected Works of Mao Tse-tung, Vol. 1.* Peking: Foreign Languages Press.

Marcos, Anastasios C., Stephen J. Bahr, and Richard E. Johnson. 1986. "Test of a bonding/association theory of adolescent drug use." *Social Forces, 65,* 135–169.

Marcus, Eric. 1992. *Making History: The Struggle for Gay and Lesbian Equal Rights.* New York: HarperCollins.

Marcus, Eric. 1993. *Is It a Choice?* San Francisco: HarperSanFrancisco.

Margolin, Leslie. 1992. "Deviance on record: Techniques for labeling child abusers in official documents." *Social Problems, 39,* 58–70.

Markowitz, Fred E. 2005. "Sociological models of mental illness stigma: Progress and prospects." pp. 129–144 in Patrick W. Corrigan (ed.), *On the Stigma of Mental Illness.* Washington, D.C.: American Psychological Association.

Marks, Alan. 1980. "Socioeconomic status and suicide in the state of Washington: 1950–1971." *Psychological Reports, 46,* 924–926.

Marriott, Michel. 1995. "Half steps vs. 12 steps." *Newsweek,* March 27, p. 62.

Marshall, Chris E., T. Hank Robinson, and Dae-Hoon Kwak. 2005. "Computer crime in a brave new world." pp. 114–138 in Philip Reichel (ed.), *Handbook of Transnational Crime & Justice.* Thousand Oaks, Calif.: Sage.

Martin, Elaine K., et al. 2007. "A review of marital rape." *Aggression & Violent Behavior, 12,* 329–347.

Martin, Patricia Yancey, and Robert A. Hummer. 1995. "Fraternities and rape on campus." In Alex Thio and Thomas C. Calhoun (eds.), *Readings in Deviant Behavior.* New York: HarperCollins.

Martin, Patti. 2001. *Teenage Blues Might Be More.* Asbury Park, N.J.: Asbury Park Press.

Martin, William T. 1984. "Religiosity and United States suicide rates, 1972–1978." *Journal of Clinical Psychology, 40,* 1166–1169.

Martins, Silvia A., et al. 2008. "Adolescent ecstasy and other drug use in the national survey of parents and youth: The role of sensation-seeking, parental monitoring, and peer's drug use." *Addictive Behavior, 33,* 919–933.

Martz, Larry. 1986. "True greed." *Newsweek,* December 1, p. 48.

Martz, Larry. 1991. "The corporate shell game." *Newsweek,* April 15, pp. 48–49.
Marx, Gary T. 1981. "Ironies of social control: Authorities as contributors to deviance through escalation, nonenforcement, and covert facilitation." *Social Problems, 28,* 221–246.
Maso, Ilja. 2001. "Phenomenology and ethnography." In Paul Atkinson et al. (eds.), *Handbook of Ethnography.* London: Sage Publications.
Massing, Michael. 1998. *The Fix.* New York: Simon & Schuster.
Masters, William H., and Virginia E. Johnson. 1979. *Homosexuality in Perspective.* Boston: Little, Brown.
Mathis, James L. 1972. *Clear Thinking About Sexual Deviations.* Chicago: Nelson-Hall.
Mattern, Jody L., and Clayton Neighbors. 2004. "Social norms campaigns: Examining the relationship between change in perceived norms and changes in drinking levels." *Journal of Studies on Alcohol, 65,* 489–494.
Matthews, Anne. 1993. "The campus crime wave." *New York Times Magazine,* March 7, p. 41.
Matthews, Dawn D. (ed.). 2004. *Domestic Violence Sourcebook,* 2d ed. Detroit, Mich.: Omnigraphics, Inc.
Matthews, Roger. 2002. *Armed Robbery.* Portland, OR: Willan.
Mauro, Robert. 1996. "Suicide—not the answer." *Accent on Living, 41* (Winter), 68–69.
May, William F. 1991. "The molested." *Hastings Center Report, 21,* 9–17.
Mazzetti, Mark. 2004. "Rethinking the next wars." *U.S. News & World Report,* January 5, p. 70.
McAuliffe, William E., and Robert A. Gordon. 1974. "A test of Lindesmith's theory of addiction: The frequency of euphoria among long-term addicts." *American Journal of Sociology, 79,* 795–840.
McCaghy, Charles H. 1968. "Drinking and deviance disavowal: The case of child molesters." *Social Problems, 16,* 43–49.
McCaghy, Charles H., and James K. Skipper, Jr. 1969. "Lesbian behavior as an adaptation to the occupation of stripping." *Social Problems, 17,* 262–270.
McCallum, Jack. 2008. "The real dope." *Sports Illustrated,* March 17, pp. 28–36.
McClelland, David C., et al. 1972. *The Drinking Man.* New York: Free Press.
McCord, William, and Joan McCord. 1960. *Origins of Alcoholism.* Stanford, Calif.: Stanford University Press.
McDowell, Bill. 1996. "Jack in the Box battles back with some help from a clown." *Advertising Age, 67,* November 25, p. 11.
McGeary, Johanna. 2002. "Can the church be saved?" *Time,* April 1, pp. 29–39.
McGinn, Daniel, and Ron Depasquale. 2004. "Taking depression on." *Newsweek,* August 23, pp. 59–60.
McGirk, Tim. 2002. "Lifting the veil on sex slavery." *Time,* February 18, p. 8.
McGirk, Tim. 2008. "Israel's secret war." *Time,* March 24, pp. 30–31.
McIntosh, John L. 1991. "Epidemiology of suicide in the United States." In Antoon A. Leenaars (ed.), *Life Span Perspectives of Suicide: Time-lines in the Suicide Process.* New York: Plenum.
McKegney, F. Patrick, and Mary Alice O'Dowd. 1992. "Suicidality and HIV status." *American Journal of Psychiatry, 149,* 396–398.
McLanahan, Sara S., and Jennifer L. Glass. 1985. "A note on the trend in sex differences in psychological distress." *Journal of Health and Social Behavior, 26,* 328–336.
McMullen, Richie J. 1990. *Male Rape: Breaking the Silence on the Last Taboo.* London: GMP Publishers.
McMurray, Coleen. 2004. "Number of teen smokers holding steady." The Gallup Poll Tuesday Briefing. www.gallup.com.
McNeil, Donald G., Jr. 1995. "For gay Zimbabweans, a difficult political climate." *New York Times,* September 10, p. 3.
McNeil, Donald G., Jr. 1998. "Mugabe attacks, and gay Zimbabweans fight back." *New York Times,* July 14, p. A4.
McNeil, Donald G., Jr. 1999. "Condoms for women gain approval among Africans." *New York Times,* July 24, pp. A1, A6.
Medea, Andra, and Kathleen Thompson. 1974. *Against Rape.* New York: Farrar, Straus and Giroux.
Meer, Jeff. 1985. "Living through robbery." *Psychology Today,* May, p. 20.
Meier, Barry, and Melody Petersen. 2001. "Sales of painkiller grew rapidly, but success brought a high cost." *New York Times,* March 5, pp. A1, A15.
Meier, Robert F., Steven R. Burkett, and Carol A. Hickman. 1984. "Sanctions, peers, and deviance: Preliminary models of a social control process." *The Sociological Quarterly, 25,* 67–82.
Meiselman, Karin C. 1990. *Resolving the Trauma of Incest: Reintegration Therapy with Survivors.* San Francisco: Jossey-Bass.
Meloy, J. Reid, and Alan R. Felthous. 2004. "Introduction to this issue: Serial and mass homicide." *Behavioral Sciences and the Law, 22,* 289–290.
Meloy, J. Reid, et al. 2004. "A comparative analysis of North American adolescent and adult mass murderers." *Behavioral Sciences and the Law, 22,* 291–309.
Menard, Scott. 1995. "A developmental test of Mertonian anomie theory." *Journal of Research in Crime and Delinquency, 31,* 136–174.
Merkin, Rebecca S. 2008. "Cross-cultural differences in perceiving sexual harassment." *North American Journal of Psychology, 10,* 277–289.
Merry, Engle. 1980. "Manipulating: Streetwalkers' strategies for safety in the city." *Ethnos, 45,* 157–175.

Merton, Robert K. 1938. "Social structure and anomie." *American Sociological Review, 3,* 672–682.
Merton, Robert K. 1957. *Social Theory and Social Structure,* rev. ed. New York: Free Press.
Messerschmidt, James W. 1986. *Capitalism, Patriarchy, and Crime: Toward a Socialist Feminist Criminology.* Totowa, N.J.: Rowman & Littlefield.
Messner, Steven F. 1982. "Poverty, inequality, and the urban homicide rate." *Criminology, 20,* 102–114.
Messner, Steven F. 1983. "Regional and racial effects on the urban homicide rate: The subculture of violence revisited." *American Journal of Sociology, 88,* 997–1007.
Messner, Steven F., and Kenneth Tardiff. 1985. "The social ecology of urban homicide: An application of the routine activities' approach." *Criminology, 23,* 241–267.
Messner, Steven F., and Reid M. Golden. 1992. "Racial inequality and racially disaggregated homicide rates: An assessment of alternative theoretical explanations." *Criminology, 30,* 421–445.
Messner, Steven F., and Richard Rosenfeld. 2001. *Crime and the American Dream,* 3d ed. Belmont, Calif.: Wadsworth.
Messner, Steven F., Robert D. Baller, and Matthew P. Zevenberger. 2005. "The legacy of lynching and southern homicide." *American Sociological Review, 70,* 633–655.
Michael, Richard P., and Doris Zumpe. 1983. "Sexual violence in the United States and the role of season." *American Journal of Psychiatry, 140,* 883–886.
Michael, Robert T., et al. 1994. *Sex in America: A Definitive Survey.* Boston: Little, Brown.
Michels, Scott. 2006. "For gays, new math." *U.S. News & World Report,* August 14, pp. 34–36.
Miethe, Terance D., and Wendy C. Regoeczi, with Kriss A. Drass. 2004. *Rethinking Homicide: Exploring the Structure and Process Underlying Deadly Situations.* Cambridge, U.K.: Cambridge University Press.
Milbank, Dana, and Marcus W. Brauchli. 1995. "Greasing wheels." *Wall Street Journal,* September 29, pp. A1, A14.
Miller, Howard L., et al. 1984. "An analysis of the effects of suicide prevention facilities on suicide rates in the United States." *American Journal of Public Health, 74,* 340–343.
Miller, JoAnn L. 1991. "Prostitution in contemporary American society." In Elizabeth Grauerholz and Mary A. Koralewski (eds.), *Sexual Coercion.* Lexington, Mass.: Lexington Books.
Miller, Laurence. 1986. "Pickled brains age faster." *Psychology Today,* January, p. 16.
Miller, M., and D. Hemenway. 1999. "The relationship between firearms and suicide: A review of the literature." *Aggression and Violent Behavior, 4,* 59–75.
Miller, Matthew. 2006. "Catch me if you can." *Forbes,* March 27, pp. 112–116.
Miller, Matthew, et al. 2007. "State-level homicide victimization rates in the US in relation to survey measures of household firearm ownership, 2001–2003." *Social Science & Medicine, 64,* 656–664.
Millett, Kate. 1973. *The Prostitution Papers.* New York: Avon.
Mills, Linda G. 2003. *Insult to Injury: Rethinking Our Response to Intimate Abuse.* Princeton, N.J.: Princeton University Press.
Milner, Christina, and Richard Milner. 1972. *Black Players.* Boston: Little, Brown.
Mishara, Eric. 1983. "R. D. Laing's new home." *Omni,* August, p. 35.
Mitchell, Alison. 1997. "President regrets top U.S. regulator met with bankers." *New York Times,* January 29, pp. A1, A12.
Mitchell, Roger E., and Rudolf H. Moos. 1984. "Deficiencies in social support among depressed patients: Antecedents or consequences of stress?" *Journal of Health and Social Behavior, 25,* 438–452.
Mithers, Carol Lynn. 1980. "Date rape: When 'nice guys' won't take NO for an answer." *Mademoiselle,* November 8, pp. 210–211.
Mitka, Mike. 2006. "Methamphetamine bill." *JAMA: Journal of the American Medical Association, 295,* 2130.
Mixson, Paula M. 1995. "An adult protective services perspective." *Journal of Elder Abuse and Neglect, 7,* no. 2–3, 69–87.
Modan, Baruch, et al. 1992. "Prevalence of HIV antibodies in transsexual and female prostitutes." *American Journal of Public Health, 82,* 590–591.
Moen, Phyllis, Julie Robison, and Donna Dempster-McClain. 1995. "Caregiving and women's well-being: A life course approach." *Journal of Health and Social Behavior, 36,* 259–273.
Moffatt, Gregory K. 2000. *Blind-Sided: Homicide Where It Is Least Expected.* Westport, Conn.: Praeger.
Mohler-Kuo, Meichun, et al. 2004. "Correlates of rape while intoxicated in a national sample of college women." *Journal of Studies on Alcohol, 65,* 37–45.
Molotsky, Irvin. 1999. "Study links teen-age substance abuse and paternal ties." *New York Times,* August 31, p. A14.
Monahan, John. 1992. "Mental disorder and violent behavior." *American Psychologist,* April, pp. 511–521.
Monastersky, Richard. 2007. "Is there an autism epidemic?" *Chronicle of Higher Education,* May 11, p. 19.
Moniruzzaman, Syed, and Ragnar Andersson. 2005. "Age- and sex-specific analysis of homicide mortality as a function of economic development: A cross-national comparison." *Scandinavian Journal of Public Health, 33,* 464–471.
Monroe, Scott M., and Katholiki Hadjiyannakis. 2002. "The social environment and depression: Focusing on severe

life stress." In Ian Gotlib and Constance Hammen (eds.), *Handbook of Depression.* New York: Guilford Press.

Moreau, Ron. 1992. "Sex and death in Thailand." *Newsweek,* July 20, p. 50.

Morey, Leslie C., Harvey A. Skinner, and Roger K. Blashfield. 1984. "A typology of alcohol abusers: Correlates and implications." *Journal of Abnormal Psychology, 93,* 408–417.

Morin, Stephen F., et al. 1984. "The psychological impact of AIDS on gay men." *American Psychologist, 39,* 1288–1293.

Morris, Allison. 1987. *Women, Crime, and Criminal Justice.* New York: Basil Blackwell.

Morris, Jeanette, and Lisa A. Cubbins. 1992. "Dating, drinking, and rape." *Psychology of Women, 16,* 179–191.

Morris, Monica B. 1977. *An Excursion into Creative Sociology.* New York: Columbia University Press.

Morrison, Dan. 2006. "Remember Darfur?" *U.S. News & World Report,* February 13, p. 25.

Mosher, William D. 2005. "With males in the mix, federal sex survey takes on greater importance." *Contemporary Sexuality, Vol. 39,* November, pp. 1–6.

Mukamal, Kenneth J., and Eric B. Rimm. 2001. "Alcohol's effects on the risk for coronary heart disease." *Alcohol Research & Health, 25,* 255–262.

Mulia, Nina, et al. 2008. "Stress, social support, and problem drinking among women in poverty." *Addiction, 103,* 1283 1293.

Mullen, Paul E., et al. 2000. *Stalkers and Their Victims.* Cambridge, U.K.: Cambridge University Press.

Mullins, Christopher W. 2006. *Holding Your Square: Masculinities, Streetlife, and Violence.* Portland, OR: Willan.

Mulrine, Anna. 2001. "Where do hopes go?" *U.S. News & World Report,* May 7, pp. 41–44.

Mulvihill, Donald J., and Melvin M. Tumin with Lynn A. Curtis. 1969. *Crimes of Violence, Vol. 11.* Washington, D.C.: Government Printing Office.

Murray, John B. 1986. "Marijuana's effects on human cognitive functions, psychomotor functions, and personality." *Journal of General Psychology, 113,* 25–40.

Musto, David F. 1973. *The American Disease: Origins of Narcotic Control.* New Haven, Conn.: Yale University Press.

Musto, David F. 1986. "Lessons of the first cocaine epidemic." *Wall Street Journal,* June 11, p. 30.

Myers, Mary Beth, Donald Templer, and Ric Brown. 1984. "Coping ability of women who become victims of rape." *Journal of Consulting and Clinical Psychology, 52,* 73–78.

Myerscough, Rodney, and Stuart Taylor. 1985. "The effects of marijuana on human physical aggression." *Journal of Personality and Social Psychology, 49,* 1541–1546.

Nader, Ralph. 1970. "Foreword" to John C. Esposito, *Vanishing Air.* New York: Grossman, p. viii.

Nagel, Barbara, et al. 2005. "Attitudes toward victims of rape: Effects of gender, race, religion, and social class." *Journal of Interpersonal Violence, 20,* 725–737.

Nakawatase, Tomoko V., et al. 1993. "The association between fast-flushing response and alcohol use among Japanese Americans." *Journal of Studies on Alcohol, 54,* 48–53.

Namaste, Viviane K. 2000. *Invisible Lives: The Erasure of Transsexual and Transgendered People.* Chicago: University of Chicago Press.

Nanda, Serena. 2000. *Gender Diversity: Crosscultural Variations.* Prospect Heights, Ill.: Waveland.

Nathan, Debbie. 1995. "Justice in Wenatchee." *New York Times,* December 19, p. A19.

Nation's Health. 2008. "UN agencies unite against female genital mutilation." April, p. 10.

Neff, James Alan, and Baqar A. Husaini. 1985. "Stress-buffer properties of alcohol consumption: The role of urbanicity and religious identification." *Journal of Health and Social Behavior, 26,* 207–222.

Neff, James Alan, et al. 1991. "Machismo, self-esteem, education and high maximum drinking among Anglo, black and Mexican-American male drinkers." *Journal of Studies on Alcohol, 52,* 458–463.

Nelson, Roxanne. 2004. "Oregon court upholds assisted-suicide law." *The Lancet, 363,* 1877.

Nettler, Gwynn. 1974. "On telling who's crazy." *American Sociological Review, 39,* 893–894.

Neugeboren, Jay. 2006. "Meds alone couldn't bring Robert back." *Newsweek,* February 6, p. 17.

Newman, Katherine S. 2004. *Rampage: The Social Roots of School Shootings.* New York: Basic Books.

NewsRx.com. 2004. "Asian suicide rate higher in women." April 22.

Newton, Michael. 2004. *The Encyclopedia of High-Tech Crime and Crime-Fighting.* New York: Facts on File.

NHSDA (National Household Survey on Drug Abuse). 2001. *National Survey on Drug Abuse.* Washington, D.C.: Government Printing Office.

NIAAA (National Institute on Alcohol Abuse and Alcoholism). 1983. *Alcohol and Health.* Rockville, Md.: NIAAA.

Nicastro, Franco. 1992. "All is quiet in Corleone." *World Press Review,* December, p. 13.

Nichols, Margaret. 1990. "Lesbian relationships: Implications for the study of sexuality and gender." In David P. McWhirter, et al. (eds.), *Homosexuality/Heterosexuality.* New York: Oxford University Press.

Niebuhr, Gustav. 1998. "Laws aside, some in clergy quietly bless gay 'marriage' ". *New York Times,* April 17, pp. A1, A20.

Nielsen, Amie L. 1999. "Testing Sampson and Laub's life course theory: age, race/ethnicity, and drunkenness." *Deviant Behavior, 20,* 129–151.

Noah, Timothy. 1997. "OK, OK, cigarettes do kill." *U.S. News & World Report,* March 31, pp. 29–30.

Noble, Ernest P., et al. 1991. "Allelic association of the D_2 dopamine receptor gene with receptor-binding characteristics in alcoholism." *Archives of General Psychiatry, 48,* 648–654.

Noonan, David. 2008. "Doctors who kill themselves." *Newsweek,* April 28, p. 16.

Nordland, Rod. 1992. "The 'Velcro Don': Wiseguys finish last." *Newsweek,* April 13, p. 35.

Nordland, Rod, and Jeffrey Bartholet. 2001. "The web's dark secret." *Newsweek,* March 19, pp. 44–51.

Nordland, Rod, et al. 2007. "Surge of suicide bombers." *Newsweek,* August 13, pp. 30–32.

Norman, Michael. 1998. "Getting serious about adultery." *New York Times,* July 4, pp. A13, A15.

Norris, Frank H., et al. 2002. "The epidemiology of sex differences in PTSD across developmental, societal, and research contexts." In Rachel Kimerling, Paige Ouimette, and Jessica Wolfe (eds.), *Gender and PTSD.* New York: Guilford.

Norris, Joel. 1989. *Serial Killers.* New York: Anchor Books.

NSDUH (National Survey on Drug Use & Health). 2006. http://oas.samhsa.gov/NSDUHLatest.htm

O'Boyle, Michael, and Elisif A. A. Brandon. 1998. "Suicide attempts, substance abuse, and personality." *Journal of Substance Abuse Treatment, 15,* 353–356.

O'Hanlan, Katherine A. 1996. "Homophobia is a health hazard." *USA Today: The Magazine of the American Scene, 125,* November, pp. 26–29.

O'Kane, James M. 1992. *The Crooked Ladder: Gangsters, Ethnicity, and the American Dream.* New Brunswick, N.J.: Transaction.

O'Sullivan, Chris S. 1991. "Acquaintance gang rape on campus." In Andrea Parrot and Laurie Bechhofer (eds.), *Acquaintance Rape.* New York: Wiley.

Omestad, Thomas. 1997. "Bye-bye to bribes." *U.S. News & World Report,* December 22, pp. 39–44.

ONDCP (Office of National Drug Control Policy). 2006. "Prescription drug abuse." http://www.whitehouse drugpolicy.gov/

Onstad, Katrina. 1996. "The cyberporn flap: An update." *Canadian Business, 69,* Fall, p. 58.

Orcutt, James D. 1991. "Beyond the 'exotic and the pathologic': Alcohol problems, norm qualities, and sociological theories of deviance." In Paul M. Roman (ed.), *Alcohol: The Development of Sociological Perspectives on Use and Abuse.* New Brunswick, N.J.: Rutgers Center of Alcohol Studies.

Orcutt, James D. 1993. "Happy hour and social lubrication: Evidence on mood-setting rituals of drinking time." *Journal of Drug Issues, 23,* 389–407.

Orr, Andrea. 2004. *Meeting, Mating, and Cheating: Sex, Love, and the New World of Online Dating.* Upper Saddle River, N.J.: Reuters.

Osborne, Lawrence. 2001. "Regional disturbances." *New York Times Magazine,* May 6, pp. 100–102.

Osgood, D. Wayne, et al. 1996. "Routine activities and individual deviant behavior." *American Sociological Review, 61,* 635–655.

Overall, Christine. 1992. "What's wrong with prostitution? Evaluating sex work." *Signs, 17,* 705–724.

Painter, Kim. 2008. "Spring's dark side: Upswing in suicides." *USA Today,* May 5, p. 4D.

Pakhomou, Serge-Moses. 2004. "Serial killers: Offenders' relationship to the victim and selected demographics." *International Journal of Police Science & Management, 6,* 219–233.

Palson, Charles, and Rebecca Palson. 1972. "Swinging in wedlock." *Society,* February, pp. 28–37.

Pape, Robert. 2005. *Dying to Win: The Strategic Logic of Suicide Terrorism.* New York: Random House.

Park, Alice. 2008a. "The obese feel more discrimination." *Time,* April 11, http://www.time.com/time/health/article/0,8599,1730150,00.html

Park, Alice. 2008b. "What the gay brain looks like." *Time,* June 17, http://www.time.com/time/health/article/0,8599,1815538,00.html

Parker, Robert Nash, with Linda-Anne Rebhun. 1995. *Alcohol and Homicide: A Deadly Combination of Two American Traditions.* Albany: State University of New York Press.

Parker, Robert Nash. 1989. "Poverty, subculture of violence, and type of homicide." *Social Forces, 67,* 983–1007.

Parker-Pope, Tara. 2002. "A new reason for teens to avoid sex: It could be harmful to their health." *Wall Street Journal,* August 27, p. D1.

Parker-Pope, Tara. 2003. "A 'fat-free' product that's 100% fat: How food labels legally mislead." *Wall Street Journal,* July 15, p. D1.

Parnaby, Patrick F., and Vincent F. Sacco. 2004. "Fame and strain: The contributions of Mertonian deviance theory to an understanding of the relationship between celebrity and deviant behavior." *Deviant Behavior, 25,* 1–26.

Parsian, Abbas, et al. 1991. "Alcoholism and alleles of the human D_2 dopamine receptor locus: Studies of association and linkage." *Archives of General Psychiatry, 48,* 655–663.

Passas, Nikos, and Robert Agnew (eds.). 1997. *The Future of Anomie Theory.* Boston: Northeastern University Press.

Paul, Pamela. 2004. "The porn factor." *Time,* January 19, pp. 99–100.

Paveza, Gregory J., et al. 1992. "Severe family violence and Alzheimer's disease: Prevalence and risk factors." *Gerontologist, 32,* 493–497.

Pearson, Veronica, and Meng Liu. 2002. "Ling's death: An ethnography of a Chinese woman's suicide." *Suicide and Life-Threatening Behavior, 32,* 347–358.

Peck, Dennis L. 1984. "Lethality of method of suicide among a youthful sample of committers: An examination of the intent hypothesis." *Psychological Reports, 55,* 861–862.

Peck, Dennis L. 1985–1986. "Completed suicides: Correlates of choice of method." *Omega, 16,* 309–323.

Peck, M., and A. Schrut. 1971. "Suicidal behavior among college students." *HSMHA Health Report, 86,* 149–156.

Pedahzur, Ami, Arie Perliger, and Leonard Weinberg. 2003. "Altruism and fatalism: The characteristics of Palestinian suicide terrorists." *Deviant Behavior, 24,* 405–423.

Pedersen, Eric R., and Joseph LaBrie. 2007. "Partying before the party: Examining prepartying behavior among college students." *Journal of American College Health, 56,* 237–245.

Peen, Jaap, et al. 2007. "Is the prevalence of psychiatric disorders associated with urbanization?" *Social Psychiatry & Psychiatric Epidemiology, 42,* 984–989.

Pelka, Fred. 1995. "Raped: A male survivor breaks his silence." In Patricia Searles and Ronald J. Berger (eds.), *Rape and Society.* Boulder, Colo.: Westview.

Pennebaker, James W., and Robin C. O'Heeron. 1984. "Confiding in others and illness rates among spouses of suicide and accidental-death victims." *Journal of Abnormal Psychology, 93,* 473–476.

Peplau, Letitia Anne, and Susan D. Cochran. 1990. "A relationship perspective on homosexuality." In David P. McWhirter et al. (eds.), *Homosexuality/ Heterosexuality.* New York: Oxford University Press.

Peplau, Letitia Anne. 1981. "What homosexuals want." *Psychology Today,* March, pp. 28–38.

Peralta, Robert L. 2005. "Race and the culture of college drinking." pp. 127–141 in Wilson R. Palacios (ed.), *Cocktails & Dreams: Perspectives on Drug and Alcohol Use.* Upper Saddle River, N.J.: Prentice Hall.

Perkins, Roberta. 1991. *Working Girls: Prostitutes, Their Life and Social Control.* Canberra: Australian Institute of Criminology.

Perry, Alex, and Mae Sai. 2002. "How I bought two slaves, to free them." *Time,* March 11, p. 7.

Pescosolido, Bernice A., and Robert Mendelsohn. 1986. "Social causation or social construction of suicide? An investigation into the social organization of official rates." *American Sociological Review, 51,* 80–101.

Peterson, Elicka S. 1999. "Murder as self-help: Women and intimate partner homicide." *Homicide Studies, 3,* 30–46.

Peterson, Ruth D. 1992. "Rape and dimensions of gender socioeconomic inequality in U.S. metropolitan areas." *Journal of Research in Crime & Delinquency, 29,* 162–177.

Peterson, Virginia. 2000. *Child Abuse: Fear in the Home.* Wylie, Tex.: Gale Group.

Peto, Richard, and Alan D. Lopez. 2001. "Future worldwide health effects of current smoking patterns." p. 154 in C. Everett Koop, Clarence E. Pearson, and M. Roy Schwartz (eds.), *Critical Issues in Global Health.* San Francisco: Jossey-Bass.

Petrovich, Michael, and Donald I. Templer. 1984. "Heterosexual molestation of children who later became rapists." *Psychological Records, 54,* 810.

Phillips, David P. 1979. "Suicide, motor vehicle fatalities, and the mass media: Evidence toward a theory of suggestion." *American Journal of Sociology, 84,* 1150–1174.

Phillips, David P. 1980a. "Airplane accidents, murder, and the mass media: Towards a theory of imitation and suggestion." *Social Forces, 58,* 1001–1024.

Phillips, David P. 1980b. "The deterrent effect of capital punishment: New evidence on an old controversy." *American Journal of Sociology, 86,* 139–148.

Phillips, David P. 1981. "The complementary virtues of qualitative and quantitative research: Reply to Altheide." *Social Forces, 60,* 597–599.

Phillips, David P. 1983. "The impact of mass media violence on U.S. homicides." *American Sociological Review, 48,* 560–568.

Phillips, David P. 1993. "Adequacy of official suicide statistics for scientific research." *Suicide & Life-Threatening Behavior, 23,* 307–319.

Phillips, David P., and Kenneth A. Bollen. 1985. "Same time, last year: Selective data dredging for negative findings." *American Sociological Review, 50,* 364–371.

Pileggi, Nicholas. 1986. *Wiseguy: Life in a Mafia Family.* New York: Simon & Schuster.

Pillemer, Karl A., and David Finkelhor. 1988. "The prevalence of elder abuse: A random sample survey." *The Gerontologist, 28,* 51–57.

Piore, Adam, et al. 2006. "Hacking for dollars." pp. 27–33 in Lisa Yount (ed.), *Does the Internet Increase the Risk of Crime?* Detroit, Mich.: Greenhaven Press.

Piquero, Nicole Leeper, Stephanie Carmichael, and Alex R. Piquero. 2008. "Assessing the perceived seriousness of white-collar and street crimes." *Crime & Delinquency, 54,* 291–312.

Pittman, Frank III. 1993. "Beyond betrayal: Life after infidelity." *Psychology Today,* May/June, p. 36.

Pitts, Marian K., et al. 2004. "Who pays for sex and why?" *Archives of Sexual Behavior, 33,* 353–358.

Pizzo, Stephen P., and Paul Muolo. 1993. "Take the money and run." *New York Times Magazine,* May 9, p. 26.

Platt, Steven. 1984. "Unemployment and suicidal behavior." *Social Science and Medicine, 19,* 93–115.

Pollack, Andrew. 1997. "Overseas, smoking is one of life's small pleasures." *New York Times,* August 17, p. E5.

Ponse, Barbara. 1984. "The problematic meanings of 'lesbian.'" In Jack D. Douglas (ed.), *The Sociology of Deviance.* Boston: Allyn and Bacon.

Pontell, Henry N., and Kitty Calavita. 1993. "White-collar crime in the savings and loan scandal." *The Annals of the American Academy of Political and Social Science, 525* (January), 31–45.

Porter, Roy. 1996. "Born that way?" *New York Times Book Review,* August 11, p. 8.

Potterat, John J., et al. 1990. "Estimating the prevalence and career longevity of prostitute women." *Journal of Sex Research, 27,* 233–243.

Pound, Edward T., and Danielle Knight. 2006. "Cleaning up the World Bank." *U.S. News & World Report,* April 3, pp. 40–51.

Pratt, Timothy. 2001. "Sex slavery packet: A growing concern in Latin America." *Christian Science Monitor,* January 11, p. 7.

Pratt, Travis C., and Francis T. Cullen. 2000. "The empirical status of Gottfredson and Hirschi's general theory of crime: A meta-analysis." *Criminology, 38,* 931–964.

President's Commission on Organized Crime. 1986. *The Impact: Organized Crime Today.* Washington, D.C.: Government Printing Office.

Previti, Denise, and Paul R. Amato. 2004. "Is infidelity a cause or a consequence of poor marital quality?" *Journal of Social and Personal Relationships, 21,* 217–230.

Pridemore, William Alex, and Andrew L. Spivak. 2003. "Patterns of suicide mortality in Russia." *Suicide and Life-Threatening Behavior, 33,* 132–150.

Pridemore, William Alex. 2002. "Using newly available homicide data to debunk two myths about violence in an international context." *Homicide Studies, 5,* 267–275.

Pridemore, William Alex. 2008. "A methodological addition to the cross-national empirical literature on social structure and homicide: A first test of the poverty-homicide thesis." *Criminology, 46,* 133–154.

Prior, Jo. 2007. "Psychosis in the group." *Therapy Today,* December, pp. 40–42.

Pristina, Andrew Purvis, and Jan Stojaspal Chisinau. 2001. "Human slavery." *Time Europe,* February 19, pp. 18–21.

Pritchard, C., and D. S. Baldwin. 2002. "Elderly suicide rates in Asian and English-speaking countries." *Acta Psychiatrica Scandinavica, 105,* 271–275.

Procida, Richard, and Rita J. Simon. 2003. *Global Perspectives on Social Issues: Pornography.* Lanham, Md.: Lexington.

Prus, Robert, and Scott Grills. 2003. *The Deviant Mystique: Involvements, Realities, and Regulation.* Westport, Conn.: Praeger.

Psychology Today. 1976. "Wrist-cutting—a road to life, not death." April, p. 20.

Quindlen, Anna. 1994. "Sex for sale." *New York Times,* November 26, p. 15.

Quinney, Richard. 1974. *Critique of Legal Order: Crime Control in Capitalist Society.* Boston: Little, Brown.

Quinney, Richard. 1975. *Criminology.* Boston: Little, Brown.

Raab, Selwyn. 1994. "Mob tightens secretive style in retreat from prosecutors." *New York Times,* May 29, pp. 1, 13.

Raab, Selwyn. 1997. "Officials say mob is shifting crimes to new industries." *New York Times,* February 10, pp. A1, A10.

Rapaport, Karen R., and C. Dale Posey. 1991. "Sexually coercive college males." In Andrea Parrot and Laurie Bechhofer (eds.), *Acquaintance Rape.* New York: Wiley.

Rapaport, Karen, and Barry R. Burkhart. 1984. "Personality and attitudinal characteristics of sexually coercive college males." *Journal of Abnormal Psychology, 93,* 216–221.

Ratey, John J., and Catherine Johnson. 1997. *Shadow Syndromes.* New York: Pantheon Books.

Rawe, Julie. 2004. "The case against Ken Lay." *Time,* July 19, pp. 62–63.

Reed, Susan E. 2000. "New economy, same harassment problems." *New York Times,* August 12, Section 3, pp. 1, 11.

Rehm, Jurgen, et al. 2003. "The global distribution of average volume of alcohol consumption and patterns of drinking." *European Addiction Research, 9,* 147–156.

Reid, Scott A., Jonathan Epstein, and D. E. Benson. 1995. "Does exotic dancing pay well but cost dearly?" In Alex Thio and Thomas C. Calhoun (eds.), *Readings in Deviant Behavior.* New York: HarperCollins.

Rein, Mei Ling. 2001. *Child Abuse: Betraying a Trust.* Detroit, Mich.: Gale Group.

Rescorla, L., et al. 2007. "Epidemiological comparisons of problems and positive qualities reported by adolescents in 24 countries." *Journal of Consulting and Clinical Psychology, 75,* 351–358.

Reuter, Peter. 1995. "The decline of the American Mafia." *Public Interest,* Summer, 89–99.

Riccio, R. 1992. "Street crime strategies: The changing schemata of streetwalkers." *Environment and Behavior, 24,* 555–570.

Rice, Kennon J., and William R. Smith. 2002. "Socioecological models of automotive theft: Integrating routine activity and social disorganization approaches." *Journal of Research in Crime and Delinquency, 39,* 304–336.

Richards, Bill. 1992. "Burden of proof." *Wall Street Journal,* December 8, pp. A1, A8.

Richtel, Matt. 2008. "Sex trade monitors a key figure's woes." nytimes.com, June 17.

Rickgarn, Ralph L. V. 1994. *Perspectives on College Student Suicide.* Amityville, N.Y.: Baywood.

Ridley, Mark. 1996. "The gay brain." *Natural History, 105* (August), 10–11.

Rieger, Gerulf, et al. 2008. "Sexual orientation and childhood gender nonconformity: Evidence from home videos." *Developmental Psychology, 44,* 46–58.

Rimer, Sara. 1993. "Campus lesbians step into unfamiliar light." *New York Times,* June 5, p. 6.

Ripley, Amanda. 2002. "Why suicide bombing . . . is now all the rage." *Time,* April 15, pp. 32–39.

Risman, Barbara, and Pepper Schwartz. 2002. "After the sexual revolution: Gender politics in teen dating." *Contexts,* Spring, pp. 16–24.

Rivara, Frederick, et al. 2004. "Mortality attributable to harmful drinking in the United States, 2000." *Journal of Studies on Alcohol, 65,* 530–536.

Rivera, Elaine. 2000. "License to drink." *Time,* July 31, p. 47.

Robins, Lee N. 1973. *The Vietnam Drug User Returns.* Washington, D.C.: Government Printing Office.

Robins, Lee N., et al. 1984. "Lifetime prevalence of specific psychiatric disorders in three sites." *Archives of General Psychiatry, 41,* 949–958.

Rock, Michael T., and Heidi Bonnett. 2004. "The comparative politics of corruption: Accounting for the East Asian paradox in empirical studies of corruption, growth and investment." *World Development, 32,* 999–1017.

Rodgers, Bryan, and Susan L. Mann. 1993. "Rethinking the analysis of intergenerational social mobility: A comment on John W. Fox's 'Social class, mental illness, and social mobility.'" *Journal of Health and Social Behavior, 34,* 165–172.

Roffman, Roger A., and Robert Stephens. 2006. *Cannabis Dependence: Its Nature, Consequences and Treatment.* Cambridge, U.K.: Cambridge University Press.

Roman, Paul M., and Terry C. Blum. 1991. "The medicalized conception of alcohol-related problems: Some social sources and some social consequences of murkiness and confusion." In David J. Pittman and Helene Raskin White (eds.), *Society, Culture, and Drinking Patterns Reexamined.* New Brunswick, N.J.: Rutgers Center of Alcohol Studies.

Rosack, Jim. 2007. "Antidepressants do not increase teen suicide." pp. 138–145 in David Becker and Cynthia Becker (eds.), *Problems with Death.* Detroit, Mich.: Greenhaven Press.

Rose, Harold M., and Paula D. McClain. 1990. *Race, Place, and Risk: Black Homicide in Urban America.* Albany: State University of New York Press.

Rosenau, Pauline. 1992. *Postmodernism and the Social Sciences.* Princeton, N.J.: Princeton University Press.

Rosenberg, Debra. 2004. "The Will & Grace effect." *Newsweek,* May 24, pp. 38–39.

Rosenberg, Debra. 2007. "(Rethinking) gender." *Newsweek,* May 21, pp. 50–57.

Rosenblum, Karen E. 1975. "Female deviance and the female sex role: A preliminary investigation." *British Journal of Sociology, 26,* 169–185.

Rosenfeld, Barry. 2004. *Assisted Suicide and the Right to Die.* Washington, D.C.: American Psychological Association.

Rosenfeld, Sam A. 1985. "The lady is addictive." *Psychology Today,* January, p. 20.

Rosenhan, D. L. 1973. "On being sane in insane places." *Science,* January 19, p. 256.

Rosenthal, A. M. 1995. "The cruelest hoax." *New York Times,* January 3, p. A11.

Rosenthal, Elisabeth. 1999. "Suicide gains ground on women in rural China." *New York Times,* January 24, pp. 1, 8.

Rosoff, Stephen M., Henry N. Pontell, and Robert H. Tillman. 2002. *Profit without Honor: White-Collar Crime and the Looting of America,* 2d ed. Upper Saddle River, N.J.: Prentice Hall.

Ross, Michael W., and Willem A. Arrindell. 1988. "Perceived parental rearing patterns of homosexual and heterosexual men." *Journal of Sex Research, 24,* 275–281.

Rotgers, Frederick, et al. 1996. *Treating Substance Abuse: Theory and Practice.* New York: Guilford.

Roubach, Michael. 2004. "Meaning, phenomenology, and being." *Inquiry, 47,* 189–199.

Rowe, Paul M. 1995. "Alcoholism in USA." *Lancet, 345,* April 1, 860.

Rubin, Arline M., and James R. Adams. 1986. "Outcomes of sexually open marriages." *Journal of Sex Research, 22,* 311–319.

Rubington, Earl. 1991. "The chronic drunkenness offender: Before and after decriminalization." In David J. Pittman and Helene Raskin White (eds.), *Society, Culture, and Drinking Patterns Reexamined.* New Brunswick, N.J.: Rutgers Center of Alcohol Studies.

Ruch, Libby O., Susan Meyers Chandler, and Richard A. Harter. 1980. "Life change and rape impact." *Journal of Health and Social Behavior, 21,* 248–260.

Rudacille, Deborah. 2005. *The Riddle of Gender: Science, Activism, and Transgender Rights.* New York: Pantheon Books.

Ruiz, Dorothy S. 1982. "Epidemiology of schizophrenia: Some diagnostic and sociocultural considerations." *Phylon, 43,* 315–326.

Rumney, Philip N. S. 2008. "Policing male rape and sexual assault." *Journal of Criminal Law, 72,* 67–86.

Russell, Diana E. H. 1984. *Sexual Exploitation.* Beverly Hills, Calif.: Sage Publications.

Russell, Diana E. H. 1990. *Rape in Marriage.* Bloomington: Indiana University Press.

Russell, Diana E. H., and Rebecca M. Bolen. 2000. *The Epidemic of Rape and Child Sexual Abuse in the United States.* Thousand Oaks, Calif.: Sage Publications.

Rust, Paula C. 1995. *Bisexuality and the Challenge to Lesbian Politics: Sex, Loyalty, and Revolution.* New York: New York University Press.

Sabato, Larry J., and Glenn R. Simpson. 1996. *Dirty Little Secrets.* New York: Times Books.

Sachs, Andrea. 1993. "9-Zip! I love it!" *Time,* November 22, pp. 44–45.

Saghir, Marcel T., and Eli Robins. 1980. "Clinical aspects of female homosexuality." In Judd Marmor (ed.), *Homosexual Behavior: A Modern Reappraisal.* New York: Basic Books.

Sallett, Alphonse, Erich Goode, and William Pooler. 1999. "The death of a paradigm? The onset and dynamics of an adolescent drug epidemic, 1991–1998." Unpublished paper.

SAMHSA (Substance Abuse and Mental Health Services Administration). 2002. *Annual Household Survey.* www.hhs.gov/news.

Sanday, Peggy Reeves. 1981. "The socio-cultural context of rape: A cross-cultural study." *Journal of Social Issues, 37,* 5–27.

Sanday, Peggy Reeves. 1990. *Fraternity Gang Rape: Sex, Brotherhood, and Privilege on Campus.* New York: New York University Press.

Sanday, Peggy Reeves. 1996a. *A Woman Scorned: Acquaintance Rape on Trial.* New York: Doubleday.

Sanday, Peggy Reeves. 1996b. "Rape-prone versus rape-free campus cultures." *Violence Against Women, 2,* 191–208.

Sandmaier, Marian. 1992. *The Invisible Alcoholics: Women and Alcohol,* 2d ed. Bradenton, Fla.: Blue Ridge Summit.

Santtila, Pekka, et al. 2008. "Potential for homosexual response is prevalent and genetic." *Biological Psychology, 77,* 102–105.

Santtila, Pekka, et al. 2001. "The structure of crime-scene actions in Finnish homicides." *Homicide Studies, 5,* 363–387.

Sapp, M., et al. 1999. "Attitudes toward rape among African American male and female college students." *Journal of Counseling and Development, 77,* 204–208.

Sarrel, Philip M., and William H. Masters. 1982. "Sexual molestation of men by women." *Archives of Sexual Behavior, 11,* 117–131.

Sarrel, Philip, and Lorna Sarrel. 1981. "Can a man be raped by a woman?" *Redbook,* May, p. 94.

Satel, Sally. 1996. "The madness of deinstitutionalization." *Wall Street Journal,* February 20, p. A22.

Saunders, Daniel G. 2002. "Are physical assaults by wives and girlfriends a major social problem? A review of the literature." *Violence Against Women, 8,* 1424–1448.

Savin-Williams, Ritch C. 2005a. "The new gay teen: Shunning labels." *The Gay & Lesbian Review,* November/December, pp. 16–19.

Savin-Williams, Ritch C. 2005b. *The New Gay Teenager.* Cambridge, Mass.: Harvard University Press.

Savin-Williams, Ritch C. 2005c. "Who's gay? Does it matter?" *Current Directions in Psychological Science, 15,* 40–44.

Scarce, Michael. 1997. *Male on Male Rape: The Hidden Toll of Stigma and Shame.* New York: Insight Books.

Scelfo, Julie. 2007. "Men & depression: facing darkness." *Newsweek,* February 26, pp. 43–49.

Schaefer, James M. 1981. "Firewater myths revisited: Review of findings and some new directions." *Journal of Studies on Alcohol,* Supplement No. 9 (January), 108–109.

Scheff, Thomas J. 1964. "Social condition for rationality: How urban and rural courts deal with the mentally ill." *American Behavioral Scientist, 7,* 21–27.

Scheff, Thomas J. 1966. *Being Mentally Ill.* Chicago: Aldine.

Scheff, Thomas J. 1974. "The labeling theory of mental illness." *American Sociological Review, 39,* 448–449.

Schepis, Ty S., and Suchitra Krishnan-Sarin. 2008. "Characterizing adolescent prescription misusers: A population-based study." *Journal of the American Academy of Child & Adolescent Psychiatry, 47,* 745–754.

Schiff, Frederick. 1999. "Nude dancing: Scenes of sexual celebration in a contested culture." *Journal of American Culture,* Winter, pp. 9–16.

Schiffren, Lisa. 1996. "Gay marriage, an oxymoron." *New York Times,* March 23, p. 37.

Schildkrout, Enid. 2004. "Inscribing the body." *Annual Review of Anthropology, 33,* 319–344.

Schlenger, William, et al. 2002. "Psychological reactions to terrorist attacks: Findings from the National Study of Americans' Reactions to September 11." *JAMA, 288,* 581–588.

Schlosser, Eric. 1997. "The business of pornography." *U.S. News & World Report,* February 10, pp. 42–50.

Schmitt, Richard B. 1996. "Defenses down." *Wall Street Journal,* February 29, pp. A1, A6.

Schuckit, Marc A. 1984. "Overview: Epidemiology of alcoholism." In Marc A. Schuckit (ed.), *Alcohol Patterns and Problems.* New Brunswick, N.J.: Rutgers University Press.

Schur, Edwin M. 1984. *Labeling Women Deviant.* New York: Random House.

Schuster, Mark, et al. 2001. "National survey of stress reactions after the September 11, 2001 terrorist attacks." *New England Journal of Medicine, 345,* 1507–1512.

Schutz, Alfred. 1962. *Collected Papers I: The Problem of Social Reality.* Ed. Maurice Natanson. The Hague: Martinus Nijhoff.

Schwartz, Emma. 2007. "A host of trouble." *U.S. News & World Report,* October 8, pp. 47–50.

Schwartz, Martin D. 1987. "Gender and injury in spousal assault." *Sociological Focus, 20,* 61–75.

Schwartz, Martin D., and Walter S. DeKeseredy. 1997. *Sexual Assault on the College Campus: The Role of Male Peer Support.* Thousand Oaks, Calif.: Sage Publications.

Schwartz, Sharon. 1991. "Women and depression: A Durkheimian perspective." *Social Science and Medicine, 32,* 127.

Schwendinger, Julia R., and Herman Schwendinger. 1983. *Rape and Inequality.* Beverly Hills, Calif.: Sage Publications.

Scull, Andrew. 1988. "Deviance and social control." In Neil J. Smelser (ed.), *Handbook of Sociology.* Newbury Park, Calif.: Sage Publications.

Scully, Diana, and Joseph Marolla. 1984. "Convicted rapists' vocabulary of motive: Excuses and justifications." *Social Problems, 31,* 530–544.

Scully, Diana, and Joseph Marolla. 1985. "Riding the bull at Gilley's: Convicted rapists describe the rewards of rape." *Social Problems, 32,* 251–263.

Scully, Diana. 1990. *Understanding Sexual Violence: A Study of Convicted Rapists.* Boston: Unwin Hyman.

Scully, Gerald W. 1997. *Murder by the state.* Paper published by the National Center for Policy Analysis at the University of Texas, Dallas.

Seaman, Barrett. 2005. *Binge: What Your College Student Won't Tell You.* Hoboken, N.J.: Wiley & Sons.

Segal, Lynne. 1993. "Does pornography cause violence?: The search for evidence." In Pamela Church Gibson and Roma Gibson (eds.), *Dirty Looks: Women, Pornography, Power.* London: BFI Publishing.

Seidman, Steven. 2002. *Beyond the Closet: The Transformation of Gay and Lesbian Life.* New York: Routledge.

Seligman, Dan. 2003. "Transsexuals and the law." *Forbes,* October 13, pp. 68–69.

Seligmann, Jean, and Patricia King. 1996. "'Roofies': The date-rape drug." *Newsweek,* February 26, p. 54.

Selkin, James. 1975. "Rape." *Psychology Today,* January, p. 74.

Sellers, Christine, John Cochran, and Kathryn Branch. 2005. "Social learning theory and partner violence: A research note." *Deviant Behavior, 26,* 379–395.

Sellin, Thorsten. 1938. *Culture Conflict and Crime.* New York: Social Science Research Council.

Serdula, Mary, et al. 2004. "Trends in alcohol use and binge drinking, 1985–1999: Results of a multi-state survey." *American Journal of Preventive Medicine, 26,* 294–98.

Sergo, Peter. 2008. "Mental illness in America." *Scientific American Mind, Vol. 19,* Issue 1, p. 15.

Serrill, Michael S. 1993. "Defiling the children." *Time,* June 21, pp. 53–55.

Shapiro, Joseph P. 1996. "The elderly's vulnerability to abuse is exaggerated." In A. E. Sadler (ed.), *Family Violence.* San Diego, Calif.: Greenhaven.

Shapiro, Susan P. 1990. "Collaring the crime, not the criminal: Reconsidering the concept of white-collar crime." *American Sociological Review, 55,* 346–365.

Sharon, Jayson. 2008. "Study challenges myths of teen sex." *USA Today,* May 20, p. 7D.

Sharpe, Anita. 1997. "Psyched up." *Wall Street Journal,* January 24, pp. A1, A11.

Sheehy, Gail. 1971. *Hustling.* New York: Delacorte.

Shellenbarger, Sue. 2001. "A colleague's suicide has a lasting impact on fellow employees." *Wall Street Journal,* June 13, p. B1.

Shenon, Philip. 1996. "AIDS epidemic, late to arrive, now explodes in populous Asia." *New York Times,* January 21, pp. 1, 8.

Sheridan, L. P., and T. Grant. 2007. "Is cyberstalking different?" *Psychology, Crime & Law, 13,* 627–640.

Shihadeh, Edward S., and James Flynn. 1996. "Segregation and crime: The effect of black social isolation on the rates of black urban violence." *Social Forces, 74,* 1325–1352.

Shishkin, Philip, and David Crawford. 2006. "Heavy traffic: In Afghanistan, heroin trade soars despite U.S. aid." *Wall Street Journal,* January 18, pp. A1, A8.

Shneidman, Edwin S. 1975. "Classification of suicidal phenomena." In Simon Dinitz, Russell R. Dynes, and Alfred C. Clarke (eds.), *Deviance.* New York: Oxford University Press.

Short, James F. Jr. 1960. "Differential association as a hypothesis: problems of empirical testing." *Social Problems, 8,* 14–25.

Shotland, R. Lance, and Lynne Goodstein. 1983. "Just because she doesn't want to doesn't mean it's rape: An experimentally based causal model of the perception of rape in a dating situation." *Social Psychology Quarterly, 46,* 220–232.

Shover, Neal, and Andy Hochstetler. 2006. *Choosing White-Collar Crime.* New York: Cambridge University Press.

Shrout, Patrick E., et al. 1992. "Mental health status among Puerto Ricans, Mexican Americans, and Non-Hispanic whites." *American Journal of Community Psychology, 20,* 729–749.

Sibthorpe, Beverly, et al. 1991. "Needle use and sexual practices: Differences in perception of personal risk of HIV among intravenous drug users." *Journal of Drug Issues, 21,* 699–712.

Siegal, Lewis J., and Jacob H. Friedman. 1955. "The threat of suicide." *Diseases of the Nervous System, 16,* 45.

Silbert, Mimi H., and Ayala M. Pines. 1981. "Occupational hazards of street prostitutes." *Criminal Justice and Behavior, 8,* 397–398.

Silverman, Morton M. 2008. "Campus security begins with caring." *Chronicle of Higher Education,* April 18, pp. A51-A52.

Simmons, J. L. 1965. "Public stereotypes of deviants." *Social Problems, 13,* 223–224.

Simon, David R. 2006. *Elite Deviance,* 8th ed. Boston: Allyn and Bacon.

Simon, Rita J., and Dagny A. Blaskovich. 2002. *A Comparative Analysis of Capital Punishment: Statutes, Policies, Frequencies, and Public Attitudes the World Over.* Lanham, Md.: Lexington Books.

Simon, William, and John H. Gagnon. 1974. "The lesbians: A preliminary overview." In John H. Gagnon and William Simon (eds.), *Sexual Deviance.* New York: Harper & Row.

Simons, Marlise. 1993. "The sex market: Scourge on the world's children." *New York Times,* April 9, p. A3.

Simpson, Sally S., and Nicole Leeper Piquero. 2002. "Low self-control, organizational theory, and corporate crime." *Law & Society Review, 36,* 509–548.

Skapinakis, Petros. 2007. "Commentary: Socioeconomic position and common mental disorders: What do we need to know?" *International Journal of Epidemiology, 36,* 786–788.

Skipp, Catharine, and Arian Campo-Flores. 2006. "Streetwalker stalker." *Newsweek,* March 27, p. 39.

Skrapec, Candice A. 2001. "Phenomenology and serial murder: Asking different questions." *Homicide Studies, 5,* 46–63.

Sky and Telescope. 1985. "The moon and murder." *Vol. 70,* p. 28.

Sloan, Allan. 1997. "A sexy new loophole." *Newsweek,* February 3, pp. 37–38.

Smith, Michael D. 1990. "Patriarchal ideology and wife beating: A test of a feminist hypothesis." *Violence and Victims, 5,* 257–273.

Smith, Wesley J. 1993. "The whispers of strangers." *Newsweek,* June 28, p. 8.

Smolowe, Jill. 1993. "Choose your poison." *Time,* July 26, p. 57.

Smyth, Angela, and Chris Thompson. 1990. *SAD: Seasonal Affective Disorder.* New York: Unwin.

Snyder, David. 2008. "See no evil." *U.S. Catholic,* January, pp. 30–35.

Sobell, Mark B., and Linda C. Sobell. 1993. *Problem Drinkers: Guided Self-Change Treatment.* New York: Guilford.

Socall, Daniel W., and Thomas Holtgraves. 1992. "Attitudes toward the mentally ill." *The Sociological Quarterly, 33,* 435–445.

Socarides, Charles, et al. 1997. "Don't forsake homosexuals who want help." *Wall Street Journal,* January 9, p. A10.

Sontag, Deborah. 2002. "Who was responsible for Elizabeth Shin?" *New York Times Magazine,* April 28, pp. 57–61, 94, 139.

Sorboro, John. 2007. "The trouble with psychiatry." *Skeptic, 13,* 37–43.

Spake, Amanda. 2002. "A fat nation." *U.S. News & World Report,* August 19, pp. 40–47.

Specter, Michael. 1995. "Gay Russians are 'free' now but still stay in fearful closet." *New York Times,* July 8, pp. 1, 4.

Spencer, Jane. 2004. "Crackdown on drugs hits chronic-pain patients." *Wall Street Journal,* March 16, pp. D1, D10.

Spencer, Jennifer, et al. 2002. "Self-esteem as a predictor of initiation of coitus in early adolescents." *Pediatrics, 109,* 581–584.

Spivey, Sue E. 2005. "Distancing and solidarity as resistance to sexual objectification in a nude dancing bar." *Deviant Behavior, 26,* 417–437.

St. John, Warren. 2004. "Today's bank robber might look like a neighbor." *New York Times,* July 3, pp. A1, A16.

Stacey, Judith, and Timothy J. Biblarz. 2001. "(How) does the sexual orientation of parents matter?" *American Sociological Review, 66,* 159–183.

Stack, Steven, and Jim Gundlach. 1992. "The effect of country music on suicide." *Social Forces, 71,* 211–218.

Stack, Steven, Ira Wasserman, and Roger Kern. 2004. "Adult social bonds and use of Internet pornography." *Social Science Quarterly, 85,* 75–88.

Stack, Steven. 1979. "Durkheim's theory of fatalistic suicide: A cross-national approach." *Journal of Social Psychology, 107,* 161–168.

Stack, Steven. 1982. "Suicide: A decade review of the sociological literature." *Deviant Behavior, 4,* 49–51.

Stack, Steven. 1983. "The effect of religious commitment on suicide: A cross-national analysis." *Journal of Health and Social Behavior, 24,* 362–374.

Stack, Steven. 1986. "A leveling off in young suicide." *Wall Street Journal,* May 28, p. 30.

Stack, Steven. 1987. "Celebrities and suicide: A taxonomy and analysis, 1948–1983." *American Sociological Review, 52,* 401–412.

Stack, Steven. 1991. "Social correlates of suicide by age: Media impacts." In Antoon A. Leenaars (ed.), *Life Span Perspectives of Suicide: Time-lines in the Suicide Process.* New York: Plenum.

Stark, Elizabeth. 1987. "Forgotten victims: Children of alcoholics." *Psychology Today,* January, pp. 58–62.

Steel, Emily. 2008. "My legal cameo: Why we convicted Thurman stalker." *Wall Street Journal,* May 7, pp. A1, A16.

Steffensmeier, Darrell. 1996. "Gender and crime: Toward a gendered theory of female offending." *Annual Review of Sociology, 22,* 459–487.

Steffensmeier, Renee Hoffman. 1984. "Suicide and the contemporary woman: Are male and female suicide rates converging?" *Sex Roles, 10,* 613–631.

Steinberg, Jacques. 1999. "The coming crime wave is washed up." *New York Times,* January 3, Section 4, p. 4.

Stephens, Joyce. 1995. "The pseudocidal female: A cautionary tale." In Silvia Sara Canetto and David Lester (eds.), *Women and Suicidal Behavior.* New York: Springer.

Stevens, Amy. 1995. "Ten ways (some) lawyers (sometimes) fudge bills." *Wall Street Journal,* January 13, pp. B1, B10.

Stickley, Andrew, et al. 2008. "Attitudes toward intimate partner violence against women in Moscow, Russia." *Journal of Family Violence, 23,* 447–456.

Stockard, Jean, and Robert M. O'Brien. 2002. "Cohort effects on suicide rates: International variations." *American Sociological Review, 67,* 854–872.

Stolberg, Sheryl Gay. 1999. "Science looks at Littleton, and shrugs." *New York Times,* May 9, pp. 1, 4.

Stone, Brad. 2005. "Going all in for online poker." *Newsweek,* August 15, pp. 40–41.

Stover, Del. 2005. "Students 'hacking' school computer systems." *Education Digest,* December, pp. 54–56.

Straus, Murray A. 1991. "Discipline and deviance: Physical punishment of children and violence and other crime in adulthood." *Social Problems, 38,* 133–154.

Straus, Murray A. 2005. "Women's violence toward men is a serious social problem." pp. 55–77 in Donileen R. Loseke, Richard J. Gelles, and Mary M. Cavanaugh (eds.), *Current Controversies on Family Violence,* 2d ed. Thousand Oaks, Calif.: Sage.

Straus, Murray A., Richard J. Gelles, and Suzanne K. Steinmetz. 1980. *Behind Closed Doors.* Garden City, N.Y.: Anchor Books.

Strom, Kevin J., and John M. MacDonald. 2007. "The influence of social and economic disadvantage on racial patterns in youth homicide over time." *Homicide Studies, 11,* 50–69.

Struckman-Johnson, Cindy. 1991. "Male Victims of Acquaintance Rape." In Andrea Parrot and Laurie Bechhofer (eds.), *Acquaintance Rape.* New York: Wiley.

Strumpf, Koleman. 2005. "Internet gambling should be legalized." pp. 67–71 in James D. Torr (ed.), *The Internet: Opposing Viewpoints.* Detroit, Mich.: Greenhaven Press.

Stylianou, Stelios. 2002. "The relationship between elements and manifestations of low self-control in a general theory of crime: Two comments and a test." *Deviant Behavior, 23,* 531–557.

Suitor, Jill J., Karl Pillemer, and Murray A. Straus. 1990. "Marital violence in a life course perspective." In Murray A. Straus and Richard J. Gelles (eds.), *Physical Violence in American Families: Risk Factors and Adaptations to Violence in 8,145 Families.* New Brunswick, N.J.: Transaction.

Sullum, Jacob. 1998. *For Your Own Good: The Anti-Smoking Crusade and the Tyranny of Public Health.* New York: Free Press.

Summers, Randal W., and Allan M. Hoffman. 2002. *Domestic Violence: A Global View.* Westport, Conn.: Greenwood Press.

Suro, Roberto. 1993. "Pollution-weary minorities try civil rights tack." *New York Times,* January 11, pp. A1, A12.

Sussman, Vic. 1992. "To stop a thief." *U.S. News & World Report,* March 30, pp. 55–58.

Sutherland, Edwin H. 1939. *Principles of Criminology,* 3d ed. Philadelphia: Lippincott.

Sutherland, Edwin H. 1949. *White-Collar Crime.* New York: Holt, Rinehart and Winston.

Sutherland, Edwin H. 1956. "Crimes of corporations." In Albert K. Cohen, Alfred Lindesmith, and Karl Schuessler (eds.), *The Sutherland Papers.* Bloomington, Ind.: Indiana University Press.

Sutherland, Edwin H., and Donald R. Cressey. 1978. *Criminology,* 10th ed. Philadelphia: Lippincott.

Suthrell, Charlotte. 2004. *Unzipping Gender: Sex, Cross-Dressing and Culture.* Oxford, U.K.: Berg.

Swan, Neil. 1993. "Researcher's problem, which comes first: Drug abuse or antisocial behavior?" *NIDA (National Institute on Drug Abuse) Notes, 8* (May/June), 6–7.

Sweet, Ellen. 1985. "Date rape: The story of an epidemic and those who deny it." *Ms.,* October, p. 58.

Szasz, Thomas. 1974a. *Ceremonial Chemistry.* Garden City, N.Y.: Anchor.

Szasz, Thomas. 1974b. *The Myth of Mental Illness,* rev. ed. New York: Harper & Row.

Szasz, Thomas. 1994. "Mental illness is still a myth." *Society,* May/June, pp. 34–39.

Szockyj, Elizabeth. 1993. "Insider trading: The SEC meets Carl Karcher." *The Annals of the American Academy of Political and Social Science, 525* (January), 46–58.

Tannenbaum, Frank. 1938. *Crime and the Community.* New York: Columbia University Press.

Taylor, Steven J. 2004. "'You're not a retard, you're just wise.'" In Alex Thio and Thomas C. Calhoun (eds.), *Readings in Deviant Behavior,* 3d ed. Boston: Allyn and Bacon.

Telephony. 1998. "Crosstalk." February 16, *Vol. 234,* Issue 7, p. 8.

ter Bogt, Tom, et al. 2006. "Economic and cultural correlates of cannabis use among mid-adolescents in 31 countries." *Addiction, 101,* 241–251.

Tewksbury, Richard. 2007. "Effects of sexual assaults on men: Physical, mental and sexual consequences." *International Journal of Men's Health, 6,* 22–35.

The Economist. 2004. "It's their business." *Vol. 372,* September 4, p. 12.

The Economist. 1979. "Sexual therapists." December 2, p. 26.

The Economist. 1991. "Shoplifting in America." January 19, p. 65.

Thio, Alex. 1973. "Class bias in the sociology of deviance." *The American Sociologist, 8,* 1–12.

Thompson, Terri, et al. 1992. "Crime and the bottom line." *U.S. News & World Report,* April 13, p. 57.

Thornton, Bill, and Richard M. Ryckman. 1983. "The influence of a rape victim's physical attractiveness on observers' attributions of responsibility." *Human Relations, 36,* 549–562.

Time. 1980. "Deadwood's defunct houses." July 28, p. 77.

Tittle, Charles R. 1995. *Control Balance: Toward a General Theory of Deviance.* Boulder, Colo.: Westview.

Tittle, Charles R. 2004. "Refining control balance theory." *Theoretical Criminology, 8,* 395–428.

Tolchin, Martin. 1986. "On breaking, or bending, or ignoring the law." *New York Times,* November 28, p. 12.

Torrey, E. Fuller. 1974. *The Death of Psychiatry.* Radnor, Pa.: Chilton.

Torrey, E. Fuller. 1997. *Out of the Shadows: Confronting America's Mental Illness Crisis.* New York: Wiley.

Totman, Jane. 1978. *The Murderers: A Psychosocial Study of Criminal Homicide.* San Francisco: R and E Research Associates.

Toubia, Nahid, and Susan Izett. 1998. *Female Genital Mutilation.* Geneva: World Health Organization

Toufexis, Anastasia. 1992a. "Bisexuality: What is it?" *Time,* August 17, p. 49.

Toufexis, Anastasia. 1992b. "Do mad acts a madman make?" *Time,* February 3, p. 17.

Toufexis, Anastasia. 2002. "A psychiatrist's-eye view of murder and insanity." *New York Times,* April 23, p. D5.

Towson State. 1993. "A study on campus crime by Towson State University's Center for the Study and Prevention of Campus Violence." *New York Times Magazine,* March 7, p. 40.

Trad, Paul V. 1991. "The ultimate stigma of mental illness." *American Journal of Psychotherapy, 45,* 463–466.

Transparency International. 2004. *Global Corruption Report 2004.* London: Pluto Press.

Trice, Harrison M. 1966. *Alcoholism in America.* New York: McGraw-Hill.

Troiden, Richard R. 1979. "Becoming homosexual: A model of gay identity acquisition." *Psychiatry, 42,* 362–373.

Trost, Cathy, and Paulette Thomas. 1993. "Sexual politics." *Wall Street Journal,* March 10, p. A6.

Truell, Peter, and Larry Gurwin. 1992. *False Profits: The Inside Story of BCCI, the World's Most Corrupt Financial Empire.* Boston: Houghton Mifflin.

Tuesday, Vince. 2002. "The naked truth about porn surfers." *Computerworld,* June 24, p. 40.

Tumulty, Karen. 2006. "Abortion: Where the real action is . . . " *Time,* January 30, pp. 50–53.

Tumulty, Karen. 2006. "The politics of fat." *Time,* March 27, pp. 40–43.

U.S. Census Bureau. 2008. *Statistical Abstract of the United States.* Washington, D.C.: Government Printing Office.

U.S. Congress, Office of Technology Assessment. 1990. *Indian Adolescent Mental Health (OTA-H-446).* Washington, D.C.: Government Printing Office.

Underwood, Anne. 2005. "A healthy toast." *Newsweek,* October 3, p. 70.

Unnithan, N. Prabha, Lin Huff-Corzine, Jay Corzine, and Hugh P. Whitt. 1994. *The Currents of Lethal Violence: An Integrated Model of Suicide and Homicide.* Albany: State University of New York Press.

USA Today. 2005. "One priest is punished, but church's progress still lags." February 16, p. 10a.

Vachss, Alice S. 1994. *Sex Crimes: Ten Years on the Front Lines Prosecuting Rapists and Confronting Their Collaborators.* New York: Holt.

Vail, D. Angus. 2004. "'Tattoos are like potato chips . . . You can't have just one." In Alex Thio and Thomas C. Calhoun (eds.), *Readings in Deviant Behavior,* 3d ed. Boston: Allyn and Bacon.

Vaillant, George E. 1995. *The Natural History of Alcoholism Revisited.* Cambridge, Mass.: Harvard University Press.

Vaillant, George E., and Eva S. Milofsky. 1982. "The etiology of alcoholism: A prospective viewpoint." *American Psychologist, 37,* 494–503.

Valentino, Benjamin A. 2004. *Final Solutions: Mass Killing and Genocide in the 20th Century.* Ithaca, N.Y.: Cornell University Press.

Van Der Poel, Agnes, and Dike Van De Mheen. 2006. "Young people using crack and the process of marginalization." *Drugs: Education, Prevention & Policy, 13,* 45–59.

van Gelder, Paul J., and Charles D. Kaplan. 1992. "The finishing moment: Temporal and spatial features of sexual interactions between streetwalkers and car clients." *Human Organization, 51,* 253–263.

Van Mourik, Orli. 2007. "The origin of schizophrenia." *Discover,* December, p. 19.

van Natta, Don Jr., and Jane Fritsch. 1997. "$250,000 buys donors' best access to Congress." *New York Times,* January 27, A1, A10.

van Poppel, Frans, and Lincoln H. Day. 1996. "A test of Durkheim's theory of suicide—Without committing the 'ecological fallacy'." *American Sociological Review, 61,* 500–507.

Van Tubergen, Frank, et al. 2005. "Denomination, religious context, and suicide: Neo-Durkheimian multilevel explanations tested with individual and contextual data." *American Journal of Sociology, 111,* 797–823.

Vaughan, Diane. 1983. *Controlling Unlawful Organizational Behavior: Social Structure and Corporate Misconduct.* Chicago: University of Chicago Press.

Victor, Jeffrey S. 2004. "Sluts and wiggers: A study of the effects of derogatory labeling." *Deviant Behavior, 25,* 67–84.

Viscusi, W. Kip. 1992. *Smoking: Making the Risky Decision.* New York: Oxford University Press.

Voeller, Bruce. 1990. "Some uses and abuses of the Kinsey scale." In David P. McWhirter, Stephanie A. Sanders, and June Machover Reinisch (eds.), *Homosexuality/Heterosexuality.* New York: Oxford University Press.

Walchak, David G. 1996. "Drugs and violent crime." *Police Chief, 63,* March, p. 6.

Walker, Jayne, John Archer, and Michelle Davies. 2005. "Effects of rape on men: A descriptive analysis." *Archives of Sexual Behavior, 34,* 69–80.

Walker, Lenore F. 1990. *Terrifying Love: Why Battered Women Kill and How Society Responds.* New York: Harper Perennial.

Wall Street Journal. 2007. "Tyco convictions upheld." November 16, p. C2.

Wallace, Harvey. 1996. *Family Violence: Legal, Medical, and Social Perspectives.* Boston: Allyn and Bacon.

Waller, Willard. 1936. "Social problems and the mores." *American Sociological Review, 1,* 922–933.

Walsh, Mark. 2005. "You can bet—but don't call it gambling." *Business Week,* September 19, p. 14.

Walters, Anne K. 2005. "'Hostile environment' is found at academies." *Chronicle of Higher Education,* September 9, p. 36.

Walters, John P. 2002. "Don't legalize drugs." *Wall Street Journal,* July 19, p. A10.

Wang, Philip S., et al. 2005. "Twelve-month use of mental health services in the United States." *Archives of General Psychiatry, 62,* 629–640.

Wang, S. S., et al. 2004. "The influence of the stigma of obesity on overweight individuals." *International Journal of Obesity, 28,* 1333–1337.

Ward, Richard H., and Daniel J. Mabrey. 2005. "Organized crime in Asia." pp. 387–401 in Philip Reichel (ed.), *Handbook of Transnational Crime & Justice.* Thousand Oaks, Calif.: Sage.

Warner, Barbara D. 2007. "Robberies with guns: Neighborhood factors and the nature of crime." *Journal of Criminal Justice, 35,* 39–50.

Wartik, Nancy. 1995. "Jerry's choice: Why are our children killing themselves?" In Robert Emmet Long (ed.), *Suicide.* New York: Wilson.

Wasserman, Ira. 1984. "Imitation and suicide: A reexamination of the Werther effect." *American Sociological Review, 49,* 427–436.

Webb, Gary. 2001. "Sex and the internet." *Yahoo! Internet Life, 7,* 88–98.

Weber, Thomas E. 1997. "The X files." *Wall Street Journal,* May 20, pp. A1, A8.

Wechsler, Henry, et al. 2002. "Trends in college binge drinking during a period of increased prevention efforts." *Journal of American College Health, 50,* 203–217.

Weicker, Lowell P., Jr. 1985. "Dangerous routine." *Psychology Today,* November, pp. 60–62.

Weinstein, Raymond M. 1981. "Mental patients' attitudes toward hospital staff." *Archives of General Psychiatry, 38,* 487.

Weinstein, Raymond M. 1983. "Labeling theory and the attitudes of mental patients: A review." *Journal of Health and Social Behavior, 24,* 70–84.

Weis, Kurt, and Sandra S. Borges. 1973. "Victimology and rape: The case of the legitimate victim." *Issues in Criminology, 8,* 81–85.

Weisberg, Kelly. 1985. *Children of the Night: A Study of Adolescent Prostitution.* Lexington, mass.: Lexington Books.

Weisburd, David, et al. 1991. *Crimes in the Middle Classes.* New Haven, Conn.: Yale University Press.

Weisheit, Ralph. 1992. "Patterns of female crime." In Robert G. Culbertson and Ralph Weisheit (eds.), *Order Under Law.* Prospect Heights, Ill.: Waveland.

Weisman, Steven R. 1997. "Spin nation." *New York Times,* January 26, p. 12.

Weisner, Constance, et al. 1995. "Trends in the treatment of alcohol problems in the U.S. general population, 1979 through 1990." *American Journal of Public Health, 85,* 55–60.

Weitz, Eric D. 2003. *A Century of Genocide: Utopias of Race and Nation.* Princeton, N.J.: Princeton University Press.

Weitzer, Ronald. 1991. "Prostitutes' rights in the United States: The failure of a movement." *Sociological Quarterly, 32,* 23–41.

Weitzer, Ronald. 2000. "Deficiencies in the sociology of sex work." *Sociology of Crime, Law and Deviance, 2,* 259–279.

Weitzer, Ronald. 2005a. "Flawed theory and method in studies of prostitution." *Violence Against Women, 11,* 934–949.

Weitzer, Ronald. 2005b. "New directions in research on prostitution." *Crime, Law & Social Change, 43,* 211–235.

Weitzer, Ronald. 2006. "Moral crusade against prostitution." *Society,* March/April, pp. 33–38.

Welch, Michael R., et al. 2005. "'But everybody does it . . . ': The effects of perceptions, moral pressures, and informal sanctions on tax cheating." *Sociological Spectrum, 25,* 21–52.

Wellford, Harrison. 1972. *Sowing the Wind: A Report from Ralph Nader's Center for Study of Responsive Law on Food Safety and the Chemical Harvest.* New York: Grossman.

Wells, Joseph T. 1993. "Accountancy and white-collar crime." *The Annals of the American Academy of Political and Social Science, 525* (January), 86–87.

Wertheimer, Fred. 1996. "Stop soft money now." *New York Times Magazine,* December 22, pp. 38–39.

Wheeler, John, and Peter R. Kilmann. 1983. "Comarital sexual behavior: Individual and relationship variables." *Archives of Sexual Behavior, 12,* 304–310.

Wheeler, Stanton. 1991. "The problem of white-collar crime motivation." In Kip Schlegel and David Weisburd (eds.), *White-Collar Crime Reconsidered.* Boston: Northeastern University Press.

White, Jacquelyn W., and John A. Humphrey. 1991. "Young people's attitudes toward acquaintance rape." In Andrea Parrot and Laurie Bechhofer (eds.), *Acquaintance Rape.* New York: Wiley.

Whitehead, Barbara Dafoe. 2005. "Online porn." *Commonweal,* October 21, p. 6.

Whitty, Monica T. 2004. "Cybercheating." *CPJ: Counseling & Psychotherapy Journal, 15,* 38–39.

Whitty, Monica T. 2005. "The realness of cybercheating: Men's and women's representations of unfaithful Internet relationships." *Social Science Computer Review, 23,* 57–67.

Wickelgren, Ingrid. 1999. "Discovery of 'gay gene' questioned." *Science,* April 23, p. 571.

Widom, Cathy Spatz. 1989. "The intergenerational transmission of violence." In Neil Alan Weiner and Marvin E. Wolfgang (eds.), *Pathways to Criminal Violence.* Newbury Park, Calif.: Sage Publications.

Wilbanks, William. 1984. *Murder in Miami: An Analysis of Homicide Patterns and Trends in Dade County (Miami) Florida, 1917–1983.* Lanham, Md.: University Press of America.

Wilbanks, William. 1985. "Is violent crime intraracial?" *Crime & Delinquency, 31,* 117–128.

Wilentz, Amy. 1985. "When brother kills brother." *Time,* September 16, p. 33.

Wilke, John R. 2004. "Price-fixing investigations sweep chemical industry." *Wall Street Journal,* June 22, pp. A1, A6.

Wilkins, James. 1967. "Suicidal behavior." *American Sociological Review, 32,* 286–287.

Wilkinson, Kenneth P. 1984. "A research note on homicide and rurality." *Social Forces, 63,* 445–452.

Wilkinson, Rupert. 1970. *The Prevention of Drinking Problems.* New York: Oxford University Press.

Wilkinson, Wayne W. 2004. "Religiosity, authoritarianism, and homophobia: A multidimensional approach." *The International Journal for the Psychology of Religion, 14,* 55–67.

Will, George F. 2001. "Now, weapons of mass disruption?" *Newsweek,* October 29, p. 76.

Williams, Armstrong. 2006. "Teen suicide." *New York Amsterdam News,* January 5, p. 13.

Williams, Kirk R. 1984. "Economic source of homicide: Reestimating the effects of poverty and inequality." *American Sociological Review, 49,* 283–289.

Williams, Kirk R., and Susan Drake. 1980. "Social structure, crime and criminalization: An empirical examination of the conflict perspective." *The Sociological Quarterly, 21,* 563–575.

Williams, Mary E. 2003. *Marijuana.* San Diego, Calif.: Greenhaven Press.

Wilson, Margo I., and Martin Daly. 1992. "Who kills whom in spouse killings? On the exceptional sex ratio of spousal homicides in the United States." *Criminology, 30,* 189–215.

Wilson, Mitchell. 1993. "DSM-III and the transformation of American psychiatry: A history." *American Journal of Psychiatry, 150,* 399–410.

Winerip, Michael. 2002. "The never-promised rose garden and the snake pit." *New York Times,* May 5, Section 4, p. 3.

Wingfield, Nick. 2004. "Problem for cops on eBay beat: Crooks keep getting smarter." *Wall Street Journal,* August 3, pp. A1, A8.

Winick, Charles, and Paul M. Kinsie. 1971. *The Lively Commerce.* Chicago: Quadrangle.

Winslow, Ron, and Peter Landers. 2002. "Obesity: A worldwide woe." *Wall Street Journal,* July 1, pp. B1, B4.

Witkin, Gordon. 1992. "Willing to kill for a car." *U.S. News & World Report,* September 21, pp. 40–43.

Witkin, Gordon. 1995. "A new drug gallops through the West." *U.S. News & World Report,* November 13, pp. 50–51.

Wittig, Monique. 1990. "The straight mind." In Russell Ferguson et al. (eds.), *Out There: Marginalization and Contemporary Culture.* Cambridge, Mass.: MIT Press.

Wolfe, Alan. 1998. "The homosexual exception." *New York Times Magazine,* February 8, pp. 46–47.

Wolfgang, Marvin E. 1958. *Patterns in Criminal Homicide.* Philadelphia: University of Pennsylvania Press.

Wolfgang, Marvin E. 1967. "A sociological analysis of criminal homicide." In Marvin E. Wolfgang (ed.), *Studies in Homicide.* New York: Harper & Row.

Wolfgang, Marvin E., and Franco Ferracuti. 1967. *The Subculture of Violence: Towards an Integrated Theory in Criminology.* London: Tavistock.

Wolpert, Lewis. 2000. *Malignant Sadness: The Anatomy of Depression.* New York: Free Press.

Wonders, Nancy A., and Raymond Michalowski. 2004. "The globalization of sex tourism." In Alex Thio and Thomas C. Calhoun (eds.), *Readings in Deviant Behavior,* 3d ed. Boston: Allyn and Bacon.

Wondrak, Isabel, and Jens Hoffmann. 2007. "A personal obsession." *Scientific American Mind, 18,* 76–81.

Wood, Elizabeth Anne. 2001. "Strip club dancers: Working in the fantasy factory." In Alex Thio and Thomas C. Calhoun (eds.), *Readings in Deviant Behavior,* 2d ed. Boston: Allyn and Bacon.

Woodruff, Christopher, and Susan Gregory. 2005. "Profile of Internet gamblers: Betting on the future." *UNLV Gaming Research & Review Journal, 9,* 1–14.

Wren, Christopher S. 1996. "Adolescent drug use rose in latest survey from 1995." *New York Times,* December 20, p. A8.

Wren, Christopher S. 1997. "Keeping cocaine resilient: Low cost and high profit." *New York Times,* March 4, pp. A1, A10.

Wren, Christopher S. 1999. "Study compares U.S. and English drug crimes." *New York Times,* May 14, p. A10.

Wright, Bradley R. E., et al. 2004. "Does the perceived risk of punishment deter criminally prone individuals? Rational choice, self-control, and crime." *Journal of Research in Crime and Delinquency, 41,* 180–213.

Wright, James D. 1995. "Ten essential observations on guns in America." *Society,* March/April, pp. 62–68.

Wright, James D., Joseph F. Sheley, and M. Dwayne Smith. 1992. "Kids, guns, and killing fields." *Society,* November/December, pp. 84–89.

Wright, James D., Peter H. Rossi, and Kathleen Daly. 1983. *Under the Gun: Weapons, Crime, and Violence in America.* New York: Aldine.

Wright, Richard T., and Scott H. Decker. 1994. *Burglars on the Job: Streetlife and Residential Break-ins.* Boston: Northeastern University Press.

Wright, Richard T., and Scott H. Decker. 1997. *Armed Robbers in Action: Stickups and Street Culture.* Boston: Northeastern University Press.

Wysocki, Diane Kholos. 1998. "Let your fingers do the talking: Sex on an adult chat-line." *Sexualities, Vol. 1,* pp. 425–452.

Xin, Xiaohui, and Thomas K. Rudel. 2004. "The context for political corruption: A cross-national analysis." *Social Science Quarterly, 85,* 294–309.

Yamamoto, J., et al. 1983. "Symptom checklist of normal subjects from Asian-Pacific islander population." *Pacific/Asian American Mental Health Research Center Research Review, 2,* 6–8.

Yar, Majid. 2005. "Computer hacking: Just another case of juvenile delinquency?" *The Howard Journal, 44,* 387–399.

Yen, Hope. 2005. "High court to review assisted suicide law." Yahoo! News, February 22, http://story.news.yahoo.com.

Yesavage, Jerome A., et al. 1985. "Carry-over effects of marijuana intoxication on aircraft pilot performance: A preliminary report." *American Journal of Psychiatry, 142,* 1325–1329.

Yonkers, Kimberly A., and George Gurguis. 1995. "Gender differences in the prevalence and expression of anxiety disorders." In Mary V. Seeman (ed.), *Gender and Psychopathology.* Washington, D.C.: American Psychiatric Press.

Young, Kimberly S., et al. 2000. "Online infidelity: A new dimension in couple relationships with implications for evaluation and treatment." *Sexual Addiction & Compulsivity, 7,* 59–74.

Young, T. J. 1991. "Suicide and homicide among Native Americans: Anomie or social learning?" *Psychological Reports, 68,* 1137–1138.

Yount, Lisa (ed.). 2006. *Does the Internet Increase the Risk of Crime?* Detroit, Mich.: Greenhaven Press.

Zagorin, Adam. 1997. "Charlie's an angel?" *Time,* February 3, pp. 36–38.

Zeisel, Hans. 1982. "A comment on 'The deterrent effect of capital punishment' by Phillips." *American Journal of Sociology, 88,* 167–169.

Zeits, Dorothy. 1981. *Women Who Embezzle or Defraud.* New York: Praeger.

Zeller, Tom., Jr. 2006. "Cyberthieves silently copy as you type." *New York Times,* February 27, pp. A1, A16.

Zezima, Katie. 2004. "Girl, 17, was raped by a group of teenagers, Boston police say." *New York Times,* December 10, p. 27A.

Zillmann, Dolf, and Jennings Bryant. 1982. "Pornography, sexual callousness, and the trivialization of rape." *Journal of Communication, 32,* 10–21.

Zimmerman, Jacqueline Noll. 2003. *People Like Ourselves: Portrayals of Mental Illness in the Movies.* Lanham, Md.: Scarecrow Press.

Zorza, Joan, and Laurie Woods. 1994. *Mandatory Arrest: Problems and Possibilities.* New York: National Center for Women and Family Law.

主题索引

（所注页码为原书页码，即本书边码）

A

AA (Alcoholics Anonymous) 戒酒互助协会，325—326

Absolutism，绝对主义

definition of，绝对主义的定义，11

positivist perspective and，绝对主义与实证主义理论，5—6

Abstinence，禁欲，205，206

Abstract meanings，抽象意义，39

"Abusing the frank"，滥用免费邮寄特权，353—354

Accidental death，意外死亡，39

Accounting abuse，会计违法做账，347—348

Accusing the accuser，诬告举报者，357

Acquaintance rape，熟人强奸，88—89

Acquired immunodeficiency syndrome. *See* AIDS (acquired immunodeficiency syndrome)，获得性免疫缺陷综合征，见艾滋病（获得性免疫缺陷综合征）

Acrophobia，恐高症，173

Addiction，成瘾，上瘾

to alcohol (*See* Alcoholism) 嗜酒成瘾（见酗酒）

cocaine，可卡因上瘾，277，283—284

heroin，海洛因上瘾，275，283—284

marijuana，大麻成瘾，283—284

physical，生理上成瘾，314—315

prostitution and，卖淫与毒瘾，216

psychological，心理上成瘾，314

Addict robbers，吸毒劫匪，369

Administration，drugs，毒品的使用，272

Adolescents，青少年

alcoholism and，青少年酗酒，392

homicides committed by，青少年杀人，60

lesbian，青少年女同性恋，241

mental illness and，精神病与青少年，178—179

prostitutes，青少年妓女，218—219

sex and，青少年性行为，205—206

suicide and，青少年自杀，150—151

Adultery，通奸，206—208

Advertising，deceptive，虚假广告，339—340

African Americans，非洲裔美国人

alcoholism and，酗酒与非洲裔美国人，308

cigarette smoking and，吸烟与非洲裔美国人，295

drug use and，麻醉品使用与非洲裔美国人，290

gangs，非洲裔美国人黑帮，379

as hate killing victims，成为仇杀对象的非洲裔美国人，72

shoplifting and，入店行窃与非洲裔美国人，374

women，raping of，被强奸的非洲裔美国女人，95

Age，年龄

alcohol drinking and，酗酒与年龄，307—308

of family abusers，家庭施虐者的年龄，126

homicide and，杀人与年龄，59—60

mental illness and，精神错乱与年龄，178

rape and，强奸与年龄，85—86

suicide rates and，自杀率与年龄，148

Al gene，Al 基因，319

Aggravated assault，恶意伤害，57

Agoraphobia，广场恐惧症，173

AIDS (acquired immunodeficiency syndrome)，艾滋病（获得性免疫缺陷综合征）

gays and，男同性恋与艾滋病，239，253—254

heterosexuals and，异性恋与艾滋病，254

illegal drug use and，麻醉品与艾滋病，279，280—281

prostitution and，卖淫与艾滋病，218—219，226

suicide rates and，自杀率与艾滋病，153

Akers，Ronald，罗纳德·阿科斯，24—25

Al-Anon，嗜酒者家庭互助会，325

Alateen，嗜酒者子女互助会，325

Alcohol drinking，饮酒，300—312

college students and，大学生与饮酒，315—317

controlling，控制饮酒，322—326

effects of，饮酒的影响，303—306

excessive (*See* Alcoholism) 饮酒过度（见酗酒）

extent of，饮酒的范围，302

family violence and，家庭暴力与饮酒，115

global perspective on，环球视野：饮酒，312

health effects of，饮酒对健康的影响，305—306

mental impact of，饮酒对心理的影响，304—305

moderate，适度饮酒，306
myths about，对饮酒的误解，302—303
physical addiction，对酒精在生理上成瘾，314—315
physical impact of，酒精对生理的影响，304—305
prohibition of（*See* Prohibition of alcohol），禁酒令（见禁酒）
psychological addiction to，对酒精在心理上成瘾，314
regional locations and，饮酒与地理区位，311
religion and，宗教派别与饮酒，309—310
social consequences of，饮酒的社会后果，306
social drinkers，社交饮酒者，314
social factors in，饮酒的社会影响因素，307—311
socioeconomic status and，社会经济地位与饮酒，310—311
women and，女性与酒精，317—318
Alcoholic personality，酒精人格，320
Alcoholic robbers，酒鬼劫匪，369
Alcoholics Anonymous（A A），戒酒互助协会，325—326
Alcoholism，酗酒，312—326
causes of，酗酒的原因，319—322
controlling，酗酒的控制，322—326
definition of，酗酒的定义，312—313
extent of，酗酒的范围，302
hitting bottom，酗酒到达底线，315
moderate drinking and，适量饮酒与酗酒，326
myths about，对酗酒的误解，302—303
stages of developing，成为酗酒者的几个阶段，314—315
treatment approaches，酗酒的治疗措施，324—326
among women，女性酗酒者，318
al Qaeda，基地组织，74，75，400
Altruistic suicide，利他型自杀，160
American Dream，美国梦，22，380
Ancient Greece，mental illness and，古希腊与精神病，182—183
Anger，from child molestation，因愤怒性侵幼童，108
Anomic suicide，失范型自杀，147，160
Anomie，失范，17
Anomie-strain theory，失范—压力理论，17—23，30
development of，失范—压力理论的发展，17
differential illegitimate opportunity，差异违法机遇理论，20—21
evaluation of，失范—压力理论评析，22—23
goal-means gap，社会失范理论，17—19
recent developments，失范—压力理论的最新进展，22
Anonymity，匿名
cybersex and，网络性爱与匿名，392
online affairs and，网上婚外恋与匿名，395
Anticocaine laws，反可卡因法，289
Antideviant ideas，反偏差的观念，24
Antisocial personality，alcoholism and，酗酒与反社会人格，320
Antitrust violations，违反反垄断法的行为，340
Anxiety reaction，焦虑反应，173
Arguments，murder from，因争吵而谋杀，65—66
Armed robbery，持枪抢劫，366
Asian Americans，gangs，亚裔美国人黑帮，379
Assault，伤害，57
Association，with deviant individuals，与行为偏差者交往，24
Attachment，依附，27
Autism，自闭症，孤独症，170
Automobile accidents，alcohol and，酒精与交通事故，306
Auto theft，盗车，371—372
Aversion therapy，for drug abuse，对麻醉品上瘾者的厌恶疗法，292

B

Baby-food industry，antitrust violations in，婴儿食品行业违反反垄断法，340
“Baby pros”，雏妓，218
Bacterial contamination，of food，食品受细菌污染，337—338
Bank fraud，银行诈骗案，338—339
Bank robbery，抢劫银行，367—368
Battered women，protection for，受虐妇女寻求保护，129—130
Battered women syndrome，患有创伤后应激障碍的女性，183
“Bedlam”，疯人院，183
Behaviorist theory，行为主义理论，25
Binge drinking，狂欢纵饮，324
in college，在大学校园狂欢纵饮，315—317
bin Laden，Osama，奥萨马·本·拉登，74
Biological theories，生物学理论
of alcoholism，关于酗酒的生物学理论，319—320
of homosexuality，关于同性恋的生物学理论，243，245
of illegal drug use，关于非法麻醉品使用的生物学理论，285
Biomedical model，of mental disorder，精神错乱的生物医学模式，191—192
Bipolar disorder，双相型障碍，172
Bisexuals，双性恋，249—250
Blackouts，晕厥，314

Boosters，惯犯，374
Boys，molestation of，性侵男童，107—108
Brain theory，of homosexuality，关于同性恋的大脑理论，245
Braithwaite，John，约翰·布雷思韦特，27—28
Breast implants，silicone-gel，乳房硅胶植入剂，338
Brothels，妓院，219
Burgess，Robert，罗伯特·伯吉斯，24—25
Burglary，行窃，372—374
Businesses，商业
  kickbacks from，商业回扣，353
  Mafia penetration of，有组织犯罪渗入的生意，378

C

Call girls，应召女郎，219—220
Campaign finance abuses，竞选交易，354
Campus rape，校园强奸，89—90
Cannabis sativa（marijuana），大麻，272—274
Capitalism，exploitative nature of，资本主义的剥削本质，44
Capital punishment，effect of，死刑有激发凶杀的效果，77—79
Carcinogens，致癌物，305
Cardiomyopathy，心肌病，305
Carjacking，劫车，371—372
Casual sex，gay men and，男同性恋与性行为随便，239—240
Catholics，drinking and，天主教徒与酗酒，310
Celebrities，stalkers of，跟踪名人，71
Character disorder，人格障碍，174
Charismatic leader，as mass murderer，一家之长成为大屠杀案的凶手，68
Cheating，as deviance，作弊算一种偏差，3—4
Chemical additives，in food，食品中的化学添加剂，338
Chemical treatment，for drug use，对麻醉品上瘾的化学疗法，292
Child abuse，虐待儿童，120—124
abusive parents and，施虐的父母，115，121
  causes of，虐待儿童的原因，122—123
  nature of，虐待儿童的实质，120—122
  prevention of，保护儿童，130—131
  victims as abusers，受虐儿童，122
  witnesses，credible *versus* noncredible，作证，可信的和不可信的，121
Child Abuse Prevention and Treatment Act，儿童虐待预防和处理法，121
Child molestation，性侵儿童，106—109
  of boys，性侵男童，107—108
  gender and，性别与娈童，107
  pedophile priest scandals，有娈童癖的神职人员丑闻，108—109
Child molesters，娈童者，107，236
Child prostitutes，雏妓，218—219
Child Protection Services，儿童福利保护部，130，131
Children，孩子
  gays/lesbians and，男女同性恋与孩子，243
  killed by parents，孩子被父母殴打致死，121
  of lesbians，女同性恋的孩子，240—241
  mental illness in，孩子精神错乱，178
  prostitutes，雏妓，218—219
Chinese Americans，alcohol drinking and，华裔美国人与饮酒，309
Cigarette smoking，吸烟，295—297
Cirrhosis，heavy drinkers and，肝硬化与酗酒，305
Class，homicide and，自杀与阶层，58
Class，of family abusers，家庭暴力的阶层，127
Classcial Durkheimian theory，of suicide，关于自杀的经典涂尔干理论，159—161
Classification，of mental illness DSM-Ⅳ，精神病诊断标准DSM-Ⅳ分类法，174—176
  traditional，传统的分类，171—174
Claustrophobia，幽闭恐惧症，173
Cloward，Richard，理查德·克洛沃德，20—21
Cocaine，可卡因，276—278
  addiction，对可卡因上瘾，277，283—284
  anticocaine laws，反可卡因法，289
  crack，快克，277
  socioecoomic status and，社会经济地位与可卡因，282
  usage，extent of，可卡因的使用范围，280
Code of conduct，for organized crime，有组织犯罪的行为标准，376
Cognitive association theory，of illegal drug use，吸毒的认知联想理论，286—287
Cohen，Albert K.，艾伯特·科恩，19—20
College students，大学生
  alcohol and，大学生酗酒，315—317
  campus rape and，校园强奸与大学生，89—90
  gang rape and，轮奸与大学生，87—88
  suicide rates of，大学生的自杀率，152
Columbine High School killers，哥伦拜恩高中杀手，70
Comarital sex，婚外性行为，206—208
"Coming out，" gays/lesbians and，"公开"男/女同性恋身份，241—242
Commitment，承诺

in acquisition of gay identity，同性恋固守承诺，242
to conformity，对一致性的“承诺”，27
involuntary，强制住院，185—186
Community mental health centers，社区精神健康中心，189—190
Competency，to stand trial，mentally ill patients and，精神病人及其受审资格，186—187
Complexity，governmental，政府的复杂性，359
Comprehensive Environmental Response Compensation and Liability Act，综合环境反应、赔偿和责任法，341
Compulsion，强迫症，173
Compulsive gamblers，Internet gambling and，网络赌博与嗜赌成性的赌徒，391
Computer hacking，电脑黑客，399—400
Computers，电脑
cyberporn and，网络色情与电脑，393—394
cybersex and，网络性爱与电脑，392—393
cyberstalking，网络跟踪，398
cyberterrorism，网络恐怖主义，400—401
as tools for deviant behavior，把电脑当作实施偏差行为的工具，389
Computer sabotage，破坏电脑，399—400
Conflict subculture，冲突亚文化，21
Conflict theory，冲突理论，41—48，49
evaluation of，冲突理论评析，48
feminism and，女性主义与冲突理论，45—46
legal reality and，法律实践理论与冲突理论，41—42
Marxism and，马克思主义与冲突理论，44
postmodernism and，后现代主义与冲突理论，47—48
power and，权势理论与冲突理论，46
social reality and，社会实践理论与冲突理论，42—44
Conformity，附和，18
Conservative Christians，teen sex and，青少年性行为与保守派基督教徒，205—206
Constructionist perspective，建构主义理论，8—11
conflict theory，冲突理论，41—48
labeling theory，标签理论，34—37
phenomenological theory，现象学理论，37—41
relativism and，相对主义与建构主义理论，8—9
same-sex orientation and，同性恋倾向与建构主义理论，247
subjectivism and，主观主义与建构主义理论，9—10
theories of deviance，建构主义对偏差行为的理论，33—50
voluntarism and，自愿主义与建构主义理论，10—11
Contraception，for teenagers，青少年避孕，206
Control，控制
marital rape as，婚内强奸的控制，117
self-control，social bond and，社会契约与自我控制，27，30
wife beating and，殴打妻子与控制，120
Control theory，控制理论，26—30
deterrence doctrine and，威慑理论与控制理论，28—29
evaluation of，控制理论评析，29—30
reintegrative shaming and，明耻整合理论与控制理论，27—28
social bond，self-control and，自我控制与社会契约，27
Coronary heart attacks，heavy drinkers and，冠心病与过量饮酒者，305
Corporate crooks，social profile of，企业欺诈的社会特征，342—343
Corporate deviance，企业偏差行为，336—342
against customers，对客户的偏差行为，337—340
against employees，对员工的偏差行为，336—337
against environment，对环境的偏差行为，341—342
against government，对政府的偏差行为，340—341
la Cosa Nostra，美国黑手党，376. *See also* Organized crime，又见有组织犯罪
Courts，view of mental illness in，法院对精神病的看法，185—187
COYOTE (Call Off Your Tired Ethics)，一个妓女权力组织 COYOTE（去你的疲惫伦理），222—223
Crack cocaine，高纯度的可卡因，277
Creative sociology，*See* Phenomenological theory，创造社会学，见现象学理论
Crime，犯罪
alcohol and，酒精与犯罪，306
capitalistic pressure to commit，资本主义压迫引发犯罪，44
deviant behavior and，偏差行为与犯罪，13—14
ideology of，犯罪思想体系，43
illegal drug use and，毒品与犯罪，281—282
organized. (*See* Organized crime)，有组织的，见“有组织犯罪”
violent，robbery as，抢劫是一种暴力犯罪，366
white-collar (*See* White-collar deviance)，白领犯罪（见“白领偏差行为”），
Criminal intent，of white-collar deviants，白领偏差行为的犯罪动机，348
Criminal justice system，rape survivors and，刑事司法系统与被强奸者，93—94
Criminals，犯罪
biological traits of，罪犯的生物学特征，5—6

corporate，犯罪团伙，342—343
differential illegitimate opportunity and，差异违法机遇与犯罪，20—21
mental characteristics of，罪犯的心理特征，6
Criminal subculture，犯罪亚文化，21
Cruzan，Nancy，南希·克鲁赞，156
Cultural conflicts，文化冲突，41
Culture，文化
alcoholism and，酗酒与文化，321—322
extramarital sex and，婚外性行为与文化，207
“Culture of violence”，暴力文化，69
Cunanan，Andrew，安德鲁·古纳南，67
Customers，corporate deviance against，企业对客户的偏差行为，337—340
Cyberdeviance. *See* Internet deviance，网络偏差行为，见网络偏差行为
Cyberporn，网络色情，393—394
Cyberporn surfers，social profile of，网络色情用户的社会特征，394—395
Cybersex，网络性爱，392—393
Cyberstalking，电脑黑客，398
Cyberterrorism，网络恐怖主义，400—401

D

Dahmer，Jeffrey，杰弗里·达摩（美国一连环杀手），67，186
DARE（Drug Abuse Resistance Education），药物滥用防治教育计划，291—292
Date rape，约会强奸，88—89
Dating，gays/lesbians and，男/女同性恋约会，243—244
Death penalty，as deterrence for murder，死刑作为对谋杀者的威慑，77—79
Deconstructionism，解构主义，47
Dehumanization
of patients in mental hospitals，精神病院里病人遭到非人对待，187—188
of victims，非人格化地看待被害人，72
of wartime rape，惨无人道的战时强奸，99
Delinquent subculture，犯罪亚文化，20
Democide，大屠杀，355
Democratic-socialist society，民主社会主义社会，43—44
Denial，of governmental deviance，否认政府偏差行为，356
Dependency，alcoholism and，酒精中毒和依赖，320
Depressants（“downers”），镇静剂，272
Depression，抑郁
characteristics of，抑郁的特征，173
completed suicides and，自杀与抑郁，141
neurotic，抑郁的神经症患者，173—174
seasonality of，抑郁的季节性，170
Depressive reaction，压抑的反应，173—174
Determinism，决定论
definition of，决定论的界定，11
positivist perspective and，实证主义与决定论，7—8
Deterrence doctrine，威慑理论，28—29，30
Detoxification，解毒，292，324—325
Deviant behavior，偏差行为
crime and，犯罪与偏差行为，13—14
definition of，对偏差行为的界定，4—5
integrated view of，有关偏差行为的综合观点，11—13
negative view of，对偏差行为持否定观点，8—11（*See also* Constructionist perspective）（也可见建构主义理论）
positive view of（*See* Positivist perspective），对偏差行为的肯定观点（见实证主义理论）
public consensus and，公众对偏差行为的共识，12—13
serious types of，严重的偏差行为，12—13
types of，偏差行为类型，4
Deviant ideas，nondeviants and，是否有偏差观念，24
Diagnostic and Statistical Mental Disorders，*First Edition*（DSM-Ⅰ），《精神障碍诊断和统计手册》（第1版），176，195
Diagnostic and Statistical Mental Disorders，*Fourth Edition*（DSM-Ⅳ），《精神障碍诊断和统计手册》（第4版），174—176，195
Differential association theory，差异交往理论，23—24，30
Differential identification theory，差异认同理论，24，30
Differential illegitimate opportunity，差异违法机遇理论，20—21，30
Differential reinforcement theory，差异强化理论，24—25，30
Discipline，physical punishment of children and，对孩子们的体罚与管束，122—123
Discrimination，in cyberspace，网络空间的歧视，397
Disintegrative shaming，烙印性羞耻，27
Disorganization，of rape survivors，受害人的混乱，92
Dissociation，分离
in acquisition of gay identity，在获得同性恋身份中的分离阶段，242
psychological ability for，分离的心理能力，73
Divorce，离婚
marital rape and，婚内强奸与离婚，117
suicide rates and，自杀率与离婚，147
“Doctor shoppers”，“医生的常客”，294

Domestic violence. *See* Wife beating，家庭暴力（见殴打妻子）
Dominant class，social reality theory and，统治阶层，社会实践理论，43
Dosage，drug，剂量，麻醉药，272
"Downers"（depressants），镇静剂（镇定剂），272
Drinking. *See* Alcohol drinking，酗酒，见饮酒与酗酒
Drug Control Act，麻醉品控制法案，289
Drug Enforcement Agency（DEA），美国药品管理局，290
Drug enslavement theory，毒品奴役理论，281
Drugs，麻醉品，269—298
administration，麻醉品使用的方式，272
AIDS/HIV and，人类免疫缺陷病毒——艾滋病与非法使用麻醉品，280—281
causes of illegal use，为什么要吸毒，255—285
cocaine/crack，可卡因/快克，276—278
crime and，毒品与犯罪，281—282
depressants，镇静剂，272
dosage and，麻醉品的剂量，272
drug mixing，麻醉品中的混合成分，272
ecstasy，迷幻药，279
extent of illegal use，违禁麻醉品的使用范围，280
habituation，对麻醉品的适应，272
hallucinogens，致幻剂，迷幻药，272
heroin，海洛因，274—276
illegal use，非法麻醉品的使用，272—279
illicit，非法，377
in perspective，麻醉品使用情况概览，271
legal，problems with，合法麻醉品出问题，271
legalization debate，对麻醉品合法化的争议，290—291
marijuana，大麻，272—274
meths and roofies，甲安菲他明（一种兴奋剂）与迷奸药，278—279
OxyContin，奥施康定，293—295
prescription drug abuse，滥用处方麻醉品，293—295
prevention and，麻醉品的预防，291—293
purity/potency of，麻醉品的纯度（或成分），272
Drugs (*Contd*)，麻醉品
social dimensions of，麻醉品使用的社会维度，279—283
socioeconomic status and，社会经济地位与非法使用麻醉品，282—283
stimulants，兴奋剂，272
treatment and，非法使用麻醉品的治疗，291—293
war on，与麻醉品作斗争，288—293
Drug users，illegal becoming，麻醉品使用者，成为吸毒者，283—284
social profile of，吸毒者的社会特征，285
DSM-Ⅰ（*Diagnostic and Statistical Mental Disorders*，*First Edition*），《精神障碍诊断和统计手册》（第1版），176，195
DSM-Ⅳ（*Diagnostic and Statistical Mental Disorders*，*Fourth Edition*），《精神障碍诊断和统计手册》（第4版），174—176，195
Durkheim，Émile，埃米尔·涂尔干，17—18
Durkheimian theories，涂尔干理论，162
Durkheimian theory of suicide，涂尔干自杀理论
classical，涂尔干的经典自杀理论，159—161
modern，现代涂尔干自杀理论，161—162

E

Ebbers，Bernard，伯纳德·埃伯斯，342
Economic abundance，robberies and，经济富足与抢劫370—371
Economic deprivation theory，经济剥夺理论，286
Ecstasy，摇头丸，272，279，283
Education，教育
gays/lesbians and，男女同性恋及受教育水平，244
lack of，child abuse and，虐待儿童及缺乏教育，123
Egoistic suicide，利己型自杀，160
Elder abuse，虐待老人，124—126
cause of，虐待老人的原因，125—126
nature of，虐待老人的实质，124—125
prevention/protection，保护老人，131
Elder abusers，虐待老人的人，125，126—127
Elderly，老年人
mental illness and，精神病与老年人，178
suicide rates for，老年人的自杀率，147—148
Election improprieties，选举失当，354
Embezzlement，挪用公款，339，344—345
Employees，员工
corporate deviance against，企业对员工的偏差行为，336—337
disgruntled，心怀不满的雇员，67
theft by，员工偷窃，343—344
Environment，deviance against，对环境的偏差行为，341—342
Environmental pollution，环境污染，341—342
Environmental Protection Agency（EPA），美国环境保护署，341
"Escape drinkers"，"逃避型饮酒者"，325
"Ethnic cleansing" campaign，"种族纯洁"战役，99
Ethnicity，族群
alcohol drinking and，饮酒与族群，308—309
cigarette smoking and，吸烟与族群，295

mental illness and，精神病与族群，179—180
organized crime and，有组织犯罪与族群，378—380
Ethnography，民族志，39—40
Ethnomethodology. *See* Phenomenological theory 常人方法论，见现象学理论
Exchange theory，family violence and，家庭暴力与交换理论，129
Executions，死刑
brutalizing effect of，残忍处决效应，78
homicide rates before/after，取消死刑前后的凶杀率，78—79
number，in recent years，近年来死刑的数量，79
Existential sociology. *See* Phenomenological theory，日常生活社会学，见现象学理论
External restraint theory，外部约束理论，75—76
Extramarital sex，婚外性行为，206—208
cultural variations，文化差异，207
seductive myths，婚外性行为，诱人的误解，206—207
social factors，婚外性行为的社会因素，207—208

F

Family，家庭
gays/lesbians and，男女同性恋及其家庭，243
head of，as mass murderer，一家之长成为大屠杀案的杀手，68
problems，child abuse and，儿童虐待与家庭问题，123
Family abusers，social profile of，家庭施虐者的社会特征，126—127
Family violence，家庭暴力，112—133
alcohol abuse and，酗酒与家庭暴力，115
child abuse，虐待儿童与家庭暴力，120—124
definition of，家庭暴力的界定，115—116
drug abuse and，吸食毒品与家庭暴力，115
elder abuse，虐待老人与家庭暴力，124—126
extent of，家庭暴力的程度，115—116
global perspective on，环球视野：家庭暴力，127—128
martial rape，婚内强奸与家庭暴力，116—118
myths of，家庭暴力的误区，114—115
social responses to，对家庭暴力的社会反应，129—131
theories of，家庭暴力理论，128—129
wife beating，殴打妻子与家庭暴力，118—120
Fatalistic suicide，宿命型自杀，147，160
Fathers，as child abusers，父亲成为虐待儿童者，120—121
FDA（Food and Drug Administration），联邦食品药品管理局，338
Female genital mutilation，女性割礼，123—124
Females. *See* Women，女性，见女人
Femininity，socialization of girls as victims，女性主义，社会将女孩塑造成为被害者，98—99
Feminist theory，女权主义理论，
of deviance，女权主义理论对偏差的解释，45—46，49
prostitution and，女权主义理论对卖淫的解释，229—230
of rape，女权主义理论对强奸的解释，102—103
Financial fraud，金融欺诈，345—346
First Amendment，cyberporn and，网络色情与美国宪法第一修正案，394
"Flushing response" to alcohol，对酒有"脸红反应"，319
Flynt，Larry，The People versus，《性书大亨》，210
Food and Drug Administration（FDA），联邦食品药品管理局，338
Foods，dangerous，危险食品，337—338
Forcible rape laws，惩治强奸的法律，94—95
Frank，abuse of，滥用免费邮寄特权，353—354
Fraternal twins，异卵双生的双胞胎，191，245
Fraud，欺诈
corporate，企业欺诈，338—339
financial，金融欺诈，345—346
insurance，保险欺诈，372
online，网络欺诈，391
Free will，自由意志，7
Freud，Sigmund，弗洛伊德，192
Frontloading，前期投资，324
Functional mental disorders classification of，功能性错乱的分类，171
neurosis，神经症，173—174
personality disorder，人格障碍，174
psychosis，精神病，171—173

G

Gambling，赌博
illicit，非法赌博，376
Internet，网上赌博，391—392
Gang rape，轮奸，87—88
Gangs，ethnic，族群团伙，379—380
Gay marriage，同性恋婚姻，243—244. *See also* Same-sex marriage，又见同性婚姻
Gays，男同性恋
active *versus* passive partners，作为主动或被动的同性伴侣，237
characteristics of，男同性恋的特征，239—240
"coming out，"，公开同性恋身份，241—242

definition of，男同性恋的定义，238—239
identification of，男同性恋身份，238—239
interest in sex，男同性恋沉迷于性，237
lifestyle of，男同性恋的生活方式，242—244
sexual activity of，男同性恋的性行为，239—240
Gender，性别
alcohol drinking and，饮酒与性别，307—308
differences，in extramarital sex，婚外性行为中的性别差异，208
of family abusers，家庭暴力中的性别，127
homicide and，凶杀与性别，59—60
inequality，rape and，强奸与性别不平等，102—103
mental illness and，精神病与性别，177—178
suicide methods and，自杀手段与性别，146
General deterrence，一般威慑，29
General deviance syndrome theory，一般越轨症候群理论，281
Genetic factors，in medical disorders，在精神错乱治疗中的基因因素，191
Genetic theory，of homosexuality，关于同性恋的基因理论，245
Genocide，种族屠杀，72—73
Girls，socialization as victims，社会将女孩塑造成被害者，98—99
Glaser，Daniel，丹尼尔·格莱瑟，24
Goal-means gap，社会失范理论（目标—手段差距理论），30
anomie-strain theory and，失范—压力理论与社会失范理论，17—19
status frustration and，身份挫折理论与社会失范理论，19—20
Gottfredson，Michael，迈克尔·古特弗里森，27
Government，政府
complexity/power of，政府复杂性/政府的权威，359
deviance against，对政府的偏差行为，340—341
deviance of，政府偏差行为，352—355，356—358
white-collar deviance and，政府与白领偏差行为，350
Governmental deviance，政府的偏差行为，352—355
cause of，政府偏差行为的原因，358—359
justification of，为政府偏差行为进行辩解，358
Greed，white-collar deviance and，白领偏差行为与贪婪，350—351
Group differences，in alcoholism，针对酗酒的群体差异理论，321—322
Group therapy，for drug use，对吸毒者进行小组治疗，292
Guns，枪支
availability of，school violence and，校园暴力与枪支容易获得，70
homicides and，凶杀与枪支，62

H

Habituation，drug，对毒品的适应，272
Hacking，computer，电脑黑客，399—400
Hallucinogens（psychedelics），迷幻剂，迷幻药，272
Hashish（marijuana），大麻，272—274
Hate killing，仇杀，72
Health effects，of alcohol consumption，饮酒对健康的影响，305—306
Hemorrhagic strokes，出血性脑中风，305
Hermaphrodites（intersexuals），阴阳人，257—258
Heroin，海洛因，274—276
addiction，海洛因上瘾，283—284
socioeconomic status and，毒品及其使用者的社会经济地位 282
usage，extent of，海洛因的使用范围，280
Heterosexual deviance，异性恋偏差行为，203—232
in cyberspace，在虚拟世界的异性恋偏差行为，392—396
extramarital sex，婚外恋，206—208
nude dancing，裸体舞，213—214
phone sex，电话性服务，212—213
pornography，色情产品，210—212
prostitution（*See* Prostitution），卖淫（见“卖淫”）
sexual harassment，性骚扰，214—215
swingers，卖淫者，208—210
teen sex，青少年性行为，205—206
Heterosexual-homosexual continuum，异性恋—同性恋连续统，238
Higher-consensus deviance，高度认同偏差，13
Hinckley，John，约翰·欣克利，187
Hirschi，Travis，特拉维斯·赫希，27
Hispanic Americans，拉美裔美国人
alcohol drinking and，饮酒与拉美裔美国人，308
drug use and，吸毒与拉美裔美国人，289
gangs，犯罪组织与拉美裔美国人，379
“Hitting bottom”，达到底线，315
HIV（human immunodeficiency virus）. *See* AIDS（acquired immunodeficiency syndrome），艾滋病病毒（人类免疫缺陷病毒），见艾滋病（获得性免疫缺陷综合征）
Homicide，杀人
age and，年龄与杀人，59—60
characteristic of，杀人特点，63—67
death penalty as deterrence for，死刑遏制凶杀，77—79

gender and，性别与杀人，59—60
geographic regions and，地理区域与杀人，58—59
global perspective，环球视野：凶杀，69—70
killers，characteristics of，杀手的特征，57—60
method of killing，杀人方法，62—63
patterns of killing，杀人模式，61—63
place of killing，杀人地点，62
race and，种族与凶杀，58
rates，凶杀率，59
in rural *versus* urban areas，大城市和乡村的凶杀，58—59
subculture of violence theory，杀人的暴力亚文化理论，76—77
time of killing，杀人时间，61
Homicide-suicide，谋杀—自杀刑，66—67
Homophobes，social profile of，同性恋恐惧症的社会特征，252
Homophobia，同性恋恐惧症，250—256
definition of，同性恋恐惧症的定义，250
extent of，同性恋恐惧症的恐惧程度，251
fighting，与同性恋恐惧症作斗争，254—256
global perspective on，环球视野：同性恋恐惧症，256
impact of，同性恋恐惧症的影响，252—253
nature of，同性恋恐惧症的实质，251
views on homosexuality，同性恋恐惧症对同性恋的看法，250—251
Homosexuality，同性恋，234—256
homophobic view of，对同性恋的恐惧看法，250—251
myths about，对同性恋的误解，236—237
as social stigma，作为一种社会污名的同性恋，236
theories of，关于同性恋的理论，245—247
Honor killings，为名誉杀人，69
Hormone theory，of homosexuality，关于同性恋的荷尔蒙理论，245
House prostitutes，妓院妓女，219
Human immunodeficiency virus（HIV）. *See* AIDS（acquired immunodeficiency syndrome），人类免疫缺陷病毒（艾滋病毒），见艾滋病（获得性免疫缺陷综合征）
Husbands，entitlement to sex，丈夫有做爱权，117

I

Identical twins，同卵双胞胎，191，245
Identity theft，online，网上盗用身份，389—390
Ignoring，of governmental deviance，政府对其偏差行为不理不睬，356—357
Illegal drug use. *See* Drugs，非法药物滥用，见毒品
Illicit drug，非法麻醉品，377
Income taxes，failure to pay，未支付收入所得税，345
Individual differences，in alcoholism，饮酒中的个体差异，321
Infidelity，不忠，206—208
Inner-oriented people，内向的人，196
Innovation，创新，18
Insanity，as supersanity，超级清醒的精神病，196—197
Insanity defense，为精神病辩护，186—187
Insider trading，内幕交易，346
Institutionalism，制度，188
Insurance fraud，保险诈骗，338—339
auto theft and，盗车与保险诈骗，372
International Gay and Lesbian Human Rights Commission，国际同性恋者人权委员会，256
Internet deviance，网络偏差行为，387—403
cyberterrorism，网络恐怖主义，400—401
disrupting computer networks，破坏计算机网络，398—401
expressing hate online，网上泄愤，396—398
global perspective on,环球视野：网络偏差行为，401—402
searching cyberspace for sex，网上寻找性爱，392—396
seeking easy money online，在线寻找赚钱机会，389—392
Internet gambling，网络赌博，391—392
Internet pornography，网络色情，393—394
Intersexuals（hermaphrodites），阴阳人，257—258
Involuntary commitment，强制住院，185—186
Irish Americans，alcoholism and，爱尔兰裔美国人与饮酒，309
Italian Americans，alcohol drinking and，意大利裔美国人与饮酒，309

J

Jail，*See* Prison，监狱，见监狱
"Jerry's kids"，"杰里的孩子"，259
Jews，drinking and，犹太人与饮酒，309—310
"John" or tricks，嫖客，224—226
"Joints"，大麻烟，272
"Joy riding"，兜风，371
Justification，of governmental deviance，政府对偏差行为进行辩解，358
Juvenile delinquency，computer hacking as，黑客属于青少年偏差行为，400

K

Keylogging programs，键盘记录程序，390
Kickbacks，回扣，353

Killers，杀人犯
characteristics of，杀人犯的特征，57—60
hate-motivated，有仇恨动机的杀人犯，72
mass，大屠杀案的凶手，67—68
rationale/reason for，杀人原因，75—77
Kinsey heterosexual-homosexual continuum，异性恋—同性恋连续统，238，239
Kozlowski，Dennis，丹尼斯·科兹洛夫斯基，335

L

Labeled individuals，consequences of labeling for，被贴标签者，标签的后果，35—36
Labelers，贴标签者，35
Labeling，deviance as，标签为一种偏差行为，8—9
Labeling theory of deviance，对偏差行为的标签理论，34—37，49
consequences of labeling，贴标签的后果，35—37
criticisms of，对标签理论的批评，197
evaluation of，标签理论评析，37
impact of，标签的影响，195—196
imposition of definition，概念的强加，35
of mental disorders，标签理论对精神错乱的解释，194—197
symbolic interactionism and，符号互动论与标签理论，34—35
Labor racketeering，劳动欺诈，377
Law enforcement，执法
auto theft and，盗车及其执法，372
cyberterrorism and，网络恐怖主义及执法，402
lack of，for Internet gambling，对网络赌博缺乏执法力度，391
war on drugs and，执法，与毒品作斗争，290
white-collar deviance and，白领偏差行为及其执法，352
Laws，法律
in action，运行中的法律，41
ambiguous，superabundance of，模棱两可的法律法规过多，358—359
antidrug，反麻醉品法，289
on the books，书面上的法律，41
Lawyers，bill padding by，律师自己做过假账，347
Lay，Kenneth，肯尼斯·雷伊，342，349
Legalizaton
of drugs，麻醉品合法化，290—291
of Internet gambling，网络赌博合法化，391—392
Legal lawlessness，律师目无法纪，347
Legal reality theory，法律实践理论，41—42，49
Legal system，in early England，早期英格兰的法律体系，42
Lesbians，女同性恋
active *versus* passive partners，作为主动或被动的同性伴侣，237
characteristics of，女同性恋的特征，240—241
"coming out"，公开同性恋身份，241—242
definition of，女同性恋的界定，238—239
identification of，同性恋身份，238—239
interest in sex，女同性恋沉迷于性，237
lifestyle of，女同性恋的生活方式，242—244
Lesbians until graduation（LUGs），同性恋直到毕业，249
Linguistic domination，话语控制，47
Loan sharking，放高利贷，377
Lobotomy，脑白质切除术，183
Loopholes，漏洞，358
Love relationships，violence in，用爱的名义施虐，114—115
Lower-consensus deviance，低度认同偏差，13
LUGs（lesbians until graduation），同性恋直到毕业，249

M

Madams，prostitution and，老鸨与卖淫，219，223—224
MADD（Mothers Against Drunk Driving），反对酒后驾车母亲协会，323
Mafia，黑手党，377，379. *See also* Organized crime，见有组织犯罪
Mainlining，静脉注射，272
Maintenance therapy，for drug use，对麻醉品上瘾者的维持疗法，292
Male dominance，rape and，男性统治与强奸，102
Males，男性
homosexual（*see* Gays），男同性恋（见同性恋）
prison rape and，狱内强奸与男性，103—104
rape outside prison and，狱外强奸与男性，104—105
as rape victims，成为强奸的受害者，103—106
suicide rates for，男性自杀率，146—147
Mania，狂躁，172
Manic-depressive disorder，狂躁抑郁症，172—173
Marginal surplus population，边际过剩人口，44
Marihuana Tax Act，《大麻税法案》，289
Marijuana，大麻，272—274
addiction，对大麻上瘾，283—284
socioeconomic status and，毒品及其使用者的社会经济地位，282
usage，extent of，大麻的使用范围，280

Marital rape，婚内强奸，116—118
causes of，婚内强奸的原因，117—118
nature of，婚内强奸的类型，116—117
Martial rape laws，婚内强奸法，95
Marriage. *See also* Same-sex marriage，婚姻，又见同性婚姻
gays/lesbians and，男女同性恋及其婚姻，243—244
heterosexual *versus* same-sex，异性婚姻与同性婚姻，250—251
Marxist theory，马克思主义理论，44，49
Masculine culture，homicide and，杀人与男权文化，64
Masculinity contests，男子气概的竞争，96—97
Mass murder，大屠杀，67—68
Masturbation，cybersex and，网络色情与手淫，393
MDMA（methylenedioxmetham-phetamine），摇头丸，272，279
Meanings，ascribed to deviant experience，从偏差经历的解释了解其象征意义，39
Media，媒体
glamorization of violence，媒体对暴力的美化，70
influence on suicide rates，媒体对自杀率的影响，153—154
portrayal of mental illness in，媒体中描写的精神病，170
Medicaid payment claims，fraudulent，谎称给付医疗服务费，346
Medical marijuana，大麻可运用到医学领域，273—274
Medical misconduct，医疗不端，346
Medical model，of mental disorders，解释精神错乱的医疗模式，191—192
Medicare payment claims，fraudulent，谎称给付医疗服务费，346
Mental disorders，精神错乱，167—199
biological origin of，精神错乱的生物起源，171
community mental health centers as response to，针对精神错乱的社区精神健康中心，189—190
court perspective on，法院对精神错乱的看法，185—187
DSM-Ⅳ classification of，精神病诊断标准DSM-Ⅳ分类法，174—176
functional，功能性错乱，171
historical background，of responses to，从历史背景看社会对精神错乱的反应，182—184
labeling model，标签模式，194—197
media portrayal of，媒体对精神错乱的描写，170
medical model，解释精神错乱医疗模式，191—192
mental health *versus*，精神健康与精神病，170
mental hospital as response to，精神病医院对精神病患者的态度，187—189
myths about，对精神错乱的误解，194—195
organic disorders，器质性错乱，171
perspectives on，精神错乱理论，190—197
popular beliefs about，对精神错乱的流行观点，169—170
psychological model，社会心理模式，192—194
public perspective on，公众对精神病的观点，184—185
social factors in，精神错乱的社会因素，176—181
societal responses to 182—190
stigma of，精神病的污名 169
traditional classification of，精神错乱的传统分类，171—174
types of，精神病的分类，171—176
Mental hospital，精神病院，187—189
Merton，Robert，罗伯特·默顿，17—19
Methamphetamine（meth），甲安菲他明（简称 meth），278—279
socioeconomic status and，甲安菲他明及其使用者的社会经济地位，282—283
usage，extent of，甲安菲他明的使用范围，280
MEWA（Multiple Employer Welfare Arrangement），多雇主福利安排项目，339
Minors，Internet gambling and，未成年人参与网络赌博，391
M'Naghten Rule，麦那顿规则，186
The mob，暴徒，376. *See also* Organized crime，又见有组织犯罪
Modern Durkheimian theory of suicide，现代涂尔干自杀理论，161—162
Modus operandi，for burglary，入室行窃的手法，372—373
Money，as robbery motive，金钱成为抢劫动机，365
Money laundering，Internet gambling and，网络赌博攫取的利润，391—392
Moral treatment，道德疗法，183
Motivation，动机
for auto theft，盗车的动机，372—373
to commit robbery，实施抢劫的动机，365
for shoplifting，入店行窃的动机，375
for white-collar deviance，白领偏差的动机，350—351
Murder，谋杀
calculated or premeditated，有计划或有预谋的谋杀，61
mass，大屠杀，67—68
serial，连环杀人，67—68
warm-blooded，冲动谋杀，63
Murder-suicide，谋杀—自杀型，67—68

N

National Institute on Alcohol Abuse and Alcoholism (NIAAA)，美国国家酒精滥用和酒精中毒研究所，306，313
Native Americans，美国土著人
alcohol drinking and，酗酒与美国土著人，309
suicide rates for，美国土著人的自杀率，145
Network therapy，网络治疗，190
Neurosis，神经症，171，173—174
Night Stalker，暗夜漫步者，67
Nude dancing，裸体舞，213—214

O

Obedience to authority，genocide and，种族屠杀与顺从权威，73
Obesity，social stigma of，肥胖者的社会污名，260
Objective meanings，as second degree constructs，作为次级建构的客观意义，39
Objectivism，客观主义
definition of，客观主义的定义，11
positive perspective and，实证主义与客观主义，6—7
Obsession，困扰症，173
Occupational deviance，职场偏差行为，343—348
embezzlement，挪用公款，344—345
employee theft，员工的偷窃行为，343—344
financial frauds，金融诈骗，345—346
in profession，行业偏差行为，346—348
Occupational Safety and Health Administration (OSHA)，职业安全与卫生署，336
Official corruption，global perspective on，环球视野：官员腐败，355—356
Official violence，官方暴行，354—355
Ohlin，Lloyd E，劳埃德·奥林，20—21
Online affairs，网上婚外恋，395—396
Online identity theft，网上盗用身份，389—390
Operant behavior theory，操作行为主义理论，25
Operant conditioning theory，操作条件理论，25
Opium，historical aspect of，历史上的鸦片，288—289
Opportunist robbers，随机劫匪，368
Opportunity，机会
to commit burglary，入室行窃的机会，373
to commit robbery，抢劫的机会，365
for white-collar deviance，白领犯罪的机会，351—352
Oregon，assisted suicide laws in，俄勒冈州协助自杀合法，157
Organic mental disorders，器质性错乱，171
Organization imperative，组织规则，42
Organized crime，有组织犯罪，375—381
activities of，有组织犯罪活动，376—378
corrupting public officials，贿赂公务员，377—378
ethnicity and，族群与有组织犯罪，378—380
global perspective on，环球视野：有组织犯罪，381
infiltration of legitimate businesses by，有组织犯罪渗入合法生意，378
large-scale thefts and racketeering by，大规模盗窃和敲诈勒索，377
organizational structure of，有组织犯罪的组织结构，376
sale of illegal goods and services by，推销非法商品和服务，376—377
war on，打击有组织犯罪，380
Outer-oriented people，外向的人，196
Overweight，social stigma of，肥胖者的社会污名，260
OxyContin abuse，滥用奥施康定，293—295

P

Panic disorder，symptom of，因恐慌引起的错乱症状，174—175
Parental suicide，effect on children，父母自杀对孩子的影响，156
Parent-son relationship abnormality，homosexuality and，同性恋与不正常的亲子关系，246
Patient Self-Determination Act，病人自决法案，156
Patriarchy，父权制
female genital mutilation and，女性割礼与父权制，123—124
marital rape and，婚内强奸与父权制，118
prostitution in Asia and，在亚洲卖淫与父权制，228
wife beating and，虐待妻子与父权制，120
Payment claims，fraudulent，谎称给付费用，346
"P-dope" (heroin)，P涂料，274—276
Pedophile priest scandals，罗马天主教神职人员丑闻，108—109
The People vs. Larry Flynt，《性书大亨》，210
Perpetrators，犯罪者
of child molestation，娈童犯，107
of genocide，种族屠杀中的罪犯，72—73
Personality disorder，人格障碍，171，174
Personal skill，个人技能，193
Personal therapy，for drug use，对吸毒的个案治疗，292
P-FLAG (Parents and friends of Lesbians and Gays)，同性恋亲友会，243
Phenomenological bracketing，现象学分类，47
Phenomenological theory of deviance，关于偏差行为的现象学理论，37—41，48

critique of positivism，现象学理论对实证主义的批判，38
ethnography and，民族志与现象学理论，39—40
evaluation of，现象学理论评析，40—41
subjectivism and，主观意图与现象学理论，38—39
of suicide，现象学理论对自杀的解释，162—163
"Phishing"，"网络钓鱼"，390
Phobia，恐惧症，173
phone sex，电话性服务，212—213
Physical addiction，to alcohol，生理上对酒精上瘾，314—315
Physically disabled persons 身体残疾者，258—260
Physical violence，身体暴力，55—80
aggravated assault，恶意伤害，57
assault，故意伤害，57
cyberstalking，网络跟踪，398
genocide，种族屠杀，72—73
hate killing，仇杀，72
homicide (*See* Homicide)，杀人（见杀人）
stalking，跟踪，71
terrorism，恐怖主义，74—75
Pimps，皮条客，224
Pinel，Phillippe，菲利普·皮内尔，183
Politics，政治
corruption in，政治腐败，353—354
dirty tricks in，政治上的卑鄙伎俩，354
gays/lesbians and，男女同性恋及其政治参与，244
Pornography，色情产品
effects of，色情产品的影响，211—212
industry for，色情产业，210—211
Internet，网络色情，393—394
violence against women and，色情产品及其对女性的暴力，96
Positivist perspective，实证主义理论，5—8，11
absolutism and，绝对主义与实证主义，5—6
causal theories of deviance，实证主义对偏差的因果关系理论，16—31
critique of，实证主义批判，38
determinism and，决定论与实证主义理论，7—8
objectivism and，客观主义与实证主义理论，6—7
same-sex orientation and，同性恋倾向与实证主义理论，247
Postmodernist theory，后现代主义理论，47—48，49
Posttraumatic syndrome，of wifebeating victim，妻子被殴打后患创伤后应激障碍，119
Potency，drug，药物成分，272
Pot (marijuana)，大麻，272—274
Poverty，贫困
child abuse and，虐待儿童与贫困，123
suicide rates and，自杀率与贫困，148—149
Power，权力
alcoholism and，酗酒与权力，320
governmental，政府的权力，359
white-collar deviance and，白领偏差及其权力，351—352
Power theory of deviance，关于偏差行为的权势理论，46，49
Prejudice，in cyberspace，网上偏见，397
Premarital sex，teenage，青少年婚前性行为，205—206
Prescription drug abuse，滥用处方药，293—295
Prevention，of illegal drug use，非法麻醉品的预防，291—293
Priest，deviant pedophile，罗马天主教神父的偏差行为，108—109
Primary deviation，初级偏差行为，36
Prison，监狱
male rape in，狱内男性强奸，103—104
suicide rates in，监狱里的自杀率，152—153
Privileged deviance. *See* White-collar deviance，特权偏差行为，见白领偏差行为
Products，unsafe，不安全的产品，338
Product test，产品试验，187
Profit maximization，利益最大化，336
Prohibition of alcohol，禁酒
history of，禁酒的历史，323
legalization of drug debate and，麻醉品合法化的争议与禁酒，290—291
organized crime and，有组织犯罪与禁酒，378—379
Promises to take action，against governmental deviance，反对政府偏差行为中的承诺采取行动，357—358
Property crimes，财产犯罪
auto theft，盗车，371—372
burglary，入室行窃，372—374
robbery (*See* Robbery)，抢劫（见抢劫）
Prostitutes，卖淫者
call girls，应召女郎，219—220
child or adolescent，雏妓或青少年妓女，218—219
house，妓院，219
reasons for becoming，沦为妓女的原因，221
sexual backgrounds of，卖淫者的性背景，220—221
social backgrounds of，卖淫者的社会背景，220—221
streetwalkers，街头拉客女，217—218
types of，卖淫者的种类，216—220
Prostitution，卖淫，215—230
AIDS threat and，艾滋病治疗与卖淫，218—219，226
global perspective on，环球视野：卖淫，227—228

john and，嫖客与卖淫，224—226
legal，合法卖淫，215
madam and，老鸨与卖淫，223—224
myths about，对卖淫的误解，216
participants in，卖淫的参与者，223—226
pimps and，皮条客与卖淫，224
societal reaction to，对卖淫的社会反应，226—227
subculture of，卖淫亚文化，222—223
theories of，卖淫理论，228—230
Protestants，drinking and，酗酒与自由派新教徒，310
Pseudocommandos，军械狂热爱好者，68
Psychedelics (hallucinogens)，迷幻剂，272
Psychiatric theories，of homosexuality，对同性恋的精神分析理论，245—246
Psychoanalytic theory，精神分析理论，192—193
Psychological addiction，to alcohol，对酒精心理上成瘾，314
Psychological problems，from homophobia，由同性恋恐惧症引发的心理问题，253
Psychological theory，of rape，对强奸的心理学理论，100—101
Psychological therapy，for drug use，对麻醉品使用的心理疗法，292
Psychopathic disorder，精神变态，174
Psychophysiologic disorder，抑郁性障碍，174
Psychosis，精神病，171—173
Psychosocial model，of mental disorders，精神错乱的社会心理模式，192—194
Psychosomatic illness，身心失调疾病，174
Public attitudes，公众态度
consensus on deviant behavior and，公众对偏差行为的共识，12—13
on mental illness，公众对精神病的态度，184—185
Public funds，abusive management of，滥用公共资金，353
Punishment，marital rape as，作为一种惩罚的婚内强奸，117
Purity，drug，麻醉品的纯度，272
"Pussy posse"，多脓群体，219

Q

Quinney，Richard，理查德·奎尼，42—44

R

Race，种族
alcohol drinking and，饮酒与种族，308—309
homicide and，杀人与种族，58
mental illness and，精神错乱与种族，179—180
rape and，强奸与种族，85—86
Racketeering，敲诈勒索，377
Rape，强奸，83—106
acquaintance or date，熟人强奸或约会强奸，88—89
age and，年龄与强奸，85—86
alcohol use and，饮酒与强奸，306
blame-the-victim rationalizations，归罪于被害人，把犯罪合理化，98
campus，校园强奸，89—90
causation of，强奸的原因，100—103
consequences of，强奸的后果，91—94
culture of，强奸文化，94—99
execution of，实施强奸，86—87
feminist theory and，女性主义理论与强奸，102—103
gang，轮奸，87—88
marital，婚内强奸，116—118
patterns of，强奸方式，85—91
planning of，策划强奸，86—87
race and，种族与强奸，85—86
sexual inadequacy theory and，性缺乏理论与强奸，100—101
sexual permissiveness theory and，性放纵理论与强奸，101—102
survivors' feeling of being raped again，受害者再度被强奸的感觉，93—94
survivors' response to，受害者的反应，92—93
victim precipitation myth，受害者轻率的误解，90—91
victim，male，受害者是男性的强奸，103—106
wartime，战时强奸，99—100
willing-victim myth，希望被强奸的误解，97—98
Rapist，sexual inadequacy of，强奸犯性缺乏，100—101
Rates，suicide，自杀率
age and，年龄与自杀率，148
of AIDS patients，艾滋病患者的自杀率，153
changes in，自杀率的变化，151
of college students，大学生的自杀率，152
divorce and，离婚与自杀率，147
elderly and，老人与自杀率，147—148
for males，男性自杀率，146—147
media influence on，媒体对男性自杀率的影响，153—154
in prison，狱中男子的自杀率，152—153
religion and，宗教与男性自杀率，145—146
for rural areas，城市地区的男性自杀率，144—145
socioeconomic class and，男性自杀率与社会经济阶层，148—149
for whites，白人男性自杀率，145
Reasonable doubt standard，for insanity defense，精神病辩护在合理的怀疑之外，187

Rebellion，反抗，19
“Reefers”，大麻烟，272
Regional locations，alcohol drinking and，饮酒与地域分布，311
Reinforcement theory，差异强化理论，25
Reintegrative shaming，明耻整合理论，27—28，30
Relative deprivation，相对剥夺，46
power theory and，权势理论与相对剥夺，46
robberies and，抢劫与相对剥夺，370
Relativism，相对主义
constructionist perspective and，建构主义理论与相对主义，8—9
definition of，相对主义的界定，11
Religion，宗教
alcohol drinking and，饮酒与宗教，309—310
gays/lesbians and，男女同性恋与宗教，244
suicide rates and，自杀率与宗教，145—146
Retreatism，隐退主义，19
Retreatist subculture，隐退主义者亚文化，21
Right-or-wrong test，正—误试验，186
Rights，of mentally ill patients，denial of，精神病患者的拒绝权，186
Right-to-life movement，生存权运动，157—158
Ritualism，形式化，19
Robbers，劫匪
addict，吸毒劫匪，369
alcoholic，酒鬼劫匪，369
amateur，业余劫匪，368—369
moral superiority feelings of，劫匪在道德上的超越感，40
opportunist，随机劫匪，368
professional，专业劫匪，368—370
Robbery，抢劫，365—371
armed，武装抢劫，366
causes of，抢劫的原因，370—371
interracial，不同人种之间的抢劫，368
patterns of，抢劫方式，367—368
as property crime，抢劫是一种财产犯罪，365
target for，抢劫目标，365
unarmed，徒手抢劫，366
as violent crime，抢劫是一种暴力犯罪，366
Rohypnol（“roofies”），迷奸药，278—279，282—283
Rural areas，农村地区
homicide rates in，农村地区的凶杀率，58—59
suicide rates for，农村地区的自杀率，144—145
Russia，俄罗斯
alcohol drinking in，俄罗斯的饮酒，312
cyberterrorism and，网络恐怖主义与俄罗斯，402
homosexuality in，俄罗斯的同性恋，256
organized crime in，俄罗斯的有组织犯罪，376，381

S

SADD (Students Against Drunk Driving)，反酒后驾车学生协会，323
Same-sex behavior. *See also* Gays；Lesbians
definition of，同性性行为，又见男女同性恋的界定，238
practices among straights/bisexuals，异性恋和双性恋的同性性行为，247—250
Same-sex feeling，同性感情，238
Same-sex marriage，同性婚姻
dating and，同性约会与婚姻，243—244
opposition to，反对同性婚姻，236
Sandwiched generation，夹在中间的一代，125
Schizophrenia，精神分裂症
spontaneous recovery from，精神分裂症患者自动康复，170
symptoms of，精神分裂症的症状，170，172
twin studies，对精神分裂症的双胞胎研究，191
School violence，校园暴力，70
Seasonality，季节性
depression，季节性抑郁，170
of homicides，季节性杀人，61
of robbery，抢劫季节，367
Secondary deviation，次级偏差行为，36
Securities law，violations of，违反保险法，345—346
Self-control，social bond and，社会契约与自控能力，27—30
Self-esteem，自我评价，193
Self-image，of white-collar deviants，白领偏差行为的自我形象，348—349
Sensitization，in acquisition of gay identity，获得同性恋身份的感知阶段，242
September 11，2001 attacks，2001年“9·11”袭击
mental illness and，精神错乱与“9·11”袭击，181
suicide bombers and，自杀式爆炸与“9·11”袭击，149—150
terrorism and，恐怖主义与“9·11”袭击，74—75
Serial killers，social profile of，连环杀手的社会特征，68—69
Serial murder，连环杀人，67—68
Sex，性行为
cybersex，网络性爱，392—393
extramarital，婚外性行为，206—208
teen，青少年性行为，205—206

Sex education，性教育，205，206
Sexual fantasies，cybersex and，网络性爱与性幻想，393
Sexual harassment，性骚扰，214—215
Sexually transmitted disease（STD），性传播疾病，205
Sexual morality，prostitution and，卖淫及性道德，228
Sexual orientation disturbance，性取向错乱，246
Sexual permissiveness，rape and，强奸与性放纵，101—102
Sexual violence，against women. *See* Rape，反对对女性的性暴力，见强奸
Shaming，羞耻
disintegrative，烙印性羞耻，27
reintegrative，整合性羞耻，27—28，30
Shoplifting，入店行窃，374—375
"Sin tax"，罪孽税，323
Situated meanings，具体含义，39
Situational factors，情境因素
in rape，强奸中的情境因素，85—86
in suicide，自杀的情境因素，150—154
Situationals，特殊情境下，248—249
Skilling，Jeffrey，杰弗里·斯基林，342
"Slut" stigma，"荡妇"的污名，205
Smoking，吸烟
global perspective on，环球视野：吸烟，296—297
health effects of，吸烟对健康的影响，295—296
Snitches，小毛贼，374
Social bond and self-control theory，社会契约理论与自我控制理论，27，30
Social causation，社会因素论，177
Social class，*See* Socioeconomic status，社会阶层，见社会经济地位
Social conflict，社会冲突，41
Social control，社会控制
as cause of deviance，社会控制成为偏差行为的原因，29
formal，正式的社会控制，28
informal，非正式的社会控制，28
weak，社会控制松弛，46
Social dimension，of drug use，麻醉品使用的社会维度，279—283
Social drinkers，社会性饮酒者，314
Social factors，社会因素
in alcoholism，酗酒的社会因素，321—322
in extramarital sex，婚外性行为的社会因素，207—208
Social integration，社会整合，159
Social isolation，of family abusers，家庭虐待者的社会隔绝，127
Social learning theory，社会学习理论，23—26，30
differential association，差异交往理论，23—24
differential identification，差异认同理论，24
differential reinforcement，差异强化理论，24—25
evaluation of，社会学习理论评析，25—26
family violence and，家庭暴力与社会学习理论，128
Social phobia，社交恐惧症，173
Social problem，from homophobia，由同性恋恐惧症引发的问题，252—253
Social psychological theory，社会心理学理论
of illegal drug use，社会心理学理论对非法麻醉品使用的解释，287—288
prostitution and，卖淫及社会心理学理论，230—231
Social psychological theory，of rape，社会心理学理论对强奸的解释，101—102
Social reality theory，社会实践理论对强奸的解释，42—44，49
Social regulation，社会规范
inadequate，不当的社会规范，161
suicide and，自杀与社会规范，159
Social responses，to suicide，自杀的社会反应，155—158
Social selection or drift，社会选择或流向，177
Social stigma victims，社会污名的受害者
gays（*See* Gays），男同性恋
lesbians（*See* Lesbians），女同性恋（见女同性恋）
obese persons，肥胖者，260
physically disabled persons，残疾人，258—260
tattooed persons，文身者，261—262
transgenderists，双性人，257—258
Social stress theory，社会压力理论，193—194
Social support，社会支持，193
Societal indifference，to white-collar deviance，对白领犯罪的社会漠视，349—350
Socioeconomic status，社会经济地位
alcohol drinking and，酗酒及社会经济地位，310—311
child abuse and，虐待儿童及社会经济地位，122
family violence and，家庭暴力与社会经济地位，114
illegal drug use and，非法麻醉品使用及社会经济地位，282—283
mental illness and，精神错乱与社会经济地位，176—177
suicide rates and，自杀率与社会经济地位，148—149
Sociological theories，社会学理论
of homosexuality，社会学理论对同性恋的解释，246—247
of suicide，社会学理论对自杀的解释，158—163
Sociology of everyday life. *See* Phenomenological theory of deviance，日常生活中的社会学，见对偏差行为的现

象学理论
Sociopathic disorder，反社会紊乱，174
Specific deterrence，具体威慑，29
"Speed"，苯异丙胺，278
Spousal elder abuse，配偶施虐，126
Stalking，跟踪
in cyberspace，网络跟踪，398
as physical violence，作为身体暴力的跟踪，71
Status frustration，身份挫折，19—20，30
Statutory rape laws，很难定为强奸罪，94
Stigma，of mental disorders，精神错乱者的污名，169
Stimulants（"uppers"），兴奋类制品（"兴奋剂"），272
Street hustlers，街头男妓，248
Streetwalkers，街头拉客女，217—218
Stress，of family abusers，家庭施虐者的压力，127
Stress theory，family violence and，家庭暴力及压力理论，129
Strokes，hemorrhagic，出血性脑中风，305
Subculture of violence theory，暴力亚文化理论，76—77
Subjectivism，唯心主义
constructionist perspective and，建构主义理论与唯心主义，9—10
definition of，唯心主义的界定，11
deviant reality and，主观意图与现实偏差行为，38—39
Suicide，自杀，137—165
advocating，提倡自杀，156—157
altruistic，利他型自杀，160
anomic，失范型自杀，147，160
apologetic，愧疚的自杀，141
attempted，尝试型自杀，140—141
committing，实施自杀，141—143
definition of，自杀的定义，161
egoistic，利己型自杀，160
fatalistic，宿命型自杀，147，160
global perspective on，环球视野：自杀，154—155
perpetrator，feeling toward survivors，自杀者从感情上刺激了幸存者，141—143
phenomenological theory of deviance and，偏差行为的现象学理论，162—163
preventing，预防自杀，157—158
rates，自杀率，143—149
situational factors in，自杀的情境因素，150—154
social responses to，自杀的社会反应，155—158
sociological theories of，自杀的社会学理论，158—163
survivors' reactions，幸存者对自杀的反应，155—156
threats of，自杀的威胁，139，140
types of，自杀的类型，139—143
Suicide bombers，自杀式爆炸者，149—150
Suicide notes，自杀遗言，141—142
Sullivan，Scott，斯科特·沙利文，342
Surgery，unnecessary，不必要的手术，346
Sutherland，Edwin，埃德温·萨瑟兰，23—24，335
Swinging，换妻者，208—210
Symbolic interactionism，符号互动论，34—35
The syndicate，辛迪加，376. *See also* Organized crime，又见有组织犯罪

T

Tattooed persons，文身者，261—262
Tax evasion，逃税，345
"Tease" stigma，"被嘲弄"的耻辱，205
Teenagers. *See* Adolescents，青少年（见青少年）
Teen sex，青少年性行为，205—206
Terrorism，恐怖主义，74—75
in cyberspace，网络恐怖主义，400—401
September 11，2001 attacks，2001 年"9·11"恐怖主义袭击，74—75
Theft，偷盗
auto，盗车，371—372
employee，雇员偷窃，343—344
large-scale，大规模盗窃，377
online identity，网上盗用身份，389—390
Therapeutic community，for drug abuse treatment，对毒品滥用的社区疗法，292
Threats，of suicide，威胁型自杀，139，140
Tittle，Charles，查尔斯·蒂特尔，27
Tobacco usage，从烟草中得到好处，295—297
Trades，异性恋的偶发同性性行为，247—248
Transgenderists，双性人，257—258
Transsexuals，变性人，257—258
Transvestites，异装癖者，257—258
Treatment centers，for alcoholism，酗酒治疗中心，324—325
Trephining，环钻术，183
Twin studies，双胞胎研究
of alcoholism，就酗酒对双胞胎的研究，319
of homosexuality，同性恋中的双胞胎研究，245
of mental disorders，就精神抑郁对双胞胎的研究，191

U

Unarmed robbery，徒手抢劫，366
Underprivileged deviance，弱势群体的偏差行为，363—383
auto theft，盗车，371—372
burglary，入室行窃，372—374
carjacking，劫车，371—372

organized crime (*See* Organized crime)，有组织犯罪（见有组织犯罪）
robbery，抢劫，365—371
shoplifting，入店行窃，374—375
Union-management conflict，工会管理冲突，344
"Uppers"(stimulants)，"兴奋类制品"（兴奋剂），272
Urban environment，城市环境
homicide rates in，城市里的凶杀率，58—59
mental illness and，精神病与城市环境，180

V

Vaginal rapes，in marriage，婚内阴道强奸，117
Victim-precipitated homicide，被害人挑衅型凶杀，64
Victims，被害人，受害者
contribution to rape，被害人挑衅型强奸，91
dehumanization of，被害人的非人格化，72
of genocide，种族屠杀的被害人，72—73
of hate killing，仇杀被害人，72
precipitation of rape and，强奸对象轻率，90—91
of rape，consequences for，强奸的后果，91—94
socializing girls as，社会将女性塑造成受害者，98—99
of stalkers，跟踪的受害者，71
of white-collar deviance，白领偏差行为的受害者，349
Violence，暴力
armed robbery and，武装抢劫与暴力，366
in family (*See* Family violence) 家庭暴力（见家庭暴力）
official，官方暴行，354—355
physical (*See* Physical violence)，身体暴力（见身体暴力）
school，校园暴力，70
unarmed robbery and，徒手抢劫及暴力，366
Viruses，computer，计算机病毒，402
Voluntarism，自愿主义
constructionist perspective and，建构主义与自愿主义，10—11
definition of，自愿主义的定义，11
Voting rights，denial of，否认选举权，354

W

War on drugs，与麻醉品作斗争，288—293
historical pattern of，历史模式，288—290
law enforcement，实施法律，290
War on terrorism，与恐怖主义作斗争，74—75
Wartime rape，战时强奸，99—100
Weapons，in homicides，杀人武器，62
White-collar deviance，白领偏差行为，333—360
causes of，白领偏差行为的成因，350—352
corporate，企业白领偏差行为，336—342
definition of，白领偏差行为的定义，335—336
occupational，职场白领的偏差行为，343—348
societal indifference to，对白领偏差行为的社会漠视，349—350
uniqueness of，白领偏差行为的与众不同，348—350
Wife beating，殴打妻子，118—120
battered women，remaining in relationship，受虐女性继续与丈夫生活，119—120
cause of，殴打妻子的原因，120
nature of，殴打妻子的实质，118—119
Women，女性
abuse of，虐待女性，118—120
alcohol and，酒精与女性，317—318
cigarette smoking and，吸烟与女性，296
genital mutilation of，女性割礼，123—124
heterosexual *versus* lesbian，异性恋与女同性恋 240—241
homosexual (*See* Lesbians)，男同性恋（见同性恋）
in men's masculinity contests，把女人置于男子气概的竞争中，96—97
mental illness and，精神病与女性，177
myth of willingness for rape，女性希望被强奸的误解，97—98
protection against family violence，防止家庭暴力，129—130
raping of men，男性强奸女性，105—106
rapists，女性强奸犯，105—106
subordination of，prostitution and，卖淫与女性的从属地位，229—230
treatment as men's property，女人是男人的财产，94—96

Y

Youth. *See* Adolescents，青年（见青少年）

Z

Zimbabwe，homosexuality in，津巴布韦的同性恋，256
Zoophobia，动物恐惧症，173

译后记

《越轨社会学》一书终于要出版了，这是在李捷理教授、湖北经济学院各级领导始终不渝的关怀下，三年半以来翻译小组成员精诚合作、孜孜不倦、精益求精、坚持不懈的结果。此时，真可谓百感交集！

越轨社会学是社会学、社会工作专业的专选课之一，一直苦于没有一本优质教材。记得 2007 年 6 月，美国华人人文社科教授协会（ACPSS）会长、俄亥俄大学社会学系李捷理教授带着同事梯尔教授的嘱托，把《越轨社会学》（第八版）呈现在我们面前时，他就语重心长地鼓励我们，翻译很苦很累，开始时进展很慢，但只要有韧性，就会越做越有感情，到后面会越做越轻松的。现在看来，这话还真有道理！第一次捧读这本书时，作者梯尔教授广博的学识、开阔的视野、流畅的文笔、深入浅出的分析……一下子就吸引住了我们。我们坚信这本书的价值所在，认定它在中国会像在美国等 16 个国家和地区一样畅销不衰！

我们过去虽然也读过一些英文原著，但很少全文翻译。现在看来，那只是囫囵吞枣，理解个大概。真正动起笔来，逐字逐句地翻译，我们才发觉原来翻译真的是一门学问，要想做到“信、达、雅”真可谓艰难。四位译者都来自湖北经济学院社会科学系，专业背景各异，但能够相互鼓励、相互扶助、相互支持，在求索中探寻、在挑战中奋进。王海霞博士骨折后抱着伤腿通稿校对，为出版事宜四处奔波；范文明博士探亲途中还反复研读书稿；马翠兰博士身怀六甲还笔耕不辍；嵇雷博士女儿降生后仍挑灯夜战……如果没有家人的鼎力支持，我们是难以坚持过来的，因此要感谢我们的亲人们！尤其是每次得到新版本，又要推倒重来，为理顺一句话反复推敲时，每每想起李捷理教授和组员之间相互鼓励的话语，大家就能静下心来，去追求翻译的更高境界。经过一遍遍琢磨，反复讨论，网上咨询，多次得到李捷理教授、梯尔教授的指教，在王海霞博士不断完善和校译后，这才盼来了分享喜悦的今天。

翻译组成员具体分工如下：范文明博士负责序言、1～3 章和 7～8 章的翻译工作；嵇雷博士负责翻译 4～6 章；马翠兰博士承担了 9～11 章的翻译和部分译后记任务；王海霞博士翻译 12～15 章，同时承担了全书统稿、校对的任务，还负责联系出版事宜。

由于美国的教材每两年修订一次，三年半中我们先后翻译了三个版本。李捷理教授不仅及时把新版本带给我们，还在每次回国讲学时都抽空亲自审校，尤其是理论部分更是逐句推敲，严格把关。我们也经常把一些疑问集中整理出来，通过邮件询问李教授，由李教授与原作者当面沟通，在加深理解的基础上力求表达准确，而且每次都会得到及时回应。李教授那严谨的治学态度、海纳百川的学术风范给我们留下了深刻的印象！在此，我们衷心感谢李教授不遗余力的支持！也感谢梯尔教授的信任和帮助！

感谢李梦丹、贾东海、杜天宇、张君凤、洪小莉、李珊珊、顾亮等在翻译第八版时所做的编辑工作，感谢王丽、周鑫博、李玉芬、成清、郝金玉、赖耀龙等在翻译第九版时所做的核实工作，感谢武汉大学的唐勃、香港中文大学的陆誉蓉、湖北经济学院外国语学院的宛鹏云与黄新祥博士对第 10 版中英文校订提出的修改意见。感谢吕斐宜教授、赵菊博士在心理学术语翻译上提出的宝贵建议！

衷心感谢给予我们大力支持的湖北经济学院周元武书记、廖长林副书记、张奋勤院长和漆腊应院长！感谢科研处许传华处长，社会科学系桂胜主任、田琼华书记、路扬副主任长期的关注和支持！感谢前任主任苏文慧教授，社会政策与发展研究中心常务主任卢昌军教授，社会科学系的袁妙彧博士、金萍教授、韩露博士等同仁的鼓励！在此更要感谢中国人民大学出版社龚洪训、陈红艳和黄海飞编辑的宝贵贡献，没有他们及时与美国出版方联系，没有他们细致入微的工作和无私帮助，这本译著也很难面世。

正所谓“金无足赤”，世界上没有十全十美的事物。我们的翻译也是这样，由于水平有限，加之某些专业术语很难找到对应的中文术语，虽然下了不少工夫，但还是感到美中不足，有些缺憾。因而恳请专家同行、热心读者不吝赐教，我们将感激不尽！

《越轨社会学》翻译小组

2010-12-14 于汀兰苑

图书在版编目（CIP）数据

越轨社会学：第10版/（美）梯尔著；王海霞等译．—北京：中国人民大学出版社，2011
（社会学译丛·经典教材系列）
ISBN 978-7-300-13315-7

Ⅰ.①越… Ⅱ.①梯… ②王… Ⅲ.①越轨社会学 Ⅳ.①C913.8

中国版本图书馆CIP数据核字（2011）第066121号

社会学译丛
越轨社会学（第10版）
［美］亚历克斯·梯尔　著
王海霞　范文明　马翠兰　嵇雷　译
Yuegui Shehuixue

出版发行	中国人民大学出版社		
社　　址	北京中关村大街31号	邮政编码	100080
电　　话	010-62511242（总编室）		010-62511770（质管部）
	010-82501766（邮购部）		010-62514148（门市部）
	010-62515195（发行公司）		010-62515275（盗版举报）
网　　址	http：//www.crup.com.cn		
经　　销	新华书店		
印　　刷	北京联兴盛业印刷股份有限公司		
规　　格	215 mm×275 mm　16开本	版　　次	2011年5月第1版
印　　张	20.25 插页2	印　　次	2021年2月第4次印刷
字　　数	576 000	定　　价	69.00元

Pearson

尊敬的老师：

您好！

为了确保您及时有效地申请培生整体教学资源，请您务必完整填写如下表格，加盖学院的公章后传真给我们，我们将会在2—3个工作日内为您处理。

请填写所需教辅的开课信息：

采用教材			□ 中文版 □ 英文版 □ 双语版
作　者		出版社	
版　次		ISBN	
课程时间	始于　　年　月　日	学生人数	
	止于　　年　月　日	学生年级	□ 专科　□ 本科 1/2 年级 □ 研究生　□ 本科 3/4 年级

请填写您的个人信息：

学　校			
院系/专业			
姓　名		职　称	□ 助教 □ 讲师 □ 副教授 □ 教授
通信地址/邮编			
手　机		电　话	
传　真			
official email（必填） （eg：×××@ruc. edu. cn）		email （eg：×××@163. com）	
是否愿意接受我们定期的新书讯息通知：　□ 是　□ 否			

系/院主任：＿＿＿＿＿＿（签字）

（系 / 院办公室章）

＿＿年＿＿月＿＿日

资源介绍：

——教材、常规教辅（PPT、教师手册、题库等）资源：请访问 www. pearsonhighered. com/educator；（免费）

——MyLabs/Mastering 系列在线平台：适合老师和学生共同使用；访问需要 Access Code；（付费）

100013　北京市东城区北三环东路 36 号环球贸易中心 D 座 1208 室

电话：（8610）57355003　传真：（8610）58257961

Please send this form to：郭笑男（Amy）copub. hed@pearson. com/Tel：5735 5086